国家社科基金后期资助项目
出版说明

后期资助项目是国家社科基金设立的一类重要项目，旨在鼓励广大社科研究者潜心治学，支持基础研究多出优秀成果。它是经过严格评审，从接近完成的科研成果中遴选立项的。为扩大后期资助项目的影响，更好地推动学术发展，促进成果转化，全国哲学社会科学工作办公室按照“统一设计、统一标识、统一版式、形成系列”的总体要求，组织出版国家社科基金后期资助项目成果。

全国哲学社会科学工作办公室

国家社科基金
GUOJIA SHEKE JIJIN HOUQI ZIZHU XIANGMU
后期资助项目

行政行为效力理论重构

Reconstruction on the Theory of Legal Effect of Administrative Act

马生安 著

法律出版社
LAW PRESS·CHINA
——北京——

图书在版编目(CIP)数据

行政行为效力理论重构 / 马生安著. -- 北京 : 法律出版社, 2023

ISBN 978-7-5197-7691-6

Ⅰ. ①行… Ⅱ. ①马… Ⅲ. ①行政法－法律行为－研究 Ⅳ. ①D912.104

中国国家版本馆 CIP 数据核字(2023)第 046243 号

行政行为效力理论重构
XINGZHENG XINGWEI XIAOLI LILUN CHONGGOU

马生安 著

责任编辑 朱铁佳
装帧设计 鲍龙卉

出版发行 法律出版社
编辑统筹 司法实务出版分社
责任校对 晁明慧
责任印制 胡晓雅
经　　销 新华书店

开本 710 毫米×1000 毫米 1/16
印张 27.25 **字数** 443 千
版本 2023 年 7 月第 1 版
印次 2023 年 7 月第 1 次印刷
印刷 北京虎彩文化传播有限公司

地址:北京市丰台区莲花池西里 7 号(100073)
网址:www.lawpress.com.cn
投稿邮箱:info@lawpress.com.cn
举报盗版邮箱:jbwq@lawpress.com.cn

销售电话:010-83938349
客服电话:010-83938350
咨询电话:010-63939796

书号:ISBN 978-7-5197-7691-6
定价:98.00 元

凡购买本社图书,如有印装错误,我社负责退换。电话:010-83938349

基金项目
国家社会科学基金后期资助项目，项目批准号：19FFXB007

序

行政行为效力问题关涉行政行为、行政程序、行政监督与救济等诸多理论与制度，与立法、执法及司法实践高度关联。作为行政法学理论的重大课题，其重要性不言而喻。长期以来，我国学者关于这一理论的研究虽然取得了一些进展，但在一些重大问题的研究上，鲜有深刻的反思、批判及突破性的进展，有的研究成果还存在一些较为严重的错误。这既影响和制约了我国行政法与行政法学的科学发展，也无法适应法治实践不断发展的需要。生安同学不畏艰难，突破传统，大胆创新，紧紧围绕这一重大的理论难题进行研究，取得了大量富有创见性的研究成果。如今，呈现在读者面前的《行政行为效力理论重构》一书，就是他多年研究、积累，并历时多年辛勤写作的结晶。

学贵有疑。孟子曰："尽信《书》，则不如无《书》。"不盲从权威，不人云亦云，敢于大胆质疑前人的理论与研究成果，这是生安同学的性格与一贯的学风，也是基于他深厚的学术功底、敏锐的眼光及对专业问题的深刻理解所致。明朝著名学者陈献章有云："前辈谓学者有疑，小疑则小进，大疑则大进。疑者，觉悟之机也。一番觉悟，一番长进。"[①]行政行为效力问题并非一个新的领域，生安同学的这本书，正是其创新地运用多种研究方法，在继承、反思与批判中外学者现有研究成果基础上形成的一部高度原创、具有较高理论水平的学术专著。作为行政行为效力本质论、内容论及形态论"三论合一"的有机统一体，本书在行政行为公定力、存续力，以及行政行为效力的本质论、内容论、形态论等重大问题的研究上均取得了突破性的进展，提出了很多创新性的观点和理论。例如，本书以公定力产生、发展的三种历史形态的类型化分析为基础，运用符号学的方法，深刻揭示了公定力的形式效力之本质。又如，德国、日本，以及我国台湾地区学者所研究的行政行为效力，仅仅是行政行为基于行政程序而产生的形式效

① (明)陈献章:《白沙子全集·与张廷实主事》。

力,行政行为基于司法程序而产生的实质效力却为他们所忽视;是故,德国、日本,以及我国台湾地区的行政法理论上并不存在行政行为的实质效力理论。本书从理论上建构了行政行为的实质效力理论,填补了行政行为实质效力理论研究的空白,并将其与行政行为的形式效力理论一起建构了揭示行政行为效力之普遍性的“两质态论”,这也是本书的重要理论贡献之一。再如,本书在行政行为效力内容论的理论建构上,既非传统的“公定力核心说”,亦非现代的“存续力核心说”,而是在大胆批判、质疑前人研究成果的基础上,以“两质态论”与“三效力说”的对立统一重构了行政行为的效力内容论,从理论上较好地回答了行政行为效力内容构成这一重大的理论与实践问题。诸多的理论创新,犹如一颗颗珍珠,散落在书中的各个角落。限于篇幅,恕不在此一一列举,留待读者在阅读本书时去发现、鉴赏与评判。

创新是学术的生命。学术论著不是一般的文章或著作,其本质上就应该是学术创新。一部学术论著成败的关键及是否有必要公之于世,就在于该论著是否有作者自己的创造性观点或理论。中外学者关于行政行为效力问题已经做了大量的研究,在此种情形下,要做到言人未言、超越前人的理论创新,其难度可想而知。生安同学如今能够取得这样的研究成果,离不开他的深度思考与挖掘,更是他大胆怀疑、小心求证的结果。选择这样一个课题充分体现了他的学术勇气与进取精神,早在多年前攻读博士学位之时,他就已经开始关注和思考行政行为的效力问题。在南京大学博士后流动站工作期间,他也一直在继续这一方面的研究,并发表了诸多相关的学术论文。《诗经》有云:“有匪君子,如切如磋,如琢如磨。”正是因为多年的辛苦与努力,才有了今天这样一部高度原创、具有较高理论水平的学术专著。作为一部系统阐释行政行为效力理论的佳作,本书将行政行为效力问题的研究提高到了一个崭新的高度。本书观点新颖、逻辑缜密、结构严谨,这样的一部突破传统、大胆创新的力作,对我国行政法学理论的丰富和发展,以及立法、执法及司法实践,均具有非常重要的理论与现实意义。

生安同学作为一名法官,在繁忙的审判工作之余,始终坚持不懈地从事行政行为理论、行政行为效力理论等法学理论及司法实务问题的研究，朝斯夕斯，持之以恒，不仅发表了许多高质量的学术论文，还出版了个人专著《行政行为研究——宪政下的行政行为基本理论》一书。2010年，他获评第二届江苏省“十大优秀青年法学家”，可谓实至名归。熟悉他的人都知道，他可以身居陋室，一身布衣，粗茶淡饭，但却绝不可以放弃读书与学问；只要有一点时间，他就在读书、写作。周末、五一、春节等节假日，往往就成了他读书、写作的宝贵时间。“十年磨一剑，霜刃未曾试。”而今，持续多年的辛苦劳作终有所成。值此新书出版之际，作为他曾经的博士生指导教师，我感到万分欣慰，谨向他表示热烈的祝贺，并祝他在未来的学术道路上行稳致远，取得更加辉煌的成绩。

是为序。

杨海坤

2023 年 7 月于苏州大学

目　　录 Contents

导论　理论与实践双重困境下的跋涉与求索

一、选题的理论与现实意义

(一)理论意义

在大陆法系行政法学上,行政行为效力问题可以说是伴随行政法产生、发展的较为古老的命题之一。德国学者最初在提出行政行为概念之时,就开始了对行政行为效力现象的研究。“如同效力是法律的生命一样,行政行为的生命也在于其效力。”①作为行政行为理论的核心问题之一,行政行为效力理论在行政行为理论乃至整个行政法学理论中始终居于核心地位。就笔者目前掌握的资料及阅读的范围来看,德国、法国、日本的学者对这一问题的研究虽然相对较早,但在研究内容上比较零散,尚未达到系统化的程度。笔者以“行政行为的效力”为主题,通过多种途径和方法进行检索、查找,并未发现有系统论述行政行为效力问题的专著出版。在我国,台湾地区学者对行政行为效力问题的研究起步亦较早,但亦未见系统化的研究成果。大陆学者对行政行为效力问题的研究起步较晚,以新中国第一部行政法教科书《行政法概要》为标志,这一问题开始进入有关学者们的研究视野,②至今已有相当数量的研究成果问世。在个人专著方面,叶必丰教授的《行政行为的效力研究》③一书,是专门研究行政行为效力问题的开山之作;章志远教授的《行政行为效力论》④一书,是一部系统研究行政行为效力问题的重磅力作;赵宏教授的《法治国下的行政行为存续力》一书,是专门研究德国行政行为存续力(Bestandskraft des Verwaltungsaktes)理论的专著。各种期刊上发表的相关学术论文,以及一些优秀

---

① 章志远:《行政行为效力论》,中国人事出版社2003年版,第19页。

② 该书关于行政行为效力的用语是“行政措施的效力”。参见王珉灿主编:《行政法概要》,法律出版社1983年版,第112页。

③ 参见叶必丰:《行政行为的效力研究》,中国人民大学出版社2002年版。

④ 参见章志远:《行政行为效力论》,中国人事出版社2003年版。

的博士、硕士论文,更是不胜枚举。① 如果仅仅从研究成果的数量来看,可谓成果丰硕,但是,高质量的成果其实并不多见,有些所谓的成果甚至存在一些重大的错误。不同学者的研究成果之间,相互矛盾、冲突的现象还是较为严重的。毋庸讳言,行政行为效力研究表面上的繁荣其实根本无法掩饰其整体水平较为落后的窘境。实际上,自叶必丰教授和章志远教授的两部力作问世以来,鲜有高质量的学术成果问世。目前,因为行政行为效力内容构成等一些重大理论问题未能得到有效解决,行政行为效力理论的研究几乎处于停滞不前的境地。由于理论研究的滞后与不足,对于实践中遇到的诸多难题,现有理论往往无法作出及时、有效的回应。例如,行政行为的构成要件效力问题,实际上就是指行政行为对作出它的原行政主体之外的其他行政主体及法院的拘束力问题,包括:其一,行政行为对原行政主体之外的其他行政主体应该具有怎样的拘束力?应该建立哪些具体的效力制度与规则?其二,行政行为对司法裁判是否应该具有拘束力?应该具有怎样的拘束力?又应该建立哪些具体的效力制度与规则?对于这些问题,目前理论上未能做出回答。围绕一些重大理论问题进行全面、系统、深入的研究,建立科学的行政行为效力理论,无疑具有重要的理论意义。作为行政行为理论的核心理论之一,行政行为理论中的许多内容都与行政行为的效力问题密切相关。建构系统、科学的行政行为理论,离不开对行政行为效力理论的深入研究;对行政行为效力理论的深入研究,反过来又会促进和推动对行政行为理论及其他相关问题的研究,从而最终实现行政行为理论研究的体系化与科学化。深入研究行政行为的效力问题,对于发展和完善行政行为理论、行政程序理论及行政监督与救济理论,均具有非常重要的意义。

(二)现实意义

客观地说,目前我国的行政行为效力理论对于立法、执法及司法实践的指导作用非常有限。究竟是实践对于行政行为效力理论的指导没有需求,还是现有的理论无法有效指导实践?根据笔者多年的观察和经验,应该主要是现有的理论无法有效指导实践所致。理论有效指导实践的条

① 就笔者的阅读范围而言,主要有刘东亮:《行政行为效力研究》,浙江大学 2001 年硕士学位论文;李琦:《行政行为效力新论——行政过程论的研究进路》,中国政法大学 2005 年博士学位论文;赵宏:《行政行为效力问题研究》,中国政法大学 2002 年硕士学位论文;张健宝:《行政行为效力体系的重构》,山东大学 2008 年硕士学位论文;魏蕾:《具体行政行为效力研究》,电子科技大学 2008 年硕士学位论文;史修金:《行政行为效力研究》,中国海洋大学 2008 年硕士学位论文;阮啸:《紧急状态下应急行政行为效力研究》,浙江大学 2011 年硕士学位论文;等等。

件,一是理论的科学性,二是人们熟悉和掌握理论,愿意用理论指导实践。由于现有的理论存在一些错误,不科学、不好用、不管用,其当然也就无法对实践发挥应有的指导功能。行政行为效力问题关涉行政行为、行政程序、行政监督与救济等诸多理论与制度,与立法、执法及司法实践密切关联。深入研究行政行为效力理论,也是指导行政行为效力相关的法治实践的需要。例如,行政行为的形式效力与实质效力,行政行为的存续力①、拘束力及强制力,行政行为的成立、生效、无效、有效,行政行为的撤销、变更与废止等诸多问题,都是行政程序法规制的范围。深入研究行政行为的效力问题,能够进一步推动我国行政程序理论及行政程序法的发展和完善。目前,《中华人民共和国行政程序法(草案)》正处于不断的修改完善中,加强行政行为效力问题的研究,可以为《行政程序法》的制定提供理论支持。又如,行政行为效力与行政强制执行制度也是密切相关的。当前我国行政强制执行制度存在的诸多问题,突出表现为行政强制执行体制及具体制度上的种种弊端。深入研究行政行为效力问题,可以指导《行政强制法》的修改与完善。再如,行政行为的效力问题与行政行为的监督及救济制度也是密切相关的,行政行为效力问题的研究能够为行政诉讼及行政复议理论与制度的发展和完善提供理论上的支持。② 因为无效行政行为不具有形式效力,故针对无效行政行为的诉讼类型只能是确认无效之诉,而对于具有形式效力的行政行为提起的诉讼,其在诉讼类型上就应该是撤销之诉。正是基于行政行为形式效力有无之别,2014 年修正《行政诉讼法》时新增了第 75 条,建立了区别于撤销之诉的无效确认之诉,此乃我国行政诉讼制度的重大发展和进步。③ 除能有效指导立法外,对行政行为效力问题的研究

---

① 此处的行政行为“存续力”,是指中国行政法术语之行政行为存续力,不同于德国的行政行为存续力(Bestandskraft des Verwaltungsaktes)。在本书中,如果没有在“存续力”后面加括号并以“Bestandskraft”特别注明是德国的行政行为存续力,或通过句意可以明晰是德国的行政行为存续力,一般均指中国行政法术语之行政行为存续力。下同。

② 理论上,司法程序的审查应该是判断行政行为的实质合法性及实质效力存在与否的唯一途径。行政复议尽管可以审查行政行为的合法性,但其却不能对行政行为的实质合法性及实质效力作出最终的法律评价;即使复议终局的行政行为,行政复议也不能对行政行为的实质合法性及实质效力作出最终的法律评价。其具体缘由,参见本书第五章第五节的相关内容。在民事诉讼或刑事诉讼中,也经常会涉及行政行为的效力问题。例如,在行政行为的合法性成为民事或刑事裁判的先决问题时,就涉及行政行为的效力问题。参见马生安:《刑事诉讼中的行政诉讼——刑事诉讼行政先决问题之司法审查》,载张卫平、齐树洁主编:《司法改革论评》第 24 辑,厦门大学出版社 2018 年版,第 248~259 页。

③ 2014 年修正的《行政诉讼法》第 75 条规定:“行政行为有实施主体不具有行政主体资格或者没有依据等重大且明显违法情形,原告申请确认行政行为无效的,人民法院判决确认无效。”尽管这一规定还不够完善,但毕竟还是初步建立了我国的行政行为无效制度。

还能够有效指导行政执法及司法实践。例如,行政执法过程中行政行为的作出、撤销、变更与废止,均涉及行政行为效力问题。根据笔者了解的情况,目前我国行政机关在执法过程中遇到行政行为的效力问题时,基本上是“跟着感觉走”,行政行为效力理论对行政执法实践的指导作用非常有限,这一现状亟待改变。又如,行政行为的实质合法性及实质效力的一般要件与特殊要件理论,在行政行为实质合法性及实质效力的司法审查中,也具有非常重要的指导作用。[①] 行政行为的效力问题还与合宪性审查密切相关,本书提出的行政行为形式效力与实质效力之“两质态论”,构成了行政行为合宪性审查及行政诉讼的根本理论依据。

二、中外学者研究现状述评

(一)中国学者的研究现状

我国香港特别行政区因属于普通法地区,自然不存在行政行为效力理论问题。澳门特别行政区属于大陆法地区,《澳门行政程序法典》对行政行为效力问题作了较为明确而具体的规定。不过,澳门特别行政区学者关于行政行为效力问题的研究成果并不多见,其行政行为效力理论并不发达。[②] 台湾地区的学者们对行政行为效力问题的研究相对较多,但其论述比较零散,或散见于期刊及学位论文,或散见于教科书中,远未达到系统化的程度,目前未见系统论述行政行为效力问题的专著出版。受德国及日本行政法学的双重影响,我国台湾地区行政行为效力理论相互矛盾的现象较为严重,特别是在行政行为效力内容的具体构成及公定力、存续力(Bestandskraft)等一些重大理论问题的研究上,至今尚未取得共识及实质性的进展。内地学者对于这一问题的研究已有相当数量的成果问世,其中不乏系统研究行政行为效力问题的专著和硕士、博士论文。[③] 综合来看,我

---

① 关于行政行为实质合法性及实质效力的一般要件与特殊要件问题,参见本书第五章第五节的相关内容。

② 受德国及葡萄牙行政法学的影响,澳门特别行政区的行政法学上亦无行政行为公定力理论,而是存在行政行为的“有效性”这一概念。参见刘高龙、赵国强主编:《澳门法律新论》(下卷),社会科学文献出版社 2011 年版,第 680~681 页;黄学贤:《比较行政法——港、澳、台行政法析论》,中国社会出版社 2004 年版,第 106 页。《澳门行政程序法典》(1999 年)第四部分第二章第一节即为“行政行为之有效”。该法第 102 条规定:“为着本法之效力,行政行为系指行政当局之机关之决定,其目的系在个别具体情况中,依据公法之规定产生法律效果。”据此,行政行为之“有效性”系根据公法的规定而产生,而非基于推定产生的公定力。

③ 参见叶必丰:《行政行为的效力研究》,中国人民大学出版社 2002 年版;章志远:《行政行为效力论》,中国人事出版社 2003 年版;李琦:《行政行为效力新论——行政过程论的研究进路》,中国政法大学 2005 年博士学位论文。还有一些硕士论文,恕不一一列举。

国学者关于这一问题的研究主要集中于行政行为效力的概念、功能与作用、内容与形态、来源等诸多方面。其中,行政行为效力的内容及形态问题一直是研究的重点。据粗略统计,这方面的研究成果可能要占到80%以上。目前,关于行政行为效力的本质、内容及形态问题的研究,特别是对于行政行为效力内容问题的研究,在我国一直处于停滞不前的境地。总体来说,我国学者在行政行为效力问题的研究上取得了相当的成果,但也存在一些明显的缺憾与不足:

第一,错误的理论和认识大行其道,严重束缚乃至禁锢了人们的思想。例如,在现代社会,公定力的本质是行政行为的“形式有效性”,而非行政行为某一项具体的效力内容;作为行政行为各项效力内容的概括与统称,公定力概念属于反映和揭示行政行为效力之普遍性或一般性的范畴。我国的很多学者把公定力当作行政行为的一项效力内容,这是非常错误的。① 又如,拘束力、确定力及执行力作为行政行为效力的具体内容,其均属于反映和揭示行政行为效力之特殊性或个别性的概念。我国有些学者将公定力与拘束力、确定力及执行力相并列,并形成所谓的传统“四效力说”②,从而导致将行政行为效力之普遍性与特殊性混为一谈的严重错误。学界对于传统“四效力说”存在的重大逻辑错误,一直未能发现。③ 就现代“四效力说”而言,一方面,其简单地摒弃公定力的做法并不可取;另一方面,其还存在各个效力之间界限不清、无法有效区分的问题。④ 实际上,在行政行为效力内容构成这一重大理论问题上,当今的各种学说都不同程度

① 参见管欧:《行政法概要》,台北,三民书局1980年版,第193~194页;张家洋:《行政法》,台北,三民书局股份有限公司2002年版,第636~639页;林纪东:《行政法》,台北,三民书局股份有限公司1994年版,第320~325页;罗传贤:《行政程序法论》,台北,五南图书出版公司2000年版,第178~179页;陈秀美:《行政诉讼上有关行政处分之研究》,台北,司法周刊杂志社1989年版,第125~166页;叶必丰:《行政行为的效力研究》,中国人民大学出版社2002年版,第21、151页;周佑勇:《行政法原论》,中国方正出版社2000年版,第160页;杨小君主编:《行政法基础理论研究》,西安交通大学出版社2000年版,第161~163页;章志远:《行政行为效力论》,中国人事出版社2003年版,第52页;赵宏:《行政行为效力问题研究》,中国政法大学2002年硕士学位论文,第2页;等等。

② 公定力、拘束力、确定力及执行力之传统“四效力说”,是中国行政法学界目前的通说。参见罗豪才主编:《行政法学》(新编本),北京大学出版社1996年版,第112~114页;叶必丰:《行政法学》,武汉大学出版社1996年版,第130~135页。

③ 关于传统“四效力说”存在的逻辑缺陷问题,参见马生安:《行政行为效力体系重构的“两质态论”与“三效力说”》,载《重庆大学学报(社会科学版)》2015年第3期。

④ 现代“四效力说”则认为,行政行为的效力包括存续力(Bestandskraft)、构成要件效力、确认效力及执行效力。参见林腾鹞:《行政法总论》,台北,三民书局1999年版,第460~466页。关于现代“四效力说”存在的逻辑缺陷问题的分析,参见马生安:《行政行为效力体系重构的“两质态论”与“三效力说”》,载《重庆大学学报(社会科学版)》2015年第3期。

地存在这样或那样的问题。中外学者的研究成果究竟有哪些是正确的,又有哪些是错误的,对此学界鲜有质疑和争论,更不要说相互批判了。多年来,因为学界的反思与批判不够,一些根深蒂固的错误理论和认识未能及时得以肃清,反而大行其道,不仅严重束缚乃至禁锢了人们的思想,影响和制约了行政行为效力研究的进一步发展和深入,而且严重误导了立法、执法及司法实践。通过深刻的反思与批判,全面肃清错误的理论和认识,打破思想认识上的禁锢和枷锁,已成为行政行为效力研究的当务之急。

第二,外来概念与术语的误译或误读,影响和制约了理论研究的科学性。当法律的术语或概念在不同的语言之间进行翻译时,必须在译语中使用与之准确对应的语词。在译介外来理论和术语的语言符号过程中,译者不仅需要全面而透彻地理解原文的指称、言内以及语用三种不同的意义,而且要充分考虑原语文化与译语文化、原语与译语之异同,采用一切必要而可行的手段与方法,尽量使原文的意义能够完整而又准确地移植到译文中,使其与原语在功能上相似,在指称、言内、语用意义上相符,否则,必然会造成概念或术语的误译或误读。法律的术语或概念在不同语言之间转换的过程中,还要考虑事物、概念、语言符号与语言使用者之间的关系,尽量防止与降低信息的丢失,使译语在意义及功能上尽量与原语保持一致。我国的一些学者在对部分域外行政行为效力理论概念和术语引进的过程中,由于忽视了法律、语言及文化之间的联系,一定程度上存在囫囵吞枣、食洋不化的现象。本土语词选择不当导致的外来概念与术语误译或误读问题,乃是其中的一个尤为突出的问题。例如,德国的"Rechtskraft von Verwaltungsakte"术语,意指生效的行政行为所具有的确定法律关系或法律效果的法律效力。在汉语语境下,行政行为所具有的确定法律关系或法律效果的效力,其实就是指行政行为的效力。德语"Rechtskraft"一词在汉语中有"法律效力"之意,德语"Verwaltungsakt"一词在汉语中系"行政行为"之意,[①]故"Rechtskraft von Verwaltungsakte"在汉语中应该被译为"行政行为的效力"较为适宜,而非"行政行为的确定力"。又如,德国的"Bestandskraft des Verwaltungsaktes"术语是"行政行为上存续的法律效力"之意。因为汉语"行政行为存续力"这一术语可以有效表达"保障行政行为持续存在的效力",但却很难表达"行政行为上存续的法律效力"之意,故"Bestandskraft des Verwaltungsaktes"在汉语中被直译为"行政行为存续力"实际上并不恰当。依笔者个人之浅见,将其译为"行政行为的效力"

① 严格地说,德语"Verwaltungsakte"在汉语中被翻译为"行政决定"较为适宜。

较为适宜。“Bestandskraft des Verwaltungsaktes”中的“存续性”的含义完全没有必要在汉语译名中予以体现，译为“行政行为的效力”即可，而不必机械地译为“行政行为上存续的效力”。这是因为，行政行为的效力当然就是行政行为上存续的效力。也只有在行政行为处于存续状态时，行政行为上才会存续一定的法律效果。再如，从“formelle Bestandskraft”和“materielle Bestandskraft”的内涵上考虑，其在汉语中不宜被译为“形式存续力”与“实质存续力”，而应分别译为“不可争力”与“既决力”较为适宜，本书对“formelle Bestandskraft”和“materielle Bestandskraft”即作如此翻译。外来概念与术语的误译或误读，不但对正确理解和认识域外理论造成了极大的困扰，也影响及制约了我国行政行为效力理论研究的科学性。

第三，概念与范畴使用混乱，缺乏科学的范畴体系。理论是借助概念、范畴对一定思想和知识的系统表达，是以一定的逻辑结构联系起来的概念及范畴系统。在对行政行为效力的研究上，一些学者的概念及范畴意识不强，对概念、范畴的概括与提炼不够，对概念与范畴的使用相当随意。概念、范畴之间相互矛盾的现象较为普遍，严重的语言逻辑和法理逻辑问题比比皆是，亟待统一和规范。此外，概念不清、一词多义、一义多词、概念之间含义相互重叠乃至冲突，这些都严重地阻碍了行政行为效力研究的健康发展。例如，就行政行为的效力内容之具体构成而言，存在公定力、存续力、确定力、执行力、拘束力、既决力、实现力、先定力、不可变更力、不可争力、构成要件效力等诸多的概念和范畴，可以说是混乱不堪。由于概念或范畴之间的矛盾与冲突，以致根本无法建立一个科学的、逻辑严密的概念或范畴体系。“现行行政行为效力理论混乱的根本原因之一，即在于尚未形成科学、完整的概念体系。”①目前，改变这一现状的难度非常大。一方面，需要广大学者积极参与概念和范畴的提炼；另一方面，还需要在交流、对话的基础上达成共识性的概念与范畴，并予以规范地使用。理论的科学性往往取决于概念、范畴的科学性，概念与范畴之间应该相互协调，不能存在法理逻辑和语言逻辑上的矛盾。从历史上看，任何理论研究，从某种意义上说都是提出、分析、论证和积累概念与范畴的过程，学术思想的革命也总是与概念及范畴的变革紧密相连。② 因此，理论研究者必须十分注意对概念、范畴的提炼和阐释，以寻求合理的、能够广为人们所接受的含义和意义，从而获得科学的概念和范畴。在此基础上，再通过正确的逻辑方法建

① 江必新：《行政行为效力体系理论的回顾与反思》，载《江苏社会科学》2008年第5期。
② 参见张文显：《法哲学范畴研究》（修订版），中国政法大学出版社2001年版，第1页。

立科学的概念与范畴系统,方能形成科学的理论。建构科学的概念与范畴体系,是科学理论走向成熟的必由之路。行政行为的形式效力与实质效力,行政行为的存续力、拘束力、强制力,国家行政行为的效力与社会行政行为的效力,行政行为的应然效力与实然效力,行政行为的成立、生效、有效、无效、失效、效力的中止与恢复等,均属于行政行为效力理论的核心或基本范畴,将其通过一定的逻辑方法予以联结,就能建立科学的概念与范畴体系,以作为行政行为效力理论体系建构的基础。

第四,一些重大理论问题的研究停滞不前,缺乏应有的创新和突破。例如,长期以来,我国学者对于公定力这一重大理论问题的研究始终无法深入并有所突破。① 公定力是否像有些学者所宣称的那样,是行政行为其他效力产生的基础与前提?其他效力是否需要公定力的支持?② 存续力(Bestandskraft)究竟能否取代公定力而成为行政行为其他效力产生的基础与前提?公定力理论究竟是否存在缺陷,如果存在缺陷,其究竟又有哪些缺陷?对公定力理论应该保留还是摒弃?对于这些关涉公定力的重大理论问题,行政法学理论一直未能给予科学、有效的回答。又如,行政行为效力内容的具体构成问题,中外学者之间的争议非常之大,共有以"公定力核心说""存续力核心说""公定力、存续力共存说"为三大派别的数十种观点与学说。③ 行政行为究竟应该包括哪些方面的效力内容?这些效力之间的逻辑关系如何?我国的行政法学理论实际上也是一直未能给予科学、有效的回答。再如,行政行为效力的本质问题在行政行为效力研究中具有基础性地位和作用,也是深入研究行政行为效力内容及效力形态问题的基础和前提,我国学者目前对此并无深入的研究。对于行政行为效力形态问题的研究,因其受到行政行为效力本质及效力内容研究的影响和制约,也一直无法有效地深入和推进。针对一些重大的理论问题,在对前人的研究成果

① 有学者认为,公定力理论在本质上属于行政行为的生效问题。例如,赵宏教授认为:"公定力理论事实上探讨的并非行政行为的效力内容,而只是行政行为生效问题,更确切地说是德国法中行政行为外部效力的产生问题。"参见赵宏:《法治国下的行政行为存续力》,法律出版社2007年版,第92页。杨科雄博士也认为:"公定力的内涵仅仅是生效理论的一部分内容,它无法成为一项独立的行政行为效力内容,否则违背逻辑同一律。"参见杨科雄:《行政行为效力来源研究》,中国政法大学2009年博士学位论文,第33页。笔者认为,在现代社会,公定力理论应该属于行政行为形式效力理论的范畴,而非行政行为生效理论的范畴。

② 参见章志远:《行政行为效力论》,中国人事出版社2003年版,第52页。

③ 有关"公定力核心说""存续力核心说""公定力、存续力共存说",参见马生安:《行政行为效力体系重构的"两质态论"与"三效力说"》,载《重庆大学学报(社会科学版)》2015年第3期。笔者认为,此处的行政行为存续力,是指德国行政法之行政行为存续力(Bestandskraft des Verwaltungsaktes)。

深入反思与批判的基础上，进行深入的研究并力争有所突破，对于改变目前行政行为效力研究停滞不前的局面至关重要。

第五，研究成果之间相互矛盾，无法形成系统、科学的理论体系。例如，行政行为效力的本质、内容及形态问题是紧密关联的，行政行为效力本质问题的研究决定行政行为效力内容和效力形态问题的研究。其中，行政行为效力本质问题的研究直接决定行政行为效力内容问题的研究，间接决定行政行为效力形态问题的研究；行政行为效力内容问题的研究，则又直接决定行政行为效力形态问题的研究。为此，必须对三者从整体上系统地予以研究，方能得出科学的研究结论。目前，因为对于行政行为效力研究的系统性和整体性不强，诸多成果之间相互矛盾的现象比较严重，以致根本无法形成科学的理论体系。① 此外，行政行为效力内容构成等一些重大理论问题没有得到有效解决，也是至今未能建立科学的理论体系的重要原因。

（二）国外学者的研究状况

行政行为效力属于大陆法系的行政法理论，限于时间和精力，本书主要参考了法国、德国、日本及韩国学者的有关研究成果。行政行为效力问题源于德国，德国学者关于这一问题的研究成果最多，理论贡献也最大，特别是在行政行为的存续力（Bestandskraft）、构成要件效力等很多问题上，都有深入细致的研究。关于行政行为效力内容构成问题，现当代的德国学者均主张“存续力核心说”，不承认公定力理论。日本学者普遍认为公定力是行政行为效力的核心内容之一，形成了“公定力核心说”之效力理论。可见，在行政行为效力内容的具体构成上，德国学者和日本学者的认识存在很大的差异。② 此情况不禁发人深思：曾经为公定力理论做出重要思想贡献的德国，为什么如今却不承认公定力理论？究竟是日本的“公定力核心说”更为科学，还是德国的“存续力核心说”更为科学？准确地说，对于行政行为效力内容的具体构成问题，日本和德国的行政法理论都未能作出

---

① 叶必丰、章志远两位教授在行政行为效力理论的系统研究上作出了重大的贡献，但由于一些重大的核心理论问题仍然没有得到有效解决，行政行为效力理论至今未能建立系统、科学的理论体系。

② 关于行政行为效力内容的具体构成问题，日本的通说是公定力、不可争力、执行力与不可变更力之“四效力说”。日本当代著名学者盐野宏教授进一步提出了规范力、公定力、不可争力、执行力与不可变更力之“五效力说”。所谓的规范力，是指行政行为具有直接确定法律关系或法律效果的效力。参见〔日〕盐野宏：《行政法总论》，杨建顺译，北京大学出版社 2008 年版，第 90～104 页。笔者认为，因为规范力是指行政行为具有直接确定法律关系或法律效果的效力，属于表达行政行为效力的普遍性而非特殊性的一个概念，故其并不能构成行政行为的一项具体的效力内容。

科学的回答。关于行政行为效力的本质这一重大理论问题，目前未见日本和德国学者有专门、深入的研究。受行政行为效力本质和效力内容问题研究的制约，日本和德国学者关于行政行为效力形态问题的研究实际上也一直无法深入。总之，国外学者遇到了与中国学者一样的问题，即重大核心理论问题未能得到有效解决，导致整个行政行为效力理论研究的停滞不前。

特别需要指出的是，德国、日本，以及我国台湾地区学者研究的行政行为效力，属于行政程序法上的概念。学者们主要围绕对行政程序法的解读，在法教义学的层面展开对行政行为效力问题的分析和研究。是故，德国、日本，以及我国台湾地区学者所研究的行政行为效力，其实只是行政行为基于行政程序而产生的效力，即行政行为的形式效力，而行政行为基于司法程序而产生的实质效力，却被他们所忽略。从这一点上来说，德国、日本，以及我国台湾地区的行政行为效力理论在内容上并不完整；且对行政行为效力问题的研究在内容上比较零散，相关理论知识的碎片化现象严重，尚未形成完整而又科学的行政行为理论体系。

三、本书主要研究方法

科学研究能否达到预期目的，研究方法正确与否至关重要。事实证明，科学的方法不仅是促成研究科学化、规范化的巨大动力，而且能够直接决定或影响研究成果的科学性。从学术史的视角来看，一门学科是否成熟，与其方法论的完善与否有着直接关联。然而，“方法的重要性，无论在现实生活中或者科学研究中，都未受到应有的重视”①。研究方法的失当与不足，是我国行政行为效力研究中的又一个非常突出的问题。在本书的写作过程中，笔者根据不同的问题，除运用了较为常见的比较研究、价值分析、语义分析②的方法外，还采用了如下多种研究方法。

（一）演绎方法

逻辑分析的方法有归纳法、演绎法和归谬法等，本书主要运用了逻辑分析方法中的演绎方法。演绎方法作为社会科学广泛使用的基本思维方式之一，是一个从一般到个别的推理过程。行政行为并非法律，其缘何具有法律效力？其实，行政行为的法律效力不是凭空产生的，其法律效力源

---

① 〔德〕阿·迈纳：《方法论导论》，王路译，生活·读书·新知三联书店1991年版，第5~6页。

② 语义分析的方法是以分析语言的要素、结构，考察语词、概念的语源和语境，来确认、选择语词的含义和意义。参见黄文艺：《法哲学解说》，载《法学研究》2000年第5期。语义分析的方法作为重要的研究范式和研究方法，有助于克服法学研究中直接定义及定义偏好的缺点和不足。

于法律，是法律赋予和承认其效力的结果。行政行为的效力本质上就是法的效力，是法的普遍性效力于行政行为上的具体体现，属于法的个别性效力的范畴。* 鉴于法的效力与行政行为效力之间的逻辑关联，本书以法的效力理论为基础和依据，通过演绎方法建构了行政行为的效力本质论及效力内容论。

（二）矛盾分析方法

本书运用马克思主义哲学的矛盾分析方法，基于矛盾的普遍性与特殊性原理，在对行政行为效力构成的“公定力核心说”“存续力核心说”“公定力、存续力共存说”的重大缺陷进行剖析的基础上，建构了反映和揭示行政行为效力之普遍性的“两质态论”及反映和揭示行政行为效力之特殊性的“三效力说”，以“两质态论”与“三效力说”的对立统一重构了行政行为的效力内容论。

（三）符号学方法

“符号学的本质就是一种跨学科的方法论，是可以解释任何问题的元科学。”①因为将符号学方法运用于法学领域，所以便有了符号学法学。20世纪80年代末期，符号学方法作为一种新的研究范式，在法学研究中得以广泛应用，极大地促进了法学研究的发展。符号学方法在解释法律文本、界定法律概念及促进立法和法学研究用语的精确化等方面，发挥着极为重要的作用。在本书中，笔者就运用了符号学方法，对行政行为效力的诸多概念与范畴进行了分析和界定。例如，符号学方法乃是分析公定力理论的利器，在现代社会，公定力本质上就是行政行为的形式效力，正是通过符号学方法的运用，发现了公定力理论违背了符号学原理，其在现代社会不能科学、有效地解释和说明行政行为的形式效力这一行政法现象。公定力理论存在无法克服的致命缺陷，无法通过修正的办法予以弥补，对其只能予以摒弃。又如，通过符号学方法的分析，笔者发现德语“Bestandskraft des Verwaltungsaktes”在中国行政法上不应该被直译为“行政行为存续力”，而应该被译为“行政行为的效力”较为适宜。再如，本书以符号学方法为分析工具，对中国行政法上行政行为的存续力、形式存续力及实质存续力概念进行分析并作出了其不同于德国行政法的界定。应该说，在本书关于行

---

* 本书主要以行政决定意义上的行政行为为例，研究行政行为的效力问题。在“广义型”的行政行为概念之下，行政法规和规章也属于行政行为的重要组成部分，其本身就具有法律效力。——笔者注

① 彭学龙：《商标法的符号学分析》，法律出版社2007年版，第12页。诞生于20世纪初的符号学，是系统研究语言符号和非语言符号的科学，也是当代哲学以及其他诸多思想领域最为核心的理论之一。

政行为效力及有关问题的研究上，符号学方法发挥了不可替代的重要作用。

（四）历史分析方法

历史分析方法是运用发展的观点，通过对研究对象发展变化的历史考察与分析，研究客观事物和社会现象的方法。客观事物是不断发展变化的，某些问题的出现总有它的历史根源。只有追根溯源并从中发现问题，才能认识现状和预测未来。任何理论的产生，都不能脱离特定的社会历史条件。例如，关于公定力问题的研究，如果对公定力产生、发展的三种历史形态不予区分，泛泛而谈，就无法发现公定力理论的根本症结所在。本书以公定力产生、发展的三种历史形态的类型化分析为基础，将公定力理论置于更为广阔的历史背景中去考察，具体分析公定力理论是在怎样的历史条件下产生的，又是如何随着社会历史条件的变化而不断发展、变化的，终于发现了公定力理论存在的致命缺陷。曾经为公定力理论作出重要思想贡献的德国，现在居然没有公定力理论的存在，其原因何在？本书运用历史分析方法，对这一问题也给予了分析和回答。①

（五）规范实证方法

任何法学理论问题的研究，都离不开对实在法规范的研究和分析。对于行政行为效力这样的一个与实践高度关联的问题，更是如此。规范实证研究的不足，是我国行政行为效力研究上存在的一个较为突出的问题。②规范实证方法与行政法学的实践性高度契合，规范实证方法的实践性、科学性、规范性，有助于改变思辨型研究的习惯定势。从规范实证研究中寻求灵感，是提升我国行政行为效力研究科学性的有效途径之一。“形而上者谓之道，形而下者谓之器。”③在行政行为效力研究上，坐而论道者居多，行而论器者寥寥，这也是导致行政行为效力研究“理论性有余、实践性不足”的重要原因。本书尤为注重规范实证法的运用，在本书的很多章节都大量援用了《联邦德国行政程序法》和我国《行政诉讼法》《行政处罚法》《行政强制法》等法律条文，以及我国台湾地区“行政程序法”的相关规

① 对这一问题的分析和回答，参见本书第三章第二节的相关内容。

② 本书所谓的规范实证法，是指通常所谓的分析实证方法。笔者认为，任何法学都需要分析，从符号学之语义学原理来看，“分析法学”“分析实证法学”之术语其实均不够科学。“分析实证法学”是以法律规范分析为基础的实证法学，基于符号学之语义学原理的要求，笔者认为，可以将“分析法学”或“分析实证法学”称为“规范实证法学”，以与自然法学、社会法学相区别。

③ 《周易·系辞上》。

定。* 以大量的实在法规范解释和说明行政行为的形式效力与实质效力及其存续力、拘束力和强制力等理论问题，可以有效避免理论叙述过于抽象的弊端，极大地提高理论的鲜活性、生动性。通过对实在法规范的实证分析和研究，还可以发现行政行为效力理论、制度及规则存在的问题，并针对存在的问题提出新的理论和新的制度与规则，从而进一步发展和完善行政行为效力理论与制度。紧密结合实践，注重规范实证方法的运用，是本书的特色之一。

除上述研究方法外，本书还采用了系统分析法及语言学、法理学、民法学等学科的研究方法。本书是对行政行为效力本质论、内容论及形态论"三论合一"的整体性、系统性研究和重构，系统分析法也是本书运用的重要方法之一。借鉴相关学科的研究方法和研究成果，对于行政法学的发展非常重要。行政法学并非一个"自给自足"的学科，行政法学研究必须与宪法学、民法学、公共行政学、经济学等相关学科的研究相结合，借鉴其他学科的研究方法，并不断地从其他学科的研究成果中汲取养分，方能促进自身的健康发展。例如，本书通过语言学（翻译学）方法的分析发现，德国的"Bestandskraft des Verwaltungsaktes"、"formelle Bestandskraft"和"materielle Bestandskraft"术语，在中国行政法上不宜被直译为"行政行为存续力""形式存续力""实质存续力"，而是被译为"行政行为的效力""不可争力""既决力"较为适宜。又如，关于行政行为效力来源问题的研究，就借鉴了法理学关于法的效力来源及民法学关于法律行为效力来源的诸多研究成果。

四、本书主要内容及学术创新

（一）本书主要内容

为研究和表述方便，本书主要研究行政决定意义上的行政行为效力问题。本书在行政行为效力理论的重构上，首先，以法的效力问题的研究为基础，建构了行政行为的效力本质论。其次，以法的效力内容论为理论依据，在深刻剖析公定力理论的基础上，通过演绎方法建构了反映和揭示行政行为效力之普遍性的"两质态论"以及反映和揭示行政行为效力之特殊性的"三效力说"，以"两质态论"与"三效力说"的对立统一重构了行政行为的效力内容论。最后，本书还以行政行为的效力本质论与效力内容论为

---

* 本书内容涉及对中外法律文件、相关规定具体条文的直接引用时，为保证准确，会标注该法律文件、相关规定的对应发布年份，若为我国相关司法解释，会括注文号。——笔者注

基础，对行政行为的效力形态问题也进行了深入的研究和分析，建构了行政行为的效力形态论。本书是以行政行为效力内容论的研究为重点与核心，对行政行为效力本质论、效力内容论及效力形态论“三论合一”的整体性、系统性研究和重构。本书共由导论、第一章至第十一章及结语组成，具体而言：导论，理论与实践双重困境下的跋涉与求索；第一章，法的效力；第二章，法哲学视域下的行政行为效力；第三章，现象与理论：符号学视角下的行政行为公定力；第四章，行政行为的形式效力；第五章，行政行为的实质效力；第六章，行政行为的存续力；第七章，行政行为的拘束力；第八章，行政行为的强制力；第九章，行政行为的效力形态；第十章，行政行为效力本质论、内容论及形态论的理论建构；第十一章，“两质态论”与“三效力说”：法律效力之普适性理论；结语，法律、语言与文化：建构当代中国的学术话语体系。

（二）本书主要学术创新

“苟日新，日日新，又日新。”[①]创新是学术的生命，学术创新的本质在于创造和发现新知。如果在学术上无所创新，理论研究就失去了意义。本书的学术创新主要有如下几个方面：

1. 关于法的效力本质与内容问题

法的效力是以法为载体的法的约束力，包括存续力、拘束力及强制力。就法的效力内容论而言，其包括两个方面的内容：一是反映和揭示法的效力之普遍性或一般性的理论，即法的形式效力与实质效力之“两质态论”；二是反映和揭示法的效力之特殊性或个别性的理论，即法的存续力、拘束力及强制力之“三效力说”。“两质态论”与“三效力说”的对立统一构成了完整而又科学的法的效力内容论。法的效力本质与内容问题的研究，能为行政行为效力本质、内容问题的研究奠定必要的法哲学基础。

2. 关于行政行为效力本质论的理论建构问题

所谓行政行为的效力，是指以行政行为为载体的法律上的约束力，包括存续力、拘束力及强制力。行政行为效力本质上就是法的效力，基于对法的普遍性效力与法的个别性效力范畴的提炼，本书认为，行政行为的效力是法的普遍性效力于行政行为上的具体体现，属于法的个别性效力的范畴。在行政行为效力理论上，行政行为效力本质问题具有非常重要的基础性地位，其直接或间接决定着行政行为效力内容及效力形态问题的深入研究。当前，行政行为效力本质问题的研究并没有引起学界足够的关注和重

① 《大学》第三章。

视。本书将行政行为效力本质问题作为一项非常重要的内容加以研究,并努力尝试建构行政行为的效力本质论。

3. 关于公定力产生、发展的历史形态问题

行政行为的公定力产生至今,其形态并非静止不变的,而是经历了如下三种不同历史形态:一是基于国家公权力先验优越性推定的"事实上的效力";二是基于宪法、行政诉讼法制度推定的法律效力;三是行政程序法明确规定或判例法确定的法律效力。本书首创的公定力产生、发展历史形态的类型化分析,为深入研究公定力理论奠定了极为重要的基础。

4. 关于公定力的本质问题

以公定力产生、发展历史形态的类型化分析为基础,通过符号学方法的分析发现,公定力在现代社会本质上就是行政行为的形式效力,其具有法定性、行政程序性、相对性、形式性、有限性以及一般性之特征。所谓公定力之一般性,系指公定力是行政行为的各项效力内容的概括与统称;公定力概念属于反映和揭示行政行为效力的普遍性或一般性的范畴,其所表达的并非行政行为的某一项具体效力内容。日本以及我国的很多学者认为公定力是行政行为效力的具体构成内容之一,这是非常错误的。公定力之一般性特征的揭示,在某种程度上可以说是颠覆了中外学者关于公定力本质的认知,从而为行政行为效力内容问题的深入研究从理论上扫清了障碍。存续力、拘束力及强制力概念属于反映和揭示行政行为效力之特殊性(个别性)的范畴,而公定力概念则属于反映和揭示行政行为效力之普遍性(一般性)的范畴。根据矛盾的普遍性与特殊性关系原理,公定力与存续力、拘束力及强制力之间是普遍性与特殊性、共性与个性、一般与个别的关系。"公定力核心说"与"公定力、存续力共存说"均把公定力作为行政行为效力的具体内容之一,且与其他的效力内容并列,因而都存在非常严重的逻辑错误。①

5. 关于公定力理论的改革与发展问题

基于公定力产生、发展历史形态的类型化分析及公定力理论的符号学分析,公定力理论存在无法克服的致命缺陷,对其只能予以摒弃。在现代社会,公定力本质上就是行政行为的形式效力,在摒弃公定力理论的同时,应该代之以行政行为的形式效力理论。

---

① 关于"公定力核心说"与"公定力、存续力共存说"的内涵及其存在的逻辑错误问题,参见马生安:《行政行为效力体系重构的"两质态论"与"三效力说"》,载《重庆大学学报(社会科学版)》2015 年第 3 期。

6. 关于行政行为效力的“两质态论”问题

法的效力有形式效力与实质效力之分，行政行为的效力亦是如此。形式效力与实质效力是行政行为的两种不同性质及形态的效力①，其属于反映和揭示行政行为效力之普遍性或一般性的理论，本书称为行政行为效力的“两质态论”。形式效力与实质效力产生的时间和条件不同，二者的价值目标、理论依据及制度功能也各不相同，特别是在价值目标和制度功能上，形式效力与实质效力具有很强的互补性。德国、日本，以及我国台湾地区学者所研究的只是行政行为基于行政程序产生的效力，属于行政行为形式效力的范畴，而行政行为基于司法程序产生的实质效力却被忽略。因此，德国、日本，以及我国台湾地区的行政行为效力理论在内容上并不完整。本书从理论上建构了行政行为的实质效力理论，并将其与行政行为的形式效力一起建构了行政行为效力之“两质态论”。

7. 关于中国行政法行政行为存续力的理论建构问题

本书基于大量原始的德文文献，经过深入研究得出了新的研究结论：德国的行政行为存续力（Bestandskraft des Verwaltungsaktes）概念包括两个方面的内容：一是行政行为上存续的法律效力（法律效果）；二是保障行政行为自身得以合法存续之法律效力，即非因法定事由并经法定程序，不得对行政行为撤销、变更或废止的法律效力。如前所述，因为研究不够深入及概念或术语翻译上的问题，我国学者对这一理论及相关概念和术语的认识还存在一些偏差和不足。本书在继受德国行政行为存续力理论的基础上，对其相关概念和术语予以本土化的改造和发展，形成了不同于德国的中国行政法之行政行为存续力、行政行为形式存续力及行政行为实质存续力等概念与术语。本书认为，受汉语语言符号及汉语语言文化的双重制约，中国行政法之行政行为存续力理论，应该是与汉语语言文化高度和谐统一、“两质态论”与“三效力说”下的行政行为效力理论。

8. 关于行政行为强制力的理论建构问题

强制力是行政行为依法产生的，保障行政行为设定的义务得以强制实现的法律效力。行政行为效力的本质就是法的效力。从逻辑上分析，因为法具有强制力，行政行为也应该具有强制力。基于符号学方法的分析，与

---

① 行政行为的形式效力，是指行政行为（无效的行政行为除外）一经成立，基于其形式合法性而依法产生的法律效力，其具有法定性、行政程序性、形式性、相对性、一般性的特征。行政行为的实质效力，是指经过司法程序的审查，行政行为基于其实质合法性而依法产生的法律效力，其具有法定性、司法程序性、实质性、绝对性、一般性之特征。详见本书第四章第一节及第五章第一节的相关内容。

行政行为执行力、实现力、实行力及强制执行力等概念相比，行政行为强制力这一全新的概念具有更大的包容性与更强的适应性，可以适用于各种不同类型的行政行为及其存续力、拘束力义务的强制履行或实现。行政行为强制力概念的提出具有坚实的理论依据与实践基础。作为行政行为效力理论上长期被忽视的一个重要范畴，其应该引起学界足够的重视和关注。

9. 关于行政行为"三效力说"的理论建构问题

法的效力内容具体可以分为存续力、拘束力及强制力三个方面，行政行为的效力亦是如此。基于法的效力与行政行为效力之间的逻辑关联，受法的强制力概念的启示，本书提出强制力应是构成行政行为效力的重要内容之一，并以存续力、拘束力及强制力三个方面的效力，建构了行政行为的"三效力说"。存续力是前提和基础效力，拘束力是目的与核心效力，强制力是手段与保障效力，每一项效力都具有特定的法律意义与制度功能；三者的本质属性不同，价值目标和制度功能不同，产生的时间和条件也有所差异；三者之间是相互独立的，不存在内涵交叉或重叠的现象。行政行为存续力、拘束力及强制力之"三效力说"属于反映和揭示行政行为效力之特殊性或个别性的理论，其作为内在关联、有机统一的整体，科学地揭示了行政行为效力的所有内容。

10. 关于行政行为效力内容论的理论建构问题

与法的效力内容论的理论建构一样，关于行政行为效力内容的理论也包括两个方面：一是反映和揭示行政行为效力之普遍性（一般性）的理论，即行政行为形式效力与实质效力之"两质态论"；二是反映和揭示行政行为效力之特殊性（个别性）的理论，即行政行为的存续力、拘束力及强制力之"三效力说"。对于行政行为效力内容论的理论建构而言，二者不可分割、缺一不可，否则，行政行为的效力内容论在理论上就不够完整，其功能也必然会受到极大的限制。正是二者的对立统一，构成了完整而又科学的行政行为效力内容论。本书在行政行为效力内容论的理论建构上，既非传统的"公定力核心说"，亦非现代的"存续力核心说"，而是在大胆批判、质疑中外学者研究成果的基础上，基于法的效力内容论，通过演绎的方法，以"两质态论"与"三效力说"的对立统一重构了行政行为的效力内容论，从理论上较好地回答了这一重大的理论与实践问题。

11. 关于行政行为效力形态论的理论建构问题

从法哲学上来说，行为主体只能在法律的范围内拥有和实现意志自由及意思自治，行政行为的效力形态制度正是体现了法律对行政法之意志自由和意思自治的确认与规范。行政行为效力的形态有无效、有效、生效、失效、效力的中止与恢复等，行政行为的撤销、变更与废止等并非行政行为效力的形态，而只是导致行政行为效力形态发生变化的原因与方式。本书将行政行为效力的"两质态论"引入行政行为效力形态问题的分析，进一步拓展和深化了行政行为效力形态问题的研究。也正因为行政行为效力"两质态论"的引入，使得我们在行政行为效力形态这一领域有了令人惊喜的发现，获得了许多更为深刻的认识。例如，行政行为的合法性有形式合法性与实质合法性之分，二者在构成要件上存在明显的差异。又如，行政行为的生效、有效也有形式效力与实质效力的生效、有效之别，它们在具体的构成要件上也有明显的不同。

12. 关于"两质态论"与"三效力说"的法理学及部门法学意义问题

本书的研究发现，法的效力之"两质态论"与"三效力说"在法律效力的解释上具有普适性。"两质态论"与"三效力说"既可以有效地解释和说明公法行为（立法行为、行政行为、司法行为）的效力，也可以有效地解释和说明私法行为的效力；既可以解释和说明法律行为的效力、准法律行为的效力，也可以解释和说明事实行为的效力。因此，在宪法及行政法、民法、诉讼法等部门法的法律效力相关问题的研究方面，"两质态论"与"三效力说"均具有非常重要的指导意义。

13. 关于行政行为效力理论体系的建构问题

建立一个完整、科学的行政行为效力理论体系，必须以系统论的方法，从整体上对行政行为效力问题予以系统研究。任何"零打碎敲""头痛医头脚痛医脚"的做法，只能导致研究工作的失败。本书认为，一个完整、科学的行政行为效力理论体系，包括但不限于效力本质论、效力内容论及效力形态论三个方面的内容，本书亦主要是从这三个方面，初步建构了行政行为效力的理论体系，试图为行政行为效力问题的解释和回答提供了一个基本的理论框架。

当然，本书的理论创新远不止这些，限于篇幅，不再一一赘述。就读书与治学而言，笔者的态度是虔诚而努力的。就法学理论研究而言，本书作为笔者一些思考的凝结，远不能和法学大家的研究成果相提并论。受本人学识、能力等诸多因素的制约，书中的错误在所难免，真诚期待方家的批评指正。

第一章　法的效力

法的效力，是以法为载体的法的约束力，包括存续力、拘束力及强制力。就法的效力内容论而言，其包括两个方面的内容：一是反映和揭示法的效力之普遍性或一般性的理论，即法的形式效力与实质效力之“两质态论”；二是反映和揭示法的效力之特殊性或个别性的理论，即法的存续力、拘束力及强制力之“三效力说”。“两质态论”与“三效力说”的对立统一构成了完整而又科学的法的效力内容论。法的效力有普遍性效力与个别性效力之别，普遍性效力系个别性效力之根据，个别性效力的意义在于保障普遍性效力的实现。本章关于法的效力问题的研究，旨在为行政行为效力的研究奠定必要的法哲学基础。

第一节　法的形式效力与实质效力

一、法的形式效力

（一）法的形式效力术语

从语义上分析，“法的效力”一词是由“法”和“效力”两个词语组合而成的合成词组，其定义也应该主要由“法”及“效力”的含义确定。对于“法的效力”或“法律效力”，我国学者也都是从“法”或“法律”与“效力”的组合上对其予以定义的。法为何物？法乃国家制定或认可的行为规范的总称。是否需要进一步强调：法乃“由国家强制力保障实施的”行为规范的总称。对此，尽管我国很多学者的论著均有这样的表述，但笔者认为，实有画蛇添足之嫌。如果强调法是“由国家强制力保障实施的”行为规范的总称，就容易给人一种误导，即国家强制力乃法律之外的保障性力量。既然国家强制力可以保障法的实施，那么同样也可以将其随意抛弃和肆意践踏。如此，则法律工具主义的思想便昭然若揭了。鉴于此，笔者将“法的效力”定义为：法的效力，即法律的效力，是法本身所固有的，在特定的时间及空间范围内对义务人所产生的法律上的约束力，包括存续力、拘束力及强制力。

法的形式效力，是指法一经颁布，基于其形式合法性而产生的法律效力。其中,所谓法的形式合法性,系指法的外在形式或外观上的合法性,其与法的实质内容之合法性相对。在现代社会,法的形式效力具有如下几个方面的特征:

第一,法的形式效力具有法定性。除宪法外,法律、法规或规章一经颁布,就具有形式效力之法律约束力。法的这种形式效力,是实在法规范赋予、承认的结果。法由立法机关根据法定程序制定并公布以后,其内容得以确定,该内容被认为具有不证自明的效力,社会主体应当适用、遵守、执行该法律。社会主体在适用的过程中对法的合法性及效力如果产生争议,则要通过违宪审查或行政诉讼等法定程序予以解决。在通过有关法定程序否定其形式效力之前,法具有形式效力,其就应该被适用、遵守、执行。

第二,法的形式效力具有立法程序性。法的形式效力是立法权依法运行的结果,是立法行为基于立法程序依法产生的法律效力,是立法程序之价值与功能在法的效力上的具体体现。

第三,法的形式效力具有形式性。法的形式效力以法的形式合法性(法的外观上的合法性)为根据,而无关乎法的实质内容是否合法。法的形式合法性只要求:其一,法系立法机关制定。通过立法机关这一机构,才能将立法与其他机构制定的行为规范区别开来。其二,法已经对外颁布。法只有公布,才能为人们所知悉、遵守。法未经公布,则视为法并不存在。可见,法的形式合法性的条件要求并不高。法的形式效力理论的要求是,法一经颁布,无论其是否合法,在其被有权国家机关以法定程序撤销以前,都应当被人们当作有效的法律对待,任何组织和个人都不得否定其法律效力。法具有了形式效力,绝不意味着该法当然地具备了实质效力,该法能否最终取得实质效力,还要视其内容是否具有实质合法性而定。

第四,法的形式效力具有相对性。法的形式效力不是绝对的、无条件的,而是相对的、有条件的。法能否取得实质效力,最终取决于其是否具有实质合法性。在西方的一些国家,社会主体如果对法的形式合法性及形式效力不服,其可以在法定期限内提起违宪审查或行政诉讼,由司法机关通过法定程序对其合法性及效力进行审查。通过司法程序的审查,法具有实质合法性的,其形式效力依法转化为实质效力;如果法不具有实质合法性,即使其已经颁布并产生了形式效力,司法机关最终也会依法否定其形式效力,其当然也就不会产生实质效力。

第五,法的形式效力具有一般性。法的形式效力并非法的任何一项具体的效力内容,而是法基于其形式合法性而依法产生的“形式有效性”,是对法的存续力、拘束力及强制力的概括和统称,具有法的效力之一般性特征。基于矛盾的普遍性和特殊性原理之分析，法的形式效力与法的存续力、拘束力及强制力之间是一般与个别、共性与个性、普遍性与特殊性的关系。其中，法的形式效力属于反映和揭示法的效力之普遍性的概念，而法的存续力、拘束力及强制力则属于反映和揭示法的效力之特殊性的概念。

法一经颁布就会产生形式效力，那么，是否所有的法都应该具有形式效力呢？在民法与行政法领域，分别存在民事合同及行政行为的无效理论与制度。例如，我国《民法典》(2020 年)第 153、154 条就规定了民事法律行为的无效制度。又如，重大且明显违法的行政行为无效，已经为德国、西班牙、日本、韩国等国，以及我国的行政程序立法所规定。在立法上是否也应该存在法的无效理论与制度？根据我国《立法法》(2023 年)第 107、108 条的规定[①]，我国《立法法》并没有规定法的无效制度。限于笔者的阅读范围，也尚未发现哪一个国家或地区建立了法的无效制度。套用行政行为的"完全形式效力说"与"有限形式效力说"理论，世界范围内对于法的形式效力，显然都采用了"完全形式效力说"，即法的形式效力没有界限，所有的法都有形式效力；即使其存在重大且明显违宪或违反上位法的情形，也具有形式效力。世界各国的立法制度作如此的选择，主要是法的无效制度与法的安定性需要相矛盾的结果。

（二）法的形式效力要件

法的形式效力要件，即法产生形式效力的必要条件。法的形式效力要件与法的形式合法性要件相同：其一，法系立法机关制定；其二，法已经对外颁布。按理说，法必须经过民主的程序制定，以充分地表达民意，这也应该是法的形式效力要件之一；但考虑一般民众往往无法知晓法是否经过民主的程序制定，所以不能对法的形式效力要件的要求过高，故在法的形式合法性要件及形式效力要件上只需要满足立法机关制定和法的公布两个条件。笔者关于法的形式效力概念的定义，采用法的"完全形式效力说"而非"有限形式效力说"，即使是重大且明显违法的法律，其也具有形式效力。如果并非立法机关制定的规范性文件，或是立法机关制定的规范性文件没有公布，则视为法的不存在。

在现代社会，无论是大陆法系国家或地区还是英美法系国家或地区，法的形式效力制度都是一种客观的现实存在，其或是为实在法所明文规定，或是隐含于实在法的规定之中。试想，在西方国家，如果法没有形式

① 依据我国《立法法》(2023 年)第 107 条的规定，法律、行政法规、地方性法规、自治条例和单行条例、规章有超越立法权限和下位法违反上位法规定等情形的，由有关机关依照该法第 108 条规定的权限予以改变或者撤销。

效力,又何须法的违宪审查制度的存在?换言之,违宪审查制度的存在就无可辩驳地证明了法的形式效力制度的存在。法的形式效力制度非常重要,法能否在国家与社会治理中积极、有效地发挥作用,很大程度上取决于其形式效力的存在。也正是因为法的形式效力制度,法的价值与功能才得以顺利实现。法的形式效力概念与理论并非学者们主观臆断、凭空杜撰的产物。恰恰相反,它是对法的形式效力这一客观现象的正确反映,是从理论上对法的形式效力制度的科学、合理的诠释。在法理学上,由于法的效力理论研究的滞后,法的形式效力理论与制度的价值及意义尚未引起人们足够的关注。笔者认为,由于法的形式效力理论具有高度的科学性,其应该为世界各国法学理论所接受,以积极有效地指导法治实践。

二、法的实质效力

(一)法的实质效力术语

法的实质效力,是指经过司法程序的审查,法基于其实质合法性而依法产生的法律效力。法的实质合法性与法的形式合法性相对,是指法在实质内容上的合法性,其或是符合宪法、上位法授权之规定,或是符合法律的精神、原则。[①] 总体来说,法的实质效力具有如下几个方面的特征:

第一,法的实质效力具有法定性。同法的形式效力的法定性一样,法的实质效力是依法产生的法律效力,其亦具有法定性。

第二,法的实质效力具有司法程序性。[②] 法的实质效力与形式效力产生的法律程序不同,法的实质效力的产生有其法定的必经程序,那就是司法程序对法的实质合法性的审查和确认;非经司法程序的审查和确认,则法不能产生这一效力。需要特别指出的是,这里所谓的司法程序的审查和确认,一定是已经生效的司法裁判的确认;否则,法的实质效力也无从产生。

---

① 有学者认为,在汉语法学上,法一般不具有抽象的"权利""正义"之类的含义,故"合法性"也只能理解为狭义的形式上的"合法性",即"合法律性"。参见刘杨:《正当性与合法性概念辨析》,载《法制与社会发展》2008 年第 3 期。对此,笔者不能苟同。在司法实践中,如果某一行为因具有合法性而得到司法裁判的支持,那肯定是广义的"合法性"(实质合法性),其或是符合宪法、上位法授权之规定,或是符合法律的精神、原则。故本书中法的形式效力依据之"合法性",是指狭义的"合法性",即"合法律性",而法的实质效力依据之"合法性",则是指广义的"合法性"(实质合法性)。

② 法的实质合法性及实质效力的判断非常复杂,鉴于司法机关的独立和中立的地位、司法人员的高度专业化、司法程序的严格性和公正性等因素的考虑,从理论上来说,可能司法机关通过司法程序对法的实质合法性及实质效力作出判断较为适宜。在美国等西方部分国家,或许基于这样的认识,司法机关被赋予了法的实质合法性及实质效力的判断权。

第三，法的实质效力具有实质性。法一经颁布，就会依法产生形式效力。与法的形式效力产生的法律程序不同，法的实质效力是经过司法程序的审查和确认，法基于其实质合法性而依法产生的法律效力。法的实质效力是司法机关从实体法上对法的效力所作的评价，其以法的"实质合法性"为根据，具有法律上的真实性。法的实质合法性是与法的形式合法性相对而存在的一个概念，其不同于法的正义性。法的正义性，是指人们基于特定的价值尺度对法所作的道德上的判断。也就是说，人们预设了法的正义性之价值标准，而后符合这种价值标准的法即是正当的，或者说其具有正当性。法的实质合法性可以作为法的实质效力的根据，但法的正义性却不能作为法的实质效力的直接依据，否则将导致法律与道德不分。只有经过法定的程序，即司法程序的审查和确认，法的正义性转化为法的实质合法性，其才可以作为法的实质效力的根据。

第四，法的实质效力具有绝对性。与法的形式效力的相对性相比，法的实质效力具有绝对性。法的形式效力具有相对性，其有可能在违宪审查或行政诉讼程序中被否定，故从理论上说，法的形式效力具有相对性而不够稳定。法的实质效力是通过司法程序依法产生的法律效力，故具有相当的稳定性，甚至是绝对性之特征。[①]

第五，法的实质效力具有一般性。法的实质效力并非法的任何一项具体的效力内容，而是法基于其实质合法性而依法产生的"实质有效性"，是对法的存续力、拘束力及强制力的概括和统称，具有法的效力之一般性特征。基于矛盾的普遍性和特殊性原理之分析，法的实质效力与法的存续力、拘束力及强制力之间是一般与个别、共性与个性、普遍性与特殊性的关系。其中，法的实质效力属于反映和揭示法的效力之普遍性的概念，而法的存续力、拘束力及强制力则属于反映和揭示法的效力之特殊性的概念。

（二）影响法的实质效力之因素

影响法的实质效力的因素有哪些？这是一个极具理论意义与实践价值的重大问题。法的实质效力是以法的实质合法性为基础的效力，只有法具有实质合法性，其实质效力才得以产生。总体来说，影响法的实质合法性及实质效力的因素主要有如下几个方面：

第一，法的合法性。立法权必须依法行使，也就是说，立法行为本身应当合法，否则，立法机关所立之法将最终不会产生实质效力。例如，如果立

① 严格地说，法的实质效力之绝对性其实也并不绝对。例如，在违宪审查程序中，原审裁判认为法具有实质合法性，如果因为案件的再审以致生效的司法裁判被撤销，则法的实质效力之法律评价就会发生变化。

法机关越权立法或是立法严重违反法定程序，可导致法被撤销而失去形式效力，其最终当然也就不会产生实质效力。对于一国的法律而言，法的合法性意味着，除宪法外，任何一部法律或某个法律规范要取得实质合法性及实质效力，首先，其制定要有上位法的授权，没有上位法的授权，所立之法必然无从取得实质效力；其次，立法机关制定的法律，其内容必须符合宪法、法律等上位法的规定，不得与之矛盾或冲突。法的合法性内容，主要包括制定主体及其权限合法、立法的内容及立法的程序合法等。

第二，法的正当性。有学者以“法的正义性”术语讨论法的有效性问题①，并将其作为影响法的实质效力的重要因素。笔者认为，“正义”应该是法的价值的最大概括与总结，故本书未采用“法的正义性”术语，而是使用了“法的正当性”这一术语。此处“法的正当性”是指法的内容上的正当性，其属于道德领域的一种应然的存在。法的正当性与法的实质合法性及实质效力密切相关，即法的实质合法性及实质效力并非与道德（价值）无涉。“恶法亦法”与“恶法非法”的说法都不够准确，基于法的安定性等因素的考虑，法也必须是“恶”到一定程度，才能是“恶法非法”，其实质合法性及实质效力得不到承认。当然，法的正当性只有经过司法程序的确认，转化为法的实质合法性，才能作为法的实质效力产生的依据。本书在相关部分反复强调，法的实质效力只能是经过司法程序的审查，法的实质合法性得以确认之后才能产生。

第三，法的合目的性。法的合目的性，主要是指法具有保障公共福祉或公共利益的价值。在 1932 年之前，古斯塔夫·拉德布鲁赫认为法的合目的性至少包括两个方面的含义：个人的“人权”与共同体的“公共福祉”。1945 年之后，随着法的正当性概念实质性扩张至人权的范畴，法的合目的性概念的内涵越来越窄，最终被缩小为公共福祉。② 法只有具有合目的性，才能算是有效的法律。中世纪经院哲学家托马斯·阿奎那曾经指出：“全部法律都以人们的公共福利为目标，并且仅仅由于这个缘故，它才获得法律的权力和效力。”③笔者认为，法的合目的性应该属于法的正当性之一部分，“法的合目的性”之内容完全可以为“法的正当性”内容所涵盖。但是，“法的正当性”与“法的合目的性”毕竟属于两个不同层面的问题。考

① 参见俞道光：《法的效力论的法哲学考察——以自然法学与实证法学的分歧为起点》，贵州大学 2015 年硕士学位论文，第 27～30 页。

② 本书此处所谓的“法的正当性”，原文表述为“正义”。参见雷磊：《再访拉德布鲁赫公式》，载《法制与社会发展》2015 年第 1 期。

③ ［意］阿奎那：《阿奎那政治著作选》，马清槐译，商务印书馆 2011 年版，第 123 页。

虑学者们通常将“法的合目的性”作为影响法的实质效力之因素予以单列这一实际情况，本书也将其予以单列，以便能够便捷、有效地进行学术的对话与交流。

第四，法的安定性。通俗地说，法的安定性即法的稳定性。法只有保持安定或稳定，才能发挥对秩序与安宁的保障作用。拉德布鲁赫认为，法的安定性是法的诸多价值中的首要价值，只有当安定性与正义彻底违背时，法才失去效力。“法律规则的存在比它的正义性与合目的性更重要，正义与合目的性是法律的第二大任务，而第一大任务是所有人共同认可的法的安定性，也就是秩序的安定。”[①]拉德布鲁赫的相关论述被学者们归纳为法的实质效力判断的拉德布鲁赫公式（die Redbruchsche Formel），该公式在审判“二战”德国战犯时得到了广泛运用。

第五，法的技术性。法的技术性，是指法律表达的技术性要求。法律对主体需要及对象规定的表达，实质上就是一套技术规程，如何在技术层面健全法律的规范表达方式，有其特有的技术性要求。[②] 法的一般性、明确、无内在矛盾、统一性、可遵循性、公布或公开、可预期、稳定性，是法的技术性要求的具体体现。法律是否符合这些技术性要求，往往会影响法的实质合法性及实质效力。美国法学家朗·L. 富勒认为，法律之所以能够产生效力，关键就在于法律本身所具有的那些为法律所需要的最为本质的基本特性，即法律本身所具有的“内在道德”。富勒认为，法律应该具有充分的一般性、公开性、明确性、稳定性、不矛盾性、非溯及既往性、法律不得要求不可能实现的事情、官方行为与公布的规则必须一致八条准则。[③] 由此可见，法的技术性要求与富勒所主张的法的“内在道德”在内容上几乎别无二致。

在对法的实质合法性及实质效力的判断上，法的合法性及法的技术性因素的影响比较容易判断。但是，对于法的正当性、法的合目的性及法的安定性因素的影响，作出判断的难度非常大。就法的正当性对于法的实质效力的影响，拉德布鲁赫公式曾经予以精彩的阐释和说明。在《法律的不法与超法律的法》一文中，拉德布鲁赫有这样一段精彩的论述：

“正义和法的安定性之间的冲突是可以得到解决的，只要实在的、通过

---

① 〔德〕G. 拉德布鲁赫：《法哲学》，王朴译，法律出版社2005年版，第74页。此处法的“正义性”，即为本书所谓法的“正当性”。

② 参见谢晖：《论法律效力》，载《江苏社会科学》2003年第5期。

③ 参见王志勇：《法律的“内在道德”的两个维度——再访富勒自然法思想中的一个核心概念》，载《华东政法大学学报》2015年第4期。

命令和权力来保障的法也因而获得优先地位,即使其在内容上是非正义的、不合目的性的;除非实在法与正义之矛盾达到如此不能容忍的程度,以至于作为'非正当法'的法律必须向正义屈服。在法律的不法与虽内容不正当但仍属有效的法律这两种情况之间划出一条截然分明的界限,是不可能的,但最大限度明晰地作出另外一种划界还是有可能的:凡正义根本不被追求的地方,凡构成正义之核心的平等在实在法制定过程中有意地不被承认的地方,法律不仅仅是'非正当法',它甚至根本上就缺乏法的性质。"①

拉德布鲁赫上文所述的"正义",就是本书所说的"法的正当性"。与法的形式合法性及形式效力相比,法的实质合法性及实质效力的法律评价涉及的因素非常之多,难度也非常之大。正因如此,对这一问题的研究具有非常重要的理论与现实意义。

(三)法的实质效力之法律评价

由哪一个主体、通过何种程序对法的实质合法性及实质效力作出评价?世界各国的违宪审查制度,本质上就是法的实质合法性及实质效力的法律评价制度,可以为我们研究和解决这一问题提供有益的借鉴和参考。在当今世界范围内,违宪审查体制通常有四类:一是立法机关审查制;二是宪法委员会审查制;三是宪法法院审查制;四是普通法院审查制。立法机关审查制以英国为代表,因为议会不可能把自己制定的法律规范认定为违宪,如果违宪审查的机关是立法机关,立法机关很难通过自我审查来发现问题并加以改善,也很难确保审查结果的公正性和公信力。宪法委员会审查制以法国为代表,其主要职能就是审查法律规范的合宪性。法国宪法委员会除历任总统外的其他成员,在任命上体现出强烈的分权色彩,并非由一个机构任命,而是由现任总统、参议院议长及国民议会议长分别予以任命。这一任命制度的目的,就是要通过增加和提高违宪审查机构的民意代表性,以有效减少社会各界对于宪法委员会行使违宪审查权之正当性的质疑。宪法委员会审查制属于抽象的、脱离具体案件法律适用的事前合宪性审查模式。这种脱离法律适用的抽象的事前审查模式无法保证已经生效的法律规范能够符合宪法,当已经生效的法律违宪而侵害公民权利和自由的时候,就不能通过这一违宪审查的方式进行救济。宪法法院审查制以德国为典型代表,联邦宪法法院是德国设立的专门行使违宪审查的机构。德

① 〔德〕古斯塔夫·拉德布鲁赫:《法律的不法与超法律的法》,舒国滢译,载中国法学网,http://iolaw.cssn.cn/flxw/200402/t20040226_4589012.shtml。

国宪法法院的法官通过间接选举产生,更多地体现其政治性而非司法性,这与美、日等国最高法院法官的产生有很大不同。普通法院审查制以美国为代表,由于普通法院的法官具有丰富的法律专业知识及丰富的司法实践经验,他们作出的违宪审查判断较之其他非专业人员的判断更具有可靠性、专业性和权威性,违宪审查的结果也会更加符合法律的价值和要求。从理论上来说,普通法院审查制和宪法法院审查制较为科学、合理。至于一国究竟应该选择哪一种审查模式,则应根据各国的不同国情及历史文化传统等因素综合考虑。

如前所述,法的实质合法性及实质效力评价,包括但不限于违宪审查,法官的每一次司法活动,其实都是对法的实质合法性及实质效力予以法律评价的过程。法作为一个由概念、规范、原则等要素共同组成的多层次的综合体系,规范内部、规范与规范之间、原则与原则之间的关系非常复杂,相互之间均可能产生矛盾。法官在司法活动中对法律的选择适用,其实已经涉及法的实质合法性及实质效力的法律评价问题。这样的法的实质合法性及实质效力评价制度,是隐含于实在法制度之中的,笔者称为"隐性的"法的实质合法性及实质效力评价制度。法的实质效力是以法的实质合法性为基础的效力。一般而言,法的实质合法性要件主要包括以下几个方面:(1)立法机关合法;(2)立法机关立法权限合法;(3)立法程序合法;(4)法已经对外颁布;(5)法的内容符合宪法或其他上位法的规定;(6)法具有正当性;(7)法具有合目的性;(8)法符合其技术性之要求。换言之,法在形式上具有一般性、公开性和稳定性,在内容和逻辑上具有明确性、系统性和可行性等。① 对于法的实质合法性及实质效力的判断,要结合法的合法性、法的正当性、法的合目的性、法的技术性及法的安定性等诸多因素综合考量,这其实是一项非常复杂的工作,具有相当的专业性,非专业的司法机关根本无法胜任。因此,从理论上来说,唯有司法机关通过司法程序的审查,才能对法的实质合法性及其实质效力作出判断。法的实质效力必须经过司法程序对法的实质合法性的审查、确认之后才能产生,故法

① 朗·L.富勒认为,法律的道德有内在道德和外在道德之分。关于法律的内在道德,富勒提出了八条准则:充分的一般性;公开性;明确性;稳定性;不矛盾性;非溯及既往性;法律不得要求不可能实现的事情;官方行为与公布的规则必须一致。参见王志勇:《法律的"内在道德"的两个维度——再访富勒自然法思想中的一个核心概念》,载《华东政法大学学报》2015年第4期;〔美〕朗·L.富勒:《法律的道德性》,郑戈译,台北,五南图书出版股份有限公司2010年版,第87页。根据本书关于法的形式合法性及实质合法性概念的定义和区分,富勒所谓的"内在道德"中的法的公布或公开,属于本书法的形式合法性内容和要求之一;"内在道德"中的其他内容,则属于本书法的实质合法性之范畴。

的实质效力要件亦同法的实质合法性要件。但是,法的实质合法性与法的实质效力的含义及法律意义不同,二者并不能等同。

法的实质效力是与法的形式效力相对而存在的一个概念,其以法的自由与公正价值为目标,在保障国家立法权的合法有效运行、保护公民的合法权益及维护公共利益等方面发挥着极为重要的作用。与法的形式效力相同,法的实质效力或是隐含于实在法所规定的制度之中,或是为违宪审查等相关立法所明确规定。例如,西方国家的违宪审查制度,就是一种法律上非常明确的对法的实质合法性及实质效力予以审查的制度,笔者将其称为“显性的”法的实质合法性及实质效力评价制度。同法的形式效力概念与理论一样,法的实质效力概念和理论也并非学者们主观臆断、凭空杜撰的产物,而是从理论上对法的实质效力这一法律现象的正确反映,是对客观存在的法的实质效力制度的科学、合理的诠释。令人遗憾的是,多年来,法的实质效力问题在理论界与实务部门并未引起应有的重视。本书秉承分析实证法学的基本立场和方法,同时又合理吸纳了自然法学及社会法学的合理因素,对这一问题在此予以初步分析和探讨。

三、法的效力之“两质态论”

宪法之外的一般法律,都会存在形式效力与实质效力的问题。[①] 对于宪法而言,情况却有些特殊。宪法作为自我授权的最高法律规范,其本身是否也存在形式效力与实质效力区分的问题呢?就宪法的产生而言,总体上来说存在两种不同的情形:一种是通过所谓的革命而建立新的国家,继而由新建立的国家制定新的宪法;另一种是因为社会历史条件发生了变化,为了适应新的形势和变化而重新制定或修改宪法。对于通过革命新建国家所制定的宪法,制宪机关颁布宪法以后,宪法就具有了最高效力。普通法律的制定权源于宪法或其他上位法的授权,宪法乃一国效力最高的法律。制定宪法的制宪权又源于何处?制定宪法是在创建新国家的基本秩序,因而制宪权是超越实在法的。制宪权不受任何法律秩序的约束,其本

① 关于法的形式效力与法的实质效力概念的不同定义及区分,参见庞凌:《法律实质效力论析》,载《江南大学学报(人文社会科学版)》2003年第4期。姚建宗教授曾经提出和使用“法律的形式效力”与“法律的实质效力”这样一对范畴,法律的形式效力,是指法律基于形式合法性而产生的效力;法律的实质效力,是指法律基于其实质合法性而产生的效力。由于姚建宗教授对于法律的形式合法性与实质合法性概念的定义与本书法的形式合法性及法的实质合法性概念的定义不同,其使用的法律的形式效力与法律的实质效力概念与本书使用的法的形式效力及法的实质效力概念也有着明显的差别。参见姚建宗:《法律效力论纲》,载《法商研究(中南政法学院学报)》1996年第4期。

身并不存在实在法上的合法性问题。制宪权来自政治实力,是实际政治力量对比的产物。制宪权乃是政治社会的最高权力,其并非源于国家权力,而是一种事实上的政治权力。准确地说,制宪权实质上是一种权威,而非一种简单的权力。从语义学的角度来看,“权威”由“权力”与“威势”构成。“权威”就是人们对权力的服从与支持。制宪权本质上是一种政治权威,该权威的存在保证宪法在现实生活中得到公众认同而具有正当性,为宪法的制定及其效力提供依据和前提。正因如此,宪法才能够成为自我授权的具有最高效力的法律规范。宪法的这种效力既是形式上的,也是实质上的。作为最高的法律规范及实际政治权力的产物,没有更高的法律规范能够对宪法予以法律评价,故这样的宪法不存在形式效力和实质效力的区分问题。在一国彻底废止原宪法而重新制定新宪法时,亦属于这一情况。[①]对于宪法的修改而言,情况则有所不同。宪法修改后一经颁布就会产生形式效力,但是否会产生实质效力,还要看宪法修改的过程是否符合法定程序及旧宪法关于相关内容不得修改的规定。

法在颁布以后,基于法的安定性及社会秩序的需要,首先必须依法产生形式效力,法的形式效力是法的效力产生与发展的第一阶段。在西方国家,基于保护公民权利与自由的需要,如果社会主体对于法的形式效力有异议,可以提起违宪审查或行政诉讼等以寻求司法救济。经过司法审查,具有实质合法性的法依法产生实质效力。此时,法的形式效力成功地转化为实质效力,法的形式效力不复存在,法的实质效力开始凸显。经过司法审查,不具有实质合法性的法,则因为被撤销等原因而失去形式效力,当然也就不会产生实质效力。因此,实质效力是法的效力发展的第二阶段,但并非必然的发展阶段。由于被提起司法审查的法毕竟只是少数,绝大多数的法,其效力都将处于第一阶段而不会发展到第二阶段。只有社会主体对法的形式效力有异议而提起司法审查,法的形式效力才有可能发展到实质效力阶段。如果社会主体对法的形式效力予以认同,不提起司法审查则法将永远处于形式效力阶段,并以形式效力的形式持续地发挥作用。因此,法的实质效力固然非常重要,却并非法的效力发展的必然阶段。法的形式效力与实质效力的转化,一般就是指法的形式效力向实质效力的转化。在极为特殊的情况下,才存在法的实质效力向形式效力转化的

---

① 如美国1789年《美利坚合众国宪法》对原1776年《邦联条例》的“修改”,其实就是属于重新制定宪法的情形,而类似我国“七五宪法”“七八宪法”“八二宪法”,实际上都是“全面修改”,而非真正意义上的重新制定。参见 Constitution of the United States of America in 1789; Articles of Confederation in 1777。

问题。例如,曾经确认某一法律文件合法有效的判决被依法定程序撤销,则经其确认合法有效(产生实质效力)的法律文件又重新回到了形式效力的性质及形态。

法的形式效力与实质效力这一对重要的概念,属于反映和揭示法的效力之普遍性的范畴,笔者称为法的效力之“两质态论”。法的形式效力与实质效力实际上就是法的“形式有效性”与“实质有效性”,而并非法的任何一项具体的效力内容。基于矛盾的普遍性与特殊性关系原理之分析,法的形式效力与实质效力是对法的存续力、拘束力及强制力的概括和统称。法不仅应该具有形式效力,而且应该具有实质效力,努力实现法的形式效力与实质效力的完美统一,才是法的效力之理想状态。[①] 努力追求法的形式效力与实质效力的统一,乃是法治实践的根本要求。

第二节 法的存续力、拘束力及强制力

一、法的存续力

法的存续力,即非因法定事由并经法定程序,不得对法予以撤销、修改或废止的法律效力。其一,法的存续力的约束对象是公权力机关,并且是有实际权能对法予以撤销、修改和废止的公权力机关,具有特殊性;其二,法的存续力的内容是非因法定事由并经法定程序,不得对法予以撤销、修改或废止;其三,法的存续力是法的拘束力和强制力之基础与前提;其四,法的存续力之价值与功能在于保障法得以持续、合法地存在。

在理论上,法的存续力属于法第一层次的基础性效力,是法的拘束力和强制力得以发挥作用的基础和前提,其在整个法的效力体系中具有基础性地位。法的存续力必然以实在法为依据,出自实在法的规定。我国《宪法》《立法法》关于宪法、法律、行政法规、地方性法规和规章等撤销、修改或废止的规定,就是法的存续力的具体体现。法的存续力是法的安定性之根本要求,不同效力层级的法,其存续力的强度不同,法的存续力的强度与法的制定程序的严格程度呈正相关。宪法、法律,再到行政法规和规章,其存续力的强度呈不断减弱的趋势。另外,只有国家制定的成文法才有存续

① “一般来说,在现代社会,立法者既追求法律的形式合法性,又追求法律的实质合法性,以二者获得最佳的统一为目标;特别是对法律的实质合法性的追求,更是立法者始终不渝的着力点。……现实中法律最大限度也只能是最大程度的实质合法性与完全的形式合法性相统一的法律。”姚建宗:《法律效力论纲》,载《法商研究(中南政法学院学报)》1996 年第 4 期。

力问题,习惯法并不存在存续力的问题。

因为法具有形式效力与实质效力之分,法的存续力亦有形式存续力和实质存续力之分。法的形式存续力,是指法基于其形式合法性而依法产生的存续力;法的实质存续力,是指法经过司法审查,基于其实质合法性而依法产生的存续力。法的形式存续力向实质存续力转化的途径,就是司法机关通过司法审查程序对法的实质合法性进行审查和确认。法一经颁布就会产生形式效力,此时其存续力为形式存续力。在西方国家,当法被怀疑违宪或违反上位法等而导致司法审查时,如果其最后被认定实质合法有效,则形式效力转化为实质效力,其形式存续力也就转化为实质存续力;如果其没有实质合法性而被宣布无效或撤销,则将失去形式存续力,自然也不会产生实质存续力。法的形式存续力具有法定性、立法程序性、形式性、相对性等特征,而法的实质存续力具有法定性、司法程序性、实质性及绝对性等特征。区分法的形式存续力与实质存续力的意义在于:一方面,可以从理论上将两种不同性质的存续力区别开来,使人们清晰地看到法是否因其可以被撤销、修改或废止而稳定性不同,指导法的废、改、立;另一方面,对于部门法法律行为存续力之理论与实践,亦具有重要的指导和借鉴意义。

二、法的拘束力

法的拘束力,是指法基于其内容依法产生的,约束和要求社会主体履行法律义务的法律效力。从字面上理解,“拘束力”与“约束力”大致同义,但法的约束力不同于法的拘束力。法的效力就是法所固有的,在特定的时空范围内对人所产生的法律“约束力”。是故,“法的约束力”与“法的效力”含义基本相同。法的“拘束力”特指法的内容效力,不包括法的存续力和强制力。其一,法的拘束力以不特定义务人为约束对象;其二,法的拘束力是根据法的内容而产生的法律效力;其三,法的拘束力之价值与功能在于宣示法律义务之要求,敦促法律义务的实现。根据符号学之语义学原理,术语作为语言符号,其必须能够准确地揭示和反映其所代表的事物之本质及其特征,即术语必须准确地反映和揭示事物的指称意义。本书对拘束力的定义,应该说是符合符号学之语义学原理的基本要求的。

法的拘束力概念表达的是法对人们的行为具有利导性和义务性规范的概念,无论是享有权利还是负担义务,都必须按照法律的规定行事。法总是通过设定一定的行为模式来引导人们的行为,促使人们实现权利、履行义务。一般来说,法包括以下几种行为模式:第一,允许,即可以这样行为。这是授权性规范,如人们对自己财产的占有、使用、支配、处分的权利。

第二,应当这样作为。这是命令性规范,如纳税人应当纳税的规定。第三,禁止这样行为。这是禁止性规范,如禁止犯罪,否则将会受到刑事责任追究。命令性规范和禁止性规范统称义务性规范,义务性规范的拘束力毋庸置疑,人们必须服从,否则就要承担法所预设的不利法律后果,通常人们对这种法的拘束力的感受比较明显。在授权性规范的情况下,法也规定了其行为模式,法确认、保护甚至鼓励人们的权利行为,但是这种行为也要在法定的框架内进行。任何权利都是有边界的,任何人不得滥用。没有无权利的义务,也没有无义务的权利。拘束力是法律力量的内容和外在表现,其体现了人们遵守法律义务之要求,是人们必须履行义务的直接原因。

法的拘束力之约束对象是一般意义上的义务人,而法的存续力的约束对象则是有权撤销、修改或废止法的公权力机关,其具有特殊性。法的拘束力的价值与功能在于约束和保障义务人履行法律义务,法的存续力的价值与功能在于保障法的持续、合法存在。法的拘束力的产生以存续力为基础和前提,与其同时或在其之后产生。由于法的拘束力与存续力的约束对象、价值与功能、产生的时间和条件均不相同,故法的拘束力与存续力可以有效地区别开来。在法的存续力、拘束力及强制力三个效力中,拘束力为存续力之后(或同时产生)的第二层次的效力,也是法的核心效力。法的拘束力义务的实现,对于一个国家的法治至关重要;法律权威的树立,则是保障拘束力义务得以有效实现的必要条件。"权威"具有"权力""权势""威严""威势"等含义,"权威"也就是一种正当化的权力,是人们对权力的自愿服从和支持。所谓法律具有权威,是指法律为人们所信仰,法律在一个国家或社会整体机制中居于至高无上的地位,国家与社会生活的调整和规范均以法律为根本依据。法律之所以能够得到遵守,其中最根本的原因还在于法律权威。任何一种法都有赖于权力的支撑,但要使法能有效地运行,仅有权力是不够的,还需要权力的合法化——权威。

与法的存续力同理,法的拘束力也有形式拘束力和实质拘束力之分。法的形式拘束力,是指法基于其形式合法性而依法产生的拘束力;法的实质拘束力,是指经过司法程序的审查和确认,法基于其实质合法性而依法产生的拘束力。法的形式拘束力向法的实质拘束力转化,也是司法机关通过司法程序对法的实质合法性的审查和确认来实现的。法的形式拘束力具有法定性、立法程序性、形式性、相对性等特征,而法的实质拘束力则具有法定性、司法程序性、实质性、绝对性等特征。法的形式拘束力与实质拘束力区分的意义在于:一方面,可以从理论上有效地把法对于义务人的两种不同性质的拘束力区别开来；另一方面，对于部门法法律行为拘束力的理论与实践具有重要的指导意义。例如，形式合法的行政行为对司法裁判仅仅具有形式拘束力，一般不得作为司法机关裁判案件的直接依据；但是，经过司法程序的审查和确认，行政行为具有实质合法性的，则其对于司法裁判具有实质拘束力，法院应该以之作为司法裁判的依据。依法应确认无效或撤销的行政行为，因其不具有实质合法性而不能作为司法裁判的依据。

三、法的强制力

所谓法的强制力，是指在义务人违反或拒不履行法的存续力或拘束力义务时，由有权机关采取相应的措施，以保障法的存续力或拘束力义务得以实现的法律效力。其一，法的强制力乃是保障法的存续力或拘束力义务得以实现的手段，强制性和保障性是其最为本质的特征。其二，法的强制力在内容构成上，既保障法的拘束力义务的实现，也保障法的存续力义务的实现。保障法的存续力义务的实现，其实也是为了从根本上保障法的拘束力义务的实现。一般来说，学者们论及法的强制力，就是保障法的拘束力义务的实现。其实，保障法的存续力义务的实现也是法的强制力的重要内容之一，而这一点却经常为人们所忽视。其三，法的强制力产生的前提条件是义务人违反或拒不履行存续力或拘束力之法定义务。其四，法的强制力体现了法律义务实现的强制模式。法律义务的实现有强制模式与非强制模式之分，法的强制力体现了法律义务实现的强制模式。一方面，义务人慑于法律的规定和要求，主动履行权利义务，这是法的拘束力作用的体现。① 在法律义务的履行上，法律制裁的威胁或法律上的奖励之诱导，以及他人的看法、个人的道德价值观等，都会影响人们对法律的遵守；或是义务人对法律的认同，或是因为法的强制性之威慑与诱导，从而保障了义务人遵守法律的义务。② 另一方面，在义务人拒不遵守和不履行法律义务

---

① 法具有心理威慑作用，义务人在心理威慑作用下履行法律义务，属于法的社会心理效应，其并非属于法的强制力的范畴，而是属于法的拘束力的范畴。如果把这种心理效应也理解为强制力，则法律与道德将无法区分。参见周永坤：《论法律的强制性与正当性》，载《法学》1998 年第 7 期。

② 关于人们为什么会遵守法律这一问题，存在工具主义和规范主义两种观点。工具主义论者认为，人们在行动之前，会根据自己遵守法律是否会受到激励或惩罚来决定自己应该如何行动。规范主义论者则认为，人们遵守法律是心甘情愿的，与触犯法律是否会受到惩罚的风险没有关系。人们对法律的遵守，是以他们对法律的合法性认同为基础的。“如果他们认同法律和司法机关的合法性，他们就会遵守的，他们就会接受这些裁决。”参见〔美〕汤姆·R.泰勒：《人们为什么遵守法律》，黄永译，中国法制出版社 2015 年版，第 3、4、306 页。

时,法的强制力开始显现并发挥作用。通过依法组织的国家强制力迫使义务人履行义务,这正是法的强制力的具体体现。①

作为一种特殊的行为规范,法是由国家制定或认可的,其对全体社会成员具有普遍的强制约束力。虽然说任何一种社会规范都不同程度地具有一定的强制性,但法的强制力是以国家政权的名义表现出来的,与其他社会规范的强制力明显不同。正是因为有了国家政权的强制力这一强大的后盾,法在其效力范围内才得到了整个社会的普遍遵从。如果没有依法组织的国家强制力保证实施,法律就会变成一纸空文。"就人类是一种有限的理性存在者而言,必须有一种强制性的东西强迫他服从,这对于法秩序而言是必不可少的。"②从应然上说,依法组织的国家强制力即为法的强制力,其乃是法的效力的重要组成部分;从实然上说,法的效力并非必然表现为国家强制力。法虽然具有强制力,却并非意味着每一个法律规范的实施都要借助于法的强制力。在法律实施过程中,法的强制力常常备而不用,"无所在,无所不在"。在很多场合,法的强制力并不发生作用,而是处于一种潜在力量的状态;但是,法如果没有强制力保障,则法的其他效力也必然荡然无存。

法的强制力是以强制手段保障法的存续力或拘束力义务得以实现,但法的强制力并不等同于纯粹的暴力。例如,根据我国《行政复议法》(2017年)第34、36条的规定,在复议机关等拒不履行《行政复议法》的义务时,应该采取相应的措施迫使其履行义务,这便是《行政复议法》强制力的具体体现。③ 其中的诸多措施,如警告、记过、记大过的行政处分,就不是纯粹的暴力手段。法的强制力中的暴力手段突出表现在对人身、行为或财产等的强制执行上。然而,这毕竟只是法的强制力的一个方面或一个极小的

---

① 从理论上来说,"法治"就是"法的统治",国家权力也必须接受"法的统治"。因此,国家强制力也必须是依法组织方能行使的,否则其就是非法的。从应然层面来说,法的强制力就是国家强制力,国家强制力也就是法的强制力。

② 吴彦:《法、自由与强制力——康德法权学说的基本语境与架构》,吉林大学2012年博士学位论文,第154页。

③ 我国《行政复议法》(2017年)第34条规定:"行政复议机关违反本法规定,无正当理由不予受理依法提出的行政复议申请或者不按照规定转送行政复议申请的,或者在法定期限内不作出行政复议决定的,对直接负责的主管人员和其他直接责任人员依法给予警告、记过、记大过的行政处分;经责令受理仍不受理或者不按照规定转送行政复议申请,造成严重后果的,依法给予降级、撤职、开除的行政处分。"第36条规定:"被申请人违反本法规定,不提出书面答复或者不提交作出具体行政行为的证据、依据和其他有关材料,或者阻挠、变相阻挠公民、法人或者其他组织依法申请行政复议的,对直接负责的主管人员和其他直接责任人员依法给予警告、记过、记大过的行政处分;进行报复陷害的,依法给予降级、撤职、开除的行政处分;构成犯罪的,依法追究刑事责任。"

部分。如果一个国家的法仅仅依靠暴力系统来维护,法就成了纯粹的暴力,这是万万不能的。

在法的存续力、拘束力及强制力三个效力中,法的强制力系第三层次的效力,属于法的保障性效力之范畴。尽管强制模式在法律义务实现过程中发挥着重要的作用,但如果国家机关经常使用强制的手段迫使人们遵守法律,那就需要耗费大量的人力、物力。反之,如果人们能够自觉遵守法律,则耗费的人力、物力就相对要少得多。法的强制力的使用不仅成本高昂,而且在很多时候也很难取得良好的效果。因为人们如果仅仅是被迫服从法律,而不是内心形成对法律的尊重和信仰,这样的法律秩序就很难维持下去。因此,过多地使用法的强制力,并不是法律义务实现的理想方式。法律义务的实现受道德、人性、经济、文化等多方面因素的影响和制约,需要社会舆论、法治观念、伦理道德等多种手段予以保障。法的强制力并不是保障法律义务实现的最佳选择,而是最终的保障手段。

需要特别强调的是,法的强制力乃法律体系之内的效力,而绝非法律体系之外的保障性力量。准确地说,国家强制力,如军队、警察、法庭、监狱等有组织的国家机关,都应该是依法组织起来的,属于法的内在之物,而非法的外在之物。法的效力之逻辑技术因素其实还包括自身的保障机制,即法的强制力。"法律效力的来源应当是来自于法律体系的内部,即来自于法律自身。"①"依据法治主义理论逻辑,整个国家机构(包括警察、司法机关和军事机关在内的国家机关之总和)都是依法产生和组织而来的,否则,这些国家机关或所谓的国家机器就无权据以合法的治理和管理社会。在这里,法律的规范性已经是一种先在的力量;这类法律(指组织国家机构的各种宪法性法律)在逻辑上其社会有效性是先于有待组织起来的各种具体的国家机关而存在的。"②如果错误地认为法的强制力乃法律体系之外的国家强制力,则"法律就极有可能变成国家机关掌中的游戏规则,为其所任意操作和使用,使法律丧失任何的法治文化效用和法治价值"③。正因如此,国家强制力应该是依法组织、形成的国家强制力,国家强制力应该就是法的强制力。

与法的存续力、拘束力同理,法的强制力也有形式强制力和实质强制

---

① 沈克非:《探寻法律效力的来源——分析实证法学之理论述评》,载《河北法学》2012 年第 4 期。

② 梁忠前:《法效力的逻辑探寻——法律效力的文化辨析》,载《法律科学(西北政法学院学报)》1998 年第 1 期。

③ 梁忠前:《法效力的逻辑探寻——法律效力的文化辨析》,载《法律科学(西北政法学院学报)》1998 年第 1 期。

力之分。法的形式强制力，是指法基于其形式合法性而依法产生的强制力；法的实质强制力，是指法经过司法审查，基于其实质合法性而依法产生的强制力。法的形式强制力向实质强制力转化，需经司法机关对法的实质合法性的审查和确认。法的形式强制力具有法定性、立法程序性、形式性及相对性等特征，而法的实质强制力则具有法定性、司法程序性、实质性及绝对性等特征。区分法的形式强制力与实质强制力的意义在于：一方面，可以从理论上有效地把法对于义务人的两种不同性质的强制力区别开来；另一方面，对于部门法法律行为强制力的理论与实践具有重要的指导意义。例如，就行政行为的强制执行而言，为了防止错误的强制执行给相对人造成无法挽回的损失，对于具有形式合法性的行政行为，一般不得赋予强制执行力；只有经过司法程序的审查和确认，行政行为具有实质合法性，其才能被依法赋予强制执行力。

法的存续力义务与拘束力义务，或是由义务人自觉遵守和履行，或是由法的强制力作为最终的保障而实现。那么，法的强制力又由何种力量予以保障？梁忠前教授的一段精彩而深刻的论述，或许有助于我们理解和认识这一问题：

“法律的效力问题，实质上是一个法在人类生活中的现实有效性问题。……法律的普遍有效性及其强制性或强行性，都是以这种社会公共物质、文化生活的客观结构关系和社会责任连带关系为其实在基础和逻辑根据的。法律的普遍有效性在最根本意义上是受到人类社会公共生活结构关系和自然秩序的双重限定、约制和保证的。奥地利当代著名的国际法学家阿·菲得罗斯认为，法律的强行性或强制性，直接决定来自社会对公共秩序的客观要求。他提出：‘在每个法律秩序中，都有一些原则属于公共秩序，因而构成了它的强行法。’”①

四、法的“三效力说”

在法的效力内容之具体构成上，法有存续力、拘束力及强制力，本书称为法的“三效力说”，其属于反映和揭示法的效力之特殊性的理论。法的存续力、拘束力及强制力作为法的三项不同的效力，其内容与地位、产生的时间和条件、价值与功能及保障与实现的机制均不相同，每一项效力都有其特定的内涵及法律意义，它们之间相互独立，不存在内涵的交叉或重叠

① 梁忠前：《法效力的逻辑探寻——法律效力的文化辨析》，载《法律科学（西北政法学院学报）》1998 年第 1 期。

的现象。对法的效力而言,存续力是前提和基础效力,拘束力是目的与核心效力,强制力是手段与保障效力,存续力、拘束力及强制力之间互相支持、互相依存,共同保障了法的效力内容上的和谐统一。法的存续力、拘束力与强制力作为一个内在联系、有机统一的整体,有效地揭示和反映了法的效力的所有内容。

第三节　法的普遍性效力与个别性效力

一、法的效力与法律效力

在法理学上,法律效力是非常重要的概念之一。法律的整个运行过程,几乎都是以法律效力为基础的。在汉语语境中,法律效力的含义非常丰富,根据学者的归纳,其至少有以下几个方面的含义:一是指“法律的效力”或“法的效力”。这里的法律,仅指宪法、法律、行政法规、规章等规范性法律文件,而不包括行政行为、司法裁判等非规范性法律文件。二是指法院等司法机关依法作出的裁判文书所具有的法律上的效力。三是指合法的民事行为被法律所认可的效力,即民事行为的“法律上认可的效力”。[①] 应该说,这一总结基本上概括了传统法律效力概念的不同含义。此外,行政行为依法产生的法律上所认可的效力,当然也属于法律效力的范畴。由此可见,法律效力的含义在不同语境中其实有着多重的指向。在上述三种含义中,第一层含义,即“法律的效力”或“法的效力”,其实也可以说是属于“法律上的效力”;第二层、第三层含义,当然也都属于“法律上的效力”的范畴。在“法律的效力”或“法的效力”已有专门的术语“法的效力”予以表述的前提下,本书将法律效力定位于“法律上的效力”,以与“法的效力”相区别。法律效力,即“法律上的效力”,是指规范性法律文件(法律)及非规范性法律文件、法律行为等对调整对象所依法产生的法律上的约束力。其一,法律效力是法对规制对象所依法产生的法律上的强制约束力;其二,法律效力的载体包括法律、行政法规、规章等规范性法律文件,行政决定、司法裁判文书等非规范性法律文件,以及各种法律行为等诸多类型。

法律效力与法的效力并不等同。法的效力的载体是法,特指法本身所固有的,在一定的时空范围内对调整对象所产生的约束力。法律效力与法的效力之间的区别还是很明显的:一是载体不同。法律效力的载体包括规

---

① 参见张根大:《法律效力论》,法律出版社 1999 年版,第 7 页。

范性法律文件、非规范性法律文件及法律行为等诸多类型；而法的效力的载体仅仅是法律，法的效力实际上就是指法律的效力。凡非法律者，如行政行为，司法之判决书、调解书、裁定书，以及民事合同等，其虽具有法律效力，是法律效力的载体，但却并非法的效力之载体。二是在规范性方面有所不同。在法律效力概念中，法律规范的效力具有规范性，非规范性法律文件及法律行为不具有严格的规范性，而法的效力都具有规范性。二者之间的联系在于：其一，法的效力其实就是法律效力的一部分，当法律效力的载体是法律时，其就是指“法的效力”。其二，非规范性法律文件、法律行为等所具有的法律效力，在本质上其实就是法的效力，是法的普遍性效力于具体法律事实上的具体体现。以民事合同为例，民事合同本身并没有法律效力，其效力源于合同法等法律的赋予和认可。民事合同的效力系合同法的普遍性效力在民事合同上的具体体现，其属于法的个别性效力之范畴。

从表面上来看，法律效力的载体包括规范性法律文件（法律）及非规范性法律文件、法律行为及其他具有法律意义的行为。从实际上来说，法律效力只有一个载体，那就是行为（法行为）。马克思曾经深刻地指出：“法就其本性来说，是以人的行为为对象的规范。法对社会关系进行调整，实际上是对社会关系中的人的行为进行调整。法是以人的行为为对象、针对人的行为而设计的行为规范。人的行为是法律规范唯一的调整对象。除了行为之外，法律别无客体。”[①]在法理学上，法律行为是指“法上之行为”，即为法律调整、具有法律意义的一切行为。在民法学上，法律行为则是指民事主体以意思表示为要素，旨在间接或直接创设、变更或消灭民事法律关系的行为。在行政法学上，法律行为是指行政主体基于行政职权的意思表示发生法律效果的行为。为了与部门法上的法律行为相区别，本书以“法上之行为”代替法理学上的法律行为概念。在部门法上，法律行为系指基于公法或私法上的意思表示发生公法或私法效果的行为。规范性法律文件是法律规范的载体，与法律规范是形式与内容的关系。从根本上来说，规范性法律文件乃是立法行为的产物，非规范性法律文件等派生文件则是法的实施行为的产物。因此，离开了行为，就绝没有规范性法律文件和非规范性法律文件的存在，潜藏在其背后的，正是立法行为和法的实施行为。是故，立法行为和法的实施行为才是规范性法律文件与非规范性法律文件的本质所在。

---

① 《马克思恩格斯全集》（第1卷），人民出版社1956年版，第16~17页。

二、法的普遍性效力

法的普遍性效力，即普遍性法律效力，包括规范性法律文件的效力及非法律性质的规范性文件的效力。普遍性法律效力主要是指规范性法律文件的效力，如宪法、法律、法规和规章等，在我国属于规范性的法律文件，其效力就属于普遍性法律效力的范畴。规范性法律文件具有强烈的规范性，具有一般性、概括性、普遍性以及对不特定的对象可以反复适用的特征。此外，法律之外的其他规范性文件的效力，其为法律所认可，也属于普遍性法律效力的范畴。[①] 例如，立法机关、行政机关及司法机关制定的其他规范性文件，本身并不属于法律的范畴，而是属于非法律性质的规范性文件，其效力也应该属于普遍性法律效力的范畴。对于规范性法律文件而言，法律规范占据主导地位，通过行为模式、条件假设、法律后果的设定，法律规范具有严密的逻辑结构，这是其最为显著的标志。其他规范性文件的效力与规范性法律文件的效力尽管在某些方面的特征极为相似，但在效力性质方面还是存在本质的不同。其他规范性文件本身并不属于法律，其法律效力系为法律所认可的效力；规范性法律文件本身属于法律的范畴，其效力为法律所固有的。例如，《宪法》（2018 年）序言部分规定："本宪法以法律的形式确认了中国各族人民奋斗的成果，规定了国家的根本制度和根本任务，是国家的根本法，具有最高的法律效力。"这里的法律效力，显然是指《宪法》的普遍性效力。

三、法的个别性效力

法的个别性效力，即个别性法律效力，是指非规范性法律文件或其他法律上的各类行为依法产生的法律效力。个别性法律效力是与普遍性法律效力相对而存在的一个概念。个别性法律效力在本质上也应该是法的效力，其属于法的个别性效力之范畴。法的个别性效力，是指法对特定的社会关系进行个别调整而依法产生的法律效力，其以非规范性法律文件或（法律）行为为载体，在法律效力上具有个别性、具体性之特征。如果我们说某一非规范性法律文件合法有效，如行政决定合法有效，则其具有的法律效力就属于法的个别性效力。如果我们说某一合同合法有效，则其法律

① 基于我国目前的法律制度，行政规章以下的行政规范性文件并不属于法的范畴；但从法理上来说，行政规章以下的行政规范性文件也应该属于广义的法的范畴。在本书中，笔者将行政规章以下的行政规范性文件所具有的法律效力，亦当作法的效力看待，属于法的普遍性效力之范畴。

效力也属于个别性法律效力的范畴。个别性法律效力的功能和意义就在于保障法的普遍性效力的实现,如果没有法的个别性效力,则法的普遍性效力也将无从实现。例如,《民法典》(2020 年)第 465 条规定:“依法成立的合同,受法律保护。依法成立的合同,仅对当事人具有法律约束力,但是法律另有规定的除外。”这一规定针对的对象是不特定的合同,其在法律效力上具有一般性、概括性、普遍性及对不特定的对象可以反复适用等特征,属于普遍性法律效力的范畴。这一规定的普遍性效力,只有通过具体合同体现出的法的个别性效力才能实现。非规范性法律文件,是指国家机关适用法律规范对特定的社会关系进行个别调整形成的法律文件,如行政决定、司法判决书、逮捕证、公证书等。非规范性法律文件虽然是法律效力的载体之一,但非规范性法律文件自身并非法律,其法律效力源于法律规范,是法律规范赋予其法律效力的结果。规范性法律文件的效力是法律所认可的效力,其也具有普遍性,作用的对象是不特定的,权利义务的内容也是概括的。与规范性法律文件不同,非规范性法律文件的法律效力具有个别性、具体性和非反复适用性等特征。非规范性法律文件基本上属于公法上法律行为的范畴。如行政处罚,就是典型的行政法律行为。

此外,私法上的法律行为也是法律效力的载体之一,如民事合同就是典型的民事法律行为。在公法和私法上,还存在大量的事实行为。事实行为并非就没有法律效力,事实行为也是法律效力的载体之一,但也并非所有的事实行为都有效力,只有表意事实行为才具有效力。表意事实行为具有存续力,特定的表意事实行为在特定情况下还具有拘束力。例如,在民事合同订立过程中,尚未成立合同的意思表示属于表意事实行为,其也具有法律效力,对行为人具有存续力及拘束力。

第二章　法哲学视域下的行政行为效力

行政行为效力本质上就是法的效力,是法的普遍性效力在行政行为上的具体体现和表现形式,属于法的个别性(特殊性)效力之范畴。行政行为之成立、无效或有效,以及生效与否等法律评价制度,正体现了法律对行政行为的规范和控制。行政行为效力的本质问题是行政行为效力研究中的基础性、根本性问题,其构成了对行政行为效力内容及效力形态问题深入研究的基础和前提。对行政行为效力来源问题的研究,则有助于进一步深化对行政行为效力本质的认识。本章关于行政行为效力本质等问题的研究,旨在为行政行为效力内容及形态等问题的研究奠定必要的法哲学基础。

第一节　行政行为效力的本质探寻

一、中国行政法术语之行政行为

在现代汉语中,行政行为是一个偏正词组,由“行政”对于“行为”的修饰限定而成。因此,行政行为的含义,基本上由“行政”和“行为”两个语词的含义所确定。在现代汉语语境中,行政行为是一个含义较为宽泛的概念。在中国行政法上,学者们关于行政行为概念的理解和认识五花八门,争论不已。① 为结束分歧,学者们提出了统一行政行为概念的两条路径,即建立狭义型和广义型的行政行为概念。前者主张借鉴德、日等国的行政法学说及立法成果,扩大行政行为的内涵及限缩行政行为的外延,在“行政决定”或者“行政处分”的意义上使用行政行为这一概念,使其与“行政指导”“行政合同”等新型行政行为相并列而处在同一位阶,以保持这一

① 目前,我国学者关于行政行为概念的观点有近十种之多,远非前期有些学者归纳的最广义说、广义说、狭义说和最狭义说所能概括。参见许崇德、皮纯协主编:《新中国行政法学研究综述》(1949—1990),法律出版社 1991 年版,第 108~109 页;张尚鷟主编:《走出低谷的中国行政法学——中国行政法学综述与评价》,中国政法大学出版社 1991 年版,第 132~133 页。行政行为概念上的混乱和分歧已严重影响和阻碍了我国行政法和行政法学理论的发展,这一现状亟待改变,建立统一的行政行为概念已成为行政法学的当务之急。《行政诉讼法》在 2014 年修正的时候,第 2 条以“行政行为”替代“具体行政行为”,意味着广义型的行政行为概念已经为立法所承认。在此情况之下,关于行政行为概念的认识可能会逐步趋向相对统一。

概念自身的逻辑性与周延性。[①] 如此，行政行为可以被定义为：具有行政权能的组织或个人行使行政权，就具体事项针对行政相对人所作的直接产生外部法律效果的行为。后者则坚持宽泛主义的立场，主张缩小行政行为的内涵及扩大行政行为的外延，认为行政行为既包括法律行为也包括事实行为，既包括外部行为也包括内部行为，既包括单方行为也包括双方行为。[②] 作为一个重要的法律术语，行政行为早已在我国的立法、执法及司法实践中得以广泛使用。在中国行政法上，行政行为这一法律术语应该具有怎样的含义？

法律概念不同于法律术语，法律概念通过法律术语来表达和承载。法律术语只是一种法律语言符号，一个法律术语只是符号系统的一员，单个的语言符号没有任何意义，法律术语的意义只能存在于该符号与其他符号或符号系统的关系中。换句话说，作为语言符号的法律术语，只有在特定的时空情境才有特定的含义，法律术语的时空性对于法律解释、法律移植等都具有重要的意义。[③] 法律术语作为一种社会符号，不能由某个主体主观臆定，而是受制于由众多符号构成的整个社会语言文化系统。根据符号学的基本原理，只有适合由众多符号构成的整个社会语言文化系统的法律术语才有生命力；反之，则没有生命力。如今，行政行为这一术语在汉语语言符号系统中代表特定的一种或几种含义，并已经成为整个汉语语言与文化系统或制度的一部分。据此，作为行政法术语之行政行为，其与汉语语言与文化中既存的行政行为概念在内涵上应该是大体一致的，与行政法上的另一术语“行政”也应该是相互协调的。因为汉语文化中的行政行为概念是广义型的，故中国行政法之行政行为术语也应该是广义型的。基于符号学方法的分析，在中国行政法上只能建立和使用广义型的行政行为概念，这是汉语语言符号及汉语语言文化所决定的。至今，还有一些学者仍然坚持狭义型的行政行为概念[④]，或者仍然在狭义上使用行政行为的概

① 参见章志远：《行政行为概念重构之尝试》，载《行政法学研究》2001 年第 4 期；杨建顺：《关于行政行为理论与问题的研究》，载《行政法学研究》1995 年第 3 期；吴东镐：《论行政行为概念的确立意义——以韩国的学术讨论为中心兼论我国的行政行为概念移植问题》，载《延边大学学报(社会科学版)》2010 年第 1 期。

② 参见杨海坤、蔡翔：《行政行为概念的考证分析和重新建构》，载《山东大学学报(哲学社会科学版)》2013 年第 1 期；应松年主编：《当代中国行政法》，中国方正出版社 2005 年版，第 513 页。

③ 参见程乐、沙丽金、郑英龙：《法律术语的符号学诠释》，载《修辞学习》2009 年第 2 期。

④ 参见闫尔宝：《论作为行政诉讼法基础概念的“行政行为”》，载《华东政法大学学报》2015 年第 2 期。

念,这无疑都是非常错误的。[①] 刘莘教授认为,行政行为概念具有很强的实践性特征,在我国的立法及司法实践中,行政行为已是具有明确、固定含义的法律用语。我国的部分学者脱离立法和司法实践研究行政行为理论,也曾试图以德国的行政行为概念与理论来修正我国的行政行为概念与理论,以致在借鉴德国概念与理论时迷失了自我。[②] 实际上,立法、执法及司法实践中的行政概念一直是广义型的。[③] 笔者认为,从行政行为的行政主体、行政职权及法律效果三个要素出发,可以把行政行为定义为:"行政主体基于行政职权做出的具有法律意义的行为,包括行政法律行为、准行政法律行为与行政事实行为。"[④]

如前文所述,在中国行政法上,行政行为概念的定义问题可谓是一个较为陈旧的话题,学者们之间一直存在广义型与狭义型的争论。"行政行为成了中国行政法中最大的概念谜团和陷阱"[⑤],赵宏教授如是说。2014年修正的《行政诉讼法》以"行政行为"替代"具体行政行为",虽然等于是从立法上肯定了广义型的行政行为概念,但依然未能从根本上消除广义型与狭义型行政行为概念之间的争论和分歧。时至今日,关于行政行为概念广义型抑或狭义型的争论及其具体定义问题,学界的疑惑和分歧依然没有完全消除。

"法学其实不过是一门法律语言学。"[⑥]"对一个概念下定义的任何企图,必须要将表示该概念的这个词的通常用法当作它的出发点。"[⑦]受汉语语言符号及汉语语言文化的制约,其应该是影响和决定行政行为概念定义的根本因素。"符号学的本质就是一种跨学科的方法论,是可以解释任何问题的元科学。"[⑧]作为哲学及社会科学研究的元方法之一,符号学方法可以从根本上回答我国行政行为概念广义型抑或狭义型的现实选择问题。

---

① 参见赵宏:《行政行为作为行政法教义学核心的困境与革新——兼论我国行政行为学理的进化》,载《北大法律评论》2014年第2期。

② 参见刘莘:《对三十年来行政行为概念研究的反思》,载刘莘:《身土不二行政法文集》,中国法制出版社2016年版,第80、84、88页。

③ 参见陈越峰:《中国行政法(释义)学的本土生成——以"行政行为"概念为中心的考察》,载《清华法学》2015年第1期。

④ 参见马生安:《行政行为研究——宪政下的行政行为基本理论》,山东人民出版社2008年版,第153页。

⑤ 赵宏:《法治国下的目的性创设——德国行政行为理论与制度实践研究》,法律出版社2012年版,第50页。

⑥ 舒国滢:《战后德国法哲学的发展路向》,载《比较法研究》1995年第4期。

⑦ 〔奥〕凯尔森:《法与国家的一般理论》,沈宗灵译,中国大百科全书出版社1996年版,第4页。

⑧ 彭学龙:《商标法的符号学分析》,法律出版社2007年版,第12页。

德国的“行政行为”(Verwaltungsakt)概念,其实质内涵是指行政机关单方的行政(处理)决定,个体化、明确性、规制性及高权性为其核心要素。奥托·迈耶创设“行政行为”(Werwaltungsakt)这一概念的目的,就是要借助其执行和落实一般抽象行政法规,确定公民个案之具体权利义务,以明确界定国家与人民间的法律关系,提升行政效率,维护法的安定性及公民利益。[①] 德国的“行政行为”概念自被创设时起,就被注入了“法治国”的精神内核和价值目标,是奥托·迈耶推行行政法治最重要的功能载体。[②] 有学者认为,“Verwaltungsakt”一词在德国行政法上的本义是指行政机关就具体事项作出的具有法律效果的单方处理行为,我国学术和立法很大程度上泛化了“行政行为”的范围,对“行政行为”的含义和范围理解较混乱,也导致《行政诉讼法》与行政法学既有基础理论和知识结构上存在冲突。[③] 还有学者认为,广义型的行政行为概念内容空洞,会导致其功能的迷失。[④] 对此,笔者均不能苟同。赵宏教授曾经指出:“众所周知,我国的行政行为学理在很大程度上就源于德国。但令人困惑的是,原本在德国法中功能明确、概念清晰的行政行为在植入我国后却变得面目不清、轮廓不明,有关这一领域核心问题的争论更至今仍未停歇。……这些都不断促使我思考:究竟是哪些环节导致德国法制度在继受中被误解、扭曲,以致引发如此多的争议?”[⑤]其实,这些问题的出现,正是因为德国行政法术语在汉语中被不当译为“行政行为”所致。对于行政行为概念采取广义型的界定,绝非我国在继受德国的“行政行为”概念上的错误。[⑥] 德国的“行政行为”概念的内涵是指行政机关单方的行政(处理)决定,基于符号学之语义学原

---

① 参见翁岳生主编:《行政法》(上册),中国法制出版社 2002 年版,第 630 页。

② 参见赵宏:《行政法学的体系化建构与均衡》,载《法学家》2013 年第 5 期。

③ 参见于立深:《行政契约履行争议适用〈行政诉讼法〉第 97 条之探讨》,载《中国法学》2019 年第 4 期。

④ 参见章志远:《行政行为概念之科学界定》,载《浙江社会科学》2003 年第 1 期。

⑤ 赵宏:《法治国下的目的性创设——德国行政行为理论与制度实践研究》,法律出版社 2012 年版,第 2 页。

⑥ 赵宏教授认为,我国在继受德国的“行政行为”(Verwaltungsakt)概念时出了问题,行政行为在我国的学理中蜕变为一个无所不包的概念,行政机关制定规范性文件的行为、行政合同等都被涵盖其中,原本功能明确、内涵清晰的“行政行为”(Verwaltungsakt)概念在继受的过程中变得界限模糊、个性不明。参见赵宏:《法治国下的行政行为存续力》,法律出版社 2007 年版,第 262 页。其实,不是“行政行为”(Verwaltungsakt)的概念发生了蜕变,而是德语“Verwaltungsakt”在汉语中根本就不能被译为“行政行为”,而是应该译为“行政决定”或类似的术语。具体原因和理由,参见马生安:《行政行为研究——宪政下的行政行为基本理论》,山东人民出版社 2008 年版,第 87~88 页。

理[①],其在汉语中绝不能被译为“行政行为”,而是将其译为“行政决定”或类似的术语较为适宜。笔者认为,中国行政法广义型的行政行为概念并非泛化了“行政行为”(Verwaltungsakt)的范围,而是恢复了中国行政法行政行为概念的本来面目,因为中国行政法行政行为概念本来就是广义型的。从中国行政法产生之时起,行政行为概念就一直在广义上使用,例如,范扬老先生就曾认为:“行政行为者,行政机关依公法所为之作用,而发生特定法律效果之谓也。”[②]在汉语语境中,行政行为的含义一直是广义型而非狭义型的。在汉语中,广义型行政行为概念与德国的“行政行为”概念有着天壤之别,其自然也无法承担德国的“行政行为”概念之学术与实践功能。在中国行政法上,德国的“行政行为”概念之学术与实践功能,则应该由“行政决定”或类似的概念承担。此外,在行政行为概念的定义上,笔者不赞成有学者提出的行政行为概念之学术功能与实践功能分离的做法,因为其很容易造成理论与实践上的矛盾和混乱。[③] 笔者认为,一个科学的概念必然是学术功能与实践功能的完美统一。无论中国的行政法学体系在未来如何建构,行政行为都将是一个极为重要的概念。作为统摄所有行政权力行为的概念,其在外延上应该相当于“行政权力行为”。也只有广义型的行政行为概念才可以涵盖和统摄所有行政权力行为,包括国家行政权力行为和社会行政权力行为。[④] 在国家行政权力行为与社会行政权力行为之下,可以继续作法律行为、准法律行为及事实行为之分。在此基础上,对法律行为、准法律行为及事实行为作进一步的类型化,则可以建立一个科学的行政行为范畴体系。广义型行政行为概念乃是一个开放的系统,涵盖所有的行政权力行为。作为一个集合概念,行政行为概念应当包括很多的子概念。各个子概念之下,往往还有子概念。各个概念之间既相互区别又有机联系,彼此共同形成及服务于行政行为理论的范畴体系。行政行为概念及其分类可以揭示行政行为的某些特征,使人们从总体上把握行政行为,进而研究和建立不同类型的行政行为所应遵循的规则。广义型的行政行为概念具有足够的抽象性、概括性且富有弹性,人们可以对其再作下位概念的衍生和类型化,以形成科学的行政行为范畴及理论体系,这正是广

① 语义学原理要求,语言符号(术语)必须能够准确地揭示和反映事物的本质及其特征,即术语必须准确地反映和揭示事物的指称意义。

② 范扬:《行政法总论》,中国方正出版社 2005 年版,第 154 页。

③ 参见吴东镐:《论行政行为概念的确立意义——以韩国的学术讨论为中心兼论我国的行政行为概念移植问题》,载《延边大学学报(社会科学版)》2010 年第 1 期。

④ 行政法规、规章及行政合同是否属于行政行为的范畴,不同的学者认识不尽统一。笔者认为,作为“行政权力行为”意义上的广义型的行政行为概念,应该将行政法规、规章包括在内。

义型行政行为概念的理论与学术意义之所在。以广义型的行政行为概念为基础,对行政行为作进一步的分类及类型化形成的行政行为范畴体系,对于立法、执法及司法实践均具有非常重要的意义。笔者认为,广义型的行政行为概念不仅具有抽象化、体系化及类型化等重要的学术功能,而且能够较好地适应和满足立法、执法及司法实践的需要,从而能够担负起学术与实践的双重使命。

在广义型的行政行为概念之下,行政行为种类较多,不同类型的行政行为效力差异较大,这更是增加了研究的难度。行政决定作为一种非常典型而又常见的行政法律行为,是指行政主体基于行政职权,针对具体的事项作出的设定、变更或免除相对人权利义务的单方行政行为。长期以来,中外学者研究的行政行为效力,主要就是行政决定的效力。行政决定在效力内容的构成上最为全面,效力形态也最为丰富,因而其效力问题也最具有代表性。深入研究行政决定的效力问题,可以为其他行政行为效力问题的研究提供借鉴和参考。笔者赞同广义型的行政行为概念,但为了研究和表述方便,同时也是限于篇幅,本书主要研究的是行政决定意义上的行政行为效力问题。

二、本质主义与反本质主义

所谓本质(essential),是指事物本身所固有的根本性质或根本属性,是某一事物之所以成为该事物的决定性因素。本质是由事物本身所具有的特殊矛盾所构成的,事物的各个要素之间形成相对稳定的内在联系。所谓本质主义(essentialism),是指以“本质范畴”“本质信念”“本质追求”为基本特征的一种知识观和认识论路线。[①] 本质主义认为,事物必然存在深层的原因——本质,人们可以运用理智与知识,通过严谨的科学推理和哲学的洞察力,透过现象揭示事物的本质。作为西方近代之前占统治地位的思维方式,本质主义将一切事物都置于非此即彼的对立体系中。在现象与本质、物质与精神、绝对与相对的二分法之下,本质主义强烈追求事物的真实和根本,追求事物的完全客观性、绝对性及不变性。本质主义主张去除一切主观性的东西,以此来获得解释世界的绝对真理。概括来讲,当代的本质主义主要具有如下几个方面的特征:一是在本体论上,认为世界的万事万物皆有其本质;二是在认识论上,认为人的理智可以认识事物的本质;三是在价值论上,认为对事物本质的追求是人类认识世界的重要目的;四是

① 参见石中英:《本质主义、反本质主义与中国教育学研究》,载《教育研究》2004 年第 1 期。

在方法论上，相信科学的严谨性和哲学的洞察力是人类认识事物本质的两条通道。[①] “本质主义有绝对主义、基础主义及科学主义三种表现形式。绝对主义之本质主义认为，世界万物必然存在着某种唯一的、永恒不变的、超历史的本质，其强调对事物本质属性唯一绝对性和不变性的追问；基础主义之本质主义认为，世界可以被归结为最终的、可作为基础性的东西，人类的知识和信仰都可以建立在这样的一个稳定而不变的基础之上；科学主义之本质主义则强调，事物的本质可以用科学研究的方法来获得，科学研究的任务就是要去认识和发现隐藏在事物背后的本质。”[②]

反本质主义是与本质主义相对而存在的一个概念，也只有在作为与本质主义相对立的概念时，其才具有确定的含义。反本质主义最早来自现代西方分析哲学，是后现代主义的重要组成部分之一。反本质主义并没有一套统一的理论体系及为大家所公认的范式或纲领，以尼采、海德格尔、萨特等人为代表的存在主义，以福柯、德里达等人为代表的解构主义，以罗蒂等人为代表的新实用主义等，一起构成了这股从现代主义贯穿到后现代主义的反本质主义思想潮流。反本质主义如今已经渗透和扩张到人类文明大厦的各个角落，对20世纪的世界文化造成了强烈的冲击。[③] 与本质主义的主张相反，当代的反本质主义主张消解本质，强调异质性、多元性及个体性。[④] 反本质主义认为，世界或某一事物根本不存在什么统一性；所谓事物的本质或本质特征都是相对的，世界或某一事物并不存在永恒不变的本质；人类对诸多事物的定义、命名及看似牢固的真理，实际上都是理论建构的结果，都是人类历史发展的产物。根据石中英教授的归纳和总结，反本质主义对本质主义的批判主要集中在以下方面：

> 反本质主义对本质主义的第一个批判集中在实体信仰上。反本质主义认为，作为本质主义基础的实体信仰是经不起反驳因而是靠不住的。……人类从情感上可能出于各种目的“相信”有“实体”或“自在之物”之类的东西存在，但是却不能从逻辑上或经验上去证明它的存在。从这个意义上说，人类内心的实体信仰，并非是经验的，而是超验的；并非科学的，而是形而上学的。

---

① 参见孙明湘、荣立武：《本质主义与反本质主义》，载《湖南第一师范学报》2002年第4期。

② 和磊：《反本质主义》，载《国外理论动态》2006年第11期。

③ 参见和磊：《反本质主义》，载《国外理论动态》2006年第11期。

④ 参见黄小晏：《论后现代哲学的反本质主义》，载《河南师范大学学报（哲学社会科学版）》2008年第6期。

> 反本质主义对本质主义的第二个批判集中在本质信念或假定上,即万事万物到底有没有"本质"这回事,或是不是存在着一种实然的"本质—现象"结构——本质深藏其中,现象则冲着人类诡谲地招手。……在反本质主义看来,既然作为本质存在基础的实体或自在之物的存在没有得到有效证明,因此本质存在也只不过是人们的一种信念或假设,而且同样是一种得不到有效证明的信念或假设。反本质主义认为,一种事物,确实有许多的特征,但是事物本身却不能区分并告诉人类哪些是本质的、哪些是非本质的。……
>
> 反本质主义对本质主义的第三个批判集中在符合论的语言观上,即人类的语言究竟是否与实体世界有同构关系,能否切中事物的本质。……
>
> ……任何希望借助于概念或句子表述或转述对象本质的做法,都是值得怀疑的,人类的语言并无这一功能。因此,即便事物有本质一类的特征,也是不可言说的。本质主义者所念念不忘的本质表达只不过表达了他们自己信以为真的观念而已。
>
> 反本质主义对本质主义的第四个批判集中在本质主义的目的假设及其引起的学术与政治后果上。本质主义坚信"本质""真理""规律"一类东西的存在,把发现、揭示或阐明这些东西作为认识论的基本的或终极的目的,要求在任何一种研究活动中追求或实现这些基本的或终极的认识论目的,并赋予这些目的追求或实现的活动及其主体以一种道德的优越感。……反本质主义认为,由于根本就不能确证本质存在,因此也就不能确证真理和规律之类东西的存在。一种表述,被称为"真理"或"规律",并非因为它们已经得到了充分的证实或证明,而是因为社会权力包括学术权力运作的结果。在反本质主义看来,真理或规律,不是别的,就是知识意识形态化。因此,把真理或规律这些东西作为人类认识的基本目的或终极目的,就认识论的后果来说,一方面会将人类的认识引向一个遥不可知的未来,另一方面会导致"蒙昧主义"(obs curantism),阻碍进一步的研究和讨论,危害到人类知识的增长。①

作为一个全球性的重大哲学与文化问题,本质主义和反本质主义之争已经持续多年,近年来其在我国学界亦引起了广泛的讨论。笔者认为,事

① 石中英:《本质主义、反本质主义与中国教育学研究》,载《教育研究》2004年第1期。

物的本质作为一种客观存在,是可以被人们所认识和把握的。就事物的本质存在的状态而言,也是等待“被认识”的。认识和揭示事物的本质,努力追求事物的本质,乃是科学研究的根本目的所在。一切科学研究只能以对事物本质的把握为基础,脱离事物本质的研究,或者对事物的本质把握不准,都会导致研究工作的失败。本质与现象是揭示事物内部联系和外部表现相互关系的一对辩证法的基本范畴。本质是事物的内部联系,是决定事物性质和发展趋势的东西。现象是事物的外部联系,是事物本质的外在表现。本质从整体上规定事物的性质及其基本的发展方向,而现象则是从各个不同的侧面表现事物的本质。人们认识事物,就是要透过现象认识本质,把握事物发展、变化的基本规律。应该说,本质主义对事物本质的追求是无可厚非的,不过,本质主义过分追求事物本质的普遍性和绝对性,抹杀了事物本质的个体性和独特性,亦是其重大的缺陷所在。

关于反本质主义,有反对的学者认为:“反本质主义贯穿于现代到后现代之异质多元哲学文化思潮中,其浅层表现形式为虚无主义、实用主义与犬儒主义,其极端的对立物是科学主义的本质主义以及理性主义与人文主义,带有颠覆性和非理性特点,其反知性也就是反智性。”①还有反对的学者认为:反本质主义“对本质所具有的这一意义视而不见,使人类对事物本质的追求成为子虚乌有,这应该是反本质主义的最大弊端”②。其实,反本质主义所否定的是事物的绝对性本质及其意义,其倡导一种多元的、语境化的本质观,强调在不同的环境和条件下,同一事物的本质往往可能会表现出不同的面相,主张对事物的本质作多样性、相对性及发展性的理解。反本质主义反对本质的统一性、普遍性而肯定其差异性、多元性、复杂性的思想,对于我们正确地认识世界具有非常重要的启示意义。③

笔者认为,一方面,我们要努力追求事物的本质,但要极力避免陷入本质主义;另一方面,要反对本质主义,但并不是要放弃对事物本质的追求。就反本质主义而言,其所解构的只是本质主义的实体本体论,消解了事物的先验实体性。事物的本质既非唯实论者所认定的不变实体,也非唯名论者所宣称的空洞符号。④ 与其说本质意味着对象的“所是”,还不如说本质

① 毛崇杰:《本质主义与反本质主义》,载《杭州师范学院学报(社会科学版)》2003年第3期。

② 赵军政:《反本质主义批判》,载《湖北社会科学》2005年第9期。

③ 参见和磊:《反本质主义》,载《国外理论动态》2006年第11期。

④ 唯实论与唯名论之间的斗争是欧洲中世纪哲学战线上一场重大的思想论战,是当时唯物论和唯心论斗争的一种特殊的历史形式。唯实论肯定一般或共相是独立存在的精神实体,其主张只有共相才是真实的存在,而殊相只不过是其现象;唯名论主张只有殊相才是真实的存在,而共相只不过是概念或语词而已。

只是我们试图揭示对象之“所是”的一个手段和道具。本质其实是由我们出于把握对象的需要而被设置出来的一个概念,并非我们所要把握的实际对象。[①] 由此可见,本质问题其实应该属于认识论而非本体论的范畴。正是从这个意义上讲,“本质”之“是”并非存在,而只是关于存在的有待检验的猜测与假设,其意义在于替我们打开通往实在世界的大门。[②] 因为本质问题属于认识论的范畴,故对于同一个研究对象来说,其就拥有不止一个方面的本质,这完全取决于我们的认识目的和所采取的方法及观察的视角。此外,事物的本质还有一般本质与特殊本质之分,任何事物的本质都是一般本质与特殊本质的统一。突出强调事物本质的多方面性而非单一性,对于我们正确认识事物的本质具有非常重要的意义。因为本质问题属于认识论的范畴,而概念与事物的本质紧密相连,故反映事物本质的概念又成了我们认识事物本质不可缺少的重要工具。此外,从事物概念的产生来看,其就是主体根据自身的需要,从研究对象的多种属性中选取某种属性,与其他被认为具有同样属性的研究对象进行归类的观念性工具而已。

三、行政行为效力的本质论析

在德国的奥托·迈耶时代,法治国被化约为“法律的统治”,法律本身的形式理性,即明确性、稳定性、可预测性、可计算性,构成了法治的核心判断。奥托·迈耶以司法判决为蓝本创设出行政行为(Verwaltungsakt),作为司法判决在行政程序中的对应物,行政行为也因此发挥着与司法判决一样的法律秩序的安定功能,行政活动通过行政行为具备了与法治一样的明确性、稳定性及可预见性。行政行为的法治国功能与意义,即在于此。行政行为必须具有法律效力,否则,其法治国功能和目的也无从实现。

德国哲学大师汉斯-格奥尔格·伽达默尔说:“在差异中寻找出共同的东西,这就是哲学的任务。”[③]西班牙哲学家何·奥·加塞尔也曾指出:“所谓求知,就是不满足于事物向我们呈示的相貌,而要寻索它们的本质。”[④]在中国行政法上,作为行政行为效力理论中最为重要的基础性问题之一,行政行为效力的本质似乎是一个可有可无的问题,学界至今未能对之给予足够的重视和关注。行政行为效力的本质是其固有的根本属性,前

---

① 参见赵军政:《反本质主义批判》,载《湖北社会科学》2005 年第 9 期。

② 参见赵军政:《反本质主义批判》,载《湖北社会科学》2005 年第 9 期。

③ 刘小枫主编:《人类困境中的审美精神——哲人、诗人论美文选》,知识出版社 1994 年版,第 655 页。

④ 〔西〕何·奥·加塞尔:《什么是哲学》,商梓书等译,商务印书馆 1994 年版,第 38 页。

文已述及,事物的本质问题属于认识论的范畴。对于同一个研究对象而言,由于认识目的和所采取的方法及观察的视角不同,就可能发现事物有多个方面不同的本质,而不仅仅只是某一个方面的本质。在此,笔者将行政行为效力的本质问题归纳为如下几个方面:

其一,行政行为效力在本质上就是法的效力,属于法的个别性(特殊性)效力的范畴。同任何事物一样,行政行为效力的本质也具有多方面性,但法的效力却是行政行为效力本质上最为重要、最为核心的内容。离开法的效力,则行政行为的效力就成了无源之水、无本之木。所谓法的普遍性效力,是指规范性法律文件所具有的法律效力,即以法为载体的法的效力,其具有一般性、普遍性及反复适用性的特征。所谓法的个别性效力,是指法律规范适用于具体的法律事实产生的法律行为、法律文书等依法产生的法律效力。法的个别性效力的载体并非法,而是法律行为、法律文书等。法律对社会关系的调整,总是经过以下几个阶段来完成的:第一个阶段,法律、法规开始生效阶段。法律规范的生效,是法律对社会关系进行调整的基本前提。第二个阶段,法律规范与特定的法律事实(行为或事件)相结合,并产生相应的法律关系的阶段。法律规范所规定的社会主体的权利与义务是概括的,只有在特定的法律事实出现时,法律规范与具体的法律事实相结合,法律规范所规定的权利与义务才能顺利地转变为法律关系主体具体的权利与义务,法律规范也才能发挥其对社会关系的调整和规范作用。第三个阶段,社会主体法律上的权利与义务得以最终实现,转化为社会主体享受权利与承担义务的阶段。[①] 行政行为本身并非法律规范,其并不具备法律规范的一般特质和基本要求,只是适用法律规范的具体结果。行政行为本身也并没有法律效力,其效力源于法律的规定或认可。因此,行政行为的效力是法的普遍性效力在行政行为上的具体体现和表现形式,其属于法的个别性效力的范畴。"行政决定效力是法规范效力在个案中的具体延伸,是法规范效力作用于社会的基本方式。"[②]例如,某一行政处罚决定,只是适用行政处罚法与具体违法事实的结果,行政处罚的效力是行政处罚法律规范的普遍性效力在行政处罚决定上的具体体现,属于行政处罚法律规范的个别性效力的范畴。行政行为乃是行政主体适用法律规范于具体的法律事实的结果,作为法的普遍性效力产生具体作用的手段而存在,其效力源于法律规范。

---

① 参见孙国华、朱景文主编:《法理学》,中国人民大学出版社 1999 年版,第 232~233 页。

② 章剑生:《现代行政法总论》(第 2 版),法律出版社 2019 年版,第 153 页。

其二,行政行为效力制度作为行政行为的法律评价制度之一,体现了法律对行政行为的规范和控制。行政行为效力制度的本质,其实就是关于行政行为的成立、有效或无效以及生效与否等的法律评价制度。作为大陆法系行政法的重要理论与实践问题之一,行政行为效力制度直接关系行政行为的目的与任务能否顺利实现。行政行为的效力只有为法律所承认和认可,行政主体的意志或意图才能得以有效实现,作为行政管理工具的行政行为才能有效地调节社会关系。法律对行政行为的规制有行政主体制度、行政行为制度、行政程序制度、行政行为效力制度和行政法律责任制度等。从公共行政的过程来看,一个行政行为是否有效,必然要经历行政行为的成立及行政行为效力的法律评价两个阶段。行政行为效力制度体现了法律对行政行为效力的肯定性或否定性评价,是法律对行政行为规范与控制的重要手段和方式之一。世界各个国家或地区综合不同的价值目标,基于不同的情形和需要,对行政行为效力给予不同的法律评价,就形成了一国或地区的行政行为效力制度。行政行为的本质内核在于行政权力,通过法律对行政行为效力的肯定性或否定性评价的方式,规范和控制行政权力的合法有效运行,正是行政行为效力制度的根本目的所在。

其三,行政行为效力是以行政行为为载体的法律上的约束力,是"行政行为依法取得的法律上的保护力"①。在行政行为成立之后,并不当然地产生法律上的约束力,如果行政行为要具备法律上的约束力,还要为法律所赋予或认可。因此,行政行为的效力其实是在行政主体的意志之外加上了法律认可的结果。法律对行政行为效力的评价总的来说有两种不同的结果——或是无效,或是有效。对于符合法的价值要求的行政行为,依法承认其效力;对于不符合法的价值要求的行政行为,依法不承认其效力。就行政行为的有效来说,又有形式效力的有效和实质效力的有效之分。行政行为形式效力的有效,是指行政行为不存在重大且明显违法的情形,能够依法产生形式效力;行政行为实质效力的有效,是指经过司法程序的审查和确认,行政行为基于其实质合法性而依法产生的法律效力。行政行为的有效,就是行政行为依法取得了法律上的保护力,从而产生了法律上的约束力。行政行为无效或者行政行为被撤销,都属于行政行为没有取得法律的保护力,当然也就不会产生法律上的约束力。

---

① 叶必丰:《行政行为的效力研究》,中国人民大学出版社 2002 年版,第 23 页;周佑勇:《行政法原论》(第 2 版),中国方正出版社 2005 年版,第 212 页。

四、行政行为效力的含义与特征

在明确行政行为效力概念的界定之前，首先了解一下我国学者关于行政行为效力概念的定义，是非常必要的。学者们关于行政行为效力的定义很多，实在无法一一列举，其中有代表性的定义大致可以归入以下几个类别：

1. "约束力与强制力说。"罗豪才教授认为，行政行为的效力是指随着行政行为的依法成立，其具有的以国家强制力为保障的拘束力；周佑勇教授认为，行政行为的效力是指行政行为所依法取得的法律上的保护力，其具体表现为一种特定的法律约束力与强制力。①

2. "拘束力或约束力说。"我国台湾地区的陈新民教授认为，行政处分的效力是指行政处分在成立以后，若其并非无效的行政处分，即可产生拘束相对人、原行政机关及其他相关机关与人员的效力；熊文钊教授认为，行政行为的效力是指合法成立的行政行为所依法产生的法律约束力。②

3. "法律效果说。"应松年教授认为，行政行为的效力是指行政行为基于法律关系所产生的法律效果，以及其对相对人等权利义务产生的影响③；我国台湾地区学者张家洋认为，行政处分的效力是指行政处分在法律关系上所产生的法律效果或对各当事人产生的影响力。④

4. "法律作用说。"马怀德教授认为，行政行为的效力是指行政行为依法产生的作用，其具体表现为确定力、拘束力及执行力三个方面的内容。⑤

5. "法律力量说。"叶必丰教授认为，行政行为的效力是指隐含于行政行为内部的，基于法律所产生的潜在性法律力量；日本的室井力教授认为，行政行为的效力，是指行政行为基于其内容而产生一定法律效果的力量⑥；张弘教授认为，行政行为的效力是指行政行为成立以后，该行政行为所具有的一种法律强力保护的力量状态。⑦

---

① 参见罗豪才主编：《行政法学》（新编本），北京大学出版社1996年版，第139页；周佑勇：《行政法原论》（第2版），中国方正出版社2005年版，第212页。

② 参见陈新民：《行政法学总论》，台北，三民书局股份有限公司2002年版，第237页；熊文钊：《现代行政法原理》，法律出版社2000年版，第266页。

③ 参见应松年主编：《比较行政程序法》，中国法制出版社1999年版，第132页。

④ 参见张家洋：《行政法》，台北，三民书局股份有限公司1996年版，第622页。

⑤ 参见马怀德主编：《行政法学》（第2版），中国政法大学出版社2009年版，第118页。

⑥ 参见叶必丰：《应申请行政行为判解》，武汉大学出版社2000年版，第130页；〔日〕室井力主编：《日本现代行政法》，吴微译，中国政法大学出版社1995年版，第93页。

⑦ 参见张弘：《徜徉在权利与权力之间的行政行为——作为行政法基本范畴的行政行为及其展开》，法律出版社2018年版，第285页。

6."法律效果和作用说。"江必新教授认为,行政行为效力是指具备法定成立条件的行政法律行为所产生的法律效果和作用;杨海坤教授认为,所谓行政行为的效力,是指行政行为依据法律所产生的特定的法律效果和作用。①

7."特殊作用力说。"章志远教授认为,行政行为效力是指已存在的行政行为依据其内容和外形所具有的,产生一定法律效果的特殊作用力;李琦博士认为,行政行为的效力系指行政行为基于其内容或外在形式所具有的,能够实际产生一定法律效果的特殊作用力。②

学者们关于行政行为效力概念的定义存在一定的差别,有些定义在语词的选择和文字的使用上具有一定的随意性,不符合法律语言规范化的要求。"法学理论的研究,应当强调用语的精准度,反对大而化之、模棱两可、似是而非。只有精准的语言表达与理论概括,才可能保障法律共同体内部的有效交流与便捷沟通。"③本质一词反映的是某一事物之所以成为该事物之决定性因素。亚里士多德认为,只有反映事物本质的定义才能作为事物的概念。只有揭示事物本质属性的定义才是一个科学的概念,行政行为的效力本质上就是法的效力,是法的普遍性效力在行政行为上的具体体现和表现形式,属于法的个别性效力的范畴。结合本书第一章第一节关于法的效力之定义④,本书将行政行为的效力作如下定义:行政行为的效力,是指行政行为依法产生的法律上的约束力,包括存续力、拘束力及强制力。这一概念主要有如下几层含义。

其一,行政行为的效力是行政行为依法产生的法律上的约束力。⑤ 行政行为的效力直接源于法律,而非道德或其他社会行为规范。行政行为具有形式合法性的,依法产生形式效力;行政行为具有实质合法性的,则依法产生实质效力。行政行为能否取得法律上的约束力或法律上的保护力,关

① 参见应松年主编:《当代中国行政法》(上卷),中国方正出版 2005 年版,第 533 页;杨海坤主编:《中国行政法基础理论》,中国人事出版社 2000 年版,第 136 页。

② 参见章志远:《行政行为效力论》,中国人事出版社 2003 年版,第 17 页;李琦:《行政行为效力新论——行政过程论的研究进路》,中国政法大学 2005 年博士学位论文,第 77 页。

③ 喻中:《规范法学,还是逻辑实证法学》,载《检察日报》2009 年 9 月 24 日,第 3 版。

④ 法的效力,即法律的效力,是法所固有的,在特定的时空范围内对人所产生的法律约束力,包括存续力、拘束力与强制力。参见本书第一章第一节的相关内容。

⑤ 行政行为的效力不同于行政行为的法律效果。行政行为的效力是行政行为依法产生的法律上的约束力,而行政行为的法律效果则是行政行为依法产生的具有法律意义的结果,表现为具体的权利、义务。行政行为的效力与行政行为的法律效果之间存在密切的联系:行政行为的效力是行政行为实际产生法律效果的直接原因,行政行为的法律效果又是行政行为效力的具体体现。

键在于行政行为是否具有形式合法性或实质合法性。

其二，行政行为的效力以行政行为为载体。在理论上，行政行为的依法成立是研究行政行为效力问题的逻辑起点，只有在行政行为依法成立后，其效力问题才会相伴而生。在广义型的行政行为概念下，行政行为在外延上包含行政法律行为、准行政法律行为及行政事实行为三个组成部分。对于行政法律行为和准行政法律行为而言，二者均存在效力问题；对于行政事实行为而言，只有表意行政事实行为才存在效力问题，而非表意行政事实行为则不会存在效力问题。可见，行政行为的效力以行政行为为载体，但却并非所有行政行为均存在效力问题，只有部分行政行为才会存在效力问题。

其三，行政行为的效力是依法产生的法定效力。在现代社会，行政行为的效力并非如公定力理论所主张的"推定效力"，而是行政行为基于其形式合法性或实质合法性而依法产生的法律效力，具有明确的法定性。行政行为本身并非法律规范，行政行为之所以具有法律效力，是法律规范赋予和承认的结果。无论形式效力还是实质效力，无论存续力、拘束力还是强制力，均源于法律，具有法定性。总之，行政行为的效力实质是行政行为所取得的法律保护，行政行为的效力源于它所体现的法律，正是法律赋予行政行为以相应的法律效力。①

其四，行政行为效力在内容构成上包括存续力、拘束力及强制力。行政行为的存续力，是指非因法定事由并经法定程序，不得对行政行为予以撤销、变更和废止的法律效力；行政行为的拘束力，是指行政行为基于其内容依法产生的，约束与保障行政相对人、利害关系人、国家行政机关及司法机关等履行行政行为义务的法律效力；行政行为的强制力，是指行政行为依法产生的，在行政主体或行政相对人等违反或拒不履行存续力或拘束力义务时，由有权机关采取相应的措施，以保障其存续力或拘束力义务得以实现的法律效力。

总的来说，行政行为的效力具有如下几个方面的特征：

1. 行政行为效力载体的多样性。在广义型的行政行为概念下，行政行为是行政主体基于行政职权作出的具有法律意义的行为，包括行政法律行为、准行政法律行为、行政事实行为，故行政决定、行政合同、行政规划、行政法规、规章及其他规范性文件等具体形式的行政行为，都是行政行为效力的载体。此外，基于行政行为的国家行政行为与社会行政行为之"二元

① 参见叶必丰：《行政行为的效力研究》，中国人民大学出版社2002年版，第23、39页。

论”,社会行政行为性质的社会自治规范、行政决定及准行政法律行为等,也都是行政行为效力的载体。

2. 行政行为效力的相对性与绝对性。就行政行为的形式效力而言,其具有相对性。行政行为一经成立(无效的行政行为除外),就会依法产生形式效力,但行政行为的形式效力并非不容置疑、不可否定的,而是相对的、有条件的。就行政行为的实质效力而言,其又具有绝对性。行政行为的实质效力,是指经过司法程序的审查和确认,行政行为基于其实质合法性而依法产生的法律效力,其具有实质性和绝对性。当然,在特定的情况下,行政行为实质效力的绝对性其实也并非绝对。例如,因为行政案件的再审,行政行为的实质合法性被再审程序予以否定的,其实质效力也将不复存在。

3. 行政行为效力的程序性。行政行为效力的产生离不开特定的法律程序。就行政行为的形式效力而言,随着行政程序的完成,行政行为得以成立(无效的行政行为除外),行政行为的形式效力才能依法产生;就行政行为的实质效力而言,必须在司法机关对行政行为的实质合法性的审查、确认的司法程序完成以后,基于行政行为的实质合法性,行政行为的实质效力才能依法产生。行政行为的形式效力产生于行政程序,行政行为的实质效力则产生于司法程序。此外,就行政行为的某一项具体的效力内容而言,其效力的产生需要更加具体的程序。例如,就行政行为存续力的产生而言,其以行政行为的成立为条件;就行政行为拘束力而言,其需要对相对人等将行政行为予以送达的程序;就行政行为强制力而言,其需要行政行为的合法性审查及行政行为的催告履行程序;等等。

4. 行政行为效力发展的阶段性。行政行为效力发展的阶段性,是指行政行为的效力在行政行为的不同发展阶段具有不同的效力表现。在行政行为成立以后,除自始无效的行政行为外,其立即产生形式存续力,与形式存续力同时或是在形式存续力产生之后,其产生形式拘束力;在相对人等拒不履行义务时,其将会产生形式强制力;在行政行为的内容得以实现或行政行为被撤销、变更或废止之后,行政行为的拘束力或存续力会消灭。行政行为效力发展的阶段性,还体现在行政行为的形式合法性及形式效力向实质合法性及实质效力的转化上。在行政行为的实质合法性及实质效力未经过司法程序的审查、确认之前,行政行为的效力均属于形式效力;行政行为的实质合法性经过司法程序环节评判之后,行政行为被确认无效或撤销的,其会失去形式效力;行政行为的实质合法性经过司法程序得以确认的,其形式效力依法转化为实质效力。行政行为存续力、拘束力及强制力发展的先后次序,也体现了行政行为效力发展的阶段性。例如,如果行政行为存续力、拘束力义务得以顺利实现,则行政行为的强制力不会产生;只有在行政行为存续力、拘束力义务无法得以顺利实现时,行政行为的强制力才会产生。行政行为效力发展的阶段性,也是行政行为效力的重要特征之一。

第二节　行政行为效力的来源

关于行政行为效力的来源问题,回答起来非常困难。一方面,由于对"来源"一词含义的不同理解,学者们往往会有不同的回答;①另一方面,即使对于"来源"一词的含义理解和认识相同,因为个人主观认识的差异,其中的不同认识和分歧还是在所难免。下文中,笔者根据个人的理解和认识,尝试从直接来源、间接来源与根本来源三个方面探讨和回答行政行为效力的来源问题。

一、行政行为效力的直接来源

在民法学上,关于法律行为效力来源问题的研究较为充分。在回答行政行为效力的直接来源之前,对民法学法律行为效力来源问题的研究现状做一番考察和了解,或许我们会得到一些有益的启示。在民法上,法律行为乃"为自己创设法律",其相当于调整私法主体之间关系的私法,法律行为也就因此具有了类似于法律的效力。关于法律行为的效力来源,分别形成了如下几种不同的学说:

1."意志说"。"意志说"也就是"意思说",该说认为,法律行为效力的根源在于行为人的个人意志,个人通过法律行为(意思表示)而产生一定的法律效果。"在当事人的意志与法律的二元角色当中,当事人的意志起到了根本的作用,决定了法律行为的效力根源,法律只是起到保障作用。"②行为人依照自己的理性选择为自己创设权利义务,其意志或意思表示对于法律行为的效力具有决定意义。法律行为的效力不仅是因为法律

---

① 杨科雄博士认为,行政行为效力的来源,即行政行为效力的本原或根据,意指行政行为产生效力的根本基础,其任务在于回答"行政行为为什么会具有效力"这一问题。具体来说,行政行为效力来源是对行政行为效力的法哲学探究,其目的在于寻找行政行为具有效力的终极根源。参见杨科雄:《行政行为效力来源研究——规范、价值和事实》,中国政法大学2009年博士学位论文,第34页。

② 王俐智、孙学致:《法律行为的效力根源——基于评价立场、效力层次与规范模式的论证》,载《甘肃社会科学》2020年第2期。

的确认,更是行为人的意志(意思表示)通过法律行为引起了法律效果的产生。“法律行为之所以能产生法律效力不仅是因为法律确认其如此,而首先是因为实施法律行为的人意图通过法律行为引起法律效果。”①19世纪初,源于近代的理性主义思潮和自然法学说的“意志说”在德国形成了较完备的理论,并且一直具有较大的影响力。②

2.“信赖说”。该说是与“意志说”相对立的学说,认为法律行为效力的根源在于行为人的意思表示令对方及第三人产生的信赖,而不是意志(意思表示)本身,对法律行为的相对人或其他利害关系人的信赖利益应给予必要的保护,这就是法律行为的效力为法律所承认的根本原因。③

3.“意思与信赖折中说”。该说是“意志说”与“信赖说”两种对立学说的折中,认为法律行为效力的来源问题不能一概而论,要根据不同的情况来确定其是源于表意者内心的效果意思,还是源于对方及第三人对表意者所产生的信赖。④

4.“利益说”。该说认为,法律行为效力的根源在于当事人对利益的选择与追求。当事人经过对自己的需求与愿望进行审视之后,通过法律行为将这种追求利益的意思表示出来,国家进而通过一定的法律标准对该利益进行甄别、判断及取舍,以赋予各种利益以不同的法律效力。⑤

5.“法律规范说”。该说又称“法定效力说”,其认为法律行为的效力并非由当事人的意思决定,也不由相对方及第三人的信赖决定,其效力是由法律规范所赋予的。例如,法国著名公法学家莱昂·狄骥认为:“法律行为在事实上只是依照客观法产生某种法律效果的条件……人们一般所谓法律行为的效果只不过是使用法律的一种结果。”⑥该说对于民法理论与实践产生了极为重要和深远的影响。

6.“法律规范与意思结合说”。该说认为,法律行为效力源于意思与规范的结合,即法律行为的约束力是法律规范赋予的,但是,法律规范赋予

---

① 〔德〕拉伦兹:《德国民法原理(总则)》,慕尼黑出版公司1980年版,第282页。转引自董安生:《民事法律行为》,中国人民大学出版社2002年版,第47页。

② 参见张豪、汪渊智:《论法律行为效力的根源》,载《重庆工学院学报(社会科学版)》2009年第12期。

③ 小松公『约束与信赖:关于契约拘束力的考察』(有斐閣,1938年)103頁参照。

④ 参见席书旗:《法律行为效力问题研究——定义及效力形态新论》,山东大学2006年硕士学位论文,第15页。

⑤ 参见张豪、汪渊智:《论法律行为效力的根源》,载《重庆工学院学报(社会科学版)》2009年第12期。

⑥ 〔法〕狄骥:《宪法论:法律规则和国家问题》(第1卷),钱克新译,商务印书馆1959年版,第253页。

法律行为约束力,则是行为主体根据自己的意志(具体体现为意思表示)自愿选择的结果。[①] 该说认为,法律行为效力的产生不外乎两个因素:一是意思表示;二是法律规范的认可,故法律行为的效力是法律规范与意思表示相结合的结果。

7."多元说"。该说认为,法律行为效力的来源是多种社会因素相互作用的产物,不应该到意思中或信赖中去寻找法律效力产生的原因,而应该到更广阔的社会背景中去寻找导致法律行为效力产生的诸多条件与因素。

应该说,上述诸说分别从不同的角度,对法律行为效力产生的依据与原因进行了解释和回答,均有不同程度的合理性。但如果说要回答法律行为效力的直接来源这一问题,笔者比较赞成"法律规范说"。主要的理由是:一方面,意思表示是法律行为内容的依据,而法律行为又是行为人通过意思表示自愿选择的结果;另一方面,法律行为的效力是法律规范赋予和承认的结果。也就是说,尽管意志(意思表示)对法律行为的内容有影响,但从法律行为效力的直接来源来说,其还是源于法律的规定或认可。法律行为的效力离不开法律保障制度,将法律行为的效力归结为行为人意志不仅在理论上是虚幻的,而且在实践上也是有害的,因此法律有必要以原则性方式对法律行为的效力加以确认。[②] 没有法律规范,则任何意志(意思表示)不能发生法律效力。总之,法律行为的效力直接源于法律规范。"行为之所以成为法律行为正因为它是由法律规范所决定的。行为的法律性质等于行为与法律规范的关系。行为只是因为它是由法律规范决定并且也只在这一范围内才是一个'法律'行为。"[③]英国学者威廉·韦德曾经说:"法律效力必须法律授予,如不在法律授权范围内,它就在法律上站不住脚。"[④]"法律规范与意思结合说"看到了法律效力形成中的意志(意思表示)因素,这是值得充分肯定的,但是意志(意思表示)只能影响法律行为的内容。就法律行为效力的直接来源来说,其只能源于法律规范,是法律规范赋予意志(意思表示)以法律效力。德国学者罗尔夫·克尼佩尔认为:"不是意思具有拘束力,相反,就拘束力系于意志而言,拘束力是通过

---

① 参见李军:《法律行为的效力依据》,载《现代法学》2005 年第 1 期。

② 参见〔法〕狄骥:《宪法论:法律规则和国家问题》(第 1 卷),钱克新译,商务印书馆 1962 年版,第 253 页。

③ 〔奥〕凯尔森:《法与国家的一般理论》,沈宗灵译,中国大百科全书出版社 1996 年版,第 42 页。

④ 〔英〕威廉·韦德:《行政法》,徐炳等译,中国大百科全书出版社 1997 年版,第 44 页。

法律而与意志相连接的。”[①]因此,“法律规范说”能够较好地回答法律行为效力的直接来源问题。

行政行为是行政主体适用法律规范于具体法律事实的结果,行政行为在内容上源于意志,即行政主体的单方意志或行政主体意志与相对人意志的合意,是行政行为内容形成的根据。行政行为的效力是行政行为所取得的法律上的保护力[②],其具体表现为存续力、拘束力及强制力。根据“意志说”,行政行为的效力是由行政主体的意志或者行政主体与相对人的合意所决定的。果真作如此理解,就会否认行政主体意志或者行政主体与相对人的合意所确定的内容,仍需法律予以认可才能发生法律效力,也否认了法律对行政行为进行价值评价的必要性,因而是非常错误的。行政主体的意志通过行政行为得以体现,但是行政行为成立之后还必须符合法律规定,才能实现行政主体预期达到的法律效果。只有实质合法的行政行为才能产生当事人期望的法律后果,实质不合法的行政行为产生不了当事人期望的法律效果。无论如何,行政行为中的意志因素是不能忽略的,但行政主体的单方意志或与相对人意志的合意是否能够产生法律效力,还是决定于法律规范。行为主体的行政行为只有符合法律的规定和要求,才能依法成立和产生效力。行政行为的效力并非来自行政主体的意志(意思表示或观念表示),而是法律规范赋予其效力的结果。狄骥宣称:“意志不创造法律地位,而把效果同表示联系起来的却是客观的法律。”[③]因此,同民法学法律行为效力的直接来源一样,行政行为的效力也直接源于法律规范。[④]“之所以将法律规范作为行政行为的效力之源,是源于行政行为的功能。”[⑤]“行政机关以行政行为这一中介对个案作出的处理,本质上是在法律与个人之间处理方式承载着将法律规范的效力传送到行政行为的功能,从而使行政行为获得了与法律规范相同形成一种立法机关所希望达到的一种法律秩序,行政机关对个案的效力。”[⑥]在现代社会,无论是行政行为的形式效力还是实质效力,无论是行政行为的存续力、拘束力还是强制

① 〔德〕罗尔夫·克尼佩尔:《法律与历史——论〈德国民法典〉的形成与变迁》,朱岩译,法律出版社 2003 年版,第 141 页。

② 参见叶必丰:《行政行为的效力研究》,中国人民大学出版社 2002 年版,第 19 页。

③ 〔法〕狄骥:《宪法论:法律规则和国家问题》(第 1 卷),钱克新译,商务印书馆 1962 年版,第 263 页。

④ 法的概念、法律规范和法律原则都是行政行为效力的来源,为表述方便,这里简称为“法律规范”。

⑤ 章剑生:《现代行政法基本理论》,法律出版社 2008 年版,第 142 页。

⑥ 章剑生:《现代行政法基本理论》,法律出版社 2008 年版,第 142 页。

力，均源于法律规范。从本质上来说，行政行为的效力其实就是法的效力，是法律规范效力的具体体现和存在形式之一。[①] 因此，“法律规范说”可以较好地回答行政行为效力的直接来源问题。

二、行政行为效力的间接来源

行政行为作为公共服务的重要工具和手段，法律必然要赋予其法律效力。但是，法律并非承认所有行政行为均为有效。行政行为形式效力产生的基础是行政行为的形式合法性，重大且明显违法的行政行为无效。根据本书第五章第四节的研究结论，影响和决定行政行为实质效力的因素，主要有行政行为的合法性、正当性、合目的性、安定性与技术性。无论如何，行政行为的内容必须具有正义性，其才能依法产生实质效力。正义乃是法的价值的最大概括与总结，影响和决定行政行为实质效力的，从根本上来说还是其正义性。换句话说，行政行为之所以具有法律效力，是因为其所具有的正义性。行政行为之道德正义只有转化为法律正义，才能作为行政行为效力产生的基础与依据；否则，将会导致法律与道德的不分。也就是说，行政行为的这种道德上的正义性只有转化为法律上的正义性，才能作为行政行为效力产生的直接依据。道德正义转化为法律正义的途径之一是立法。例如，行政程序法规定，违背客观规律、在内容上不具有可实施性的行政行为无效，其中的原因就在于这样的行政行为不具有道德上的正义性。经过立法的转化，就有了“违背客观规律、在内容上不具有可实施性的行政行为无效”之法律规定。客观规律并无正义与非正义之分，其本身并不直接影响和决定行政行为的实质效力。影响和决定行政行为实质效力的，是行政行为的内容是否符合客观规律。假如行政行为内容符合客观规律，其就是正义的；否则，其就是不正义的。简言之，与客观规律相联系的行政行为正义与否，影响和决定了行政行为的实质效力。正是客观规律背后的正义，构成了行政行为效力的间接来源。道德正义转化为法律正义的另一途径是司法裁判。在行政行为具有道德正义但没有法律依据的情况下，正是司法裁判的认可，使道德正义顺利地转化为法律正义，从而作为行政行为实质效力产生的根据。例如，行政行为虽然没有明确的法律依据，但因为其具有正当性或合目的性，且其正当性或合目的性为司法裁判所认可，道德正义依法转化为法律正义，行政行为因此而具有实质效力。

---

① 行政行为的效力本质上就是法的效力，国家是依法组织的国家机器，国家强制力其实就是法的强制力，是法固有的效力内容之一，故国家强制力并非法的效力之直接来源。

就客观事实而言,在特定的情况下,其往往能对行政行为的实质效力起到重要的决定性作用。例如,严重违法的土地征收行为本来应该依法撤销(并非无效),但被征收地块已经开发完毕,成千上万的居民已经入住。基于公共利益的考虑,法院不能撤销违法的征收决定,只能对其判决确认违法而不予撤销,就是承认了违法征收决定的实质合法性及实质效力。并非客观事实本身,而是如何对待客观事实所体现的正义影响和决定了行政行为的实质合法性及实质效力。客观事实背后的正义,构成了行政行为实质合法性及实质效力的间接来源。"一项行政行为如果要获得合法性,关键在于这项行为应该具有某个与这个国家的客观法相符合的、具有社会价值的目标。"①行政行为的效力虽然直接源于法律,但其却间接源于法律保护和追求的法律正义。正义作为行政行为效力产生的间接来源,也为行政行为效力产生的正当性提供了坚实的法理基础和依据。

三、行政行为效力的根本来源

所谓事物的根本来源,即事物产生的根源、根本源头。② 行政行为效力产生的根源,是指行政行为效力产生的终极原因。行政行为效力的本质就是法的效力,回答了法的效力之根本来源问题,也就等于回答了行政行为效力的根本来源问题。法的效力之根本来源,即法的效力产生的根本源头,又在哪里呢?法国社会连带主义法学的创始人莱昂·狄骥认为,人类社会的一个基本的事实就是,人与人之间是一种相互联系的社会连带关系,人们既有分工,又有合作。由于社会连带关系的存在,人类社会便有了一种基于社会连带关系的社会最高准则——客观法的存在。③ 客观法并非由国家制定的实在法,而是基于社会连带关系而产生的客观要求或客观法则。国家制定和执行的法是实在法,其只能以实现客观法则为目的;客观法高于国家制定的实在法,国家通过立法职能来表述客观法。实在法乃是实现客观法的手段,在不同国家或地区,因为客观法不同,实在法也会有所不同。狄骥认为,基于社会连带关系这一客观的事实,实在法应当设法与

① 〔法〕莱昂·狄骥:《公法的变迁——法律与国家》,郑戈、冷静译,春风文艺出版社、辽海出版社1999年版,第129页。

② 参见中国社会科学院语言研究所词典编辑室编:《现代汉语词典》(修订本),商务印书馆1997年版,第61、748页。

③ 在法语里,莱昂·狄骥所谓的"客观法"是"droit"一词,立法者制定的实在法是"loi"一词,客观法,是指人类社会完全基于社会事实而自发形成的社会规范体系,客观法独立于立法者制定的实在法。狄骥将客观法之社会规范自上而下分为经济规范、道德规范和法律规范三个层次。参见于浩:《客观法是什么?——读狄骥〈客观法〉》,载《政法论坛》2017年第4期。

社会事实派生出来的客观法相匹配，实在法的正当性在于对社会连带关系的维护。人们的行为必须符合客观法的要求，否则就会破坏社会的连带关系。立法、行政及司法机关的行为都必须符合客观法的要求，以促进社会连带关系，尤其是有机的社会连带关系。① 狄骥的社会连带主义法学虽然没有为法的效力之本源问题提供现成的答案，但却对我们回答这一问题提供了有益的启示。笔者认为，法的效力之本源问题也要到社会连带的客观事实及其客观法中去寻找。“当把目光溯及到简单社会个体或团体的生存和发展利益时，法律最根本的功能和本质就变得清晰了。简单社会的原初法律是一种得到普遍认可而具有权威的物质力量，其满足了人的生存需要并最大可能促进了人的发展……但不管法律如何进化，人的生存和发展应是法律沿革的路标，是法律的根。”②除宪法外，就一般的法律而言，其效力直接源于上位法的授权。同行政行为效力的间接来源一样，法的效力也间接源于其追求和保护的法律正义，但却根本源于社会连带的客观事实及其客观法。

根据狄骥的社会连带主义法学理论，法所追求和保护的法律正义，也是以社会连带的客观事实及其客观法为基础的，因而其也是具体而非抽象的，这与自然法学所主张的抽象性的法的价值有着根本的不同，这也是狄骥的社会连带主义法学对自然法学的进一步发展和超越。法只是实现社会目的的一种手段，而法本身并非目的。法作为人类的创造物，无非是由于人类的需要才来到世间。“二战”以后，法国法哲学家米歇尔·维莱认为，法是政治共同体内部的利益和负担的正义分配，法的效力源于自然秩序所规定的事情的本性，正义的分配比例蕴含于其中，法官通过辩证法能够获知这一比例。③ 何为“自然秩序所规定的事情的本性”？笔者认为，其可以认为是源于社会连带的客观事实及其客观法。可见，维莱关于法的效力来源的主张，与狄骥关于法及其效力的来源理论在本质上也是一致的。奥地利法学家汉斯·凯尔森认为，法律规范由低到高组成了一个统一的体系，一个法律规范的效力源于另一个法律规范，这个法律规范体系最顶端

---

① 埃米尔·涂尔干认为，人类社会的发展在历史中前进时，社会也会变得越来越复杂，经历一个从机械连带到有机连带的过程。其中，机械连带是以成员相似性为基础的凝聚状态，而有机连带又称契约连带，是指社会成员间的劳力分工将成员组合在一起的状态，因为社会的每个部分均需要依赖其他部分所从事的专业分工。参见〔法〕埃米尔·涂尔干：《社会分工论》，渠东译，生活·读书·新知三联书店2000年版，第71~92页。

② 参见吴正金：《法律效力的来源》，山东大学2006年硕士学位论文，第37页。

③ 参见李璐：《当代法国法哲学中法的概念与效力来源研究——从卡雷·德·马尔伯格到狄骥、维莱》，载《国外理论动态》2020年第1期。

的,则是“基础规范”(basic norm/grundnorm),其保证和支持着整个法律体系的效力。法律规范是人类意志的产物,那么宪法之上的基础规范又为何物? 按照凯尔森的纯粹法理论,基础规范存在于康德哲学意义上的“先天认识结构”,其不属于应然领域而属于事实领域。基础规范是一个预设的权威的意志行为之表现,决定宪法及整个法律体系。笔者认为,凯尔森纯粹法理论上的预设的权威及其基础规范与狄骥主张的社会连带的客观事实及其客观法,有异曲同工之妙,即法及其效力其实都源于相互连带的社会及其发展的客观要求。马克思说:“社会不是以法律为基础,那是法学家的幻想。相反,法律应该以社会为基础。法律应该是社会共同的,由一定的物质生产方式所产生的利益需要的表现,而不是单个人的恣意横行。”①马克思主义认为,法律所表现的意志的内容是由统治阶级的物质生活条件决定的,统治阶级不可能离开其赖以生存的物质生活条件而随心所欲地立法。法直接决定于生产关系,有什么样的生产关系就有什么性质和内容的法。可见,根据马克思主义的经典理论,法也是源于相互连带的社会及其发展的客观要求。

“任何法律皆为实现人的某种需要和目的所制定。法律就是主体需要结构的规范表达。因此,法律以人的需要为目的乃是其具有效力的第一要义。”②“法律之所以存在,正是基于人们的需要,正是人们的需要才有了法律的产生。”③与法的产生同理,法的效力当然也是源于人们的需要。从终极的意义上来说,正是人的生存与发展的需要,构成了法的效力之本源。从发生学④的意义上来说,与法的效力产生的原因相同,行政行为的效力似乎也是源于人们的生存与发展的需要。尽管如此,人的生存与发展的需要并不能作为行政行为的效力之本源的理论依据。行政行为作为一种出于公共目的而提供公共服务的重要手段,其内容及效力当然也都源于相互连带的社会关系及社会发展的客观要求。在论及行政行为效力的来源问题时,杨科雄博士提出了行政行为效力的综合来源理论,认为“行政行为效力来源必须到规范、价值和事实三个因素中去寻找”,“价值、规范和事实在不同程度上都构成了行政行为效力的来源。从形式上说,其效力来源于规

① 《马克思恩格斯全集》(第6卷),人民出版社1961年版,第291~292页。
② 谢晖:《论法律效力》,载《江苏社会科学》2003年第5期。
③ 李长山:《试论法律效力的概念及效力依据》,山东大学2008年硕士学位论文,第25页。
④ 发生学作为一种研究方法与范式,是从自然科学“嫁接”到人文科学的。作为人文科学研究的新方法与新视角,发生学方法本质上是一种溯源的方法,其主要特点为由流溯源,由源及流,再由源流考察对象的发生发展。参见张扬:《发生学方法与中国哲学史研究——读刘文英先生的两部哲学史专著》,载《兰州大学学报》1988年第3期。

范，但从实质而言，则来源于价值和事实，从而形成了形式效力观和实质效力观”。[①] 笔者对这一研究结论总体上比较赞同。行政行为的效力直接源于法律规范，间接源于法律正义（价值），根本源于社会连带这一客观事实及其客观法。客观法独立于人的意志而存在，人的意志屈服于客观法；社会连带这一客观事实及其客观法，属于事实而非规范的范畴。杨科雄博士在论述行政行为效力的来源问题时，似乎仅仅是在行政行为效力的根本来源层面探讨这一问题。[②] 鉴于汉语中“来源”一词的含义较为丰富，与杨科雄博士略有不同的是，笔者尝试从直接来源、间接来源、根本来源三个方面来分析和回答这一问题。

第三节　行政行为效力的基本范畴

一、行政行为的形式效力与实质效力

行政行为的效力本质上就是法的效力，是法的普遍性效力于行政行为上的具体体现和表现形式，属于法的个别性效力的范畴。法的效力有形式效力与实质效力之分，行政行为的效力也有形式效力与实质效力之分。“行政行为的形式效力，是指行政行为（无效的行政行为除外）一经成立，基于其形式合法性而依法产生的法律效力。”[③]“行政行为的实质效力，是指经过司法程序的审查和确认，行政行为基于其实质合法性而依法产生的法律效力。”[④]行政行为的形式效力据以产生的基础是行政行为的形式合法性，其一般通过行政程序而产生[⑤]；而行政行为的实质效力据以产生的基础是行政行为的实质合法性，其通过司法程序而产生。[⑥] 形式效力

① 参见杨科雄：《行政行为效力来源研究——规范、价值和事实》，中国政法大学2009年博士学位论文，摘要部分及第68页。

② 参见杨科雄：《行政行为效力来源研究——规范、价值和事实》，中国政法大学2009年博士学位论文，第34页。

③ 马生安：《论行政行为的强制力》，载《苏州大学学报（法学版）》2019年第4期。

④ 马生安：《论行政行为的强制力》，载《苏州大学学报（法学版）》2019年第4期。

⑤ 鉴于司法机关通过司法程序对行政行为实质合法性判断权的专属性，凡是司法程序以外的程序产生的行政行为效力均属于形式效力的范畴。通常情况下，形式效力通过行政程序依法产生，具有行政程序性。如果行政行为的合法性经过立法机关的审查或是仲裁程序的审查（假如具有这样的制度），立法机关或仲裁机构对行政行为予以维持的，行政行为的形式效力此时系通过立法机关的审查程序或仲裁程序而依法产生。因此，行政行为形式效力是一般而非绝对通过行政程序而产生。

⑥ 关于行政行为形式效力与实质效力的概念与特征，分别参见本书第四章第一节及第五章第一节的相关论述。

与实质效力是行政行为的两种不同性质及形态的法律效力，不仅二者产生的基础与法律程序不同，其价值目标、理论依据与制度功能等诸多方面亦有所不同。特别是在价值目标和制度功能上，二者之间具有很强的互补性。行政行为的形式效力与实质效力属于反映和揭示行政行为效力之普遍性的理论，本书称为行政行为效力之“两质态论”。行政行为效力的“两质态论”构成了科学的行政行为效力内容论的重要组成部分，具有重要的理论和现实意义。

二、行政行为的存续力、拘束力及强制力

法具有存续力、拘束力及强制力，鉴于行政行为效力本质上就是法的效力，行政行为效力在具体内容的构成上也有存续力、拘束力及强制力三项效力。行政行为存续力，是指非因法定事由并经法定程序，不得对行政行为予以撤销、变更和废止的法律效力；行政行为拘束力，是指行政行为基于其内容依法产生的，约束与保障行政相对人、利害关系人、国家行政机关及司法机关等履行行政行为义务的法律效力；行政行为强制力，是指行政行为依法产生的，在行政主体或行政相对人等违反或拒不履行行政行为存续力或拘束力义务时，由有权机关采取相应的措施，以保障其存续力或拘束力义务得以强制实现的法律效力。

对于行政行为的整体效力而言，存续力是其前提和基础效力，拘束力是其目的与核心效力，强制力是其手段与保障效力，每一项效力都具有特定的法律意义与制度功能。行政行为存续力、拘束力及强制力的价值目标和制度功能各不相同，三者之间相互独立，不存在内涵交叉或重叠的现象。存续力、拘束力、强制力属于反映和揭示行政行为效力之特殊性的理论，本书称为行政行为之“三效力说”。“三效力说”作为一个内在关联、有机统一的整体，科学地反映和揭示了行政行为效力的所有内容。“三效力说”构成了科学的行政行为效力内容论的重要组成部分，也具有重要的理论意义和重大的实践价值。

三、行政行为的内部效力与外部效力

以行政行为的约束对象为标准，行政行为的效力有内部效力与外部效力之分。行政行为的内部效力，是指行政行为对于作出它的原行政主体自身的效力，其主要是指行政行为的存续力与拘束力。在特定情况下，行政行为对于原行政主体自身也具有强制力，如行政机关所作的应该由其承担责任的行政赔偿决定。就行政行为存续力而言，行政行为一经成立即产生

形式存续力，行政主体非因法定事由并经法定程序，不得对其任意予以改变。就行政行为拘束力而言，禁止行政主体针对原先的事件反复作出行政行为，也不得作出比原行政行为更加不利于相对人的新的行政行为。当行政行为的拘束力生效以后，行政主体应根据其内容行使职权或履行职责，积极履行义务。就行政行为强制力而言，在行政主体违反或拒不履行行政行为的存续力、拘束力之义务时，有权机关可以采取相应的法律措施迫使其履行义务。行政行为的外部效力，是指行政行为对原行政主体以外的行政相对人、第三人、其他行政主体、司法机关等约束对象的法律效力，也包括行政行为的存续力、拘束力及强制力。

在当前的理论和实践中，人们往往只看到行政行为对相对人的约束力，很容易忽视行政行为对行政主体的约束力。行政行为内部效力与外部效力的区分，有利于消除行政行为的义务人仅仅是行政相对人的错误观念，体现了行政行为效力对行政主体的法律约束力，有利于约束和促进行政主体依法行政，树立和维护行政机关的公信力。就行政行为的外部效力而言，约束对象除了相对人，还有第三人、其他行政主体、立法机关和司法机关等。我们既要看到行政行为效力对相对人的约束，也要看到行政行为效力对第三人、其他行政主体、立法机关和法院等公权力主体的约束。行政行为内部效力与外部效力的区分①，是行政法学之“法律关系论”的生动体现，其既体现了行政行为效力对于外部对象的约束，也体现了行政行为效力对于内部对象的约束，是一种较为全面的行政行为效力观。

四、行政行为的应然效力与实然效力

自18世纪英国哲学家大卫·休谟发现事实与价值之间的张力以来，应然和实然的关系问题就始终是一个令人头痛的哲学之谜。应然和实然是事物的两个不同的方面，二者之间是对立统一的存在。以效力的实现与否为标准，行政行为的效力就有应然效力和实然效力之分。所谓行政行为的应然效力，是指行政行为所具有的应然法律约束力，其表达的是行政行为效力“应该怎样”的概念，其以一种价值判断的形式呈现出来，主要体

① 在德国行政法上，行政行为的生效有内部效力（äußere Wirksamkeit）与外部效力（innere Wirksamkeit）之分。其中，内部效力是指依据其具体的命令、禁止、形成与确认等规制内容发生的法律效果，其事实上属于行政机关意思表示的具体化而产生的规制效果。外部效力则是指经过法定的告知程序，行政行为对相对人、关系人、其他机关或法院等产生的拘束作用。参见赵宏：《法治国下的目的性创设——德国行政行为理论与制度实践研究》，法律出版社2012年版，第134、135页。德国行政法上行政行为内部效力与外部效力概念的界定与区分，与本书并不相同。

现行政行为效力的理想、预期、目标或未然性。所谓行政行为的实然效力,是指行政行为所具有的实然法律约束力,即行政行为效力的实效,是行政行为效力实现的实际状况,表达的是行政行为的效力实际上"是怎样"的概念,是行政行为效力在现实生活中的实现程度、实际效果和已然状态。

行政行为的应然效力产生于实然效力之前,是行政行为效力的可能性,是预期的、理想中的效力;行政行为的实然效力是行政行为效力的现实性,是行政行为的应然效力所实际产生的效果。行政行为的应然效力是实然效力的基础和前提,行政行为的实然效力是应然效力的目的和归宿。行政行为应然效力的实现程度,在很大程度上反映了一个社会的法治水平。行政行为应然效力转化为实然效力的程度,除了与社会环境状况、法的实施条件相关,也与行政行为本身的合法性与否等因素有关。行政行为效力的实现是一个从应然向实然推进和演化的过程,"应当是这样"与"实际是这样"不同,行政行为的应然效力与实然效力之间总存在一定的差距。行政行为必须被实际有效执行,即要尽量缩小行政行为的应然效力与实然效力的差距。就我国的现状而言,在行政行为存续力方面,行政主体不重视行政行为存续力义务的约束,随意撤销、变更和废止行政行为的现象还时有发生;在行政行为拘束力方面,相对人等不履行行政行为义务的现象较为普遍;在行政行为强制力方面,存在的问题尤为突出,大量行政案件得不到及时有效的执行。可见,从应然效力与实然效力这一对范畴出发研究行政行为的效力问题,亦具有非常重要的理论意义与实践价值。

五、国家行政行为的效力与社会行政行为的效力

国家行政行为,是指国家行政主体基于国家行政权力作出的行政行为。社会行政行为,则是社会行政主体基于社会自治权作出的行政行为。在现代社会,国家行政权力依据宪法、法律而产生,宪法、法律规定了国家行政权力的范围。社会行政权力虽然是宪法为社会保留的权力,但其要形成具体的社会自治权,往往还要通过社会自治章程和自治规约等形式。例如,村民或居民委员会的自治权就要通过村民或居民委员会的自治章程和自治公约才能形成具体的社会权力。国家行政行为与社会行政行为的区别在于:第一,行政主体不同。国家行政行为的主体是国家行政机关、法律法规授权的组织等国家行政主体,社会行政行为的主体是社会自治组织。第二,行政行为的权力依据不同。国家行政行为依据的是国家行政权,社会行政行为依据的是社会自治权。第三,适用的范围不同。国家行政行为适用于国家行政的范围和事项,社会行政行为则适用于社会自治的范围和

事项。

正是因为二者的行为主体不同、权力依据不同、适用范围与事项不同,所以这两类行政行为在效力上存在非常明显的差别。例如,就行政行为形式合法性及形式效力的构成要件而言,国家行政行为与社会行政行为差别不大;但是就行政行为实质合法性及实质效力的构成要件而言,国家行政行为与社会行政行为的差别还是很大的。社会行政行为一定是基于社会自治、针对社会自治的事项作出的行政行为,超出法定的自治范围必然无效;社会行政行为的依据有国家法律法规和社会自治规范,而国家行政行为的依据只有国家的法律法规。又如,就行政行为存续力而言,国家行政行为与社会行政行为存续力的强度是不一样的,社会行政行为存续力的强度显然要弱于国家行政行为的存续力。就行政行为拘束力而言,社会行政行为拘束的对象只能是社会自治成员,而国家行政行为拘束的对象范围更加广泛,包括但不限于社会自治成员。就行政行为强制力而言,国家行政行为与社会行政行为在义务实现的机制上差别很大。社会行政行为义务的实现,首先寻求内部的自治机制。因为强制执行权专属于国家,法律不允许社会自治组织对其作出的行政行为实施强制执行。又因为社会行政行为属于国家之外的社会自治的范畴,国家的行政权也不能介入社会行政行为义务的强制实现。在穷尽了内部的自治机制以后,社会行政行为的义务仍然无法得以实现的,社会自治组织可以申请司法机关予以强制执行,以实现社会行政行为所确定的义务。国家行政行为的效力与社会行政行为的效力是以行政行为的根本属性为标准对行政行为效力的分类,二者在效力形态、效力内容及监督与救济途径上均存在明显的差异。在行政行为效力的研究上,区分国家行政行为的效力与社会行政行为的效力并进行深入的研究,也具有非常重要的理论意义和实践价值。

第三章 现象与理论:符号学视角下的行政行为公定力

行政行为公定力产生至今经历了如下三种不同历史形态:一是基于国家公权力先验优越性推定的“事实上的效力”;二是基于宪法、行政诉讼法制度推定的法律效力;三是行政程序法明确规定或判例法确定的法律效力。公定力属于反映和揭示行政行为效力之共性、普遍性或一般性的概念,并非行政行为的某一项具体的效力内容。在现代社会,公定力本质上就是行政行为基于其形式合法性而依法产生的形式效力,具有法定性、行政程序性、形式性、相对性、有限性及一般性之特征。公定力理论违背了符号学原理,存在无法克服的致命缺陷,对其只能予以摒弃。在中国行政法学上,受汉语语言、文化及其符号系统的制约,应该以行政行为的形式效力理论取代公定力理论。①

第一节 公定力理论在日本的形成、发展与演变

一、公定力思想在欧洲的萌芽

如果不了解历史,就无法根本地理解现实。公定力理论本来就是一个舶来之物,追溯公定力理论的历史源头,深刻把握其产生及发展的历史背景和过程,对于深入研究公定力理论具有非常重要的意义。恩格斯曾经深刻地指出:“历史从哪里开始,思想进程也应当从哪里开始,而思想进程的进一步发展不过是历史过程在抽象的、理论上前后一贯的形式上的反映,这种反映是经过修正的,然而是按照现实的历史过程本身的规律修正的。”②公定力理论的思想源头可以追溯至素有“行政法母国”之称的法国。16 世纪以后的法国,新兴资产阶级的利益开始反映到行政部门,行政部门也开始执行一些有利于新兴资产阶级的法令。当时的法院掌握在封建阶级手中,封建阶级为了本身的利益抵制进步法令的实施,由此造成了行政

---

① 本章的主要内容,已作为课题的阶段性研究成果发表。参见马生安:《现象与理论:符号学视角下的行政行为公定力》,载《东南法学》2020 年第 2 期。

② 《马克思恩格斯选集》(第 2 卷),人民出版社 1972 年版,第 122 页。

部门和司法部门之间的矛盾和对立。资产阶级革命胜利以后，在当时的法国宪法下，立法权、行政权及司法权均实现了独立。在大革命中形成的新宪法将行政权和司法权设定为同等的权力，行政机关和司法机关相互独立，无所不包的立法权更是严格禁止法院干涉任何行政事务。当时，由于行政诉讼也被理解为行政事务，普通法院不能受理行政诉讼案件，从而导致了在行政部门内部建立行政法院以解决行政争议。[①] 行政部门的行政行为直接来自宪法的授权，在摆脱了司法的干预后，行政部门得以以其特有的权力行为——行政行为来维护其与司法权力的同等性，这就是对应于司法裁判的行政行为（acte administratif）。由于行政权脱离了司法权的控制并拥有与司法权同样的权威，加上行政行为与司法裁判在渊源和内容上的相似之处，行政行为比附于司法裁判而获得了与司法裁判相同品质的效力，公定力理论的思想即发端于此。因此，法国大革命时期实行的"行政与司法永远分离"制度，是公定力思想产生的最为直接和最为根本的原因。[②] 因为比附于司法判决及其效力，也因为法律赋予行政权力的优越地位，行政行为的"特权论"随之产生。行政行为的特权表现为行政行为的"效力先定特权"和"强制执行特权"。其中，行政行为的"效力先定特权"，即行政机关的决定一旦成立，就被假定符合法律的规定，对行政机关自身和当事人以及其他国家机关具有拘束力。"如果利害关系人认为行政机关的决定违法，也只能按照法定的途径提出申诉。在这个决定没有被有权限的机关变更、撤销或宣布无效以前，则其始终被认为合法有效。即使在申诉的过程中，在受理申诉的机关没有作出裁决以前，该行政决定也仍然继续有效。"[③]在法国，行政行为之所以享有被推定合法有效的特权，一方面，具有其体制上的原因。另一方面，也与其特定的历史情境和现实需要密不可分：高度中央集权的历史传统赋予行政独立于司法的历史合理性；法国的宪政设计使行政与立法分治，行政的权威得到进一步提升，行政行为的合法性推定具有坚实的现实基础；在处理国家和人民之间的纠纷时，尽量维持行政行为的约束力及其持续性。正如李琦博士所言，这一理论是深深"嵌入"该国制度性背景中的，其具有坚实的制度基础，而非仅仅理论的逻辑演绎，亦非经验的不言而喻。[④]

---

① 参见王名扬主编：《外国行政诉讼制度》，人民法院出版社 1991 年版，第 11 页。

② 参见李琦：《行政行为效力新论——行政过程论的研究进路》，中国政法大学 2005 年博士学位论文，第 104～105 页。

③ 王名扬：《法国行政法》，中国政法大学出版社 1988 年版，第 165 页。

④ 参见李琦：《行政行为效力新论——行政过程论的研究进路》，中国政法大学 2005 年博士学位论文，第 103～104 页。

19 世纪中叶，以法律至上为原则的宪政体制在德国开始出现。19 世纪的后半叶，现代意义的行政诉讼制度开始在德国建立。受法国单独行政法院制度的影响，行政与司法分离的思想和制度在德国得以承继。1863 年，德国建立了第一个独立的行政高等法院，这也是德国第一个独立的行政法院。① “一战”（1914～1918 年）前后，因为战争的需要，行政权的畅通运行在当时的德国社会至关重要。德国行政法学的奠基人奥托・迈耶结合当时的社会状况以及现实需要，以国家或君主的权威为根据，对公定力的思想作了进一步的阐发，其公定力思想主要包括如下的几个方面：

第一，行政行为与私人的法律行为存在本质区别，如果私人不能证明其行为的合法性，则行为不会发生法律上的效果；而政府在其通常的管辖范围内，其意志表达就可以认为是有效的。这种自我证明的行政行为的有效性，只有通过更强有力的管辖才能予以改变。②

第二，行政行为是有权限的政府、行政组织为了公共利益、社会秩序、行政效率等需要，通过“自我确认”为合法事项并加以实施的，故其与司法裁判一样，自身具有权威性，其合法性当然要得以推定。③ 奥托・迈耶之所以使用“自我确认”这样的语词，实际上是基于行政行为的建构以法院的司法裁判为蓝本，它和司法裁判一样，都是国家意志的表达。对奥托・迈耶来说，将行政行为特殊效力的基础置于“自我确认”上，实际上是在强调行政行为的这种“类裁判性”的高权性之特征。

第三，法律上的有权机关通过法定程序和方式，可以否定公定力。公定力是相对而非绝对的，经法定的程序和方式，有权机关可以撤销、变更或废止行政行为，从而否定行政行为的公定力。

第四，当行政行为具有非常明显的错误时，即在行政行为无效的情况下，国家意志的力量从一开始就不存在于这个行政行为中，这个行政行为不发生法律效力；但错误并非如此明显时，行政行为则是有效的。只有在有关机关对该行政行为的合法性进行审查时，行政行为才可能失去效力。④

奥托・迈耶认为，私法关系中的行为需要个人证明其合法性才能发挥作用，而公法上的行政行为通常情况下即是有效的，不需要政府的证明。

---

① 参见于安：《德国行政诉讼的历史演变》，载《现代法学》1989 年第 3 期。

② 参见〔德〕奥托・迈耶：《德国行政法》，刘飞译，商务印书馆 2002 年版，第 98～101 页。此处的“更强有力的管辖”，就是指行政诉讼或行政复议等救济制度。

③ 参见〔日〕杉村敏正：《论行政处分的公定力》，城仲模译，载城仲模：《行政法之基础理论》，台北，三民书局 1988 年版，第 178 页。

④ 参见〔德〕奥托・迈耶：《德国行政法》，刘飞译，商务印书馆 2002 年版，第 100 页。

这就是公定力理论之雏形。[①] 正是国家公权力行为的先验优越性,构成了行政行为公定力的根本依据。也就是说,行政行为的公定力源于国家的权威性及国家意思的优越效力;因为行政行为乃国家意思或权威的表示,故其应该得到人们的尊重。由此可见,公定力思想从一开始就是以国家主义为基础的。在"一战"前君主制下的德国,公定力思想就是国家或君主权威的体现。因为行政机关有代表国家的权威性,故其所作出的一切行政行为都被推定为合法有效,此乃公定力理论之渊源与核心思想。因此,公定力思想产生于国家威权时代,是迷信公共权力至上的国家主义观念的结果。在"一战"时期,奥托·迈耶关于公定力思想的论述是完全符合当时的社会历史条件的。尽管如此,奥托·迈耶并未将公定力绝对化,而是深刻地指出公定力的有限性和相对性。所谓公定力的有限性,是指并非所有的行政行为均具有公定力,重大且明显违法的行政行为无效,其就不具有公定力。所谓公定力的相对性,是指经过法定的程序和方式,有权机关可以通过撤销、变更或废止行政行为的方式,否定行政行为的公定力。一百多年过去了,奥托·迈耶关于公定力思想的论述直到现在也仍然没有过时。一代法学大师的深刻洞见,实在是令人佩服和惊叹。

二、公定力理论在日本的最终形成

大约 19 世纪末期,德国的公定力思想传入日本。经过日本行政法学的开创者美浓部达吉的概括和总结,公定力理论最终在日本得以形成。作为日本行政法理论的重要术语之一,"公定力"一词是美浓部达吉运用汉语所合成的词语。美浓部达吉最先将行政行为的这种效力命名为"公定力",为"国家公权力行为推定有效"之义。也就是说,行政行为系国家公权力行为,公定力乃基于国家公权力先验优越性而推定的效力。如今,日文中的"公定力"一词与汉语中的"公定力"一词完全相同。"公定力"一词最早见于美浓部达吉于 1909 年所著的《日本行政法》(第 1 卷)中。美浓部达吉认为:"关于行政行为,一般说来行政厅的组织完备,行政厅被赋予依据法规处理行政行为的权威,并且因为行政厅代表国家或者公共团体的权力,所以,其行为暂且被推定为合法,便是当然的事情了。"[②]在其 1936 年所著的《日本行政法》中,美浓部达吉又明确地指出:"所谓行政行为之公定力者,乃指除了特别对该处分提起争讼或对之具有撤销权者对之争议

① 参见黄学贤、张震:《行政行为公定力研究之学术梳理》,载姜明安主编:《行政法论丛》第 22 卷,法律出版社 2018 年版,第 95~144 页。

② 美濃部達吉『行政裁判法』(有斐閣,1929 年)21 頁。

并加以撤销外,任何人不得否认其效力之谓。而公定力这种强制承认上述拘束力之力,乃对所有官署与人民均产生。"①另外,美浓部达吉在其早期的著作中也认为,无效的行政行为不发生效力。② 比较美浓部达吉与奥托·迈耶关于公定力的论述,美浓部达吉的理论与奥托·迈耶的思想一脉相承,也可以说是完全继承了奥托·迈耶的公定力思想,以国家意思之公定力为核心,推导出行政行为公定力理论。如果说美浓部达吉的理论对奥托·迈耶的公定力思想有什么发展和超越的话,那就是他创造了"公定力"这一法律术语,明确了公定力是一种基于推定的法律效力,并对公定力概念作了较为系统的解释和说明,从而创建了行政行为公定力这一理论。

综上所述,公定力理论是思想源头发端于法国、德国,最终在日本得以形成的行政行为效力理论。③ 公定力理论的核心内容,主要体现在公定力理论的核心概念"公定力"上。所谓行政行为的公定力,即是指行政行为(重大且明显违法的行政行为除外)一经成立,即应当被推定为有效;在未经法律有权机关通过法定程序和方式否定其效力之前,所有机关、组织或者个人都应该对其予以尊重及服从的法律效力。"公定力"这一概念主要有如下几个方面的含义:

第一,公定力产生的前提是行政行为的成立。公定力产生在行政行为成立后,行政行为一经成立即产生公定力。

第二,公定力是一种推定的法律效力。公定力理论的核心思想是行政行为的"推定有效"。准确地说,公定力概念表达的既非行政行为的"推定合法",亦非"推定合法有效",而是"推定有效"。行政行为产生公定力,并不意味着该行政行为实质有效,而只是该行政行为被"推定有效"。

第三,公定力可以通过法定的程序和方式予以否定。行政行为在未经有权机关通过法定程序和方式予以撤销、变更之前,法律上都应对其作有效推定,任何组织和个人对其都必须予以尊重和服从。公定力是相对而非绝对的,有权机关可以通过法定程序和方式撤销、变更、废止行政行为,从而否定其公定力。在日本行政法上,公定力又被称为"撤销程序的排他性"之效力。④ 公定力可以通过法定的程序和方式予以否定,尽管这一点非常重要,但其却为我国的一些学者在定义公定力概念时所忽视,从而影响了对公定力概念定义的完整性和准确性。

---

① 美濃部達吉『日本行政法(上卷)』(有斐閣,1936 年)257 頁。

② 美濃部達吉『日本行政法(上卷)』(有斐閣,1936 年)57 頁参照。

③ 塩野宏『行政法 I (第 6 版)』(有斐閣,2015 年)160-161 頁参照。

④ 塩野宏『行政法 I (第 6 版)』(有斐閣,2015 年)162 頁参照。

第四,重大且明显违法的行政行为不产生公定力。“有限公定力说”主张,并非任何行政行为都会产生公定力。例如,重大且明显违法的行政行为就不产生公定力,其属于无效的行政行为。在理论上,只有为数不多的学者持“完全公定力说”,认为一切行政行为均产生公定力。重大且明显违法的行政行为不产生公定力的“有限公定力说”,一直是我国和日本的通说。①

三、公定力理论在日本的发展与演变

自美浓部达吉提出公定力理论之后,经过众多日本行政法学者的努力,公定力理论在日本备受推崇并得以发扬光大。田中二郎认为,行政主体的优越地位是法律授权的结果,但法律的这种授权不是以明文规定的形式作出的,行政行为即使是违法的,其在被有权机关撤销之前,大致上还是受到适法推定的。相对人自不待言,即使是第三人或国家机关,亦均不得否定其效力。② 田上穰治认为,公定力指行政处分在法律上被推定为适法,除提起争讼而被判决撤销或依职权撤销外,不得否定行政处分的效力。③ 田上穰治以实在法规定作为公定力的依据,意味着行政行为公定力理论的一个重大转变。室井力认为:“行政行为的公定力是指行政行为成立后,即使违法,除法定情形无效的场合另当别论外,在依据有正当权限的机关作出撤销之前,也暂时被推定为合法有效的,相对人、第三人和其他国家机关都不得无视行政行为的效力。”④南博方指出:“行政行为一旦付诸实施,除无效的情况外,在被有关机关撤销之前,不仅对方,而且国家机关、一般第三者也必须承认其为有效,并服从之。这种效力便称为公定力。”⑤杉村敏正认为:“行政处分之公定力,即令行政处分本身应具备之法律要件是否齐全尚成疑问,在有权限之行政机关或法院于依法令所定之程序确定其为不生效力之前,要求任何人均应认其为具有拘束力之适法妥当之行政处分之力;行政处分因具有这样的公定力,任何人均不得以自己之判断而否认其拘束力。”⑥至20世纪40年代,公定力理论在日本达到了其学说的鼎盛时期。

---

① 神橋一彦『行政救済法(第2版)』(信山社,2016年)191-192頁参照。

② 田中二郎『行政法総論』(有斐閣,1957年)321-322頁参照。

③ 田上穰治『行政法概論』(有斐閣,1942年)49-50頁参照。

④ 〔日〕室井力主编:《日本现代行政法》,吴微译,中国政法大学出版社1995年版,第122页。

⑤ 〔日〕南博方:《日本行政法》,杨建顺等译,中国人民大学出版社1988年版,第41页。

⑥ 〔日〕杉村敏正:《论行政处分的公定力》,城仲模译,载城仲模:《行政法之基础理论》,台北,三民书局1988年版,第176~182页。

公定力理论自产生以来,可以说是屡遭批判,对其批评与质疑之声一直没有停止。为了适应社会变迁和现实发展的需要,公定力理论在日本先后经历了两次大的修正:

第一次是由先验的"超实在法效力"或"固有效力"向现实的"实在法特别承认效力"的转变。行政行为的"超实在法效力"或"固有效力",是指行政行为基于国家行政权力的先天优越性而固有的、源于行政行为国家公权力行为之本质的超实在法的效力。"实在法特别承认效力",是指依实在法的有关规定推定合法有效的法律效力。例如,美浓部达吉认为,公定力在实在法中并没有明确的规定,公定力是基于行政行为的国家公权力行为之优越性而获得的特殊效力。据此,美浓部达吉的观点就属于先验的"超实在法效力"或"固有效力"的范畴。① 1868 年年初,日本的明治天皇颁布了"五政复古"诏书,日本著名的明治维新运动得以开始。基于当时颁布的法令,行政机关对地方官和户长的违法处分,地方官和户长不服的,其可以向司法法院起诉,从而初步建立了行政诉讼制度。② 颁布于 1889 年的《大日本帝国宪法》(以下简称《明治宪法》),是日本基于近代立宪主义而制定的第一部宪法。该法第 61 条规定,行政机关由于违法的行政处分而侵害人民权利的,依法由行政法院审判,司法法院不得受理。受法国、德国、奥地利等国的影响,日本基于《明治宪法》权力分立制度中的行政权优越的思想,把行政权从司法权的制约中解放出来,设立了专门的行政法院审理行政案件。日本于 1946 年颁布了新《日本国宪法》,根据《日本国宪法》第 76 条第 1 款不得设立特别法院的规定,取消了审理行政案件的特别法院,所有案件都交由司法法院审理。之后于 1948 年制定的《日本行政案件诉讼特例法》大体上确立了《日本国宪法》下的行政诉讼制度。随着《日本国宪法》的颁行,公定力理论的国家公权力先验优越性问题在日本备受诟病。为此,学者开始把公定力的来源与实在法的规定联系起来,以剔除公定力理论的国家公权力先验优越性之不利因素。例如,田上穰治就援引了《日本行政事件诉讼法》(1962 年)第 14 条起诉期限的规定和第 25 条行政诉讼中的不停止执行原则,论证行政行为的合法性推定及公定力的来源。其言下之意是,如果行政处分没有公定力之法律效力,为什么还需要行政处分的撤销制度?其后,"实在法特别承认说"为越来越多的日本学者所接受,渐成日本之通说。根据现代法治理论,行政行

---

① 美濃部達吉『日本行政法(上巻)』(有斐閣,1936 年)86 頁参照。

② 塩野宏『行政法Ⅱ(第 5 版補訂版)』(有斐閣,2013 年)64 頁参照。

为的效力必然源于法律,行政行为不可能存在固有的、超实在法的效力。公定力由先验的“超实在法效力”或“固有效力”向现实的“实在法特别承认效力”的转变,至少在方法论层面上基本剔除了公权力的先验优越性之因素,在很大程度上提高了公定力概念的可接受性。以实在法作为公定力的依据,体现了行政行为公定力理论的一个重大转变,即行政行为的公定力已经内化为立法者的选择,而非外在于立法者的前提性存在。这对于公定力概念的可接受性而言,无疑是至关重要的。①

第二次是从实体法公定力到程序法公定力的理论转变。所谓实体法公定力,是指从实体法的角度评价行政行为的合法性及其公定力。何为实体法公定力？这一概念似乎不易理解,兹举例予以说明。如果我们说“所谓行政行为公定力,是指行政行为(重大且明显违法的除外)一经成立,即应当被推定有效”,这一公定力概念即实体法公定力概念。所谓程序法公定力,即“撤销程序的排他性”之效力,意思是不能通过行政复议或行政诉讼等救济程序以外的其他程序去除的行政行为公定力。② 也就是说,所谓程序法公定力,是指行政行为(重大且明显违法的除外)一经成立,即应当被推定有效,在未经法律上有权机关通过法定程序和方式否定其效力之前,所有机关、组织或者个人都应该对其予以尊重与服从的法律效力。实体法公定力概念是以公权力的先验优越性为基础的绝对性公定力概念,其内涵无从体现公定力的相对性,即无从体现“公定力是可以通过行政诉讼等程序予以否定的效力”这一含义。实体法公定力概念与奥托·迈耶及美浓部达吉关于公定力相对性的观点是相互矛盾的,其自形成及取得通说地位时,一直遭到众多学者的质疑。于是,公定力理论又开始了第二次修正,即从实体法公定力到程序法公定力理论的转变。应该说,程序法公定力概念在内涵上剔除了国家公权力的先验优越性因素,因而比较科学和完整,与奥托·迈耶和美浓部达吉的观点也保持了一致性。程序法公定力的概念形成于20世纪60年代,其认为公定力只有程序法上的意义,撤销程序的排他性应该成为公定力的实在法基础与核心内涵,而不涉及行政行为的实体合法性评价问题,所以可以称为程序法公定力。程序法公定力概念认为,行政行为的违法与效力等概念在根本上都是程序法的制度,公定力也只能以程序法之法理构成其理论基础。程序法公定力概念旨在以程序法意义上的公定力概念取代传统行政法学实体公定力概念,以解决公定力

---

① 参见王天华:《行政行为公定力概念的源流——兼议我国公定力理论的发展进路》,载《当代法学》2010年第3期。

② 宇賀克也『行政法概説Ⅰ』(有斐閣,2013年)331頁参照。

理论存在的缺陷并提高其可接受性。就其实质而言,程序法公定力概念之内涵表达的是公定力的相对性,即公定力不是绝对的,通过行政诉讼对行政行为予以撤销,则可以否定其公定力。“程序法公定力”术语其实仍然包含“公定力”这一语言符号,表达的仍然是“公定力乃基于国家公权力的先验优越性推定的效力”;基于符号学之语义学原理的分析,“程序法公定力”术语仍然没有克服国家公权力的先验优越性思想的缺陷。此外,基于符号学之语义学原理,“程序法公定力”这一语言符号表达的似乎是“程序法意义上的公定力”,很容易被人误以为公定力仅仅具有程序法意义而与实体法无涉;而“实体法公定力”这一语言符号表达的似乎是“实体法意义上的公定力”,又很容易被人误以为公定力仅仅具有实体法意义而与程序法无涉。实体法公定力与程序法公定力概念想表达的其实是公定力的绝对性与相对性之别,然实体法公定力与程序法公定力概念却无法做到这一点。

在现代社会,公定力是行政行为(重大且明显违法的除外)基于其形式合法性而依法产生的形式效力,其或是由行政程序法、判例法规定,或是依宪法、行政复议法、行政诉讼法等法律制度而依法推定,具有法定性、形式性、相对性,可以通过行政复议、行政诉讼对其予以否定。一方面,公定力是基于行政程序的完成取得的法律效力,具有程序法意义;公定力具有程序法意义,不是说它绝对与实体问题无涉。另一方面,公定力在被否定之前,其对相对人权益的影响必然是既具有程序性又具有实体性,是程序性与实体性的统一。罔顾客观事实,强行将公定力作实体法公定力与程序法公定力的区分并不严谨。实体法公定力与程序法公定力术语因违背了符号学之语义学原理,又进一步加剧了公定力理论认识上的混乱。笔者认为,日本公定力理论的第二次转变与其说是从实体法公定力到程序法公定力理论的转变,还不如说是公定力之相对性的理性回归更为恰当,即公定力概念又重新回到了奥托·迈耶及美浓部达吉关于公定力的相对性之主张。①

公定力理论是日本学者对公定力来源予以解释、说明所形成的,对公定力理论的分析和研究绝不能脱离日本当时的政治和社会历史条件。日本公定力理论的产生是适应当时的封建统治及高权行政需要的结果。依笔者个人浅见,公定力理论在日本极为盛行的主要原因,还与日本迟迟没

---

① 奥托·迈耶及美浓部达吉都主张公定力是可以通过行政诉讼等救济途径予以否定的效力,即所谓的“程序公定力”。参见〔德〕奥托·迈耶:《德国行政法》,刘飞译,商务印书馆 2002 年版,第 100 页;美濃部達吉『日本行政法(上巻)』(有斐閣,1936 年)257 頁参照。

有制定“行政程序法”，公定力没有为“行政程序法”明确规定有很大的关系。假如日本同德国一样，公定力很早就被行政程序法所规定而成为一种法定效力的话①，则“推定有效”之公定力理论在日本很可能也就渐渐地走向了消亡。随着民主与法治的逐步推进，日本的公定力理论也一直在不断地修正，以努力适应发展变化的社会现实。自“二战”以来，公定力理论在日本逐渐遭遇越来越多的质疑与批评。一些学者基于程序法公定力的概念，认为公定力是不能在行政复议、行政诉讼等撤销程序以外的程序中消除的效力，公定力和撤销程序的排他性其实是两个可以互换的概念，进而认为“公定力”一词可以弃之不用。他们认为，“公定力”一词的摒弃有利于淡化甚至消除行政行为的高权性色彩，从而强调行政行为与私人的法律行为的共性。② 例如，宫崎良夫主张放弃使用公定力概念③，宇贺克在其论著中也不再使用公定力概念。④

第二节　公定力理论于法国的惨淡及德国之缺席

一、法国之行政行为“效力先定特权”理论

在法国，行政决定的“效力先定特权”，是指行政机关的决定一旦成立，就假定其符合法律的规定，对行政机关自身和当事人以及其他国家机关具有拘束力。行政决定在没有被有权机关撤销、变更或宣布无效之前，始终被认为合法有效。⑤ 行政决定的“效力先定特权”，本质上就是行政决定公定力的另一称谓和表达。有执行力的决定之“先决特权”，是指在未经法官进行任何审查之前，有执行力的决定就被推定为合法有效。有执行力的决定，也被称为“单方面行政法规”，是一种由国家行政机关单方作出的，为第三者设定权利和义务的法律文件，也就是规范性文件。有执

① 例如，《西德行政程序法标准草案》（慕尼黑草案）（1966 年）第 33 条、《联邦德国行政程序法》（1992 年）第 43 条很早就对公定力在立法上作出了规定，《联邦德国行政程序法》（1997 年）后来也对公定力作出了相同的规定。分别参见应松年主编：《外国行政程序法汇编》，中国法制出版社 1999 年版，第 101、137、179 页。

② 参见王天华：《行政行为公定力概念的源流——兼议我国公定力理论的发展进路》，载《当代法学》2010 年第 3 期。

③ 宮崎良夫「公定力」『行政法判例百選Ⅰ（第 4 版）』（有斐閣，1999 年）155 頁参照。

④ 宇賀克也『行政法概説Ⅰ』（有斐閣，2013 年）348-354 頁参照。

⑤ 参见王名扬：《法国行政法》，北京大学出版社 2016 年版，第 118 页。

行力的决定之"先决特权",表达的其实也是公定力的含义。[①] 行政行为的公定力源于何处?以法国学者莫里斯·奥里乌为代表的"预先特权说"认为,行政行为的公定力源于行政权自身的特质。为了保障公共事业及公共服务的连续性,公民同意授予中央行政部门一些公共权力的特权。行政行为系行政活动的方式之一,基于公共服务连续性的需要,行政行为具有公定力则是其必然要求。[②] 公定力来源的"预先特权说"与公定力来源的"固有说"本质上并无二致,二者均认为公定力是行政行为的固有之力,是从行政行为的本质中产生的"超实在法效力"。关于公定力的理论依据问题,法国另一著名公法学家狄骥则基于社会连带主义法学理论,提出了公定力理论基础的"法安说"。根据狄骥的学说,公务主体与社会公众之间的关系是一种服务与合作的社会连带关系,法律的目的和作用就在于保护和促进社会连带关系即社会秩序,如果法律不确认有争议公务行为的公定力,就违背了这一目的。[③]

二、德国之行政行为"有效性"理论

在如今的德国行政法理论上,并不存在如日本行政法那样发达的公定力理论。曾经为公定力理论作出重要思想贡献的德国,现在居然没有公定力理论的存在,其原因何在?例如,汉斯·J. 沃尔夫、奥托·巴霍夫、罗尔夫·施托贝尔在其所著的《行政法》一书中并没有使用公定力的概念,而是使用了"行政行为的有效性"(Wirksamkeit des Verwaltungsaktes)的概念。该书认为,"违法的行政行为也有效力,并非是行政行为的'有效性推定',它和证据规则与假定没有任何关系,而是实体性法律规则问题,违法的行政行为只在特定的条件下无效"[④]。很多学者对《联邦德国行政程序法》(1997 年)第 43 条进行解释时,均使用了"行政行为的有效性"(Wirksamkeit des Verwaltungsaktes)而非行政行为的公定力术语。[⑤] 在德国的行政法理论中,现在德国的很多学者其实并不认同公定力概念和理

---

① 参见〔法〕让·里韦罗、让·瓦利纳:《法国行政法》,鲁仁译,商务印书馆 2008 年版,第 495、526~527 页。

② 参见〔法〕莫里斯·奥里乌:《行政法与公法精要》(上册),龚觅等译,春风文艺出版社、辽海出版社 1999 年版,第 5、17 页。

③ 参见〔法〕狄骥:《宪法论——法律规则和国家问题》(第 1 卷),钱克新译,商务印书馆 1959 年版,第 253 页。

④ 〔德〕汉斯·J. 沃尔夫、〔德〕奥托·巴霍夫、〔德〕罗尔夫·施托贝尔:《行政法》(第 2 卷),高家伟译,商务印书馆 2002 年版,第 67 页。

⑤ Mann/Sennekamp/Uechtritz, VwVfG, 2. Aufl. 2019, VwVfG, § 43 Rn. 1 – 76; Ziekow, VwVfG, 4. Aufl. 2020, VwVfG, § 43 Rn. 1–21.

论。在他们看来,所谓行政行为的“公定力”其实不过就是“行政行为的有效性”而已。行政行为一经成立就有效,重大且明显违法的行政行为无效,这是由法律明确规定的,即行政行为的“有效性”是由法律规定的,并不是公定力理论所谓的“推定”而来。[①] 在德国,公定力作为行政行为的一种客观存在的法律效力,早已为德国的行政程序立法所规定,却是一个不争的事实。例如,《西德行政程序法标准草案》(慕尼黑草案)(1966 年)第 33 条规定的行政处分的效力,其实就是行政处分的公定力。[②] 其后,《联邦德国行政程序法》(1992 年)第 43 条、《联邦德国行政程序法》(1997 年)均作出了相同的规定。[③] 既然公定力已经为立法所明确规定,又何来“推定有效”的公定力概念和理论?也正是因为德国法治发展的进程较快,很早就在行政程序法中规定了公定力,公定力已不再是推定的法律效力,故“推定有效”之公定力理论在德国行政法上当然不会存在。正是因为没有公定力概念与理论的存在,德国行政法学者在论述行政行为效力内容的具体构成时,也就没有把公定力作为效力构成内容之一。例如,德国学者 G. 平特纳教授认为,行政行为在效力内容构成上包括确定力、约束力及执行力。[④] 德国著名学者哈特穆特·毛雷尔则将行政行为效力的内容概括为存续力(Bestandskraft)、构成要件效力、确认效力及执行力四项,哈特穆特·毛雷尔教授的观点目前在德国被认为是通说。[⑤] 对于擅长逻辑思维和理论研究的德国人来说,德国学者是否忽视了行政行为一经成立就会产生效力这一行政法现象,从而未能对这一现象进行深入的研究?事实并非如此,在德国行政法理论上,关于公定力现象的行政法理论属于行政行为存续力理论的范畴,具体详见本书第六章第三节第三部分“德国行政行为存续力与公定力概念之异同”之相关内容。

三、公定力理论在法德两国遭到冷遇的原因

当代法国宪法与行政法学者的著作,除了“效力先定特权”理论,同德

---

① Anna Leisner - Egensperger, in: Mann/Sennekamp/Uechtritz, Verwaltungsverfahrensgesetz, 2 Auflage 2019, VwVfG, § 43 Rn. 1-76; Ziekow, VwVfG 4. Aufl. 2020, VwVfG, § 43 Rn. 2-9.

② 《西德行政程序法标准草案》(慕尼黑草案)(1966 年)第 33 条行政处分之效力规定:“一、行政处分,对其内容所指定之人及其有关之人接到通知时起发生效力;二、行政处分如未被撤销、废止或以其他方法废除,或因时间之经过或其他方法终结者,仍保持其效力;三、无效的行政处分不发生效力。”

③ 参见应松年主编:《外国行政程序法汇编》,中国法制出版社 1999 年版,第 101、137、179 页。

④ 参见〔德〕G. 平特纳:《德国普通行政法》,朱林译,中国政法大学出版社 1999 年版,第 129 页。

⑤ 参见〔德〕哈特穆特·毛雷尔:《行政法学总论》,高家伟译,法律出版社 2000 年版,第 266~269 页。

国宪法与行政法学者的著作一样,几乎无人明确使用行政行为公定力概念与术语。作为公定力理论思想源头的法国,也并没有出现像日本那样发达的公定力理论。因为资料所限,我们无从知道其中的确切原因。如果“效力先定特权”理论可以算作公定力理论的一种别称的话,那么用“惨淡”一词来形容公定力理论在法国的境遇还是比较贴切的。根据笔者的分析,就日本、法国及德国法学的发展历程来说,从来都是法国及德国法学影响日本,而非日本法学影响法国及德国法学的发展。在日本最终得以形成的公定力理论,其并没有反过来影响法国及德国的行政法学理论。以德国行政程序立法对公定力的“法定化”为基础,现当代的德国行政法学者提出了“行政行为的有效性”(Wirksamkeit des Verwaltungsaktes)理论,这无异于彻底否定和抛弃了日本的行政行为公定力理论;很可能是受德国行政法学的影响,法国的行政法学也就不再有明晰的公定力概念与理论的存在。不过,法国也没有以德国的行政行为的“有效性”理论替代其“效力先定特权”理论,从而彻底地否定公定力理论。尽管如此,公定力制度在法国却始终是一种具有正当性的客观存在。从法国的判例法以及行政诉讼法上的行政行为撤销、宣告无效等制度上,其实并不难得出这一结论。

第三节　公定力理论在中国的传播与发展

20 世纪三四十年代,公定力理论经林纪东、管欧等学者引入我国台湾地区,公定力理论自传入我国以来,对这一问题的研究引起了我国众多学者的浓厚兴趣,研究成果也非常多。笔者认为,同日本一样,公定力理论在我国如此盛行的重要原因之一,也在于我国至今没有国家层面统一的《行政程序法》,公定力没有为行政程序立法所明确规定。公定力的核心要义是行政行为的“推定有效”,如果我国也像德国那样很早就制定了《行政程序法》,并且将公定力在《行政程序法》中明确予以规定的话,则“推定有效”之公定力理论在我国或许又将是另外一种境遇。

一、大陆

大约在 20 世纪 90 年代,公定力理论开始为大陆的行政法理论所接受。例如,叶必丰教授就认为:“公定力是指行政行为一经成立,不论是否合法,即具有被推定为合法而要求所有机关、组织或个人予以尊重的一种法律效力。”①柳砚涛教授认为,行政行为一经成立即具有公定力,应当被

① 叶必丰:《行政行为的效力研究》,中国人民大学出版社 2002 年版,第 155 页。

推定为合法有效,对行政相对人、行政相关人和有关行政主体均产生法律上的约束力。[①] 章志远教授认为:“公定力是行政行为一经成立,除自始无效外,即获得有效性推定,在未经有权机关依法撤销之前,要求任何国家机关、社会组织或公民个人对其给予承认、尊重和服从并不得根据自己的判断对其无视、否定或抵抗的效力。”[②]沈岿教授认为,行政行为公定力是指行政行为一经成立,除行政行为自始无效的情形外,行政行为即应当被推定为合法有效;在未经法律上有权机关通过法定程序和方式否定其效力之前,个人、组织以及其他国家机关,皆需尊重之。[③] 叶必丰教授和柳砚涛教授关于公定力概念的定义,一是采用了“完全公定力说”[④];二是不包括“排他性撤销程序效力”之内容。章志远教授、沈岿教授关于公定力的定义,一是采用了“有限公定力说”[⑤],二是包括“排他性撤销程序效力”之内容。“完全公定力说”赋予重大且明显违法行政行为以等同于合法、有效行政行为的公定力,不利于维护相对人的合法权益。为了应对这一缺陷,“有限公定力说”应运而生。个人的权利和自由应当受到尊重,在现代社会,在行政行为存在重大且明显违法的情形下,仍然要求人民承认其具有公定力,有偏重维护行政行为而限制和侵害个人权利与自由的嫌疑。“完全公定力说”虽在法国近乎通说,但在我国和日本却始终未能占据主流地位,如日本只有黑田觉和柳濑良干等为数不多的学者倡导该说。[⑥] 在我国也只有姜明安、余凌云、黄全等少数学者主张“完全公定力说”,[⑦]大部分学者还是主张“有限公定力说”。行政行为公定力是国家威权时代的产物,是建立在承认行政主体特权的基础之上的。如果一味强调行政行为的公定力,认为只要是行政行为,无论其是否存在重大且明显违法的情形,均赋予其公定力而约束公民,无异于袒护行政行为及放纵行政权的滥用。“有限公定力说”是我国和日本行政法学上的通说。相比较而言,章志远教授、沈岿教

① 参见柳砚涛:《行政行为公定力质疑》,载《山东大学学报(哲学社会科学版)》2003 年第 5 期。

② 章志远:《行政行为效力论》,中国人事出版社 2003 年版,第 54 页。

③ 参见沈岿:《行政行为公定力与妨害公务——兼论公定力理论研究之发展进路》,载《中国法学》2006 年第 5 期。

④ “完全公定力说”认为,行政行为一经成立,无论其是否含有违法的情形,也无论其含有何种违法,均应该被推定为合法有效。

⑤ “有限公定力说”认为,行政行为一般具有公定力,但具有重大且明显违法的行政行为除外,即无效行政行为没有公定力。

⑥ 参见叶必丰:《行政行为的效力研究》,中国人民大学出版社 2002 年版,第 79 页。

⑦ 参见姜明安主编:《行政法与行政诉讼法》(第 5 版),北京大学出版社、高等教育出版社 2011 年版,第 205 页;余凌云:《行政法讲义》,清华大学出版社 2010 年版,第 222 页;黄全:《论行政行为形式效力之完全公定力——兼论无效行政行为制度不适合我国》,载《甘肃政法学院学报》2009 年第 3 期。

授关于公定力概念的定义较为科学、完整。

近年来,公定力理论在我国也逐渐受到一些学者的质疑与批评。例如,刘东亮教授认为,公定力理论系传统行政法学上“虚构的神话”。公定力理论乃威权国家时代之产物,传统公定力理论以国家威权充当行政行为合法、有效的基础,已与时下民主主义的法治国理念不符。由于理论上存在诸多重大缺陷,传统公定力理论在现代社会已经难以为继。① 章剑生教授、贾攀峰先生等人也主张,摒弃公定力理论应是现代行政法理论发展的一种必然。② 赵宏教授认为:“与公定力相比,存续力有其内在的实践法治国、保障公民权利的功能,是真正符合法治国理念的行政行为效力观。因此,在我国行政法治的建构过程中,公定力理论作为威权国家下的效力观应该逐渐退场,为以存续力为核心的法治国家下的效力观所替代。”③柳砚涛教授的观点则更为激进,不仅主张取消公定力理论,而且认为连公定力制度本身也应该予以废除。④ 章志远教授则认为,公定力理论的某些缺陷并不足以构成从根本上否定其存在的理由,与其寻找另外的理论取而代之,不如对公定力理论加以适当改造,以使其重新焕发勃勃生机。⑤ 余凌云教授认为,公定力并非“阿喀琉斯之踵”(Achilles'Heel),其并无废除之必要,完全可以通过现代的解说使其去威权化。⑥ 沈岿教授认为,公定力理论并非与民主、法治精神相违背。依民主主义原理,民主国家的权威并非国家自身固有,而是人民委托相授,相授的目的包括(但不限于)维系社会秩序的安定。民主国家的权威与民主理论在逻辑上并非水火不容,对国家权威的尊重,实是对人民集体的委托代理人的尊重,其隐含对人民关于安定生活秩序的集体性向往的维护与实现。我们可以这样假定,如果行政行为没有公定力,每个个体都可以直接对抗国家权威,整个社会岂不是要滑向无政府状态?其实,对安定生活秩序的集体性向往也隐含着人人自安而非人人自危的个体主义欲求。⑦ “公定力理论摆脱对移植的倚重、对技术规范的轻忽,是该理论获得新生的必由之路,甚至也是决定该理论是

---

① 参见刘东亮:《行政行为公定力理论之检讨》,载《行政法学研究》2001年第2期。

② 参见章剑生:《现代行政法基本理论》,法律出版社2008年版,第152页;贾攀峰:《行政行为公定力研究》,郑州大学2007年硕士学位论文,第21~25页。

③ 赵宏:《法治国下的行政行为存续力》,法律出版社2007年版,第11页。

④ 参见柳砚涛:《行政行为公定力质疑》,载《山东大学学报(哲学社会科学版)》2003年第5期。

⑤ 参见章志远:《行政行为效力论》,中国人事出版社2003年版,第51页。

⑥ 参见余凌云:《行政法讲义》,清华大学出版社2010年版,第222页。

⑦ 参见沈岿:《行政行为公定力与妨害公务——兼论公定力理论研究之发展进路》,载《中国法学》2006年第5期。

否应当摒弃之前需要努力的方向。在移植的基础上着重于自构，兼顾原理叙述和对技术规范契合性的诠释，这应该是公定力理论获得新生的良好进路。”①

二、台湾地区、澳门特别行政区

行政行为公定力理论对台湾地区的行政法学影响极为深远，尽管专门研究公定力问题的论文并不多见，但很多行政法学著作或多或少都有公定力方面的论述。例如，林纪东先生认为：“在行政法关系上，国家机关之意思行为，对于该法律关系，具有决定之效力，除有正当权限之机关将其撤销或确认其无效外，常受适法之推定，相对人不能自行否认其效力。”②管欧先生认为：“行政处分之本身，原为公之权力，既经有效成立，则在未依法变更或丧失其效力以前，任何人不得否认其效力，且有强制他人承认其效力之力量。”③在台湾地区，传统“四效力说”认为行政行为效力包括公定力、确定力、拘束力及执行力。近年来，受德国行政行为效力理论的影响，翁岳生、吴庚等一部分学者对公定力提出强烈质疑，认为公定力有过分偏重行政权之嫌，与现代民主、法治国家理念不符，因而主张抛弃公定力概念④，代之以行政行为的存续力（Bestandskraft），从而将行政行为效力内容概括为存续力（Bestand-skraft）、构成要件效力、确认效力和执行力，形成了现代“四效力说”。公定力理论在台湾地区的行政行为效力理论上曾经风靡一时，传统“四效力说”也曾一度占据主流地位。随着对行政行为效力理论研究的不断深入，已有越来越多的学者赞成现代“四效力说”，公定力理论也逐渐呈衰微之势。尽管如此，公定力制度存在于台湾地区的行政程序有关规定中却是一个不争的事实。台湾地区“行政程序法”（1999年）第110条明确规定的行政处分的效力，即为行政处分的公定力。⑤ 可见，公定力在台湾地区行政程序有关规定上已经完全成为法定效力而非“推定有效”。尽管公定力的“实在法承认说”在台湾地区早已有之，但截

---

① 沈岿：《行政行为公定力与妨害公务——兼论公定力理论研究之发展进路》，载《中国法学》2006年第5期。

② 林纪东编著：《行政法原论》（上），台北，编译馆1978年版，第44~45页。

③ 管欧：《中国行政法总论》（修订第19版），台北，蓝星打字排版有限公司1981年版，第460页。

④ 参见吴庚：《行政法之理论与实用》，台北，三民书局1992年版，第286~299页。

⑤ 我国台湾地区“行政程序法”（1999年）第110条明确规定：“书面之行政处分自送达相对人及已知之利害关系人起；书面以外之行政处分自以其他适当方法通知或使其知悉时起，依送达、通知或使知悉之内容对其发生效力。……行政处分未经撤销、废止，或未因其他事由而失效者，其效力继续存在。无效之行政处分自始不生效力。”

至目前,尚无学者明确指出公定力已为台湾地区行政程序有关规定所规定这一事实。一方面,公定力理论在台湾地区的衰落,是受到德国行政法学理论影响的缘故;另一方面,或许正是因为公定力为台湾地区行政程序有关规定所规定这一事实,加速了“推定有效”之公定力理论在台湾地区的衰微之势。

我国澳门特别行政区属于大陆法地区,实行的主要是葡萄牙的法律制度。在澳门特别行政区,亦有大陆法系的法律行为理论及行政行为理论的存在。《澳门行政程序法典》(1999 年)对行政行为概念的定义,以及行政行为的成立、有效、无效、生效及撤销、变更、废止等一系列问题,都作出了非常详细的法律规定。葡萄牙行政法学因受德国行政法学的影响,并没有行政行为公定力概念和理论的存在;澳门特别行政区的行政法学又受德国及葡萄牙行政法学的影响,亦不存在行政行为公定力概念和理论,而是存在行政行为的“有效性”这一概念。《澳门行政程序法典》(1999 年)第四部分“行政活动”第二章“行政行为”的第一节即为“行政行为之有效”。该法第 110 条规定:“为着本法之效力,行政行为系指行政当局之机关之决定,其目的系在一个别具体情况中,依据公法之规定产生法律效果。”据此,行政行为之有效性系根据公法的规定而产生,而非基于推定产生的公定力。①

第四节　公定力现象产生、发展历史形态的类型化分析

对研究对象的准确把握应该是科学研究的首要任务,现代科学是先有现象的发现,再有科学理论的发展。在科学研究中,只有准确地把握事物的现象,深入事物的本质,方能形成科学的理论。公定力理论所研究和解释的行政法现象,显然就是行政行为的公定力。对公定力理论解释和说明的行政法现象的把握,对于研究公定力理论非常重要,构成了公定力理论研究的基础和前提;而这一点,却长期为中外学者所忽视。深刻把握公定力的产生、发展及其历史形态,对于公定力理论的研究具有非常重要的意义。根据笔者的研究,公定力现象产生以后,其并非静止不变;公定力现象产生和发展至今,经历了如下三种不同历史形态。

---

① 参见刘高龙、赵国强主编:《澳门法律新论》(下卷),社会科学文献出版社 2011 年版,第 690~681 页;黄学贤:《比较行政法——港、澳、台行政法析论》,中国社会出版社 2004 年版,第 106 页;应松年主编:《外国行政程序法汇编》,中国法制出版社 1999 年版,第 603~604 页。

一、基于国家公权力先验优越性推定的“事实上的效力”

在资产阶级革命胜利以后,一些国家虽然通过宪法确立了权力分立的政体,但尚未建立独立的行政诉讼制度。因为当时的法制不够完备,也并没有法律专门对行政行为的公定力作出规定。尽管如此,公定力却始终是一种事实上的客观存在,在国家管理及社会秩序的维护上发挥重要的作用。以日本为例,颁布于1889年的《明治宪法》,是日本基于近代立宪主义而制定的第一部宪法。1946年,日本颁布了《日本国宪法》。根据《日本国宪法》,日本于1948年制定了《日本行政案件诉讼特例法》,确立了《日本国宪法》下的行政诉讼制度。因此,在1889年至1948年的日本,行政行为的公定力在理论上就可以被认为是基于国家公权力先验优越性而推定的效力。这一历史时期的公定力究竟是属于“事实上的效力”,还是属于法律上的效力?一种理解认为,行政权是宪法赋予的,宪法只对行政权作出了规定,并未对行政行为的公定力作出明确的法律规定,行政行为的公定力应该属于“事实上的效力”。还有一种理解认为,因为行政权是宪法授予的,所以行政行为其实是直接来自宪法的授权,行政行为的公定力也当然为法律所认可;否则,宪法对行政行为的授权将没有任何意义。据此,行政行为的公定力应该属于法律上的效力。笔者认为,相比较而言,法律上的效力应该具有明确法律依据的效力,公定力虽然客观上存在且为人们所承认,但毕竟没有明确的法律依据,故其应该属于“事实上的效力”较为合理。因此,基于国家公权力先验优越性的“推定效力”及“事实上的效力”,构成了这一历史形态的公定力最为主要的两大特征。公定力思想在战前君主体制下的德国,就是国家或君主权威的体现。奥托·迈耶认为,国家公权力的先验优越性乃是行政行为公定力产生的根本原因和依据,即行政行为的公定力源于国家意思的优越效力,源于国家的权威性;因为行政行为乃国家意思或权威的表示,一切行政行为都被推定为合法有效,此乃公定力理论之渊源与核心思想。美浓部达吉的观点与奥托·迈耶一脉相承,完全继承了奥托·迈耶的公定力思想,以国家意思之公定力为核心,推导出行政行为之公定力,进而创立了以公定力概念为核心的公定力理论。

行政行为公定力的来源在没有明确法律依据的情况下,行政行为的确因为其国家公权力的先验优越性之缘故,一经成立便被人们承认为合法有效。因此,公定力的最初来源就是基于国家公权力之先验优越性而被人们承认的结果。随着民主及法治思想的深入发展和广泛普及,这种观点已完全丧失了说服力,并难免被作为极端威权主义予以批判。“二战”以后,公定力系基于国家公权力的先验优越性“推定效力”之理论,由于不符合现代民主及法治的精神和要求,已逐渐被人们所摒弃。

二、基于宪法、行政诉讼法推定的法律效力

随着独立的行政诉讼制度的产生,学者认为,可以根据行政诉讼法推导出行政行为的公定力。① 这一历史形态的公定力,就是基于行政诉讼法推定的法律效力。以日本为例,由于1946年《日本国宪法》的制定、颁行及独立的行政诉讼制度的存在,行政机关已经丧失了与司法机关相并列的、作为法律宣言机关的地位。行政权与私人权利一样,必须服从于司法裁判权。要而言之,1946年《日本国宪法》的制定、颁行及独立的行政诉讼制度的存在,已经否定了国家行政权力的先验优越性,再谈公定力乃基于国家公权力先验优越性的“推定效力”已没有任何实质意义。在此情形下,有学者提出,行政行为在被行政诉讼撤销之前,一直被当作合法有效行为对待,故行政诉讼法就是行政行为公定力存在的实在法依据。换言之,尽管没有明确的法律依据,但依据行政诉讼法可以推导出行政行为的公定力。《日本行政事件诉讼法》(1962年)中的撤销诉讼制度,就是行政行为公定力于实在法中的根据。② 应该说,行政行为的这种基于行政诉讼法推定的公定力,与基于国家公权力先验优越性而推定的公定力有本质的不同:前者为法律上的效力,后者为“事实上的效力”。如今,公定力理论所谓的“推定有效”其实就是“依法推定”,即根据实在法的规定推导出行政行为公定力源于法律这一结论。

三、行政程序法明确规定或判例法确定的法律效力

“二战”以后,随着世界范围内民主及法治的发展与进步,行政行为公定力为行政程序法明确规定或被判例法确定的情形逐渐增多,行政行为公定力法定化的趋势不断得到加强。

一是行政程序立法对公定力明确作出规定。例如,《西德行政程序法标准草案》(慕尼黑草案)(1966年)第33条行政处分之效力规定:“一、行政处分,对其内容所指定之人及其有关之人接到通知时起发生效力;二、行

---

① 从理论上分析,如果某一国家存在违宪审查制度,行政行为也可以成为违宪审查的对象,则宪法也应该可以作为推定行政行为公定力存在的制度依据。为表述方便,本书一般以“行政诉讼法”予以表述。

② 参见何海波编:《中外行政诉讼法汇编》,商务印书馆2018年版,第741~764页。

政处分如未被撤销、废止或以其他方法废除，或因时间之经过或其他方法终结者，仍保持其效力；三、无效的行政处分不发生效力。”此后，《联邦德国行政程序法》（1992 年）第 43 条、《联邦德国行政程序法》（1997 年）第 43 条均对此作出了规定。[①]《葡萄牙行政程序法典》（1996 年）第 127 条第 1 款规定：“行政行为自作出之日起产生法律效果，即法律效力。”该法第 132 条第 1 款规定：“向私人设定义务，或负担无须公布的行政行为，自将该行为通知相对人时起，或自以其他方式使相对人知悉该行为时起，或开始对行政行为的执行时起，行政行为才开始发生效力。”[②]此外，《葡萄牙行政程序法典》（1996 年）第 133、134 条还对行政行为无效制度作出了规定。因此，根据《葡萄牙行政程序法典》（1996 年）的相关规定，葡萄牙采用的是有限公定力制度。[③]

在我国，虽然目前国家层面没有统一的《行政程序法》对行政行为公定力作出明确规定，但公定力已经为相关的地方行政程序立法所规定，却是一个不争的事实。例如，《湖南省行政程序规定》（2022 年）第 76 条规定：“行政执法决定自送达之日起生效。行政执法决定附条件或者附期限的，应当载明效力的条件或者期限。”《山东省行政程序规定》（2011 年）第 90 条规定：“行政执法决定自送达之日起生效。行政执法决定附条件或者附期限的，应当载明生效的条件或者期限。”《江苏省行政程序条例》（2022 年）第 60 条规定：“行政决定自决定公布或者送达之日起生效，但行政决定载明具体生效时间的除外。行政机关以口头或者其他非书面方式作出行政决定的，应当记录在案并及时通知当事人，行政决定自当事人知道或者应当知道之日起生效。行政决定生效附条件、附期限的，条件成就、期限届至时生效。行政决定未经撤销、废止、撤回或者因其他法定事由而失效的，始终有效。”

---

① 《联邦德国行政程序法》（1992 年）及《联邦德国行政程序法》（1997 年）第 43 条的内容与《西德行政程序法标准草案》（慕尼黑草案）（1966 年）第 33 条的内容几乎相同，均是关于行政行为公定力的规定。《联邦德国行政程序法》（1992 年）第二节以“Bestandskraft des Verwaltungsaktes”为标题，其本来应该被译为“行政行为的效力”，但在原文中其被译为“行政处分之公定力”。《联邦德国行政程序法》（1997 年）第二节也以“Bestandskraft des Verwaltungsaktes”为标题，在原文中其被译为“行政行为的确定力”，当然其本来也应该被译为“行政行为的效力”。参见应松年主编：《外国行政程序法汇编》，中国法制出版社 1999 年版，第 101、137、179 页。缘何“Bestandskraft des Verwaltungsaktes”应该被译为“行政行为的效力”，详见本书第六章第三节的有关论述。

② 参见应松年主编：《外国行政程序法汇编》，中国法制出版社 1999 年版，第 506～507 页。

③ 参见应松年主编：《外国行政程序法汇编》，中国法制出版社 1999 年版，第 508 页。

必须指出的是,上述德国、葡萄牙以及我国关于行政行为效力的行政程序立法虽然没有使用“公定力”的字样,但其所规定的行政行为效力,其实就是理论上所说的公定力。

二是通过判例法确定行政行为的公定力。通过司法判例确定行政行为的公定力,是公定力得到法律认可与承认的又一重要方式和途径。在法国,由于立法的不完整性和不全面性,其行政行为公定力就是以行政行为“效力先定特权”之名出现,其后通过司法判例的方式得以确定。[①] 在日本,除行政行为无效的情形外,判例法上承认行政行为的公定力。在日本最高法院 1956 年 7 月 18 日的一份判决书中就曾经指出:“行政处分只要具有作为该国家机关权限的外观上的形式,即使该处分有违法的地方,除该违法是重大且明显的以外,在法律上也不应视为当然无效。”[②]迄今为止,《日本行政程序法》(1993 年)尚未对行政行为的公定力作出明确的规定。有学者认为公定力在日本没有实在法的根据,其实就是指其没有行政程序法之制定法根据。[③]

以上主要以日本为例,以类型化的方法,对公定力的三种历史形态予以简要的分析和说明。必须指出的是,由于世界各地民主、法治发展与进步的非均衡性和非同步性,公定力的三种历史形态在不同的国家或地区出现的时间并不一致。例如,就目前而言,在德国、葡萄牙,公定力已被行政程序法所明确规定,公定力已经发展到了第三种历史形态。在有的国家或地区,如果其行政程序法缺位,公定力仍然只能是根据行政诉讼法予以推定,则其行政行为公定力就属于第二种历史形态。行政行为公定力产生、发展的历史形态的区分非常重要,通过对其纵向的历史考察与分析,能够为我们深入研究公定力现象及公定力理论,进而正确认识、剖析公定力理论是否存在,以及究竟存在哪些缺陷奠定必要的基础。

第五节 公定力理论对公定力现象的解释和说明

行政行为公定力是一种客观存在的行政法现象,公定力理论能否科学、有效地解释这一行政法现象,应该是分析、评价公定力理论科学与否的根本依据。然而长期以来,学者们对此却往往有所忽视。

---

① 参见王名扬:《法国行政法》,中国政法大学出版社 1988 年版,第 172 页。

② 杨建顺:《日本行政法通论》,中国法制出版社 1998 年版,第 394 页。

③ 参见杨建顺:《日本行政法通论》,中国法制出版社 1998 年版,第 380~381 页。

一、科学理论、经验事实及客观事实

任何一种科学理论,必然都是对一定的自然或社会事实(现象)的描述、解释和说明。事实有客观事实与经验事实之分。客观事实是客观存在的事件、现象、过程,属于本体论意义上的事实;经验事实是人们所观察到的客观事件、现象、过程以及对其所作的陈述或判断,属于认识论意义上的事实。一旦被人类认识并用语言对其描述而作出经验陈述或判断,无论是自然事实抑或客观事实,其最后都形成经验事实。科学理论①的形成是以客观和真实的经验事实为基础的,而经验事实的客观真实又是以其对客观事实的正确反映为基础和前提的。经验事实与客观事实的根本区别在于,经验事实有可能是错误的,而客观事实则不存在这一问题。

客观事实和经验事实对于科学理论的形成均具有决定作用,其中经验事实起直接的决定作用,而客观事实起间接的和最终的决定作用。经验事实是人们通过感官获得的,以感觉、知觉、直觉、表象等形式描述出来的经验知识。对于科学理论而言,经验事实非常重要,因为经验事实构成了科学理论的经验基础。如上所述,科学理论是以经验事实而非客观事实为直接依据的,经验事实对科学理论的形成起直接的决定作用,尽管客观事实起最终的决定作用,但它的作用毕竟还是间接的。

二、公定力理论据以产生的客观事实与经验事实

公定力理论的核心内容,主要体现在公定力理论的核心概念"公定力"上。所谓行政行为的公定力,是指行政行为(重大且明显违法的除外)一经成立,即应当被推定合法有效,在未经有权机关通过法定程序和方式否定其效力之前,所有机关、组织或者个人都应该对其予以服从和尊重的法律效力。了解公定力理论是如何描述、解释和说明公定力这一行政法现象的,离不开对公定力理论据以产生的客观事实与经验事实的分析和研究。

公定力理论据以产生的客观事实(公定力现象)实际上有三种不同的历史形态,对此本章第四节已作交代,分别是基于国家公权力先验优越性推定的"事实上的效力"、基于行政诉讼法推定的法律效力以及为行政程

① 所谓科学理论,是对某种经验现象或事实的科学解说和系统解释,是由一系列特定的概念、原理,以及对这些概念、原理的严密论证组成的知识体系。

序法所明确规定或被判例法所确定的法律效力。公定力理论据以产生的经验事实又是什么呢?从公定力的概念出发,公定力理论的潜台词是:由于行政行为是国家公权力行为,故其一经成立,无论其实质上是否合法,即有被推定为合法有效的法律效力。据此,公定力理论的经验事实至少包括如下三个方面的内容:其一,行政行为是国家公权力行为;其二,行政行为一经成立,无论其实质上是否合法,在未经有权机关依法定程序否定其效力之前,被当作合法有效的行为对待;其三,公定力是一种推定的法律效力。也许有学者会提出疑问,公定力概念的内涵部分并没有表明行政行为的国家公权力行为属性,也没有说据此推定出公定力,为何这些内容却成了公定力理论之经验事实的一部分?其实,公定力理论并非不包括这一内容,只是它隐藏于公定力概念之名称(公定力)中。因为公定力这一术语(语言符号)表达的含义,就是“国家公权力行为推定有效”。

三、公定力理论之经验事实对客观事实的反映和揭示

公定力产生、发展至今经历了三种不同的历史形态,公定力理论对其是否都能科学地予以解释和说明?对此,先简要分析如下:

第一种历史形态的公定力,是基于国家公权力先验优越性予以推定的“事实上的效力”。公定力理论的核心要义是行政行为的“推定有效”,公定力理论是在公定力的来源没有明确法律依据的情形下,学者对公定力的来源予以解释和说明的结果。对于第一种历史形态的公定力而言,行政行为一经成立,确实因为其乃国家公权力行为,便被推定为合法有效,公定力理论据以产生的经验事实与客观事实具有高度的一致性,公定力理论也因而具有很强的可接受性。公定力理论在解释和说明第一种历史形态的公定力上,还是较为符合当时的历史实际的,因而也是比较成功的。从公定力思想与理论产生的历史背景来看,行政行为及其作用乃高权行政之观念的产物,公定力思想与理论也是直接服务当时的政治统治与行政专制的。在早期的自由资本主义时期,公定力理论在行政权威的树立、行政效率的提升及行政目标的实现等诸多方面发挥巨大的保障作用。

第二种历史形态的公定力,是基于行政诉讼法推定的法律效力。公定力理论在解释和说明第二种历史形态的公定力上,已经有所偏差而不够准确。这一历史形态的公定力已经属于依法推定的法律效力,而公定力的“推定效力”显然已不足以充分揭示或表达其法定效力之特性。也就是说,公定力概念此时已不足以充分揭示公定力的法定效力之本质属性。

第三种历史形态的公定力,是行政程序法所明确规定或被判例法确定的法律效力。此时的公定力已经不再是推定的“事实上的效力”或依法推定的法律效力,而是彻头彻尾为法律所明确规定的法定效力。公定力理论事实上在解释和说明第三种历史形态的公定力上,已经完全行不通了。例如,《西德行政程序法标准草案》(慕尼黑草案)(1966 年)第 33 条、《联邦德国行政程序法》(1992 年)第 43 条、《联邦德国行政程序法》(1997 年)第 43 条均对公定力作出了规定,①《葡萄牙行政程序法典》(1996 年)第 127 条也对公定力作出了明确的法律规定。公定力理论的核心观点是行政行为的“推定有效”,在公定力的来源没有明确的法律依据的情况下,认为公定力系“推定效力”是可以理解的。在现代社会,公定力明明是法律明确规定的法定效力,我们又怎么能仍然坚持说它是“推定效力”?在如今的德国行政法理论上,德国行政法学者认为,所谓的行政行为公定力,其实并非源于推定的效力,而就是法律规范赋予行政行为的实实在在的法定效力。

在现代社会,由于公定力日益为越来越多的国家以法律明文规定或是被判例法确定,公定力理论的“推定有效”之核心观点面临前所未有的重大挑战。特别是在公定力已为众多国家或地区的法律作出明确规定的情形下,公定力理论仍然坚持公定力乃“推定效力”之观点,这是非常荒谬的。时至今日,日本及我国的一些学者罔顾公定力已经为行政程序法所规定这一客观事实,仍然主张公定力系“推定效力”的错误观点,其中原因不能不令人深思。公定力理论产生于日本特定的政治及社会历史条件下,在当时具有相当的合理性,可以有效地解释第一种历史形态的公定力。在现代社会,公定力理论未能随着公定力的发展、变化而作相应的发展、变化,以至于其已不能科学、有效地解释和说明行政行为的形式效力这一行政法现象。忽视法律实证问题的研究,从理论到理论,理论研究与实践严重脱节,在客观事实已发生重大变化的情况下,公定力理论据以产生的经验事实却依然停留在“推定效力”的状态,经验事实已不能真实有效地反映客观事实。我国古代刻舟求剑的故事,恰好可以形象说明这一问题。在现代社会,由于其经验事实未能正确反映客观事实,公定力理论已越来越不能有效地解释客观现实,这正是公定力理论在现代社会遭遇困境的根本原因。

---

① 《西德行政程序法标准草案》(慕尼黑草案)(1966 年)第 33 条规定:“一、行政处分,对其内容所指定之人及其有关之人接到通知时起发生效力;二、行政处分如未被撤销、废止或以其他方法废除,或因时间之经过或其他方法终结者,仍保持其效力;三、无效的行政处分不发生效力。”此后,《联邦德国行政程序法》(1992 年)第 43 条、《联邦德国行政程序法》(1997 年)第 43 条均作出了相同的规定。分别参见应松年主编:《外国行政程序法汇编》,中国法制出版社 1999 年版,第 101、137、179 页。

第六节 汉语法学情境下的公定力：行政行为的形式效力

一、形式效力：汉语法学对公定力现象的反映和揭示

公定力理论所描述的行政法现象，是指行政行为（无效的行政行为除外）一经成立，无论其实质上是否合法有效，即具有被人们当作有效的行政行为而予以对待的法律效力。行政行为的此种法律效力具有这样的两个特点：其一，行政行为的效力是以行政行为的成立为基础和前提的；其二，无论行政行为实质上是否合法有效，在未经有权机关依法定程序否定其效力之前，即具有被人们当作有效的行政行为对待的法律效力。由此可见，行政行为的这种法律效力对行政行为的质量要求并不是很高，行政行为只要成立且具备了形式合法性（并非重大且明显违法而无效的行政行为），在未经有权机关依法定程序否定其效力之前，即具有这样的法律效力。或许不难发现，此种法律效力也就是我们常说的行政行为公定力。在现代社会，公定力本质上就是行政行为基于其形式合法性而依法产生的法律效力。公定力这一术语源于日本，在以汉语为表意工具的中国行政法中，仍然使用公定力术语显然不妥。因为行政行为的这一法律效力是基于其形式合法性而依法产生的，故笔者称为行政行为的形式效力。[①] 基于符号学之语义学原理，在汉语法学上，以"形式效力"这一术语替代"公定力"术语还是较为合适的。汉语法学作为一种法律文化的表述，寄托的是以汉语为言说系统的民众所享有的法律生活方式。[②] 综观今日的汉语法学之中国行政法，其必然应该是一种基于中华文化自觉的现代中国之法理建构。"汉语法学以历史主义为旗帜，站在文化中国的立场，在文化、理论、技术三个层面上研究中国问题，以期为现代中国的转型和国家现代化的底定提供法学上的思考。"[③]有学者曾提出这样的一些疑问：在英美法系行政法理论中，并不存在如大陆法系那样的行政行为理论，自然也就不存在行政行为公定力之概念与理论，那么在英美法系行政法上，是否也存在与公定力概

---

① 形式效力与实质效力是相对存在的一对范畴，行政行为的形式效力，是指行政行为基于其形式合法性而依法产生的法律效力；行政行为的实质效力，是指经过司法程序的审查，行政行为基于其实质合法性而依法产生的法律效力。关于形式效力与实质效力的界定与区分，具体详见本书第四章、第五章的相关论述。

② 参见刘猛：《汉语法学的内在理路与外在场景》，载《清华法学》2016 年第 3 期。

③ 刘猛：《汉语法学的内在理路与外在场景》，载《清华法学》2016 年第 3 期。

念相类似的观念、理论抑或制度？在这一问题上，英美法系和大陆法系看似截然不同的两种立场，是否又存在某种内在的一致性呢？如果存在的话，这种一致性所反映的问题的本质又是什么？① 其实，大陆法系和英美法系的行政法都或明或暗地存在行政行为的形式效力制度。为了维护社会秩序及保护公共利益，行政行为的形式效力制度只能是一种必然的选择。不过，在大陆法系行政法上，行政行为的形式效力被称为行政行为的公定力。在英美法系国家，虽然也有行政行为概念②，但并没有类似大陆法系国家的法律行为理论，故也并无明晰的行政行为形式效力概念。但是，为了维护社会秩序和保护公共利益，英美法系国家的法律也必然要赋予行政机关的行为以形式效力。如果有人对行政机关行为的形式效力质疑或不服，则要通过法院等有权机关对行政机关行为的形式效力予以审查并确认其是否具有实质合法性及实质效力。英美法系的司法审查制度其实就隐含了行政行为形式效力制度的存在，司法审查的实质就是审查行政机关行为的形式合法性及形式效力，以确定其是否具有实质合法性及实质效力。我国的一些学者已经注意到公定力的形式效力本质，例如，黄全先生认为：一般而言，行政行为的公定力是指行政行为一经作出或一旦成立（即使其内容存在瑕疵），就具有被推定为合法有效的形式效力。③ 章志远教授也曾指出："公定力所蕴含的有效性推定绝不意味着该行政行为已经当然地具备了实质效力，而只是表明其在形式上暂时被假定为有效。至于该行为能否最终取得实质效力，还应当视其是否具备一切法定要件而定。"④朱正宏先生也指出："行政行为的公定力并不是实质意义上的效力，只是一种形式意义上的效力。"⑤

如本章第四节所述，在近代及现代社会，行政行为的公定力具有三种不同的历史形态，不同历史形态的公定力之间存在很大的差异。在现代社会，行政行为公定力具有以下几个方面的特征：

1. 法定性。在现代社会，任何试图取得法律效力的行为，都必须在法律上寻求依据，方才具有权威性与合法性。行政行为作为行政主体意志的具体体现，其效力应该而且只能源于法律。因此，行政行为的公定力也必

① 参见陈义和：《行政行为公定力初论》，载《云南行政学院学报》2014 年第 4 期。

② 美国行政法就存在行政行为（agency action）概念，《联邦行政程序法》第 551 条第 13 项专门对这个概念作了定义和解释，这一概念也在美国行政法学著作中被广泛使用。

③ 参见黄全：《论行政行为形式效力之完全公定力——兼论无效行政行为制度不适合我国》，载《甘肃政法学院学报》2009 年第 3 期。

④ 章志远：《行政行为效力论》，中国人事出版社 2003 年版，第 55 页。

⑤ 朱正宏：《行政行为公定力理论基础探究》，载《哈尔滨学院学报》2006 年第 9 期。

然是法定而非推定的效力。具有形式合法性的行政行为,其依法产生公定力;不具有形式合法性的行政行为,其依法不能产生公定力,而是属于无效的行政行为。由行政程序立法明确予以规定、通过判例法确定和依法推定,是公定力产生的三种具体方式。

2. 行政程序性。行政行为的公定力是随着行政程序的完成而依法产生的法律效力。正是在这一意义上,我们说行政行为公定力具有行政程序性之特征。

3. 形式性。行政行为的公定力是基于行政行为的形式合法性而依法产生的效力,公定力产生的前提是行政行为的成立(无效的行政行为除外),行政行为公定力产生的基础与根据是行政行为的形式合法性(外观上的合法),公定力的本质是行政行为形式合法性基础上的形式效力,即形式有效性(与实质有效性相对);至于行政行为是否具有实质效力(实质有效性),还要视其是否具有实质合法性而定。

4. 相对性。行政行为的公定力不是绝对的、无条件的,而是有条件的、相对的。对于一个违法的行政行为,即使在成立之后产生公定力,但因其内容不具有实质合法性,在行政复议或司法审查程序之后,其公定力也将被否定,最终也不会产生实质效力。

5. 有限性。公定力的有限性,是指具有公定力的行政行为是有限而非无限的;重大且明显违法的无效行政行为,依法不能产生公定力。赞成公定力有限性的观点,属于行政行为的"有限公定力说"的范畴;赞成公定力无限性的观点,则属于行政行为的"完全公定力说"的范畴。笔者认为,从应然的角度来说,行政行为的公定力应该是有限的而非无限的,行政行为的"有限公定力说"较为科学。

6. 一般性。公定力是指行政行为一经成立就会产生的法律效力,那么公定力是指行政行为的某项具体的效力内容吗?非也。公定力概念表达的是行政行为形式有效性,即行政行为基于其形式合法性而产生的形式效力,而并非指称行政行为的任何一项具体的效力内容。公定力是对行政行为的形式存续力、形式拘束力及形式强制力等具体效力内容的概括与统称,属于反映和揭示行政行为效力普遍性或一般性的概念。赵宏教授认为,公定力其实被填入了行政行为生效制度的内核,公定力理论描述、解释和说明的其实是行政行为的生效制度。① 无独有偶,杨科雄博士也认为公

① 参见赵宏:《法治国下的目的性创设——德国行政行为理论与制度实践研究》,法律出版社 2012 年版,第 194、281 页。

定力的实质是行政行为的生效制度。[①] 笔者认为,公定力的实质乃是行政行为的形式效力或形式有效性,而并非行政行为的生效制度。行政行为的形式有效性(与实质有效性相对),是行政行为基于其形式合法性而依法产生的有效性。行政行为的这一形式有效性与其实质有效性不同,其具有条件性和相对性;经过行政复议或行政诉讼,行政行为被撤销的,其形式有效性也将不复存在。根据矛盾的普遍性与特殊性关系之原理,公定力与行政行为的形式存续力、形式拘束力及形式强制力之间是普遍性与特殊性、共性和个性、一般和个别的关系。在行政行为效力内容问题上,形式存续力、形式拘束力及形式强制力属于矛盾的特殊性,而公定力则属于矛盾的普遍性,具有行政行为效力的一般性或普遍性之特征。德国的行政法学者不承认公定力理论,在论及行政行为效力内容的具体构成时,并没有把公定力作为效力的一项具体内容对待。[②] 江必新教授也很有可能是注意到公定力的效力一般性之特征,认为不宜将其作为一项具体的效力纳入行政行为效力内容中。[③] 在行政行为效力体系的理论建构上,"公定力核心说"与"公定力、存续力共存说"均把公定力定位于一项具体的效力内容且与其他效力并列,这在逻辑上是非常错误的;导致这一致命错误产生的根源,就在于没有能够正确揭示公定力的效力一般性或普遍性特征。[④] 由此可

---

① 参见杨科雄:《行政行为效力来源研究——规范、价值和事实》,中国政法大学 2009 年博士学位论文,第 33 页。

② 限于笔者的阅读范围,至今未见德国学者将公定力作为行政行为效力的内容构成之一。例如,德国行政法著名学者 G. 平特纳教授认为,行政行为的效力包括约束力、执行力与确定力,而确定力又可以分为形式确定力与实质确定力。德国著名行政法学者哈特穆特·毛雷尔则将行政行为效力的内容概括为存续力、构成要件效力、确认效力以及执行力四项。分别参见[德]G. 平特纳:《德国普通行政法》,朱林译,中国政法大学出版社 1999 年版,第 129 页;[德]哈特穆特·毛雷尔:《行政法学总论》,高家伟译,法律出版社 2000 年版,第 266~269 页。根据本书第六章第三节的研究结论,行政行为的确定力或存续力,其本质就是行政行为基于其形式合法性而依法产生的形式效力(与公定力类似),属于反映和揭示行政行为效力之普遍性的范畴,系行政行为效力内容的概括与统称,故 G. 平特纳教授和哈特穆特·毛雷尔教授关于行政行为效力内容构成的观点其实都存在把效力普遍性与特殊性混为一谈的错误。

③ 参见江必新:《行政行为效力体系理论的回顾与反思》,载《江苏社会科学》2008 年第 5 期;江必新、罗英:《论行政决定公定力之起点》,载《湘潭大学学报(哲学社会科学版)》2011 年第 1 期。

④ "公定力核心说"是对以公定力为核心建构行政行为效力体系的观点和学说的统称,传统"四效力说"是"公定力核心说"的典型代表。"公定力、存续力共存说"是对以公定力与存续力为共同核心建构行政行为效力体系的观点和学说的统称。该说认为,行政行为在效力体系的构成上,其实既包括公定力又包括存续力,二者与其他效力一起共同构成完整的行政行为效力体系。关于"公定力核心说"与"公定力、存续力共存说"概念及其存在的致命逻辑错误,详细参见马生安:《行政行为效力体系重构的"两质态论"与"三效力说"》,载《重庆大学学报(社会科学版)》2015 年第 3 期。

见,公定力的效力一般性或普遍性特征的揭示具有非常重要的意义。

二、公定力与存续力、拘束力及强制力

存续力,是指行政行为依法产生的,非因法定事由并经法定程序,不得对行政行为予以撤销、变更和废止的法律效力。拘束力,是指行政行为基于其内容依法产生的,约束与保障行政相对人、利害关系人、国家行政机关及司法机关等履行行政行为义务的法律效力。强制力,是指行政行为依法产生的,行政相对人及其利害关系人、行政主体、相关国家机关及法院等违反或拒不履行存续力或拘束力义务时,由有权的国家机关采取相应的措施,依法保障行政行为存续力或拘束力义务得以强制实现的法律效力。公定力本质上就是行政行为的形式效力,是对行政行为的各项具体的形式效力(形式存续力、形式拘束力及形式强制力)的概括和统称,公定力与形式存续力、形式拘束力及形式强制力之间是一般与个别、普遍与特殊、共性与个性的关系。[①] 公定力作为行政行为的形式效力,其具体地表现为形式存续力、形式拘束力及形式强制力,而非构成存续力、拘束力及强制力的基础和前提。既然公定力在本质上就是行政行为的形式效力,公定力当然也就并非行政行为的其他效力产生的基础和前提。在理论上,行政行为的其他效力当然完全可以脱离公定力的支持而独立存在。或者更为准确地说,根本就不会存在这样的一个问题。

三、公定力本质问题的重要意义

行文至此,中外学者费尽笔墨的行政行为公定力,在本质上就是行政行为的形式效力。公定力之行政行为形式效力本质的揭示,对于行政行为效力问题的研究具有非常重要的意义。

第一,公定力本质问题的回答,进一步深化了公定力理论问题的研究。在行政行为效力的研究上,学界对公定力问题的争议最大。不仅对于公定力理论的存废存有重大分歧,即使在持“公定力说”的阵营内也存在诸多

---

① 形式存续力、形式拘束力及形式强制力分别是行政行为基于其形式合法性而依法产生的存续力、拘束力及强制力。形式存续力、形式拘束力及形式强制力具体含义,分别参见本书第六章、第七章、第八章的相关论述。此处的行政行为形式存续力,是指中国行政法术语之行政行为形式存续力,不同于德国的行政行为形式存续力(formelle Bestandskraft)。具体参见本书第六章第五节的内容。在本书中,如果没有在“存续力”后面加括号并以 formelle Bestandskraft 特别注明是德国的行政行为形式存续力,或通过句意可以明晰是德国的行政行为形式存续力,一般均指中国行政法术语之行政行为形式存续力。

的争论。本书以公定力产生、发展历史形态的类型化区分为基础,通过对公定力理论符号学方法的分析,揭示了公定力的行政行为形式效力本质,剖析了公定力理论在现代社会存在的若干重大缺陷。在现代社会,公定力理论已无法科学有效地反映和揭示行政行为的形式效力本质,其违背了符号学原理,存在无法克服的致命缺陷,对其只能予以摒弃。本书通过公定力本质的揭示及公定力理论符号学方法的分析,回答了公定力理论究竟应该保留抑或摒弃这一重大的理论问题。

第二,公定力之本质问题的回答,为行政行为效力内容构成问题的深入研究奠定了基础。研究行政行为效力内容构成问题,公定力问题显然是一个十分重要而又不容回避的重大理论问题。长期以来,中外学者对公定力问题虽有一些研究,但却始终不够深入和充分。公定力问题研究上的落后及停滞不前,已经严重影响和制约了行政行为效力内容构成及相关理论问题的深入研究。对公定力本质问题的回答,有助于破解长期以来悬而未决的理论难题。例如,就行政行为效力内容的具体构成问题而言,行政行为究竟具有哪些方面的效力?公定力是否像有些学者宣称的那样,是行政行为其他效力产生的基础与前提?其他效力是否需要公定力的支持?对公定力本质问题尽管存在争论,但在理论上却始终没有得到很好的解释和回答。根据本书的研究结论,公定力作为行政行为的形式效力,其实质上就是行政行为形式合法性基础上的形式有效性,具体地表现为形式存续力、形式拘束力及形式强制力,而非构成形式存续力、形式拘束力及形式强制力的基础和前提。作为行政行为的形式效力(形式有效性),公定力是对行政行为的各项具体的形式效力(形式存续力、形式拘束力及形式强制力)的概括和统称,并非行政行为的一项具体效力内容,行政行为的其他效力在理论上当然完全可以脱离公定力的支持而独立存在。

按照笔者的分析和归纳,国内外学者关于行政行为效力内容的诸多观点和学说,大致都可以归入传统"公定力核心说""存续力核心说""公定力、存续力共存说"三大派别中。关于行政行为效力内容构成问题,人们禁不住要问这样的三个问题:

一是"公定力核心说"的传统学说是否已经过时?例如,传统"四效力说"系"公定力核心说"的典型代表,其是以公定力概念为核心而构筑起来的理论体系,发端于日本,对我国学界产生过广泛而深远的影响,至今依旧在日本及我国占据主流地位。[①] 那么传统的"公定力核心说"现在是否已经过时?

二是存续力(Bestandskraft)能否取代公定力,成为现代"四效力说"之核心?[②] 近年来,我国台湾地区的翁岳生教授等一些学者已开始摒弃公定力理论,由此掀起了一股以存续力替代传统公定力的思潮。现代"四效力说"是以存续力概念为核心构筑的理论体系,其盛行于德、奥诸国,近年来又波及我国台湾地区,并对主流的传统学说形成巨大的冲击。[③] 存续力理论能否对传统的公定力理论构成本质上的颠覆,从而取代公定力成为行政行为现代"四效力说"之核心?

三是能否以"公定力、存续力共存说"建构行政行为的效力体系?"公定力、存续力共存说"是笔者的概括和总结[④],该说认为,行政行为的效力其实既包括公定力又包括存续力(Bestandskraft),二者与其他效力一起共同构成完整的行政行为效力体系。应该说,"公定力、存续力共存说"迥然不同于传统的"公定力核心说"与现代"存续力核心说",其至今没有引起人们的充分关注。目前,传统"四效力说"、现代"四效力说"和"公定力、存续力共存说"呈现三元鼎立之势。那么能否以"公定力、存续力共存说"建构行政行为的效力体系?从根本上来说,对于这一问题的回答,其实也离不开对公定力问题的深入研究及对公定力本质问题的回答。

第三,公定力之本质问题的回答,有利于指导行政行为效力内容论的理论建构。在当今的德国行政法学理论上,并没有公定力理论的存在。在

① 在我国,台湾地区的传统"四效力说"认为行政行为的效力包括公定力、确定力、拘束力和执行力。参见管欧:《行政法概要》,台北,三民书局股份有限公司 1980 年版,第 193~194 页。公定力、拘束力、确定力和执行力"四效力说"是目前大陆行政法学界的通说,参见罗豪才主编:《行政法学》,北京大学出版社 1996 年版,第 112~114 页;叶必丰:《行政法学》,武汉大学出版社 1996 年版,第 130~135 页。也有学者认为,行政行为的效力包括公定力、存续力、构成要件效力和执行力,参见张治宇:《行政行为效力理论之检讨》,载《河北法学》2004 年第 10 期。还有学者认为,行政行为的效力包括公定力、确定力、执行力和不可争力,参见杨小君主编:《行政法基础理论研究——利益·权利·法律适用》,西安交通大学出版社 2000 年版,第 161~163 页。

② 参见章志远:《行政行为效力论》,中国人事出版社 2003 年版,第 48 页。

③ 在我国台湾地区,现代"四效力说"认为,行政行为的效力包括存续力、构成要件效力、确认效力及执行效力。参见林腾鹞:《行政法总论》,台北,三民书局 1999 年版,第 460~466 页。

④ 赵宏教授曾经认为,行政行为的效力包括公定力、存续力(Bestandskraft)、构成要件效力和执行力。参见赵宏:《行政行为效力问题研究》,中国政法大学 2002 年硕士学位论文,第 2 页。在其后来的著作中,赵宏教授又认为,"公定力"其实被填入了行政行为生效制度的内核,公定力理论描述、解释和说明的其实是行政行为的生效制度,又否认了公定力乃是行政行为的效力内容之一。参见赵宏:《法治国下的目的性创设——德国行政行为理论与制度实践研究》,法律出版社 2012 年版,第 194、281 页。

我国,台湾地区的有些学者鉴于公定力理论存在的种种问题,在阐述行政行为效力内容的具体构成时已不再继续沿用公定力的概念,而用存续力对其予以替代;大陆也有越来越多的学者认为公定力理论应该退出历史舞台,由存续力替代公定力。笔者认为,公定力概念的内涵是,行政行为一经成立就依法产生的形式效力,公定力概念反映和揭示的是行政行为效力的普遍性,而存续力是"行政行为上存在或存续的法律效力",是行政行为基于其形式合法性而依法产生的形式效力,是行政行为基于行政程序产生的法律效力。德国行政行为存续力的本质内涵包括两层含义:一是行政行为上存续的法律效力(法律效果),即行政行为的形式效力,与公定力的基本相同,属于行政行为效力之普遍性的范畴;二是保障行政行为自身合法存续下去的法律效力,即非因法定事由并经法定程序,不得对行政行为予以撤销、变更或废止的法律效力,其属于行政行为效力之特殊性的范畴。由此可见,行政行为存续力既关涉行政行为效力的普遍性,又关涉行政行为效力的特殊性。[①] 在没有引入行政行为形式效力与实质效力理论的前提下,简单地摒弃公定力理论,直接以存续力为基础与核心建构行政行为的效力内容论,仍然存在行政行为效力的普遍性与特殊性混为一谈的重大逻辑缺陷。笔者的研究表明,德国的行政行为存续力理论远比日本的公定力理论更为科学[②],但简单地以存续力(Bestandskraft)替代公定力,并不能有效地解决行政行为效力内容论的科学建构问题。[③]

第四,公定力之本质问题的回答,有利于指导行政行为效力相关的立法、执法及司法实践。例如,公定力之行政行为形式效力本质的揭示,对于行政行为无效的理论与实践问题具有重要的指导意义。在立法上,对于重大且明显违法的行政行为,不应该赋予其形式效力(公定力),即应该建立行政行为的有限形式效力(公定力)而非完全形式效力(公定力)制度,有限形式效力(公定力)制度的同义词就是承认行政行为的无效制度。又如,公定力之形式效力本质的揭示,对于行政诉讼或行政复议中行政行为

① 关于德国行政行为存续力(Bestandskraft des Verwaltungsaktes)的含义与内容,参见本书第六章第三节的研究结论。

② 关于德国的行政行为存续力与日本的行政行为公定力的差异,参见本书第六章第三节的相关内容。

③ 赵宏教授认为,行政行为的效力包括公定力、存续力(Bestandskraft)、构成要件效力和执行力,存续力对于公定力并不存在完全的替代关系。"公定力强调的是,行政行为在被依法撤销之前,所具有的推定有效而予以尊重的法律效力,但存续力的重点在于强调行政行为在法律上具有与判决既判力类似的约束力和持续力。"参见赵宏:《行政行为效力问题研究》,中国政法大学 2002 年硕士学位论文,第 77 页。

的强制执行问题具有重要的指导意义。有些学者将公定力作为行政诉讼或行政复议中不停止行政行为强制执行的理论依据,即因为行政行为具有公定力,所以行政诉讼或行政复议中不能停止行政行为的强制执行。① 然而恰恰相反,正因为公定力的本质就是行政行为的形式效力,其具有形式性、相对性,故在行政复议或行政诉讼中,被诉行政行为一般应该停止强制执行。因此,在行政诉讼或者行政复议立法上,应该确立行政复议或者行政诉讼停止行政行为的强制执行为原则、不停止强制执行为例外的制度。首先,行政复议或者行政诉讼停止行政行为的强制执行为原则。为了防止错误的强制执行给相对人造成无法挽回的损失,只有具有实质合法性的行政行为才能作为实施强制执行的依据。在行政诉讼或者行政复议的过程中,行政行为的公定力具有形式性、相对性,行政行为的实质合法性尚未确定,行政行为当然不能作为强制执行的对象和依据。有学者认为,在行政诉讼或者行政复议的过程中,行政行为的公定力处于被"冻结"的状态。其实不然,此时的行政行为仍然处于公定力(形式效力)的状态,因其实质合法性尚未确定,故对其不能实施强制执行。其次,行政复议或者行政诉讼不停止强制执行为例外。在行政复议或者诉讼过程中,如果停止行政行为的强制执行会导致国家或社会公共利益的重大损失,则不应该停止行政行为的强制执行。这实际上是通过继续执行与停止执行的利益衡量,以决定是否继续行政行为的强制执行。比较科学的做法是,在立法上规定,行政机关认为需要继续强制执行的,由行政机关向人民法院提出申请;人民法院经过审查认为需要继续强制执行的,依法裁定准予强制执行。人民法院经过审查认为不能继续强制执行的,依法裁定不予强制执行。例如,在行政执法中,因为公定力的形式性和相对性,仅仅具有公定力(形式效力)的行政行为一般不得作为实施强制执行的对象;必须对具有公定力(形式效力)的行政行为进行严格的司法审查,确定其具有实质合法性的,才能作为实施强制执行的对象。又如,在司法中,因为公定力(形式效力)的形式性和相对性,在行政行为的实质合法性及实质效力构成司法裁判的先决问题时,未经司法程序合法性审查的行政行为,一般不得作为司法裁判的直接依据;只有经过司法程序的合法性审查,确定行政行为具有实质合法性及实质效力时,其才能作为司法裁判的依据。

---

① 参见罗豪才主编:《行政法学》,北京大学出版社 1996 年版,第 400 页;朱新力:《现代行政法原理》,杭州大学出版社 1998 年版,第 265 页;周含宇:《行政法理与行政审判的衔接——"起诉不中止执行"原则的学理探究》,载《行政法学研究》1996 年第 1 期。

第七节　公定力理论之诸多重大缺陷

一、公定力理论与现代社会现实严重脱节

公定力理论的核心观点是行政行为的“推定有效”。在现代社会,客观事实已发生重大变化,由于国家公权力先验优越性已被否定,公定力已越来越多地通过行政程序立法规定、判例法确定的方式获得,公定力是法定效力而非“推定效力”已成为一个不争的客观事实。“行政决定的效力来自于法律的规定。”①“行政决定的效力既然为一种公法上义务,就须由法律来规定。这是由公权力法定原则和私人非契约义务法定原则所决定的。”②在此情形下,公定力理论仍然坚持公定力为“推定效力”的观点,显然已与客观事实不符。公定力理论的核心观点——“推定有效”,在现代社会正日益失去其赖以存在的客观现实基础。在客观事实已经发生重大变化的情况下,公定力理论据以产生的经验事实却没有随着客观事实的变化而变化,依然停留在过去“推定效力”的认识水平上,这无疑是非常错误的。

二、公定力理论严重违背社会符号学原理

法律与语言的关系极为密切,法律借助语言予以表现,语言又赋予法律以具体的内涵,塑造着法律的形象,并使其成为一种有力量的东西,影响或支配着人们的思想和行动。③ 制度实证主义法学派的集大成者、英国法理学家尼尔·麦考密克更认为:“法学其实不过是一门法律语言学。”④西方 20 世纪法学研究的语言学转向,既是法学家对自身理论研究范式的突破和创新,也是语言学为法学研究提供了重要的智力资源所致。⑤ 在人类社会多元的符号系统中,语言符号具有系统性、社会性、约定性、强制性、多义性及演化性等诸多的特征。⑥ 作为一种表达概念的符号系统,语言符号系统最为复杂、典型。基于美国哲学家和逻辑学家查尔斯·莫里斯把符号

---

① 杨登峰:《行政决定效力的本质与体系》,载《行政法学研究》2013 年第 4 期。

② 杨登峰:《行政决定效力的本质与体系》,载《行政法学研究》2013 年第 4 期。

③ 参见王健:《沟通两个世界的法律意义——晚清西方法的输入与法律新词初探》,中国政法大学出版社 2001 年版,第 1 页。

④ 舒国滢:《战后德国法哲学的发展路向》,载《比较法研究》1995 年第 4 期。

⑤ 参见常安、朱明新:《“法学的语言学转向”及其对我国法律语言学研究的方法论启示》,载《琼州大学学报》2003 年第 3 期。

⑥ 参见聂志平:《语言符号论》,载《东南大学学报(哲学社会科学版)》2012 年第 4 期。

学的完整意义运用于语言研究的成果，语言符号系统涉及语义关系（指称意义）①、语构关系（言内意义）及语用意义三类符号学意义。关于语义关系的研究，构成了符号学重要内容之一的语义学。语义学原理要求，术语（语言符号）必须能够准确地揭示和反映事物的本质及其特征，即术语必须准确地反映和揭示事物的指称意义。一方面，从公定力概念的名称来看，“公定力”作为语言符号，其在创立之初，表达的就是“国家公权力行为推定有效”之意。在现代社会，公定力本质上就是行政行为依法产生的形式效力，却被继续地冠以“公定力”之名，因而名不副实。另一方面，从公定力概念的内涵来看，公定力乃“推定效力”。在现代社会，公定力的来源已经有了行政程序法或判例法之明确的法律依据，是行政行为依法产生的法定效力，不再是“推定效力”。因此，公定力概念“推定有效”之内涵已与客观现实严重不符。由此可见，公定力概念已无法科学有效地揭示行政行为的形式效力这一行政法现象，更不能有效地揭示其法定性、形式性、相对性、行政程序性、一般性之特征。②

三、公定力理论的实践指导功能严重缺失

人是符号性的高级动物，通过符号及符号系统思考和行动。长期以来，公定力这一术语（语言符号）表达的就是“国家公权力行为推定有效”的含义，其不断地暗示人们公定力乃是行政行为的“推定效力”。很多学者的思想和认识也因此被禁锢在行政行为“推定效力”的范围内，从而一直试图解释和论证行政行为“推定有效”的科学性、合理性，始终在行政行为“推定有效”的范围内打转。赵宏教授认为，尽管学者不断地对公定力理论进行改造和澄清，但这一理论“至今并没有焕发出新的生机，既不能为效力理论的系统建构提供良好基础，也未对制度实践发挥应有指导，相反还因为始终无法摆脱与威权国家和公共利益为本位的干系，对我国行政行为效力学的整体研究都带来负面影响”③。在现代社会，公定力为越来越多的国家行政程序法或判例法所规定已经是一个不争的事实，公定力理论

---

① 语义关系（指称意义）是语言符号与其所描述的主观世界或客观世界的事物之间的关系；指称意义是语言符号表层的意义，它是对语言符号所代表事物之基本特征的抽象概括。在大部分情况下，指称意义是语言符号的基本内容和它所传递的信息，所以也被称为“概念意义”或者“认知意义”。

② 关于公定力的法定性、形式性、相对性、行政程序性、一般性之特征，参见本章第六节的相关论述。

③ 赵宏：《法治国下的目的性创设——德国行政行为理论与制度实践研究》，法律出版社 2012 年版，第 194、281 页。

却长期对此视而不见，仍然坚持所谓的行政行为"推定有效"，对于人们的误导应该说是非常之深。正是在这一意义上，我们说公定力理论严重束缚了人们的思想，影响和制约了行政行为效力理论的深入研究。

在立法、执法和司法实践中，公定力理论究竟有何指导作用？公定力理论构成了哪些法律制度的理论基础？自公定力理论产生以来，中外学者研究公定力理论的文章非常多，但关于公定力理论的实践价值问题的论者却寥寥无几；即便偶尔有人提及，也是浅尝辄止、一带而过。其中的原因何在？是公定力理论的实践价值问题过于深奥，无法深入研究，还是其他？对此，我们不无疑问。其实，公定力理论实践价值的缺乏，也是公定力否定论者主张摒弃这一理论的重要原因之一。① 正确的理论对实践具有积极的指导作用，而错误的理论则对实践具有误导及阻碍作用。公定力理论的非科学性必然导致其无法科学有效地指导实践，在特定的情况下，反而会导致实践的错误。例如，有人认为，行政诉讼（或行政复议）不停止执行是行政行为公定力最为典型的制度体现。但是，盛行公定力理论的日本，诉讼（复议）不停止执行原则却并非以公定力理论为依据。② 诉讼（复议）不停止执行仅仅是立法者在立法时利益权衡的结果，而与行政行为的公定力理论毫无关系。公定力理论似乎仅仅可以作为诉讼（复议）不停止执行制度的一种理由，而非诉讼（复议）不停止执行制度的理论依据。③ 当然，公定力理论也不能作为诉讼（复议）停止执行制度的理论依据。④ 由此可见，公定力理论并不能有效地指导立法实践。在执法和司法实践上，公定力理论同样缺乏应有的实践指导功能。实践指导功能的严重缺失，是公定力理论在现代社会遇到的又一重大问题。

四、公定力理论存在无法克服的致命缺陷

科学理论是系统化的观点及理论体系，具体表现为一系列具有内在联系的概念、原理或基本命题。科学理论之核心概念的重要性在于，其是对研究对象总体矛盾的一般性本质的揭示，构成了科学理论的根基或基石。对科学理论而言，核心概念是非常重要的，往往决定科学理论的成败。如

---

① 例如，有学者就认为，公定力理论不仅不能解释和回答行政复议及行政诉讼实践中的诸多理论问题，而且与行政复议及行政诉讼实践中的诸多制度相互矛盾。参见刘东亮：《行政行为公定力理论之检讨》，载《行政法学研究》2001年第2期。

② 神橋一彦『行政救済法（第2版）』（信山社，2016年）147-148頁参照。

③ 参见李文曾：《走出公定力理论的困境——从公定力与起诉（不）停止执行原则的关系谈起》，载郑丽景主编：《南开法律评论》总第8期，南开大学出版社2013年版，第107页。

④ 参见刘东亮：《行政行为公定力理论之检讨》，载《行政法学研究》2001年第2期。

上所述,作为公定力理论核心的公定力概念,其名称与内涵均存在严重的缺陷。那么公定力概念存在的缺陷,是否可以通过修正的办法予以弥补呢?

法律术语是法律概念的语言符号,是通过语音或文字来表达或限定专业概念的一种约定性符号。作为法律基本元素的法律术语应当具有科学性,能够准确地揭示和反映事物的本质。如上分析,“公定力”术语代表的含义是“国家公权力行为推定有效”,体现了以国家威权为核心的理论推演,有着浓厚的国家权力先验优越性的色彩。在现代社会,“公定力”术语既与现代民主及法治思想不符,也与公定力已经为法律明确规定的客观现实不符。既然公定力本质上就是行政行为的形式效力,可否以“形式效力”术语代替“公定力”术语?从技术上来说,似乎可以。但问题在于,“公定力”术语一经改为“形式效力”术语,则公定力理论将不复存在。由此可见,公定力概念之名称存在无法克服的致命缺陷。可否保留“公定力”这一名称(语言符号),而对其内涵予以重新定义,以保留公定力概念和理论,使公定力概念和理论获得重生呢?答案是否定的。一切概念均由名称(语言符号)、内涵与外延这三个要素构成。[①] 按照符号学之语义学原理的要求,概念的名称(术语),必须与其指称的内容相一致。在现代社会,公定力乃是基于行政行为的形式合法性而依法产生的法律效力。据此,公定力概念的内涵必须修正,否则其将无法正确地反映客观现实。但是,如果将公定力概念的内涵修正为“基于行政行为的形式合法性而依法产生的法律效力”,其又会与“公定力”这一名称相互矛盾,因为“公定力”这一语言符号代表的是“国家公权力行为推定有效”之义。法律术语的意义存在于其他符号的关系中,基于符号学的语构学原理[②],语言符号作为一个有机系统,语言符号(术语)之间必须和谐统一,不能相互矛盾。概念之名称作为一种语言符号,其代表着特定的含义,存在于特定的语言符号系统中,存在于其与其他符号的联系中,既不能随便被更换,也不能随便被定义。“公定

① 名称作为外在的标识而代表概念,内涵作为实质内容而揭示事物的含义,外延作为界限而限定事物的范围,这三个要素之间应该相互协调而不能有所矛盾。概念的名称不仅要恰如其分地代表其内涵与外延,概念的内涵与外延也要切实保障其名称的代表性,此谓概念之构成律。参见宋炳庸、何云鹏:《符号学与法律行为抽象概念名称》,载《延边大学学报(社会科学版)》2004 年第 1 期。

② 莫里斯把符号学的完整意义运用于语言研究,语言符号系统涉及语义关系、语构关系和语用意义三类符号学意义。其中,语构关系研究的是语言符号之间的关系,它包括的范围极广,从最低的语音到最高层的篇章结构,其间还有词、词组、句子和段落。对语构关系的研究,则构成了语言符号学重要内容的语构学。参见王铭玉:《语言符号学》,北京大学出版社 2015 年版,第 126 页。

力”术语当然也是如此。也就是说,即使对公定力概念的内涵作出全新的定义,“公定力”这一术语还是不能继续使用。总之,公定力理论存在致命的缺陷,无法通过修正的办法予以弥补,对其只能予以摒弃。

第八节　以形式效力理论取代公定力理论

一、公定力制度:具有正当性的客观存在

有学者认为,行政行为公定力缺乏实在法支持,有悖于公平正义理念,其应该退出行政行为效力理论领域,确立以权利直接制约权力的独立价值取向。[①] 对此,笔者并不认同。公定力与现代法治限制国家权力、保障基本人权的要求并行不悖。在人权、法治、平等、公正等理念广为人们所接受的今天,公定力制度这一国家威权时代的产物,既没有沦为一味片面强调行政特权的工具,也没有为人们所抛弃或根除。相反地,公定力制度的存在有其正当性基础。关于公定力制度存在的正当性基础问题,沈岿教授有一段精彩论述:“一个维度是立足于国家的,认为行政行为的公定力源于国家意思的优越效力、源于国家的权威性,因为行政行为乃国家意思或权威的表明,故应当得到尊重;另一个维度则是立足于社会的,认为行政行为之所以具有公定力,盖因需要保护普通民众对行政行为的信赖,或者需要保护安定的社会关系或法律秩序,否则,社会将陷于纷乱无序之中。虽然国家威权的维度被一些学者认为与民主主义原理相左,而屡遭诟病,甚至成为公定力概念应受摒弃的理由,虽然社会的维度尤其是法律秩序之安定,似乎更易在民主国家框架内得到认可,然而,在现代民主国家的理论视野中,两个维度却有一种融通。”[②]

对于沈岿教授关于公定力理论国家维度的解释,笔者并不完全赞同。但是,沈岿教授关于公定力制度存在的正当性之论述,笔者认为还是很有道理的。尽管公定力理论存在无法克服的致命缺陷,但其解释和说明的行政法现象(公定力)却是客观存在的。基于法的安定性之需要,公定力在维护行政法律关系的稳定、提高行政效率以及保障行政管理目标的实现等方面发挥至关重要的作用。公定力制度的正当性基础,即在于此。“只要重视保护相对方及一般公众对行政行为的信赖,就不得不肯定行政行为具

---

① 参见柳砚涛:《行政行为公定力质疑》,载《山东大学学报(哲学社会科学版)》2003 年第 5 期。

② 沈岿:《行政行为公定力与妨害公务——兼论公定力理论研究之发展进路》,载《中国法学》2006 年第 5 期。

有公定力。"①无论如何,我们需要摒弃的是公定力理论而非公定力制度。努力寻求一种新的理论,对公定力现象进行科学、合理的解释和说明,也是本书试图完成的任务之一。

二、以"形式效力"术语指称"公定力"现象

汉语语言符号(汉字)有很强的表意性,在选用汉语语言符号作为法律术语时,首先要弄清其所要指代的概念的内涵,然后才能准确地选用合适的汉语语言符号。语言符号的选择既要科学、合理,又要易于理解及方便使用,能够经得起时间考验而成为大家公认的标准化术语。前文已述及,公定力概念与理论违背了符号学原理的要求,存在无法克服的致命缺陷,只能予以摒弃,而选择新的概念和理论来替代。在现代社会,公定力本质上就是行政行为基于其形式合法性而依法产生的法律效力。基于符号学之语义学原理,以"形式效力"这一术语替代"公定力"术语还是较为合适的。② 在此基础上,再以形式效力为核心概念,建立行政行为的形式效力理论。

三、形式效力理论对公定力理论的发展与超越

就理论意义而言,行政行为的形式效力理论是对公定力理论的进一步发展和超越。行政行为的形式效力理论能够科学有效地解释和说明行政行为一经成立即具有法律效力这一行政法现象,揭示行政行为形式效力的本质及其法定性、行政程序性、相对性、形式性等特征;形式效力与实质效力理论联合作用,还能够有效地解释和回答公定力理论无法解释和回答的诸多理论与实践难题。根据公定力理论,其与行政诉讼或复议制度的设计存在矛盾,既然行政行为具有公定力,缘何还要对其提起行政诉讼或行政复议?但是,如果根据形式效力和实质效力理论,则可以很好地解释和回答这一问题。因为行政行为的形式效力具有形式性、相对性及程序性之特征,通过行政诉讼或复议制度,则可以保障行政行为的实质合法性及实质效力,从而进一步保障公正和自由价值的实现。此外,形式效力与实质效力理论还构成了行政诉讼及违宪审查的重要理论依据。就实践价值而言,首先,形式效力理论能够指导和促进行政行为形式效力立法的法治化

① 〔日〕南博方:《行政法》(第6版),杨建顺译,中国人民大学出版社2009年版,第51页。

② 刘东亮教授很早就撰文对公定力理论质疑,试图打破公定力这一传统行政法学上虚构的神话。他同时指出,至于用什么"力"来取代"公定力"更为合适,确实是值得我们认真思考的一个问题。参见刘东亮:《行政行为公定力理论之检讨》,载《行政法学研究》2001年第2期。

和科学化。通过对形式效力构成要件问题的研究，对于那些具备形式合法性的行政行为，在立法上赋予其形式效力；对于那些因重大且明显违法、不具备形式合法性的行政行为，在立法上则将其归属于无效行政行为的范畴。其次，形式效力理论还能够有效指导行政诉讼或行政复议相关制度的建构。例如，依据公定力理论，行政复议、行政诉讼提起以后，除法律明确规定的情形外，都不停止行政行为的执行；但是，依据行政行为的形式效力理论，又因为行政行为的形式效力具有形式性、相对性及行政程序性之特点，一旦提起行政复议或行政诉讼，则应当停止行政行为的强制执行。因此，应该确立行政复议或者行政诉讼停止行政行为的强制执行为原则、不停止强制执行为例外的制度。因为行政行为一旦被提起行政复议或行政诉讼，行政行为的形式合法性及形式效力将受到质疑和审查，在其实质合法性及实质效力确定以前，原则上不得实施针对行政行为的强制执行，以免造成不可挽回的后果。当然，因情况紧急，依法需要先予执行的除外。哪些情形的行政行为可以先予执行，应该由法律作出明确的规定。最后，形式效力与实质效力理论联袂作用、珠联璧合，对于司法实践同样具有很强的指导功能。例如，人民法院在审查判断行政行为的效力时，就应当以形式效力和实质效力理论为指导，通过审查行政行为形式合法性与实质合法性，识别判断并作出科学的结论。另外，对于行政行为对司法裁判的拘束力而言，形式合法性及形式效力的行政行为对司法裁判仅具有相对的、有限的拘束力；经过司法审查而具有实质合法性及实质效力的行政行为，其对司法裁判具有完全的甚至是绝对的拘束力，其可以作为定案的直接依据。

第四章 行政行为的形式效力

行政行为的形式效力，是指行政行为（无效的行政行为除外）基于其形式合法性，通过行政程序而依法产生的法律效力，具有法定性、行政程序性、形式性、相对性、一般性的特征。在中国行政法上，形式效力理论是对公定力理论的进一步发展和扬弃。形式效力理论以秩序和效率为主要价值目标、以"法安说"为理论依据。形式效力在行政行为效力制度上占有举足轻重的地位，其在维护社会秩序、提高行政效率及保护公共利益等诸多方面发挥着极为重要的作用。

第一节 行政行为形式效力概述

一、形式效力术语的含义

在德国行政法上，并无明晰的形式效力术语的存在，而是存在一个"行政行为的有效性"（Wirksamkeit des Verwaltungsaktes）的概念；[①]在日本的行政法上，存在公定力的概念和理论，亦无形式效力术语的存在。在德国、日本，行政行为的效力系其行政程序法上的一个概念，故德国、日本学者所谓的行政行为效力，其实就是指行政行为基于行政程序而依法产生的形式效力。在我国，台湾地区学者的观点与日本、德国类似；而在大陆的行政法上，人们通常意义上所谓的行政行为效力，其实也就是指行政行为的形式效力。何为行政行为的形式效力？黄全教授认为，基于法的安定性的要求，行政行为一旦成立，就具有被推定合法有效的形式效力。[②] 依据黄全教授关于形式效力的表述，其与公定力概念的定义基本一致，形式效力其实不过就是公定力的另一称谓，即形式效力是行政行为"推定合法有效"的效力。章志远教授认为，行政行为的形式效力是指行政行为自成立、生效

---

① Mann/Sennekamp/Uechtritz, VwVfG, 2. Aufl. 2019, VwVfG. § 43 Rn. 1 - 76; Ziekow, VwVfG, 4. Aufl. 2020, VwVfG, § 43 Rn. 1-21.

② 参见黄全：《无效行政行为理论之批判》，载《法学杂志》2010 年第 6 期；黄全：《论行政行为形式效力之完全公定力——兼论无效行政行为制度不适合我国》，载《甘肃政法学院学报》2009 年第 3 期。

时所具有的效力。[①] 根据章志远教授关于形式效力的定义，对于形式效力是“推定合法有效”还是源于法律的规定，章志远教授并没有予以明确。笔者在此对行政行为的形式效力作如下定义：行政行为的形式效力，是指行政行为（无效的行政行为除外）基于其形式合法性而依法产生的法律效力。何为行政行为的形式合法性，以及行政行为形式效力产生的法律程序，本章第三节“行政行为形式效力产生的基础与法律程序”部分将有详细的论述。行政行为的形式效力非常重要，其在一定程度上决定行政行为价值与功能的实现。

二、形式效力的主要特征

总体来说，在现代社会，行政行为的形式效力具有法定性、行政程序性、形式性、相对性、有限性及一般性之特征。

（一）法定性

在现代社会，任何一种行为欲取得法律效力，都必须要有法律依据，方具有权威性与合法性。随着违宪审查、行政诉讼等制度的建立，国家公权力的先验优越性已被彻底否定，行政行为作为行政主体意志的表达，其效力当然而且只能源于法律的规定或认可。法国著名公法学家狄骥深刻地指出，具有法律意义的行为作为主体的一种内在意志，本身亦并不具有取得社会承认和保护的法律效力，而是法律规范确认的结果。[②] 作为行政主体意志的行政行为同样如此，其本身并不具有取得社会承认和保护的法律效力。因此，行政行为的形式效力必然是法律规定或认可的结果。具有形式合法性的行政行为，依法产生形式效力；因重大且明显违法而不具有形式合法性的行政行为，依法不产生形式效力，属于无效行政行为的范畴。

法国行政法中行政处理决定的“效力先定特权”，实质就是指行政处理决定的形式效力。[③] 一方面，行政行为形式效力制度实际上是隐含于其行政执行及行政诉讼制度中。如果相对人不寻求行政途径或司法途径的救济，行政行为就是有效力的，其始终以形式效力的状态存在。另一方面，由于立法的不完善，法国行政行为形式效力制度主要是通过司法判例的方式确立的。在日本，和法国的情况几乎相同，立法上并未对行政行为

---

① 参见章志远：《行政行为效力论》，中国人事出版社 2003 年版，第 21～22 页。

② 参见〔法〕狄骥：《宪法论——法律规则和国家问题》（第 1 卷），钱克新译，商务印书馆 1959 年版，第 253～254 页。

③ 参见王名扬：《法国行政法》，中国政法大学出版社 1988 年版，第 682 页。

形式效力制度作出明确的规定，行政行为的形式效力实际上也是隐含于其行政执行及行政诉讼制度中，并且得到了判例法的司法确认。① 随着民主法治进程的推进及法律制度的不断完备，行政行为的形式效力通过行政程序立法明确予以规定渐渐成为一种趋势和潮流。例如，《联邦德国行政程序法》(1997 年)第 43 条规定："行政行为从向相对人或利害关系人作出通知的时刻开始生效。行政行为以通知的内容发生效力。行政行为没有撤回、取消、以其他方式撤销、有效期届满或者以其他方式终结的，仍然发生效力。"这一规定，就是关于行政行为形式效力的规定。此外，该法第 44~53 条还对行政行为的无效、补正、撤销、废止及程序的重新进行等问题作了非常详细的规定。又如，《西班牙行政程序法》(1958 年)第 44 条第 1 款规定："行政权力者之行为，自表示其行为之日起发生效力。有特别规定者，依其规定。"这一规定，也是关于行政行为形式效力的规定。该法第 44~55 条也对行政行为的无效、撤销、补正及转化等问题作出非常详细的规定。②

我国目前并无统一的《行政程序法》，没有对行政行为的形式效力作出统一、明确的规定，但是形式效力制度却是隐含于行政复议与行政诉讼制度中的。因为相对人对于行政行为既不提起行政复议又不提起行政诉讼的，则行政行为始终就是有效的(形式效力)。我国的行政程序立法，已经准备对行政行为的形式效力作出明确的规定。《中华人民共和国行政程序法(专家建议稿)》(2015 年)及《中华人民共和国行政程序法(试拟稿)》的相关条文，均对行政行为的形式效力作出了规定。③ 我国台湾地区"行政程序法"(1999 年)第 110 条的规定，也是关于行政行为形式效力的。该规定第 110 条至第 134 条，对行政处分的无效、补正、撤销、废止及程序的

---

① 参见〔日〕盐野宏：《行政法总论》，杨建顺译，北京大学出版社 2008 年版，第 93~94 页。

② 《联邦德国行政程序法》(1997 年)及《西班牙行政程序法》(1958 年)关于行政行为形式效力的规定，分别参见应松年主编：《外国行政程序法汇编》，中国法制出版社 1999 年版，第 179~185、246~249 页。

③ 《中华人民共和国行政程序法(专家建议稿)》(2015 年)第 154 条规定，行政处理作出后，自处理决定送达行政相对人始发生效力。参见姜明安等：《行政程序法典化研究》，法律出版社 2016 年版，第 433 页。《中华人民共和国行政程序法(试拟稿)》第 131 条第 1 款规定，书面行政决定自行政决定书送达当事人之日起发生效力。第 131 条第 4 款规定，行政决定生效后未经撤销、废止，或者未因其他事由失效，其效力继续存在。参见王万华：《中国行政程序法典试拟稿及立法理由》，中国法制出版社 2010 年版，第 35 页。

重新进行等问题作了非常详细的规定。①

英美法系国家并不存在如大陆法系国家发达的行政行为理论，是否也就没有行政行为形式效力制度的存在？答案是否定的。在英美法系国家或地区，行政行为的形式效力制度作为一种客观存在；行政机关的行为之形式效力制度一方面由判例法确定，另一方面也可以根据宪法、行政诉讼法等依法推定。在现代社会，行政行为的形式效力源于法律，具有法定性，这是一个价值而非事实问题。由于各国民主、法治发展的不平衡性，不排除在一些民主、法治发展极为落后的国家，行政行为的形式效力依然没有行政程序立法、判例法或行政复议法、行政诉讼法等法律依据的情形，其依然系基于国家公权力之行政行为的推定而产生。从历史上看，随着人类社会民主与法治进程的推进，行政行为形式效力的发展确实经历了一个从"推定效力"再到"法定效力"的历史发展过程。例如，在资产阶级革命胜利以后，西方一些国家虽然通过宪法确立了权力分立的政体，但尚未建立独立的行政诉讼制度的历史时期，行政行为效力在没有明确法律依据的情况下，行政行为的确因为其国家公权力行为之缘故，一经成立便被推定为合法有效。"二战"以后，随着民主、法治的发展与进步，行政行为形式效力为判例法、行政程序法或行政复议法、行政诉讼法等规定或确认的情形逐渐增多，行政行为的形式效力由"推定效力"演变为"法定效力"的趋势也得以不断加强。

（二）行政程序性

行政行为的形式效力是行政权力依法运行的结果，是行政行为基于行政程序的完成而依法产生的法律效力，也是行政程序价值在行政行为效力上的具体体现。因此，行政行为的形式效力主要应该是行政程序法上的一个概念，为行政程序法所规范，具有行政程序法之意义。以德国为代表的大陆法系诸多国家和地区，纷纷在其行政程序法中对行政行为的形式效力作出统一规定。例如，《联邦德国行政程序法》（1997 年）第 43~53 条、《西班牙行政程序法》（1958 年）第 44~55 条，均对行政行为的形式效力及行政行为的无效、补正、撤销、废止及程序的重新进行等问

① 我国台湾地区"行政程序法"（1999 年）第 110 条规定："书面之行政处分自送达相对人及已知之利害关系人起；书面以外之行政处分自以其他适当方法通知或使其知悉时起，依送达、通知或使知悉之内容对其发生效力。一般处分自公告日或刊登政府公报、新闻纸最后登载日起发生效力。但处分另订不同日期者，从其规定。行政处分未经撤销、废止，或未因其他事由而失效者，其效力继续存在。无效之行政处分自始不生效力。"

题作了非常详细的规定。[①] 在我国台湾地区的“行政程序法”(1999 年)中,第 110~134 条也对相关问题作了规定。因此,行政行为形式效力并非仅仅停留于学说、判例中,它是基于行政程序依法产生的法律效力。随着各个国家和地区民主、法治的发展与完善,行政行为的形式效力制度正日益走进成文法的视野,逐渐成为各个国家和地区行政程序、判例法或行政诉讼立法所规定的重要内容。

(三)形式性

行政行为形式效力发生的根据是行政行为的形式合法性,这里的行政行为形式合法性,是指行政行为外观上的合法性,其只要求行政行为的成立,行政行为并非重大且明显违法而无效,行政行为即可依法产生形式效力,而根本不问行政行为的内容是否具有实质合法性。行政行为形式效力的要求是,行政行为一经成立(无效的行政行为除外),无论实质是否合法,其在被有权的国家机关以法定的程序撤销以前,都会被人们当作有效的行政行为对待,任何组织和个人都不得否定其法律效力。行政行为具有了形式效力,绝不意味着该行政行为已经当然地具备了实质效力,而仅仅只是表明其在形式上的效力。至于该行政行为能否最终取得实质效力,还要视其是否具有实质合法性而定。

行政行为的形式效力具有形式性,是否意味着其绝对地与行政行为的内容无涉?实际上并非如此。在形式效力概念的界定上,本书采用的是行政行为的“有限形式效力说”而非“完全形式效力说”,已经把具有重大且明显违法的无效行政行为排除在外,即具有重大且明显违法的无效行政行为无形式效力;只有一般违法、轻微违法或合法的行政行为才具有形式效力。[②] 无效的行政行为,很多都是内容上存在重大且明显违法的行政行为,行政行为的形式效力这一概念并非绝对地与行政行为的内容无涉,而是在剔除了无效的行政行为之后,对于其他的行政行为,无论其内容如何,皆赋予其形式效力。尽管形式效力调整社会关系的最终落脚点还是行

---

① 参见应松年主编:《外国行政程序法汇编》,中国法制出版社 1999 年版,第 179~185、246~249 页。

② 行政行为的“完全形式效力说”及“有限形式效力说”与行政行为的无效理论密切相关,“有限形式效力说”以承认行政行为的无效理论为前提,即行政行为的形式效力是有界限的,除无效的行政行为没有形式效力外,其他的行政行为皆有形式效力。“完全形式效力说”则认为,行政行为的形式效力没有界限,所有的行政行为都具有形式效力;一个行政行为,即使其存在重大且明显违法的情形,也具有形式效力。本章第二节的研究结论表明,“有限形式效力说”较“完全形式效力说”更加科学合理,更加符合法治实践的需要。因此,本书关于行政行为形式效力概念的界定,采用的是行政行为“有限形式效力说”而非“完全形式效力说”。

政行为的内容，形式效力还是依据其内容而影响相对人等的权利义务，但是，法律赋予行政行为以形式效力时，对其内容是否具有实质合法性不予考虑，而仅仅要求行政行为的形式合法。

（四）相对性

行政行为的形式效力不是绝对的、无条件的，而是有条件的、相对的。行政行为是否实质合法有效及能否取得实质效力，最终还是取决于该行政行为的内容是否具有实质合法性。如果行政相对人对行政行为不服，在法定的期限内，其可以提起行政复议或行政诉讼，由行政复议机关或司法机关通过法定的程序对行政行为的形式合法性及形式效力进行审查。笔者认为，对行政行为的实质合法性及实质效力的判断非常复杂，鉴于司法机关独立和中立的地位、司法人员的高度专业化、司法程序的严格性和公正性等因素，从理论上来说，唯有司法机关通过行政诉讼等司法程序，才能对行政行为的实质合法性及其实质效力作出判断。因为行政复议适用的是行政程序，基于司法最终的原则，行政复议机关虽然有权否定行政行为的形式效力，但却无法对行政行为的实质合法性及其实质效力作出最终的判断。行政复议机关即使维持原行政行为，行政行为仍然处于形式效力状态。与行政复议机关不同，司法机关有权对行政行为的实质合法性及其实质效力作出最终的判断。通过司法机关的审查和确认，对于一个具有实质合法性的行政行为，其形式效力便依法转化为实质效力；对于一个内容不具有实质合法性的行政行为，虽然其在成立之后即依法产生形式效力，但通过司法机关的审查和确认，由于其不具有实质合法性，其形式效力最终会被否定，最后当然也不能产生实质效力。

（五）有限性

形式效力的有限性，是指具有形式效力的行政行为是有限而非无限的；具有重大且明显违法的行政行为，其不具有形式效力。赞成形式效力有限性的观点，属于行政行为的“有限形式效力说”的范畴；赞成形式效力无限性的观点，则属于行政行为的“完全形式效力说”的范畴。笔者认为，从应然的角度来说，行政行为的形式效力应该是有限的而非无限的，行政行为的“有限形式效力说”较为科学。

（六）一般性

从本质上，形式效力属于行政行为形式合法性基础上的“形式有效性”，其并非行政行为的任何一项具体的效力内容，而是行政行为的形式存续力、形式拘束力及形式强制力的概括和统称。① 行政行为的形式有效性(与实质有效性相对),是行政行为基于其形式合法性而依法产生的有效性。行政行为的这一形式有效性与其实质有效性不同,其具有条件性和相对性;经过行政复议或行政诉讼,行政行为被撤销的,其形式有效性也将不复存在。基于矛盾的普遍性和特殊性原理之分析,在行政行为效力问题上,形式存续力、形式拘束力及形式强制力属于反映和揭示行政行为效力特殊性的概念,而行政行为的形式效力则属于反映和揭示行政行为效力普遍性的概念。因此,行政行为的形式效力具有效力的一般性或普遍性之特征。在理论上,形式效力的效力之一般性或普遍性特征的揭示具有非常重要的意义。例如,在行政行为效力内容构成问题的理论建构上,"公定力核心说"与"公定力、存续力共存说"均把公定力(形式效力)定位于一项具体的效力内容,这是非常错误的。根据本书第三章的研究结论,公定力的本质其实就是行政行为的形式效力,其具有效力的一般性或普遍性之特征,而并非行政行为的一项具体的效力内容。将公定力(形式效力)作为具体的效力内容之一,且与其他效力并列,形成"公定力核心说"与"公定力、存续力共存说",这在逻辑上显然是非常错误的。"公定力核心说"与"公定力、存续力共存说"存在的逻辑错误,在于混淆了行政行为效力的一般性或普遍性(公定力)与个别性或特殊性(确定力、拘束力和执行力),从而不能正确地反映和揭示行政行为效力内容的具体构成问题。这一致命错误产生的根源,其实就是没有能够揭示形式效力(公定力)的效力之一般性或普遍性特征。②

三、形式效力与公定力

公定力,是指行政行为一经成立(无效的行政行为除外),无论其实质是否合法,即具有被人们当作有效的行政行为而予以对待的法律效力。公定力具有这样的两个特点:其一,公定力以行政行为的成立为基础和前提;其二,无论行政行为在实质上是否合法有效,即具有被人们当作有效的行政行为而予以对待的法律效力。在现代社会,公定力本质上属于行政行为形式合法性基础上的"形式有效性",而并非行政行为的一项具体的效力内容。除无效的行政行为以外,公定力对行政行为的质量要求不高,只要

---

① 行政行为的形式效力具体地表现为形式存续力、形式拘束力及形式强制力三项不同的效力。

② 关于"公定力核心说"与"公定力、存续力共存说"概念及其存在的致命逻辑错误,参见马生安:《行政行为效力体系重构的"两质态论"与"三效力说"》,载《重庆大学学报(社会科学版)》2015 年第 3 期。

行政行为成立即可具有这种效力。或者说,公定力是以行政行为的成立为基础的法律效力。公定力概念强调的是,行政行为一经成立即具有法律效力,在现代社会,公定力其实就是行政行为的形式效力。但是,行政行为的公定力与形式效力并不等同,二者之间还是存在一些差别的。根据本书第三章第四节的研究结论,公定力产生、发展至今,经历了三种不同历史形态。特别是第一种历史形态的公定力,即基于国家公权力先验优越性推定的“事实上的效力”,与现代社会行政行为的形式效力差别甚大。如前所述,我国有些学者已经注意到公定力的形式效力本质,例如,黄全教授认为,一般而言,行政行为的公定力是指行政行为一经作出或一旦成立(即使其内容存在瑕疵),就具有被推定为合法有效的形式效力。① 章志远教授也曾指出,公定力只是表明行政行为在形式上暂时被推定为有效。② 朱正宏先生认为,行政行为的公定力只是一种形式意义上的效力,并非实质意义上的效力。③ 公定力概念之名称,即“公定力”这一术语,表达的是“国家公权力行为而推定有效”之义。在现代社会,随着违宪审查、行政诉讼等制度的建立,国家公权力先验优越性已被彻底否定,故“公定力”这一术语在现代社会已失去存在的客观现实基础。公定力概念之内涵,即“国家公权力行为推定有效”,在现代社会也已不能科学地揭示行政行为的形式效力这一本质。此外,按照符号学理论,某一概念之名称(术语)作为一种语言符号,代表特定的含义,存在于特定的语言符号系统中,存在于与其他符号的联系中;其既不能随便被更换,也不能随便被定义。公定力概念之名称(公定力术语)是无法更改的,因为这一名称一经更改,则公定力这一核心概念与公定力理论将不复存在。因此,公定力这一概念存在的缺陷无法通过修正的办法予以弥补,这也是公定力理论最为致命的缺陷,最终的选择只能是对公定力概念弃之不用,并继而摒弃公定力理论。公定力理论解释和说明的虽然是行政行为的形式效力,却被冠以“公定力”之名,因而“名不副实”。另外,公定力概念之内涵无法准确地解释和说明行政行为的形式效力这一行政法现象。总之,公定力概念因违背了符号学原理而无法继续使用,必须坚决予以摒弃。近年来,我国台湾地区的李震山、林腾鹞及大

① 参见黄全:《论行政行为形式效力之完全公定力——兼论无效行政行为制度不适合我国》,载《甘肃政法学院学报》2009 年第 3 期。

② 章志远教授认为:“公定力所蕴含的有效性推定绝不意味着该行政行为已经当然地具备了实质效力,而只是表明其在形式上暂时被假定为有效;至于该行为能否最终取得实质效力,还应当视其是否具备一切法定要件而定。”章志远:《行政行为效力论》,中国人事出版社 2003 年版,第 55 页。

③ 参见朱正宏:《行政行为公定力理论基础探究》,载《哈尔滨学院学报》2006 年第 9 期。

陆的李琦、张健宝等专家学者已开始摒弃公定力理论①,以存续力概念为核心建构行政行为的效力体系。根据本书第三章第六节的研究结论,笔者认为,应该用"形式效力"术语取代"公定力"术语,以形式效力理论取代公定力理论。

公定力的本质其实就是行政行为的形式效力,在摒弃公定力理论的同时,应该以行政行为的形式效力理论取代公定力理论,而不是对公定力理论简单地予以摒弃,否则极易导致理论上的错误乃至实践中的挫折。前文已经述及,在没有引入形式效力与实质效力理论的前提下,简单地摒弃公定力理论,直接以存续力概念为基础与核心建构行政行为的效力体系,仍然无法有效解决行政行为效力内容论的科学建构问题。本书关于行政行为效力内容论的研究结论,恰恰就很好地印证了这一点。

四、形式效力与存续力、拘束力及强制力

存续力,是指非因法定事由并经法定程序,任何组织和个人不得对行政行为予以撤销、变更和废止的法律效力;拘束力,是指行政行为基于其内容依法产生的,约束与保障行政相对人、利害关系人、国家行政机关及司法机关等履行行政行为所设定义务的法律效力;强制力,是行政行为依法产生的,在行政相对人或行政主体等违反或拒不履行存续力或拘束力义务时,由有权机关采取相应的措施,以保障其存续力或拘束力义务得以强制实现的法律效力。行政行为的形式效力,是指行政行为一经成立(无效的行政行为除外),基于其形式合法性而依法产生的"形式有效性"。由于行政行为的形式效力是对行政行为的各项具体的形式效力(形式存续力、形式拘束力及形式强制力)的概括和统称,属于反映和揭示行政行为效力之一般性或普遍性的概念,而非一项具体的效力内容,形式效力与形式存续力、形式拘束力及形式强制力之间是一般与个别、普遍与特殊、共性与个性的关系。作为形式效力,其具体表现为形式存续力、形式拘束力及形式强制力,而并非构成形式存续力、形式拘束力和形式强制力的基础和前提。

① 参见李震山:《行政法导论》(修订 9 版),台北,三民书局 2012 年版,第 358~366 页;林腾鹞:《行政法总论》,台北,三民书局 1999 年版,第 460~466 页;李琦:《行政行为效力新论——行政过程论的研究进路》,中国政法大学 2005 年博士学位论文,第 2 页;张健宝:《行政行为效力体系的重构》,山东大学 2008 年硕士学位论文,第 42~46 页。

第二节　行政行为的“完全形式效力说”与“有限形式效力说”

一、行政行为无效与形式效力

所谓行政行为无效,是指行政行为存在重大且明显违法情形的,其依法不产生形式效力。因为存在重大且明显违法的情形,行政行为依法不产生形式效力,其最终自然也无法产生实质效力。在行政行为效力问题的研究上,对于行政行为无效问题的研究具有极为重要的意义。由于理论研究的滞后,我国行政行为无效制度在实践中的问题亦日益凸显。

对于行政行为无效的理论是否成立,学界一直存有分歧。赞成“完全形式效力说”的学者认为,行政行为形式效力的发生具有绝对性,行政行为一经成立,无论其违法与否及违法程度如何,其均能产生形式效力,故赞成“完全形式效力说”的学者,其实际上反对行政行为无效理论与制度的存在。例如,黄全教授认为,重大且明显违法的行政行为不具有形式效力,该观点混淆了行政行为形式效力与实质效力发生的基础。“形式效力是基于行政行为的存在形式而具有的效力,行政行为内容中包含的瑕疵与其无必然的联系,故瑕疵行政行为均应具有形式效力。实质效力是基于行政行为内容的实质正当而具有的效力,不同的瑕疵将不同程度地影响着行政行为的实质效力。”①笔者认为,行政行为的“有限形式效力说”其实并不会混淆行政行为形式效力与实质效力发生的基础问题。赞成“有限形式效力说”的学者则认为,行政行为形式效力的发生是有条件的,无效的行政行为不应该具有形式效力,故赞成“有限形式效力说”的学者主张行政行为无效理论与制度的存在。由此可见,行政行为的无效理论与形式效力的“完全形式效力说”及“有限形式效力说”密切相关。赞成行政行为的无效理论者,必然选择“有限形式效力说”;反对行政行为的无效理论者,则必然选择“完全形式效力说”。因此,“完全形式效力说”与“有限形式效力说”的理论之争,本质上就是行政行为无效理论的存废之争。行政行为的无效与“有限形式效力说”正如一枚硬币的正反两面:一面是行政行为的无效,另一面则是行政行为的“有效形式效力说”。选择了“有限形式效力说”,也就是承认了行政行为的无效理论。“有限形式效力说”认为,除非行政行

---

① 黄全、陈海:《瑕疵行政行为的效力及法律后果论纲》,载《四川师范大学学报(社会科学版)》2010年第6期。

为具有重大且明显违法的情形,行政行为一经成立,即依法产生形式效力。这一理论实际上是根据行政行为不同的违法情形,来决定行政行为是否具有形式效力。行政行为是完全合法、一般违法或轻微违法的,则法律上承认其具有形式效力。当行政行为存在重大且明显违法的情形时,则其依法不能产生形式效力。由此,行政行为的无效理论构成了"有限形式效力说"的直接理论依据,同时也构成了公民抵抗权或拒绝权的直接理论依据。既然行政行为无效制度构成了"有限形式效力"制度的基础和前提,那么,建立科学的行政行为无效制度是非常必要的。总的来说,大多数学者赞成行政行为无效理论的存在,行政行为的无效制度也为诸多国家的行政程序法所规定。例如,《联邦德国行政程序法》(1997 年)在第 43 条第 3 款、第 44 条①规定了行政行为的无效制度。在我国,通过行政程序立法建立科学的行政行为无效制度无疑也是非常必要的。"有限形式效力说"与"完全形式效力说"分歧的关键之处在于:重大且明显违法的行政行为,其是否应该具有形式效力。行政行为的重大且明显违法,其既可能是外观的形式问题,也可能是实质内容问题。也正因为如此,笔者认为黄全教授反对"有限形式效力说"的理由并不能成立。

二、"完全形式效力说"

同行政行为公定力的"完全公定力说"与"有限公定力说"一样,形式效力自然也会存在"完全形式效力说"与"有限形式效力说"的问题。换句话说,既然公定力在本质上就是行政行为的形式效力,那么"完全形式效力说"与"有限形式效力说"问题的实质,其实完全就是"完全公定力说"与"有限公定力说"的翻版而已。"完全形式效力说"认为,行政行为一经成立,无论是否违法,也无论含有何种重大且明显违法的情形,均具有形式效力。根据"完全形式效力说",行政行为只要成立,无论其存在何种重大且明显的违法情形,在被依法撤销前,其都具有形式效力。法国大多数行政法学者持"完全形式效力说"(完全公定力说),以致其在法国近乎通说。在德国、日本等国,"完全公定力说"却始终未占据主流地位。例如,在日本,只有柳濑良干和黑田觉等少数学者倡导该说。在我国,则有叶必丰、余

---

① 《联邦德国行政程序法》(1997 年)第 43 条第 3 款规定,无效行政行为不产生效力;第 44 条规定,行政行为具有严重且明显违法的无效,同时对无效行政行为的具体情形进行了详细的列举。参见应松年主编:《外国行政程序法汇编》,中国法制出版社 1999 年版,第 179~180 页。

凌云、黄全等为数不多的学者主张“完全形式效力说”(完全公定力说)。①然而,无论在理论还是实践上,“完全形式效力说”都有其不够合理之处:

第一,“完全形式效力说”坚持重大且明显违法行政行为具有形式效力,不利于及时有效地规范、控制行政权力。按照“完全形式效力说”,即使重大且明显违法的行政行为,也依然具有形式效力。“完全形式效力说”一味强调行政行为的形式效力,认为无论行政行为存在怎样重大且明显的违法情形,其均能对行政相对人产生形式效力。依此观点,无异于在放纵行政权的滥用。在违法的行政行为产生之后,虽有相应的救济手段,但救济手段毕竟不能及时、有效地制止违法行政行为。根据“完全形式效力说”,相对人对具有重大且明显违法的行政行为也要无条件遵从,这就会使实质上不合法的行政行为对相对人产生实际的侵害效果。例如,对于那些重大且明显违法的限制公民人身自由的行政行为,如果再强调其形式效力,其实就是将重大且明显违法的行政行为强加给公民,这是非常错误的。

第二,“完全形式效力说”加重了相对人的负担,不符合权利救济的本质要求。“完全形式效力说”要求行政相对人对已经成立的行政行为无条件地遵从,对明知是重大且明显违法的行政行为,相对人还必须接受和服从。相对人只有在受到不法行政行为的侵害以后,其才能通过法定的程序进行救济。相对人对行政行为不服的,一般的救济途径为提起行政诉讼和行政复议。但是,行政诉讼和行政复议成本较高,对于相对人权利的救济亦具有明显的滞后性,且不易化解相对人的不满。因此,相对于“有限形式效力说”及相应的行政行为无效制度、相对人的抵抗权制度,“完全形式效力说”加重了相对人的负担,不符合权利救济的本质要求。

第三,“完全形式效力说”否定人民抵抗暴政的宪法权利,违背了法的实质正义之价值目标。在任何一个法治国家,对于那些明明是重大且明显违法的行政行为,都不能任由其侵害公民的合法权益而无动于衷。在“完

① 叶必丰教授的原文为“完全公定力说”,参见叶必丰:《论行政行为的公定力》,载《法学研究》1997年第5期。笔者认为,因为公定力的本质就是行政行为的形式效力,“完全公定力说”其实就是“完全形式效力说”。余凌云教授反对行政行为无效理论的存在,其当然就主张行政行为的“完全形式效力说”(完全公定力说),参见余凌云:《行政法讲义》,清华大学出版社2010年版,第222页。黄全、陈海先生认为,“有限形式效力说”理论混淆了“法的安定性”与“法的实质正当性”在不同层面上对行政行为效力的要求,从而主张“完全形式效力说”。作者原文的提法分别为“完全公定力说”和“有限公定力说”,作者的主张其实就是“完全形式效力说”,参见黄全、陈海:《瑕疵行政行为的效力及法律后果论纲》,载《四川师范大学学报(社会科学版)》2010年第6期。

全形式效力说"下,人民失去了抵抗暴政的宪法权利。如果说,我们明明知道重大且明显违法的行政行为会侵害相对人的合法权益,有时这种侵害的后果是无法挽回或补救的,而我们还要承认行政行为的形式效力,这显然是不可想象的。

三、"有限形式效力说"

总体来说,中外的大部分学者还是赞成"有限形式效力说"。尽管行政行为的形式效力在保障社会秩序、实现行政效率及保护公共利益等方面具有重要的作用,但是,如果那些重大且明显违法的行政行为都能够产生形式效力,势必会损害行政相对人的合法权益,显然也与现代民主、法治的精神相悖。"有限形式效力说"主张,重大且明显违法的行政行为不能产生形式效力,如果此种行政行为人们依然需要服从的话,这既不符合实质法治的正义观,也容易导致人们对法律产生较大的排斥感,最终也不利于对相对人合法权益的保护,甚至还会给相对人造成难以弥补的损失和后果。其实,早在奥托·迈耶提出行政行为公定力(形式效力)的"自我确信说"时,他实际上就注意到公定力(形式效力)存在界限这一问题。奥托·迈耶认为,行政行为作为国家权威的体现,社会对其应该予以尊重,但社会对行政行为这种权威的尊重是有条件的,内容不明确或不可能实现的行政行为,以及无权限的国家机关作出的行政行为,都应该作为无效的行政行为对待。① 在行政行为的形式效力上,还是"有限形式效力说"较为合理。行政行为一般具有形式效力,行政行为存在重大且明显违法情形的,则不能产生形式效力。正是因为行政行为无效的存在,行政行为的形式效力必然是有限的;由此,行政行为的无效理论构成了行政行为"有限形式效力说"最为直接的理论依据。因为人民主权理论、基本人权理论和自然法思想系行政行为无效的理论依据,人民主权理论、基本人权理论和自然法思想又构成了"有限形式效力说"的间接理论依据。"有限形式效力说"不仅具有学理上的逻辑自足,而且获得了法律制度上的实证支持。在德国、日本等国的行政程序立法上,均建立了行政行为的无效制度。我国台湾地区和澳门特别行政区亦有相关规定。与"完全形式效力说"相比,"有限形式效力说"具有如下几个方面的优势:

第一,"有限形式效力说"与控权论思想不谋而合,符合现代民主、法治及人权保护的理念。"有限形式效力说"承认行政行为形式效力的有限

---

① 参见〔德〕奥托·迈耶:《德国行政法》,刘飞译,商务印书馆 2002 年版,第 98~101 页。

性，也就是在某种程度上承认行政行为存在重大且明显违法情形的，公民个人可以通过行使抵抗权或拒绝权的方式保护自己的权利。按照“完全形式效力说”，则相对人必须先履行行政行为的义务，在自己的权益受到损害后，才能通过行政复议或行政诉讼等方式向国家请求赔偿。通过事后救济的方式赔偿受害人所遭受的物质损失和精神损失，不仅会造成国家财产的浪费，间接损害纳税人的合法权益，还会导致公民对国家权力的不信任。

第二，“有限形式效力说”与宪法之抵抗权制度一脉相承，有利于保护公民的合法权益。在现代社会，以公民的权力制约国家权力，也是遏制公权力滥用的重要途径之一。公民的抵抗权属于宪法学意义上的应然权利，只有在行政法上规范、保障、落实公民的抵抗权，才能将这一权利落到实处。正是“有限形式效力说”，在很大程度上为公民行使抵抗权留下了一定的空间。因为行政行为的无效，所以公民应该享有抵抗权，这其实是一个问题的两个方面。承认行政行为的无效理论，实际上就是承认行政行为的“有限形式效力说”，承认人们应该享有直接根据自己对法律的认识与判断，公开无视和抵制无效行政行为的权利。与其在权利受到侵害的时候给予救济，不如从源头上阻断这种损害的发生。这种从源头上遏制行政权侵犯公民权利的方法，就是赋予相对人一定的抵抗权或拒绝权，抵制行政机关作出的具有重大且明显违法的行政行为。鉴于我国目前的实际情况，在宪法层面，应该建立公民的抵抗权制度；在行政法上，应该尽快建立行政行为的无效制度及对相对人的抵抗权制度作出科学、明确的法律规定。

第三，“有限形式效力说”较好地平衡了现代法治的多元价值目标，体现了法的实质正义之根本要求。行政行为一经成立即依法产生形式效力是非常必要的；但是，如果一味地强调行政行为的形式效力，采用“完全形式效力说”，认为只要是行政行为，无论违法程度如何，均赋予其形式效力的话，无异于袒护行政行为和纵容行政权的滥用。而采用“有限形式效力说”，对于重大且明显违法的行政行为，赋予公民提出自己的意见乃至拒绝或反抗的权利，才符合法的实质正义之根本要求。形式效力理论安排的是对行政行为的先行服从，进而保障人人需要的稳定的法律秩序。无效的行政行为之所以不具有形式效力，原因就在于无效行政行为违反了法的实质正义之基本要求，不具有实质正义的基本品格。如果对于无效的行政行为仍要求公民先行服从，将有悖于法治的精神和原则。正是基于法的实质正义，行政行为的无效理论主张，重大且明显违法的行政行为不产生形式效力，并应该赋予公民对这些行政行为的抵抗权或拒绝权。

安定性是法律关系和法律秩序的必然要求,法律赋予行政行为形式效力就在于保障行政法律关系的安定和行政效率的实现,维护国家和社会公共利益。"完全形式效力说"与"有限形式效力说"分歧的实质,实际上就是行政行为形式效力是否存在界限问题。如上分析,"有限形式效力说"由于其自身具有的逻辑结构上的周延性,能够较好地平衡现代法治诸多价值目标(秩序、效率、公共利益及公民合法权益保护)之间的关系,因而具有相当的科学性、合理性。把无效行政行为排除在形式效力的范围外,非但无损于法的安定性,反而能够促进行政主体依法行政,促进法的安定性的提升。在现代社会,法的安定性要求与对个体权利的尊重和保护是可以兼顾、并行不悖的。与"完全形式效力说"相比,"有限形式效力说"是与自由民主论相契合的理论,与尊重和保护个体权利的立场一致。"有限形式效力说"着眼于法的安定性与社会正义的差异,具有浓厚的自然法色彩。与完全形式效力制度相比,有限形式效力制度具有更大的优越性。因此,我国的行政法理论及未来的《行政程序法》,应该建立行政行为的无效理论与制度。为了有效发挥有限形式效力制度的功能,必然要求实现有限形式效力制度的法制化。通常的做法,就是在行政程序法中,就行政行为的无效及有限形式效力制度作出明确的规定。《联邦德国行政程序法》(1997 年)第 43 条第 2 款规定,行政行为在未被撤销、废止,或者以其他方式终止,或通知期限届满或以其他方式消灭之前,其持续有效;该条第 3 款规定,无效的行政行为,自始不产生效力。[①] 这些规定,就是关于行政行为形式效力的法律规定;除了无效的行政行为,其他行政行为皆具有形式效力,故德国在立法上选择的是有限形式效力制度。行政行为的形式效力只能通过法定的撤销、废止等途径予以消灭,否则形式效力一直持续存在。《日本行政事件诉讼法》(2004 年)第 3 条第 4 款关于行政行为无效确认诉讼之规定,间接承认了行政行为无效制度的存在。此外,行政行为无效在日本的司法裁判上也得到了广泛的承认,司法裁判对无效行政行为一般采取"重大且明显违法"的判断和识别标准(个别案件采用"重大违法"标准)。将行政行为存在重大且明显违法情形作为行政行为无效的条件和原因。因此,日本也是选择了有限形式效力制度。

---

① 参见应松年主编:《外国行政程序法汇编》,中国法制出版社 1999 年版,第 179 页。笔者认为,此处的"行政行为",其实就是指"行政决定"。德语中的"Verwaltungsakt"在汉语中其实应该被译为"行政决定"或类似的术语,而不能被译为"行政行为"。

第三节　行政行为形式效力产生的基础与法律程序

一、形式效力产生的时间和条件

（一）形式效力产生的时间

形式效力产生的时间是与形式效力产生的条件密切相关的，形式效力系行政行为形式合法性基础上的形式有效性（与实质有效性相对），属于反映和揭示行政行为效力之共性、普遍性或一般性的概念。在不同的条件下，具体表现为形式存续力、形式拘束力及形式强制力，三者产生的时间有所不同。例如，形式存续力在行政行为成立时立即产生，形式拘束力一般是在行政行为相对人、第三人、行政机关等知悉时产生，但形式强制力只有在义务人拒不履行或违反行政行为义务时才能产生。

（二）形式效力产生的条件

行政行为形式效力产生的条件主要包括如下两点。

第一，行政行为已经成立。这是形式效力产生的肯定性要件。如何判断一个行政行为已经成立？行政行为的成立要从构成行政行为所必不可少的要素入手，进行分析，当某一行为已具备这些要素时，即表示该行政行为已经成立；当某一行为完全不具备或不完全具备这些要素时，表明该行政行为不成立。行政行为的成立要件，主要包括以下四个方面的内容：

（1）行为的主体必须具有行政权能，即行为主体必须是具有行政权能的组织或个人。行政权能指的是行政权力之能力或资格，往往与行政组织的成立同时产生。只有具备行政权能的组织和个人的行为才有可能是行政行为，不具备行政权能的组织的行为就不可能是行政行为。行政权能是作出行政行为的一种资格，行为主体具有行政权能是行政行为成立的首要条件。

（2）行为必须包含行政权力的实际运用。在行为主体具备行政权能的前提下，要分析一个行为是否属于行政行为，还要看该行为是否属于行政主体运用行政权的行为，即是否存在行政权力的实际运用。拥有行政权能的主体实施的行为并非都是行政行为，其中非行政权力的行为就不属于行政行为。

（3）行为应当是具有法律意义、产生特定法律效果的行为。没有法律意义、不产生特定法律效果的行为，不属于法律意义上的行为，也不属于行政行为的范畴。

(4)行政行为应该具备可以被认知的外部形态。行政行为应当以公众所知悉的载体表现出来,这是行政行为在外观上的要求,即行政行为的内容必须通过一定的形式(文字、语言、动作或电子设备等)表现出来,使外界能够认识和知晓。否则,行政行为依法不能成立。例如,某一行政行为如果仍处于内部处理阶段,外界无法知晓它的存在,则法律上属于行政行为没有成立。因此,行政行为必须通过口头或书面等一定的形式表达出来,以使相对人等能够感受到它的实际存在。

第二,已经成立的行政行为并非无效。这是行政行为形式效力产生的否定性要件。无效的行政行为,系指具有重大且明显违法情形的行政行为,依法不产生形式效力,当然最终也不可能产生实质效力。本章第二节的研究结论表明,在行政行为形式效力的界限问题上,"有限形式效力说"比"完全形式效力说"更为科学、合理,更加符合法治实践的需要。因此,我们应该选择"有限形式效力说"而非"完全形式效力说"。选择"有限形式效力说",就是承认行政行为无效理论的存在。无效的行政行为虽已成立,但自始至终都不产生形式效力,任何人在任何时候对其都无须服从,行政相对人对其还拥有直接的抵抗权或拒绝权。一方面,行政行为的形式效力对于维护行政机关的权威,保障行政目的的顺利实现具有非常重要的意义;另一方面,赋予重大且明显违法的行政行为以形式效力,与现代民主、法治及人权精神不符,也不利于相对人合法权益的及时保护。因此,行政行为的形式效力只能是相对的、有限的,而不应是绝对的、无限的。

在现代社会,行政行为的形式效力应该是实在法赋予和承认的结果。通过实在法赋予和承认行政行为的形式效力,有三种不同的方式:一是行政程序立法作出规定;二是通过判例法予以确定;三是通过法律体系解释的办法"依法推定"。我国由于统一的《行政程序法》的缺位,目前仍然是通过法律的体系解释的办法,"依法推定"而赋予行政行为以形式效力;但这一做法既不严谨也不科学。我国缺乏判例法的传统且尚未建立判例法制度,通过判例法确定行政行为形式效力的做法也不太可行。因此,最终还是应该通过制定统一的《行政程序法》,对行政行为的形式效力制度作出具体、明确的法律规定为妥。一方面,通过立法的形式对行政行为无效的定义、标准及具体类型作出具体、明确的法律规定;另一方面,还要对行政行为的形式效力要件作出明确的法律规定。如上所述,行政行为形式效力要件包括肯定性要件和否定性要件两个方面。形式效力之肯定性要件,就是行政行为的成立;形式效力之否定性要件,就是行政行为非因重大且明显违法而无效。对于符合行政行为形式效力要件的行政行为,依法产生形式效力；对于不符合形式效力要件的行政行为，则依法不产生形式效力。

前文已述及，形式效力并非行政行为的一项具体的效力内容，而是行政行为的"形式有效性"，其在不同条件下，具体表现为形式存续力、形式拘束力和形式强制力。因此，笼统地探讨形式效力的生效其实没有太大的实质意义，必须具体到行政行为的哪一项形式效力的生效。对于形式存续力、形式拘束力及形式强制力而言，其产生的具体条件有所差异。例如，形式存续力会随着行政行为的成立而立即产生；形式拘束力一般是相对人等知悉或应当知悉行政行为的内容时产生，一般需要行政行为的有效送达为条件；形式强制力的产生，还需要以行政机关、相对人等违反或拒不履行行政行为设定的义务为前提条件。

二、形式效力产生的基础与根据

行政行为的形式效力，是指行政行为（无效的行政行为除外）一经成立，基于其形式合法性而依法产生的法律效力。① 因此，形式效力产生的基础与根据就是行政行为的形式合法性。所谓行政行为的形式合法性，是指行政行为外观上的合法性，行政行为成立且并非重大且明显违法而无效的②，即为具有形式合法性。具有形式合法性的行政行为依法产生形式效力（形式有效性），而根本不问行政行为的内容是否具有实质合法性。尽管形式效力调整社会关系的最终落脚点还是行政行为的内容，即行政行为还是依据其内容而影响相对人等的权利义务，但是，法律赋予行政行为以形式效力时，对其内容是否具有实质合法性不予考虑，而仅仅要求行政行为的形式合法。行政行为的形式合法性是否绝对地与行政行为的内容无涉？实际上并非如此。这是因为在形式合法性概念的界定上，本书已经把具有重大且明显违法的无效行政行为排除在外，即具有重大且明显违法的无效行政行为，并不属于形式合法性的行政行为，只有一般违法、轻微违法

---

① 在行政行为形式效力概念的定义上，本书采"有限形式效力说"而非"完全形式效力说"。德国的行政程序立法采用了"有限形式效力说"，我国台湾地区行政程序相关规定亦采用此观点。分别参见《联邦德国行政程序法》（1997 年）第 43、44 条，以及我国台湾地区"行政程序法"（1999 年）第 110 条第 4 款、第 111 条及第 112 条之规定。

② 例如，《联邦德国行政程序法》（1997 年）对行政行为无效的类型作出了规定。我国最高人民法院《关于适用〈中华人民共和国行政诉讼法〉的解释》（法释〔2018〕1 号）第 99 条对属于"重大且明显违法"无效的情形进行了有限的列举，依据该条的规定，有下列情形之一的，属于《行政诉讼法》第 75 条规定的"重大且明显违法"：（1）行政行为实施主体不具有行政主体资格；（2）减损权利或者增加义务的行政行为没有法律规范依据；（3）行政行为的内容客观上不可能实施；（4）其他重大且明显违法的情形。

或合法的行政行为,才属于形式合法性的行政行为。在重大且明显违法的无效行政行为中,就有一部分是因为内容重大且明显违法而无效的,包括:(1)行政行为在内容上不具有可实施性,即行政行为的义务是相对人无法完成的;(2)行政行为内容重大且明显违法或者实施该行为将构成犯罪的;(3)行政行为内容违反公序良俗的。例如,《联邦德国行政程序法》(1997年)第44条第2款第5项规定,行政行为内容所要求的行为构成刑罚或罚款之违法的无效。[①] 又如,我国台湾地区“行政程序法”(1999年)第111条第3、4款分别规定“内容对任何人均属不能实现者”及“行政处分内容违背公共秩序、善良风俗者”无效。因此,行政行为的形式合法性这一概念并非绝对地与行政行为的内容无涉,而是对于剔除了无效行政行为之后的其他行政行为,无论其内容是否合法,皆认为具有形式合法性,依法能够产生形式效力。

三、形式效力产生的法律程序

一般而言,形式效力是行政行为基于行政程序而产生的法律效力。随着行政复议决定的作出,行政行为依法产生的法律效力,属于形式效力还是实质效力?对此,笔者认为,行政复议程序说到底还是一种行政程序,无权对行政行为的实质合法性作出判断,经过行政复议维持的行政行为的效力仍然属于形式效力的范畴。具体包括以下四种情况:(1)行政复议为终局裁决的行政行为,行政复议维持的是行政行为的效力。在行政复议为终局裁决的情形下,行政行为以后无法再通过行政诉讼予以救济,此时行政行为的效力可否归属于实质效力的范畴?笔者认为,实质效力是行政行为基于其实质合法性而依法产生的法律效力,而行政行为的实质合法性唯有司法机关通过司法程序才能予以确认,行政终局裁决维持的行政行为的效力,仍然属于形式效力的范畴。(2)超过了法定起诉期限的行政行为的效力。同理,行政行为的实质合法性未经司法机关通过司法程序的审查和确认,行政行为虽然超过了法定的起诉期限,但其效力仍然属于形式效力的范畴。(3)经过立法机关裁决维持的行政行为效力。前文已述及,行政行为的实质合法性唯有司法机关通过司法程序才能予以确认,立法机关的审查和裁决虽然具有一定的权威性,但经过立法机关审查和裁决的行政行为,其效力仍然属于形式效力的范畴。(4)经过仲裁裁决的行政行为的效力。在理论上,基于“司法正义论”,司法机关及司法程序对于行政行为实

---

① 参见应松年主编:《外国行政程序法汇编》,中国法制出版社1999年版,第180页。

质合法性的判断权具有专属性，经过仲裁裁决的行政行为，其效力并非基于司法程序而产生，故其还是应该归入形式效力的范畴。① 因为司法机关和司法程序对于行政行为实质合法性的判断权具有专属性，这几种情形下的行政行为合法性评价不属于实质合法性的范畴，行政行为的效力还是应该归入形式效力的范畴。此外，行政行为经过司法程序的审查，但是司法裁判并没有对行政行为的实质合法性作出评价，或是行政行为的实质合法性评价没有最终确定的，其效力仍然属于形式效力的范畴。例如，随着以行政行为合法为由驳回当事人诉讼请求一审行政判决的作出，行政行为的合法性经过司法程序的审查，但如果行政判决处于上诉期，一审判决并没有最终生效，那么此时的行政行为依然处于形式合法及形式效力的状态。

第四节　行政行为形式效力之价值目标、理论依据及制度功能

一、形式效力之价值目标

法律价值是以法为客体的对人与社会等主体的有益性，其是人类理性发展到一定阶段的产物。由于人的需求和法所调整的社会关系的多样性与复杂性，法律追求的价值在内容上极为广泛，从而呈现多元化的色彩。在法的价值中，正义是法的诸多价值的总和与最大概括。法的一切价值，统统可以概括为正义，或者说自由与秩序、公正与效率等法的基本价值，不过就是正义的表现形式而已。任何法律制度都必然关注和追求一定的法律价值，行政行为形式效力制度关注和追求的法律价值，主要涉及如下两个方面。

（一）秩序

秩序是人类一切活动的根本基础，是人类生存和发展的基本前提。在法学领域，作为法的价值之一的秩序，是法最为基本的价值之一。法国有句法谚如是说："秩序，只有秩序才能产生自由。"相对于法的其他价值，诸

① 根据《仲裁法》（2017 年）第 58 条的规定，人民法院在法定的条件下，可以依法撤销仲裁裁决。该法第 63 条规定："被申请人提出证据证明裁决有民事诉讼法第二百一十三条第二款规定的情形之一的，经人民法院组成合议庭审查核实，裁定不予执行。"［本条引用的《民事诉讼法》（2017 年）"第二百一十三条第二款"应为"第二百三十七条第二款"，即《民事诉讼法》（2021 年）第 244 条。］而根据《民事诉讼法》（2021 年）第 244 条的规定，人民法院在法定的条件下，可以依法对仲裁决定裁定不予执行。据此可以看出，在民事纠纷处理上，我国的仲裁程序并无民事行为实质合法性及实质效力的最终判断权。依据法理，仲裁程序也不应该具有民事行为的实质合法性及实质效力的最终判断权。

如自由、公平、平等、效率等,法的秩序价值是实现法的其他价值的基础和前提。塞缪尔·亨廷顿曾经告诫我们:人类的“首要的问题不是自由,而是建立一个合法的公共秩序。人类可以无自由而有秩序,但不能无秩序而有自由。必须先有权威,然后才能对它加以限制。”①法律只有确立了秩序,才能保障自由。失去了秩序的保障,包括自由在内的所有法律价值必然会因为缺乏必要的保障而最后丧失其存在的意义。社会秩序是表征社会有序状态或动态平衡的社会学范畴。从某种意义上来说,法从属于社会秩序,社会秩序是法存在和发展的基本前提。法作为维护社会秩序的重要工具之一,其首要任务就是要确保统治阶级需要的社会秩序的建立,其次是保障人们的社会生活秩序,这就决定了社会秩序是法的基本价值目标之一。此外,秩序还是其他法律价值的基础,例如,在法的价值体系中,虽然自由之位阶在秩序之前,但同样要以秩序为基础。自由是相对的,而秩序是绝对的。行政行为作为行政管理的重要工具,其形式效力制度追求的秩序价值,主要是以社会秩序的形成和保障得以体现的。在某种意义上行政行为就是社会秩序的载体。因此,秩序乃是行政行为形式效力最为核心、最为主要的价值目标之一。

(二)效率

效率作为法的价值的一个重要的基本范畴之一,已越来越受到人们的关注和重视。② “效率是正义的基础,正义是效率的目标。”在公共行政方面,效率主要表现为行政效率,行政效率也是行政法应有的重要价值之一。行政行为一经成立,即赋予其形式效力,这显然也是实现行政效率的需要。假如行政行为没有形式效力,行政行为在作出之后就将处于效力不明的状态。既然行政行为的效力尚存疑义,当然就不能要求公民予以服从。这样一来,行政行为在要求公民服从之前,就必然要求行政机关对行政行为的效力予以证明。因此,如果没有行政行为的形式效力制度,每个公民都可以任意地怀疑行政行为的效力,非得要求法院等有权机关对行政行为的合法性及效力予以审查及确认之后再服从的话,那么公共行政就需要投入太

---

① 〔美〕塞缪尔·亨廷顿:《变革社会中的政治秩序》,李盛平、杨玉生译,华夏出版社 1988 年版,第 8 页。

② 效率作为一种重要的法律价值,一是指人们社会实践活动的有效性,即人们的投入与产出之间的比率;二是指人们单位时间内取得的劳动成果,是相对于时间的一个概念。劳动成果是人们社会实践活动的根本目的所在,一方面,人们希望用尽可能少的投入获得尽可能多的产出;另一方面,人们又希望所耗费的时间尽可能地缩短,即社会实践活动快速有效。在现代社会,效率作为一种法律价值,其受到许多法律制度关注的程度也正日益加深。参见马生安:《行政强制执行制度价值论纲》,载《安徽大学学报》2002 年第 1 期。

多的人力、物力和财力。果真如此，行政效率也将无从谈起，公共行政必将陷入瘫痪的状态，整个国家与社会必将陷入一片混乱。

二、形式效力之理论依据

为什么行政行为一经成立（重大且明显违法而无效的行政行为除外），就应该依法赋予其形式效力，其理论依据何在？在现代社会，行政行为的形式效力其实也就是我们常说的行政行为公定力，公定力的本质也就是行政行为的形式效力，因此公定力的理论基础或理论依据问题，其实也就是形式效力的理论基础或理论依据问题。① 对形式效力理论基础的深入研究，有助于充分彰显这一理论与制度的理性及生命力。关于公定力的理论基础或理论依据问题②，中外学者分别提出了如下诸多的观点和学说：

1.“自我确信说”。奥托·迈耶认为，违反法律的判决之所以可以作为有效的判决来对待，是因为法院作为拥有公权力的司法机关，其可以运用这种公权力来确认自己判决的合法性。行政权在本质上是与司法权相同的一种公权力，行政机关也能够对自己的行政行为合法性予以确认。“自我确信说”认为，行政主体享有国家赋予的行政权，因而与法院确信自己的判决为合法一样，行政主体也具有确认自己行为合法的权力，即行政主体在作出行政行为时，就能够确认该行为的合法性。因此，公定力的理论依据就在于行政主体在作出行政行为时确信该行为是合法的。该说认为，行政行为的效力与法院判决的效力无异，如果行政行为违法，有权限的行政机关或司法机关可以随时对其予撤销；但是，在该行政行为被撤销之前，其仍然具有公定力。这就是奥托·迈耶关于公定力的理论依据之观点。其后，“自我确信说”为日本以及我国台湾地区的诸多学者所继受。③

2.“国家权威说”。“国家权威说”为德国学者恩斯特·福斯特霍夫所

---

① 行政行为的公定力产生、发展至今，经历了三种不同的历史形态：（1）基于国家公权力先验优越性推定的“事实上的效力”；（2）基于行政诉讼制度推定的法律效力；（3）为行政程序法明确规定或判例法确定的法律效力。在现代社会，公定力本质上就是行政行为依法产生的形式效力，其具有法定性、形式性、行政程序性及相对性等特征。但是，行政行为的公定力概念与形式效力概念并不能等同。根据笔者的研究结论，行政行为公定力理论因为违背了社会符号学原理，存在无法克服的致命缺陷，而行政行为的形式效力理论则是对公定力理论的发展与超越，可以解释和回答诸多公定力理论无法解释和回答的理论与实践难题。

② 在已有的论著中，学者们探讨的是公定力的理论依据而非形式效力的理论依据问题。鉴于公定力的本质就是行政行为的形式效力，故可以认为学者研究的公定力的理论依据问题，其实就是行政行为形式效力的理论依据问题。

③ 参见〔日〕杉村敏正：《论行政处分的公定力》，城仲模译，载城仲模：《行政法之基础理论》，台北，三民书局1988年版，第178~181页；林纪东编著：《行政法原论》（上），台北，编译馆1978年版，第44页。

提出,并为日本学者田上穰治等所承袭。该说认为,行政行为无论是否合法或具有何种违法,均具有公定力,这是因为,任何一个行政行为均系国家权威的体现,而国家的权威应当受到尊重。①

3.“既得权说”。该说又称“信赖保护说”,为日本当代法学家南博方先生关于公定力之理论根据的一种主张。南博方认为,承认行政行为的公定力,就是为了保护相对人和不特定公众因对行政行为的信任所取得的权利。保护行政相对人及社会公众对行政行为的信任,就不得不赋予行政行为以公定力。如果允许随意否定行政行为的公定力,将会严重危及和损害行政行为信任者的权益。②

4.“固有效力说”。该说是日本学者美浓部达吉关于公定力理论依据所主张的学说,也被称为“超实在法效力说”。美浓部达吉认为,公定力于实在法上并没有明确的规定,其乃是基于行政行为的国家公权力的行为之优越性而获得的“超实在法的效力”或“固有效力”。③ 公定力是行政行为所固有的效力,行政行为的这一效力不需要实在法之法律依据,它是从行政行为本质中产生的特殊效力。据此,美浓部达吉的观点就属于先验的“超实在法效力说”或“固有效力说”的范畴。

5.“服从义务说”。我国学者陆鹏程主张该说。陆鹏程先生认为,行政行为一经成立,即应该被推定为合法有效,相对人和行政机关等对其都应该予以尊重。行政行为公定力的理论依据既不在于行政行为的国家意志之优越性,也不在于社会公众对于政府的信任,而在于实在法服从义务在行政领域的延伸。④

6.“社会信任说”。我国学者叶必丰教授早期曾经主张该说。叶必丰教授认为,行政主体作为公共利益的代表,行政行为在被撤销、变更、废止之前,社会主体都应该对行政主体保持信任。行政行为成立以后,在其合法性未经法院等有权机关审查和确认之前,基于对行政主体的信任,法律上推定行政行为合法有效,并要求社会主体对行政行为承担尊重与服从的义务。⑤

---

① 参见程明修:《论行政处分之公定力——日本法上公定力理论之演进》(下),载《军法专刊》第41期(1995年)。

② 参见〔日〕南博方:《行政法》(第6版),杨建顺译,中国人民大学出版社2009年版,第50页。

③ 美浓部达吉『日本行政法(上卷)』(有斐閣,1936年)86頁参照。

④ 参见陆鹏程:《行政行为的公定力研究》,苏州大学2004年硕士学位论文,第5页。

⑤ 参见叶必丰:《论行政行为的公定力》,载《法学研究》1997年第5期。叶必丰教授早期曾主张该说,后来其转向了“适法推定说”。参见叶必丰:《行政行为的效力研究》,中国人民大学出版社2002年版,第74页。

7."实在法承认说"。例如,日本学者晴山一穗认为,行政行为的公定力,是在一定的立法政策下,实在法特别承认的法律效力。[①] 在我国,台湾地区学者陈秀美亦赞成此说[②],大陆也有一些学者认为行政行为的效力其实源于实在法的承认。

8."公务连续说"。这是法国学者莫里斯·奥里乌关于公定力之理论依据所主张的学说。莫里斯·奥里乌认为,公共利益要求公务不能中断,公定力的目的在于公共利益的保护,因此需要将行政行为在被撤销以前,全部推断为合法有效。[③] 我国刘莘教授也主张借用法国行政法上的公务连续性原则来解释公定力的理论依据问题。[④]

9."法律推定说"。这是我国学者刘东亮教授的观点。他认为,行政行为公定力实质上是一种依法推定的法律效力。行政行为成立以后,其合法性、有效性尚处于不明状态时,一方面,要保护公民的权利;另一方面,要促进行政目的及时实现、维护法律关系的安定、保护相对人和社会公众的信赖。经过立法上的权衡和考量,行政行为一经成立,即依法推定其合法、有效,暂且把它当作合法的行政行为予以对待。[⑤]

10."适法推定说"。该说主要由德国行政法学家杰列内克和乌勒及法国学者彭切米和瓦利纳所主张。[⑥] 我国学者叶必丰教授亦赞成此说。该说认为,行政行为的公定力实质上是一种假设或假定的法律效力,在行政行为未经证实合法有效以前,为了避免纷争,维护法律秩序的稳定,暂且推定行政行为合法有效。[⑦]

11."秩序需求说"。这是我国学者章志远教授的观点。他认为,从维护社会秩序的角度来看,行政行为一经成立,即被推定为有效,其对全社会成员都有约束力。正是基于对行政法治的强烈期盼和对行政秩序的不懈追求,行政行为的公定力才应运而生。[⑧]

---

① 参见〔日〕室井力主编:《日本现代行政法》,吴微译,中国政法大学出版社1995年版,第96页。

② 陈秀美认为:"行政处分之公定力存在与否,端视实在法是否承认行政权可依行政处分课人民以义务,同时为确保该义务内容之履行而赋予自力强制执行之力而定。"陈秀美:《行政诉讼上有关行政处分之研究》,台北,司法周刊社印行1994年版,第131页。

③ 参见〔法〕莫里斯·奥里乌:《行政法与公法精要》(上册),春风文艺出版社、辽海出版社1999年版,第5页。

④ 参见刘莘:《具体行政行为效力初探》,载《中国法学》1998年第5期。

⑤ 参见胡建淼主编:《行政违法问题探究》,法律出版社2000年版,第494页。

⑥ 参见黄学贤、张震:《行政行为公定力研究之学术梳理》,载姜明安主编:《行政法论丛》第22卷,法律出版社2018年版,第95~144页。

⑦ 参见叶必丰:《行政行为的效力研究》,中国人民大学出版社2002年版,第74页。

⑧ 参见章志远:《行政行为效力论》,中国人事出版社2003年版,第60~63页。

12.“法安说”。该说为法国著名公法学家狄骥首先提出的学说,德国的哈特穆特·毛雷尔、日本的杉村敏正,以及我国学者周佑勇、朱新力、苗连营、吴婧萍、黄全等亦赞成此说。[①] 该说认为,有争议的行政行为之所以具有公定力,是由于实在法规范的承认,公定力的主要功能在于保护行政机关和相对人之间权利义务的安定,稳定既定的权利义务关系,从而维护法律秩序的稳定性,即保障法的安定性。反之,如果行政行为不具有公定力,那么法的安定性将无法实现,公共利益也将很难得到保障和实现。

上述的诸多观点和学说,系在不同的历史时期,中外学者对公定力的理论依据问题所作的解释和说明。无论这些观点和学说的科学性如何,对我们深入研究和回答行政行为公定力的理论依据问题,均具有非常重要的参考意义。从行政行为形式效力产生的原因及其追求的价值目标等来看,笔者认为,“法安说”相比较而言较为科学、合理,可以较为有效地解释和说明行政行为形式效力的理论基础或理论依据问题。“法安说”,即关于法的安定性之学说。所谓“法的安定性”,亦称为“法的可预期性”,是指法律应该使法律主体能够形成稳定的预期,从而形成稳定的社会秩序。在崇尚法治的时代,法律之所以被强调必须具有公开性、稳定性、可预见性等品质,其实就是因为人们对法律及法律秩序安定的需要。人们对于秩序安定的需要和追求,构成了法的安定性原则的根本基础。根据这一原则,人们要维系安定的秩序,就必须服从法律,即实在法必须得到遵守。在现实生活中,人们对自己的生存空间,必然有一种秩序的需要和期待,而实在法的优势,就在于它们是相对明确及可确切认知和把握的。若每个人皆可以实在法有悖于其心中的正义为由而违反之,则几乎人人都会在心理上滋生恐惧,因为本来由实在法形成的秩序将随时面临解体的危险,人们将不知如何安排生活,如何选择行为方式,如何处理与他人的关系。法国著名公法学家狄骥认为,法律行为作为主体的一种内在意志,本身并不具有取得社会承认和保护的法律效力,而是法律规范确认的结果。法律规范之所以赋予公务主体的主观意志以公定力,是因为公务主体与公众的关系是一种

---

① 参见〔法〕狄骥:《宪法论——法律规则和国家问题》(第1卷),钱克新译,商务印书馆1959年版,第253页;〔德〕哈特穆特·毛雷尔:《行政法学总论》,高家伟译,法律出版社2000年版,第251页;〔日〕杉村敏正:《论行政处分的公定力》,城仲模译,载城仲模:《行政法之基础理论》,台北,三民书局1988年版,第180~181页;周佑勇:《行政法原论》(第2版),中国方正出版社2005年版,第215页;朱新力等:《行政法学》,清华大学出版社2005年版,第156页;苗连营:《试论行政行为公定力之有限性》,载《河南社会科学》2004年第1期;吴婧萍:《行政行为公定力研究》,载《行政法学研究》1997年第3期;黄全:《论行政行为形式效力之完全公定力——兼论无效行政行为制度不适合我国》,载《甘肃政法学院学报》2009年第5期。

服务与合作的社会连带关系,法律的目的和作用就在于保护和促进社会连带关系,即社会秩序,如果法律不能确认有争议公务行为的公定力,就违背了这一目的。[①] 据此,狄骥认为"法安说"构成了行政行为公定力(形式效力)的理论依据。德国著名学者毛雷尔教授也认为:"法的安定性原则要求赋予行政行为(临时的或撤销期限届满后确定的)形式效力,即使行政行为可能存在瑕疵;但在行政行为具有明显并且重大瑕疵的情况下,不再适用法的安定性原则,而应当适用实质的正当性原则。"[②]日本学者杉村敏正也赞成此说作为行政行为公定力(形式效力)的理论依据:"纵使行政处分有瑕疵,仍然需要承认它具有拘束力的力量,亦即必须承认它具有公定力,这种必要性是无以否定的。在这一层意义之下,行政处分公定力的合理根据,可以说是在于行政法关系的法律安定性。"[③]有争议的行政行为之所以被赋予形式效力,正是由于实在法规范的承认所致。实在法规范之所以作这样的承认,是为了避免行政法所保护的社会关系的混乱,保护行政主体与相对人之间权利义务关系的安定。因此,行政行为形式效力的理论依据并不在于行政行为的国家意志的优越性,而在于人们需要确定的、和平的、彼此安全的生活秩序。[④] 行政行为的形式效力制度,目的就在于保障公法所保护的社会关系处于一种比较安定的状态,保障公权力行为所确立的权利义务关系的安定性。总之,行政行为形式效力制度的存在,正是法律秩序安定的需要。行政行为形式效力的理论依据,可以说就是行政法关系的安定性。因此,"法安说"构成了行政行为形式效力之理论依据。

三、形式效力之制度功能

(一)维护社会秩序

行政行为作为国家与社会管理的重要工具,其形式效力制度最为主要的功能就是保障社会秩序。行政行为一经成立(无效的行政行为除外),无论其是否实质合法及实质有效,即有被人们当作合法有效的行政行为而予以对待的法律效力。无论是在专制统治时代还是现代社会,这都是一种非常客观的现象,也是行政行为形式效力赖以产生和存在的客观现实

---

① 参见〔日〕杉村敏正:《论行政处分的公定力》,城仲模译,载城仲模:《行政法之基础理论》,台北,三民书局 1988 年版,第 176 页。

② 〔德〕哈特穆特·毛雷尔:《行政法学总论》,高家伟译,法律出版社 2000 年版,第 251 页。

③ 〔日〕杉村敏正:《论行政处分的公定力》,城仲模译,载城仲模:《行政法之基础理论》,台北,三民书局 1988 年版,第 180~181 页。

④ 参见李文曾:《走出公定力理论的困境——从公定力与起诉(不)停止执行原则的关系谈起》,载郑丽景主编:《南开法律评论》总第 8 期,南开大学出版社 2013 年版,第 107 页。

基础。行政行为为什么需要这样的一种形式效力？对此，其实不难理解。从近现代国家治理的实践来看，假如我们因为怀疑行政行为的合法性，承认个人有行政行为违法的认定权，公民个人以行政行为违法为由而拒绝服从，行政行为作为一种行政管理方式和手段，必然无法发挥其应有的作用与功能，社会秩序必将陷于一片混乱。“基于法的安定性的政策考虑，由行政行为形成的法律秩序必须尽可能地予以维持，这就是赋予行政行为效力的正当性基础。”[①]当然，形式效力的存在并不意味着行政行为实质上的合法有效，司法机关依据法定的职权和程序，可以通过撤销行政行为或确认行政行为无效而否定其形式效力。但是，经司法机关撤销或确认无效之前，即使它是不合法的，也仍然是有效（形式效力）的行政行为，任何人都必须对其予以承认和尊重。正是社会成员对社会秩序的需要和不懈追求，行政行为形式效力理论和制度才得以应运而生。易言之，行政行为形式效力制度的首要价值目标就是社会秩序。因为需要社会秩序，故需要行政行为形式效力制度的存在。

（二）保障行政效率

灵活性与效率是行政权的生命，是行政权区别于立法权和司法权的最大优点。失去了灵活性和效率，行政权将丧失它的价值，进而失去其存在的意义。可见，形式效力制度对于行政权的存在和运行有不可或缺的重要作用。这也是形式效力制度能够从王权时代一直延续到现代社会的根本原因。在公共行政领域，行政效率是指公共组织和人员从事公共行政管理活动所投入的各种资源与所取得的成果和效益之间的比例关系。行政效率原则要求行政机关在履行其职能时，要以尽可能小的耗费获取最大的社会和经济效益，即要力争尽可能短的时间、尽可能少的人力、尽可能低的经济耗费，办尽可能多的事情、取得尽可能大的社会和经济效益。因此，形式效力制度在追求秩序价值的同时，效率也是其追求的重要法律价值。如果每个公民都可以任意地怀疑行政行为的实质合法性，要求对每个行政行为的实质合法性都经过司法程序的审查、确认之后再予以服从的话，那么公共行政管理活动将无法进行，行政效率也将无从谈起。如果我们允许这种情况发生（假如有可能发生），行政权将变得毫无效率可言。因此，行政行为一经成立（无效的行政行为除外），即赋予其形式效力，显然也是保障和实现行政效率的需要。形式效力制度在保障社会秩序的同时，保障行政效

---

① 章剑生：《现代行政法基本理论》，法律出版社 2008 年版，第 142 页。这里所谓的行政行为的“效力”，就是指行政行为的形式效力。

率也是其重要的制度功能之一。

（三）保护公共利益

公共利益是在一定的社会条件下，特定范围内不特定多数主体依法共同享有的利益。公共利益作为社会中个人利益和各个组织、团体利益的一种整合，其包括国家公共利益和社会公共利益。在现代社会中，公共利益必然要通过国家的法律、法规和政策等方式表现出来。作为公共权力重要组成部分的行政权力，其所追求的目标就是保障全体社会成员的公共利益及其最大限度的实现，以促进人类社会的发展与进步。从行政权行使的目的来看，行政权具有公共利益性。国家设置行政权的目的，就是让公共利益得以实现。行政行为乃是行政权力外化的方式之一，国家行政机关及其工作人员在做出行政行为时，必须以提供公共服务为导向，以实现社会公共利益为宗旨。公共利益和私人利益既存在矛盾和对立的一面，也存在一致性的一面。就公共利益与私人利益关系的一致性来看，行政行为形式效力在保障公共利益实现的同时，当然也可以促进私人利益的实现。公共权力是为公共利益而存在的，作为公共权力之一的行政权，是通过集合、维护及分配公共利益，从而最终促进个人利益。尽管行政法所追求的目标应是公共利益与个人利益的和谐与统一，但它毕竟还是以公共利益的集合、维护和分配为其直接目标。假如立法没有规定行政行为的形式效力制度，而仅仅规定了行政行为的实质效力制度，在行政行为的实质合法性及实质效力获证之前，相对人或其他组织、机关可以随意否认行政行为的形式效力，则公共行政必将陷于瘫痪，社会秩序、行政效率将无从谈起，公共利益也必将遭受重大损害，最终也将危及个人利益的实现。由此可见，对公共利益的追求，也是行政行为形式效力制度的重要功能之一。

第五章　行政行为的实质效力

行政行为的实质效力，是指经过司法程序的审查，行政行为基于其实质合法性，通过司法程序而依法产生的法律效力，其具有法定性、司法程序性、实质性、绝对性及一般性之特征。影响行政行为实质效力的因素主要有行政行为的合法性、合目的性、正当性、安定性与技术性。行政行为的实质效力理论以自由和公正为价值目标，以“司法正义论”为理论依据。作为通过司法程序而产生的法律效力，其在维护公民的合法权益及保障国家权力合法有效运行等诸多方面发挥着极为重要的作用。目前，我国行政行为实质效力的法律评价制度在理论和实践上均存在一些问题，亟待发展和完善。

第一节　行政行为实质效力概述

一、实质效力术语的含义

行政行为效力理论源自德国，德国的行政行为效力一般就是指行政行为基于其形式合法性，通过行政程序而依法产生的法律效力。德国、日本，以及我国台湾地区学者所研究的行政行为效力，通常就是指行政行为的形式效力。在德国、日本的行政程序法，以及我国台湾地区的行政程序有关规定上，并无行政行为实质效力概念和理论的存在。何为行政行为的实质效力？章志远教授认为，行政行为的实质效力，是指行政行为因为符合一切法定有效要件而具有的为法律所认可的效力。① 依据章志远教授关于实质效力概念的定义，对实质效力概念的理解及判断和识别着实会存在一定的困难。既然实质效力是行政行为符合一切法定有效要件而具有的法律认可的效力，那么又何为符合一切法定有效要件？其判断的机关和程序又是什么？例如，行政复议或行政诉讼都可以对行政行为的合法有效进行判断。经过行政复议或行政诉讼认定为合法有效的行政行为，其效力是都应该归属于实质效力的范畴，还是应该有所差异而分别归属于形式效力与实质效力的范畴？此外，章志远教授还认为，行政行为超过了法定起诉

① 参见章志远：《行政行为效力论》，中国人事出版社2003年版，第21~22页。

期限，当事人没有起诉的，则行政行为的效力由形式效力转化为实质效力。[①] 仅仅因为超过了法定起诉期限，行政行为的形式效力便转化为实质效力，这一观点似乎不能令人信服。黄全教授认为，基于法的实质正当性的要求，只有实质正当的行政行为（以符合合法有效要件为判断标准），才具有合法有效的实质效力。[②] 依据黄全教授关于实质效力概念的定义，实质效力的判断标准既包括了行政行为的实质正当性标准，又包括了行政行为的合法有效标准。笔者认为，行政行为的实质正当性标准与合法有效标准有天壤之别，二者之间并不能等同。行政行为的实质正当性属于对行政行为的道德判断与评价的范畴，不能作为行政行为实质效力这一法律效力产生的依据；行政行为的实质正当性只有通过法定的程序，依法转化为行政行为的实质合法性，才能作为行政行为实质效力产生的依据。否则，就必然会导致法律与道德的不分。退言之，根据黄全教授关于实质效力概念的定义，即使以“合法有效”要件作为行政行为实质效力的判断标准，同样存在这样的一个问题，即符合一切法定有效要件的判断机关和程序是什么？而通过行政复议或行政诉讼认定为合法有效的行政行为，其效力是都应该归属于实质效力的范畴，还是应该有所差异而分别归属于形式效力与实质效力的范畴这一问题同样存在且不容回避。章志远教授和黄全教授关于实质效力概念的定义实际上不够明确，容易造成实践中关于实质效力认识和判断上的争议和分歧。与行政行为的形式效力概念相对，笔者在此对行政行为的实质效力作如下定义：行政行为的实质效力，是指经过司法程序的审查，行政行为基于其实质合法性而依法产生的法律效力。经过司法权对行政行为实质合法性的背书，行政行为的效力也发生了本质的变化，即从形式效力发展成为实质效力。这一非常重要的法律现象为中外学者所忽视，由此导致了实质效力理论目前实际上处于空白状态。在中国行政法上虽有实质效力术语的存在，但其内涵却又混沌不清。本书关于实质效力概念的定义，特别强调了司法机关和司法程序对于行政行为实质合法性判断权的专属性；其中的缘由，本章第二节“行政行为实质效力产生的基础与法律程序”部分将予以详细论述。

---

① 参见章志远：《行政行为效力论》，中国人事出版社 2003 年版，第 22 页。

② 参见黄全：《无效行政行为理论之批判》，载《法学杂志》2010 年第 6 期；黄全：《论行政行为形式效力之完全公定力——兼论无效行政行为制度不适合我国》，载《甘肃政法学院学报》2009 年第 3 期。

二、实质效力的主要特征

总体来说，行政行为的实质效力具有如下几个方面的特征。

(一)法定性

在现代社会，同行政行为的形式效力一样，行政行为的实质效力当然也只能是源于法律的规定或认可。与形式效力基于行政程序产生不同，行政行为的实质效力是基于司法程序而依法产生的法律效力。经过司法程序的审查和确认，具有实质合法性的行政行为，依法产生实质效力；不具有实质合法性的行政行为，依法不产生实质效力。行政行为的实质效力虽然基于司法程序而产生，但其产生的法律依据却包括但不限于行政诉讼法等诉讼程序法。行政程序法及有关的行政实体法，都有可能成为实质效力产生的法律依据。这是因为行政诉讼法乃是行政行为合法性审查的程序法，而对于行政行为实质合法性及其实质效力要件的规定，则往往要涉及行政程序法及有关的行政实体法。此外，行政行为的实质效力是通过司法裁判得以产生的。因此，就行政行为的实质效力与司法裁判既判力的关系而言，在某种意义上，行政行为的实质效力也可以说就是司法裁判既判力的一部分。

(二)司法程序性

实质效力与形式效力产生的程序不同，实质效力的产生有其法定的必经程序，那就是司法程序对行政行为是否具有实质合法性的审查和确认。非经司法程序对行政行为实质合法性的审查和确认，行政行为不能产生实质效力。一个行政行为经过司法程序的审查，如果其具有实质合法性，则依法产生实质效力；如果其不具有实质合法性，则依法不能产生实质效力。例如，根据我国《行政诉讼法》(2017 年)第 74 条第 1 款第 1 项之规定：行政行为依法应当撤销，但撤销会给国家利益、社会公共利益造成重大损害的，人民法院判决确认违法，但不撤销行政行为。据此，在司法实践中，如果行政行为的撤销会导致国家与社会公共利益遭受重大损害，则人民法院对其可以判决确认违法，但对其不予撤销，从而确认和保留其实质效力的存在。也就是说，行政行为虽然形式上违法，但还是具有实质合法性，经过司法程序的审查而依法产生实质效力。实质合法性及实质效力的法律评价与司法程序之间并非完全的对应关系。一个行政行为虽然经过了司法程序的审查，但司法程序未对其内容是否具有实质合法性进行评价和确认的，行政行为不会产生实质效力，其仍然处于形式效力或无效的阶段。例如，对于当事人提起行政诉讼要求撤销行政行为，因为超过起诉期限而被驳回起诉的，由于司法裁判并没有对行政行为的内容予以实质合法性司法审查和确认，而是从程序上予以驳回，此时不会产生实质合法性及实质效力的法律评价问题，该行政行为仍然处于形式效力或无效的阶段。因此，实质效力作为基于司法程序产生的效力，必须以对行政行为内容的实质合法性审查为依据和前提。否则，将无从判断行政行为是否产生实质效力。特别需要指出的是，从理论上来说，司法程序应该是确定行政行为是否具有实质合法性及实质效力的唯一法定程序。立法程序、行政程序及其他任何程序，均不能确认行政行为的实质合法性及赋予其以实质效力。例如，立法机关对行政行为的审查程序，不能确定行政行为是否具有实质效力；行政复议程序作为行政程序，即使行政复议终局维持的行政行为，行政复议程序也不能赋予该被维持行政行为以实质效力。简言之，司法程序之外的其他任何程序，均不能赋予行政行为以实质效力，这是由司法程序的严格性和公正性决定的。

（三）实质性

行政行为一经成立，除自始无效外就会依法产生形式效力。与形式效力的产生不同，行政行为的实质效力是基于其内容的实质合法性而依法产生的法律效力，故其不像形式效力那样仅仅具有形式上的意义，而是司法程序对于行政行为是否有效从实体法上所作的评价，因而具有实质性之特征。正是实质内容与外观形式法律评价之区别，造成了实质效力与形式效力在实质上与形式上的根本差别。实质效力与形式效力产生的时间、条件及程序等方面均存在巨大的差异，实质效力的产生是因为行政行为经过司法程序的审查、具有实质合法性而产生的法律效力，但形式效力产生的条件却只是要求行政行为依法成立，且并不存在重大明显违法的情形，而根本不问行政行为的内容是否具有实质合法性。

（四）绝对性

与形式效力的相对性相比，行政行为的实质效力具有稳定性甚至绝对性的特点。形式效力制度主要着眼于社会秩序、行政效率等价值目标的追求，而对自由和公正价值的关注不足。为此，在行政行为的形式效力制度外，法律上还有行政诉讼、行政复议等诸多的救济及实质效力保障制度，以防止形式效力对相对人合法权益的侵害。行政行为的形式效力可能在行政诉讼、行政复议的过程中被否定，其因具有相对性而往往不够稳定；而行政行为的实质效力是司法机关通过司法程序的审查依法产生的法律效力，故其具有相当的稳定性甚至绝对性的特点。

（五）一般性

行政行为的实质效力在本质上属于行政行为实质合法性基础上的实质有效性（与形式有效性相对）。所谓实质有效性，是指经过司法程序的审查，行政行为因为具有实质合法性而产生的有效性。与形式效力一样，实质效力也属于反映和揭示行政行为效力之普遍性问题的一个重要概念，其内涵表达的并非行政行为的任何一项具体的效力内容，而是对行政行为的实质存续力、实质拘束力及实质强制力的概括和统称。基于矛盾的普遍性和特殊性原理，在行政行为的效力理论上，实质存续力、实质拘束力及实质强制力概念属于反映和揭示行政行为效力的特殊性或个别性的概念，而实质效力则属于反映和揭示行政行为效力的普遍性或一般性的概念，具有行政行为效力的普遍性或一般性之特征。

三、实质效力与既判力

所谓既判力，是指司法终局裁判对于当事人和法院所具有的强制性约束力。在理论和实践上，司法终局裁判确定以后，当事人不得就判决所裁判的法律关系另行提起诉讼，法院也不得对其再行审理和裁判；与此同时，在相关的后诉中，法院也不得作出与司法终局裁判所确定的内容相矛盾的裁判。所谓的司法终局裁判，是指不能再经上诉审程序予以推翻的裁判，即属于生效的裁判。生效司法裁判的“三同性”，即诉讼标的、诉讼原因及当事人必须相同，乃是既判力产生的必要条件。诉讼标的相同，是指当事人在前后两诉中请求法院裁判的法律关系相同；诉讼原因相同，是指当事人诉讼请求原因的同一性；当事人相同，是指前后两个诉讼的当事人具有同一性，并且拥有相同的诉讼主体资格。[①] 既判力理论作为源于大陆法系民事诉讼的重要理论之一，自其产生以来，引起了中外学者的强烈兴趣，研究成果也是非常多。就生效司法裁判的既判力之客观范围来说，判决主文具有既判力已经成为共识；但是，对于判决理由是否具有司法既判力，大陆法系和英美法系国家的认识和做法却有所不同。大陆法系国家不承认判决理由具有司法既判力，而英美法系国家则是有条件地承认判决理由的司法既判力。应该说，英美法系国家有条件地赋予判决理由以司法既判力，是以其高度完善的诉讼程序保障为基础的，即高度完善的诉讼程序可以保障判决理由的合法性；而大陆法系国家不承认判决理由的司法既判力，恰恰是其诉讼程序保障不足的结果和体现。笔者认为，我国目前诉讼

---

① 参见王作洲：《既判力研究》，吉林大学 2009 年博士学位论文，第 39~40 页。

程序保障的程度有限，尚未达到充分的程度，故我国目前还不宜确认判决理由的司法既判力。随着我国诉讼制度的不断发展和完善，待将来我国的诉讼程序保障达到很高的程度时，赋予判决理由以司法既判力也并非没有可能。

同既判力源于司法程序一样，行政行为的实质效力也源于司法程序。正是因为司法程序对行政行为内容是否具有实质合法性的审查和法律评价，从而决定了行政行为实质效力的有无。行政行为实质效力与其形式效力之间有一个很大的不同：实质效力之行政行为除了具有个案效力①，其借助于生效司法裁判，还会产生巨大的溢外效力；实质效力的溢外效力是其间接产生的法律效力，主要表现为反射效力、规范拘束力和参照效力。② 实质效力之溢外效力延展了实质效力作用的广度和深度，对于提高司法的公信力、推动行政法治的实现、促进行政法的发展，均具有非常重要的意义。但是，鉴于溢外效力并非属于司法既判力的一部分，其并非行政行为依法直接产生的效力之范畴，本书对其不予展开讨论。在同一个行政诉讼案件中，司法既判力和行政行为的实质效力均源于司法程序，但二者之间存在显著的区别：其一，效力的载体不同。司法既判力的载体是司法裁判，而实质效力的载体是行政行为。其二，效力的内容不同。行政行为的实质效力本质上属于行政行为实质合法性基础上的实质有效性，其具体表现为行政行为的实质存续力、实质拘束力及实质强制力，而司法既判力的内容则表现为生效的终局司法裁判对当事人和法院的法律约束力。其三，约束的对象不同。行政行为实质效力约束的对象有行政相对人、利害关系人、行政机关和法院等，而司法既判力的约束对象则仅仅是当事人和法院。

四、实质效力与存续力、拘束力及强制力

在本质上，行政行为的实质效力属于行政行为实质合法性基础上的实质有效性，其属于反映和揭示行政行为效力之一般性或普遍性的概念，而非行政行为的任何一项具体的效力内容。与行政行为的形式效力相同，行政行为的实质效力也是对行政行为各项具体的实质效力（实质存续力、实

---

① 具有实质效力之行政行为的个案效力，是指其依法产生的，对于相关的行政相对人、行政机关、法院等所具有的法律约束力。

② 参见叶正国：《行政判决的溢外效力——理论逻辑与制度建构》，载《天津行政学院学报》2013年第5期。另外，根据江国华、张倩两位学者的论文，具有实质效力之行政行为的溢外效力可以概括为反射性确定力、反射性拘束力和构成要件效力等。参见江国华、张倩：《论行政判决的反射效力及其强度——以合法性否定判决为侧重》，载《法律科学（西北政法大学学报）》2013年第1期。

质拘束力及实质强制力）的概括和统称。基于矛盾的普遍性与特殊性原理，实质效力与实质存续力、实质拘束力及实质强制力之间也是一般与个别、普遍与特殊、共性与个性的关系。在形式合法性及形式效力通过司法程序转化为实质合法性及实质效力之后，基于不同的法定条件，实质效力会具体地表现为实质存续力、实质拘束力或实质强制力。

第二节　行政行为实质效力产生的基础与法律程序

一、实质效力产生的时间和条件

（一）实质效力产生的时间

实质效力产生的时间与实质效力产生的条件密切相关，前文已述及，实质效力乃反映和揭示行政行为效力之普遍性、一般性或共性的概念，其具体表现为实质存续力、实质拘束力及实质强制力。三者产生的时间有所不同。例如，实质存续力在司法裁判生效时立即产生，实质拘束力在司法裁判送达时产生，但实质强制力只能在义务人拒不履行行政行为义务时才能产生。

（二）实质效力产生的条件

行政行为实质效力的产生，必须满足实质效力的构成要件。总体来说，行政行为实质效力的构成要件主要包括两个方面的内容：其一，行政行为的内容具有实质合法性，这是行政行为实质效力产生所要求的行政行为实质合法性要件；其二，行政行为的实质合法性经过司法程序的审查和确认，这是行政行为实质效力产生所要求的司法程序要件。一方面，行政行为实质效力构成要件两个方面的内容是相互独立的；另一方面，行政行为实质效力构成要件两个方面的内容又相互联系。从理论上来说，唯有司法机关通过司法程序才能审查、判断一个行政行为的实质合法性及实质效力，行政行为实质合法性的判断必然以司法程序的审查为前提；否则，行政行为实质合法性及实质效力的判断就无从谈起。因此，绝不能把二者割裂开来，仅仅从行政行为的实质合法性来分析行政行为实质效力的构成要件。在理论上，对行政行为实质合法性要件与行政行为实质效力构成要件进行区分是非常必要的。行政行为实质合法性要件理论有其独立存在的重要意义。例如，在行政程序立法和行政诉讼立法中，显然都会涉及行政行为实质合法性判断的标准问题，行政行为实质合法性要件理论对于行政程序立法和行政诉讼立法具有重要的指导意义。当然，如果没有司法程序的审查和确认,即使行政行为属于“应该”具有实质合法之情形,其实质合法性也只能停留在“应然”的状态,而无法完成向“实然”形态的转化。也正是因为司法程序对行政行为实质合法性的审查和确认,行政行为的实质合法性才能得以显现。

二、实质效力产生的基础与根据

行政行为的实质效力,是指经过司法程序的审查,行政行为基于其实质合法性而依法产生的法律效力。因此,实质效力产生的基础与根据是行政行为的实质合法性而非形式合法性。所谓行政行为的实质合法性,是指由司法机关通过司法程序予以审查、确认的行政行为的合法性,是司法机关通过司法程序对行政行为是否合法从实体上所作的法律评价。行政行为的实质合法性要件,是指行政行为具备实质合法性的必要要件,具体而言,又有一般要件和特殊要件之分。

(一)行政行为实质合法性的一般要件

行政行为实质合法性的一般要件,是指行政行为内容在合法性上没有任何违法、完全符合法律规定和要求,即行政行为的主体、权限、内容及程序等各方面均符合法律规定,不存在任何违法,这就是行政行为实质合法性的一般要件。无任何违法的行政行为,其必然具有形式效力;经过司法程序的审查和确认,其也必然具有实质效力。

(二)行政行为实质合法性的特殊要件

从理论上来说,行政行为首先可以分为合法行为与违法行为,合法行为依法产生形式效力,如果经过司法程序的审查和确认,则其也必然会产生实质效力,故对合法的行政行为来说,经过司法程序的审查和确认,其必然产生实质效力。由于合法的行政行为必然产生实质效力,故立法上无须对其作出特别的规定。在立法技术上,一般仅对违法行政行为实质合法性的标准和条件作出规定即可。对违法行政行为实质合法性的判断较为复杂,难度极大,需要考虑的因素也非常多。有的违法行政行为并不具有实质合法性,有的违法行政行为则具有实质合法性。为此,法律上针对不同的情形,对违法行政行为的实质合法性作出规定是非常必要的。例如,对于重大且明显违法的行政行为,在立法实践上,一般将其归属于无效行政行为的范畴,不具有形式合法性,当然更不具有实质合法性。有些行政行为虽然违法,但法律依然承认其实质合法性。此种情形下的行政行为的实质合法性要件,称为行政行为实质合法性的特殊要件。行政行为实质合法性的特殊要件,是指行政行为虽然具有某些方面的违法性(无效的行政行为除外)，但法律依然承认其实质合法性的必要条件。行政行为虽然违法但具有实质合法性的情况较为复杂，主要有如下几种不同的情形：

(1)行政行为具有轻微违法的情形，但经过补正的；

(2)行政行为轻微违法但不影响当事人合法权益，可以对其确认违法而不予撤销的；

(3)违法的行政行为已依法转换为合法有效的行政行为的；①

(4)违法的行政行为已经被追认为合法有效的；

(5)违法行政行为的撤销对公共利益有重大危害的，确认违法而不予撤销的。

行政行为实质合法性的特殊要件问题的实质就是违法行政行为实质合法性的法律评价问题，主要是通过利益衡量的办法来确定是否承认违法行政行为的实质合法性。应该指出的是，对违法行政行为实质合法性的承认，并不意味着对该违法行政行为的肯定和鼓励，它只是从公共利益等方面予以考虑和衡量的结果，是司法上不得已而为之的策略性选择。

三、实质效力产生的法律程序

【案例 5-1】王某原系黑龙江省哈尔滨市公安局南岗分局民警，多次违法上访，扰乱办公秩序。2012 年 10 月 31 日，原哈尔滨市劳动教养管理委员会哈劳教南字(2012)第 112 号劳动教养决定书，作出对其劳动教养一年的决定。② 王某不服，向原黑龙江省劳动教养管理委员会申请行政复议。原黑龙江省劳动教养管理委员会于 2013 年 1 月 9 日作出黑劳复决(2013)7 号行政复议决定书维持第 112 号劳动教养决定书。2015 年 5 月 14 日，王某向哈尔滨市中级人民法院提起行政诉讼，请求撤销哈劳教南字(2012)第 112 号劳动教养决定书和黑劳复决(2013)7 号行政复议决定书。哈尔滨市中级人民法院(2015)哈行初字第 4 号行政判决驳回了王某的诉讼请求。王某不服提起上诉，黑龙江省高级人民法院(2016)黑行终 130 号行政判决驳回了王某的上诉，维持一审判决。王某不服黑龙江省高级人民

---

① 因为违法的行政行为已依法转换为合法有效的行政行为，原行政行为已被转换而不复存在，所以也就不存在原行政行为的实质合法性问题；如此，则此处讨论的实质合法的行政行为，就应该是转换之后的行政行为。根据《联邦德国行政程序法》(1997 年)第 47 条的规定，违法行政行为的转换有着极为严格的条件，适用范围非常有限，故《中华人民共和国行政程序法(试拟稿)》对此并没有作出规定。参见王万华：《中国行政程序法典试拟稿及立法理由》，中国法制出版社 2010 年版，第 381 页。

② 2013 年 11 月 12 日发布的《中共中央关于全面深化改革若干重大问题的决定》提出废止劳动教养制度。

法院于 2016 年 6 月 1 日作出的(2016)黑行终 130 号行政判决,向最高人民法院申请再审,最高人民法院裁定驳回了王某的再审申请。①

根据上述案例,随着劳动教养决定的作出,行政行为依法产生的效力,称为效力 A;在王某提起行政复议以后,随着维持原行政行为的行政复议决定的作出,行政行为依法产生的效力,称为效力 B;在王某提起行政诉讼以后,随着驳回王某诉讼请求判决的作出,行政行为依法产生的效力,称为效力 C;在王某提起上诉以后,随着驳回王某上诉请求判决的作出,行政行为依法产生的效力,称为效力 D;在王某向最高人民法院提出申诉以后,随着驳回王某申诉裁定的作出,行政行为依法产生的效力,称为效力 E。毫无疑问,行政行为的上述 A、B、C、D、E 五种法律效力,其实有着不同的法律意义。此外,行政行为的效力远不止如上几种情形。例如,行政复议为终局裁决、行政复议维持行政行为的效力;超过了法定起诉期限行政行为的效力;经过立法机关裁决行政行为的效力;经过仲裁机关裁决行政行为的效力;等等。在这些情形之下,行政行为效力的性质及法律意义与上述行政行为的 A、B、C、D、E 五种法律效力在某些方面又有所差异。总的来说,上述所有情形下的行政行为效力可以分为两大类:一类是行政行为基于其形式合法性而产生的法律效力;另一类是行政行为基于其实质合法性而产生的法律效力。也就是说,行政行为确实客观上存在这两种不同性质的法律效力,形式效力与实质效力概念正是对这一行政法现象的正确揭示与反映。

与形式效力不同,实质效力是行政行为通过司法程序而产生的法律效力。在一审程序中,随着一审行政判决的作出,在行政行为的合法性经过司法程序的审查之后,其依法产生的法律效力属于形式效力还是实质效力?此时如果司法裁判在法定的上诉期内尚未生效,行政行为的效力依然属于形式效力的范畴;如果当事人过了法定的上诉期没有上诉,行政行为的实质合法性得以最终确定,其产生的效力为实质效力;如果当事人在法定的上诉期内提起上诉,由于一审司法裁判没有最终生效,行政行为的效力依然属于形式效力的范畴。在二审程序中,随着二审行政裁判的生效,如果行政行为的实质合法性能够得以确定的话,则行政行为产生的效力属于实质效力的范畴。在行政案件经过申诉复查之后,如果申诉复查驳回再审申请人的再审申请,行政行为的效力仍然属于实质效力的范畴。通

① 王某诉原哈尔滨市劳动教养管理委员会、原黑龙江省劳动教养管理委员会撤销劳动教养决定案,最高人民法院(2017)最高法行申 1242 号行政裁定书。

过一审程序、二审程序、申诉程序及再审程序,尽管行政行为产生的效力仍然属于实质效力的范畴,但其法律意义还是有所不同的。随着一审程序、二审程序、申诉程序及再审程序的进行,行政行为的实质效力通过法律程序的推进得以进一步稳定和强化,尽管其均属实质效力的范畴。

第三节　行政行为实质效力之价值目标、理论依据及制度功能

一、实质效力之价值目标

正义是法的价值的最大概括与总结,作为基本法律价值的自由、秩序、公正和效率等,不过就是正义的具体表现形式。在法的基本价值中,自由和公正代表了人最为本质的需要,分别处于法的价值体系的顶端和前列,法律必须承认、尊重和维护人的自由,维护社会的公正。行政行为的形式效力制度在追求法的秩序与效率价值的同时,对自由与公正价值的重视和关注不足,极易导致对自由与公正价值的损害。行政行为实质效力制度的优势,恰恰在于能够弥补形式效力制度对于自由和公正价值关注的不足,从而更好地保障法的自由与公正价值的实现。[①] 总的来说,行政行为实质效力制度所关注与追求的法律价值,主要就是自由与公正两个方面。

(一)自由

无论在哲学、政治学或法学领域,自由都是一个非常重要的概念。在法学领域,在法律价值体系中,自由一直是法律保障和实现的基本价值之一。自由是法律最本质的价值和追求,法律必须体现自由、保障自由。其一,公民享有的自由必须在法律范围内进行。法律对自由的确认和保障,一是通过法律规定自由,二是通过法律保护自由,因此,“法典就是人们自由的圣经”。法律为保障自由而生,法律和自由是统一的,脱离法律的绝对自由是不存在的。英国作家波利索说:“就像雄鹰一般,我们是生来自由的;可是为了生存,我们不得不为自己制作一只法律的笼子,然后栖息其中。”其二,自由在法律上都表现为社会主体的权利,法律自由表现为法律赋予行为主体各项自由的权利。“自由是做法律所许可的一切事情的权利。”[②]法律将自由转化为权利,当自由转化为权利时,权利受法的强制力

---

① 参见马生安:《行政行为效力体系重构的“两质态论”与“三效力说”》,载《重庆大学学报(社会科学版)》2015 年第 3 期。

② 〔法〕孟德斯鸠:《论法的精神》(上),商务印书馆 1982 年版,第 154 页。

之保护。私法赋予社会主体从事私法行为的自由权利,公法则赋予社会主体从事公法行为的自由权利。权利的本质即自由,“作为法律权利的自由,即自由权,是指由宪法和法律规定和保障的权利主体可以依自己的意志享有某种自由(利益)或实现某种自由(利益)的权利。”①其三,法律还用强制力对破坏自由者予以法律制裁以恢复被侵害者的自由,填补被侵害者所遭受的损失。在法律赋予行为主体以自由权利时,往往配置相应的权利救济和保障机制,以保障权利的实现。在行政法领域,对于违法行政行为,无论是立法机关、行政机关或司法机关的救济,都是为了保障相对人权利的实现,从而保障相对人的自由。行政行为的实质效力制度,本质上就是行政行为实质合法性审查的司法救济制度。司法机关通过行政行为实质合法性的审查,对侵犯主体自由权利的行政行为予以相应的法律救济,则可以有效保障自由与权利的实现。因此,自由也是行政行为实质效力追求的极为重要的价值目标之一。

(二)公正

所谓公正,乃公平、公道、正直之意也。正义是一切法律价值的最大概括,正义比公正具有更大的包容性;公正是正义最为基本的内容和要求,但公正并不完全等同于正义。② 法律上的公正有立法公正、执法公正与司法公正之分。所谓立法公正,一般系指立法上的平等及公平与正义。执法公正和司法公正,则分别指在公共行政及司法活动中要坚持与体现公平、正义的原则和要求。形式效力制度体现出的秩序和效率价值偏好,对相对人自由与公正的保障不足。秩序表现为实现自由与公正的社会状态,秩序价值仅仅是法的重要价值之一,但是,它绝非也绝不应该是法的唯一价值,也更非法的终极价值。如果我们片面强调秩序价值的唯一性,实际上就等于为统治阶级的任性及国家的强权和暴政在理论上寻找合法的借口。同时,效率作为正义的表现形式之一,其也应该为自由和公正服务。脱离公正和自由的效率,当然也是不正义的。在一个法治社会中,自由和公正等价值都应当得到恰当的考虑。在高度稳定的秩序和行政管理效率之下,很可能就会造成行政不公及对相对人合法权益的侵害。在公共行政过程中,行政权力是否得到公正的行使,相对人是否得到行政机关公平的对

---

① 杜承铭:《论作为法学范畴的自由》,载《法商研究(中南政法学院学报)》2000 年第 1 期。

② 公正作为法律诸多价值中的首要价值,有着非常久远的历史。也可以说,自人类社会产生以来,人们便开始了对公正的不懈追求。可以预言,只要人类社会存在,公正将永远是人们苦苦追求的目标和理想。参见马生安:《行政强制执行制度价值论纲》,载《安徽大学学报》2002 年第 1 期。

待,均集中表现为行政行为的程序及实体是否公正。为了保障行政公正的实现,在行政行为因程序或实体不公正而违法时,必须给予相对人有效的法律救济。在某种意义上,行政行为的实质效力制度在本质上就是行政行为实质合法性审查的司法救济制度。司法机关通过行政行为实质合法性的审查,对程序或实体存在不公的行政行为予以监督和救济,可以有效保障行政公正的实现。因此,公正也是行政行为实质效力追求的重要价值目标之一。

二、实质效力之理论依据

前文已述及,行政行为的形式效力制度在追求和实现法的秩序与效率价值目标的同时,对自由与公正价值的保障不足,极易导致对自由与公正价值的损害。行政行为的实质效力制度的优势,恰恰在于能够弥补形式效力制度对于自由与公正价值保障的不足,从而更好地保障法的自由与正义价值的顺利实现。总的来说,行政行为实质效力制度在保护公民的合法权益、保障国家权力合法有效运行、保护公共利益及保障社会秩序等诸多方面发挥着极为重要的作用,故"控权说""个人权利保护说""公共利益保障说"均不能单独构成行政行为实质效力的理论依据。那么,行政行为实质效力的理论依据又究竟何在?笔者认为,行政行为的实质效力乃基于司法程序而产生的法律效力,通过司法程序赋予或否定行政行为实质效力的过程,其实就是司法正义输出的过程。因此,"司法正义论"构成了行政行为实质效力的直接理论依据。

正义是人类社会的基本追求,更是法的终极价值目标。康德说:"如果正义荡然无存,那么人们就不再值得在这个地球上生活。"①何为正义?简单地说,正义其实就是每个人都能各得其所,而每个人所得的权利与义务之内容,则是由个人所处的具体历史时代的物质条件与文化背景所决定的。② 古代雅典执政官梭伦认为,正义就是"给每个人以其所应得"。③ 何谓每个人的"所应得"?这主要关涉法的实体正义问题,即实体权利义务的分配问题;而如何给每个人以其"所应得",则主要关涉法的程序正义问题,即以怎样的程序对实体权利义务予以分配的问题。实体正义是结果与

① 参见万俊人主编:《20世纪西方伦理学经典(Ⅳ):伦理学前沿:道德与社会》,中国人民大学出版社2004年版,第61页。

② 参见杨一平:《司法正义论》,法律出版社1999年版,第20页。

③ 参见〔美〕E. 博登海默:《法理学:法律哲学与法律方法》,邓正来译,中国政法大学出版社2004年版,第277页。

目的意义上的正义，体现为实体权利义务的多寡；而程序正义则是分配程序与过程意义上的正义，体现为分配程序上的公平与公正。法的正义性就应该是实体正义与程序正义的有机统一，二者缺一不可。

通过法律实现正义，是人类社会正义实现的最为主要的途径和方式。法律正义有立法正义、执法正义和司法正义三种基本形式。如果说立法正义是法律正义的前提，执法正义是法律正义的施行，司法正义则是法律正义的保障。这三种正义是法律正义的基本形式，缺少其中的任何一项，都不能实现法律正义。法律所诉求的正义也正是通过这三种基本形式合理、有序地衔接实现的。立法正义是法律制定上的正义，是法律正义的基础；没有正义的立法，就根本不可能有正义的执法和司法。立法正义是分配正义[①]的最为主要的表现形式。由于立法存在的滞后性、模糊性、僵化性及封闭性等特点，给立法正义的实现造成了一定的困难。此外，立法正义只是“纸面上的”正义，离开具体的执法与司法活动，其并不能自动地转化为执法正义与司法正义。分配正义一般以立法正义（“纸面上的”正义）的形式出现，正是通过司法正义之独特的矫正功能，分配正义才得以通过看得见的形式为社会公众所感知。执法正义作为分配正义的具体实现方式，是通过行政机关及其工作人员实现的。执法正义是行政主体通过行政执法活动输出的法律正义，行政权力的属性和特点及其价值目标决定了执法正义输出的效率较高，但行政机关的自利性、偏私和不公，很容易导致执法正义与法律正义的偏离。此时，必然要求通过司法程序对其予以矫正。

通过司法途径实现正义，乃是现代社会正义理论体系中的一个基本命题。司法正义作为一种矫正正义[②]，其基本内涵就是以立法正义为标准，通过司法裁判活动，将受到损害的正义恢复到原有的状态，在司法活动的过程和结果中体现公平、平等、正当、正义的精神。司法活动是保障法律正义的最后一道关口和屏障，也是保障法律正义的最为重要和最为有效的一种

---

① 根据产生的原因与来源的不同，正义有分配正义、交换正义和矫正正义之分。其中，分配正义的实质是根据参与者各自的条件、价值等因素所确定的比例来分配社会的财富、职位、荣誉等。例如，对于每天口粮的分配，一个成年人和一个幼童应该分配的口粮显然有所不同，成年人由于食量大，故应该多分，而幼童因为食量小，所以应该少分；如果是教育和保健方面的资源分配，一个成年人和一个幼童应该分配的资源显然也有所不同，成年人应该少分，幼童则应该多分。如此，方能彰显分配正义。分配正义一般通过立法的方式予以体现，其解决的是有限社会资源的科学、合理配置问题。

② 所谓矫正正义，是指在违法行为发生之后，法律上通过给予违法者以惩罚、受害者以补偿所体现出的正义。与分配正义和交换正义不同，矫正正义乃是一种通过事后救济的方式体现的正义。在社会资源的配置出现不当时，或者是在交换正义实现过程中发生纠纷和利益失衡时，均需要借助矫正正义来进行实质化调整。通常来说，矫正正义就是指司法正义。

手段。因此,人们往往将司法称为“正义的守护神”。可以毫不夸张地说,司法正义是法律正义的典型代表和集中体现。司法正义的价值就在于能够通过公正的程序最终实现实体正义,从而有效弥补分配正义与交换正义①在个案正义实现上的缺陷与不足。如果一个社会的司法机关不能有效地输出司法正义的话,那么,这个社会也就根本没有任何正义可言了。司法正义作为最具有代表性的法律正义,与立法正义、执法正义一道构成了法律正义的基本内容。② 应该说,通过司法程序实现正义,优于正义实现的其他任何形式。也许正是在这个意义上,正义作为司法活动最根本的价值目标与追求,也成为人们对司法的终极企盼和根本要求。③ 可以说,“司法正义论”之所以能够作为行政行为实质效力的理论基础和依据,是由司法正义的本质特点及诸多制度可以有效保障行政行为实质效力法律评价的客观性、真实性所决定的。此外,“司法正义论”还具有较好的包容性,可以有效统摄行政行为实质效力具有的保护公民合法权益、保障国家权力合法有效运行、保护公共利益及保障社会秩序形成等多元价值目标。概言之,“司法正义论”可以作为实质效力的理论基础和依据,主要理由有如下几点:

第一,司法裁判标准的公正性。司法裁判标准的公正性,是指司法必须以良法为裁判的标准和依据。良法是司法正义的基础和前提,也是司法正义彰显的前提条件。司法正义是形式正义和实质正义的统一。所谓形式正义,是指所有的正义需要通过规范的方式表现出来,并且上升为法律内容的规范化;所谓实质正义,是人们内心可以感受到的,社会道德评价可甄别的正义。④ 在绝大多数情形下,形式正义与实质正义都具有一致性,此时应该依法作出裁判,这是形式法治的根本要求。法律正义是道德正义的基础和保障,道德正义又是法律正义批判的尺度和标准。⑤ 在形式正义与实质正义不一致的例外情形下,即在司法裁判时遇到“恶法”时,应该允许法官根据道德等考量因素对“恶法”予以修正后作出裁判。此外,在没有法律依据时,司法也不能拒绝裁判,而是应该根据公平正义的原则和要求作出裁判。这些又都是在无法坚持形式法治原则时,司法所采用的实质法

① 所谓交换正义,是指社会成员在社会经济活动中就其所得或所失的利益而达致的等值交换所体现的正义,等值交换是其根本的特征。

② 参见王立峰:《司法正义理念的溯源及证成》,载《齐鲁学刊》2011 年第 2 期。

③ 参见杨一平:《司法正义论》,法律出版社 1999 年版,第 52~53 页。

④ 参见江必新:《论实质法治主义背景下的司法审查》,载《法律科学(西北政法大学学报)》2011 年第 6 期。

⑤ 参见李叙明:《司法正义研究》,湖南师范大学 2013 年博士学位论文,第 2 页。

治的辅助方法。如此,则可以有效解决遭遇“恶法”或无法可依时的困境,从而更为有效地输出司法正义。

第二,司法机关的独立性和中立性。所谓司法机关的独立性,是指司法机关或法官依法独立审理案件,依据案件事实和法律作出裁判,不受制于任何外来的压力。所谓司法机关的中立性:一是指司法机关要在当事人之间中立,保持不偏不倚;二是指司法机关或法官在政治上要保持中立。正是司法机关的独立性和中立性,为司法正义的输出奠定了极其重要的基础。

第三,司法程序的公正性。程序正义,是指程序法律规范所要求和体现的正义原则和要求,司法程序正义主要是指司法程序的公开、公平与公正。司法程序的对等性、参与性、自治性、公开性、及时性等构成了程序公正的核心要素①,为司法正义的输出提供了可靠的程序保障。

第四,司法裁判方法的公正性。司法正义应该是程序正义和实体正义的有机统一,程序正义主要表现为司法程序的公平与公正,而实体正义则表现为裁判结果的公正。为了实现裁判结果的公正,在法律适用过程中,正确处理形式法治和实质法治的关系非常重要。形式法治论者相信文本意义的相对固定性,主张严格依法行事。在司法上,形式法治论者强调要严格依法裁判。但是,由于立法的滞后性和机械性,绝对的依法裁判只会导致实质正义的流失。故而,笔者赞同司法裁判活动在坚持形式法治原则的前提下,必须辅之以实质法治的司法方法;否则,形式法治原则的刚性与社会现实之间就很可能会出现紧张关系甚至相互冲突。实质法治的核心要义,是用一些实质的价值因素、社会因素等衡量、评价法律规则,并通过法律解释来决定法律规则的实践意义。实质法治的思维路径,是在法律解释中引进价值、道德、正义、社会情势、个案语境等因素。尽管在遇到“恶法”或无法可依时,实质法治的方法具有一定的积极意义,但其本身毕竟带有瓦解法治的倾向,会形成一定的冲击,因而其也具有一定的消极意义。“形式法治是法治的脊梁,没有对形式法治的坚守,或者说在中国如果不补上形式法治这一课,根本就无法实现向法治社会的转型。形式法治需要法律方法的协助来完成各种使命,因而不能轻易否认形式法治对实现正义的功能;只有在坚守形式法治的前提下,实质法治才能发挥对社会调整的积

① 参见公丕祥、刘敏:《论司法公正的价值蕴含及制度保障》,载《法商研究(中南政法学院学报)》1999年第5期。

极意义。”①实质法治只是形式法治原则无法适用时采用的一种辅助性的法律适用方法，而不是与形式法治“平起平坐”的法律原则。在法治实践中必须要对实质法治观保持足够的警惕，以形式法治为基本原则，以实质法治为例外和补充；在运用实质法治的方法时，必须经过充分而详细的论证，以切实防止对实质法治的追求最后却转变为公权力机关的任意与专断。笔者赞同形式法治和实质法治相结合的综合法治观。坚持以形式法治为原则、实质法治为例外的方法，是司法结果公正的必然要求。“形式法治与实质法治不是两种不同的法治，仅仅是人们对待法律实施的两种姿态和思维方式，实质法治仅仅意味着要用实质、能动的思维方式解释法律的意义；形式法治是要尊重法律，反对对法律的明确意义进行解释，奉行司法及其执法的克制主义。”②

第五，司法人员的高度专业化。在现代社会，法官是高度职业化和精英化的职业。司法正义能否顺利实现及其实现的程度，与法官的专业化程度密切相关。对于司法权的良性运行及司法正义的实现，法官的因素非常重要。选拔和培养高素质的法官队伍，乃是司法正义输出的核心与关键。法官受过严格的法学教育和司法训练，法院具有立法和行政部门所不具备的处理法律原则问题的技能。也正是司法人员的高度专业化，为司法正义的输出提供了重要的人才保障。司法机关中的法官作为具有丰富法律从业经验的人员，对于案件、法律、审判的把握都是非常娴熟的。由这些法律精英所作出的判断较之其他非专业人员的判断应该更具有专业性和权威性，结果也更加符合法律的价值要求。法院除了具有人员优势外，所具有的另一优势是其实践优势，法院通过大量案件的审理，能够正确地理解和适用法律，更为有效地实现公平与正义。

综上所述，行政行为的实质效力，是指经过司法程序的审查和确认，行政行为基于其实质合法性而依法产生的法律效力。行政相对人对行政行为的合法性有异议而起诉到法院以后，由法院对行政行为予以司法审查，以确认行政行为是否具有实质合法性及实质效力。如果行政行为具有实质合法性，则其依法产生实质效力。如果行政行为不具有实质合法性，则其会被确认无效、依法撤销或变更等而失去形式效力，当然最终也就不能产生实质效力。“司法正义论”认为，与立法正义和执法正义相比，司

---

① 陈金钊：《对形式法治的辩解与坚守》，载《哈尔滨工业大学学报（社会科学版）》2013 年第 2 期。

② 陈金钊：《对形式法治的辩解与坚守》，载《哈尔滨工业大学学报（社会科学版）》2013 年第 2 期。

法正义应该是最佳的正义形式。在法律适用和正义问题的决定上，司法机关应该具有最终的决定权。由于司法裁判标准、司法程序及司法裁判方法的公正性，司法机关的独立性和中立性，司法人员的高度专业化，司法正义也具有比立法正义和执法正义更为可靠的品质和保证。在现代国家与社会治理上，在法律问题上的司法最终决定原则的原理即在于此。在理论和实践上，唯有司法机关通过司法程序，才能对行政行为是否具有实质合法性及实质效力作出客观公正的法律评价。是故，“司法正义论”构成了行政行为实质效力坚实的理论依据。

三、实质效力之制度功能

行政行为形式效力制度对社会秩序、行政效率价值的偏好，容易造成漠视对相对人合法权益的保护，并可能导致社会秩序、行政效率本身缺乏正当性基础。所以说，尽管行政行为形式效力制度为社会生活提供了很高程度的有序性和稳定性，但在这种高度有序和稳定的秩序之下，也可能隐藏着行政不公和对相对人合法权益的侵害。行政行为的实质效力制度恰恰能够弥补形式效力制度的不足，更好地保障法律正义的实现。总的来说，行政行为实质效力的制度功能主要有如下几点。

（一）保护公民的合法权益

正如康德所言，人不是为国家而存在，恰恰相反，国家是为人而存在的。[①] 行政行为一经成立（无效的行政行为除外）即具有形式效力，这是维护社会秩序、保障行政效率及保护公共利益的需要。但是，行政行为形式效力制度在追求社会秩序、行政效率等价值目标的同时，却对公民的权利与自由的关注和保障严重不足，很容易侵害公民、法人或其他组织的合法权益。行政行为既要维护社会秩序、保障行政效率、保护公共利益，更要充分尊重和保护公民、法人或其他组织的权利与自由，绝不能以牺牲公民的权利和自由为代价。而行政行为实质效力制度，恰恰能够弥补形式效力制度的不足。特别是在司法上，相对人对于行政行为的实质合法性有异议的，可以依法提起行政诉讼或违宪审查。通过行政诉讼或违宪审查，对于具有实质合法性的行政行为，依法产生实质效力；对于无效或可撤销的违法行政行为，依法否定形式效力和实质效力，从而保护相对人的合法权益。

（二）保障国家权力合法有效运行

从某种意义上来说，行政行为的实质效力制度也就是行政行为的司法

① 参见许崇德主编：《宪法与民主政治》，中国检察出版社 1994 年版，第 256 页。

审查制度。首先,行政行为的实质效力制度能够保障行政权力合法有效地运行。尽管人类创设公权力的目的在于谋求公共利益,但公权力皆是由具有个人欲望、偏好及认识局限性的人去行使的,公权力在行使过程中不可避免地会偏离预定的目标而发生异化,作为公权力之一的行政权力亦是如此。保障行政权力合法、有效运行是行政法治的根本要求,行政行为的实质效力制度恰恰具有这一功能。行政权公正、合法、有效行使需要通过法律规制予以保障和实现,行政法的本质功能就在于控制和约束政府权力,防止并救济违法和不当行政给公民造成的损害。[①] 行政法在内容上必须以防止行政专横、强调保护公民合法权益不受非法行政行为侵犯为目标。英国学者威廉·韦德认为:“行政法定义的第一个含义就是关于控制政府权力的法,其最初目的就是要保证政府权力在法律的范围内行使,防止政府滥用权力,以保护公民。”[②]如何依法保障行政权力的合法有效运行?行政权力必然外化为行政行为,通过行政行为实施行政管理活动。在立法上,可以明确规定行政行为的实质合法性要件,为行政权力的合法有效运行确立明确的标准。在执法上,可以要求行政机关严格按照立法确立的实质合法性标准作出行政行为。在司法上,对于具有实质合法性的行政行为,依法确认其实质合法性及实质效力;对于不符合实质合法性要件的行政行为,则通过行政行为无效确认或撤销的办法依法否定其形式效力,当然也就否认了其实质效力。在守法上,相对人可以根据行政行为实质合法性的标准和要求,依法监督行政机关依法行政;在相对人提起行政诉讼以后,监督司法机关依法公正审判。因此,保障行政权力合法、有效运行,是行政行为实质效力制度的基本功能之一。其次,行政行为的实质效力制度能够保障国家立法权的合法、有效运行。根据我国《立法法》的规定,立法机关有权制定宪法、法律、行政法规及规章等法律文件。行政行为实质效力相关的立法活动,主要就是行政法规和规章的制定。在保障行政法规和规章的合宪性及合法性上,行政行为的实质效力制度可以有效地发挥作用。一是可以通过司法审查的办法,保障行政法规、规章的合宪性与合法性。例如,可以通过合宪性审查或者行政诉讼的办法,对行政法规和规章进行司法审查,从而保障行政法规和规章的合宪性、合法性。二是司法机关可以通过在具体案件的审判中对特定法律的解释、选择适用,甚至

---

① 在英美法系行政法理论上,行政法作为“控权法”,主要是通过行政程序和司法审查来达到控权的目的。作为近代民主政治的产物,行政法旨在规范、监督、制约行政权力,以保护个人权利。也可以说,监督和控制行政权力乃行政法首要的目标和任务。

② 〔英〕威廉·韦德:《行政法》,徐炳等译,中国大百科全书出版社 1997 年版,第 5 页。

是拒绝适用,来消解立法中的专横因素,从而保障行政法规和规章的合宪性、合法性。

(三)保护公共利益

在国家与社会的二元结构下的现代社会,必然存在个人利益、社会利益和国家利益的分野。其中,社会利益和国家利益构成了公共利益。公共利益是与个人利益相对应的一个概念,其与个人利益之间存在较为复杂的关系;从表面上看,公共利益和个人利益间的关系既有一致性的一面,又有冲突性的一面。[①] 公共权力为公共利益而存在,作为公共权力之一的行政权通过集合、维护及分配公共利益,从而最终促进个人利益的实现。尽管行政法所追求的目标应是公共利益与个人利益的和谐统一,但它毕竟还是以公共利益的集合、维护和分配为其直接目标的。假如法律没有规定行政行为的形式效力制度,而仅仅规定实质效力制度,在实质效力获证之前,相对人或其他组织、机关便可以随意否认行政行为效力的话,则公共行政必将陷于瘫痪,社会秩序、行政效率也将无从得以保障和实现,公共利益也必将遭受重大损害,从而最终危及个人利益的实现。由此可见,公共利益的需要,也是实质效力制度得以存在的重要理由之一。

在公共利益和个人利益之间具有一致性的时候,实质效力制度在保护公民、法人或其他组织合法权益的同时,当然也是保护了公共利益。在公共利益和个人利益之间存在矛盾和冲突的时候,实质效力制度又是如何取舍并发挥作用的呢?应该说,这涉及立法对于公共利益和个人利益的衡量与取舍问题。一种情况是舍公共利益而保护个人利益,另一种情况是舍个人利益而保护公共利益。究竟如何取舍,主要是采取利益衡量的办法——哪一种利益更大,就保护哪一种利益。在特定的情况下,为了保护公共利益,对于违法的行政行为不予撤销而仍然承认其实质效力,这就是利益衡量的结果。例如,我国《行政诉讼法》(2017 年)第 74 条第 1 款中规定:“行政行为有下列情形之一的,人民法院判决确认违法,但不撤销行政行为:(一)行政行为依法应当撤销,但撤销会给国家利益、社会公共利益造成重大损害的……”上述规定,就是特定情况下保护公共利益的特别规定。可见,保护国家和社会公共利益也是实质效力制度的功能之一。

---

① 从本源上来说,没有个人利益,也就没有国家与社会公共利益存在的必要。正是为了最大限度地实现个人利益,才需要并形成了国家和社会公共利益。因此,个人利益与公共利益从根本上来说是一致的。个人利益是任何整体性利益的源泉和基础,公共利益源于个人利益,又以个人利益为依归。参见马生安:《关系与制度:刑事犯罪中的刑事责任与民事责任》,载《西南民族大学学报(人文社科版)》2015 年第 7 期。

（四）维护社会秩序

在现代社会，因为法律秩序具有强制性、普遍性及平等性等诸多优势，其成为世界各国所普遍选择的生活秩序。行政行为的实质效力制度，其实就是通过行政诉讼、违宪审查等司法活动，和平地化解行政争议，公平地解决相对人与国家行政机关之间的矛盾和纠纷，从而有利于人们建立和保持良好的行政法律秩序。行政行为的实质效力制度为人们维护自身的合法权益提供了有效的司法途径，有助于依法形成一种和谐稳定的社会秩序。

第四节　影响行政行为实质效力的因素

行政行为是将一般、抽象的法律规范适用于具体个案的结果，是行政法律规范内容的具体化，其中既包含行政机关的能动作用，也包含行政机关对于实在法的理解和认知，还包含行政机关对案件事实的调查和认定，诸多方面的因素都会影响行政主体正确地适用法律，进而影响行政行为的实质合法性及实质效力。具体地说，影响行政行为实质合法性及实质效力的因素究竟有哪些？这是一个极具理论意义与实践价值的重大问题。笔者认为，影响行政行为的实质合法性及实质效力的因素主要有如下几点。

一、行政行为的合法性

行政行为的合法性，是指行政行为必须符合法律的要求，即行政行为的主体、权限、内容、程序等符合法律的规定。这里的行政行为的合法性，是指狭义上的行政行为合法性，即行政行为符合宪法、法律、行政法规及规章等的具体规定。行政行为的合法性应该是行政行为是否具有实质合法性及实质效力考量的首要因素。从行政行为是否符合法律的具体规定来说，行政行为有合法与违法之分。合法的行政行为具有形式效力，经过司法程序的审查，其也必然具有实质效力。违法的行政行为是否具有实质效力，情况较为复杂。重大且明显违法的行政行为属于无效的行政行为，其没有形式效力，最终也必然不会产生实质效力。一般违法的行政行为能够依法产生形式效力，但却不一定能够产生实质效力。一般违法的行政行为经过司法程序的审查，具有实质合法性，依法产生实质效力；不具有实质合法性而被撤销的，当然不会产生实质效力。轻微违法的行政行为，法律上具有形式效力，经过司法程序的审查，其形式效力一般均可以顺利地转化为实质效力。行政行为的合法性是形式法治的根本要求，虽然不符合法律规定的行政行为最终未必就不能产生实质效力，但无论如何，合法性应该是行政行为是否具有实质合法性及实质效力考量的首要因素。

二、行政行为的正当性

行政行为的正当性，是指行政行为在内容上的正当性，行政行为的内容符合公平、正义等道德规范的要求。行政行为的正当性属于道德范畴的问题，而行政行为的实质合法性及实质效力属于法律范畴的问题。行政行为的实质合法性及实质效力虽然是一个法律问题，但其也并非与道德无涉，而是存在极为密切的联系。例如，行政行为的内容受到公序良俗（公共秩序及善良风俗）的限制，违背公序良俗的行政行为无效。根据行政行为的实质效力理论，基于法的安定性之考虑，只有在行政行为的非正当性达到一定程度时，才可以不承认其实质合法性及实质效力。同样，对于一个没有法律依据但具有正当性的行政行为，其正当性经过司法程序的审查、确认，依法转化为行政行为的实质合法性之后，其实质合法性才可以作为行政行为实质效力产生的依据。本书在相关部分反复强调，行政行为的正当性（道德性）与合法性不能混为一谈，行政行为的正当性（道德性）不能作为行政行为实质效力产生的直接依据；只有经过司法程序的审查和确认，行政行为的正当性（道德性）依法转化为行政行为的实质合法性之后，其才能作为行政行为实质效力产生的根据。否则，将会导致法律与道德的混同与不分。在司法实践中，行政行为的正当性在特定的情况下，对于行政行为实质合法性及实质效力的判断具有极为重要的意义。

三、行政行为的合目的性

法的合目的性，主要是指法具有促进公共福祉或公共利益的价值。所谓行政行为的合目的性，也就是指行政行为具有促进公共福祉或公共利益的价值。对国家与社会公共利益的促进，就是行政行为的合目的性的集中体现。行政行为虽然违反了现行法律的规定，但撤销会严重损害公共利益的，则对其确认违法而不予撤销，就是基于其合目的性而依法承认其实质合法性及实质效力的结果。例如，《联邦德国行政程序法》（1997 年）第 48 条第 1 款第 2 项规定，行政行为虽然违法，但通过利益衡量，撤销损害的公共利益大于相对人非法获得的利益的，则行政行为不予撤销。又如，根据我国《行政诉讼法》（2017 年）第 74 条第 1 款之规定，行政行为虽然依法应当撤销，但基于保护国家利益和社会公共利益的需要，可以判决确认违法而不予撤销。[①] 可见,行政行为的合目的性也是行政行为实质合法性及实质效力考量和判断的因素之一。

四、行政行为的安定性

行政行为的安定性,是指行政行为应当尽可能地保持稳定,不能朝令夕改。如上所述,行政行为是将一般的、抽象的法律规范适用于具体个案的结果,是行政法律规范内容的具体化,具有法律秩序形成和稳定预期的重要功能。在司法实践中,经常会遇到的一个问题是:违法行政行为依法应该予以撤销,可如果将其撤销,又会引起一系列的纠纷和连锁反应,考虑法律关系及法律秩序的稳定,法律上最终还是承认其实质合法性及实质效力。比较典型的是国有土地上房屋征收与补偿案件的审理。例如,相对人起诉主张行政征收决定违法要求撤销,法院在审理过程中也发现行政征收决定违法应予撤销,但被征收地块已经建设了大量的住宅并交付使用,如果判决撤销行政征收决定,后续问题将很难妥善处理。鉴于此种情况,法院往往选择判决确认行政征收决定违法而不予撤销(行政征收决定无效的除外)。判决确认行政征收决定违法而不予撤销,其实就是在行政征收决定违法的情形下,承认其实质合法性及实质效力。可见,在特定的情形下,行政行为的安定性也是考量和判断行政行为实质合法性及其实质效力的重要因素之一。

五、行政行为的技术性

行政行为的技术性,是指行政行为表达的技术性要求。行政行为对主体需要及对象规定的表达,是通过一套技术规程实现的。如何在技术层面健全行政行为的规范表达方式,有其特有的技术性要求。如同法的技术性要求一样,行政行为的公布或公开、可预期、明确、无内在矛盾、可遵循性、稳定性等,就是行政行为技术性要求的具体体现。在实践中,行政行为是否能够满足这些技术性要求,往往会影响行政行为的实质合法性及实质效力。例如,如果行政行为没有公布或公开,则应该视为行政行为不存在,行政行为自然也就不会存在形式效力及实质效力的问题。又如,如果行政行为的内容不明确或相互矛盾,其要么属于无效的行政行为,要么属于可撤销的行政行为,但均不能产生实质效力。

---

① 我国《行政诉讼法》(2017 年)第 74 条第 1 款规定,行政行为依法应当撤销,但撤销会给国家利益、社会公共利益造成重大损害的,人民法院判决确认违法,但不撤销行政行为。

关于内容不够明确的行政行为,其究竟属于无效还是可撤销的行政行为,不同国家的立法有着不同的规定。例如,《葡萄牙行政程序法典》(1991年)第133条规定,标的属不能、不可理解或构成犯罪的行为属于无效行政行为。[①] 据此,行政行为不可理解的,在《葡萄牙行政程序法典》上属于法定情形无效的行政行为。在德国的行政程序立法上,内容不明确的行政行为,并非一定是当然无效的行政行为,也可能是可撤销的行为。[②]

我国台湾地区行政程序相关规定亦遵从此原则。例如,萧文生教授就认为,违反明确性原则的行政行为,由于行政行为的形式不同,其法律效果无法一概而论。行政行为内容不明却达到重大且明显违法的程度,行政行为无效;否则,其应该属于可撤销的行政行为。[③] 王留一博士认为,内容不明确的行政行为在效力上应该属于可撤销的行政行为,撤销的理由是适用法律、法规错误。[④]

笔者认为,内容不明确行政行为的效力问题,还是要回到"重大且明显违法"标准的适用上。如果行政行为内容不明确达到"重大且明显违法"标准,应该属于无效的行政行为;如果达不到"重大且明显违法"标准,则应该属于可撤销的行政行为。所以,在立法上规定内容不明确行政行为无效或可撤销均不够恰当。对内容不明确行政行为效力的判定,还是必须依据行政行为是否达到"重大且明显违法"这一标准予以判定。因此还是德国的行政程序立法,以及我国台湾地区的相关规定较为科学。

第五节 行政行为实质合法性评价之法律程序

一、行政程序与行政行为实质合法性评价

根据我国现行法律制度,行政机关也有权对某些行政行为进行合法性

① 参见应松年主编:《外国行政程序法汇编》,中国法制出版社1999年版,第508页。

② 在德国行政法上,行政行为有"absolute Nichtigkeitsgründe"和"relative Nichtigkeitsgründe"之分,有人将其分别译为"绝对无效"和"相对无效"。所谓绝对无效,是指法律有明文规定,只要有此种违法情形的存在,即可判定为无效,无须另行斟酌;所谓相对无效,是指行政行为具有此类违法的,必须根据个别情形判定是否构成重大且明显违法而无效。参见赵宏:《法治国下的目的性创设——德国行政行为理论与制度实践研究》,法律出版社2012年版,第146、147页。笔者认为,"绝对无效"和"相对无效"之术语容易让人误以为行政行为的无效有两种不同的标准,因而不够科学;基于符号学之语义学原理,行政行为的"absolute Nichtigkeitsgründe"和"relative Nichtigkeitsgründe"可以分别译为"法定情形无效"与"非法定情形无效"。

③ 参见萧文生:《行政处分明确性之要求》,载《月旦法学杂志》第184期(2010年)。

④ 参见王留一:《论行政行为的明确性》,载《法商研究》2019年第4期。

审查。首先,国务院有权对行政行为的合法性进行审查。[①] 其次,国家部委或省级人民政府有权对行政行为进行合法性审查。[②] 最后,其他行政机关也有权对某些行政行为进行合法性审查。[③] 上述由不同层级的行政机关对行政法规、规章、行政决定等行政行为进行的合法性审查并作出相应的决定,其实就是行政机关依法对行政行为的合法性及效力进行的法律评价。其中,主要是根据行政复议法的规定,由行政复议机关对行政行为进行合法性审查并作出法律评价。行政复议决定对行政行为法律效力的评价只能是初步的,行政行为究竟有无实质合法性及实质效力,还是要通过行政诉讼等司法途径最终确定。基于"司法正义论",即使是行政终局裁决的行政复议决定,也不能确认行政行为的实质合法性及其实质效力。正因如此,在中国、德国、美国、英国、日本、韩国,对行政复议决定不服,相对人仍然可以提起行政诉讼。[④] 我国《行政强制法》(2011 年)第四章规定了行政机关强制执行程序,在强制执行之前,由行政机关对行政决定的合法性进行审查,也是属于通过行政程序对行政行为合法性的审查。从理论上分析,行政程序毕竟只是行政系统内部的救济程序,负责审查的行政机关并无超然和独立的地位,其结果的客观公正性显然难以得到有效保障,也最容易受到质疑。无数的实践也已证明,行政程序无法保障行政行为合法性审查的独立和公正,极易出现偏差。总之,行政程序无法胜任行政行为的实质合法性审查。正因如此,法律上并没有赋予行政机关对行政行为实质合法性的审查、判断权。

---

① 例如,我国《立法法》(2015 年)第 95 条第 1 款第 3 项规定:"部门规章之间、部门规章与地方政府规章之间对同一事项的规定不一致时,由国务院裁决。"第 97 条第 3 项规定:"国务院有权改变或者撤销不适当的部门规章和地方政府规章"。《行政复议法》(2017 年)第 14 条规定:"对国务院部门或者省、自治区、直辖市人民政府的具体行政行为不服的,向作出该具体行政行为的国务院部门或者省、自治区、直辖市人民政府申请行政复议。对行政复议决定不服的,可以向人民法院提起行政诉讼;也可以向国务院申请裁决,国务院依照本法的规定作出最终裁决。"

② 例如,《行政复议法》(2017 年)第 30 条第 2 款规定:"根据国务院或者省、自治区、直辖市人民政府对行政区划的勘定、调整或者征收土地的决定,省、自治区、直辖市人民政府确认土地、矿藏、水流、森林、山岭、草原、荒地、滩涂、海域等自然资源的所有权或者使用权的行政复议决定为最终裁决。"《立法法》(2015 年)第 97 条第 6 项规定:"省、自治区的人民政府有权改变或者撤销下一级人民政府制定的不适当的规章"。

③ 例如,《集会游行示威法》(2009 年)第 13 条规定:"集会、游行、示威的负责人对主管机关不许可的决定不服的,可以自接到决定通知之日起三日内,向同级人民政府申请复议,人民政府应当自接到申请复议书之日起三日内作出决定。"

④ 参见曹鎏:《五国行政复议制度的启示与借鉴》,载《行政法学研究》2007 年第 5 期。

二、立法程序与行政行为实质合法性评价

根据我国现有的法律制度，立法机关有权对行政法规和规章进行合法性审查。首先，全国人大常委会有权对行政法规和规章进行合法性审查并作出相应的裁决或决定[①]；其次，地方人大常委会有权对本级人民政府制定的规章进行合法性审查并作出相应的决定。《立法法》(2023)第108条第5项规定："地方人民代表大会常务委员会有权撤销本级人民政府制定的不适当的规章。"上述由立法机关对行政法规和规章进行的合法性审查并作出相应的决定，其实就是立法机关依法对行政法规和规章的合法性及效力进行的法律评价。

在我国，立法机关主要是依据《宪法》和《立法法》的规定，通过立法程序对部分行政行为(行政法规和规章)进行合法性审查。因此，通过立法程序对其进行合法性评价的行政行为种类和范围都极为有限，基本上限于行政法规和规章。从法理上来说，上述由立法机关对行政行为的合法性进行审查并作出相应决定的行为，其实并不属于对行政行为的实质合法性及实质效力进行法律评价的范畴。

三、司法程序：行政行为实质合法性评价的应然性程序

从理论上来说，在司法程序中，司法机关是独立和中立的第三方，司法程序具有形式化、严谨性、缜密性等特点，能够保障行政行为实质合法性及实质效力判断的客观公正性。从实践来看，根据中国、德国、美国、英国、日本、韩国的相关立法，对行政复议决定不服的，仍然可以提起行政诉讼，这也说明了只有司法程序才能最终对行政行为实质合法性作出法律评价，司法程序是行政行为实质合法性法律评价的唯一及排他性程序。唯有司法机关通过司法程序的审查，才能判断和确定一个行政行为是否具有实质合法性及实质效力。其中的缘由，参见本书第五章第三节的相关论述。

---

① 例如，《立法法》(2023年)第106条第1款第2项规定："地方性法规与部门规章之间对同一事项的规定不一致，不能确定如何适用时，由国务院提出意见，国务院认为应当适用地方性法规的，应当决定在该地方适用地方性法规的规定；认为应当适用部门规章的，应当提请全国人民代表大会常务委员会裁决。"又如，《立法法》(2023年)第97条第2项中规定，全国人大常委会有权撤销同《宪法》和法律相抵触的行政法规。

第六节　行政行为实质合法性司法审查制度存在的问题

一、行政行为实质合法性司法审查的依据与标准缺乏

对行政行为实质合法性进行司法审查的基本前提，就是司法审查的法律依据和标准问题；如果司法审查没有明确的法律依据和标准，则行政行为实质合法性及实质效力的司法审查根本无法进行。在许多国家，实质合法性及实质效力司法审查的依据主要就是行政程序法，例如，《联邦德国行政程序法》(1997 年)第 44～52 条详细规定了行政行为的无效、撤销、追认、转换、废止及程序重新进行等问题，[①]建立了较为完善的实质合法性及实质效力司法审查的规则体系，为行政行为实质合法性及实质效力司法审查确立了法律依据和判断标准。

在我国，台湾地区"行政程序法"(1999 年)第 110 条至第 134 条就行政处分的无效，违法行政处分的撤销、补正、转换等诸多问题作出了明确而具体的规定，《澳门行政程序法典》(1999 年)第 122 条至第 135 条详细规定了行政行为的无效、可撤销、追认、纠正及转换、废止等问题。但在国家层面，目前并无统一的《行政程序法》，尚未建立系统的行政行为实质合法性及实质效力判断的依据和标准。关于行政行为实质合法性及实质效力判断的依据和标准，仅有《行政诉讼法》《行政处罚法》等部分法律作出了零星的规定。在《行政程序法》缺位的情况下，我国主要通过《行政诉讼法》确立行政行为实质合法性判断的依据和标准。[②] 上述规定虽然从立法上确立了我国的行政行为无效重大且明显违法的判断标准及无效判决制度，但没有完全解决行政行为无效的具体类型问题。《行政诉讼法》(2017 年)第 70 条关于行政行为判决撤销或者部分撤销的规定、第 74 条关于判决确认行政行为违法但不撤销行政行为的规定，其实也都是行政行为实质合法性及实质效力的判断标准和规则。总之，由于《行政程序法》的缺位，我国行政行为实质合法性及其效力判断的依据和标准很不完善。另外，关于行政法规、规章和行政规定的无效与可撤销问题，理论上的研究不深不透，立法上也缺乏具体而明确的判断标准。行政行为实质合法性及实质效力司法审查的依据与标准缺乏，是我国行政行为实质合法性及其效力

---

① 参见应松年主编：《外国行政程序法汇编》，中国法制出版社 1999 年版，第 180～184 页。

② 《行政诉讼法》(2017 年)第 75 条规定："行政行为有实施主体不具有行政主体资格或者没有依据等重大且明显违法情形，原告申请确认行政行为无效的，人民法院判决确认无效。"

司法审查制度存在的较为严重的问题之一。

二、行政行为实质合法性司法审查的职能分工不够科学

根据我国目前的法律制度，对于行政行为合法性的审查主要有立法机关、行政机关和司法机关的审查三种途径。[①] 根据目前的法律规定，人民法院无权对行政法规、规章的合宪性及合法性进行审查，对于规章以下的规范性文件，只能在行政诉讼中予以附带审查。对于面广量大而无法在诉讼中得到附带审查的规范性文件，又有何种途径予以监督？此外，笔者认为，行政终局裁决制度不合理，其违反了现代社会司法最终裁决的原则。司法最终裁决原则是自然正义原则及法治原则的必然要求，是指任何法律纠纷原则上只能由法院作出终局裁断。我国在《中华人民共和国加入世界贸易组织议定书》中承诺了司法最终解决原则；在加入世界贸易组织以后，尽管我国《商标法》和《专利法》有关行政最终裁决的规定已经废除，但在一些领域还存在不少行政终局裁决的法律规定。行政终局裁决制度违背了司法终审的原则，亦与我国加入世界贸易组织时的承诺不符；取消行政终局裁决制度，扩大行政诉讼受案范围，全面确立司法终审制度，这也是我国法治发展进步的必然要求。应该说，目前关于行政行为实质合法性审查的职能分工很不科学，远远不能适应法治实践的需要。应当以行政行为的实质效力理论为指导，修改与完善宪法、立法法及行政诉讼法的相关法律制度，以有效、彻底地解决这一问题。

三、行政行为实质合法性司法审查的范围有待进一步扩大

从理论上来说，唯有司法机关才能对行政行为的实质合法性予以审查，以确定其是否具有实质合法性及实质效力。为此，我国应进一步扩大行政行为司法审查的范围。其一，取消行政机关最终裁决制度，将法律规定由行政机关最终裁决的行政行为纳入司法审查的范围；其二，进一步扩大行政诉讼的受案范围。目前，我国行政诉讼的受案范围制度还不完善，一些行政行为被挡在受案范围之外。根据目前的法律规定，人民法院无权对行政法规、规章的合宪性及合法性进行审查，对于规章以下的规范性文件，只能在行政诉讼中予以附带审查。笔者认为，按照法治行政的原

---

① 在某种意义上，似乎仲裁可以对行政合同的实质合法性及实质效力予以审查。但是，从法理上来说，基于"司法正义论"，因为缺乏相应的制度保障，我国的仲裁机构不应该享有对于行政合同及民事合同实质合法性及实质效力的最终判断权，具体理由参见本书第五章第三节的相关论述。

则和要求,应该修改相关法律,赋予人民法院对抽象行政行为,行政机关对行政机关工作人员的奖惩、任免等的决定权,行政指导及社会行政行为的司法审查权。

四、行政行为实质合法性司法审查制度运行的失效

行政行为实质合法性审查制度运行的失效,是指现行的法律制度不能有效地保障行政行为获得及时有效的合法性审查及审查结果的客观公正性。其一,立法机关对行政法规、规章的合宪及合法性审查效果并不理想;其二,部分由行政机关对行政行为合法性进行审查的制度一直处于睡眠状态;[①]其三,司法机关对行政行为合法性审查尚存在案多人少、不堪重负的问题。目前,随着立案登记制的实行,行政诉讼的“立案难”已经得到有效解决,但却导致了大量的行政案件涌向法院。案多人少、法官不堪重负而导致的案件久拖不决,又成为行政审判中的一个非常突出的问题。

五、行政行为实质合法性司法审查结果的失真

行政行为实质合法性司法审查结果的失真有两种不同的情形:一是本来应该确认其实质合法性而未能确认;二是本来不应该确认其实质合法性而予以确认。我国行政行为实质合法性司法评价的失真,主要属于第二种情形。在行政诉讼领域,行政行为实质合法性司法评价失真的现象非常令人担忧。尽管《宪法》(2018 年)第 131 条规定:“人民法院依照法律规定独立行使审判权,不受行政机关、社会团体和个人的干涉。”但从目前的司法实践来看,由于人民法院的宪法地位无法得到落实,人民法院的独立性、权威性缺乏保障。个别地方由于地方党委、政府对行政审判不当干预等原因,在行政行为不具有实质合法性时,人民法院却很难对行政行为的实质

① 例如,《立法法》(2023 年)第 106 条第 1 款第 3 项规定:“(三)部门规章之间、部门规章与地方政府规章之间对同一事项的规定不一致时,由国务院裁决。”第 108 条第 3 项规定:“(三)国务院有权改变或者撤销不适当的部门规章和地方政府规章;”然而,截至本书完稿时,笔者尚未发现国务院行使过这样的职权。又如,《立法法》(2023 年)第 108 条第 6 项规定:“(六)省、自治区的人民政府有权改变或者撤销下一级人民政府制定的不适当的规章;”笔者目前亦未发现哪一个省级人民政府行使过这样的职权。再如,《行政复议法》(2017 年)第 14 条规定:“对国务院部门或者省、自治区、直辖市人民政府的具体行政行为不服的,向作出该具体行政行为的国务院部门或者省、自治区、直辖市人民政府申请行政复议。对行政复议决定不服的,可以向人民法院提起行政诉讼;也可以向国务院申请裁决,国务院依照本法的规定作出最终裁决。”同样,笔者目前亦未发现国务院作出过这样的裁决。准确地说,立法机关和行政机关对行政行为的合法性审查,并非行政行为的实质合法性审查;在理论上,行政行为实质合法性的审查权应该专属于司法机关。

合法性作出否定性评价。例如，对应当判决行政机关败诉的案件，或是协调让当事人撤诉，或是不当驳回当事人的起诉或诉讼请求。我国行政案件撤诉率居高不下的现状，显示了人民法院无法对行政行为的实质合法性进行有效的评判，也意味着行政审判对行政行为的监督和制约作用没有得到有效发挥，行政行为实质效力制度功能异化的现象较为严重。

六、行政行为实质合法性司法审查的相关制度阙如

域外行政行为实质合法性及实质效力的司法审查，除行政诉讼制度之外，还有违宪审查制度。违宪审查制度是特定的国家机关根据特定的程序或者方式，针对违反宪法的行为或规范性、非规范性文件或特定的行为进行审查并裁定是否合宪的制度。从世界范围来看，共有立法机构（议会）审查、司法机关（普通法院）审查、专门的政治机关（宪法委员会）审查、宪法法院审查四种不同的模式。宪法诉讼是违宪审查的司法模式，是指宪法审判机关适用宪法司法程序，解决国家公共权力机关与一般的社会主体之间的宪法权利纠纷，对公民的宪法权利进行司法性救济的一整套程序和制度的总称。当然，公民的基本权利受到行政行为的侵犯，只有其穷尽了其他各种法律途径而救济不能时，才能提起宪法诉讼。但是，西方国家的宪法制度并不适合我国的现实国情；鉴于我国宪法规定的合宪性审查制度目前还存在一些不足之处，应当以行政行为的实质效力理论为指导，在保持主体制度不变的前提下，对一些具体的制度予以修改完善。

第七节　行政行为实质合法性司法审查制度的改革与发展

一、确立行政行为实质合法性司法审查的标准与依据

确立行政行为实质合法性司法审查的标准与依据，是行政行为实质合法性及实质效力法律评价的基本前提和根本要求。为此，需要建立科学完备的行政行为实质合法性及实质效力的规则体系。因为理论研究和立法实践的落后，我国行政行为实质合法性及实质效力规则体系尚未建立，目前只有一些零星的规定。行政行为实质合法性及实质效力的规则，主要应该由行政程序法作出规定。尽管行政行为的实质效力是基于司法程序取得的效力，但其效力规则却主要由行政程序法作出规定，德国即是如此。《中华人民共和国行政程序法（专家建议稿）》（2015 年）第 154～167 条，对

行政处理的无效、撤销、废止及行政程序重新进行等问题进行了较为明确的规定。《中华人民共和国行政程序法(试拟稿)》第131~146条,对行政决定的生效、无效、撤销、废止及行政程序重新进行等问题进行了较为明确的规定。[①] 我国还可以借鉴《联邦德国行政程序法》(1997年),并吸收我国地方行政程序立法的成功经验,通过制定国家层面统一的《行政程序法》,尽快建立行政行为形式合法性及形式效力、实质合法性及实质效力法律评价规则体系,从而为行政行为形式效力及实质效力法律评价确立标准与依据,为行政执法和司法审查确立明确的判断标准。

二、保障人民法院依法独立、公正行使行政审判权

目前,我国的行政诉讼制度还不够完善:一是人民法院独立审判的宪法地位尚未完全落实到位,人民法院的独立性和中立性尚不能满足行政诉讼公正审判的需要。二是行政诉讼的受案范围还有待进一步扩大。例如,大量的社会自治组织作出的社会行政行为,仍被排除于行政诉讼受案范围之外。三是行政诉讼程序不够完善。例如,我国《行政诉讼法》将“独任制”局限于简易程序的做法,已经远远不能适应司法实践的需要。应该修改和完善立法,在行政诉讼中建立普通程序独任审判制度,以实现案件在普通程序合议制、普通程序独任制及简易程序之间的繁简分流。这是优化司法资源配置、缓解案多人少的矛盾、实现行政诉讼公正与效率的要求,也是未来司法改革的必然方向。[②] 建立独立、公正的行政诉讼制度,是保障人民法院独立、公正地对行政决定和行政法规、规章及行政规范性文件等各种行政行为的实质合法性及实质效力作出实事求是的法律评价的根本要求。保障行政行为实质效力制度的价值与功能的实现,必然要求人民法院严格依照法律的规定,依法独立、公正作出判决。如果连人民法院都不能对违法行政行为的形式效力大胆否定,主动或变相放弃对行政行为实质合法性及实质效力的司法审查,就无法实现司法的权力制约和权利保障的功能。为此,应该针对上述存在的问题,进一步修改完善《行政诉讼法》,从体制、机制上建立独立、公正的行政诉讼制度。

---

① 参见王万华:《中国行政程序法典试拟稿及立法理由》,中国法制出版社2010年版,第35~39页。

② 参见马生安:《审判组织与程序的革命性变革:普通程序下的独任审判》,载中国行为法学会司法行为研究会、天津大学法学院编:《构建法律职业共同体研究》,中国法制出版社2016年版,第337页。

三、进一步完善、扩大行政诉讼程序的适用范围

刑事诉讼或民事诉讼中，有时会将行政行为的合法性作为判决的依据和前提，即刑事诉讼或民事诉讼行政先决问题的司法审查。法院对先决问题的司法审查，也是行政行为实质合法性及实质效力法律评价的具体方式之一。因为具有形式合法性及形式效力的行政行为对司法裁判不应该具有拘束力，对构成行政先决问题的行政行为进行合法性审查，目的在于审查其是否具有实质合法性及实质效力，以决定其能否作为刑事诉讼或民事诉讼判决的依据和前提。根据我国目前的刑事诉讼制度，对于刑事诉讼行政先决问题的司法审查，采用的是直接审查为主、单独诉讼为辅的模式，笔者认为，此模式存在重大缺陷。特别是普遍适用的直接审查制度，把构成先决问题的行政行为仅仅当作刑事诉讼的证据进行一般性的合法性审查，审查的程序有失公正，无法保证行政先决问题司法审查的实体公正，最终也无法保障刑事诉讼裁判的实体公正。刑事被告人对行政行为的合法性有异议，但却无法举证加以证明，因为作出行政行为的事实依据与法律依据全部掌握在作出行政行为的行政机关手中，但作出行政行为的行政机关却又无须出庭举证。从法理上说，关于行政行为的合法性的事实依据与法律依据，应该由作出行政行为的行政机关负责举证。因为行政机关在作出行政行为的时候，就应该具有充分的事实依据和法律依据。[①] 应通过相关立法或司法解释的办法，将行政诉讼程序"嫁接"、引入刑事诉讼程序中，建立行政机关参加诉讼和刑事诉讼附属行政诉讼制度，同时对单独诉讼和直接审查制度予以保留。如此，我国最终将形成行政机关参加诉讼为主，刑事诉讼附属行政诉讼、单独诉讼及直接审查为辅的审查模式。[②] 这四种不同的审查方式，分别适用于特定情形的行政先决问题的司法审查。这样的审查模式，方能有效地监督与制约行政权力，保障刑事被告人的人权，更好地实现刑事诉讼的公正与效率。同理，民事诉讼的行政先决问题，也应该适用行政诉讼程序予以审查。可以修改《民事诉讼法》，也可以建立行政机关参加诉讼、民事诉讼附属行政诉讼为主，单独诉讼及直接审

---

① 行政先决问题事实上决定了刑事被告人的定罪量刑已成为一个非常突出的问题，成为危害司法公正的"隐形杀手"。行政先决问题司法审查的本质是行政行为的合法性问题，应该适用行政诉讼程序予以司法审查，关键在于将行政行为合法性的举证责任和证明责任分配给作出行政行为的行政机关。

② 行政机关参加诉讼、刑事诉讼附属行政诉讼、单独诉讼及直接审查方式的具体含义，参见马生安：《刑事诉讼中的行政诉讼——刑事诉讼行政先决问题之司法审查》，载张卫平、齐树洁主编：《司法改革论评》第 24 辑，厦门大学出版社 2017 年版，第 248~259 页。

查为辅的审查模式。[①] 当然,行政诉讼也存在行政先决问题,即另一行政行为的合法性问题构成行政判决的依据和前提。对于行政诉讼行政先决问题的司法审查,当然应该适用行政诉讼程序予以审查。例如,本书第七章第六节“行政行为对司法裁判的拘束力”部分使用的江苏省东台市人民法院(2016)苏0981行初16号行政判决之行政案例,东台市住建局关于违法建筑的行政认定,其实就构成行政诉讼判决的行政先决问题。关于行政诉讼行政先决问题的司法审查,可以修改行政诉讼法,建立行政机关参加诉讼为主,诉的合并审理、单独诉讼及直接审查为辅的审查模式。

四、建立科学、公正的行政强制执行制度

根据本书第八章第三节的研究结论,行政行为的强制力有形式强制力与实质强制力之分。行政行为形式强制力具有形式性与相对性,从理论上说,对于具有形式合法性的行政行为,一般不能作为实施强制执行的依据。行政行为的实质强制力具有实质性及绝对性,故具有实质合法性的行政行为才可以作为实施强制执行的依据。因此,除情况紧急的以外,付诸强制执行的行政行为,必须经过司法程序的审查,以确定其是否具有实质合法性及实质效力。行政诉讼或行政复议过程中,行政行为处于形式合法性阶段,除非情况紧急,一般也不得对行政行为实施强制执行。据此,在行政诉讼或者行政复议中,应该建立以停止执行为原则、不停止执行为例外的制度。

我国《行政强制法》(2011年)第34条至第52条和《行政诉讼法》(2017年)第97条规定了行政机关强制执行制度。行政机关自己审查行政行为的合法性及是否具备强制执行的条件,然后自己实施强制执行,很难保证审查过程和结果的公正性,导致很多不具有实质合法性的行政行为被实施强制执行,行政强制执行侵权的现象时有发生。根据“司法正义论”的要求,只有司法机关才能对行政行为的实质合法性及实质效力予以法律评价。行政机关对行政行为的合法性审查,并不能最终确定行政行为的实质合法性及实质效力。为此,应该修改《行政强制法》《行政诉讼法》的有关规定,对行政机关强制执行制度予以修改完善。就行政行为的强制

① 刑事诉讼与民事诉讼不同,民事诉讼附属行政诉讼的情形要多于刑事诉讼附属行政诉讼,故在刑事诉讼中应该建立行政机关参加诉讼为主,刑事诉讼附属行政诉讼、单独诉讼及直接审查为辅的审查模式;在民事诉讼中,则应该建立行政机关参加诉讼、民事诉讼附属行政诉讼为主,单独诉讼及直接审查为辅的审查模式。

执行来说，在人民法院和行政机关之间就强制执行实行“裁执分离”[①]，应该是比较科学合理的解决方案。人民法院只负责行政行为合法性的审查及裁定，由行政机关负责执行。当然，考虑执行权的行政权力属性，对于行政判决、裁定，也应该交给行政机关执行。在“裁执分离”模式下，以行政机关实施强制执行为原则，以司法机关实施强制执行为例外；有哪些例外情形需要法院实施强制执行的，则由法律作出具体、明确的规定。

① 所谓“裁执分离”，就是行政机关作出行政决定以后，行政相对人在规定的期间内既不履行相应的义务，又不提起行政复议或行政诉讼，行政机关向人民法院提出执行申请，由人民法院对是否准予强制执行进行司法审查。经人民法院审查具备实质合法性及实质效力的行政行为，依法裁定准予执行并交由行政机关实施强制执行。

第六章　行政行为的存续力

作为德国行政法上的一个重要术语,“Bestandskraft des Verwaltungsaktes”在中国行政法上被译为“行政行为存续力”,其在内涵上系“行政行为上存在或存续的法律效力”之意,在外延上主要包括行政行为的存续性及行政行为的形式效力两个方面的内容。目前,我国学者对德国行政行为存续力理论的理解和认识还不尽全面和正确。在德国行政行为存续力理论的学习、借鉴上绝不能囫囵吞枣、食洋不化,唯有在继受的基础上对相关概念和术语予以本土化的改造和发展,方能建立符合中国现实国情的行政行为存续力理论。受汉语语言符号及汉语语言文化的制约,中国行政法之行政行为存续力、行政行为形式存续力及行政行为实质存续力术语应该具有不同于德国相关理论的特定内涵。中国行政法之行政行为存续力理论,应该是与汉语语言及文化高度和谐统一、“两质态论”与“三效力说”下的行政行为效力理论。①

第一节　行政行为存续力:源自德国行政法学的重要理论

一、行政行为存续力术语的产生

在司法领域,基于法的安定性要求,判决被依法赋予了确定力(Rechtskraft)。所谓判决的确定力(Rechtskraft des Urteils),是指生效判决

① 关于行政行为存续力(Bestandskraft des Verwaltungsaktes)这一源自德国行政法学的行政行为效力理论,目前学界的研究成果尚不多见,除了赵宏教授的专著《法治国下的行政行为存续力》一书外,其他只有少量的论文及散落于书刊中的零星论述。德国行政行为存续力概念的本质内涵是什么? 德国行政行为存续力理论的价值与意义何在? 这一理论对我国行政行为效力的研究具有怎样的启示意义? 我们又该如何学习和借鉴它? 这些都是非常值得研究的问题。因为研究不够深入和充分,我国学者对这一理论的认识还存在一些偏差和不足。例如,关于德国行政行为存续力、形式存续力及实质存续力概念的定义问题,我国学者的理解和认识就不够准确,且存在较大的争议。本章以符号学的方法、历史分析的方法及规范实证的方法,对德国的行政行为存续力理论进行了初步的研究和探索,提出建构与汉语语言及汉语文化高度和谐统一的中国行政行为存续力理论。本章第一节至第六节的主要内容,已作为课题的阶段性研究成果发表。参见马生安:《继受与发展:中国行政法之行政行为存续力》,载宋晓主编:《中德法学论坛(第 19 辑 · 上卷)》,南京大学出版社 2022 年版,第 124~129 页。

所具有的确定法律关系或法律效果的法律效力。在德语中，"Recht"有"法""法律"之意[①]，"Kraft"有"效力"之意，故"Rechtskraft"一词在德语中就有"法律效力"之意。[②] 在中国法上，德国的判决的确定力(Rechtskraft des Urteils)其实就是指判决的法律效力。在德国，判决的确定力有形式确定力(formelle Rechtskraft)与实质确定力(materielle Rechtskraft)之分。如果法律救济措施已经用尽、上诉期限已过或者根本没有上诉，当事人将无法再通过普通的上诉程序寻求救济，则判决的形式确定力随之产生。[③] 基于判决的形式确定力，生效判决一经确定，当事人不得以上诉的方式请求上级法院将该判决废弃与变更。[④] 实质确定力是指最终生效判决的约束力，无论法院的判决是否正确，各方当事人都受到最终生效判决的实质性约束。作为司法程序的结果，实质确定力不受当事人意志的左右，当事人不能放弃实质确定力的拘束力，但通过庭外和解协议有另外约定的除外。[⑤] 判决的实质确定力，即判决的既判力，是指生效判决一经确定，其就诉讼中出现的实体主张所为之判断，就成为规范双方当事人间法律权利义务关系的法定依据，双方当事人均不得就同一实体性事项再行讼争或提出不同的主张，法院也不得就同一实体事项再次以诉的形式受理或作出不同的判断。[⑥] 形式确定力的产生意味着普通的法律救济程序本身的结束，而实质确定力则是判决对当事人及其他判决产生的约束力。虽然实质确定力旨在确保判决的实质性内容超出封闭的诉讼程序的范围发挥作用，但形式确定力的产生却是实质确定力得以发挥作用的先决条件。[⑦] 也就是说，形式确定力意味着判决已经无法通过普通的方式获得法律救济，而判决的实质确定力则又必须以判决的形式确定力为基础和前提。[⑧] 不过，德国联邦宪法法院的最终裁决却是个例外，其既具有形式确定力，亦具有实质确定力，且二者同时产生。

在汉语法学上，判决所具有的确定法律关系或法律效果的效力，其实就是指判决的法律效力。作为法律秩序的重要构成要素之一，法的安定性要求行政行为应具有与制定法及司法判决类似的法律效力。如同以司法

---

① 参见潘再平主编：《新德汉词典》，上海译文出版社 2000 年版，第 932 页。

② 参见潘再平主编：《新德汉词典》，上海译文出版社 2000 年版，第 691 页。

③ Lindner, in: Beck OK VwGO, 56. Ed. 1. 1. 2020, VwGO § 121 Rn. 5-8.

④ 参见王甲乙、杨建华、郑健才：《民事诉讼法新论》，台北，三民书局 2002 年版，第 487 页。

⑤ Lindner, in: Beck OK VwGO, 56. Ed. 1. 1. 2020, VwGO § 121 Rn. 9-10.

⑥ 参见丁宝同：《大陆法系民事判决效力体系的基本构成》，载《学海》2009 年第 2 期。

⑦ Clausing/Kimmel, in: Schoch/Schneider VwGO, 39. ELJuli. 2020, VwGO § 121 Rn. 6.

⑧ Clausing/Kimmel, in: Schoch/Schneider VwGO, 39. ELJuli. 2020, VwGO § 121 Rn. 13.

判决为原型构建起行政行为一样,在法治国的背景下,学者们以司法判决之确定力为蓝本,并将其移植于行政领域,从而形成了行政行为的确定力(Rechtskraft von Verwaltungsakte)概念,意指生效的行政行为所具有的确定法律关系或法律效果的法律效力。[①] 行政行为的确定力也包括形式确定力和实质确定力两个方面。行政行为的形式确定力,是行政行为对于相对人的“不可争力”,即由于超过法定救济期间,或者法律救济措施已经用尽,相对人无法通过普通的救济途径寻求救济的,则行政行为的形式确定力随之产生,相对人不得请求变更、撤销或废止行政行为,因此,行政行为的形式确定力又被称为行政行为的“不可争力”。行政行为的实质确定力,是指行政行为对于行政主体的不可变更力及行政行为对相对人等的拘束力。后来,学者们在这种简单移植的过程中发现,由于行政活动的灵活性、机动性等特点,行政行为的确定性、稳定性远不及司法判决。与司法判决的效力相比,行政行为的效力更容易因行政行为的撤销、变更或废止而不复存在。为了使行政行为的效力在理论上更好地区别于司法判决的效力,行政法学者渐渐地亦不再使用与司法判决相同的确定力术语,而代之以行政行为存续力(Bestandskraft des Verwaltungsaktes)术语。[②]

二、行政行为存续力概念

行政行为存续力(Bestandskraft des Verwaltungsaktes)这一术语,源于奥地利学者班纳兹克在其1886年所著的《司法判决与实质确定力》一书中提出并使用的行政行为“确定力”(Rechtskraft)术语。班纳兹克认为,行政行为与司法判决一样,会产生确定力或类似的存续效力。1956年,德国学者沃尔夫在所著的《普通行政法教程》(第1版)中首次引入行政行为“存续力”概念,并向学界大力推荐,“存续力”概念由此正式进入德国行政法

---

① 在中国法上,司法裁判、行政行为或民事行为的效力被统称为“法律效力”,并不像德国法那样,司法裁判的效力被称为“Rechtskraft”,行政行为的效力被称为“Bestandskraft”。德语“Rechtskraft”一词在汉语中有“法律效力”之义,故“Rechtskraft von Verwaltungsakte”在汉语中应该译为“行政行为的效力”(而非“行政行为的确定力”)更为适宜,“Bestandskraft des Verwaltungsaktes”在汉语中应该译为“行政行为的效力”(而非“行政行为的存续力”)更为适宜。因为将“Rechtskraft von Verwaltungsakte”和“Bestandskraft des Verwaltungsaktes”不当译为“行政行为的确定力”和“行政行为的存续力”,导致了人们对于“Rechtskraft von Verwaltungsakte”和“Bestandskraft des Verwaltungsaktes”术语理解与认识上的诸多困难。

② 德国也有学者认为存续力和确定力之间的概念更替会将已存在的概念不确定性和混乱性进一步扩大,主张应该继续沿用“确定力”术语指称行政行为的效力。即使在《联邦德国行政程序法》已经吸纳了“存续力”术语之后,仍有学者反对以“存续力”替代“确定力”术语。参见赵宏:《法治国下的行政行为存续力》,法律出版社2007年版,第28~30页。

学者的视野。[①] 1976 年的《联邦德国行政程序法》第三章第二节以"行政行为存续力"(Bestandskraft des Verwaltungsaktes)为标题[②],"行政行为存续力"这一学理上使用的术语终于为立法所采纳,从而成为正式的法律用语。存续力术语由此成为德国行政行为效力理论中的核心概念之一。[③] 但迄今为止,无论 1976 年、1992 年还是 1997 年的《联邦德国行政程序法》,都未对行政行为存续力术语从法律上予以定义。这一由司法判决和学理共同建构的概念,曾经被德国著名行政法学者昂斯特·福斯特霍夫称为"概念之谜"。[④] 笔者通过德国法学数据库 Beck-online 查找了大量关于行政行为存续力术语的文献资料,却没有发现关于行政行为存续力概念的直接定义。笔者认为,行政行为存续力概念的定义乃是行政行为存续力理论上的一个基础性的重要问题,实有深入研究之必要。

三、行政行为形式存续力与实质存续力

在德国的行政法学理论上,行政行为存续力有形式存续力(formelle bestandskraft)与实质存续力(materielle bestandskraft)之分。所谓行政行为的形式存续力,即行政行为的不可争议性,或是由于普通的法律救济措施已经用尽,或是由于诉诸法律救济的期限届满[⑤],相对人即丧失通过普通或常规法律救济途径对行政行为予以讼争的权利。[⑥] 所谓行政行为的实质存续力,是指已经具有形式存续力的行政行为对相对人、行政机关和法院的限制与约束力。在德国,行政行为实质存续力的概念是在行政程序法的基础上发展起来的,但行政行为是否具有实质存续力以及具有怎样的实质存续力,一直是现代行政法形成以来不断探讨的问题之一。[⑦]

---

① 参见赵宏:《法治国下的行政行为存续力》,法律出版社 2007 年版,第 18~25 页。

② Schemmer, in: Beck OK VwVfG, 50. Ed. 1. 1. 2021, VwVfG § 43 Rn. 20, 20. 1.

③ 参见行政立法研究组编译:《外国国家赔偿　行政程序　行政诉讼法规汇编》,中国政法大学出版社 1994 年版,第 240~242 页。

④ 参见赵宏:《法治国下的行政行为存续力》,法律出版社 2007 年版,第 16 页。

⑤ Die Formelle Bestandskraft ist Folge eingetretener Unanfechtbarkeit, wenn etwa die entsprechenden Rechtsbehelfe erschöpft sind oder die jeweiligen Fristen abgelaufen sind. Goldhammer, in: Schoch/Schneider VwVfG, 0. ELJuli. 2020, VwVfG § 43 Rn. 85-89.

⑥ 这里所谓的普通或常规法律救济途径,就是指行政复议与行政诉讼。参见赵宏:《法治国下的行政行为存续力》,法律出版社 2007 年版,第 48~49 页。

⑦ Lee Hyon-Soo, 行政行爲의不可變力, Administrative Law Journal, 2005(14): 147-165.

第二节 《联邦德国行政程序法》之行政行为存续力制度

1976年《联邦德国行政程序法》第三章第二节以“行政行为存续力”为标题,存续力由此成为德国行政行为效力的法律术语之一。1997年《联邦德国行政程序法》第三章第二节共有从第43条到第52条10个条文,对这10个条文具体内容的分析,有助于我们更为准确地理解德国行政行为存续力理论和制度。①

一、行政行为的有效制度

《联邦德国行政程序法》(1997年)第43条规定,(1)行政行为对行政相对人及有关之人,于其被通知时起对其发生效力。行政行为以其被通知之内容发生效力。(2)行政行为未被撤销、废止、以其他方式终止或通过期限届满或其他方式消灭之前,持续有效。(3)无效之行政行为,不发生效力。关于本条的规定,德国学者将其称为“Wirksamkeit des Verwaltungsaktes”,即“行政行为的有效性”。② 德国学者所谓的行政行为的有效性与日本的行政行为公定力极为类似,相当于日本行政行为之有限公定力。与日本行政行为公定力概念不同的是,德国行政行为的有效性系基于《联邦德国行政程序法》的规定而依法产生的法定效力,并非日本行政行为公定力所谓的“推定”的效力。

二、行政行为的无效制度

《联邦德国行政程序法》(1997年)第44条第1款规定,行政行为有特别重大之违法,依其一切足以斟酌之情形,加以合理之判断,可认为公然者,无效。此条款为行政行为的无效确立了重大且明显违法的判断标准,其规定的判断行政行为无效的通常标准,在德语中属于行政行为的“relative Nichtigkeitsgründe”,即行政行为的“非法定情形无效”。该条第2款规定,无论前款规定的要件是否存在,行政行为于下列情形时无效:(1)要求

---

① 本节较多地引用了《联邦德国行政程序法》(1997年)的相关条文,为行文简洁之考虑,如非特别说明,均参见应松年主编的《外国行政程序法汇编》(中国法制出版社1999年版,第179~184页)的相关内容,恕不一一注明。

② Mann/Sennekamp/Uechtritz, VwVfG, 2. Aufl. 2019, VwVfG § 43 Rn. 1-76; Ziekow, VwVfG, 4. Aufl. 2020, VwVfG § 43 Rn. 1-21.

书面形式的行政行为，其未表明作出行政行为的行政机关的；(2)依法律规定，行政行为应该给予证书才能成立，但并未给予证书的；(3)行政机关在其依本法第3条第1款第1项规定之管辖权以外所为的行政行为，系未经授权作出的；(4)行政行为的内容对于任何人事实上均无法完成的；(5)行政行为所要求之内容，构成刑罚或罚款要件之违法行为的；(6)行政行为违背善良风俗的——本款具体列举的导致行政行为无效的六种情形，在德语中属于"absolute Nichtigkeitsgründe"，即行政行为的"法定情形无效"，与行政行为的"非法定情形无效"相对。[1] 该条第3款规定，下列行政行为并不当然无效：(1)未遵守有关土地管辖法律法规的，但第2款第3项之情形不在此限；(2)依第20条第1款第2项至第6项之规定应回避之人参与行政行为的；(3)根据法律规定，参与行政行为召集的委员会未达成行政行为所规定的决议，或不足法定人数而无法决议的；(4)依法律规定，必须参与的其他行政机关未参与的——本款从反面列举了不会导致行政行为无效的具体情形，即行政行为无效的消极范围。该条第4款规定，行政行为仅一部分无效，而其无效部分如此重要，剔除行政行为无效部分，行政机关不会作出行政行为的，则行政行为全部无效——本款系关于行政行为全部和部分无效的规定。该条第5款规定，行政机关得随时依职权确定行政行为之无效，申请人确定有正当利益而提出申请时，行政机关应当确定行政行为无效。

三、行政行为的补正与转换制度

《联邦德国行政程序法》(1997年)第45条第1款规定，除该行政行为依第44条第1款违反有关程序与方式之规定而无效者外，应视下列情形而为补正：(1)为行政行为所必要之申请，已于事后提出的。(2)必须说明之理由，已于事后说明的。(3)对于当事人必要之听证，已补办的。(4)做成行政行为时必须参与之委员会之决议，已于事后做成的。(5)必须参与之其他行政机关，已于事后参与的。该条第2款规定，前款第2项至第5项之(补正)行为，只得于行政复议程序终结前补正之；如无复议程序时，只得于向行政法院起诉前为之。该条第3款规定，行政行为因未说明应说明

[1] 有学者将德国行政行为的"absolute Nichtigkeitsgründe"和"relative Nichtigkeitsgründe"分别直译为行政行为的"绝对无效"和"相对无效"，很容易使人误以为行政行为的无效有两种不同的标准，故而不够科学。可见，在引进行政行为的 absolute Nichtigkeitsgründe 和 relative Nichtigkeitsgründe 术语时，如果翻译不当，就容易引起人们的误读；基于符号学之语义学原理，将二者分别译为行政行为的"法定情形无效"与"非法定情形无效"较为适宜。

之理由，或未举行作出行政行为前应举行之当事人之听证，致无法于法定期间对其诉请撤销者，所迟延之法律救济期间，视为无过失责任。依第 32 条第 2 项所定恢复原状期间，自其所迟延之程序行为补正时起算。第 46 条规定，行政决定非依第 44 条而无效的，如对该事项不可能有其他行政决定时，不得只因其成立违反有关程序、方式或土地管辖之规定而被请求撤销。第 47 条系关于违法行政行为之转换制度，具体内容此处从略。

四、行政行为的撤销与废止制度

《联邦德国行政程序法》（1997 年）第 49 条规定，合法之非授益行政行为，于其确定后亦得全部或一部使其对将来失效而废止之，但应重新为内容相同之行政行为或因其他原因不许废止者，不在此限——此为合法授益行政行为的废止。第 50 条规定，对于已由第三人诉请撤销之授益行政行为，于诉愿程序或行政法院诉讼中被废弃时，以其诉愿或诉讼因而获得解决者为限，不适用第 48 条第 1 款第 2 句、第 2 款至第 4 款与第 6 款，以及第 49 条第 2 款、第 3 款与第 5 款之规定——此为法律救济程序中之撤销与废止的规定。

五、行政行为的程序重开制度

《联邦德国行政程序法》（1997 年）第 48 条系关于具有形式存续力行政行为依职权之撤销制度，亦即行政机关依据职权对行政行为的程序重开制度，该条规定，违法行政行为于法定救济期间经过后，原行政机关得依职权全部或部分撤销行政行为。第 51 条系关于具有形式存续力的行政行为之依申请撤销、废止或变更的规定，即依据当事人申请的行政行为的程序重开制度，该条规定，行政行为于法定救济期间经过后，具有下列各款情形之一者（此处不列原文），相对人或利害关系人得向行政机关申请撤销、废止或变更之。但相对人或利害关系人因重大过失而未能在行政程序或救济程序中主张其事由者，不在此限。

六、行政行为撤销导致的证书、物品之收回制度

《联邦德国行政程序法》（1997 年）第 52 条规定，行政行为因撤销或废止，或因其他原因失其效力后，而有收回因该行政行为而发给之证书或物品之必要者，行政机关得命所有人或占有人返还之。

综上所述，从《联邦德国行政程序法》（1997 年）第三章第二节关于行政行为存续力的 10 个条文的具体内容来看，其主要是关于行政行为的存

续及其法律效力两个方面的制度：一是行政行为上存续的法律效力制度，即第43、44条规定的行政行为有效与无效制度，也就是行政行为的形式效力制度。形式效力是行政行为基于其形式合法性而产生的效力，是行政行为基于行政程序而产生的法律约束力。因为第44条规定，重大且明显违法的行政行为无效，故第43、44条规定的是行政行为的有限形式效力制度。二是保障行政行为本身得以合法存续的制度，即第45～52条规定的行政行为的补正、转换、撤销、废止及行政行为的程序重开等制度。就《联邦德国行政程序法》（1997年）第三章第二节的内容而言，“存续力”这一术语仅仅出现在节标题里，在该节的10个具体条文中却并没有出现。行政行为存续力制度在内容上其实包含了众多的原则和规则，其“为行政行为提供了法律上有保障的存在和法律效力”①。也正是《联邦德国行政程序法》（1997年）第三章第二节“行政行为存续力”的标题及其10个条文，为我们正确理解德国行政行为存续力理论和制度提供了根本依据。

第三节　中国行政法之行政行为存续力

一、我国学者对德国行政行为存续力的认识

我国学者对德国行政行为存续力概念的理解，总的来说可以分为三种不同的观点，现分述如下：

第一种观点是“存续效力说”，该说认为，行政行为存续力是指行政行为上存续的法律效力。例如，翁岳生教授认为，行政处分的效力包括存续力、执行力、构成要件效力及确认效力，主张以存续力取代公定力，认为存续力是指行政处分在有权限之机关撤销以前，相对人与各机关均须承认该处分之存续而受其拘束。② 洪家殷教授认为，存续力主要是指行政处分做成后，在未经有权机关撤销和确认无效，或因其他事由而失其效力之前，关系人及相关机关皆应当承认该处分之存在并受其拘束的效力。③ 程明修教授认为，存续力是指行政处分一经作出，在未经有权机关废弃或因其他事

① Die Bestandskraft vermittelt dem Verwaltungsakt rechtlich gesicherte Existenz und Wirksamkeit. Schemmer, in: Beck OK VwVfG, 50. Ed. 1. 1. 2021, VwVfG § 43 Rn. 20.

② 参见翁岳生：《法治国家之行政法与司法》，台北，月旦出版社1997年版，第8页。

③ 参见洪家殷：《行政行为（二）行政处分：第三讲——行政处分之成立及效力》，载《月旦法学教室》第41期（2006年）。

由而失去其效力之前,关系人及相关机关均应承认该处分之存在并受其拘束[①]。刘东亮教授认为,存续力是行政行为所具有的要求任何人承认其存在并予尊重,进而对有关主体发生拘束作用的法律效力。[②] 吴庚教授认为,行政处分的效力包括存续力、构成要件效力、确认效力、拘束力及执行力;尽管存续力与确定力之差异不在本质而在程度,但还是应该以存续力替代传统上的确定力概念。这种与行政处分相伴而生并随行政处分的存续而存在的法律效力,与法院判决的实质确定力不同。概言之,存续力概念并非否认行政处分之确定效果,而是比确定力概念更具有弹性,故存续力与确定力之差异不在本质而在程度。换言之,存续力的实质确定效果因为例外情况而减弱,此种允许行政机关事后变更行政处分的例外情况,要依行政处分为合法或违法以及授益性质或负担性质而有所不同。[③] 章剑生教授认为,存续力意指行政行为经过告知程序产生效力后,在行政行为上持续存在的法律效力。[④] 依据"存续效力说",则德国之行政行为存续力,就应该是指行政行为基于其形式合法性而依法产生的形式效力。

第二种观点是"效力存续说",该说认为,行政行为存续力是指行政行为未经撤销、废止,或未因其他事由而失效者,其效力的继续存在。例如,林腾鹞先生认为,行政行为效力内容分为存续力、构成要件效力、确认效力及执行力四项;[⑤]其中,存续力是指行政处分未经撤销、废止,或未因其他事由而失效者,其效力的继续存在。[⑥] 李震山教授认为,存续力概念是对公定力与确定力概念的折中。"所谓行政处分之存续力,意即行政处分一旦作成,除非自始无效者外,其效果之存在并非完全确定,确定与否则依赖该处分是否可依法撤销、废止或变更,在此之前,其效力继续存在。"[⑦]杨解君教授认为,存续力是指具体行政行为一经成立,除自始无效情形外,其效力的存在并非完全确定,是否具有效力依该行为是否可依法撤销、变更或废止,或因其他事由而失效而决定,在此之前效力继续存在。[⑧] 叶必丰教授认为,行政行为的效力包括先定力、公定力、确定力、拘束力、执行力和存续

① 参见程明修:《论暂时性行政处分与行政程序法之修法建议》,载《东吴法律学报》第 26 卷第 1 期(2014 年)。

② 参见刘东亮:《行政行为效力研究》,浙江大学 2000 年硕士论文,第 16~17 页。

③ 参见吴庚:《行政法之理论与实用》,台北,三民书局 1992 年版,第 286~299 页。

④ 参见章剑生:《现代行政法总论》(第 2 版),法律出版社 2019 年版,第 154~155 页。

⑤ 参见林腾鹞:《行政法总论》,台北,三民书局 1999 年版,第 460~466 页。

⑥ 参见林腾鹞:《行政法总论》,台北,三民书局 1999 年版,第 461 页。

⑦ 李震山:《行政法导论》,台北,三民书局 1999 年版,第 291~299 页。

⑧ 参见杨解君:《行政法与行政诉讼法》,清华大学出版社 2009 年版,第 182 页。

力六项，并认为存续力是指行政行为效力在时间上的持续性或行政行为效力在时间上的持续存在。[①] 依据"效力存续说"，则德国行政行为存续力就应该是指行政行为法律效力的存续性。不过依笔者的分析，"存续效力说"与"效力存续说"很可能就是同一种观点，只是在具体表述上存在一些差异而已。

第三种观点是"限制撤销说"，该说认为，存续力是指行政行为成立以后，其所产生的限制行政机关以后撤销、变更或废止行政行为的法律效力。例如，许宗力先生认为，行政处分的效力包括存续力、拘束力、跨程序约束效力、构成要件效力、不可争力、确认效力、执行力七种；其中，存续力是行政处分对本处分机关的拘束效力，系指行政处分一经作出，即依法产生的限制处分机关之废弃权限的效力。[②] 赵宏教授认为，存续力是指行政行为成立以后，行政行为所产生的限制行政机关以后撤销、变更或废止行政行为的法律效力。行政行为存续力发生在行政行为成立之后，其拘束对象仅指行政主体一方，要求其不得随意对自己作出的行政行为予以改变。[③]

二、德国行政行为存续力概念的正确理解

在我国行政法学上，对于"Bestandskraft des Verwaltungsaktes"的翻译分别有"行政行为的公定力""行政行为的确定力""行政行为的存续力"。[④] 在德语中，"Bestand"有"持续""持久"之义，"Kraft"有"力量""效力"之义，"Bestandskraft"作为这两个词所组成的合成词，可直译为"持续力"或"存续力"。[⑤] 如果仅从字面上来说，基于符号学之语义学原理，"行政行为的存续力"这一译法相对较为科学。那么，行政行为存续力概念的内涵与外延又应该如何理解呢？

德国行政行为存续力概念的产生，亦是在法治国的宏大历史背景下，基于法的安定性要求，以司法判决确定力为蓝本而进行理论建构的结果。在德国的诉讼法上，司法裁判具有确定力（Rechtskraft des Urteils）。

---

① 参见叶必丰：《行政行为的效力研究》，中国人民大学出版社2002年版，第21、151页。

② 参见翁岳生编：《行政法》（上册），中国法制出版社2009年版，第651页。

③ 参见赵宏：《从存续性到存续力——德国行政行为效力理论的生成逻辑》，载《法商研究》2007年第4期。

④ 这三种译法分别参见应松年主编：《外国行政程序法汇编》，中国法制出版社1999年版，第137页；〔德〕平特纳：《德国普通行政法》，朱林译，中国政法大学出版社1999年版，第234页；〔德〕哈特穆特·毛雷尔：《行政法学总论》，高家伟译，法律出版社2000年版，第266页。

⑤ 关于"Bestand"词条的含义，参见《德汉词典》编写组编：《德汉词典》，上海译文出版社1987年版，第184页；潘再平主编：《新德汉词典》，上海译文出版社2000年版，第177页。"Kraft"词条的含义，参见潘再平主编：《新德汉词典》，上海译文出版社2000年版，第691页。

就司法裁判的确定力概念而言，其含义是指司法裁判具有的确定法律效果的法律效力。笔者认为，在汉语法学上，司法裁判的确定力其实就是司法裁判的效力。行政行为存续力(Bestandskraft des Verwaltungsaktes)概念系从诉讼法司法裁判的确定力概念演化而来，其本质就是“行政行为的效力”。行政行为存续力概念表达的意蕴是，因为行政行为并不如司法裁判那样稳定，其产生的法律效果也不如司法裁判的法律效果那样确定。德国的行政行为存续力概念其实就是为了区别于司法裁判的确定力而使用的一个术语，其本质上就是行政行为的效力。诚如吴庚教授所言：“这种与行政处分相伴而生并随行政处分的存续而存在的法律效力，与法院判决的实质确定力不同。总之，存续力概念并非否认行政处分之确定效果，而是比确定力概念更具有弹性，故存续力与确定力之差异不在本质而在程度。”① 德国的“Bestandskraft des Verwaltungsaktes”术语的产生，是一向以严谨著称的德国法学家为了区别和强调行政行为及其法律效果与司法裁判及其法律效果稳定性的不同所致。正是在对判决确定力概念进行借鉴和移植的基础上，德国法学家从行政行为的存续性导出了行政行为存续力的概念与理论。

需要进一步指出的是，在德国行政法学上，行政行为的效力属于其行政程序法上的概念，是指行政行为基于其形式合法性而产生的形式效力。基于对《联邦德国行政程序法》(1997 年)第三章第二节关于“行政行为存续力”的 10 个条文内容的进一步分析可以证实，德国之行政行为存续力也就是行政行为基于其形式合法性而依法产生的形式效力，是行政行为基于行政程序而依法产生的法律效力。李震山教授认为，行政处分除自始无效者外，其法律效果并非完全确定的，法律效果的确定与否取决于该行政处分是否可依法撤销、变更或废止；在行政处分被依法撤销、变更或废止之前，其效力继续存在。是故，存续力概念是公定力与确定力概念的折中。② 根据对《联邦德国行政程序法》(1997 年)第三章第二节 10 个条文内容的分析，可知德国的行政行为存续力制度包括两个方面的内容：一是行政行为上存续的形式效力(法律效果)，即第三章第二节的第 43、44 条规定的是行政行为的有效与无效制度，也就是行政行为的形式效力制度。二是保障行政行为自身得以合法存续下去的法律效力，即非因法定事由并经法定的程序，不得对行政行为予以撤销、变更或废止的法律效力。第三章第二节

① 吴庚：《行政法之理论与实用》，台北，三民书局 1992 年版，第 286~299 页。

② 参见李震山：《行政法导论》，台北，三民书局 1999 年版，第 291~299 页。

第45~52条规定的行政行为的补正、转换、撤销、废止及行政行为的程序重开等制度，为关于行政行为本身得以合法存续的保障制度，即保障行政行为合法存续的效力制度。相应地，行政行为存续力理论也包括两个方面的内容：一是行政行为的形式效力理论。形式效力是行政行为基于其形式合法性，通过行政程序而产生的法律效力。形式效力是对行政行为各项效力内容的概括和统称，属于反映和揭示行政行为效力之普遍性的范畴。二是行政行为的存续性理论，又称行政行为的“限制撤销性”理论，即非因法定事由并经法定程序，不得对行政行为予以撤销、变更和废止。作为保障行政行为自身得以合法存续的效力制度，其属于反映和揭示行政行为效力之特殊性的范畴。由此可见，德国的行政行为存续力理论关涉行政行为的存续性及其法律效力，既揭示了行政行为效力的普遍性，又揭示了行政行为效力的特殊性。

总之，法的安定性要求行政行为自身必须具有一定的存续性，行政机关不得任意对其撤销、变更与废止。在德国，这一制度就是《联邦德国行政程序法》(1997年)第三章第二节第45~52条规定的行政行为之存续性保护制度，其构成了德国行政行为存续力制度的重要内容之一。此外，行政行为必须具有法律效力，才能对社会关系进行法律调整，在国家与社会治理中发挥作用，这就是《联邦德国行政程序法》(1997年)第三章第二节第43、44条规定的行政行为的形式效力制度，其构成了德国行政行为存续力制度的又一重要内容。在德国行政法理论上，因为学者们认为行政行为不如司法裁判那样稳定，行政行为的效力被另称为“存续力”(Bestandskraft)而非“确定力”(Rechtskraft)。在汉语法学上，行政行为存续力在本质上就是行政行为的法律效力。因为行政行为存续力制度的产生，行政行为获得了与司法判决效力类似(尽管其不如司法判决那样稳定)的持续性和稳定性，法的安定性要求由此在公共行政领域真正得以贯彻落实，这也是行政行为存续力概念与理论重要的法治国功能之一。此外，行政行为存续力制度还能够对社会关系进行调整，在国家与社会治理中发挥其积极的作用。行政行为存续力理论与制度的这两种法治国功能正如一枚硬币的正反两面，二者紧密联系。

三、德国行政行为存续力与公定力概念之异同

前文已述及，德国行政行为存续力系“行政行为上存续的法律效力”之意，其在理论上包括两个方面的内容：一是行政行为上存续的法律效力，即《联邦德国行政程序法》(1997年)第43、44条规定的行政行为的有

效与无效,也就是行政行为的形式效力;二是保障行政行为本身得以合法存续的效力,即行政行为的补正、转换、撤销、废止及行政行为的程序重开等。行政行为公定力,是指行政行为(重大且明显违法的除外)一经成立,即应当被推定合法有效,在未经有权机关通过法定程序和方式否定其效力之前,所有机关、组织或者个人都应该对其予以尊重和服从的法律效力。德国行政行为存续力和日本行政行为公定力的区别如下:其一,公定力强调其是推定的效力,而存续力则是法定的效力,即依据《联邦德国行政程序法》而产生的法定效力,也就是本书所谓的行政行为之形式效力。行政行为(无效的行政行为除外)一经成立,即依法产生形式效力。形式效力,是指行政行为基于其形式合法性而依法产生的法律效力,其具有法定性、行政程序性、形式性、相对性之特征。所谓行政行为的形式合法性,是指行政行为在外在形式或外观上的合法性。① 其二,德国行政行为存续力理论的内容较日本行政行为公定力理论的内容更为丰富。德国行政行为存续力理论既包括了行政行为的形式效力,又包括了保障行政行为自身得以合法存续的效力,而后者是公定力理论所没有的内容。可见,德国的行政行为存续力与日本的行政行为公定力概念类似,其本质上是行政行为的形式效力②,但其在内容上却远比公定力要丰富得多。二者虽然在本质上都是行政行为的形式效力,但存续力概念的内涵更为丰富,存续力理论也更为科学。存续力理论既揭示了行政行为效力的普遍性(形式效力),又揭示了行政行为效力的特殊性(行政行为的存续制度)。由于德国行政行为存续力是其行政程序法上的概念,且行政行为的强制执行由《联邦德国行政法院法》(1960年)、《联邦德国行政执行法》(1953年)予以规定,故德国的行政行为存续力在效力内容上一般只涉及行政行为的限制撤销性及行政行为拘束力,而不涉及行政行为的强制执行力。

四、中国行政法行政行为存续力术语的含义

在现代汉语中,"行政行为存续力"是一个偏正词组,由"行政行为"对

---

① 参见马生安:《论行政行为对司法裁判的拘束力——基于应然与实然的双重视角》,载张卫平、齐树洁主编:《司法改革论评》总第28辑,厦门大学出版社2020年版,第146~164页。

② 在中国行政法学上,行政行为的形式效力,是指行政行为基于其形式合法性而依法产生的效力;行政行为的实质存续力,是指经过司法程序的审查,行政行为基于其实质合法性而依法产生的效力。据此,如果行政行为经过生效的行政判决确认为合法有效,则此时其产生的存续力(在德国法理论上属于形式存续力或实质存续力)均属于行政行为实质效力的范畴。非经过生效的行政判决确认为合法有效的行政行为,其存续力(在德国法理论上属于形式存续力或实质存续力)均属于行政行为形式效力的范畴。

于“存续力”的修饰限定而成。因此,行政行为存续力的含义基本上由“行政行为”和“存续力”两个语词的含义所确定。按照通常的理解,“行政行为存续力”一词的重心是“存续力”。何物的存续力?行政行为的存续力。是故,对行政行为存续力正常的理解,就应该是“行政行为存续下去的力量(效力)”,或者说是“保障行政行为得以合法存续下去的法律效力”。德国的“Bestandskraft des Verwaltungsaktes”术语,其内涵是“行政行为上存续的法律效力”,与“保障行政行为得以合法存续下去的法律效力”之间存在相当的差异。前文已述及,“Bestandskraft des Verwaltungsaktes”与日本的行政行为公定力类似,其本质就是行政行为的形式效力。我国台湾地区的“行政程序法”(1999年)第二章第三节的内容与《联邦德国行政程序法》第三章第二节的内容大致相同,但却以“行政处分的效力”为标题。也就是说,在我国台湾地区的“行政程序法”(1999年)上,“Bestandskraft des Verwaltungsaktes”并没有被译为“行政行为存续力”,也没有被译为“行政行为公定力”,而是被译为“行政处分的效力”。这也在一定程度上反映了我国台湾地区也认为将“Bestandskraft des Verwaltungsaktes”译为“行政行为存续力”并不准确,而将其译为“行政处分的效力”较为适宜。笔者认为,将“Bestandskraft des Verwaltungsaktes”译为“行政行为的效力”较为适宜,即使译为“行政行为的公定力”,也要比译为“行政行为存续力”好得多。这是因为,在汉语语境下,“Bestandskraft des Verwaltung-saktes”主要是指行政行为的形式效力,即行政行为基于其形式合法性而依法产生的形式效力。总之,在汉语法学上,“行政行为存续力”这一术语(语言符号)能够有效表达“保障行政行为自身合法存续的法律效力”之意,却难以表达德国的“Bestandskraft des Verwaltungsaktes”术语“行政行为上存续的法律效力”之内涵。

德国行政行为存续力概念的外延包括两个部分:一是行政行为上存续的法律效力(法律效果);二是保障行政行为自身合法存续的法律效力,即非因法定事由并经法定程序,不得对行政行为予以撤销、变更或废止。德国的行政行为存续力理论对于发展和完善我国的行政行为效力理论与制度具有一定借鉴和参考价值。我国在学习和借鉴德国行政行为存续力理论与制度时,绝不能囫囵吞枣、照搬照抄,对相关概念和术语进行本土化改造至关重要。如前分析,“Bestandskraft des Verwaltungsaktes”在汉语中应该译为“行政行为的效力”而非“行政行为存续力”,在现代汉语中,“行政行为存续力”这一术语只能表达“保障行政行为自身合法存续的法律效力”这一含义。基于符号学之语义学原理,概念的名称(术语)必须能够准确地反映和揭示事物的本质及其特征，即术语必须准确地反映和揭示事物的指称意义，概念的名称（术语）与内涵和外延必须保持一致而不能有所矛盾。鉴于此，本书对中国行政法之行政行为存续力概念作如下定义：行政行为的存续力，是指非因法定事由并经法定的程序，任何组织和个人不得对行政行为予以撤销、变更和废止的法律效力。在此，行政行为存续力概念已不是原来德国行政法上的行政行为存续力概念，而是经过更新、改造之后的中国行政法之行政行为存续力概念。正确地理解这一概念，有如下几个方面值得注意：

第一，行政行为存续力是指行政行为依法产生的法律效力，其具有法定性。例如，我国《行政许可法》（2019 年）第 8 条关于擅自改变已经生效的行政许可的规定，就体现了行政许可存续力的法定性。① 另外，《山东省行政程序规定》（2011 年）第 7、133 条及《湖南省行政程序规定》（2022 年）第 8、162、163 条关于行政决定撤销的规定，也体现了行政行为存续力；《江苏省行政程序条例》（2022 年）第 8、60、62～64 条对于行政决定的撤销、补正或更正，也作出了类似的规定。还有我国台湾地区"行政程序法"（1999 年），第 116 条关于行政处分的转换、第 117 条关于行政处分的撤销、第 123 条关于行政处分的废止，以及第 128、129 条关于行政程序重新进行等的规定，均是对行政行为存续力的相关规定。《中华人民共和国行政程序法（专家建议稿）》（2015 年）第 5、155 条涉及的行政处理决定的确定力，其实就是指行政行为的存续力。②《中华人民共和国行政程序法（专家建议稿）》第 156、157、159 条关于行政处理撤销的规定，第 164 条关于行政处理废止的规定，第 166 条关于行政处理程序重新进行的规定，其实都体现了行政行为的存续力。③《中华人民共和国行政程序法（试拟稿）》第 132 条（行政决定对决定机关和当事人的约束效果）

① 我国《行政许可法》（2019 年）第 8 条规定："公民、法人或者其他组织依法取得的行政许可受法律保护，行政机关不得擅自改变已经生效的行政许可。行政许可所依据的法律、法规、规章修改或者废止，或者准予行政许可所依据的客观情况发生重大变化的，为了公共利益的需要，行政机关可以依法变更或者撤回已经生效的行政许可。由此给公民、法人或者其他组织造成财产损失的，行政机关应当依法给予补偿。"

② 《中华人民共和国行政程序法（专家建议稿）》（2015 年）第 5 条规定："行政行为应当诚实信用。行政行为依法作出后，不得擅自撤回、撤销或改变，如果因为法律依据改变或客观情况发生重大变化，为了公共利益的需要必须撤回、撤销或改变已经生效的行政行为，应当依法补偿行政相对人因此造成的损失。"第 155 条第 3 款规定："生效行政处理对行政机关具有确定力。行政机关不能擅自撤销、撤回、改变或废止生效行政处理。行政机关撤销、撤回、改变或废止生效行政处理的条件和程序由本法和其他法律、法规规定。"

③ 《中华人民共和国行政程序法（专家建议稿）》（2015 年）相关条文的内容，参见姜明安等：《行政程序法典化研究》，法律出版社 2016 年版，第 436～437 页。

第2款规定，"未具备法定撤销或废止事由，行政机关不得撤销或者废止行政决定"①，这也是关于行政行为存续力的规定。

第二，行政行为存续力概念的内涵，是非因法定事由并经法定程序，不得对行政行为予以撤销、变更及废止的法律效力。存续力作为保障行政行为不被非法撤销、变更及废止而持续存在的法律效力，其价值与功能即在于此。应该说，基于符号学之语义学原理，在中国行政法上，把行政行为存续力概念的内涵限定于行政行为的"限制废除性"是比较科学的，即"行政行为存续力"这一术语的内涵主要是指"限制任何组织和个人在以后撤销、变更或废止行政行为的法律效力"。当然，行政行为存续力对以后撤销、变更或废止行政行为的限制并不是绝对的，而是"有限制的废除性"。基于公共行政的灵活性、多变性等诸多因素，行政行为依然存在较大的被撤销、变更或废止的可能性。作为法律秩序的构成要素之一，行政行为是行政机关最重要的活动手段与方式，其合法的持续性存在对公民具有非常重要的意义。假如允许行政机关毫无限制地撤销、变更或废止行政行为，或者允许其他公权力机关随意撤销、变更或废止行政行为，其结果必然导致法律秩序安定性被破坏，一方面，会损害行政相对人的信赖利益；另一方面，也会导致国家公信力的丧失。为了保障行政行为合法、持续地存在下去，就需要有一个制度来对其进行保护，这一制度即为行政行为的存续力制度。

行政行为的存续力并不像拘束力那样内容和要求明确地表现在行政行为的内容本身，而是体现在据以作出行政行为的相关行政程序法、行政行为法等法律制度之中。也就是说，行政行为存续力是由相关法律规定而非行政行为内容本身得以体现的，这是其与行政行为拘束力的重要区别之一。例如，某人因赌博受到公安机关的行政处罚，行政处罚决定书会有体现拘束力的处罚内容，但不会出现"非因法定事由并经法定的程序，任何公权力机关不得对行政处罚决定予以撤销、变更和废止"等体现存续力的内容。但是，该行政处罚决定肯定是具有存续力的，其存续力的法律依据存在于相关行政程序法、行政行为法或行政诉讼法之法律制度之中。如果某一行政行为缺乏存续力之法律依据，则需要完善行政程序法、行政行为法或行政诉讼法等相关立法，以解决行政行为存续力的法律依据问题。

第三，行政行为存续力的约束对象是所有可能危及行政行为合法存续

---

① 王万华：《中国行政程序法典试拟稿及立法理由》，中国法制出版社2010年版，第35页。

的组织和个人。通常而言，存续力的约束对象应该是公权力机关、组织以及掌握公权力的特定个人。实际上，并非所有的公权力机关、组织和个人都能够撤销、变更和废止行政行为。危害行政行为合法存续的，只能是部分特定的公权力主体，即有权力、有能力且有可能撤销、变更和废止行政行为的公权力机关、组织和个人。无权力、无能力撤销、变更和废止行政行为的公权力机关和组织实际上并不会成为行政行为存续力的约束对象。对于行政行为的相对人、利害关系人来说，由于其无法直接撤销、变更或废除行政行为，故不会威胁行政行为的合法存续。但是，行政行为的相对人、利害关系人可以通过行政复议或行政诉讼等方式，请求行政机关或法院等国家机关撤销或变更行政行为，从而挑战行政行为的存续力，因此，行政行为的相对人、利害关系人也应该属于行政行为存续力的约束对象。在穷尽普通的救济程序之后，或者是超过法定的救济期限以后，相对人、利害关系人无法通过讼争的手段改变或撤销行政行为时，行政行为存续力对相对人、利害关系人的约束作用就表现得特别明显。行政行为合法存续的最大威胁来自作出行政行为的原行政机关本身，为实现法的安定性对行政行为持续性存在的要求，就必须限制原行政机关对行政行为予以撤销、变更或废止的权力。① 除了原行政机关，其他公权力机关是否也会威胁行政行为的合法存续呢？回答是肯定的。例如，行政机关的上级行政机关就有权改变或撤销下级行政机关“违法或不适当”的行政行为。② 实际上，存续力的约束对象除作出行政行为的原行政机关、上级行政机关之外，还有司法机关和立法机关。例如，人民法院只能依法而不能随意地判决确认行政行为无效或判决撤销、变更行政行为，这就体现了行政行为存续力对司法机关的约束和限制。如果原告没有起诉，人民法院就不能判决确认行政行为无效或判决撤销、变更行政行为。在特定的情况下，行政行为存续力的约束对象还可能包括立法机关。例如，《立法法》(2015 年)第 97 条第 2 项规定："全国人民代表大会常务委员会有权撤销同宪法和法律相抵触的行政法规……"该条第 5 项规定，“地方人民代表大会常务委员会有权撤销本级人民政府制定的不适当的规章”。上述由立法机关依法对行政法规和规章进行的合法性审查并作出相应的决定，就体现了行政行为存续力对立法机关

① 参见赵宏：《法治国下的行政行为存续力》，法律出版社 2007 年版，第 3～4 页；赵宏：《从存续性到存续力——德国行政行为效力理论的生成逻辑》，载《法商研究》2007 年第 4 期。

② 对于行政机关而言，应该是作出行政行为的上级行政机关和原行政机关才能对行政行为予以撤销、变更或废止，与原行政机关平级的行政机关无权撤销、变更或废止上级行政机关的行政行为；其他行政机关也无权撤销、变更或废止与其平级的行政机关的行政行为。

也具有约束作用。存续力制度是对行政行为撤销、变更、废止予以限制以保护其存续性的法律制度，行政行为的存续性不仅会受到原行政机关的威胁，而且也会受到其他上级行政机关、司法机关和立法机关等公权力机关的威胁。行政行为存续力的约束对象包括原行政机关、上级行政机关、司法机关和立法机关等一切公权力组织，能够更好地保障行政行为存续力义务的实现，从而有效保障行政行为的合法存续。①

第四，行政行为的存续力是相对的，而不是绝对的。与行政活动变动不居的特点相适应，行政行为的存续力并非绝对禁止撤销、变更及废止行政行为，而是令其撤销、变更及废止权限受到一定限制。经过法定的程序，有权机关仍然可以对行政行为予以撤销、变更和废止。所谓行政行为的"有限制的废除性"，正是对行政行为存续力的非常准确的描述，"有限制的废除性"也是行政行为存续力作用的界限所在。此外，并非所有的行政行为都具有存续力，无效的行政行为自始无效、绝对无效，故其也就根本没有存续力可言。

第四节　中国行政法行政行为存续力与相关效力之辨析

一、存续力与公定力

公定力概念的内涵，是指行政行为（重大而明显违法的除外）一经成立，即应当被推定有效，在未经有权机关通过法定程序和方式否定其效力之前，所有机关、组织或者个人都应该对其予以尊重和服从的法律效力。在德国行政法上，行政行为存续力（Bestandskraft des Verwaltungsaktes）系"行政行为上存续的法律效力"之义，与日本的行政行为公定力概念类似，主要都是指行政行为基于其形式合法性而依法产生的形式效力。② 在中国行政法上，行政行为存续力概念的内涵应该是，非因法定事由并经法

① 因为德国的行政行为存续力实际上就是"行政行为上存续的法律效力"之义，其约束对象是非常广泛的，包括原行政机关、上级行政机关、司法机关、立法机关等一切公权力组织，而并非有学者认为的只有原行政机关。例如，许宗力先生认为，行政处分的存续力是指行政处分对本处分机关的拘束效力，行政处分一经做成，即具有限制处分机关之废弃权限的效力。参见翁岳生编：《行政法》（上册），中国法制出版社 2009 年版，第 651 页。又如，赵宏教授认为，存续力是指行政行为成立以后，行政行为所产生的限制原行政机关以后随意撤销、变更或废止行政行为的法律效力。参见赵宏：《法治国下的行政行为存续力》，法律出版社 2007 年版，第 3~4 页。

② 德国行政行为存续力与日本行政行为公定力概念之异同，详见本章第三节的相关论述。

定程序，任何组织和个人不得对行政行为予以撤销、变更或废止的法律效力。[①] 在现代社会，公定力本质上就是指行政行为的形式效力，或者说是行政行为的形式有效性，它是对行政行为各项效力内容的抽象，是对行政行为各项效力内容的概括和统称，而存续力则属于行政行为的一项具体的效力内容，故公定力与存续力之间是一般与个别、普遍与特殊、共性与个性的关系。[②] 行政行为成立以后，公定力作为其形式效力，在特定的条件下，分别具体表现为形式存续力、形式拘束力及形式强制力。公定力既然是形式存续力、形式拘束力及形式强制力的概括和统称，自然就谈不上是存续力、拘束力及强制力等效力产生的基础和前提。也就是说，既然公定力的本质是行政行为的形式效力，行政行为的其他效力在理论上当然完全可以脱离公定力的支持而独立存在。

二、存续力与先定力

关于行政行为先定力的概念，学界有三种不同的理解：一是叶必丰、周佑勇教授等人的理解。例如，叶必丰教授认为，行政行为的效力包括公定力、确定力、执行力、拘束力和先定力，他同时认为，"已成立的行政行为"只有公定力、确定力、拘束力和执行力，先定力是行政行为的一种形成力或行政意志的支配力，是行政行为作出前的一种法律效力。它是行政行为的一项形成规则，开始于行政程序的启动，终止于行政行为的作出。[③] 周佑勇教授认为，先定力是指行政行为的作出受行政主体单方面意思表示决定的效力。[④] 二是毛玮先生的理解，认为行政行为的先定力就是行政行为的"推定有效"，是法律行为在生效之前所具有的前效力，即效力先定意义上的先定力，其理论依据是王名扬先生在相关论述中曾将行政处理的"推定有效"称为"效力先定特权"。[⑤] 三是柳砚涛教授的理解，认为先定力属于

---

① 赵宏教授曾经认为，行政行为的效力包括公定力、存续力、构成要件效力和执行力，存续力对于公定力并不存在完全的替代关系。"公定力强调的是，行政行为在被依法撤销之前，所具有的推定有效而予以尊重的法律效力。但存续力的重点在于强调行政行为在法律上具有与判决既判力类似的约束力和持续力。"赵宏：《行政行为效力问题研究》，中国政法大学2002年硕士学位论文，第77页。赵宏教授在其后来的著作中，又否定了公定力作为行政行为的一项效力内容，认为公定力其实就是行政行为的生效制度。参见赵宏：《法治国下的目的性创设——德国行政行为理论与制度实践研究》，法律出版社2012年版，第194、281页。

② 存续力有形式存续力和实质存续力之分，公定力乃行政行为的形式效力，故公定力只可能与形式存续力之间存在一般与个别、普遍与特殊、共性与个性的关系。

③ 参见叶必丰：《行政行为的效力研究》，中国人民大学出版社2002年版，第25页。

④ 参见周佑勇：《行政行为的效力研究》，载《法学评论》1998年第3期。

⑤ 参见毛玮：《论行政行为的先定力》，载《行政法学研究》2005年第3期。

行政行为的前效力，其植根于行政权，尤其是行政特权或行政优益权，并以行政程序为载体。[①] 根据笔者的理解，毛玮先生所谓的先定力其实就是行政行为的公定力（形式效力）。如此说来，关于先定力概念的含义，笔者认同叶必丰教授、周佑勇教授、柳砚涛教授等人的观点。因为先定力概念如果与公定力（形式效力）概念等同，那它也就没有存在的必要了。

关于先定力是否为行政行为的效力内容之一，也有两种截然不同的观点。一种观点认为，先定力属于行政行为的一种效力内容，一个完整的效力内容体系应当包括先定力。[②] 另一种观点则认为，先定力或是行政主体单方面意思表示决定的效力，或是贯穿行政行为作出程序始终的行政权之支配力，其并不构成行政行为的效力内容。[③] 先定力是否构成行政行为的效力内容之一呢？从行政行为效力的构成要件看，先决条件便是要求效力的载体——行政行为已经存在，即行政行为已经成立。也就是说，倘若一个行政行为尚未成立，它是不可能产生任何法律约束力的。先定力恰恰是这种所谓的在行政行为作出之前即存在的效力，它存在于行政机关作出行政行为的准备过程中，强调的是行政行为成立之前行政机关的单方意志性。虽然先定力概念的提出具有一定的意义，但若以行政行为的成立为界限，行政行为成立之前，行政机关的单方意志性不属于行政行为效力的范畴，以"先定力"这一术语指称行政行为尚未成立时的效力，显然是不符合逻辑的。既然行政行为尚未成立，其先定力又何以存在？在行政行为成立之后，行政机关的单方意志性可以在行政行为的存续力、拘束力及强制力之中得以体现，实在没有单列的必要。其实，所谓行政行为的先定力，本质上属于行政机关的行政权能问题，并非行政行为的效力问题。权能指的是权利能力或资格，其往往随着组织的成立而产生。行政权能作为一种行政主体资格，是决定一个组织是否为行政主体的实质性资格。因为行政权能的存在，行政主体的意志才可以支配相对人的意志。是故，将行政机关的行政权能理解为行政行为的先定力显然是错误的。既然行政行为的先定力并非行政行为的效力，二者之间的辨析便没有任何意义。

三、存续力与确定力

行政行为的确定力（Rechtskraft von Verwaltungsakte）是德国行政法学

---

① 参见柳砚涛：《论行政行为的先定力》，载《河北法学》2008 年第 4 期。

② 参见叶必丰：《行政行为的效力研究》，中国人民大学出版社 2002 年版，第 25 页；周佑勇：《行政行为的效力研究》，载《法学评论》1998 年第 3 期。

③ 参见柳砚涛：《论行政行为的先定力》，载《河北法学》2008 年第 4 期。

者为了解释行政行为的效力,借鉴诉讼法司法判决之确定力(Rechtskraft des Urteils)而形成的概念。行政行为的确定力(Rechtskraft von Verwaltungsakte)概念,意指生效的行政行为所具有的确定法律关系或法律效果的法律效力。行政行为的确定力有形式确定力和实质确定力(materielle Rechtskraft)之分。行政行为的形式确定力,是指法律救济措施已经用尽,或者行政复议或行政诉讼等法定救济期限届满,相对人不得请求变更、撤销或废止行政行为。行政行为的实质确定力是与司法判决的“既判力”相对应的概念,意指行政行为对于行政主体的不可变更力及行政行为对相对人等的拘束力。由于行政行为与司法裁判存在本质的区别,即使某些行政行为能够产生确定力,其也很难具有与司法判决同样强度的确定力。我国台湾地区学者林锡尧认为:“行政处分之效力,可与诉讼法上法院裁判之效力相类比。但行政处分与裁判本质不同,简言之,法院之裁判,系居于第三人之地位对他人之争讼所为之决定,法院系居于中立之立场,而行政机关之行政处分,非居于中立之立场,其本身是行政法关系之当事人,而就与自己有关之事项为决定。两者本质不同,有关裁判效力之理论不能全盘移植于行政处分之效力。”①因此,简单移植司法判决的确定力概念于行政行为效力理论显然不太合适。为此,许多学者在行政行为效力理论上不再使用与司法裁判确定力相同的概念,而代之以行政行为的“存续力”(Bestandskraft des Verwaltungsaktes)。② 在德国行政法学上,行政行为存续力概念并非否认行政行为能够确定法律效果,只是因为其比司法裁判的确定力概念更具有弹性,即存续力与确定力的差异不在本质而在程度。行政行为存续力的确定效果在某些例外情形下还会减弱,允许行政机关在特定情况下可以撤销、变更或者废止其作出的行政行为。③ 在中国行政法学上,根据本书关于行政行为存续力和拘束力概念的定义,所谓行政行为形式确定力,应该属于行政行为存续力的范畴。行政行为一经成立,就会依法产生形式存续力;随着法律救济措施已经用尽,或行政复议、诉讼等法定期限届满,相对

---

① 林锡尧:《行政法要义》,台北,元照出版有限公司 2006 年版,第 301 页。

② 赵宏教授认为,即使某些行政行为能够产生确定效力,这种确定力所产生的存续性效果事实上与司法判决也并不相当。行政行为因为区别于司法判决而很难具有与其同样内容和强度的确定力。其理由是:首先,行政所必需的灵活性必然要求行政行为的确定力具备一定的弹性,而不是像司法确定力那样严格;其次,行政行为内容正确性的保障也没有司法判决的保障完备。司法判决是具有高度合目的性之裁量,其程序的缜密性和严谨性远非行政行为作出程序所能够比拟的。参见赵宏:《从存续性到存续力——德国行政行为效力理论的生成逻辑》,载《法商研究》2007 年第 4 期。

③ 参见赵宏:《行政行为效力问题研究》,中国政法大学 2002 年硕士学位论文,第 30 页。

人丧失了请求行政复议或诉讼救济的权利,行政行为的形式存续力得以进一步强化。对于实质确定力而言,根据本书关于行政行为存续力概念的界定,实质确定力包括存续力和拘束力两方面的内容。

在中国行政法学已有存续力术语的情况下,行政行为效力的内容上没有必要存在独立的确定力概念,也无须保留形式确定力和实质确定力概念。但是,笔者主张使用行政行为的“既决力”这一术语,以替代德国的行政行为“实质确定力”的术语;“不可争力”这一术语可以继续保留和使用,以替代“形式确定力”术语。

四、存续力与不可争力

在中国行政法上,德国的“formelle Bestandskraft”术语一般被译为“形式存续力”,是指行政行为不能再通过常规的行政复议或行政诉讼途径予以救济的法律效力。① 在德国行政法上,“formelle Bestandskraft”是与司法判决的“形式确定力”相对应的概念。有时,“formelle Bestandskraft”在中国法上被译为“不可争力”。因此,此处所谓的“不可争力”,其实就是德国行政法上的“形式存续力”。为了有效保障行政行为的合法存续,在法定救济期限届满,或者普通的法律救济措施已经用尽,或者是相对人放弃救济权利的,法律即排除相对人对行政行为提起争讼的法律效力,不可争力体现的是行政复议法或者行政诉讼法对相对人撤销请求权的限制,其目的在于维持行政行为的存续性。就相对人的角度而言,行政行为似乎是对其依法产生了所谓的“不可争力”。但究其实质,不可争力其实就是行政行为存续力的一个环节或侧面而已。日本学者室井力教授曾经指出:“不可争力并不是行政行为所固有的效力;换言之,它不外是依据法律对不服申诉期限和起诉期限加以限制这种行政行为的效力。”②其实是室井力教授注意到,从相对人的角度,将行政复议法或行政诉讼法对相对人诉权的限制定义为行政行为的效力,不够科学合理;但他并没有明确地指出,不可争力其实就是行政行为的存续力。如上所述,既然行政行为已经产生不可争力,相对人必然要受行政行为的约束;根据德国的行政法理论,相对人受行政行为约束的效力属于“materielle Bestandskraft”(实质存续力)的范畴,故不可争力并不包含对相对人等的拘束力之内容。根据本书关于行政行为存续力和拘束力概念的定义,随着普通的法律救济措施已经用尽、法定救

① 参见〔德〕汉斯·J. 沃尔夫、〔德〕奥托·巴霍夫、〔德〕罗尔夫·施托贝尔:《行政法》(第2卷),高家伟译,商务印书馆2002年版,第103页。

② 参见〔日〕室井力主编:《日本现代行政法》,吴微译,中国政法大学出版社1995年版,第98页。

济期限届满及相对人放弃权利救济等条件的出现,相对人丧失了通过常规的法律救济途径请求撤销行政行为的权利,行政行为的存续力得以进一步巩固和强化。因此,不可争力其实属于存续力的范畴。鉴于不可争力的概念具有一定的科学性,笔者主张继续保留不可争力这一概念作为存续力的下位概念,以指称行政行为所具有的排除相对人在法定条件成就之后对其提起争讼的法律效力。

五、存续力与不可变更力

所谓不可变更力,是指行政行为依法产生的,限制行政主体一方任意对行政行为予以改变的法律效力。在中国行政法上,德国的"materielle Bestandskraft"术语一般被译为"实质存续力",有时也被译为"不可变更力"。笔者认为,德国的"materielle Bestandskraft"术语在中国行政法上不宜被译为"不可变更力"。这是因为,虽然"有限制的废除性"系"materielle Bestandskraft"内涵的重要内容,但毕竟并非其全部内容。"materielle Bestands-kraft"这一概念在内涵和外延上不仅包括行政行为的"有限制的废除性",而且包括对相对人和行政机关的拘束力。[①] 不可变更力主要针对有权改变行政行为的原行政机关,本质上是对相对人信赖利益的一种保护,也是对行政机关撤销、变更和废止行政行为的限制。根据本书关于行政行为存续力概念的界定,不可变更力作为行政行为的一种效力,完全可以为存续力概念所吸收,故无须作为一种单独的效力内容而存在。鉴于不可变更力的概念具有一定的科学性,不能随便予以摒弃。笔者主张在存续力的概念之下,继续保留不可变更力这一概念作为其下位概念,以指称行政行为所具有的限制行政主体一方依职权任意对其予以改变的法律效力。

六、存续力与自缚力

行政行为对作出它的行政主体产生的约束和限制的法律效力,被称为行政行为的自缚力。自缚力要求行政主体自己约束自己,自己受自己作出的行政行为约束,其体现的是行政行为的程序法规制,防止行政机关恣意妄为,出尔反尔,随意撤销、变更或废止其作出的行政行为。自缚力是仅指限制行政机关随意撤销、变更或废止行政行为的存续力,还是包括对行政主体履行行政行为义务上的拘束力?例如,对于行政救助决定,自缚力是

---

① 以哈特穆特·毛雷尔为代表的主流观点认为,"materielle Bestandskraft"包括行政行为的约束力和限制废除性两个方面的内容。参见〔德〕哈特穆特·毛雷尔:《行政法学总论》,高家伟译,法律出版社 2000 年版,第 267~268 页。

仅指限制行政机关随意撤销、变更或废止行政救助决定的存续力,还是包括对行政机关履行行政救助义务上的拘束力?作为一个源于民事诉讼法学的概念,日本学者将司法裁判拘束作出它的法院的效力称作自缚力,而将司法裁判拘束其他法院的效力称作拘束力。[①] 法院并无履行司法裁判之义务的问题,故自缚力这一概念本来并不包括拘束力义务之内容。那么在行政法上,行政行为的自缚力是否也不应该包括行政行为拘束力的内容?笔者认为,如果从与诉讼法的自缚力概念保持一致性方面来说,行政行为的自缚力不应该包括行政机关履行拘束力义务的内容。但是,行政行为的自缚力包括行政机关履行拘束力义务的理解也并无不可。行政行为自缚力的概念较为形象地表达了行政主体受自己作出的行政行为约束的法律效力,在理论上保留和使用这一部分内涵还是很有意义的。当然,如果行政行为的自缚力包括行政机关履行拘束力义务的内容,因为其包括存续力与拘束力两个方面的内容,故也就不再是存续力的下位概念。

第五节　中国行政法之行政行为形式存续力与实质存续力

一、我国学者对德国行政行为形式存续力与实质存续力的认识

我国学者关于德国行政行为形式存续力与实质存续力概念的认识存在一些差异,兹选取几种代表性的观点分述如下:

应松年教授认为,行政行为的存续力对相对人和行政机关而言,均有形式存续力和实质存续力之分。其中,行政行为对相对人的形式存续力,是指行政行为一经成立,并送达相对人之后,相对人必须予以承认和尊重;行政行为对行政机关的形式存续力,是指行政行为的"不可废弃力",即行政行为不能被任意撤销、变更或废止。实质存续力则是指行政行为就其内容对行政机关的拘束力。[②]

江必新教授认为,当一个行政行为已经超过法定救济期限,不能通过行政复议或行政诉讼予以改变时,即具有了形式上的存续力。实质存续力则是指行政行为依法成立后,行政主体即不能任意撤销、变更或废止该行

① 参见江伟主编:《民事诉讼法学原理》,中国人民大学出版社1999年版,第282页。

② 参见应松年主编:《行政程序法立法研究》,中国法制出版社2001年版,第344~356页。该书关于行政行为存续力的相关论述,较为系统地继受了德国的行政行为效力理论,把行政行为效力概括成存续力与构成要件效力,并对存续力予以具体地阐释。此后,行政行为存续力概念受到学界越来越多学者的关注。

政行为的效力。①

翁岳生教授认为,行政处分的形式存续力是指处分之相对人及有利害关系之第三人,对该处分已不能依法诉请救济(异议、诉愿或行政诉讼),该行政处分因而发生不可争力,其与判决之形式确定力相似;行政处分的实质存续力,是指行政机关不得撤销或废止行政行为,是限制行政机关在嗣后废除该行政行为的法律效力。②

吴庚教授认为,行政处分如不能再以通常之救济途径(诉愿及行政诉讼)加以变更或撤销者,该处分即具有形式存续力,亦称为"不可撤销性",形式存续力概念与形式确定力概念相当;至于实质存续力,则是指行政处分就其内容对相对人、利害关系人及原处分机关所发生的拘束力。③

洪家殷教授认为,行政处分的形式存续力是指行政处分的相对人或利害关系人,已不得对该行政处分寻求法律救济时,该处分即告确定,故其又被称为不可争力或不可撤销力;行政处分的实质存续力,是指行政处分内容对相对人、利害关系人及原处分机关所产生的拘束效力及约束、限制原处分机关对处分进行变更的效力。④

章剑生教授认为,行政行为的形式存续力,也称不可争力,是指行政行为因行政相对人提起行政救济被驳回,或者行政行为因行政相对人在法定救济期限内没有提起行政救济而产生的效力。行政行为的实质存续力,也称不可变更力,是指行政机关对已产生效力的行政行为,不得依职权变更、撤销或者废止。⑤

刘东亮教授认为,行政行为的形式存续力为依法产生的效力,任何人都应该予以承认和尊重;如果对行政行为的合法性持有异议,则可依法定程序撤销或请求对其予以撤销。行政行为的实质存续力,是指行政行为的实质法律效力,行政行为具有持续存在之效果,受行政行为拘束的对象必

---

① 参见江必新:《行政行为效力体系理论的回顾与反思》,载《江苏社会科学》2008 年第 5 期。

② 参见翁岳生:《法治国家之行政法与司法》,台北,月旦出版社 1997 年版,第 8 页。

③ 参见吴庚:《行政法之理论与实用》,台北,三民书局 1992 年版,第 286~299 页。

④ 参见洪家殷:《行政行为(二)行政处分:第三讲——行政处分之成立及效力》,载《月旦法学教室》第 41 期(2006 年)。陈敏先生认为,行政处分的实质存续力,是指行政机关作出行政处分之后,所有当事人及作出行政处分的行政机关本身,皆受行政处分内容的拘束,行政机关亦仅得在一定的条件下,才可以对行政处分予以变更或废止。陈敏先生关于行政处分实质存续力的理解和洪家殷教授相同。参见陈敏:《行政法总论》,台北,新学林出版股份有限公司 2009 年版,第 436 页。

⑤ 参见章剑生:《现代行政法总论》(第 2 版),法律出版社 2019 年版,第 154~155 页。

须根据其内容作为或不作为。[①]

二、德国行政行为形式存续力与实质存续力概念的本质内涵

在德国的行政法上，在“Bestandskraft des Verwaltungsaktes”的概念之下，又分为“formelle Bestandskraft”和“materielle Bestandskraft”。其中，就“formelle Bestandskraft”而言，“formelle”一词主要是“形式（上）的”“正式的”之意[②]，“Bestandskraft”一词主要是“持续力”“存续力”之意。[③] 在中国行政法上，“formelle Bestandskraft”多被学者们译为“形式存续力”，即行政行为的不可争力，相对人诉诸法律手段的期限届满，不能再采取普通的法律手段要求撤销行政行为。“formelle Bestandskraft”的规制对象是行政相对人，一旦超过了法定的救济期限，相对人就会丧失依常规救济手段对行政行为予以争讼的权利。由此，行政行为获得了更为稳定地存在下去的效力，此即行政行为的“formelle Bestandskraft”。[④] “formelle Bestandskraft”的功能在于，对行政相对人超过法定救济期限质疑行政行为的请求权进行排除，以实现法律秩序安定的目的。需要指出的是，“formelle Bestandskraft”的本质意蕴是，由于普通的法律救济措施已经用尽，或是诉诸法律救济的期限届满[⑤]，相对人即丧失以普通或常规法律救济手段对行政行为予以争讼的权利。普通的法律救济措施已经用尽及诉诸法律救济的期限届满，均可以导致“formelle Bestandskraft”的产生。国内的很多学者是从诉诸法律救济的期限届满这一方面论及“formelle Bestandskraft”的产生，应该说在认识上还不够全面。章剑生教授认为，行政行为的形式存续力，也称不可争力，是指行政行为因行政相对人提起行政救济被驳回，或者行政行为因行政相对人在法定救济期限内没有提起行政救济而产生的效力。[⑥] 应该

---

① 参见刘东亮：《行政行为效力研究》，浙江大学2000年硕士学位论文，第16～17页。笔者认为，刘东亮教授所谓的形式存续力，其实就是指行政行为依法产生的公定力（形式效力）；所谓的实质存续力，既包括保障行政行为持续存在的效力，又包括对义务对象的拘束力。

② 参见叶本度主编：《朗氏德汉双解大词典》（修订版），外语教学与研究出版社2010年版，第646页；潘再平主编：《新德汉词典》，上海译文出版社2000年版，第417页。

③ Zhou Hengxiang, Deutsch-Chinesisches Rechtswörterbuch, Berlin, Duncker & Humblot, 2017, S. 49.

④ Schemmer, in: BeckOK VwVfG, 50. Ed. 1. 1. 2021, VwVfG § 43 Rn. 20, 20. 1.

⑤ Die Formelle Bestandskraft ist Folge eingetretener Unanfechtbarkeit, wenn etwa die entsprechenden Rechtsbehelfe erschöpft sind oder die jeweiligen Fristen abgelaufen sind. Goldhammer, in: Schoch/Schneider VwVfG, 0. ELJuli 2020, VwVfG § 43 Rn. 85-89. 参见赵宏：《法治国下的行政行为存续力》，法律出版社2007年版，第25页。

⑥ 参见章剑生：《现代行政法总论》（第2版），法律出版社2019年版，第154～155页。

说,章剑生教授的理解和认识还是比较准确的。就“materielle Bestandskraft”术语而言,德语“materielle”一词一般是“物质上的”“物质的”“实际的”之义[①],“Bestandskraft”一词系“持续力”“存续力”之意。在中国行政法学上,“materielle Bestandskraft”术语被学者们译为“实质存续力”。关于“materielle Bestandskraft”概念的内涵,德国学者的理解存在一定的分歧。以哈特穆特·毛雷尔为代表的主流观点认为,“materielle Bestandskraft”包括行政行为的约束力和限制废除性两个方面的内容。所谓行政行为的约束力,是指其对相对人和行政机关的拘束力;所谓行政行为的限制废除性,是指非经法定的程序及符合法定的条件,行政机关不得对行政行为予以撤销或变更[②],即行政行为依法成立后,行政主体即不能任意撤销、变更或废止该行政行为,其目的和作用在于限制行政机关以后对行政行为撤销、变更或者废止的权力,以维护相对人因信赖行政行为所产生的利益。相比较而言,哈特穆特·毛雷尔教授关于行政行为实质存续力概念的理解较为科学。

三、德国行政行为形式存续力与实质存续力之间的关系

形式存续力(formelle Bestandskraft)的本质是行政行为的“不可诉请撤销性”,在普通的法律救济措施尚未用尽或是法定救济期限届满之前,或是相对人还没有放弃救济权利的,行政行为是可以受到质疑甚至被要求撤销的,此时其存续力只是一种临时或暂时的效力。在普通的法律救济措施已经用尽或是法定救济期限届满之后,或是相对人放弃救济权利时,行政行为最终才得以正式地确定下来。笔者认为,因为“formelle”一词在德语中亦有“正式的”之意,或许“formelle Bestandskraft”在汉语中被译为“正式存续力”更为适宜,以与“临时或暂时”的效力相区别。形式存续力与判决的形式确定力相对应,它对法律确定性的重要性与司法判决同样重要。[③]在司法上,随着判决的生效,则判决的形式确定力开始产生。如同判决一样,随着行政行为正式确定下来(不可再诉请撤销),行政行为的形式存续力开始产生。形式存续力并非绝对的,在依法对行政行为进行行政程序重开时,行政机关有权对行政行为的合法性再次进行审查,并进而决定是否

---

① 参见叶本度主编:《朗氏德汉双解大词典》(修订版),外语教学与研究出版社第 2010 年版,第 1195 页;潘再平主编:《新德汉词典》,上海译文出版社 2000 年版,第 769 页。

② 参见〔德〕哈特穆特·毛雷尔:《行政法学总论》,高家伟译,法律出版社 2000 年版,第 267~268 页。

③ Schemmer, in: Beck OK VwVfG, 50. Ed. 1. 1. 2021, VwVfG § 43 Rn. 20, 20. 1.

对行政行为予以撤销、变更或废止。因此，行政程序重开事实上构成了形式存续力的界限范围。

随着行政行为形式存续力的产生，行政行为不再受到反对者及普通或常规救济措施的质疑，行政行为的实质存续力(materielle Bestandskraft)亦开始显现并发挥作用。行政行为的实质存续力与判决的实质确定力(既判力)相对应，其表达的是生效的行政行为对相对人、利害关系人及行政机关等各方产生的实质性的法律约束力。就行政行为对相对人及其他行政机关的拘束力而言，只有行政行为得以正式确定下来，其对外才能产生相应的法律上的规制作用。从这一方面来说，形式存续力与实质存续力的产生有着先后的承继关系，实质存续力的产生必须以形式存续力的产生为基础和前提。关于这一点，我国学者在介绍德国的理论时并没有完全交代清楚。“实质存续力作为诉讼法既判力的对应物，其核心是行政行为的限制废除性。它防止行政机关背离先前有效的行政行为的内容，在作出行政行为时无视先前有效的行政行为的存在。”①“实质存续力来自有效行政行为的事实效果，在行政行为尚未废除、未予处理或未作任何无效认定的情况下，实质存续力不仅约束行政行为的相对人和作出行政行为的行政机关，而且约束非作出行政行为的其他行政机关和法院。”②在德国，因为行政行为实质存续力的概念系从行政行为实质确定力的概念演化而来，而行政行为实质确定力的概念又是从司法裁判的既判力演化而来，故“materielle Bestandskraft”这一概念在外延上不仅包括行政行为的有限制的废除性，而且包括对相对人和行政机关的拘束力，也就不难理解了。③ 其中，有限制的废除性作为行政行为实质存续力的重要内容，自行政行为成立即开始生效，而并非要等到行政行为的形式存续力产生之时。因此，从这一方面来说，形式存续力与实质存续力的产生又并非完全的先后承继关系，此时实

---

① Schemmer, in: Beck OK VwVfG, 50. Ed. 1. 1. 2021, VwVfG § 43 Rn. 21-24.

② Die Formelle Bestandskraft ist Folge eingetretener Unanfechtbarkeit, wenn etwa die entsprechenden Rechtsbehelfe erschöpft sind oder die jeweiligen Fristen abgelaufen sind. Goldhammer, in: Schoch/Schneider VwVfG, 0. ELJuli 2020, VwVfG § 43 Rn. 85-89.

③ 韩国也有学者认为，行政行为对相对人和行政机关等的拘束力，应该属于行政行为实质存续力的范畴。为此，韩国学者提出和使用了行政行为“规范力”的概念。所谓规范力，是从法律关系形成的角度而言的，系指行政行为具有能够单方面确定法律关系的效力。其认为，属于规范力的内容也可以看作实质存续力。有必要改变对行政行为存续力的认识，以这种新的认识为基础，从拘束效果的角度来认识它。在解决行政行为违法性的继承问题上，从防止行政行为相互矛盾的角度来看，规范力的观点是有用的，其体现了系统论的思想。参见 Kim Jung-Kwon. 行政行爲의 效力과 拘束效의 體系에 관한 小考, Public Law Journal, 2012, 13(2): 345-379。

质存续力的产生并不以形式存续力的产生为基础和前提,反而是在其之前产生。

行政行为形式存续力与实质存续力是依据何种标准进行的分类?或许很多人都会有这样的疑问。形式存续力与实质存续力概念并非在某一标准之下对行政行为存续力的具体分类,而只是从不同角度对行政行为存续力的描述和表达。形式存续力体现了行政行为的不可争辩性,而实质存续力则体现了行政行为的约束力。德国行政行为存续力本质上主要是指行政行为的形式效力,行政行为的存续力与司法裁判的效力应该是一个平行或并列的关系,但司法裁判的效力却具有结论性和最终性。德国行政行为的存续力乃是基于行政程序法而产生的效力,且这种效力并不具有最终性,其与司法裁判的效力有着本质的不同。

四、中国行政法行政行为形式存续力与实质存续力术语的含义

汉语语言符号具有很强的表意性,汉语中"行政行为存续力"术语的含义,应该是指行政行为"持续性存在下去的力量或法律效力"之义。笔者前文关于中国行政法行政行为存续力概念的定义,实际上已经对德国行政行为存续力的概念作了更新和改造。同样,德国行政行为形式存续力(formelle Bestandskraft)与实质存续力(materielle Bestandskraft)术语,也可以为我国行政法学所借鉴和移植。在汉语中,"形式"与"实质"是相对存在的一组概念,各有其特定的含义。鉴于语言符号的系统性与社会性,在"形式""实质""存续力"概念含义确定的情况下,"形式存续力"与"实质存续力"概念只能根据"形式""实质""存续力"概念的含义予以解释和定义。汉语中"形式"一词的含义是"事物的组织、结构等",即事物的"外观""外形"之意。[①] "形式存续力"作为一个偏正词组,由"形式"一词对"存续力"一词的限定而成,故笔者将形式存续力的概念定义为"行政行为基于其形式合法性而依法产生的存续力"。在中国行政法上,行政行为的形式存续力具有行政程序性、形式性及相对性之特征,其与德国行政行为形式存续力(formelle Bestandskraft)有着明显的不同。[②] 汉语中"实质"一词的

① 参见中国社会科学院语言研究所词典编辑室编:《现代汉语词典》(修订本),商务印书馆 1997 年版,第 1410 页。

② 最高人民法院的裁判认为,基于法的安定性原则,行政行为在法定救济期限届满后,其因具有形式确定力而具有不可诉请撤销性。这里的形式确定力,又称不可争力,其实就是指行政行为的形式存续力。参见陈某明诉四川省泸州市江阳区人民政府政府信息公开案,最高人民法院(2017)最高法行申 6861 号行政裁定书。相对人放弃救济权利的,行政行为也会依法产生形式存续力。

含义是“本质”,或与“形式”相对的“实在内容”之意。[①] “实质存续力”作为一个偏正词组,在语词结构上由“实质”一词对“存续力”一词限定而成,故笔者将实质存续力的概念定义为“行政行为基于其实质合法性而依法产生的存续力”。由于行政行为的实质合法性及实质效力必须通过司法程序才能得以确定和产生,故这里的“实质存续力”,是行政行为基于司法程序而获得的存续力。[②] 如此,本书关于行政行为形式存续力与实质存续力概念的定义,是行政行为的形式效力与实质效力之“两质态论”引入存续力分析而得出的结论,其已与德国行政行为形式存续力与实质存续力概念有着本质的不同。下面通过一个具体的案例,对行政行为的形式存续力与实质存续力予以简要的说明。

【案例 6-1】安徽省寿县人民政府于 2015 年 7 月 6 日作出涉案寿政征补〔2015〕11 号征收补偿决定书,对被征收人范某、范某某的被征收房屋进行征收补偿。范某、范某某不服,向安徽省六安市人民政府申请行政复议,请求撤销该征收补偿决定书。六安市人民政府经复议,于 2016 年 12 月 1 日作出六政复决〔2016〕24 号行政复议决定书,维持上述征收补偿决定书。范某、范某某对此仍不服,向安徽省淮南市中级人民法院起诉,要求撤销寿县人民政府作出的寿政征补〔2015〕11 号征收补偿决定书和六安市人民政府作出的六政复决〔2016〕24 号行政复议决定书。淮南市中级人民法院作出(2016)皖 04 行初 71 号行政判决,认为寿政征补〔2015〕11 号征收补偿决定书和六政复决〔2016〕24 号行政复议决定书合法有效,驳回其诉讼请求。范某、范某某不服一审判决,向安徽省高级人民法院提起上诉。安徽省高级人民法院作出(2017)皖行终 752 号行政判决,以同样的理由驳回上诉,维持原判。[③]

上述案例中,寿县人民政府作出的寿政征补〔2015〕11 号征收补偿决定书和六安市人民政府作出的六政复决〔2016〕24 号行政复议决定书,均是基于行政程序的具有形式效力之行政行为,其存续力即为形式存续力。寿政征补〔2015〕11 号征收补偿决定书和六政复决〔2016〕24 号行政复议决定书在经过安徽省高级人民法院(2017)皖行终 752 号行政判决确认合

① 参见中国社会科学院语言研究所词典编辑室编:《现代汉语词典》(修订本),商务印书馆 1997 年版,第 1146 页。

② 根据本书关于形式存续力与实质存续力的分类,经过行政诉讼确认实质合法有效而未被撤销、变更的行政行为,其依法产生实质存续力;行政行为经过行政复议,且行政复议为终局裁决的,如果行政行为未被撤销、变更,则其产生的依然为形式存续力。

③ 参见范某、范某某诉寿县人民政府、六安市人民政府房屋征收补偿及行政复议案,安徽省高级人民法院(2017)皖行终 752 号行政判决书。

法有效以后,均已转化成为具有实质合法性的行政行为,其存续力即为实质存续力。

在中国行政法上,缘何要对德国的"formelle Bestandskraft"(形式存续力)和"materielle Bestandskraft"(实质存续力)术语的内涵予以改造或者重新定义?这是因为,符号学之语义学原理要求,语言符号(术语)必须能够准确地反映和揭示事物的本质及其特征,即术语必须准确地反映和揭示事物的指称意义。我国台湾地区学者当初在引进德国的行政行为存续力理论时,将"formelle Bestandskraft"和"materielle Bestandskraft"分别译为"形式存续力"与"实质存续力",从直译的角度来说似乎没有问题。但是,在汉语中,"形式存续力"与"实质存续力"术语有着其特定含义,形式存续力与实质存续力术语根本无法有效反映和揭示"formelle Bestandskraft"和"materielle Bestandskraft"概念的原有内涵,从而导致了形式存续力与实质存续力术语与其内涵之间的矛盾。具体来说,"formelle Bestandskraft"在汉语中被直译为"形式存续力",但其内涵却是以相对人为约束对象的不可争力。"materielle Bestandskraft"在汉语中被直译为"实质存续力",但其内涵却不仅是行政行为存续之法律效力,还包括行政行为对相对人和行政机关的拘束力。在汉语中,无论是形式存续力术语还是实质存续力术语,均不能准确地反映和揭示其需要指称的事物的意义。这就是笔者在本书中对德国的"formelle Bestandskraft"和"materielle Bestandskraft"术语进行重新翻译以及对中国行政法之形式存续力与实质存续力进行重新定义的原因所在。在德国行政法上,"Bestandskraft"、"formelle Bestandskraft"和"materielle Bestandskraft"均是其行政程序法意义上的概念,应该属于行政行为形式效力的范畴。从"formelle Bestandskraft"和"materielle Bestandskraft"术语的内涵上考虑,其在中国行政法上就不宜被译为"形式存续力"与"实质存续力",而是将其分别译为"不可争力"与"既决力"较为适宜。① 可见,在引进域外理论的概念与术语时,正确的理解及准确的本土语词选择非常重要。然而,因为语言的局限性,准确选择本土语词以与外来术语精准地对应,有时是非常困难的。

---

① "既决力"是江必新教授在论及行政行为效力时所使用的一个术语,其含义和要求是:对于行政行为中的意思表示和认定的事实,相对人、行政机关、监督机关以及其他社会主体都有义务将其作为既定事实加以承认和尊重,都受既决的行政行为内容的约束,不得作出与该行政行为相反的认定和处理决定。参见江必新:《行政行为效力体系理论的回顾与反思》,载《江苏社会科学》2008 年第 5 期。

第六节　中国行政法行政行为存续力理论之科学建构

一、德国行政行为存续力理论和制度的价值与意义

德国行政行为存续力术语是在借鉴和移植司法裁判之确定力术语基础上逐渐形成的，体现了德国行政法学者的智慧和创造。如前文对《联邦德国行政程序法》(1997年)第三章第二节关于存续力条文具体内容的分析，德国行政行为存续力包括两个方面的内容：一是行政行为上存续的法律效力，即《联邦德国行政程序法》(1997年)第43、44条规定的行政行为的有效与无效制度，也就是行政行为的形式效力制度；二是行政行为本身的存续效力，即《联邦德国行政程序法》(1997年)第45~52条所体现的行政行为补正、转换、撤销、废止及行政行为的程序重开制度等。德国行政行为存续力不同于司法裁判的确定力，司法裁判的确定力只关涉司法裁判确定的法律效果，而行政行为存续力既关涉行政行为上存续的法律效果(形式效力)，又关涉行政行为本身的存续效力。德国行政行为存续力显然也不同于日本的行政行为公定力，德国行政行为存续力系基于实在法规范而产生的法定效力，而日本的行政行为公定力理论则主张行政行为公定力系推定的法律效力。从总体上来看，德国的行政行为存续力理论要比日本的行政行为公定力理论更为科学，对我国行政行为效力的研究具有重要的借鉴意义。

二、德国行政行为存续力理论的借鉴与移植

德国的"Bestandskraft des Verwaltungsaktes"本质上就是"行政行为的效力"，我国台湾地区的"行政程序法"第二章第三节的内容与《联邦德国行政程序法》(1997年)第三章第二节的内容大致相同，但却以"行政处分的效力"为标题，应该就是明证。[①] 如上所述，德国"Bestandskraft des Verwaltungsaktes"概念在外延上包括两个方面的内容，一是行政行为上存续的形式效力，二是行政行为本身的存续效力。为此，本书将德国行政行为存续力概念从外延上拆分成两个部分：一是行政行为上存续的形式效力(法律效果)，二是保障行政行为自身合法存续的法律效力。对于前者，本书将其归纳为"行政行为的形式效力"，《联邦德国行政程序法》(1997年)第43、44条规定的行政行为的有效与无效制度及相关理论，对我国的行政

① 参见我国台湾地区"行政程序法"(1999年)第二章第三节。

行为形式效力理论及制度建设具有重要的借鉴和参考价值。对于后者，本书将其归纳为“行政行为存续力”，即“保障行政行为自身合法存续的法律效力”，从而将其改造成为中国行政法之行政行为存续力概念。《联邦德国行政程序法》（1997年）第45～52条规定的补正、转换、撤销、废止及行政行为的程序重开等制度及相关理论，对我国的行政行为的存续保护理论及制度建设亦具有重要的借鉴和参考价值。如前文所述，从“formelle Bestandskraft”和“materielle Bestandskraft”术语的内涵上考虑，本书将其分别译为“不可争力”与“既决力”。[①] 根据中国行政法之行政行为存续力概念的定义，不可争力和不可变更力均属于行政行为存续力的范畴，故在中国行政法上可以将其作为行政行为存续力的下位概念予以保留和使用。对于“formelle Bestandskraft”和“materielle Bestandskraft”术语的原译名，即“形式存续力”和“实质存续力”术语，本书则赋予其新的内涵，作为中国行政法之行政行为存续力的术语予以使用。

三、中国行政法行政行为存续力理论的基本内容

中国行政法行政行为存续力理论至少包括但不限于如下几个方面的内容：（1）关于行政行为存续力概念的定义；（2）关于行政行为存续力在行政行为效力体系中的地位与作用；（3）关于行政行为的形式存续力与实质存续力；（4）关于行政行为存续力相关的原则与制度；（5）关于行政行为的撤销、变更与废止；（6）关于行政行为的行政程序重开。

中国行政法行政行为存续力理论应该是与汉语语言及汉语文化高度和谐统一的行政行为效力理论。在汉语法学上，“行政行为存续力”这一术语能有效表达“保障行政行为得以合法存续下去的法律效力”之意，却难以表达“行政行为上存续的法律效力”之意。因此，中国行政法行政行为存续力仅指“保障行政行为得以合法存续下去的法律效力”。将中国行政法行政行为存续力概念的内涵作此界定，较为符合汉语语言的表达习惯，能够使其与汉语语言及汉语文化较好地保持一致性。

---

① 在德国行政法上，“materielle Bestandskraft”术语的外延不仅包括行政行为的限制撤销性，而且包括行政行为对相对人和行政机关的拘束力。在中国行政法上，如果把“materielle Bestandskraft”术语译为“不可变更力”，等于是限缩了其外延。在德国法上，“materielle Bestandskraft des Verwaltungsaktes”实际上就是“materielle Rechtskraft des Urteils”（司法裁判之既判力）的对应物，司法裁判有“既判力”，行政行为有“既决力”，故在汉语法学上将“materielle Bestandskraft des Verwaltungsaktes”译为行政行为的“既决力”还是较为适宜的。关于“既决力”术语的含义，具体参见江必新：《行政行为效力体系理论的回顾与反思》，载《江苏社会科学》2008年第5期。

中国行政法行政行为存续力理论应该是存续力、拘束力及强制力“三效力说”下的行政行为效力理论。存续力、拘束力及强制力之“三效力说”作为内在关联、有机统一的整体,科学地揭示了行政行为效力的所有内容。“三效力说”属于反映和揭示行政行为效力之特殊性或个别性的理论。其中,存续力,是指非因法定事由并经法定程序,不得对行政行为予以撤销、变更和废止的法律效力;拘束力,是指行政行为基于其内容依法产生的,约束与保障行政相对人、利害关系人、国家行政机关及司法机关等履行行政行为义务的法律效力;强制力,是指行政行为依法产生的,在行政主体或行政相对人等违反或拒不履行存续力或拘束力之法定义务时,有权机关采取相应的措施,以保障其存续力或拘束力义务得以实现的法律效力。①

中国行政法行政行为存续力理论应该是形式效力与实质效力之“两质态论”下的行政行为效力理论。依据效力产生基础的不同,行政行为有形式效力与实质效力两种不同性质及形态的法律效力,即行政行为效力之“两质态论”。因为存续力产生的行政行为合法性基础的不同,行政行为的存续力有形式存续力和实质存续力之分。行政行为的形式存续力,是指行政行为基于其形式合法性而依法产生的存续力;行政行为的实质存续力,是指经过司法程序的审查,行政行为基于其实质合法性而依法产生的存续力。行政行为的形式存续力与实质存续力的主要区别有三:一是产生的基础和根据不同。形式存续力以行政行为的形式合法性为基础和根据,实质存续力以行政行为的实质合法性为基础和根据。二是产生的程序不同。形式存续力产生于行政程序,实质存续力则产生于司法程序。三是形式存续力与实质存续力的稳定性以及强度不同,实质存续力的稳定性及强度高于形式存续力。行政行为的效力从形式效力向实质效力转化,须经过司法程序对行政行为实质合法性的审查和确认。行政行为(无效的行政行为除外)成立以后,由于实质合法性未经司法程序的审查和确认,因而始终处于形式效力阶段,具有形式存续力;经过司法程序的审查和确认,根据审查和确认结果的不同,行政行为存续力的情况又有所不同。一是经过司法程序的审查,行政行为被确认无效的,行政行为没有形式存续力,当然更不具有实质存续力。二是经过司法程序的审查,行政行为不具有实质合法性而被撤销的,行政行为不复存在,行政行为的形式存续力消亡,当然也就

① 存续力是前提和基础效力,拘束力是目的与核心效力,强制力是手段与保障效力,每一项效力都具有特定的法律意义与制度功能;三者的本质属性不同,价值目标和制度功能不同,产生的时间和条件也有差异;三者相互独立,不存在内涵交叉或重叠的现象。具体详见本书第十章第二节第五部分的相关内容。

更不会存在实质存续力的问题。三是经过司法程序的审查,行政行为具有实质合法性的,行政行为的形式效力转化为实质效力,行政行为的形式存续力亦转化为实质存续力。四是虽然经过了司法程序的审查,但是,如果司法程序未对行政行为的实质合法性予以审查和确认的,则行政行为依然处于形式存续力的状态。例如,相对人对行政行为提起撤销之诉,法院以超过起诉期限驳回起诉的,则行政行为仍然处于形式效力状态,其所具有的存续力为形式存续力。对于形式存续力的行政行为,如果没有超过法定的期限,相对人可以申请行政复议或行政诉讼,要求对行政行为予以撤销或变更;行政机关也可以依照法定程序,对行政行为予以撤销、变更或废止。对于实质效力的行政行为,行政相对人不得提起行政复议和撤销之诉,行政机关一般也不得对其撤销、变更或废止。

第七节　行政行为存续力与法的安定性原则

一、法的安定性原则之含义

“法安说”,即关于法的安定性之学说。所谓“法的安定性”,也称为“法的可预期性”,是指法律应当形成稳定的社会秩序,从而使法律主体能够形成稳定的预期。人们对于秩序安定的考虑和追求,构成了法的安定性原则的根本基础。法的安定性主要包括两方面的内容:其一,法律规范的安定性,即法律规范必须具有明确性和稳定性。法律规范的明确性,要求法律规范的内容具体、明确。法律规范的稳定性,要求法律必须保持稳定,不得朝令夕改。基于法的安定性之要求,法在颁布生效以后,其效力需要得以维持。其二,法律秩序的安定性,即通过法律而形成的法律秩序具有安全性、稳定性和持久性。在现实生活中,人们对自己的生存空间,必然有着一种秩序的需要和期待,要维系安定的秩序,就必须服从现有的规范;如果每个人皆可以规范有悖其心中的正义为由而违反之,则几乎人人都会在心理上滋生恐惧,因为原有的秩序将随时面临解体的危险。在各种规范当中,实在法是相对明确及可确切认知和把握的,基于实在法而形成的法律秩序也是各种秩序形成的基础,因此实在法应当得到遵守,法律应当具有稳定性。法的安定性原则是法治国家的根本要求,也是法治国家的一项必不可少的重要内容。在德国,联邦宪法法院强调,站在公民的角度,对于法安定性的维护就意味着信赖保护。①

二、法的安定性与行政行为之存续

基于法的安定性原则与要求,行政行为必须具有一定的存续性。作为行政行为存续保护的存续力制度,已成为行政领域贯彻、实现法的安定性原则的最为重要的方式之一。法的安定性原则和要求适用于所有的国家行为,司法行为与行政行为也不例外。作为法律秩序构成内容之一的行政行为,如同司法判决一样,也要实现法的安定性原则的要求。行政行为是法律作用和调节社会关系的一种重要方式,其作为公共行政的重要工具发挥作用,首先就必须保障其持续性地存在,不被非法撤销、变更和废止。行政行为依法成立以后,倘若行政机关等公权力主体能够任意地对行政行为予以撤销、变更和废止,则行政行为将难以有效地发挥作用,通过行政行为实现公共利益的目的也将难以实现。②

行政行为存续力的理论依据问题,在德国联邦宪法法院于 1982 年作出的关于存续力问题的一份重要判决中得到了明确阐释:行政行为能够产生存续力是基于法治国背景下法的安定性之要求,而并非行政行为本身的内容特质或者形式化地作出程序的必然要求。③ 也可以这样说,法的安定性原则构成了行政行为存续力的理论依据。法的安定性原则要求行政机关等公权力主体对行政行为不得随意予以撤销、变更或废止。但是,行政行为存续力不是绝对的,而是相对的。基于法定的事由并通过法定的程序,作出行政行为的原行政机关、上级行政机关、司法机关可依法撤销、变更或废止行政行为。例如,行政行为的废止,就是有权机关以形势变迁等为由,消灭已经生效行政行为的效力,这也正是行政行为存续力有限性的表现之一。

三、存续力与行政程序重开

行政程序重开,就是行政程序的重新开始、重新进行。广义而言,所有

---

① 参见展鹏贺:《德国公法上信赖保护规范基础的变迁——基于法教义学的视角》,载《法学评论》2018 年第 3 期。

② 从静态层面上来说,法的安定性原则要求行政行为的内容必须具体、明确,使相对人对行政行为的法律效果具有可预见性;从动态层面上来说,法的安定性原则要求行政行为必须保持一定的稳定性和存续性,对已作出并生效的行政行为,公权力主体应尽可能保持其存续,而不得随意撤销、变更或废止。参见李垒:《论行政法上的信赖保护原则》,载《西部法学评论》2012 年第 4 期。

③ 参见赵宏:《从存续性到存续力——德国行政行为效力理论的生成逻辑》,载《法商研究》2007 年第 4 期。

重新启动行政程序对行政行为的撤销、变更与废止,均可以称作行政程序重开;狭义而言,行政程序重开是指法定的救济期间届满,行政机关重新启动行政程序,对原行政行为予以撤销、变更或废止。一般来说,行政程序重开是指狭义的行政程序重开。总体来说,行政程序重开可以分为相对人申请的行政程序重开与行政机关依据职权的行政程序重开。[①] 相对人申请的行政程序重开,是指行政相对人或其他利害关系人对于已经超过法定救济期限的行政行为,基于法定的事由请求行政机关重新进行审查并决定是否给予撤销、变更或废止。[②] 行政机关依据职权的行政程序重开,是指行政机关在法定的条件下,主动依职权对超过救济时限的行政行为重新审查并决定是否给予撤销、变更或废止。[③]

行政行为的存续力是相对的、有限的。对于一个违法的行政行为来说,如果是在法定的救济期限内,相对人可以申请行政复议或提起行政诉讼要求撤销或变更、废止。行政程序重开制度则更是表明,行政行为的存续力是相对的、有限的,即使超过了法定的救济期限,行政机关仍然可以对行政行为重新进行审查,并决定是否给予撤销、变更或废止。行政程序重开一般是指通过行政程序的重新进行,对具有形式效力之行政行为撤销、变更与废止。例如,我国台湾地区“行政程序法”(1999 年)第 117、128 条规定的行政程序重开,似乎仅关涉超过法定救济期间具有形式存续力的行政行为,而不涉及已产生实质存续力的行政行为。那么,具有实质存续力之行政行为是否可以依据上述规定而启动行政程序重开?或者说,原告提起撤销之诉遭实体判决驳回后,行政机关能否再行撤销或变更原行政行为?对此问题,我国台湾地区在司法实务上持否定的态度。[④] 其理由是,若经“行政法院”实体判决予以维持之行政处分,因其得依再审程序寻求救

① 也有学者将行政程序重开分为争讼性行政程序重开与非争讼性行政程序重开。争讼性行政程序重开,是指在争讼程序过程中的行政程序重开;非争讼性行政程序重开,是指在非争讼程序过程中的行政程序重开。参见蔡志方:《从“行政程序法”与“诉愿法”上的职权撤销违法处分,论行政权力的自我约束机制》,载清华法律评论编委会编:《清华法律评论》(第 3 卷第 1 辑),清华大学出版社 2009 年版,第 1~15 页。

② 例如,我国台湾地区“行政程序法”(1999 年)第 128 条规定:“行政处分于法定救济期间经过后,具有下列各款情形之一者,相对人或利害关系人得向行政机关申请撤销、废止或变更之。但相对人或利害关系人因重大过失而未能在行政程序或救济程序中主张其事由者,不在此限……”

③ 例如,我国台湾地区“行政程序法”(1999 年)第 117 条规定:“违法行政处分于法定救济期间经过后,原处分机关得依职权为全部或一部之撤销;其上级机关,亦得为之……”

④ 关于相对人就行政处分提起撤销之诉被实体判决驳回而得以确定,行政机关不得撤销或变更原处分的理由,我国台湾地区“行政法院”2009 年裁字第 3303 号裁定、2010 年判字第 1060 号判决、2010 年判字第 1016 号判决及 2013 年判字第 29 号判决均作了精彩的论述。

济，而不得申请行政程序重开。我国台湾地区学者谢硕骏认为，行政处分为实体判决驳回后，相对人可以根据我国台湾地区“行政程序法”（1999年）第128条的规定，向行政机关申请行政程序重开。[①] 笔者认真研读了我国台湾地区“行政程序法”（1999年）第117、128条的规定。第117条是关于“具形式确定力行政处分之依职权撤销与其限制”之规定，第128条是关于“具形式确定力行政处分之依申请撤销、废止或变更”之规定。第117、128条均是关于过了法定救济期间的行政行为之行政程序重开的规定，而不涉及经过诉讼判决确定的行政行为之行政程序重开问题。笔者认为，如果行政行为经过司法实体裁判，应该尊重实体判决之既判力，不宜再根据该两条的规定，通过行政程序重开对原行政行为予以撤销或变更；否则，其将破坏实体判决之既判力。如果原审裁判结果确有错误，则可以通过再审程序予以解决。例如，对于一个撤销之诉而言，行政处罚行为经过司法审查，司法裁判以其合法有效为由驳回了当事人要求撤销的诉讼请求。若干年以后，行政机关发现行政处罚确实存在重大的违法之处且处罚太重，但也只能在再审以后，原生效裁判撤销之后，对该行政处罚予以撤销，并作出一个相对较轻的行政处罚，此例就属于这一情形。另外，因为判决之既判力仅及于事实审法院言词辩论终结时的法律及事实状态，其后之事实或法律状态如有变更，即非该判决之既判力所及，原行政机关自然可依相应法律规定（如果有的话），而非依据上述规定，通过行政程序重开对原行政行为予以撤销、变更或废止。[②]

在德国，根据《联邦德国行政程序法》（1997年）第48条的规定，除授益行政行为的撤销受到一定的条件限制外，行政机关对行政行为可以依法撤销或变更。根据《联邦德国行政程序法》（1997年）第51条的规定，在行政行为所依据的事实和法律情况发生有利于相对人的变化等情形下，相对人无重大过失而不能在过去的程序中，尤其不能通过法律救济主张行政程序重新进行之理由的，根据相对人的申请，行政机关对行政行为可以依法撤销或变更。[③] 早期德国联邦行政法院的意见认为，行政机关有权在其裁量范围内，对经过实体判决确定后的行政行为予以撤销或变更。德国联邦

---

① 参见谢硕骏：《针对“受确定判决维持之行政处分”申请程序重新进行》，载《月旦法学教室》第205期（2019年）。

② 关于经“行政法院”实体判决予以维持之行政处分，是否可以申请行政程序重开，分别有肯定说、否定说及折中说三种不同的观点。其中，折中说主张，如果案件无法再审，则可申请行政程序重开。肯定说、否定说及折中说的具体理由，参见法观人编辑部：《行政处分经判决确定机关得否撤销》，载《法观人》第214期（2016年）。

③ 参见应松年主编：《外国行政程序法汇编》，中国法制出版社1999年版，第181~185页。

行政法院后来改变了意见，认为个人虽然有权依《联邦德国行政程序法》(1997年)第51条之规定向行政机关主张程序重开，但其请求权必须经由法院的诉讼程序予以实现。也就是说，行政机关无权启动行政程序重开而直接对原行政行为予以撤销或变更。德国联邦行政法院的这一意见，也得到了大多数学说的肯定和支持。[①] 我国台湾地区学者刘建宏认为，基于有效权利保护、诉讼经济及法律适用平等的要求，应该将《联邦德国行政程序法》(1997年)第48条及第51条作为排除裁判既判力之法律依据。即使当事人曾对行政机关的行政处分不服，提起撤销之诉且被实体判决驳回的，在符合《联邦德国行政程序法》(1997年)第51条的情况下，仍得请求程序重开或撤销违法的行政处分。[②] 笔者认为，虽然从该法第48条或第51条的内容上，看不出对经过实体判决驳回确定后的行政行为进行程序重开的禁止，但行政程序重开不得破坏实体判决之既判力，应该是基本的法理。因此，一般情况下，对经过实体判决驳回确定后的行政行为也不宜再由行政机关依《联邦德国行政程序法》(1997年)第48条或第51条的规定予以撤销或变更。否则，其将破坏实体判决之既判力。如果原审裁判结果确有错误，则可以通过再审程序予以解决。如果当事人无法通过再审寻求救济的，则应该允许原行政机关依据《联邦德国行政程序法》(1997年)第48条或第51条的规定，对行政行为予以撤销或变更。此外，因为判决之既判力仅及于事实审法院言词辩论终结时的法律及事实状态，其后之事实或法律状态如有变更，即非该判决之既判力所及，原行政机关自然可依《联邦德国行政程序法》(1997年)第48、51条的规定，对原行政行为予以撤销、变更或废止。笔者还主张，对于一个单效行政行为来说，如果相对人无法通过再审寻求救济的，为了有效保护相对人的合法权益，应该允许原行政机关启动行政程序重开，在不损害公共利益的前提下，对原行政行为予以撤销、变更或废止。另外，考虑行政程序重开远比再审程序要便捷得多，即使相对人可以申请再审，法律上也应该允许行政程序重开，在不损害公共利益的前提下，对原行政行为迅速便捷地予以纠正。当然，这些都应该有明确的法律规定，行政机关才能为之。因为对于公权力而言，“法无授权，不得为之”。这与私法的“法无禁止即自由”有着天壤之别。对于经过诉讼判决确定的复效行政行为，考虑利益关系的复杂性，不宜通过行政程

---

① 参见刘建宏：《既判力与行政程序重开及违法行政处分之撤销》，载《台湾法学杂志》第187期(2011年)。

② 参见刘建宏：《既判力与行政程序重开及违法行政处分之撤销》，载《台湾法学杂志》第187期(2011年)。

序重开对原行政行为予以撤销、变更或废止。[①]

行政程序重开制度是在公共利益与私人利益、法的安定性与个案正义之间予以衡量的产物。“行政程序的重新进行实质与诉讼程序中的再审制度具有相同的功能，都是将公民权利保护优先于法的安定性考虑。尤其是行政决定的作出程序不及诉讼程序正式、严格，引入重新进行制度对保护公民权利有重要意义。”[②]作为大陆法系行政法上的一项重要制度，德国、奥地利的行政程序立法，以及我国台湾地区的行政程序相关规定均对其作出了明确的规定。[③] 目前，我国尚未制定统一的《行政程序法》，《中华人民共和国行政程序法（试拟稿）》《中华人民共和国行政程序法（专家建议稿）》（2015 年）关于这一制度的规定，与德国的规定几乎相同。[④] 在没有明确法律依据的情况下，相对人能否申请行政程序重新进行？行政机关对此所作的行政决定是否可诉？司法实践中的做法并不统一。为了有效地解决这一问题，我国应该在未来的《行政程序法》中对这一问题作出明确的法律规定。

四、存续力与行政诉讼案件的再审

行政再审制度是基于行政诉讼中一审、二审出现的错误，对之进行矫正和对受损权益予以救济的法律制度。行政再审制度本身兼有纠错性和救济性，其作为行政诉讼制度不可或缺的一部分，对于法院纠正错误和维护当事人的合法权益具有重要的意义。行政行为被诉以后，诉讼结果对行政行为形式存续力的影响有三种情形：一是行政行为形式存续力的消灭，如行政行为被判决撤销；二是行政行为的形式存续力随判决的生效而转化为实质存续力，如行政行为被确认为合法有效；三是诉讼对行政行为的形式存续力没有任何影响，其仍然处于形式存续力的状态，如起诉请求撤销行政行为，因超过法定的起诉期限而被驳回起诉的案件。对于第一种情形，如果案件经过再审仍然维持原判，则行政行为的存续力仍然是被消

---

① 这里所谓的复效行政行为，是指行政行为对相对人和第三人都有法律效果，且一方为受益人，另一方为负担人，他们的利益处于相互冲突的状态。而所谓的单效行政行为，是指只对相对人一方有法律效果的行政行为。

② 王万华：《中国行政程序法典试拟稿及立法理由》，中国法制出版社 2010 年版，第 394 页。

③ 参见《联邦德国行政程序法》（1997 年）第 48～51 条、《奥地利普通行政程序法》（1991 年）第 6～70 条，以及我国台湾地区“行政程序法”（1999 年）第 117、128 条。

④ 《中华人民共和国行政程序法（试拟稿）》的相关内容，参见王万华：《中国行政程序法典试拟稿及立法理由》，中国法制出版社 2010 年版，第 393～394 页；《中华人民共和国行政程序法（专家建议稿）》（2015 年）的相关内容，参见姜明安等：《行政程序法典化研究》，法律出版社 2016 年版，第 433 页。

灭的状态。再审撤销原审判决,如果没有对行政行为的合法性予以司法评价,则行政行为的存续力仍然属于形式存续力的范畴;再审撤销原审判决,并对行政行为的合法性予以肯定性的司法评价,则行政行为的形式存续力随判决的生效依法转化为实质存续力。对于第二种情形,再审维持原判的,则行政行为的存续力仍然属于实质存续力。再审改判并对行政行为予以撤销的,则行政行为的形式存续力与实质存续力均归于消灭;如果再审判决对行政行为的合法性予以否定性的司法评价(确认违法等),但不撤销行政行为的,则行政行为依然具有实质存续力。行政案件的再审对行政行为存续力的影响比较复杂,在此不再赘述。

第八节　行政行为存续力与合法预期保护原则

一、合法预期保护原则的含义

合法预期保护作为行政法上的一项重要原则,其最先是作为德国一个基本法法治原则的宪法概念而出现的。"二战"之前,德国并未承认合法预期保护是一项公法原则。"二战"以后,随着德国的宪法和行政法的不断发展,为了有效约束行政权力及保护公民的权益,德国宪法法院日益提倡对公民合法预期的保护,行政法院对公民合法预期的保护也不断扩张,最终在1976年的《联邦德国行政程序法》中确立了合法预期保护原则的行政法地位。[①] 在英国,丹宁勋爵在施密特诉内政部长案(Schmidt *v.* Secretary of State for Home Affairs)中首次提出"合法预期"(legitimate expectation)这一概念。直到1982年,由丹宁勋爵提出的合法预期概念才最终被英国的最高司法机关认同。[②] 如今,合法预期保护原则已为大陆法系及英美法系的诸多国家所接受,其也已经成为欧盟行政法的一个核心原则。基于世界各国法律制度差异等原因,关于合法预期保护原则的内涵及其所保护的权益范围等问题,中外学者的认识也并不统一。从中外学者的论述来看,合法预期这一概念有广义和狭义之分。余凌云教授认为,狭义的合法预期,是指相对人因为行政机关先前的行为(制定政策、发布通知、行政指导或承诺等),尽管其没有获得某种权利或者可保护利益,但却合理地对行政机关将来的活动产生了某种预期(如行政机关将会履行某种程序

---

① 参见黄学贤:《行政法中合法预期保护的理论研究与实践发展》,载《政治与法律》2016年第9期。

② 参见张兴祥:《行政法合法预期保护原则研究》,北京大学出版社2006年版,第12页。

或者给予某种实质性利益),并且可以要求行政机关将来满足其上述预期;行政机关除非有充分的公共利益方面的理由,原则上不得拒绝。[①] 广义的合法预期所保护的利益既包括相对人已经获得的现实权利、利益,又包括相对人的预期利益。余凌云教授主张在中国行政法上引进狭义的合法预期概念。黄学贤教授则认为,合法预期概念应该从广义上理解,“行政法上的合法预期保护从概念上来讲,应当是一个包含了信赖保护等下位概念的基本范畴”。[②] 在汉语法学上,中国行政法合法预期概念内涵的界定,一方面,必须以域外概念的基本含义为基础,不能割裂与域外理论的联系;另一方面,也要立足于汉语语言符号系统及汉语语言文化,服务当代中国法治实践的现实需要。基于符号学之语义原理,“合法预期”这一术语是由“合法+预期”构成的一个偏正词组,其根本含义决定于“合法”及“预期”二词的含义。这里的“合法”并非指相对人的预期符合法律规范的明确规定,而是指相对人的预期因为具有道德上的正当性而为法律所容许和保护,属于“实质合法性”而非“形式合法性”的范畴。而关于“预期”的含义,“预”是“预先”,“期”是“期待”或“期望”。是故,“预期”就是“预先的期待或期望”之意。只有实质合法,且为法律所保护的正当预期,才是合法的预期。因此,合法预期也就是一个得到法律上承认并给予保护的正当预期,是行政相对人基于对行政机关的信任而产生的、为法律所保护的未来可得利益。相对人之所以产生合法预期,是因为行政机关以明示或者默示的方式(如行政惯例)表示它将会以特定的方式或者特定的内容行事,相对人会因此而产生预期;行政机关会以它所作出的意思表示兑现该预期。也就是说,合法预期是一种因相对人对行政机关的特定行为所产生的期望,而这种预期应该为法律所保护。

二、合法预期保护原则所保护的权益范围

对行政相对人来说,其基于行政机关的行为所形成的合法预期利益具有未来性、依附性及可得性之特征,因此,合法预期利益是一种实际的而并非不能实现的或者虚无缥缈的预期利益。[③] 基于上述合法预期概念的定

① 参见余凌云:《行政法上合法预期之保护》,载《中国社会科学》2003年第3期。

② 黄学贤:《行政法中合法预期保护的理论研究与实践发展》,载《政治与法律》2016年第9期。

③ 所谓未来性,是指这种预期利益并非个人现在已经拥有的,而是将来才能取得、实现的利益;所谓依附性,是指它是以行政机关一定的行为为基础而产生的合理预期利益,其前提是一定的行政行为,而非个人的主观愿望;所谓可得性,是指这种预期已经具备了实现的条件,在正常情况下,相对人的预期利益是完全可以实现的。参见张兴祥:《行政法合法预期保护原则研究》,北京大学出版社2006年版,第19~20页。

义,合法预期保护原则所保护的利益只能是相对人的预期利益,而不包括相对人的现实利益。预期利益计算的时点应该是行政行为的撤销或改变之时,而非行政行为成立之时。关于合法预期保护原则的适用范围,则经历了一个逐步扩大的过程。起初,合法预期保护原则适用于撤销行政决定的行为;其后,这一原则的适用范围逐渐扩大,又包括了行政机关不遵守先前承诺、改变政策等情形。目前,关于合法预期保护原则适用的客体,学者们的认识基本一致,认为能够引发合法预期产生的特定行为,主要包括行政机关作出的行政决定、签订的行政协议、许下的诺言、形成的惯例及公布的政策,具体表现为行政机关改变政策,行政机关撤回授益的决定,行政机关在个案中偏离政策,行政机关不履行有关承诺、协议或者提供错误信息等。不仅合法的行政行为会引发合法预期的保护问题,违法的行政行为也会引发合法预期的保护问题。如果对违法行政行为引发的预期不予保护的话,将会导致无任何过错的无辜相对人承担违法行政行为的全部后果。况且,对违法行政行为的合法预期不予保护的话,其实际上也达不到预防违法行政行为、减少行政权力滥用的目的。

合法预期保护的方式有程序性保护与实体性保护之分。合法预期的程序性保护,是指行政机关在改变政策或撤销、变更及废止行政决定之前,听取当事人之意见的保护方式。合法预期的程序性保护有利于行政机关在作出行政决定或改变政策前获得更多的信息,更多地了解相对人的具体情况,从而作出符合实际的决策。合法预期的实体性保护,是指合法预期的存续性保护及合法预期利益的赔偿与补偿。其中,合法预期的存续性保护,是指行政机关在改变政策或作出行政决定之实体内容时,对个人与行政机关之间形成的利益关系给予存续性保护。例如,对于授益性的违法行政行为而言,允许受益人继续享有利益,仍维持该授益行政行为而不予以撤销;在国家政策变动时,对形成合法预期的相对人依据旧法取得的权益予以特别的承认和保护,如通过过渡条款保障当事人法律地位之存续等。所谓合法预期(利益)的赔偿或补偿保护,是指因为行政行为的撤销、变更或废止等导致相对人合法预期利益损失的,由行政机关对相对人合法预期利益损失的赔偿或补偿。

三、存续力与合法预期保护

基于相对人合法预期保护的需要,法律上需要对行政行为的撤销、变更或废止予以适当的限制;而对行政行为撤销、变更或废止的限制,也正是行政行为存续力制度的具体体现。因此,对相对人合法预期的保护也是考

量及影响行政行为存续的重要因素之一。就行政行为的存续力而言,合法预期保护原则的要求主要体现在如下几个方面:

第一,在行政行为依法成立之后,行政相对人等对授益行政行为已经形成合法的预期的,行政机关不得任意撤销、变更或废止该行政行为。如果行政机关、司法机关等公权力主体,特别是原行政机关反复无常、不讲信用,随心所欲撤销、变更或废止其已作出的行政行为,将会大大降低政府的权威与公信力。即使是违法的行政行为,如果该行政行为的违法并非相对人的过错(如行贿或提供虚假资料等)造成的,行政机关一般亦不得撤销或变更该行政行为;当然,该违法行政行为的存在会严重损害国家或社会公共利益的除外。

第二,在行政行为依法成立之后,如果据以作出该行政行为的客观情况发生重大变化,或者据以作出该行政行为的法律已经修改或废止,该行政行为继续存在会损害公共利益或行政相对人等其他主体相关利益的,可以依法撤销、变更或废止该行政行为。但是,在撤销、变更或废止该行政行为之前,行政机关应当进行充分的利益衡量。我国《行政许可法》(2019年)第69条第3款规定:"依照前两款的规定撤销行政许可,可能对公共利益造成重大损害的,不予撤销。"经过利益衡量,如果违法行政行为存续的利益大于对其撤销的利益,则首先应该考虑保持违法行政行为的存续,以充分保护被许可人的合法预期利益。根据《联邦德国行政程序法》(1997年)第48、49条的规定,对于授益行政行为的撤销与废止,行政机关必须在撤销或废止行政行为产生的公共利益与相对人的合法预期利益之间进行充分的衡量。对授益行政行为的撤销、变更或废止,前提是撤销、变更或废止以后新发生的公共利益大于法的安定利益和预期利益。通过对公共利益和相对人的利益(合法预期利益及信赖利益)之间的衡量,确定撤销、变更或废止已经作出的行政行为所获得的利益确实大于行政相对人将因此损失的利益时,才能撤销、变更或废止相应的行政行为。

第三,在行政行为依法成立之后,因行政行为的撤销、变更或废止导致相对人合法预期利益损失的,行政机关应该依法予以赔偿或补偿。在合法预期的程序性保护与存续性保护都无法适用时,法律上应该允许行政机关基于公共利益的需要而撤销、变更或废止行政行为;因行政行为撤销、变更或废止而导致相对人合法预期落空的,行政机关对相对人的相应损失应该依法给予赔偿或补偿。即使行政机关对其作出的违法行政行为予以撤销或变更、废止,如果这种违法不是因相对人过错造成的,行政机关也必须对相对人因此受到的损失予以赔偿。[①] 我国《行政许可法》(2019 年)第 69 条第 4 款,就是关于违法行政行为的撤销,行政机关对被许可人合法预期利益予以赔偿之规定。行政机关因公共利益的需要而变更或废止其合法的行政行为,如这种变更或废止导致相对人合法预期利益损失,基于合法预期保护的原则,行政机关应当对其进行相应的补偿。行政行为的存续力不是绝对的,不仅违法的行政行为可能会被撤销或变更;即使是合法的行政行为,也可能会因为公共利益的需要等原因而被变更或废止。[②]

因为《行政程序法》缺位等诸多原因,我国迄今为止在立法上尚未将合法预期保护原则作为我国行政法的一项基本原则。余凌云、黄学贤、张兴祥等学者主张,在中国行政法上应该将这一原则作为行政法的基本原则之一。鉴于合法预期保护原则已经成为大陆法系、英美法系诸多国家或地区,乃至欧盟行政法的一项基本原则,我国在未来的行政程序立法上,也应该明确将合法预期保护原则作为我国行政法的一项基本原则。

第九节 行政行为存续力与合法信赖保护原则

一、合法信赖保护原则的含义

在德国,信赖保护原则是在其行政法院判例基础上发展而来的一项行政法基本原则。其后,该原则被日本行政法理论继受,并传入我国。如今,信赖保护原则已成为大陆法系诸多国家或地区行政法的一项基本原则。继《联邦德国行政程序法》(1976 年)将其确立为行政法的基本原则,《葡萄牙行政程序法典》(1991 年)、《韩国行政程序法》(1996 年)相继对这一原则作出了规定。我国台湾地区“行政程序法”(1999 年)亦对这一原则作出了规定。关于信赖保护原则的内涵,中外学者的理解不尽相同。其中,罗传贤教授关于信赖保护原则的定义比较具有代表性。罗传贤教授认为:“所谓信赖保护原则,是指本于法之安定性,行政处分必须具有可预见性及可预测性,使人民能预先知道而有所遵循,人民因信赖行政处分所

---

① 我国《行政许可法》(2019 年)第 69 条第 4 款规定:“依照本条第一款的规定撤销行政许可,被许可人的合法权益受到损害的,行政机关应当依法给予赔偿。依照本条第二款的规定撤销行政许可的,被许可人基于行政许可取得的利益不受保护。”

② 我国《行政许可法》(2019 年)第 8 条第 2 款规定:“行政许可所依据的法律、法规、规章修改或者废止,或者准予行政许可所依据的客观情况发生重大变化的,为了公共利益的需要,行政机关可以依法变更或者撤回已经生效的行政许可。由此给公民、法人或者其他组织造成财产损失的,行政机关应当依法给予补偿。”

生之损害应该予以保护。”[①]根据信赖保护原则，相对人对行政权力的行使已经产生了合法的信赖时，行政机关不得擅自撤销、变更或废止已生效的行政行为；如果确需撤销、变更或废止行政行为的，给行政相对人造成的损失，行政机关应当依法给予赔偿或补偿。当然，信赖保护原则并非保护相对人所有的信赖利益，唯有合法的信赖利益才能够为法律所保护。因此，信赖保护原则的准确表述应为“合法信赖保护原则”，“信赖保护原则”其实只是“合法信赖保护原则”的简称而已。信赖保护原则的出现，是现代行政法治从形式法治走向实质法治，实现公权与私权的理性平衡，促进社会秩序和经济秩序稳定的必然结果。依据信赖保护原则所进行的制度设计，信赖保护原则在保障人权、维护法的安定性、实现法治行政方面发挥着不可替代的作用。如果说“诚实信用说”、“法安说”及“权利保障说”构成了信赖保护原则的直接理论依据，法治理论则是信赖保护原则所赖以存在的根本理论基础。信赖保护原则并非与法的安定性原则处于同一位阶的法律原则，法的安定性原则是信赖保护原则的上位概念和法律原则，其在内涵上远比信赖保护原则要丰富得多，而信赖保护原则仅仅体现了法的安定性原则的部分内容与要求。依据传统的依法行政理论，行政主体的违法行政行为应该一律被撤销；在这一观念的支配下，行政行为的撤销、变更或废止其实具有极大的随意性。或者说，行政机关可以任意对行政行为进行撤销、变更或废止，其结果是行政相对人的信赖利益得不到有效保护，从而极大地损害了政府的公信力。可见，信赖保护原则其实是对依法行政原则的补充和发展。信赖保护原则的提出，主要目的是限制行政主体任意撤销、变更或废止已生效的行政行为，从而更好地保护相对人的合法信赖利益，维护已有法律关系的稳定。信赖保护原则作为行政行为撤销、变更或废止过程中的一个重要限制性因素，是对行政行为自由撤销原则的扬弃、发展与超越，也是行政行为存续力的重要理论依据之一。

二、合法信赖保护原则与合法预期保护原则

在学理上，信赖保护原则已经为中国的行政法理论所继受，但在法律制度上，尽管行政许可等领域已经确立了信赖保护制度，但信赖保护原则目前尚未成为中国行政法的基本原则之一。在司法领域，法院实际上已经接受并适用信赖保护原则进行裁判，以保护相对人的信赖利益。因为合法预期保护原则引入中国行政法的时间远远晚于信赖保护原则，司法实践中

---

① 罗传贤：《行政程序法基础理论》，台北，五南图书出版公司1993年版，第66页。

已经形成的是“信赖保护”而非“合法预期保护”的话语体系，合法预期利益的保护很大程度上隐匿于“信赖保护”话语体系下，通过信赖保护原则与规则的法律适用，凭借“信赖利益”之名而得到保护。在司法实践中，也偶见司法裁判以“合法预期保护”之名对相对人的利益予以保护。[①] 余凌云教授认为，在传统行政救济框架中，信赖保护原则无法真正提升救济的程度与空间，只是增强法院判决的说理程度；引入合法预期保护原则能够改善程序保护，促进公正判决。[②] 就国内学者而言，余凌云教授率先对合法预期保护原则进行了较为深入的研究，并主张将合法预期保护原则引入中国行政法理论与制度。自余凌云教授提出这一主张以来，合法预期保护原则得到了越来越多学者的关注和认同。

在中国行政法上，既然已经确立了信赖保护原则，那么是否还有必要再确立一个合法预期保护原则？人们对此或许不无疑问。信赖保护原则是否可以涵盖合法预期保护原则的内容？合法预期保护原则是否就是信赖保护原则的另一种称谓，其是否可以有效地替代信赖保护原则？张兴祥博士认为，信赖保护与合法预期保护都源于德国法的同一种制度；但是，从法的安定性考虑，合法预期保护原则较信赖保护原则的提法更好；在理论上，合法预期保护原则可以替代信赖保护原则。[③] 黄学贤教授认为，合法预期利益包括未来的利益和现实的利益，故信赖保护原则乃合法预期保护原则的下位概念。根据张兴祥博士和黄学贤教授的论述，其二人对于合法预期保护原则应该是一种广义上的理解。王锡锌教授则认为，合法预期保护原则的核心在于，相对人基于法的安定性要求以及对政策连续性的信赖，对政策或行政行为所产生的合理期待及相关利益，应当受到法律上的

① “关于对相关举报行为给予行政奖励的规定一经依法发布，即对行政奖励机关产生拘束效力，公众基于对该奖励规定所产生的合法预期也应予以保护。无论举报人是否知晓相关行政奖励规定，是否与行政奖励机关形成合意，是否主动申请，除举报人主动放弃或法律另有规定外，只要举报人实施的举报行为客观上满足了行政奖励条件，基于诚实信用和对举报人合法预期的保护，行政奖励机关应当按照奖励规定及时履行给付举报人奖励的义务。”参见袁某诉南京市公安局浦口分局不履行行政奖励职责案，江苏省高级人民法院（2019）苏行再1号行政判决书。

② 参见余凌云：《蕴育在法院判决之中的合法预期》，载《中国法学》2011年第6期。

③ 张兴祥博士认为，从法的安定性考虑，合法预期保护原则较信赖保护原则的提法更为准确。合法预期保护原则所保护的，是因行政机关的行为而产生的个人对行政机关将来行为的正当合理预期，其是一个客观性的指标；信赖保护原则所保护的，则是个人因信赖行政机关行为的合法性而做出的经济社会安排，其是一个主观性的标准，在适用中容易造成同样的行政行为在不同人之间却产生不同的法律后果的现象。此外，合法预期保护原则的利益范围要大于信赖保护原则。参见张兴祥：《行政法合法预期保护原则研究》，北京大学出版社2006年版，第15~19页。

保护。[①] 于奇先生认为,合法预期是行政相对人因为对行政活动的信任而产生的对未来可得的、值得法律保护的利益的预期和期望。在“可保护利益和权利”已有相关法律制度保护的情形下,信赖保护不应该归于合法预期保护的范围中去。[②] 根据王锡锌教授及于奇先生的论述,其二人对于合法预期保护原则应该是一种狭义上的理解。

信赖保护原则与合法预期保护原则之间究竟应该是一种怎样的关系,这是一个理论上不容回避的问题。而对这一问题的回答,又完全取决于对信赖保护原则及合法预期保护原则内涵的定义。从信赖保护原则的产生及其内涵发展变化的过程来看,信赖保护原则所保护的利益范围经历了一个逐步扩大的过程。最初,因为行政法治发展的阶段性,行政法对公民权益的保护既不充分也不全面,仅限于对现实利益的保护,而无暇顾及预期利益的保护,信赖保护原则所保护的范围也就限于现实利益而不包括预期利益。后来,随着经济社会的发展及民主与法治的进步,行政法对公民权益保护的范围也不断扩展,预期利益也逐渐为法律所承认和保护,“预期利益”也以“信赖利益”之名通过信赖保护原则得到保护。其实,如果没有合法预期保护原则,合法预期利益也可以“信赖利益”之名,通过信赖保护原则得到保护。域外理论之合法预期保护,在不同的国家和地区,往往有不同的概念或术语。[③] 无论域外理论关于这一概念的内涵如何理解,在汉语法学上,基于符号学之语义学原理,“合法预期保护原则”这一术语只能表达保护预期利益这一内涵,预期保护原则只能保护预期利益,而不能保护现实利益,故其不能完全取代信赖保护原则。例如,某甲于 2016 年 1 月被县民政部门认定为低保户,每月领取低保金约 300 元。至 2018 年 1 月,某甲已经领取低保金 7200 元。经群众举报,某甲不符合低保户条件,县民政部门拟取消其低保户待遇。笔者认为,在 2016 年 1 月某甲被批准为低保户这一时点上,某甲对低保户认定行为的预期利益为其以后可以获得的低保金;但是,在 2018 年 1 月某甲被举报时,以前的所谓预期利益已经转化为现实利益,不再属于预期利益的范畴。如果已经领取的低保金需要保护的话,则合法预期保护原则无法涵盖这一部分。相对人预期的利

---

① 参见王锡锌:《行政法上的正当期待保护原则述论》,载《东方法学》2009 年第 1 期。

② 参见于奇:《行政法上合法预期保护原则之研究》,中国海洋大学 2014 年硕士学位论文,第 11 页。

③ 合法预期保护在德国法上被称为“Vertrauensschutz”(信赖保护),在法语中被称为“protection de la confinace legitime”(合法信赖保护),在英语国家或地区则被称为“protection of legitimate expectation”(合法预期保护)。

益必然是其信赖的利益，但相对人信赖的利益却未必是其预期的利益，也可能是现实的利益。我国有了信赖保护原则是否就无须再建立合法预期保护原则？在中国行政法上，虽然对信赖保护的外延作广义的理解，以信赖利益之名可以保护预期利益；但是，在现代汉语语境下，“信赖利益”和“预期利益”术语的含义和内容不同，信赖保护原则和合法预期保护原则的法理依据也不相同。在我国已有信赖保护原则的情形下，在理论上另外再建立合法预期保护原则，能够为合法预期利益的保护提供明确的理论依据，为实践中合法预期利益保护提供明确的理论指引。因为合法预期保护原则只能保护合法的预期利益而不能保护现实的信赖利益，对于相对人所信赖的现实利益来说，其还有待于信赖保护原则予以保护。笔者认为，在中国行政法上同时建立信赖保护原则及合法预期保护原则，使之成为并驾齐驱的行政法基本原则，二者协同发挥作用，方能对相对人的合法权益提供全面、充分的保护。

三、合法信赖保护原则所保护的权益范围

在私法领域，法律保护的利益有现实利益与预期利益之分。现实利益一般就是指信赖利益。在合同法上，订约、履约的成本以及订约机会，其性质一般为现实利益，包括积极的信赖损害和消极的信赖损害。[①]《法国民法典》第1149条规定：“对债权人应付的损害赔偿……一般应包括债权人所受的损失和所丧失的可获得利益。”这里的“所受的损失”和“所丧失的可获得利益”，分别指现实利益与预期利益。根据我国《民法典》第584条的规定，我国《民法典》上的赔偿包括既得利益（现实利益）的赔偿与可得利益（预期利益）的赔偿。[②] 在英美法系国家或地区的合同法上，基于合同产生的利益分为返还利益、信赖利益及期待利益三类。[③] 所谓信赖利益，是指一方当事人因信赖对方为缔约或履行合同所付出的成本，因履行合同行为而导致的财产损失，以及因信任合同而发生的损失。期待利益其实就是

---

① 信赖损害有积极的信赖损害和消极的信赖损害之分，受表意人因信赖而为积极的行为（作为），致使其财产直接减少的，称为“积极的信赖损害”；受表意人因信赖表意人的意思表示而不为一定行为，致使应当增加的财产没有增加，或应当得到的利益未得到的，称为“消极的信赖损害”。消极的信赖损害主要是因为信赖表意人的意思表示，丧失其他订约机会而导致的损害。

② 我国《民法典》第584条规定：“当事人一方不履行合同义务或者履行合同义务不符合约定，造成对方损失的，损失赔偿额应当相当于因违约所造成的损失，包括合同履行后可以获得的利益；但是，不得超过违约一方订立合同时预见到或者应当预见到的因违约可能造成的损失。”

③ 所谓返还利益，即“the restitution interest”；所谓信赖利益，即“the reliance interest”；所谓期待利益，即“the expectation interest”。通过英文术语，可以更好地理解其真正的内涵。

预期利益，是指合同的一方当事人根据合同正常履行可以获得的预期利益。[①] 在合同未能履行时，其表现为一方当事人因对合同履行获利的预期落空而产生的财产损失。作为现实利益的信赖利益不同于未来的预期利益，合法信赖利益的保护（protection of legitimate relianceinterest）与合法预期利益的保护（protection ofthe expectation interest）显然也并不相同。

尽管公法与私法的原理不同，但私法上关于信赖利益和预期利益的区分完全可以为公法所用。在行政法上，行政相对人因对行政行为的信任而产生的利益也可区分为信赖利益和预期利益。其中，相对人所预期获得的利益为预期利益。从字面上理解，预期利益就是指相对人预先期待的，尚未转变成现实的利益。行政法上的预期利益作为一种未来的权益，其既有可能是实体上的权益，也有可能是程序上的权益；既可以是权利，也可以是利益。在民法领域，个人的预期利益受法律保护；在行政法领域，相对人的预期利益也应该受到法律保护。何为行政法上的信赖利益？从字面上来看，信赖利益是指相对人所信赖的利益；其既可能属于现实利益，也可能属于预期利益。信赖保护原则所保护的利益范围究竟应该如何界定？不同的学者可能会有不同的认识。笔者认为，在已有合法预期保护原则对预期利益进行保护的情况下，将信赖保护原则所保护的权益范围限定在现实利益的范围内基本上还是比较合适的。“信赖保护原则保护的当事人利益是既有利益，即当事人基于对行政机关作出的行政行为的信赖而对自己的行为作出安排后所实际形成或应当产生的利益。”[②]行政法把信赖利益的范围限定于现实利益的范畴，这与合同法理论关于信赖利益的内涵保持了一致；把信赖利益的范围限定于现实利益，这与信赖保护原则的传统保护范围相一致。更为重要的一点是，在中国行政法上确立合法预期保护原则以保护合法预期利益，将信赖保护原则的保护范围限定于相对人的现实利益，无论是从理论上还是实践上来看都是可行的，完全能够适应中国行政法治实践的需要。[③]

在“广义型”行政行为概念下，行政协议也属于行政行为的范畴，因行政协议引发的合法预期利益也属于法律保护的范围。此外，能够引发合法预期产生的行为还包括行政机关公布的政策，作出的行政决定、行政承诺

---

① 参见余凌云：《蕴育在法院判决之中的合法预期》，载《中国法学》2011 年第 6 期。

② 李继刚：《信赖保护原则的立法运用研究》，山东大学 2020 年博士学位论文，第 47 页。

③ 参见张某文、陶某等诉四川省简阳市人民政府侵犯客运人力三轮车经营权案，最高人民法院（2016）最高法行再 81 号行政判决书。本案例为最高人民法院公布的第 17 批指导性案例之一，最高人民法院的判决将信赖利益等同于现实利益（既得权的损失）。

以及形成的惯例。具体而言，主要包括行政机关改变政策、行政机关撤回授益行政决定、行政机关在个案中偏离政策、行政机关不履行承诺或者提供错误信息，等等。[①] 与合法预期保护同理，不仅合法的行政行为存在信赖利益保护的问题，违法的行政行为同样也可能存在信赖利益保护的问题。申言之，假如法律上对违法行政行为引发的信赖利益不予保护，将会导致让没有任何过错的相对人承担行政违法的全部后果；对违法行政行为引发的信赖利益不予保护，其实并不能达到预防及遏制违法行政的目的。

同合法预期利益的保护一样，信赖利益保护方式亦有程序性保护与实体性保护之分，而信赖利益的实体性保护亦分为存续性保护及赔偿与补偿。“信赖利益的保护方式分为存续性保护和财产性保护。前者基于信赖利益保护维持行政行为，后者基于信赖利益保护撤销或废止行政行为后给予财产性的补偿或赔偿，两者可统称为实体性保护。”[②]例如，对于合法的授益行政行为的废止，只能就信赖利益给予补偿之财产性的保护，而不包括信赖利益的存续性保护。有学者认为，对于违法的授益行政行为，被授益人信赖利益的保护，首先应该是对违法的授益行政行为不得撤销，即信赖利益受存续性保护，其次才是对违法的授益行政行为的撤销及财产赔偿。例如，赵宏教授认为：“根据《联邦德国行政程序法》(1997 年)第 48、49 条的规定，对于授益性行政行为的撤销与废止，行政机关必须在相对人的信赖利益与撤销和废止之公益之间进行衡量。如果相对人的信赖利益居于优越地位，该行政行为的存续性就不应受到限制和中断，而应享有法律所提供的存续保护。”[③]又如，刘飞教授认为：“信赖保护原则虽然从其法理基础而言可以针对给付决定或其他决定分别提供存续保护或财产保护，但其在规范适用层面的核心内容在于为违法的给付决定提供存续保护。”[④]再如，蒋成旭博士认为：“在存续力理论视野下，违法状态下授益行为信赖利益的存续保护，绝非单纯意义上信赖利益的一种保护方式，而是信赖利益保护原则的实义之所在。”[⑤]鉴于信赖利益保护方式与合法预期利益的保护方式相同，关于信赖利益保护的方式问题，在此不予赘述。

---

① 参见张兴祥：《行政法合法预期保护原则研究》，北京大学出版社 2006 年版，第 77～140 页。

② 蒋成旭：《存续力理论视野下的信赖利益保护原则》，载《东方法学》2016 年第 4 期。

③ 赵宏：《从存续性到存续力——德国行政行为效力理论的生成逻辑》，载《法商研究》2007 年第 4 期。

④ 刘飞：《信赖保护原则的行政法意义——以授益行为的撤销与废止为基点的考察》，载《法学研究》2010 年第 6 期。

⑤ 蒋成旭：《存续力理论视野下的信赖利益保护原则》，载《东方法学》2016 年第 4 期。

四、存续力与合法信赖保护

基于相对人信赖利益保护的原因，需要对行政行为的撤销、变更或废止予以适当的限制；对行政行为撤销、变更或废止的限制，也正是行政行为存续力制度的具体体现。因此，对相对人信赖利益的保护，也是影响行政行为存续的重要因素之一。就行政行为的存续力而言，信赖保护原则的要求主要有如下几点：

第一，在行政行为成立以后，行政相对人对行政行为已经形成合法的信赖时，行政机关不得任意撤销、变更或废止该行政行为。即使是违法的行政行为，如果该违法行政行为并非由相对人的过错（如行贿或提供虚假资料等）造成，行政机关一般亦不得撤销或变更该行政行为；当然，该违法行政行为的存在会严重损害国家或社会公共利益的除外。

第二，行政行为成立以后，如果据以作出该行政行为的客观情况发生重大变化，或者据以作出该行政行为的法律修改或废止，行政行为继续存在会损害公共利益或行政相对人等其他主体相关利益的，行政机关可以依据法定程序撤销、变更或废止行政行为。在撤销、变更或废止行政行为之前，行政机关应当进行充分的利益衡量。[①] 经过利益衡量，如果违法行政行为存续的利益大于对其撤销或废止的利益的话，则应该首先考虑保持违法行政行为的存续，以充分保护相对人的信赖利益及合法预期利益。对于授益行政行为的撤销、变更或废止，行政机关必须在相对人的信赖利益及合法预期利益与撤销、变更或废止行政行为产生的公共利益之间进行衡量。对授益行政行为的撤销、变更或废止，其前提是授益行政行为改变以后，新发生的公共利益大于相对人的信赖利益及预期利益。在撤销、变更或废止行政行为时，通过对公共利益和相对人的利益（合法预期利益及信赖利益）之间的衡量，确定撤销、变更或废止已经作出的行政行为所获得的公共利益确实大于行政相对人将因此损失的信赖利益及合法预期利益时，才能撤销、变更或废止相应的行政行为。

第三，因为行政行为的撤销、变更或废止导致相对人合法信赖利益损失的，行政机关应该予以赔偿或补偿。行政机关违法撤销、变更或废止行政行为导致相对人合法信赖利益损失的，行政机关应该依法予以赔偿；行政机关基于公共利益的需要变更或废止合法行政行为导致相对人合法信

---

① 我国《行政许可法》（2019 年）第 69 条第 3 款规定："依照前两款的规定撤销行政许可，可能对公共利益造成重大损害的，不予撤销。"

赖利益损失的，在合法信赖利益的程序性保护与存续性保护都无法适用时，行政机关对相对人的损失应该依法予以补偿；行政机关撤销或变更其作出的违法行政行为，如这种违法不是相对人过错造成的，行政机关必须对相对人因此受到的损失予以赔偿。[①] 行政行为的存续力不是绝对的，不仅违法的行政行为可能会被撤销或变更；即使是合法的行政行为，也可能会因为公共利益的需要等原因，被予以变更或废止。[②]

尽管在理论上学界已将信赖保护作为我国行政法的一项基本原则，但在立法上迄今为止我国尚未将其确立为行政法的基本原则之一。大陆法系的德国、日本，都在行政程序立法中规定了信赖保护原则作为行政法的基本原则之一，这一做法值得我们借鉴。在我国未来的行政程序立法上，也应该将信赖保护原则明确规定为我国行政法的一项基本原则。如此，则信赖保护原则不仅适用于目前的行政许可，亦可以适用于行政决定、行政规划、行政指导等多种行政行为。因为行政程序法是有关行政程序的一般性规定，在行政程序立法中确立信赖保护为行政法的一项基本原则，然后在有关的立法中将之进一步细化为具体的法律规定，这是较为科学、可行的思路和办法。

第十节　行政行为存续力的产生、发展及消亡

探讨行政行为存续力的产生、发展及消亡等问题，首先，要区分是行政行为的形式存续力还是实质存续力；其次，要区分是行政行为存续力的哪一种约束对象。因为存续力的性质及约束对象不同，其产生、发展及消亡的具体情形也就有所不同。

一、存续力的产生

行政行为的存续力有形式存续力与实质存续力之分，二者性质不同，产生的时间和条件也不相同。

---

① 我国《行政许可法》(2019 年)第 69 条第 4 款规定："依照本条第一款的规定撤销行政许可，被许可人的合法权益受到损害的，行政机关应当依法给予赔偿。依照本条第二款的规定撤销行政许可的，被许可人基于行政许可取得的利益不受保护。"该条款关于违法行政行为的撤销之规定，既是对被许可人合法预期利益赔偿之规定，也是对被许可人信赖预期利益赔偿之规定。

② 我国《行政许可法》(2019 年)第 8 条第 2 款规定："行政许可所依据的法律、法规、规章修改或者废止，或者准予行政许可所依据的客观情况发生重大变化的，为了公共利益的需要，行政机关可以依法变更或者撤回已经生效的行政许可。由此给公民、法人或者其他组织造成财产损失的，行政机关应当依法给予补偿。"

行政行为形式存续力产生的起点应该在行政行为成立之时，即除行政行为无效，行政行为一经成立，就对作出的行政机关依法产生形式存续力。非有法定事由并经法定的程序，行政机关、司法机关等公权力主体不得对行政行为任意撤销、变更或废止。在行政行为没有向相对人送达以前，因行政行为对相对人并未生效，行政机关也就不受行政行为形式存续力的约束。但是，一方面，行政行为的自缚力要求行政主体不得任意撤销、变更或废止行政行为，尤其是授益行政行为。尽管该行政行为尚未对行政相对人生效，但或许相对人对行政行为的作出已经产生了合法信赖，有的甚至已经作了相应的准备。另一方面，因为行政行为对行政相对人并未生效，行政主体对其可以依法予以更正或撤回。因为行政行为对行政相对人并未生效，故在行政相对人附和同意之前、始期到来之前、条件成就之前，行政主体均可以将行政行为依法更正或撤回。但是，行政主体应当注意前述的信赖利益保护问题。如果行政行为的更正或撤回给相对人造成损失的，行政机关还必须给予行政相对人以适当的补偿。对于其他行政机关、立法机关和法院，行政行为的形式存续力何时产生？从理论上来说，只有在这些机关知悉或应当知悉行政行为的存在时，它们才应受到行政行为形式存续力的约束。如果这些机关并不知道行政行为的存在，它们当然也就无法危及行政行为的持续存在。因此，行政行为的形式存续力实际上只能在它们被知悉时或应当被知悉时才能产生效力。

就行政行为的实质存续力而言，其产生的时间和条件与形式存续力有所不同。行政行为的实质存续力乃基于司法程序及司法裁判的生效而依法产生的效力，司法裁判的生效构成了行政行为实质存续力产生的先决条件和时间起点。司法裁判一经生效，行政行为对作出司法裁判的司法机关立即产生实质存续力。对于其他行政机关、立法机关和司法机关，在这些机关知悉或应当知悉生效的司法裁判时，它们才应受到行政行为实质存续力的约束。

二、存续力的发展

如上所述，就行政行为的形式存续力而言，在行政行为尚未送达相对人时，行政机关可以依法撤回或变更行政行为，此时行政行为的存续力较弱。在行政行为送达相对人之后，行政行为的形式存续力有所强化，行政机关、司法机关等撤销、变更或废止行政行为将依法受到限制：非有法定事由并经法定的程序，行政机关、司法机关等不得撤销、变更或废止行政行为。此外，如果是原行政机关或上级行政机关撤销行政行为的，其还应该有时间的限制,即除斥期间的限制。过了法定的除斥期间,则行政机关不得对行政行为予以撤销。[①] 我国台湾地区“行政程序法”(1999 年)第 121 条第 1 项规定:“第一百十七条之撤销权,应自原处分机关或其上级机关知有撤销原因时起二年内为之。”过了法定的除斥期间,则行政行为的存续力得以进一步强化。随着行政复议或行政诉讼救济期限的届满,相对人丧失了请求行政复议或诉讼撤销行政行为的权利,行政行为的形式存续力又得以进一步巩固和强化。而后,经过司法程序的审查和确认,若行政行为实质合法有效,则其形式存续力依法转化为实质存续力。或者是在行政诉讼以后,行政机关依职权或依相对人的行政程序重开申请,经审查后不能再对行政行为予以改变的,则其实质存续力达到最强的状态。当然,若相对人在法定救济期限内提起行政复议要求撤销或变更行政行为,行政行为形式存续性处于一种不稳定状态:如果行政行为被撤销或变更,则行政行为不复存在,行政行为的形式存续力归于消灭;如果撤销行政行为的复议决定被撤销,行政行为得以恢复,其形式存续力也得以恢复;如果行政复议决定维持原行政行为,则行政行为的形式存续力将得到进一步的强化。特别需要指出的是,即便是行政复议终局裁决的行政行为,经过复议维持原行政行为的,此时行政行为的存续力仍然属于形式存续力的范畴。在理论上,行政行为的合法性只是通过行政程序而非司法程序的审查,行政行为在效力上依然处于形式效力的形态,故此时行政行为的存续力仍然属于形式效力的范畴,只是其存续力得以进一步稳定和强化而已。

如果相对人对行政行为不服,提起行政诉讼要求撤销或变更行政行为的,在一审作出行政行为合法有效的判决之后的上诉期内,由于判决尚未生效,行政行为仍然处于形式存续力的状态。如果过了法定的上诉期限,当事人没有上诉或者上诉被驳回的,则该行政行为依法产生实质存续力。如果行政行为被司法裁判所撤销或变更,则行政行为不复存在,行政行为的形式存续力归于消灭。如果撤销行政行为的司法裁判决定被撤销,行政行为得以恢复的,则其形式存续力也得以恢复。从理论上来说,只有公权力机关知悉或应当知悉具有实质合法的行政行为存在时,其才会受到行政行为实质存续力义务的约束。如果行政机关不知道实质合法的行政行为的存在,其自然也就无法危及行政行为的持续合法存在。因此,行政行为的实质存续力实际上只能在它们被知悉或应当被

---

① 参见刘国:《职权撤销违法行政行为的时间限制及制度构建》,载《政治与法律》2020 年第 9 期;李建良:《论行政处分撤销与废止之除斥期间》,载《政大法学评论》第 144 期(2016 年)。

知悉时才能产生约束力。

三、存续力的消亡

行政行为存续力的消亡有形式存续力的消亡和实质存续力的消亡之分。行政行为形式存续力的消亡有两种情况：一是行政行为归于消灭，则行政行为的形式存续力消亡，如行政行为被依法撤销或变更。二是行政行为的形式存续力依法转化为实质存续力，则形式存续力消亡。行政行为实质存续力何时消亡？应该是在行政行为被依法撤销、变更或废止之后，因为行政行为不复存在，其实质存续力也自然消亡；或是确认行政行为实质合法性的司法裁判被撤销以后，行政行为重新回到形式存续力的状态，其实质存续力也自然消亡。

第七章　行政行为的拘束力

作为一个传统而经典的概念,行政行为拘束力在理论上应该保留而不能摒弃。行政行为拘束力是行政行为效力的核心内容,理论上应该将其作为效力内容之一而予以单列。本章立足于行政行为的存续力、拘束力及强制力之“三效力说”,将行政行为拘束力概念定义为:“行政行为基于其内容依法产生的,约束与保障行政相对人、利害关系人、行政机关及司法机关等履行行政行为义务的法律效力。”基于行政行为的形式效力与实质效力之“两质态论”的分析,拘束力有形式拘束力与实质拘束力之分。以形式拘束力与实质拘束力为理论工具,本章还对行政行为对行政机关、司法机关的拘束力等一系列重大的理论与实践问题进行了分析和探讨。

第一节　行政行为拘束力概念界说

一、拘束力术语的含义

目前,关于拘束力问题,无论是理论还是实践方面均面临一些亟待解决的难题。在理论上,目前我国学者的研究还是非常薄弱,一直处于“蜻蜓点水”的肤浅状态;其中的一些重大理论问题,至今没有得到很好的解决。例如,关于拘束力概念的定义问题,至今就没有一个被学界广为接受的共识性的定义。正是由于拘束力概念的界定这一问题没有得到有效的解决,拘束力与行政行为其他效力之间的关系,拘束力的分类、约束对象、作用范围,行政行为对相对人、行政机关及司法机关的拘束力等一系列的重大理论问题,均难以进行深入的研究和讨论。

关于拘束力概念的定义,中外学者有如下观点:江必新教授认为,拘束力是指行政行为对行为人自身、相对人及任意第三人的拘束力。① 周佑勇教授认为,行政行为一经成立,就具有限制和约束行政主体和相对人行为的法律效力。② 李琦博士认为,行政行为的拘束力是指生效行政行为就其

① 参见江必新:《法律行为效力制度的重构》,载《法学》2013 年第 4 期。
② 参见周佑勇:《行政行为的效力研究》,载《法学评论》1998 年第 3 期。

内容所产生的,对国家机关、行政相对人及其利害关系人的约束、限制力。[①] 李牧教授认为,拘束力是指生效的行政决定对行政主体和相对人产生的法律上的拘束力。[②] 宋功德教授认为,拘束力是行政处理要求相关主体遵守服从,自觉实现行政处理内容的效力。[③] 朱维究、王成栋认为,拘束力是指行政行为所具有的依法律规定或其内容而产生的对行政主体和相对人的约束能力。[④] 赵宏教授提出,应以德国的构成要件效力和确认效力为内容注入拘束力概念,对拘束力概念予以重塑。[⑤] 韩国的金东熙教授认为,拘束力是指行政行为依据其内容发生一定法的效果后,对行政厅、相对人及相关人产生拘束的力量。[⑥] 日本的和田英夫教授认为,拘束力是指行政行为依据行政法规的内容对行政厅及相对人的约束力。[⑦] 德国的汉斯·J. 沃尔夫教授认为,拘束力是指行政行为设定的命令或禁止应该得到遵守,其法律效果应该得到任何人、任何机关(包括受理撤销申请的法院)承认;在行政行为没有被撤销以前,其应当作为实施其他行政活动的根据。[⑧] 赞成拘束力单列的中外学者还有不少,其对拘束力概念的定义在此也不再一一列举。

为了有效解决拘束力概念存在的内涵、外延模糊不清,以及其容易与行政行为的"约束力""公定力"等概念发生交叉、重叠及混淆的问题,基于行政行为的存续力、拘束力及强制力之"三效力说",本书将行政行为拘束力的概念作如下定义:行政行为拘束力,是指行政行为基于其内容依法产生的,约束与保障行政相对人、行政机关及司法机关等履行行政行为义务的法律效力。其包括如下几个方面的含义:

第一,拘束力是行政行为依法产生的法律效力,具有法定性。例如,我国《行政处罚法》(2021 年)第 66 条第 1 款规定:"行政处罚决定依法作出

---

① 参见李琦:《行政行为效力新论——行政过程论的研究进路》,中国政法大学 2005 年博士学位论文,第 111 页。

② 参见李牧主编:《中国行政法学》,方正出版社 2006 年版,第 191~193 页。

③ 参见宋功德:《聚焦行政处理——行政法上"熟悉的陌生人"》,北京大学出版社 2007 年版,第 112 页。

④ 参见朱维究、王成栋主编:《一般行政法原理》,高等教育出版社 2005 年版,第 319 页。

⑤ 参见赵宏:《法治国下的目的性创设——德国行政行为理论与制度实践研究》,法律出版社 2012 年版,第 317、318 页。

⑥ 参见〔韩〕金东熙:《行政法 I》(第 9 版),赵峰译,中国人民大学出版社 2008 年版,第 230 页。

⑦ 参见〔日〕和田英夫:《现代行政法》,倪建民、潘世圣译,中国广播电视出版社 1993 年版,第 198 页。

⑧ 参见〔德〕汉斯·J. 沃尔夫、〔德〕奥托·巴霍夫、〔德〕罗尔夫·施托贝尔:《行政法》(第 2 卷),高家伟译,商务印书馆 2002 年版,第 68 页。

后，当事人应当在行政处罚决定书载明的期限内，予以履行。”这就是《行政处罚法》关于行政行为拘束力的明确规定，其要求当事人主动履行行政处罚所确定的义务。《中华人民共和国行政程序法（专家建议稿）》（2015年）第155条“行政相对人必须履行生效行政处理为之确定的义务”之规定，即关于行政行为拘束力的规定。[①]《中华人民共和国行政程序法（试拟稿）》第132条第1款，也是关于行政行为对行政机关和当事人拘束力的规定。[②] 拘束力作为行政行为的一项非常重要的效力内容，我国未来的《行政程序法》也必然要对其作出明确的规定。

第二，拘束力的义务人（约束对象）具有广泛性。行政行为的效力内容不同，其义务人也就有所不同。拘束力的义务人较为广泛，其不仅包括行政相对人、利害关系人，而且包括第三人以及行政机关、立法机关、司法机关等公权力主体。

第三，拘束力是行政行为基于其内容而产生的法律效力。拘束力是基于行政行为内容产生的，要求相关义务人履行相应义务的法律效力。例如，如果某一行政处罚决定的内容是拘留或罚款，拘束力就是基于其“拘留或罚款”的内容而产生的法律效力。行政行为内容不同，其设定的权利义务也不同，拘束力义务的内容亦不相同。此外，由于拘束力的义务人具有广泛性，不同的义务人，其拘束力的内容又有所不同。例如，行政处罚决定对于相对人的拘束力，主要表现为要求相对人履行行政处罚义务；对于其他行政机关或司法机关的拘束力，就表现为行政处罚决定的“构成要件效力”。

第四，拘束力之目的与功能，在于约束与保障相对人、行政机关及司法机关等履行行政行为所设定的义务。对于行政行为而言，存续力是其前提和基础效力，强制力是其手段与保障效力，而拘束力则是其目的与核心效力。拘束力的核心要义与本质功能，就是约束行政相对人及行政主体等履行行政行为义务，保障行政行为义务的实现。

---

① 《中华人民共和国行政程序法（专家建议稿）》（2015年）第155条（生效行政处理的效力）第1款规定：“生效行政处理对行政相对人具有拘束力和执行力。行政相对人必须履行生效行政处理为之确定的义务。相对人拒不履行生效行政处理为之确定的义务，行政机关可以依法强制其履行。”参见姜明安等：《行政程序法典化研究》，法律出版社2016年版，第433页。

② 《中华人民共和国行政程序法（试拟稿）》第132条（行政决定对决定机关和当事人的约束效果）第1款规定：“行政决定生效后对作出决定的行政机关和当事人都具有约束效果。作出决定的行政机关应当保障行政决定确定的当事人权利的实现，当事人应当在规定期限内履行行政决定所确定的义务。”参见王万华：《中国行政程序法典试拟稿及立法理由》，中国法制出版社2010年版，第35页。

二、拘束力单列之必要性

拘束力有没有必要单列为行政行为的一项效力内容，或者说拘束力概念有没有单独存在的必要，这是拘束力理论研究中首先必须予以回答的问题。关于这一问题，理论界的分歧较大。有些学者认为，拘束力不宜单列为行政行为的一项效力。其一，从字面上理解，“拘束力”与“约束力”含义大致相同，行政行为效力在很大程度上就是一种约束力，因而拘束力概念实际上就是对行政行为各项效力的统称，故拘束力不宜单列为行政行为的一项效力。① 其二，拘束力在内容上容易与公定力的内容发生重叠、混淆而与其他概念相互交叉，故拘束力不宜单列为行政行为的一项效力。② 也有少数学者对此持不同的观点，主张拘束力应该单列为行政行为的一项效力，如前所述，李震山教授、周佑勇教授、江国华教授、李琦博士、李牧教授、朱维究教授、金东熙教授、和田英夫、汉斯·J. 沃尔夫教授等中外学者均持此种观点。③ 迄今为止，主张拘束力应该单列的还是属于主流观点。但是，拘束力要作为行政行为的一项独立的效力内容存在的话，需要解决两个问题：一是要解决行政行为拘束力容易与行政行为约束力混为一谈的问题；二是要解决行政行为拘束力概念容易与行政行为其他效力概念在内涵上有交叉的问题。对于第一个问题，可以通过对拘束力概念的内涵与外延予以限定的办法解决，即将拘束力概念的内涵限定于“行政行为根据其内容而产生的效力”，这是基本合适的。如此，可以将行政行为拘束力与行政

---

① 有些学者认为，使用“拘束力”概念来指代行政行为内容上的约束力有着天生的缺陷，作为效力内容的上位概念，“拘束力”一词难以揭示不同效力之间的差异，因为所有的效力都可以看作一种拘束力。参见江必新：《行政行为效力体系理论的回顾与反思》，载《江苏社会科学》2008 年第 5 期。此外，还有一些学者反对拘束力作为一项独立的效力内容存在。参见周兰领、宋艳慧：《行政行为效力内容研究》，载《黑龙江省政法管理干部学院学报》2002 年第 4 期；张健宝：《行政行为效力体系的重构》，山东大学 2008 年硕士学位论文，第 37 页；郑毅：《以排除式思路重构行政行为效力内容的合理性分析》，载《中共南京市委党校学报》2008 年第 4 期。

② 参见章志远：《行政行为效力论》，中国人事出版社 2003 年版，第 52 页。

③ 参见李震山：《行政法导论》（修订 9 版），台北，三民书局 2012 年版，第 358、366 页；周佑勇：《行政法原论》，中国方正出版社 2000 年版，第 160 页；江国华编著：《中国行政法（总论）》，武汉大学出版社 2014 年版，第 194 页；李琦：《行政行为效力新论——行政过程论的研究进路》，中国政法大学 2005 年博士学位论文，第 111 ~ 112 页；李牧主编：《中国行政法学总论》，中国方正出版社 2006 年版，第 191 ~ 193 页；朱维究、王成栋主编：《一般行政法原理》，高等教育出版社 2005 年版，第 319 页；赵宏：《法治国下的目的性创设——德国行政行为理论与制度实践研究》，法律出版社 2012 年版，第 317 页；〔韩〕金东熙：《行政法 Ⅰ》（第 9 版），赵峰译，中国人民大学出版社 2008 年版，第 230 页；〔日〕和田英夫：《现代行政法》，倪建民、潘世圣译，中国广播电视出版社 1993 年版，第 198 页；〔德〕汉斯·J. 沃尔夫、奥托·巴霍夫、罗尔夫·施托贝尔：《行政法》（第 2 卷），高家伟译，商务印书馆 2002 年版，第 68 页。

行为约束力(效力)有效区分。长期以来,我国行政法语境中的拘束力,其实主要就是指行政行为根据其内容而产生的效力,即行政行为根据其内容而对行政相对人、行政机关及司法机关等公权力主体的约束与限制的法律效力。第二个问题,即行政行为拘束力概念容易与行政行为其他效力概念在内涵上有交叉的问题,是决定其能否独立存在的根本性问题。在拘束力概念缺乏科学、明确界定的情形下,确实存在拘束力与确定力及执行力等概念相互交叉、模糊不清的问题。但是,根据本书的行政行为存续力、拘束力及强制力之"三效力说",拘束力概念显然不会与存续力、强制力概念在内涵上发生交叉、重叠或混淆的问题。拘束力概念作为行政行为根据其内容而产生的效力之概括和总称,也符合符号学语义学原理的基本要求。作为一个传统而经典的行政行为效力术语,拘束力其实也是一直被用来指称"行政行为因其内容而产生的效力"的专门术语。基于符号学语义学原理的分析,拘束力这一术语可以有效地表达"行政行为根据其内容依法产生的法律效力"这一含义。笔者认为,在没有合适的术语将其替代之前,拘束力这一概念还是予以保留为宜。

三、拘束力的基本分类

按照不同标准,行政行为拘束力可以有如下分类:

(一)形式拘束力与实质拘束力

以拘束力产生的依据为标准,区分为形式拘束力与实质拘束力。形式拘束力,是指具有形式合法性的行政行为依法产生的拘束力,其以行政行为的形式合法性为基础与依据,具有法定性、行政程序性、形式性、相对性及具体性之特征;实质拘束力,是指经过司法程序的审查,具有实质合法性的行政行为依法产生的拘束力,其以行政行为的实质合法性为基础与依据,具有法定性、司法程序性、实质性、绝对性、具体性之特征。行政行为形式拘束力与实质拘束力的分类,是行政行为的形式效力与实质效力之"两质态论"引入拘束力分析而得出的结果,乃是拘束力的一种非常重要的分类,具有非常重要的理论与实践意义。

(二)对内拘束力与对外拘束力

以拘束力的约束对象是否包括作出行政行为的原行政主体为标准,区分为对内拘束力与对外拘束力。这里的对内拘束力与对外拘束力,是相对而存在的一对范畴。对内拘束力,是指行政行为对原行政主体的拘束力;对外拘束力,是指行政行为对作出它的原行政主体以外的其他行政主体或司法机关、相对人等的拘束力。从理论上而言,这种分类不仅可以让我们看到行政行为对相对人、其他行政主体或司法机关等的拘束力，而且可以让我们看到行政行为对原行政主体的拘束力，从而坚持了一种全面的行政行为效力观，因而具有一定的积极意义。长期以来，人们一谈到拘束力，好像就只是行政行为对于相对人的拘束力，而恰恰忽视了行政行为对作出它的原行政主体的拘束力。因此，研究行政行为的拘束力不能只关注其对相对人、利害关系人，以及其他行政主体的拘束力，而忽视其对作出它的原行政主体的拘束力。实践中，原行政主体有时会拒绝履行或拖延履行其作出的行政行为所产生的义务。行政行为对作出它的原行政主体的拘束力不仅是拘束力的重要内容，而且与其对其他约束对象的拘束力存在明显的不同。例如，就生效的时间而言，它们之间就有明显的差异。从实践层面来看，区分行政行为的对内拘束力与对外拘束力具有非常重要的意义。在立法上，不仅要规范行政行为对相对人及利害关系人、其他行政主体的拘束力，而且要规范行政行为对作出它的原行政主体的拘束力，从而全面建立行政行为拘束力制度及其效力规则体系。在行政执法上，区分行政行为的对内、对外拘束力的不同，可以有效地指导行政执法实践。一方面，要求行政相对人、其他行政主体或司法机关积极履行拘束力义务；另一方面，作出行政行为的原行政主体也必须依法履行行政行为为其设定的义务。在司法上，行政行为对内、对外拘束力的区分，对于正确地作出司法裁判也具有重要的指导意义。

（三）对行政相对人、利害关系人、行政机关、司法机关的拘束力

以拘束力的具体约束对象不同，区分为对行政相对人、利害关系人、行政机关、司法机关的拘束力等。这种分类的意义在于，因为拘束力的具体约束对象不同，拘束力的内容和要求也存在巨大的差异。因此，若对拘束力的具体约束对象不加区分，笼统地讨论拘束力的生效及内容，则没有太大意义。例如，对于行政相对人、利害关系人及原行政主体而言，拘束力的内容就是要求他们履行行政行为所确定的义务。对于其他的上级、平级或下级行政主体来说，拘束力的内容主要体现为行政行为对其他行政主体作出新的行政行为时的“构成要件效力”。对司法机关的拘束力，其内容也主要体现为司法机关在作出裁判时的“构成要件效力”。对每一个具体的约束对象来说，其拘束力制度及具体的效力规则均有所不同。

（四）行政行为主文、事实认定及说明理由的拘束力

以拘束力范围的不同，区分为行政行为主文、事实认定及说明理由的拘束力。根据拘束力具体约束对象，同时从行政行为主文、事实认定及说明理由三个方面考虑，方能具体、准确地确定行政行为拘束力的具体内容。

例如，就行政行为对作出它的原行政主体和其他公权力主体而言，其拘束力差异就非常大。对于作出行政行为的原行政主体而言，按照诚实信用及禁止反言的原则，行政行为的主文、事实认定及说明理由均应该具有拘束力。但是，对于其他公权力主体来说，除无效的行政行为以外，行政行为的主文具有拘束力，但事实认定与说明理由一般不具有拘束力。

第二节　拘束力与相关行政行为效力之辨析

一、拘束力与跨程序拘束力

为维护行政相对人的既得利益与法律安定性，防止行政机关出尔反尔、反复无常，任意以新的行政行为代替以前作出的行政行为，我国台湾地区的许宗力教授提出，行政行为应该具有“跨程序拘束力”。所谓跨程序拘束力，是指“行政处分对同一处分机关后续程序做成后续处分的拘束效力”。“行政处分的这种跨程序拘束力，并非根本禁止处分机关于同一事件以新的程序重为新的决定，其禁止的毋宁只是比原决定更不利于相对人的新的决定而已。”[①]因此，跨程序拘束力其实就是原行政行为的内容对原行政机关的约束力，即禁止其作出比原行政行为更不利于相对人的行政行为而已。例如，被申请执行的行政行为经法院依法裁定不予强制执行以后，无自行强制执行权的行政机关是否可以针对同一事实另行再作出一个行政行为，甚至另一个行政行为比原行政行为对相对人更为不利？按照行政行为的跨程序拘束力理论，这显然不可以。跨程序拘束力不是禁止行政主体基于同一事实以新的程序作出新的行政行为，而是基于原行政行为的内容，禁止行政主体作出更不利于行政相对人的行政行为。例如，不能以负担行政行为替代授益行政行为；不能以授益较少的行政行为替代授益较多的行政行为；不能以负担较重的行政行为替代负担较轻的行政行为。只有如此，行政相对人及利害关系人因信赖行政行为而应当获得的合法权益才能得到有效的保护。跨程序拘束力与行政行为的存续力密切配合，能够有效保障信赖保护原则的实现。存续力要求行政主体撤销、变更或者废止行政行为时，基于信赖保护考虑，要符合撤销、变更或者废止之法律规定；而跨程序拘束力以其独特的方式，保障信赖保护原则的实现，禁止作出对行政相对人及利害关系人更为不利的行政行为。简言之，通常认为，跨程序拘束力就是原行政行为之内容对原行政机关的约束和限制，即禁止其作

---

① 翁岳生编：《行政法》（上册），中国法制出版社2009年版，第654页。

出更不利于相对人的新的行政行为。柳砚涛教授认为，程序拘束力的基本要求是对行政行为撤销及变更的限制，即一般不得撤销或者变更已存在的行政行为和禁止不利变更；特别是在救济程序中，绝对禁止不利变更。撤销或者变更限制约束的机关包括立法机关、法院等在内的所有享有撤销或者变更权的机关，对行政行为撤销或变更限制的价值取向在于维护相对人的正当信赖、法的安定性及行政公正性。[①]

基于行政行为存续力、拘束力及强制力之"三效力说"，跨程序拘束力究竟应该属于存续力还是拘束力的范畴？跨程序拘束力并非限制原行政主体对行政行为的撤销、变更及废止，而是限制原行政主体作出更为不利于相对人的新的行政行为。说到底，跨程序拘束力还是属于行政行为的"内容效力"之范畴。因此，跨程序拘束力并不属于行政行为存续力的范畴，而是属于行政行为拘束力的范畴，其完全可以为拘束力的概念所概括和吸收，而不必作为一项单独的效力内容存在。但是，因为跨程序拘束力属于拘束力的范畴，其作为拘束力概念的一个下位概念予以保留和使用，仍然具有一定的积极意义。

二、拘束力与构成要件效力

构成要件效力（Tabtestandswirkung）是德国以及我国台湾地区行政法理论关于行政行为效力的一个概念，是指其他行政机关、法院等国家机关应当把行政决定当作一个既定的构成要件，在其作出行政决定或者裁判时，予以承认、尊重，除非该行政决定具有重大且明显的违法情形。行政处分所产生的法律效果或所形成的法律关系，构成其他相关国家机关决定的基础及前提条件，对此，一般称为"构成要件效力"。[②] 简言之，"行政行为构成要件效力是指行政行为以其存在事实及其规制内容对其他国家机关以及其他公法主体的拘束作用。"[③]构成要件效力这一术语源于德国行政法上的"构成要件效果"（Tatbestandswirkung），即行政行为经有权机关作出后，不仅行政相对人、原行政机关，甚至其他执法和司法机关，皆应受到该行政行为内容的拘束。"行政处分生效后，除有无效原因外，对于处分机关本身有拘束力，且其所产生之法律效果或所形成之法律关系，构成其他

---

① 参见柳砚涛：《论具体行政行为"撤变"限制的内在机理》，载《东岳论丛》2014 年第 12 期。

② 参见李建良：《行政处分对行政机关的构成要件效力与行政争讼》，载《月旦法学杂志》第 86 期（2002 年）。

③ 王世杰：《论行政行为的构成要件效力》，载《政治与法律》2019 年第 9 期。

行政处分之基础或前提条件时,称之为构成要件效力。"[①]"行政处分生效后……其他行政机关或法院作出裁决时,对于先前之行政处分产生之法律效果或所确认或所形成之法律关系,原则上应加以尊重或承认,以该既定的法律关系,作为本次行政处分或判决基础构成要件事实,此即行政处分之构成要件效力。"[②]行政行为所产生的法律效果或所形成的法律关系构成后一行政行为或司法裁判的基础和前提,乃是行政行为构成要件效力的核心要义。例如,某甲通过考试获得公安机关颁发的驾驶证,则任何法院和行政机关在后续某甲的案件处理上,都不能认为其系无证驾驶,而是应当作为有证驾驶对待。又如,根据我国《生产安全事故报告和调查处理条例》(2007 年)的相关规定,县级以上人民政府针对事故调查报告作出的批复包含对事故调查报告中有关事故发生的原因、事故性质、事故责任以及对事故责任者的处理建议等的认定。该规定成为对有关机关及事故发生单位作出相应处罚、处分或者处理的依据。因此,该批复行为应当受到其他有权机关的尊重,并且作为其作出相关决定的既定"事实要件"而被采用,对其他行政机关及人民法院具有法律上的构成要件效力。[③] 构成要件效力是基于分权体制下各国家机关之间权力分立且相互尊重的必然要求,是行政行为对于除原行政机关以及相对人之外的其他机关、法院的拘束力,这种效力表现在其他机关或法院在作出与之相关的决定时,必须把该行政行为作为一个既定的要件或者事实加以认可。因为上述事实为嗣后其他机关裁决之既定的构成要件,故又被称为"构成要件效力"。[④] 有学者认为,构成要件效力乃公定力的一部分,行政行为效力涉及相对人的部分为"公定力",而涉及其他国家机关的效力,则为"构成要件效力"。[⑤] 笔者认为,这一观点值得商榷,公定力概念表达的是行政行为效力的普遍性或一般性,而构成要件效力表达的则是行政行为效力的特殊性或个别性(具体的效力内容),二者有着本质的不同。认为构成要件效力乃公定力的一部分,其实是将行政行为效力的普遍性与特殊性混为一谈。

---

① 焦点判决编辑部:《台湾台北地方法院 2015 年(一〇四年)度简字第二八〇号行政诉讼判决》,载《裁判解读:公法》第 11 期(2016 年)。

② 詹祐维:《行政处分对行政机关及行政法院的拘束效力——兼论行政处分"构成要件效力"》,台湾大学 2015 年硕士学位论文,第 3 页。

③ 参见赵某诉被重庆市巫山县人民政府请求撤销生产安全事故调查报告批复案,重庆市高级人民法院(2019)渝行终 649 号行政裁定书。

④ 吴庚:《行政法之理论与适用》,台北,三民书局 1992 年版,第 340 页。

⑤ Wolf/Bachhof/Stober, Werwaltungsrecht Ⅰ, 1994. S. 677. ff. 转引自〔韩〕金东熙:《行政法Ⅰ》(第 9 版),赵峰译,中国人民大学出版社 2008 年版,第 236~238 页。

在德国以及我国台湾地区的行政法理论上，构成要件效力仅仅是指行政行为的主文部分对于其他机关或法院的拘束力，而不包括行政行为的认定事实和说明理由部分对其他机关或法院的拘束力。行政行为的认定事实和说明理由部分对其他机关或法院的拘束力，在理论上属于行政行为"确认效力"（Feststellungswirkung）的范畴。① 构成要件效力概念的产生，是行政行为拘束力（内容效力）经过两次切割的结果：第一次是将行政行为对相对人及利害关系人与对其他机关或法院的拘束力切割开来，特指行政行为对其他机关或法院的拘束力，而不包括行政行为对相对人及利害关系人的拘束力；第二次是将行政行为主文与认定事实和说明理由部分的拘束力再次切割，行政行为主文部分的拘束力被称为"构成要件效力"，而行政行为认定事实和说明理由部分的拘束力则被称为行政行为的"确认效力"。因此，构成要件效力概念的产生，是因行政行为约束对象的不同及约束内容的不同，人为地对行政行为拘束力进行两次切割的结果，因而不够科学合理。当然，"构成要件效力"在德国行政法上还是应该理解为"行政行为对原行政机关以外的国家机关和法院的拘束力"。笔者认为，用拘束力这一术语统一指称行政行为内容对所有约束对象产生的约束力还是比较科学的。根据如上对于拘束力概念的界定，构成要件效力其实就是行政行为对原行政机关以外的国家机关和法院的拘束力，其完全可以为拘束力的概念所概括和吸收，而不必作为一项单独的效力内容而存在。作为拘束力的一个下位概念，在理论上继续保留和使用构成要件效力这一概念仍有一定的积极意义。

三、拘束力与确认效力

"确认效力"这一术语译自德语"Feststellungswirkung"，是德国以及我国台湾地区学者提出和使用的一个概念。现今德国行政法的主流观点认为，确认效力系指支持行政行为规制内容的"理由"部分所发生的效力。② 因为高权行为的"理由"产生拘束力属于法律上的例外情形，故确认效力的产生必须有法律的明文规定。如果进一步细分，支持行政行为规制内容的"理由"可分为"事实情况的认定"和"法律上的判断"两部分。因此，确认效力就是支持行政行为规制内容的"事实情况的认定"和"法律上的判断"部分对其他国家机关、法院的拘束力。有观点认为，确认效力是行政行

---

① 参见翁岳生编：《行政法》（上册），中国法制出版社 2009 年版，第 660~661 页。

② 参见章剑生：《现代行政法总论》（第 2 版），法律出版社 2019 年版，第 157 页；翁岳生编：《行政法》（上册），中国法制出版社 2009 年版，第 660~661 页。

为据以成立的事实对其他国家机关的拘束力。"行政处分一经作成,不仅应受到其他国家机关之尊重,且在其他行政机关甚至是法院有所裁决时,如有涉及先前行政处分所确认或据以成立之事实,即应予以承认或接受,称为确认效力。"①笔者认为,将确认效力的内容仅仅局限于"行政处分所确认或据以成立之事实"显然是错误的,确认效力是与构成要件效力相对的一个概念,前者是指支持行政行为规制内容的"理由"部分对其他国家机关、法院的拘束力,后者则是指行政行为的主文部分对于其他的机关或法院的拘束力。② 支持行政行为规制内容的"理由"部分对其他机关或法院是否也应该具有拘束力? 由于行政程序远不如司法程序那么严格,关于支持行政行为规制内容的"理由"部分对其他机关的拘束力问题,学界的认识并不统一。特别是对法院来说,如果其司法判决受制于行政行为的"理由",有悖常理。笔者赞同,确认效力并非行政行为的一项当然的法律效力,而是应该以法律明文规定为限。③ 如果没有法律明文规定,行政行为的"理由"部分则不应该对其他机关具有拘束力。德国行政法学者毛雷尔教授认为,只有在法律有特别的例外规定时,行政行为的"确认效力"才能存在。④

同构成要件效力概念一样,确认效力概念的产生,也是因行政行为约束对象的不同及行政行为约束内容的不同,人为地对行政行为的拘束力进行两次切割的结果。确认效力作为行政行为的"理由"部分对其他机关或法院的拘束力,其完全可以为拘束力的概念所概括和吸收,不必作为一项单独的效力内容而存在。确认效力是否也有必要作为拘束力概念的一个下位概念予以保留? 从字面上看,确认效力这一术语无法有效地揭示其需要表达的内涵。也就是说,在汉语法学上,确认效力术语无法准确表达"行政行为的事实认定及说明理由的拘束力"这一含义,不符合符号学语义学原理的基本要求。因此,笔者认为,我国的行政行为效力理论不宜使用"确认效力"这一术语。相比较而言,如果使用行政行为"事实认定上的拘束力"和"法律判断上的拘束力"这样的术语,则更为直观和准确。

---

① 焦点判决编辑部:《台湾台北地方法院 2015 年(一〇四年)度简字第二八〇号行政诉讼判决》,载《裁判解读:公法》第 11 期(2016 年)。

② 参见翁岳生编:《行政法》(上册),中国法制出版社 2009 年版,第 660~661 页。

③ 参见章剑生:《现代行政法基本理论》,法律出版社 2008 年版,第 151 页。

④ 参见〔德〕哈特穆特·毛雷尔:《行政法学总论》,高家伟译,法律出版社 2000 年版,第 269 页。

四、拘束力与不可争力

所谓不可争力，其实就是德国行政法上的“形式存续力”，即行政行为不能再通过法律救济途径予以撤销的法律效力。[①] 不可争力是与诉讼法上判决的“形式确定力”相对应的概念，是指行政行为所具有的排除相对人在普通的法律救济措施已经用尽或是诉诸法律救济的期限届满之后对其提起争讼的法律效力，即在普通的法律救济措施已经用尽或是诉诸法律救济的期限届满之后，相对人不得请求变更、撤销或废止行政行为的法律效力。不可争力是否属于行政行为的一种拘束力？答案是否定的。其实，不可争力乃是行政复议法或者行政诉讼法对相对人的撤销请求权予以限制的法律效力，其根本目的在于维持行政行为的存续性。在德国行政法上，为了有效地保障行政行为的合法存续，法律以普通的法律救济措施已经用尽或法定期限届满为条件限制相对人行使撤销请求权。从相对人的角度看，似乎是行政行为依法产生了所谓的“不可争力”。究其实质而言，不可争力其实就是行政行为存续力制度的一个环节或侧面而已。不可争力这一概念仅从相对人的角度，将行政复议法或诉讼法对相对人诉权的限制定义为行政行为的一项效力不够科学、合理，且容易引起误解。基于行政行为存续力、拘束力及强制力之“三效力说”的概念范畴，不可争力属于行政行为存续力的范畴，是普通的法律救济措施已经用尽或法定救济期限届满之后，行政行为存续力的进一步巩固和强化。因此，鉴于不可争力概念可以有效地表达法定救济期限届满，相对人对行政行为的不可争讼性，不可争力作为存续力概念的一个下位概念予以保留和使用，仍然具有一定的积极意义。

五、拘束力与既决力

所谓行政行为的“既决力”，是指既决的行政行为依法产生的法律效力。既决力的含义和要求是，对于行政行为中的意思表示和认定的事实，相对人、行政机关、监督机关以及其他社会主体都有义务将其作为既定事实加以承认和尊重，都受既决的行政行为内容的约束，不得作出与该行政行为相反的认定和处理决定。[②] 江必新教授认为，使用“拘束力”这一术语来指称行政行为内容的约束力有着天生的缺陷，作为行政行为效力内容

---

① 参见〔德〕汉斯·J. 沃尔夫、〔德〕奥托·巴霍夫、〔德〕罗尔夫·施托贝尔：《行政法》（第2卷），高家伟译，商务印书馆2002年版，第103页。

② 参见江必新：《行政行为效力体系理论的回顾与反思》，载《江苏社会科学》2008年第5期。

的上位概念,“拘束力”一词难以揭示不同效力之间的差异。因为所有的效力都可以看作一种拘束力。为了避免语义上的歧义,江必新教授用“既决力”这一术语来替代拘束力术语。江必新教授的主张尽管有一定的道理,但细细探究起来,使用“既决力”代替“拘束力”术语似乎还是不够恰当。德国行政法中的“materielle Bestandskraft”术语在中国行政法上通常被译为“实质存续力”,有时也被译为“不可变更力”。“materielle Bestandskraft”术语在内涵上不仅包括行政行为的限制撤销性,而且包括行政行为对相对人和行政机关的拘束力。在中国行政法上,如果把“materielle Bestandskraft”术语译为“不可变更力”,等于限缩了其本质内涵。“materielle Bestandskraft”实际上就是司法裁判“materielle Rechtskraft”(既判力)的对应物。因为行政活动的灵活性与机动性,行政行为无法取得如司法裁判那样的稳定性及法律效力,使用行政行为“既决力”这一术语,可以有效区分司法裁判与行政行为两种不同性质行为的效力。笔者主张,在中国行政法上将“materielle Rechtskraft”术语译为“既决力”。①

六、拘束力与自行执行力

行政行为的“自行执行力”,是指行政行为所具有的要求权利人及时行使权利、义务人主动履行行政行为义务的法律效力。② 实际上,所谓的自行执行力,其实就是行政行为对相对人及利害关系人、行政机关、司法机关的拘束力,而并非真正意义上的强制执行力。对行政相对人及利害关系人来说,自行执行力当然是要求其积极履行行政行为义务的效力。对行政主体来说,自行执行力也是要求其主动履行行政行为所设定的义务,具体表现有三:其一,一个行政行为赋予行政机关某项义务时,作为公权力的行使者,行政机关履行该义务是其职责所在;其二,从行政行为生效时起到行政机关或司法机关采取强制执行措施前,行政机关可以在法定或行政主体设定的范围内根据其职责选择履行义务的方式和时限;其三,如果行政主体不能在法定期限内履行相应义务,则其或是经诉讼被强制执行,或是通过执法监督、行政监督(行政责任)、监察等途径迫使其履行义务。只有在相对人及利害关系人、行政机关不履行行政行为义务时,执行力才开始生效和显现。如果把自行执行力归入执行力的范畴,将直接导致行政行为的拘束力被执行力概念取代;这种极端曲解执行力概念的做法,将会对行政行

---

① 将德国的“materielle Rechtskraft”术语译为“既决力”的具体理由,参见本书第六章第五节第四部分的相关论述。

② 参见郭殊:《论行政行为实现力》,载《行政法学研究》2006 年第 2 期。

为效力范畴体系的科学建构造成极大的破坏。因此,必须将自行执行力排除在执行力的范畴外,而界定于行政行为拘束力的范畴。

第三节　行政行为的形式拘束力与实质拘束力

一、形式拘束力的行政程序性、形式性、相对性

无效的行政行为不会产生形式效力,当然更不会产生实质效力。除无效的行政行为以外,行政行为一经成立,即产生形式效力。行政行为的形式效力,是指行政行为基于其形式合法性而依法产生的法律效力,具体表现为形式存续力、形式拘束力与形式强制力。因此,行政行为基于形式合法性而依法产生的拘束力,即行政行为的形式拘束力。行政行为的形式拘束力具有法定性、行政程序性、形式性、相对性之特征。所谓行政行为形式拘束力的法定性和行政程序性,是指行政行为的形式拘束力是经行政程序依法产生的法律效力;所谓行政行为形式拘束力的形式性和相对性,是指行政行为形式拘束力产生的根据是行政行为的形式合法性,行政行为的形式拘束力不是绝对的、无条件的,而是有条件的、相对的。

二、实质拘束力的司法程序性、实质性、绝对性

行政行为一经成立(无效的行政行为除外)就会产生形式效力,经过司法程序的审查和确认,具有实质合法性的行政行为才能依法产生实质效力;司法机关的审查和确认,是行政行为产生实质效力的必经程序,否则,行政行为将永远处于形式效力的形态。行政行为的实质效力具体表现为实质存续力、实质拘束力与实质强制力。行政行为基于实质合法性而依法产生的拘束力,即行政行为的实质拘束力,其具有法定性、司法程序性、实质性、绝对性之特征。所谓行政行为实质拘束力的法定性和司法程序性,是指行政行为的实质拘束力是经司法程序依法产生的法律效力;所谓行政行为实质拘束力的实质性和绝对性,是指行政行为实质拘束力产生的根据是行政行为的实质合法性,行政行为的实质拘束力是绝对的、无条件的,而非有条件的、相对的。

【案例 7-1】2016 年 7 月 30 日,浙江省三门县公安局作出三公(浦)行罚决字[2016]10902 号行政处罚决定书,决定给予杨某行政拘留 5 日的行政处罚,拘留期限为 2016 年 7 月 30 日开始到 8 月 4 日止(已执行)。同日,三门县公安局将该行政处罚决定书送达杨某,杨某阅读后拒绝签字。

杨某不服该行政处罚决定，向三门县人民政府申请行政复议。2016年12月23日，三门县人民政府作出三府复决字[2016]15号行政复议决定书，决定维持三门县公安局作出的行政处罚决定。其后，杨某以三门县公安局作出的行政处罚决定认定事实错误、程序违法，三门县人民政府作出的行政复议决定回避主要事实、认定事实错误为由，诉至浙江省临海市人民法院。临海市人民法院认为，涉案行政处罚决定书及行政复议决定书均合法有效，判决驳回杨某的诉讼请求。杨某不服提起上诉，浙江省台州市中级人民法院于2017年9月25日作出(2017)浙10行终153号行政判决，驳回上诉，维持原判。杨某仍不服，向浙江省高级人民法院申请再审。浙江省高级人民法院(2019)浙行再44号行政裁定书驳回其再审申请。①

本案中，三门县公安局作出的行政处罚决定书及三门县人民政府作出的行政复议决定书，均是基于行政程序的具有形式效力之行政行为，其拘束力为形式拘束力。三门县公安局作出的行政处罚决定书及三门县人民政府作出的行政复议决定书在经过台州市中级人民法院维持原判行政判决确认合法有效以后，均已转化成为具有实质合法性的行政行为，其拘束力即为实质拘束力。在浙江省高级人民法院裁定驳回杨某的再审申请以后，涉案行政处罚决定书及行政复议决定书的实质拘束力得以进一步强化。

三、形式拘束力与实质拘束力区分的意义

行政行为的形式拘束力与实质拘束力，是依据拘束力产生的行政行为形式合法性与实质合法性的不同而对行政行为拘束力的分类。行政行为形式拘束力与实质拘束力的分类，是行政行为的形式效力与实质效力之“两质态论”引入拘束力分析而得出的结论。在理论上，这一分类对于深化行政行为拘束力及相关问题的研究具有非常重要的意义。在实践上，形式拘束力与实质拘束力理论对于立法、执法与司法实践也具有重要的指导意义。例如，在立法上，形式拘束力与实质拘束力理论可以有效指导行政行为对相对人、行政机关与司法机关拘束力及相关制度的建构。在执法上，根据形式拘束力与实质拘束力理论，具有形式拘束力的行政行为一般不得作为实施行政强制执行的依据，只有具有实质拘束力的行政行为才能作为实施行政强制执行的依据。在司法上，仅具备形式拘束力的行政行为

① 参见杨某诉三门县公安局、三门县人民政府治安行政处罚及行政复议案，浙江省高级人民法院(2019)浙行再44号行政裁定书。

一般不得作为司法裁判的直接依据,只有经过司法程序的审查和确认,具有实质拘束力的行政行为才能作为司法裁判的依据。

第四节　行政行为对相对人的拘束力

一、行政行为对相对人拘束力义务的内容

行政行为拘束力义务的义务人(约束对象)具有相当的广泛性,既包括相对人、利害关系人、第三人,又包括行政机关、立法机关、司法机关等公权力主体;对于不同的义务人(约束对象),行政行为拘束力的内容又有所不同。其中,行政行为对原行政机关的拘束力义务,就是要求其依据行政行为的内容履行义务;行政行为对其他行政机关的拘束力义务,则表现为要求其他行政机关对行政行为的尊重和接受,这在行政行为的构成要件效力上得以充分体现。与行政机关、立法机关、司法机关等公权力主体的拘束力义务相比,行政行为对相对人的拘束力义务,乃是行政行为拘束力义务的重点与核心。作为一个法律概念,行政相对人是指参与行政过程并且其利益受到行政行为影响,与行政主体相对应的另一方行政法律关系主体。在行政法律关系中,行政相对人的法律地位主要通过行政相对人享有的权利和承担的义务得以体现。行政行为作为行政管理的重要工具,其主要通过设定、变更和消灭行政相对人的权利义务实现。相对人系行政行为权利义务的主要承担者,故相对人的拘束力义务构成了行政行为拘束力义务的重点与核心。

二、行政行为对相对人拘束力义务的表现形式

行政活动复杂多样、行政行为的种类繁多导致了行政行为对相对人拘束力义务的多样性。基于不同的标准,对于行政行为对相对人拘束力义务之内容可以做如下分类:

(一)作为义务与不作为义务

以行政行为拘束力义务履行的行为方式为依据,相对人的拘束力义务可以分为作为义务与不作为义务。所谓作为义务,是指根据法律的相关规定,相对人应当以特定的作为为内容,积极主动为一定的行为,以使受法律保护的特定或不特定权利人的合法权利得以实现;所谓不作为义务,是指根据法律的相关规定,相对人应当以特定的不作为为内容,不为法律所禁止的行为,以保障法律所保护的权利、利益不受侵犯或损害。

（二）法定义务与约定义务

根据行政行为拘束力义务是由法律明确规定还是当事人约定产生的不同，相对人的拘束力义务有法定义务与约定义务之别。所谓法定义务，是指相对人依据法律所应负的义务；所谓约定义务，是指相对人与行政机关经协商而确定的义务，如行政协议约定的义务。

（三）基本义务与附随义务

根据行政行为拘束力义务是由法律规定还是合同约定产生的不同，相对人的拘束力义务可以分为基本义务与附随义务。基本义务是根据法律规定或者合同约定所产生的义务；附随义务是指在行政行为或行政协议的内容之外，依据诚实信用原则及行政行为或行政协议的性质、目的和交易习惯等，行政相对人或行政协议的当事人依法应当承担的照顾义务、协助义务、通知义务等。在理论和实践上，相对人基本义务与附随义务的区分具有重要的价值与意义。

（四）可强制执行的义务与不可强制执行的义务

以行政行为拘束力义务可否强制执行为依据，相对人的拘束力义务可以分为可强制执行的义务与不可强制执行的义务。对相对人处以罚款的行政处罚决定，显然为具有可强制执行的义务；行政许可、行政确认等行政行为，则没有可强制执行的义务。

行政行为对相对人的拘束力义务内容丰富、种类繁多，上述关于行政行为对相对人拘束力义务的分类，对于行政行为效力理论的建构及法治实践均具有一定的指导意义。例如，根据可强制执行的义务与不可强制执行的义务这一分类，有的行政行为具有可强制执行的义务，有的行政行为没有可强制执行的义务，故以“执行力”或“强制执行力”作为行政行为的效力内容之一，其就无法适用于所有类型的行政行为。[①] 又如，关于基本义务与附随义务的分类，对于行政协议中的行政相对人，我们很容易注意到其根据行政协议产生的基本义务，但其随附义务却很容易被我们忽视。其实，在行政协议中，基本义务与附随义务的分类对于判断、识别行政机关的义务也具有非常重要的作用。例如，在国有土地出让协议中，行政机关在协议中明确约定的义务往往非常有限，但随着行政协议的签订，行政机关却承担了大量的附随义务。区分基本义务与附随义务，对于正确审理和裁判行政协议案件，也具有重要的指导意义。

---

① 以“执行力”或“强制执行力”作为行政行为的效力内容之一，无法适用于所有类型行政行为的具体缘由，参见本书第八章第二节第四部分、第五部分的相关论述。

三、行政行为对相对人拘束力义务的实现

在行政行为的存续力、拘束力及强制力三项效力中，拘束力是核心和关键的一项效力。在行政行为拘束力的作用下，绝大部分情况下，行政相对人及利害关系人都能够主动地履行行政行为所确定的义务。唯有如此，国家与社会管理才是富有效率的。如果在绝大部分的情形下，行政行为确定的义务都得不到相对人及利害关系人的主动履行，而需要强制执行予以实现的话，国家与社会管理必然是低效和失败的。由于法律权威不足、行政权威下降及相对人法治意识淡薄等多种原因，目前我国行政行为拘束力发挥作用的情况并不理想，行政相对人及利害关系人不愿意履行行政行为义务的情形时有发生。每年大量的非诉行政执行案件、行政诉讼案件、行政复议案件的产生，就是明证。行政行为的拘束力与强制力是相互联系、前后相继的。强制力并不是保证行政行为义务实现的唯一力量，其只是最终的保障手段。如果拘束力可以保障相对人等主动履行义务，则行政行为的强制力便不会产生。因此，从根本上减少非诉行政执行案件、行政诉讼案件、行政复议案件的数量，要从拘束力作用发挥的机制与制度建设入手。因为拘束力有形式拘束力与实质拘束力之分，拘束力义务的实现，同样存在形式拘束力与实质拘束力义务的实现问题。总之，如何提高行政行为拘束力制度的实效，是一个从理论和实践上皆迫切需要加以解决的重大问题。

第五节　行政行为对行政机关的拘束力

行政行为对行政机关的拘束力，是指行政行为根据其内容依法产生的，约束与保障原行政机关及其他行政机关自觉履行行政行为之法律义务的法律效力。行政行为对行政机关的拘束力问题是行政管理活动中的一个常见问题，也是一个容易被人们忽视的问题。理论上，我们习惯于研究行政行为对相对人的拘束力，容易忽视行政行为对原行政机关及其他行政机关的拘束力问题；行政行为作为行政机关达成行政目标的手段，其要求相对人服从的拘束力在行政行为效力理论被特别强调，而行政行为所具有的对行政机关的拘束力却未被予以充分的重视。即使有的学者对此偶尔有所涉及，往往也是蜻蜓点水、浅尝辄止。例如，行政行为对原行政机关及其他行政机关应该具有怎样的拘束力？由于理论研究的滞后，实践中亦尚未建立行政行为对原行政机关及其他行政机关的相对科学的拘束力理论

与制度。正是因为行政行为对原行政机关及其他行政机关的拘束力的规范缺乏具体明确的效力规则,在行政执法实践中,原行政机关及其他行政机关对待行政行为拘束力的做法也较为混乱。研究行政行为对行政机关的拘束力问题,无疑具有重要的理论与现实意义。

一、行政行为对原行政机关的拘束力

第一,行政机关作出行政行为(无效的行政行为除外)以后,除非行政行为被依法撤销、变更或废止,原行政机关应该严格遵循自己作出的行政行为,履行相应的义务。这是行政行为对原行政机关拘束力最为集中的体现。例如,就行政奖励而言,行政机关在作出行政奖励后,就必须兑现具体的奖励内容,而不能仅仅开出“空头支票”。同样的道理,行政救助也是如此。行政行为对原行政机关的拘束力是有条件的,一个具有形式合法性的行政行为对原行政机关具有形式拘束力;但是,一个因存在重大且明显违法情形而无效的行政行为对原行政机关不具有形式拘束力。一个因存在重大且明显违法情形而无效的行政行为,对相对人不具有约束力,行政机关也无须遵守。当然,原行政机关认为行政行为存在重大且明显违法情形而不予履行义务的,应该具有充分的事实和法律依据,并充分说明理由。

第二,行政机关作出行政行为以后,非有法定的理由,不得基于同一事实以新的程序作出比原行政行为更不利于相对人的新的行政行为。如果行政机关确实需要作出比原行政行为更不利于相对人的行政行为,则其应该具有充分的事实依据与法律依据,并说明理由。我国台湾地区的许宗力教授将行政行为的此种拘束力称为“跨程序拘束力”。“跨程序拘束力”是禁止原行政机关以后作出比原行政行为更不利于相对人的新的行政行为,是“行政处分对同一处分机关后续程序做成后续处分的拘束效力”。“行政处分的这种跨程序拘束力,并非根本禁止处分机关于同一事件以新的程序重为新的决定,其禁止的毋宁只是比原决定更不利于相对人的新的决定而已。”①

第三,原行政机关对于已经处理过的行政事项,不得反复作出性质相同的行政行为。因为行政行为对行政事项的处理具有拘束力,故行政机关不得反复作出性质相同的行政行为。例如,我国《行政处罚法》(2021 年)第 29 条规定:“对当事人的同一个违法行为,不得给予两次以上罚款的行

---

① 翁岳生编:《行政法》(上册),中国法制出版社 2009 年版,第 654 页。

政处罚。同一个违法行为违反多个法律规范应当给予罚款处罚的,按照罚款数额高的规定处罚。"在《行政处罚法》中作出这样的一个规定,目的就在于防止重复处罚,这也是行政行为拘束力的体现和要求。不过,这既是对作出行政行为的行政机关的拘束力,也是对其他行政机关的拘束力。如果可以对违法相对人多次予以处罚,必然导致民众对违法行为法律责任可预测性的丧失,导致法律权威及政府权威的丧失,以及对法律秩序安定性的破坏。

根据拘束力来源的不同,行政行为的拘束力可以分为行政行为主文、事实认定及说明理由的拘束力。行政行为对原行政机关的拘束力,也有形式拘束力与实质拘束力之分。就形式拘束力来说,行政行为的主文是行政行为的结论部分,基于诚实信用的原则,行政机关应该自觉遵守行政行为所确定的义务,故行政行为的主文对原行政机关显然具有拘束力。就行政行为事实认定来说,其对其他行政机关没有拘束力。但是,对于原行政机关而言,按照诚实信用及禁止反言的原则,行政行为之事实认定也应该对其具有拘束力。行政行为的说明理由具有个案性,故其对其他行政机关不应该具有拘束力。但是,对于原行政机关,按照诚实信用及禁止反言的原则,行政行为之说明理由也应该对其具有拘束力。由于形式拘束力具有形式性和相对性,故行政行为对原行政机关的形式拘束力可以为行政复议程序或司法程序所否定;而经过司法审查、具有实质效力的行政行为,对原行政机关的拘束力则具有实质性和绝对性,一般情况下不容否定。[①] 就实质拘束力而言,除行政行为的主文对原行政机关具有拘束力以外,如果事实认定、说明理由为司法裁判所认定,则其对原行政机关亦具有拘束力。不过,实质拘束力产生的根本原因,仍然是基于诚实信用及禁止反言的原则。但是,如果事实认定、说明理由并未被司法裁判认定,则其不具有实质拘束力。由此可见,一方面,行政行为对原行政机关实质拘束力的强度大于形式拘束力;另一方面,行政行为对原行政机关的实质拘束力与形式拘束力在拘束力的客观范围上也有所不同。

二、行政行为对平级行政机关的拘束力

行政行为对其他行政机关具有构成要件效力,旨在维持法律法规对各

---

① 在例外的情形下,行政行为的实质拘束力可以随行政行为的消亡而一同消亡。例如,在客观现实情况发生变化时,可以废止经过司法程序审查而具有实质效力的行政行为。此时,行政行为的实质拘束力也将不复存在。

行政机关之间的权限分配与事务管辖分工。[①] 行政行为对平级行政机关的拘束力问题,应该比较容易理解。“与原行政主体平级的其他行政主体有义务将前者所作出的行政行为当作一个既定的事实而予以继受,并依法将其作为自身处理某项事务的依据。”[②]从法理上来说,行政行为的形式效力理论对拘束力问题可以作出完美的解释。因为社会秩序的需要,法律赋予行政行为以形式效力。不同的行政机关只是分工不同,对一个行政行为来说,平级行政机关必须给予其充分而适度的尊重。这是因为,行政行为一经成立即具有形式效力,对平级行政机关具有形式拘束力。例如,关于工伤认定问题。职工在上下班的路上发生交通事故,在非本人主要责任且符合其他工伤认定条件的情况下,可以认定为工伤。其中,公安机关交通部门关于交通事故责任的认定,是认定工伤的重要依据。人社局作为与公安局平行的行政机关,一般情况下都要以公安机关的交通事故责任认定作为认定工伤的依据。从这个意义上来说,公安机关的行政行为(交通事故责任认定)对平级的人社部门具有拘束力。只有行政行为(交通事故责任认定行为)因出现重大且明显违法情形而无效的时候,行政行为对平级的人社部门才不具有形式拘束力。行政行为对平级行政机关人社部门的拘束力,从理论上来说,是因为行政行为(交通事故责任认定行为)形式效力的存在。反之,如果行政行为(交通事故责任认定行为)不具有形式效力,即行政行为无效时,其当然对平级的人社部门没有拘束力。在行政行为因存在重大且明显违法情形而无效时,无效的行政行为何来对平级行政机关的拘束力?为了防止行政行为的拘束力得不到其他平级的行政机关的遵守,在立法上应该规定:如果某一个行政机关认为一个行政行为存在重大且明显违法情形,不愿接受其拘束力约束,则该行政机关在作出行政行为时,应当充分地说明不接受其约束的理由。如此,则能够更为有效地保障行政行为拘束力义务的实现,更好地监督与制约同级行政机关依法行政,以充分保障相对人的合法权益,促进行政法治的实现。

在目前我国的行政执法实践中,在同一行政辖区之内,行政行为对平级行政机关拘束力义务得到实现的情况较好;而在不同的行政辖区之间,行政行为对平级行政机关拘束力义务得不到履行和实现的情况时有发生。实际上,无论作出行政行为的原行政机关与其他平级的行政机关是否在同一行政辖区,除非行政行为因具有重大且明显违法情形而无效的,行

---

① 参见李建良:《行政处分对行政机关的构成要件效力与行政争讼》,载《月旦法学杂志》第80期(2002年)。

② 章志远:《行政行为效力论》,中国人事出版社2003年版,第69页。

政行为对平级行政机关均应该依法产生拘束力。平级行政机关不遵守行政行为拘束力义务的，即构成行政违法。

就形式拘束力来说，行政行为主文对平级行政机关具有拘束力。行政行为的主文是行政行为的结论部分，主文所确定的权利义务关系对平级行政机关具有拘束力，平级行政机关不得作出与之相抵触的行为；对平级行政机关而言，其在作出一个新的行政行为时，有义务将该行政行为主文所确定的权利义务状态作为一个既定的事实予以尊重，以主文所载明的权利义务内容作为事实基础的一部或者全部，而不得绕开行政行为另行判断。例如，婚姻登记机关在办理结婚登记时，对当事人适婚年龄的审查应当以公安机关颁发的身份证为依据。行政行为主文拘束力的实质是，行政行为所确立的权利义务关系成为后续行为的构成要件，这样不仅促使之前的行政行为得到全面的认可和适用，维持了法的连续性和稳定性，而且提高了执法效率。在德国的行政法上，行政行为的这一效力被称为“构成要件效力”。我国台湾地区“行政程序法”亦采用了此概念。就形式效力的行政行为来说，其事实认定对平级行政机关不具有拘束力。例如，在某一违法行为违反多个法律规范的情况下，不同的行政机关分别给予处罚的，都是独立进行事实认定。有学者认为，“并非事实认定全无拘束力可言，在经过正式程序的听证之后所认定的事实，具有争点效，应当约束其他机关”①。“争点效”这一概念源于民事诉讼，是指某一事实如果在前诉中被双方当事人作为主要的事实问题予以争执，而且法院也对该事实问题进行了审理和判断，在同一争点作为主要的先决问题出现在其他后诉请求的案件审理中时，前诉法院对于该争点作出的判断对后诉具有拘束效力，这就是所谓的“争点效”。所谓行政行为拘束力中的争点效，是指将行政行为主文之外事实认定部分的各个争执点纳入行政行为拘束力的范围。对于经过行政听证所确立的事实认定就应具有拘束力这一观点，笔者不敢苟同。原因在于，由于行政程序并不像司法程序那样严格，对于行政程序的事实认定，也不宜承认其拘束力。行政行为的说明理由具有个案性，也不应该具有拘束力。简言之，事实认定及说明理由部分对平级行政机关均不具有拘束力。在德国的行政法上，行政行为事实认定与说明理由，被统称为行政行为的“确认效力”。我国台湾地区“行政程序法”亦采用了此概念。确认效力是与构成要件效力相对的一个概念，是指行政行为认定的事实及说明

---

① 李琦：《行政行为效力新论——行政过程论的研究进路》，中国政法大学 2005 年博士学位论文，第 114~115 页。

理由部分对其他国家机关、法院的拘束力,而构成要件效力则是指行政行为的主文部分对于其他机关或法院的拘束力。[①] 笔者认为,平级行政机关在作出一个行政行为的时候,可以重新进行事实调查而不受原来的事实认定的约束。故此,行政行为事实认定与说明理由对平级行政机关以及其他公权力主体均不应该具有拘束力。行政行为事实认定与说明理由对原行政机关具有拘束力,仅仅是诚实信用及禁止反言所致。

对于平级的行政机关而言,由于形式拘束力具有形式性和相对性,其可以为行政复议程序或司法程序所否定;而经过司法审查、具有实质效力的行政行为,对平级行政机关的拘束力则具有实质性和绝对性,一般情况下不容否定。经过司法审查而具有实质效力的行政行为,对平级行政机关的拘束力的范围限于行政行为的主文,无论事实认定是否为司法裁判所认定,其均无拘束力。至于行政行为的说明理由部分,无论其是否为司法裁判所认定,也均无拘束力。可见,在行政行为拘束力的客观范围上,行政行为对平级行政机关的拘束力,与其对原行政机关的拘束力有着明显的不同。

三、行政行为对上级行政机关的拘束力

行政行为对上级行政机关的拘束力,有两种不同的情况:一是存在完全的拘束力。如果上级行政机关依法无权直接对下级的行政行为予以撤销、变更或废止的,则行政行为对上级行政机关有拘束力。例如,省市场监管局就不能直接撤销、变更或废止市文旅局的行政行为。此种情况下,市文旅局的行政行为对省市场监管局来说,就应该具有拘束力。例外的情形是,市文旅局的行政行为因存在重大且明显违法情形而无效的,则其对省市场监管局就没有拘束力。当然,省市场监管局在作出一个行政行为的时候,如果不承认市文旅局的这个行政行为的拘束力,必须具有事实依据和法律依据,并说明理由。二是有限的拘束力。如果上级行政机关认为下级行政机关的行政行为违法或不当,有权直接撤销、变更或废止下级行政机关的行政行为,则行政行为对上级行政机关具有有限的拘束力。例如,对于行政复议机关来说,其对下级行政机关的行政行为可以通过行政复议的方式予以纠正,这就意味着当上级行政机关是复议机关时,根据当事人的申请,案件进入复议程序以后,它享有对下级行政机关行政行为的撤销和变更权,此时当然不受行政行为拘束力的约束和限制。不过,执法监督机

---

① 参见翁岳生编:《行政法》(上册),中国法制出版社2009年版,第660~661页。

关、复议机关在对案件实施监督或复议之前,行政行为对其也具有拘束力。此外,如果下级行政机关的行政行为合法有效,上级行政机关不得对其予以撤销、变更或废止,这也是下级行政机关的行政行为对上级行政机关具有拘束力的表现。

就形式拘束力来说,行政行为对上级行政机关存在拘束力时,首先当然是行政行为的主文对上级行政机关具有拘束力,其事实认定与说明理由部分,则不具有拘束力。这是因为,上级行政机关在作出一个行政行为的时候,可以重新进行事实调查而不受原来的行政行为事实认定的约束。行政行为的说明理由具有个案性,故其也不应该具有拘束力。对上级行政机关来说,经过司法审查而具有实质效力的行政行为,其主文对上级行政机关的实质拘束力自不待言,且具有实质性和绝对性,一般情况下不容否定。除行政行为的主文以外,无论事实认定是否为司法裁判所认定,其均无拘束力。至于行政行为的说明理由部分,无论其是否为司法裁判所认定,也均无拘束力。

四、行政行为对下级行政机关的拘束力

有学者认为,下级行政机关对上级行政机关不享有法律上的监督权,下级行政机关无权否定上级行政机关的行政行为,故上级行政机关的行政行为对下级行政机关具有拘束力。① 一般情况下,除行政行为因存在重大且明显违法情形而无效的以外,行政行为对下级行政机关应该具有拘束力,这是没有问题的。这里需要讨论的问题是,下级行政机关对上级行政机关所作的行政行为是否应予绝对地承认和执行?行政行为因存在重大且明显违法情形而无效时,该行政行为对下级行政机关是否还应该具有拘束力?笔者认为,行政行为因存在重大且明显违法情形而无效时,如果再要求下级行政机关一味地盲从而受其拘束,实在是有违法治的精神和要求。实践中,下级行政机关作出行政行为时,一般都会尊重上级行政机关作出的行政行为,但这样会出现上级行政机关做错了,下级行政机关也跟着错的现象。因此,在法律上应该明确地作出规定,在上级行政机关的行政行为因存在重大且明显违法情形而无效时,下级行政机关在作出一个行政行为时,不必受该行政行为的拘束。下级行政机关发现行政行为因存在重大且明显违法情形而无效,需要作出与之相反的行政行为的,应该及时

---

① 参见李琦:《行政行为效力新论——行政过程论的研究进路》,中国政法大学 2005 年博士学位论文,第 117 页。

请示汇报上级行政机关,提供事实依据和法律依据,并充分说明理由。上级行政机关不同意下级行政机关的处理意见的,下级行政机关不得作出与上级行政机关处理意见相反的行政行为,这是行政权的本质决定的。[①] 效率与秩序乃行政权的优位价值,行政权在追求行政效率、行政秩序的同时,也必须兼顾公正等其他价值的实现。下级行政机关在行政管理活动中应当遵循上级行政机关的指令和要求,行政官员在履行职责时应当服从行政领导的命令和指挥。与此相适应,上级行政机关应当对其指挥和命令实施的管理行为承担最终责任,行政领导应当对其所领导的行政事务承担领导责任。当然,就通常的行政行为而言,其对下级行政机关的拘束力毕竟与上级行政机关的直接指令或命令的拘束力有所不同。对于上级行政机关的直接指令或命令,下级行政机关有意见的可以保留,但必须无条件地执行上级行政机关的指令或命令。

就形式拘束力来说,行政行为对下级行政机关存在拘束力时,首先当然是行政行为的主文对下级行政机关具有拘束力,其事实认定与说明理由部分,则不具有拘束力。这是因为,行政程序并不像司法程序那样严格缜密,下级行政机关在作出一个行政行为的时候,可以重新进行事实调查而不受原来的行政行为事实认定的约束。行政行为的说明理由具有个案性,故也不应该具有拘束力。对于下级行政机关而言,形式拘束力具有形式性和相对性,可以为行政复议程序或司法程序所否定;而经过司法审查、具有实质效力的行政行为,对下级行政机关的拘束力则具有实质性和绝对性,一般情况下不容否定。经过司法审查而具有实质效力的行政行为,对下级行政机关的拘束力的范围限于行政行为的主文,无论事实认定是否为司法裁判所认定,其均无拘束力。至于行政行为的说明理由部分,笔者认为,无论其是否为司法裁判所认定,其都不应该具有拘束力。有学者认为,“当理由说明中包含某种实质性规则,并且该实质性规则经过了具体详尽的论证从而具有权威性和说服力时,该理由说明即成为了行政先例,具备了一定的拘束力。作为行政先例的理由说明,虽然先例不是关于如何作出决定的规则,而是在该先例中所蕴含的对其他类似案件具有拘束力的规则,这对行政机关和下级行政机关有拘束力”[②]。此种情形下的说明理

① 《公务员法》(2018年)第60条规定:“公务员执行公务时,认为上级的决定或者命令有错误的,可以向上级提出改正或者撤销该决定或者命令的意见;上级不改变该决定或者命令,或者要求立即执行的,公务员应当执行该决定或者命令,执行的后果由上级负责,公务员不承担责任;但是,公务员执行明显违法的决定或者命令的,应当依法承担相应的责任。”

② 李琦:《行政行为效力新论——行政过程论的研究进路》,中国政法大学2005年博士学位论文,第117页。

由,已不是通常意义上的说明理由,而是具有了法律原则或规则意义的说明理由,应另当别论。

基于秩序和效率的需要,各级行政机关自身都享有法定的职权,可以独立地作出行政行为。行政行为(无效的行政行为除外)一经成立,就会依法产生形式效力。正是因为行政行为形式效力的存在,行政机关必须积极履行其作出的行政行为确定的义务,其上级、下级、平级行政机关对其均应该予以尊重和承认,不得作出与该行政行为冲突或者不一致的行政行为。只有在行政行为无效时,原行政机关及其他行政机关、司法机关才可以对其不予承认或执行。就行政行为拘束力的来源(行政行为的主文、事实认定及说明理由)而言,原行政机关与其他行政机关之间存在差异,形式效力之行政行为与实质效力之行政行为之间也存在一定的差异。行政行为对行政机关的拘束力,主要是基于国家行政权力的分配,特别是宪法维度的权力分配及行政系统内的权限分配,各行政机关在行使职权时应彼此协作,相互尊重对方所作的行政行为,以保障行政秩序的一体性。①

第六节　行政行为对司法裁判的拘束力②

行政行为对司法裁判的拘束力,是指行政行为对司法裁判所具有的约束、制约或限制的法律效力。行政行为对司法裁判是否具有拘束力、具有怎样的拘束力,首先,要确立行政行为对司法裁判拘束力存在与否的判断标准。关于行政行为对司法裁判拘束力的有无及其内容问题,很多争议都是因为判断标准不同而引起的。当某一行政行为的合法性构成司法裁判的先决问题时,则该行政行为对司法裁判具有拘束力。在行政行为的合法性问题构成司法裁判的基础与前提时,如果这一问题不能解决,则司法裁判无法作出,这就是行政行为对司法裁判拘束力的具体体现之一。有学者主张,以法院对行政行为司法审查权的有无为标准,即凡是法院无权对行政行为的合法性予以审查,必须以其直接作为裁判依据的,则行政行为对司法裁判有拘束力;凡是法院有权对行政行为的合法性予以审查,以审查

① 参见王世杰:《论行政行为的构成要件效力》,载《政治与法律》2019年第9期。

② 本节的主要内容,已作为课题的阶段性研究成果发表。参见马生安:《论行政行为对司法裁判的拘束力——基于应然与释然的双重视角》,载张卫平、齐树洁主编:《司法改革论评》总第28辑,厦门大学出版社2019年版,第147页。

结果作为司法裁判依据的，则行政行为对司法裁判没有拘束力。[①] 笔者认为，这一标准并不可取。若如此，基于司法最终的原则及证据必须查证属实才能作为定案证据的要求，几乎所有的行政行为对司法裁判都没有拘束力，行政行为对司法裁判的拘束力问题也就成了一个无须讨论的伪命题。行政行为对司法裁判的拘束力是一个关涉司法公正的重大理论与实践问题，已引起我国部分学者强烈的关注。从理论上科学、全面、准确地回答行政行为对司法裁判的拘束力问题，有效指导现行法律制度的完善及司法实践，对于努力实现司法的公正与效率，具有非常重要的意义。

一、行政行为对司法裁判的拘束力之应然性分析

（一）行政行为对民事裁判的拘束力

在法国，行政行为合法性问题构成民事裁判先决问题的，普通法院必须停止民事诉讼的进行，由利害关系人就先决问题向有管辖权的行政法院起诉，行政法院对先决问题作出判决，然后普通法院再根据先决问题的判决，对民事案件作出判决。[②] 在德国，行政行为的合法性问题构成民事诉讼的先决问题时，德国普通法院也不能直接进行审查判断，必须交给行政法院处理。在赔偿诉讼中，行政行为的合法性问题则由普通法院进行审查。[③] 在日本，民事审判中遇到行政先决问题时，通常不能用民事诉讼的方法直接否定行政行为的效力，而必须通过撤销诉讼这一行政诉讼的方法解决。在国家赔偿诉讼中，对于先决问题的行政行为合法性问题，民事程序可以审查。[④] 在普通法系的英国和美国，如果一个行政行为构成了民事判决的先决问题，行政行为及其认定的事实并不能当然地直接作为裁判的依据，其只有在司法审查中获得认可，才可以作为司法裁判的依据。[⑤] 在我国，台湾地区的林纪东、翁岳生、吴庚、许宗力、林锡尧等学者倾向于认为行

---

① 我国台湾地区的李建良教授认为，法院如果依法对行政行为具有审查权限，且争议的行政行为是法院审查之标的时，则该行政行为对法院没有拘束力；反之，如果法院对行政行为虽然依法具有审查权，但争议的行政行为并非法院审查之标的或行政行为并非属于法院审判权限范围的，则法院应该尊重行政行为的构成要件效力，受其规范内容的拘束。参见李建良：《行政处分的构成要件效力与行政争讼》，载《月旦法学》第86期（2002年）。日本学者南博方认为，公定力乃是行政行为与国民关系上的效力，因为法院具有对行政行为的审查权，行政行为公定力不应具有拘束法院的效力。参见〔日〕南博方：《行政法》，杨建顺译，中国人民大学出版社2009年版，第50页。

② 参见王名扬：《法国行政法》，中国政法大学出版社1988年版，第590~596页。

③ 参见〔德〕哈特穆特·毛雷尔：《行政法学总论》，高家伟译，法律出版社2000年版，第645页。

④ 参见〔日〕室井力主编：《日本现代行政法》，吴微译，中国政法大学出版社1995年版，第95页。

⑤ 参见何海波：《行政行为对民事审判的拘束力》，载《中国法学》2008年第2期。

政行为对民事法院的审判具有拘束力，而李震山和李惠宗两位学者则有不同的认识。[①] 大陆有学者认为，当行政行为构成解决民事纠纷的先决问题时，法院原则上应把该行政行为当作一个既成事实而予以承认，并作为自身判决的基础，即法院必须受该行政行为的拘束，不得作出与该行政行为相矛盾的判决。[②] 从行政行为效力的角度分析，行政行为对民事司法裁判究竟具有怎样的拘束力？下面通过一个具体的案例对这一问题予以分析和说明。

【案例 7-2】2015 年 1 月 9 日，在上海市浦东新区航头镇沈钱路与沈庄路交叉路口处，被告张某驾驶轻型厢式货车由东向西南倒车时，适遇原告杨某骑行电动自行车（车上载乘案外人刘某）由南向北驶至，两车不慎相撞，致原告杨某及刘某两人受伤、电动自行车损坏。经交警部门认定，被告张某负本起事故主要责任，原告杨某负本起事故次要责任，刘某不负事故责任。被告张某车辆在莱芜某保险公司交有交强险及商业三者险。2015 年 7 月 2 日，原告杨某诉至上海市浦东新区人民法院，要求被告莱芜某保险公司依法在交强险及商业三者险的责任限额范围内承担相应赔偿责任；超出部分，由被告张某承担相应的赔偿责任。[③]

本案中，根据最高人民法院《关于审理道路交通事故损害赔偿案件适用法律若干问题的解释》（法释〔2012〕19 号）第 27 条的规定，公安机关交通管理部门制作的交通事故责任认定书，人民法院应依法审查并确认其相应的证明力，但有相反证据推翻的除外。我国《民事诉讼法》（2012 年）第 63 条第 2 款规定，证据必须查证属实，才能作为认定事实的根据。据此，人民法院在没有其他相反证据时，不得作出与交通事故责任认定书相矛盾的判决，即交通事故责任认定书对民事裁判具有拘束力。但是，交通事故责任认定书对民事裁判的拘束力具有形式性、相对性，人民法院有义务对交通事故责任认定书的合法性予以审查。当然，经过司法程序的审查，如果交通事故责任认定书具有实质合法性，则其对司法裁判具有实质拘束力，法院应该以之为依据作出司法裁判；交通事故责任认定书不合法

---

① 参见黄国益：《从“行政处分对民事法院的拘束效力”思考先决问题在诉讼审理程序之解决模式》，载《中正法学集刊》第 15 期（2004 年）。

② 章志远教授认为，“基于行政权与司法权相互分立的考虑，除非行政行为自始无效；否则，法院在处理以行政行为为先决问题的民事争议时，都必须自觉承认该行为的客观存在并给予必要的尊重，不得径自作出否定其公定力的判决。”参见章志远：《行政行为效力论》，中国人事出版社 2003 年版，第 74 页。

③ 参见杨某诉莱芜某保险公司保险赔偿案，上海市浦东新区人民法院（2015）浦民一（民）初字第 24601 号民事判决书。

的,则不能以其作为裁判依据,而应根据查明的事实依法作出司法裁判。可见,交通事故责任认定书这一行政行为的拘束力具有行政程序性、形式性和相对性,而非司法程序性、实质性和绝对性。经过司法程序的审查,若交通事故责任认定书具有实质合法性,则其对司法裁判具有实质拘束力,司法机关必须以之为依据作出裁判。

如上述案例所示,在交通事故责任认定书不合法而不能作为司法裁判依据时,法院只能根据查明的事实依法作出司法裁判。如果按照公定力理论,对交通事故责任认定书的合法性不加审查,直接以之作为司法裁判的依据,就有可能导致司法裁判的错误。在民事诉讼中,一般情况下形式效力的行政行为不得作为司法裁判的直接依据。只有在特定的情况下,形式效力的行政行为才可以作为司法裁判的依据。例如,在符合最高人民法院《关于审理专利纠纷案件适用法律问题的若干规定》(法释〔2020〕19 号)第 5、6、7 条规定情形时,①授予专利的行政行为尽管处于形式效力阶段,但却可以作为民事裁判的依据。在此种情况下,承认处于形式效力阶段的行政行为对司法裁判的拘束力的目的在于防止民事诉讼的过分迟延,以保护民事诉讼原告合法权益。如果有关当事人将来就行政行为的合法性问题提起行政诉讼,且生效判决与民事判决不一致的,再通过启动民事再审程序予以解决。有的法院在民事诉讼中遇到此类情况时,中止民事诉讼,等待行政诉讼的终审判决作出以后,再恢复民事案件的审理。

(二)行政行为对刑事裁判的拘束力

德国普遍承认行政行为原则上不能拘束刑事审判,在行政行为作为刑法前提的情形下,法院可对行政行为的合法性进行审查。日本通说也认为,行政行为对刑事审判没有拘束力。② 在我国,台湾地区"行政诉讼法"(1999 年)第 12 条规定:"民事或者刑事诉讼之裁判,以行政处分是否无效或者违法为据者,应依行政争讼程序确定之。前项行政争讼程序已经开始者,于其程序确定前,民事或者刑事法院应停止其审判程序。"大陆则是依据《民事诉讼法》的相关规定,行政行为作为证据,只有经过查证属实,才能作为定案证据。从行政行为效力的角度分析,行政行为对刑事司法裁判

---

① 最高人民法院《关于审理专利纠纷案件适用法律问题的若干规定》(法释〔2020〕19 号)第 7 条规定:"人民法院受理的侵犯发明专利权纠纷案件或者经国务院专利行政部门审查维持专利权的侵犯实用新型、外观设计专利权纠纷案件,被告在答辩期间内请求宣告该项专利权无效的,人民法院可以不中止诉讼。"

② 参见王世杰:《论行政行为对刑事审判的拘束》,载《政治与法律》2018 年第 6 期;〔日〕盐野宏:《行政法总论》,杨建顺译,北京大学出版社 2008 年版,第 99~100 页。

究竟具有怎样的拘束力？下面通过一个具体的案例对这一问题加以分析和说明。

【案例7-3】2011年下半年，被告人蒋某与大丰市刘庄镇友谊村村民委员会协商，在友谊村租用土地养殖螃蟹。2011年11月20日，双方签订《土地承包经营合同》，约定蒋某租用友谊村488亩土地用于稻田养殖螃蟹，期限17年；养殖期间不得破坏土地耕作层。合同签订后，蒋某未经县级以上国土部门批准，擅自破坏租用土地的耕作层挖塘养殖螃蟹。根据《大丰市刘庄镇土地利用总体规划(2006-2020)》的相关内容，蒋某挖塘取土的地块属于基本农田。经盐城市原国土资源局认定，蒋某挖塘取土共造成64.56亩基本农田种植功能丧失。东台市人民检察院指控被告人蒋某犯非法占用农用地罪，于2014年12月22日向东台市人民法院提起公诉。①

本案中，盐城市原国土资源局的行政认定行为是判断蒋某是否构成非法占用农用地罪的重要证据，法院在没有其他相反的证据时，不得作出与盐城市原国土资源局的行政认定行为相矛盾的判决，即盐城市原国土资源局的行政认定行为对刑事裁判具有拘束力。但是，盐城市原国土资源局的行政认定行为对刑事裁判的拘束力并非绝对的，法院有义务对盐城市原国土资源局的行政认定行为的合法性予以审查。经过审查，盐城市原国土资源局的行政认定行为合法有效，可以作为定案依据的，以之为依据作出裁判；盐城市原国土资源局的行政认定行为不合法，不能作为裁判依据的，则根据查明的事实依法作出裁判。可见，在本案中，盐城市原国土资源局的行政认定这一行政行为对刑事裁判的拘束力具有行政程序性、形式性和相对性，而非司法程序性、实质性和绝对性。经过司法程序的审查，若盐城市原国土资源局的行政认定具有实质合法性，则其对于司法裁判具有实质拘束力，司法机关必须以之为依据作出裁判。

有学者认为，当行政行为构成刑事裁判的先决问题时，行政行为的公定力对法院没有拘束力，法院可以自行对其合法性进行审查。② 依据行政行为的公定力理论，行政行为在构成民事与行政裁判的先决问题时，其对民事与行政裁判有拘束力；而在构成刑事裁判的先决问题时，其对刑事司法裁判却没有拘束力。行政行为公定力理论的观点和解释不能令人信服。

---

① 参见蒋某犯非法占用农用地罪案，江苏省东台市人民法院(2015)东环刑初字第0001号刑事判决书。

② 参见章志远：《行政行为效力论》，中国人事出版社2003年版，第75~76页。

事实上,在刑事诉讼中,并非像有些学者所言,行政行为对司法裁判不具有拘束力。[①] 在没有相反证据的情形下,法院不得作出与行政行为相矛盾的司法裁判。准确地说,除无效的行政行为以外,行政行为对刑事司法裁判均有一定的拘束力,因为行政行为形式合法性与实质合法性的不同,行政行为对刑事司法裁判的拘束力也有所不同;形式合法性的行政行为具有形式的、相对的形式拘束力,实质合法性的行政行为则具有实质的、绝对的实质拘束力。也可以说,公定力理论无法有效地解释和回答行政行为对司法裁判的拘束力问题,而行政行为的形式拘束力与实质拘束力理论则可以有效地解释和回答这一问题。

在刑事诉讼中,基于正当法律程序及基本人权保障的原则,具有形式合法性的行政行为绝对不允许作为司法裁判的依据。在某些国家的刑事诉讼制度上,即使是具有实质合法性的行政行为,也可以对其做进一步的审查。例如,在德国的刑事诉讼中,尽管刑事诉讼的行政先决问题经过了行政判决,但法院仍然可以对行政判决的合法性做进一步的审查,然后再决定行政判决是否可作为司法裁判的依据。这是否就说明,在民事诉讼和行政诉讼中,实质合法性的行政行为具有实质拘束力;在刑事诉讼中,实质合法性的行政行为就没有实质拘束力呢?其实不然,三大诉讼的证明标准不同,民事诉讼采用的是优势证据的证明标准,行政诉讼一般采用高度盖然性的证明标准,[②]刑事诉讼采用的则是排除一切合理怀疑的证明标准,也是最为严格的证明标准。基于不同的证明标准,在三大诉讼中,法院对行政行为实质合法性审查的强度是不同的。刑事诉讼对行政行为实质合法性的审查最为严格,即使刑事被告人对行政行为的合法性没有异议,法院还是要对其合法性进行严格审查;但在民事诉讼和行政诉讼中,当行政行为构成先决问题时,若当事人对其合法性没有异议,则法院可以不对其合法性进行审查,而直接将其作为司法裁判的依据。

(三)行政行为对行政裁判的拘束力

现代行政日趋复杂,一项行政活动的完成,往往需要通过数个行政行为前后相继,既有在先行政行为,亦有后续行政行为,有时甚至需要结成复杂的组合关系才能实现。在后续行政行为的司法审查过程中,在先行政行

① 参见李琦:《行政行为效力新论——行政过程论的研究进路》,中国政法大学 2005 年博士学位论文,第 112 页;章志远:《行政行为效力论》,中国人事出版社 2003 年版,第 75~76 页。

② 根据行政案件类型的不同,行政诉讼案件实际上具有不同的证明标准:一是优势证明标准;二是排除合理怀疑的证明标准;三是明显优势证明标准。

为对行政裁判的影响和制约，就体现了行政行为对行政裁判的拘束力问题。因为行政活动及其价值目标的复杂性，行政行为对行政裁判的拘束力问题远比对民事及刑事裁判的拘束力问题复杂得多。在行政法理论上，行政行为的违法性继承问题与此密切相关。所谓行政行为违法性继承问题，是指在先行政行为中存在的违法性，是否会影响作为结果的后续行政行为的合法性的问题。① 在日本，早期基于行政行为的公定力理论，日本行政法院并不审理在先行政行为是否属于违法，因而也不承认行政行为的违法性继承。② 其后，在对后续行政行为的司法审查阶段，在特定的情形下亦允许针对在先行政行为具有违法性的主张进行争议。③ 在我国，承认和否认行政行为违法性继承的判决均有出现。④ 笔者认为，否认行政行为违法性继承，主张对在先行政行为的合法性不予审查，肯定是错误的；而无条件地承认行政行为违法性继承，也是错误的。尽管行政行为违法性继承这一问题的核心在于在先行政行为对后续行政行为的拘束力，但行政行为违法性继承与行政行为对行政裁判的拘束力问题并不能等同。下面通过一个案例，对行政行为对行政裁判的拘束力问题加以分析和说明。

【案例 7-4】2014 年 9 月，原告王某在未取得建设工程规划许可证的情况下，在东台市东台镇红兰南路 115 号市政府宿舍 3 幢 108 室住宅前侧院内利用原院墙进行加顶建设，将住宅底层院子部分封闭，建设长 7 米、宽 2.6 米，面积 18.2 平方米（含墙体）的建筑物，加顶建设后的建筑物内部建隔墙一堵，形成东西 2 间，西侧一间用铝合金门封闭，东侧一间未封闭。2014 年 10 月，根据群众举报，被告东台市城管局对原告的违法建设进行立案查处。此后被告向原告发出责令改正通知书，责令其自行拆除上述所建的违法建筑。2015 年 6 月 9 日，东台市住建局在给被告东台市城管局的函

---

① 参见朱芒：《“行政行为违法性继承”的表现及其范围——从个案判决与成文法规范关系角度的探讨》，载《中国法学》2010 年第 3 期。

② 美濃部達吉『日本行政法（上巻）』（有斐閣，1936 年）257-259、940 頁参照。

③ 在行政诉讼中，类似民事或刑事判决先决问题的行政行为，经常被称为“在先行为”、“在先行政行为”或“关联行政行为”。参见成协中：《行政行为违法性继承的中国图景》，载《中国法学》2016 年第 3 期；王贵松：《论行政行为的违法性继承》，载《中国法学》2015 年第 3 期；朱芒：《“行政行为违法性继承”的表现及其范围——从个案判决与成文法规范关系角度的探讨》，载《中国法学》2010 年第 3 期。

④ 承认行政行为违法性继承性的行政判决，如念泗三村 28 幢楼居民 35 人诉杭州市规划局行政许可行为侵权案，载《最高人民法院公报》2004 年第 11 期；也有否认行政行为违法性继承性的行政判决，如乔某诉原铁道部春运期间部分旅客列车票价上浮案，北京市第一中级人民法院（2001）一中行初字第 149 号行政判决书。

复中认定原告未取得建设工程规划许可证,原告在住宅底层院内利用原院墙进行加顶建设,被界定为“无法采取改正措施消除对城市规划实施的影响”的情形。2015年6月16日,被告东台市城管局向原告送达行政处罚事先告知书,告知其违法事实、拟处罚的理由和种类以及依法享有的权利。原告在规定期限内提出了陈述和申辩。2015年6月24日,被告东台市城管局作出并向原告送达了行政处罚决定书。原告不服,诉至东台市人民法院,要求撤销被告作出的行政处罚决定书。①

本案中,东台市住建局的函复本质上是判断原告的建设行为是否违法的行政行为。其作为一个非常重要的证据,人民法院在没有其他相反的证据时,不得作出与东台市住建局的函复行政行为相矛盾的判决,即东台市住建局的函复之行政行为对行政裁判具有拘束力。但是,东台市住建局的函复对行政裁判的拘束力并非绝对的,人民法院有义务对该函复的合法性予以审查。经过审查,如果东台市住建局的函复合法有效,则以之为依据作出裁判;如果东台市住建局的函复不合法,属于无效或应该撤销的行政行为,不能作为裁判依据的,则根据查明的事实依法作出裁判。可见,在本案中,东台市住建局的函复对行政裁判的拘束力具有行政程序性、形式性和相对性,而非司法程序性、实质性和绝对性。经过司法程序的审查,若东台市住建局的函复具有实质合法性,则其对司法裁判具有实质拘束力,司法机关必须以之为依据作出裁判。

如上述案例所示,在函复不合法而不能作为司法裁判依据时,法院只能根据查明的事实依法作出司法裁判。如果按照公定力理论,对函复的合法性不加审查,直接以之作为司法裁判的依据,就有可能导致司法裁判的错误。② 同民事诉讼一样,在行政诉讼中,形式效力的行政行为一般情况下不得作为行政司法裁判的依据。只有在特定的情况下,为了防止行政司法裁判的过分迟延,形式效力的行政行为才可以作为司法裁判的依据。例如,相对人因侵犯专利权而被行政处罚,相对人对于该处罚不服提起行政诉讼,同时向国家知识产权局专利局请求宣告该项专利权无效的,为了防止行政诉讼的过分迟延,人民法院应该可以参照适用最高人民法院《关于

---

① 参见王某诉东台市城管局行政处罚案,江苏省东台市人民法院(2016)苏0981行初16号行政判决书。

② 章志远教授认为,当某一未被提起行政诉讼的行政行为构成解决行政争议的先决问题时,法院必须对其给予应有的尊重,从而满足该行为公定力的内在要求。参见章志远:《行政行为效力论》,中国人事出版社2003年版,第72页。

审理专利纠纷案件适用法律问题的若干规定》(法释〔2020〕19号)的规定,无须中止诉讼,而是直接依据专利权的归属依法作出判决。如果作出司法裁判后发现授予专利权的行政行为不具有实质合法性,可再通过对原诉讼案件进行再审的办法予以纠正。在此种情况下,以形式效力的行政行为作为司法裁判的依据,同样是为了防止行政诉讼的过分迟延,以保护行政诉讼中原告的合法权益。

二、“形式拘束力”等同于“实质拘束力”的危害

(一)涉及行政行为拘束力问题的案件面广量大

刑事诉讼中有相当比重的案件,其裁判结果是以构成先决问题的行政行为的合法性为依据和前提的。在有的案件中,行政行为是否具有合法性,直接关系被告人的罪与非罪问题。例如,在可能判处被告人死刑的刑事案件中,若被告人提出其作案时未满18周岁不应适用死刑的,则公安机关的户籍登记之行政行为的合法性及其能否作为司法裁判的依据问题,就体现了户籍登记行政行为对该刑事裁判的拘束力问题。又如,假冒专利的刑事诉讼,若被告人主张专利权人的专利无效,其不应构成犯罪的,则国家知识产权局专利局的专利许可行为的合法性及其能否作为司法裁判的依据问题,也体现了专利许可行为对刑事裁判的拘束力问题。在司法实践中,以行政行为的合法性作为先决问题的刑事案件种类多、数量大。在民事诉讼中,亦有相当比重的案件,其裁判结果是以行政行为的合法性为依据和前提的。例如,公司的工商登记或变更登记行为,会对公司股东权益纠纷案件中股东资格及股份的认定产生决定性的影响;又如,农业农村主管部门对农作物歉收是否因药害造成的鉴定或处罚,会对侵权损害赔偿纠纷中当事人的确定、责任的认定和损失的承担产生实质性的影响;等等。行政诉讼也大量涉及行政行为对行政裁判的拘束力问题,如拆迁行政决定诉讼中会以拆迁许可行政行为的合法性为前提。笔者粗略梳理了下民事、刑事及行政纠纷中涉及的行政行为对司法裁判的拘束力问题的案件类型,如表7-1所示。

表 7-1　三类诉讼中涉及的行政行为对司法裁判的拘束力问题的案件类型

<table>
<tr><th>刑事诉讼</th><th>民事诉讼</th><th>行政诉讼</th></tr>
<tr><td>户籍登记行为(被告人刑事责任能力的认定)</td><td>公司工商登记或变更登记行为(涉及公司类、股东权利争议类纠纷)</td><td rowspan="8">在行政诉讼中,经常会涉及在先行政行为的合法性问题及其对行政裁判的拘束力问题。在先行政行为复杂多样,很难如民事诉讼及刑事诉讼的先决行政行为那样进行有效的分类和列举。常见的有:
1. 专利许可行为(侵犯专利权行政处罚等在先行政行为);
2. 户籍登记行为(治安行政处罚、婚姻登记等在先行政行为);
3. 事故责任认定行为(安全事故、医疗事故行政处罚等在先行政行为);
4. 对物的性质或价格的行政鉴定行为(侵犯知识产权行政处罚等在先行政行为);
5. 房屋竣工验收备案行政行为(房产登记在先行政行为)</td></tr>
<tr><td>事故责任认定行为(涉及交通肇事罪、重大劳动安全事故罪、重大责任事故罪、工程重大安全事故罪、教育设施重大安全事故罪、消防责任事故罪、医疗事故罪等)</td><td>交通事故责任认定行为(主要涉及道路交通事故赔偿类纠纷)</td></tr>
<tr><td>行政许可行为(涉及假冒专利罪、假冒商标罪、假冒注册商标罪等涉知识产权类犯罪)</td><td>行政许可行为(主要涉及专利纠纷、商标纠纷、征收合同纠纷等)</td></tr>
<tr><td>对特殊主体的身份、犯罪金额的认定行为(涉及内幕交易、泄露内幕信息罪、逃税罪等)</td><td>对物品的质量或价格的鉴定行为(主要涉及合同类纠纷)</td></tr>
<tr><td rowspan="4">对物的性质或价格的鉴定行为[涉及多种罪名,如危险驾驶罪,毒品类犯罪,故意(过失)损毁文物罪、倒卖文物罪等涉文物类犯罪,伪(变)造货币罪,假币类犯罪,制作、复制、出版、贩卖、传播淫秽物品牟利罪,等等]</td><td>安全责任认定、消防火灾原因鉴定、相关处罚行为(主要涉及合同纠纷、侵权纠纷等)</td></tr>
<tr><td>农作物药害原因鉴定、农药质量鉴定、相关处罚决定等(主要涉及侵权纠纷、合同纠纷等)</td></tr>
<tr><td>工伤认定行为(主要涉及劳动争议)</td></tr>
<tr><td>资质认定行为(主要涉及工程纠纷、合同纠纷、侵权纠纷等)</td></tr>
</table>

(二)"形式拘束力"等同于"实质拘束力"现象的普遍性

应该说,我国的一些学者对行政行为对司法裁判的拘束力问题虽有一定的研究，[1]但却并未从理论上给予科学、明确的回答。行政行为对司法裁判的拘束力也有形式拘束力和实质拘束力之分。其中，行政行为对司法裁判的形式拘束力，是指具有形式合法性的行政行为对司法裁判所具有的拘束力，其具有法定性、形式性、行政程序性、相对性、有限性之特征。行政行为对司法裁判的形式拘束力具有形式性及相对性：一方面，司法机关在没有相反证据的情况下，不得作出与行政行为相矛盾的司法裁判；[2]另一方面，形式拘束力的行政行为也不得直接作为司法裁判的依据。行政行为对司法裁判的实质拘束力，是指具有实质合法性的行政行为对司法裁判所具有的拘束力，其具有法定性、司法程序性、实质性、绝对性之特征。正因行政行为对司法裁判的形式拘束力与实质拘束力的不同，司法机关在裁判案件时，依法有义务对形式合法性的行政行为进行实质合法性审查。经过司法程序的审查，具有实质合法性的行政行为对司法裁判具有实质拘束力，司法机关必须将其作为司法裁判的依据和前提。对于不具有实质合法性，依法应予撤销或确认无效的行政行为，其不能作为司法裁判的依据和前提，法院应该根据查明的事实依法作出裁判。

因行政行为对司法裁判的实质拘束力隐藏于司法审查制度之中而难以被发现，中外学者所研究和讨论的行政行为对司法裁判的拘束力，主要限于形式拘束力的范畴。是故，目前中国、德国、日本的学者关于行政行为对司法裁判拘束力问题的观点和认识，其实都不够全面。司法裁判的形式拘束力与实质拘束力在理论上未能得到区分，是导致关于行政行为对司法裁判拘束力问题的研究始终无法深入的重要原因之一。在行政行为对司法裁判形式拘束力与实质拘束力区分的基础上，基于应然与实然的视角，其实不难发现行政行为对司法裁判拘束力问题的本质及其症结所在。行政行为对司法裁判的形式拘束力与实质拘束力理论，能够有效消除长期

---

① 参见何海波：《行政行为对民事审判的拘束力》，载《中国法学》2008 年第 2 期；刘菲：《行政行为对民事审判的拘束效力研究》，载《北方法学》2011 年第 6 期；方世荣、羊琴：《论行政行为作为民事诉讼先决问题之解决——从行政行为的效力差异进行分析》，载《中国法学》2005 年第 4 期；王勇、李琦：《行政行为对行政诉讼的拘束力》，载《人民法院报》2009 年 11 月 27 日，第 6 版；章剑生：《行政行为对法院的拘束效力——基于民事、行政诉讼的交叉视角》，载姜明安主编：《行政法论丛》第 14 卷，法律出版社 2011 年版，第 391～415 页；李琦：《行政行为效力新论——行政过程论的研究进路》，中国政法大学 2005 年博士学位论文，第 120～123 页。在我国台湾地区，林纪东、翁岳生、吴庚、许宗力、林锡尧等学者倾向于认为行政行为对民事法院的审判具有拘束力，而李震山和李惠宗两位学者则有不同的认识。参见黄国益：《从“行政处分对民事法院的拘束效力”思考先决问题在诉讼审理程序之解决模式》，载《中正大学法学集刊》第 15 期（2004 年）。

② 司法实践中，也有置行政行为于不顾，而是直接根据法院查明的事实作出判决的情况，但此种情形较为少见。更多的情形，还是以形式拘束力的行政行为直接作为司法裁判的依据。

以来的模糊乃至错误的认识,深化行政行为效力理论及诉讼理论问题的研究,有效地指导立法、执法及司法实践。

在刑事诉讼中,对于行政先决问题的司法审查,我国实行的是直接审查制度,即简单地把行政行为当作证据进行合法性审查。由于在行政行为的合法性审查中没有适用行政诉讼程序,作出行政行为的行政机关无须出庭及举证证明行政行为的合法性。刑事诉讼被告人因为举证能力的限制,虽然主张行政行为不合法,却又无法有效地举证加以证明。在很多情况下,即使是不合法的行政行为,实际上也很难被否定,其依然被作为司法裁判的依据。如此这般,本来仅仅具有形式合法性的行政行为,却被当作具有实质合法性的行政行为,成为司法裁判的依据。行政行为的"形式拘束力"等同于"实质拘束力",造成了构成先决问题的行政行为决定刑事被告人定罪量刑的可怕结果。在民事诉讼中,以交通事故损害赔偿为例,根据法律规定,人民法院应该对交通事故责任认定行为的合法性进行审查。如果经过审查,认为交通事故责任认定具有实质合法性,则其具有实质拘束力,能够作为民事案件司法裁判的依据;如果经过审查,发现交通事故责任认定不具有实质合法性的,则不予采信,而是根据查明的事实依法裁判。但在司法实践中,法官一般会按照交通事故责任认定作出判决,鲜见否定交通事故责任认定,而根据查明的事实作出判决的情形。如果交通事故责任认定行为不合法,原本依法不应该作为裁判依据,但却因为法院审查不严而将其当作合法有效的行政行为并作为司法裁判的依据,就会导致司法裁判的错误。在行政诉讼中,有不少行政行为是前后相继的,后续行政行为以在先行政行为为前提或依据,在当事人对后续行政行为提起行政诉讼时,法院本来是应当对在先行政行为的合法性进行审查的;但现在存在的一种现象是,法院怠于对在先行政行为的合法性进行审查,或是审查流于形式,简单地将在先行政行为的形式合法性等同于实质合法性进行认定,其后果是很容易造成司法裁判的错误。在当前的刑事、民事及行政诉讼中,行政行为的"形式拘束力"等同于"实质拘束力"的现象并不少,具有相当的普遍性。

(三)危害司法公正的"隐形杀手"

在刑事诉讼及民事诉讼中,对于构成先决问题的行政行为合法性,相关国家或地区的立法明确规定,适用行政诉讼程序予以审查,但我国的行政诉讼法并没有这样的明确规定,对于先决问题的行政行为合法性的审查,事实上已经成为司法审查的一个制度盲区。在行政诉讼中,对于在先行政行为的合法性往往怠于审查,这些司法实践中经常出现的问题,并没有引起理论和实务部门的高度重视。司法实践中,由于司法权的“失职”等原因,对行政行为合法性的审查不作为或形式主义,对构成先决问题的行政行为不加审查而全盘接受,将行政行为的“形式拘束力”等同于“实质拘束力”,直接以形式效力的行政行为作为司法裁判的依据,往往会导致一些违法的行政行为对司法裁判产生拘束力,从而严重危害司法裁判的实体公正。行政行为的实质拘束力因隐藏于司法审查制度之中而难以被发现,是故,行政行为的“形式拘束力”等同于“实质拘束力”这一问题,因为比较隐蔽而容易被人忽视。长期以来,由于理论上的模糊乃至错误,以及诉讼制度等多方面的原因,司法实践中普遍存在以行政行为的“形式拘束力”等同于“实质拘束力”的问题,其已经成为影响案件质量及危害司法公正的“隐形杀手”,严重地制约了司法公正的实现。

三、行政行为对司法裁判的拘束力问题之本质

行政行为对司法裁判拘束力问题的本质,是行政权与司法权的性质及二者的关系问题。从行政实体法的角度,行政行为对司法裁判的拘束力是一个行政行为效力问题;从诉讼法的角度,行政行为对司法裁判的拘束力又是一个重要的诉讼法理论问题。脱离行政权与司法权的性质及二者之间的关系,仅仅从行政行为效力理论或诉讼法理论的角度,则很难正确地回答这一问题。

(一)行政权与司法权的特点

行政权与司法权是两种不同性质的国家权力。行政权是行政主体执行法律、管理国家与社会公共事务的权力,具有从属法律性。行政权追求的主要法律价值在于秩序和效率,即追求社会秩序和行政效率的实现。行政权在追求社会秩序和行政效率实现的过程中,当然也需要尽可能地实现社会公正。由于行政主体本身所处的地位、行政事项的紧迫性等因素,相对于立法权、司法权而言,行政权的行使往往缺乏严格的程序性。尽管行政权的行使具有机动性和灵活性的优点,但其在程序的严格性方面却远不及立法权及司法权。在很多情况下,行政权虽然实现了社会秩序和行政效率之价值目标,但却很难兼顾社会公正。是故,法律一般不赋予行政机关行政终局裁决的权力。

司法权是司法机关所依法享有的,对当事人之间的纠纷和主张居中进行判断,并进行终局性裁判的权力,其具有独立性、中立性、程序性、权威性、终局性等特点。司法权以司法正义为总的价值目标,而司法公正则构成了司法权的首要价值目标。司法权在追求司法公正的同时,尽管会兼顾

效率、效益等其他法律价值,但司法公正却始终是司法权的首要、核心与根本价值目标。因为司法机关被法律赋予了终局性裁判的权力,故而要求司法机关必须具备独立性、中立性及司法权的运行程序性。司法权的终局性,是指司法权对于纠纷具有最终的、最权威的裁判权,其具体内容有三:其一,经过司法机关裁判的事项,以后不再受到其他机关的裁判;其二,除经司法机关依法改判外,其他任何机关、组织或个人均不得变更或撤销司法裁判;其三,经过司法机关裁判的事项,被认为是最公正的,当事人应当无条件履行该裁判所确定的义务。"对于司法机关作出的生效裁决,司法权的终极性赋予了生效司法裁决以法律效力,司法裁决不仅强制当事人依裁决执行而且限制司法机关随意变更、撤销裁决或者重新启动司法程序。"①

(二)司法权对行政权的尊重

基于法治理论及实践的要求,国家权力必然是相互分立且相互制衡的;各国家权力主体之间应该是各司其职、互相尊重的。"行政机关做出的行政行为一经生效,就对自己、对相对人和利益相关人、对其他行政机关及法院都产生了相应拘束力。且这种拘束力应该得到普遍尊重,非有权机关经法定程序不得予以否定。"②行政行为的此种拘束力,其实就是行政行为的形式拘束力。对于司法机关而言,行政行为的形式拘束力表现为行政行为对司法裁判的拘束力。一方面,司法机关在司法裁判时,不能对行政行为不管不问,另行寻求其他证据作出判决;另一方面,司法机关在没有相反证据的情况下,不得作出与行政行为相矛盾的司法裁判。虽然行政行为对司法裁判的形式拘束力具有行政程序性、形式性、相对性,但其还是体现了司法权对行政权尊重的一面。

(三)司法权对行政权的监督

行政权的行使应该受到司法权的监督,这是现代法治的应有之义。司法权对行政权的监督,是通过司法程序对行政权运行合法性的审查实现的。根据司法的独立性和终局性原理,法院在司法裁判活动中有权独立地对事实和法律问题作出判断。司法机关在裁判案件时,依法有义务对形式合法性的行政行为进行实质合法性审查。经过司法程序的审查,具有实质合法性的行政行为对司法裁判具有实质拘束力,司法机关必须将其作为司法裁判的依据和前提。不具有实质合法性,依法应予撤销或确认无效的行

① 刘瑞华:《司法权的基本特征》,载《现代法学》2003 年第 3 期。
② 成协中:《行政行为违法性继承的中国图景》,载《中国法学》2016 年第 3 期。

政行为,则不能作为司法裁判的依据和前提,司法机关应该根据查明的事实依法作出裁判。行政行为对司法裁判的实质拘束力具有司法程序性、实质性、绝对性,这恰恰体现了司法权对行政权的监督及司法最终的原则。

四、行政行为对司法裁判的拘束力相关制度之发展与完善

(一)依法保障审判独立

司法权是一种对当事人之间的纠纷予以裁判的权力,为了保证司法裁判的公正性,司法裁判的主体应当能够排除来自各方面的干涉,依法独立审判。这对于充分保障公民的权利,建立现代法治社会,具有十分重要的意义。一个现代化国家的管理模式或机制的最突出特征,就是司法机关独立行使审判权力,不受任何其他力量的非法干预,这也是法治国家的基本特点。[①] 就我国目前的政治体制与司法体制来说,司法机关应该在中国共产党的领导和全国人民代表大会的监督下依法独立、公正行使审判权。但事实却是,因为法院的人、财、物均受制于地方党委和政府,人民法院的生存和发展过度依赖于地方,在很多情况下很难真正做到独立行使审判权。从法官个人来说,依法独立裁判是法官的神圣职责和使命所在,正如马克思所言:“法官是法律世界的国王,除了法律就没有别的上司。”[②]建立保障法官依法独立行使职权的制度,是法官职业保障的核心。但是,我国目前尚未真正建立法官依法独立审判的职业权利保障制度,法官不能判、不敢判的现象一定程度上存在。为此,要全面落实人民法院的宪法地位,有效保障人民法院独立审判;与此同时,建立完善的法官职业保障制度,有效保障法官能够依法独立审判。

(二)改革与完善证据制度

我国三大诉讼法均明确规定,证据必须经过查证属实才能作为定案的证据。但是,这样的规定比较原则,可操作性不强。在行政行为的合法性构成司法裁判的先决问题时,就行政行为的证据属性而言,适用何种程序进行审查、审查到什么程度,三大诉讼的证据制度对此并没有作出具体、明确的规定。其实,这类问题完全可以通过司法解释予以明确。《刑事诉讼法》(2018 年)第 50 条第 3 款规定:“证据必须经过查证属实,才能作为定

---

① 我国《宪法》(2018 年)第 131 条规定:“人民法院依照法律规定独立行使审判权,不受行政机关、社会团体和个人的干涉。”据此,人民法院独立行使审判权是我国宪法的明确规定,也是依法治国的根本要求。

② 马克思、恩格斯著,中共中央马克思恩格斯列宁斯大林著作编译局编译:《马克思恩格斯全集》(第 1 卷),人民出版社 1995 年版,第 181 页。

案的根据。”对于构成司法裁判的先决问题的行政行为合法性问题,除极少数通过另行诉讼的办法解决之外,其他绝大部分都由刑事审判组织以直接审查的方法予以解决。由于这种直接审查的办法没有适用行政诉讼程序,掌握证据且有举证能力,也应该承担举证责任的行政机关无须出庭举证,而刑事诉讼被告人因受举证能力的限制,虽然主张行政行为不合法,却又无法有效地举证证明。把构成先决问题的行政行为仅仅当作刑事诉讼的证据进行一般性的合法性审查,司法审查的程序有失公正,极易导致司法审查走过场,无法保证先决问题司法审查的实体公正,从而造成事实上先决问题决定了刑事裁判的结果,最终也无法保障刑事被告人的权利及刑事裁判的实体公正。《民事诉讼法》(2021 年)第 66 条第 2 款规定:“证据必须查证属实,才能作为认定事实的根据。”同理,在民事诉讼中,对于构成司法裁判的先决问题的行政行为的合法性问题,除极少数通过另行诉讼的办法予以解决以外,其他绝大部分也是由民事审判组织以直接审查的办法解决的。例如,在交通事故民事损害赔偿案件中,对于交通事故责任认定的行为,就由民事审判组织直接予以审查,这样的直接审查方式,与刑事诉讼的直接审查一样存在制度缺陷。在司法实践中,诉讼制度的不完善是导致行政行为对司法裁判的“形式拘束力”等同于“实质拘束力”的最为根本的原因。

(三)改革与完善行政行为的司法审查制度

例如,对于刑事诉讼行政先决问题的司法审查,应该适用行政诉讼程序予以司法审查。通过相关立法或司法解释,将行政诉讼程序“嫁接”、引入刑事诉讼程序中,建立行政机关参加诉讼和刑事诉讼附属行政诉讼制度,同时对单独诉讼和直接审查制度予以保留。如此,我国最终将形成行政机关参加诉讼为主、刑事诉讼附属行政诉讼、单独诉讼及直接审查为辅的审查模式。这四种不同的审查方式,分别适用于特定情形的行政先决问题的司法审查。[①] 这样的审查模式能有效地监督与制约行政权力、保障刑事被告人的人权,更好地实现刑事诉讼的公正与效率。同理,对于民事诉讼行政先决问题的司法审查,也应该建立行政机关参加诉讼为主、民事诉

---

① 被告人以行政行为的不合法为刑事诉讼抗辩的理由和手段,而非提出一个真正意义的独立的诉讼请求,此时应该适用行政机关参加诉讼制度。与行政机关参加诉讼不同,刑事诉讼附属行政诉讼适用于被告人主张行政行为的不合法不仅是其刑事抗辩的理由,而且构成一个独立的诉讼请求,且符合与刑事诉讼合并审理的情形。因为单独的行政诉讼存在诉讼效率低下等诸多弊端,只有在行政机关参加诉讼、刑事诉讼附属行政诉讼及直接审查制度都无法适用的情况下,才采用单独诉讼的审查方式。在行政行为存在重大且明显违法的情形,刑事审判组织很容易判断其合法性问题时,应该由其直接审查确定行政行为合法性问题。

讼附属行政诉讼、单独诉讼及直接审查为辅的审查模式。至于行政诉讼在先行政行为的司法审查，则应建立行政机关参加诉讼为主、行政先决问题之诉与行政诉讼本诉合并审理及直接审查为辅的审查模式。

(四)提升法官的素质与能力

当前，"形式拘束力"等同于"实质拘束力"现象的普遍存在，与法官的素质与能力问题也有一定的关系。例如，由于法学理论水平及司法能力的制约，部分法官在行政行为对司法裁判的拘束力理论方面存在模糊及错误的认识，认为把行政行为直接作为判决的依据是天经地义的。另外，少数法官在行政行为的合法性审查上不认真、不负责，也是造成"形式拘束力"等同于"实质拘束力"的重要原因。公正是司法的生命，是司法的首要和终极目标。高超的法律专业知识、丰富的司法经验、公正无私的精神等，是法官所应具备的基本素质。提升法官的素质与能力，是司法公正的根本保障。

(五)推进司法责任制的贯彻落实

司法责任制既包括法官享有充分独立的司法裁判权，也包括法官的责任担当与责任追究。在赋予办案法官审理裁判案件主导权、决定权的同时，办案法官对裁判结果负责，包括对错误裁判负责。部分法官在行政行为的合法性审查上不认真、不负责任，或是直接以形式效力的行政行为作为裁判依据，或是审查上的不作为与形式主义，把本来不具有实质合法性的行政行为作为司法裁判的依据，从而导致司法裁判的严重错误。司法责任制的落实不到位，也是导致"形式拘束力"等同于"实质拘束力"现象存在的重要原因之一。"追究司法责任，可以督促司法人员在办案过程中慎思慎行——既谨慎地审核证据，又谨慎地认定案件事实，既谨慎地选择所适用的法律，又谨慎地表达办案结论所持的理由，既谨慎地保障法律程序运行的正当性，又谨慎地保障程序结果的合法合理性。由此，可以防止法律程序的错误适用，也可以防止错案的发生，进而确保办案质量。"①为此，必须坚决推进司法责任制的贯彻落实。通过健全审判质效考评、司法责任追究等机制来确立价值导向，以最大限度地调动法官的工作积极性和责任心，从而促进整个审判质效的提升。在合议制度改革中，要进一步完善合议庭办案责任制，明确合议庭成员的责任，要求每个合议庭成员参与案件评议时，不得拒绝陈述意见或仅作同意与否的简单表态，必须在提出事实根据和法律依据的基础上，有的放矢地进行分析论证。严格落实办案

① 肖晗、王亚欢：《司法责任制度的价值追求》，载《湖南警察学院学报》2015 年第 2 期。

质量终身负责制,健全错案防止、纠正、责任追究机制。

第七节　行政行为拘束力的产生、发展及消亡

一、拘束力的产生

关于行政行为拘束力生效的时间和条件问题,首先,要区分是形式拘束力还是实质拘束力的生效;其次,要区分拘束力对哪一个约束对象生效。因为拘束力性质及约束对象不同,拘束力生效的时间和条件也有所不同。除重大且明显违法的行政行为以外,其一经成立,立即产生形式存续力。对于作出行政行为的原行政主体而言,行政行为形式拘束力或随着形式存续力一起产生,或稍后于形式存续力产生。对于行政相对人而言,或是因作出而产生形式拘束力,或是因告知而产生形式拘束力,或是因所附条件成就或所附期限到来而产生形式拘束力。对于原行政主体以外的其他行政主体或司法机关而言,形式拘束力则应该自其知悉或应当知悉时产生。就实质拘束力而言,在司法裁判生效之时,行政行为被确认为实质合法有效的,则行政行为首先对作出司法裁判的司法机关产生实质存续力和实质拘束力;在司法裁判送达相对人及原行政主体时,行政行为对相对人及原行政主体产生实质存续力及实质拘束力。至于原行政主体以外的其他行政主体等,则应该自其知悉或应当知悉时产生实质存续力及实质拘束力。学者们研究拘束力的生效,往往只研究形式拘束力的生效,而忽视了实质拘束力的生效问题;往往只研究其对行政相对人的生效,而忽视了其对原行政主体、其他行政主体及司法机关的生效问题。其实,针对不同性质的拘束力及不同的约束对象,拘束力生效的时间和条件并不相同。

二、拘束力的发展

行政行为的拘束力不是静止不变的,而是不断发展变化的。首先,相对人寻求行政复议救济或司法救济,就会引起行政行为形式拘束力的发展变化。例如,当事人提起行政复议的,在复议过程中,行政行为仍然具有形式拘束力。经过行政复议,复议机关撤销行政行为的,则行政行为失去形式拘束力;复议机关维持原行政行为的,则其形式拘束力得到进一步巩固和强化。相对人提起行政诉讼的,在行政诉讼过程中,行政行为始终具有形式拘束力。在司法裁判生效时,根据生效的司法裁判,行政行为要么因为具有实质合法性而产生实质拘束力,要么因为行政行为被确认无效、被

撤销等而失去形式拘束力。对于非诉执行的行政案件,法院经审查裁定准予执行的,则行政行为的形式拘束力转化为实质拘束力;裁定不予执行的,等于否定了行政行为的强制力,但其形式存续力和形式拘束力依然存在。客观情况发生变化,也会引起行政行为的拘束力的变化。例如,形式效力状态的某一行政行为暂时中止实施,则被中止的只能是行政行为的形式拘束力和形式强制力,而非其形式存续力。行政行为暂时中止实施与行政行为强制执行的中止不同,其包括拘束力和强制力的中止;而行政行为强制执行的中止,中止的仅仅是强制力而不包括拘束力。拘束力中止的情形消失后,行政行为应该依法予以恢复。

三、拘束力的消亡

行政行为拘束力的消亡,是指出现了法定的情形,行政行为的拘束力依法归于消灭。例如,因为行政行为所依据的法律、法规发生变化,或是行政行为所根据的客观情况发生重大变化,原行政行为的继续存在将有损公共利益的,或是行政行为已完成原定的目标任务,实现了行政管理目的而无继续存在必要的,合法有效的行政行为就可能会被废止;此时,行政行为的拘束力就会随着行政行为的废止而一同归于消亡。又如,因为保密的期限届满,行政行为确定的保密义务对义务人当然也就不再具有拘束力。再如,行政行为义务主动履行完毕或被强制执行完毕,也会导致行政行为拘束力对此义务人的消亡,但行政行为的存续力却依然存在。由于拘束力义务对象的多样性,尽管行政行为拘束力义务对某一义务人不复存在,但对于其他的义务人,行政行为对其依然具有拘束力,对行政机关、法院等公权力机关依然具有构成要件效力。①

① 行政行为义务因义务人主动履行或被强制履行完毕,拘束力对此义务人而言消亡;但是,行政行为对其他公权力机关、利害关系人等,还可能存在拘束力。

第八章　行政行为的强制力

法的效力与行政行为效力之间是一般与个别、普遍与特殊、共性与个性的关系。从逻辑上分析，因为法具有强制力，行政行为也应该具有强制力。基于符号学方法的分析，与执行力、实现力、实行力及强制执行力概念相比，强制力这一概念具有更大的包容性与更强的适应性，可以适用于各种不同类型的行政行为存续力、拘束力义务的强制履行或实现。基于行政行为的形式效力与实质效力之"两质态论"的分析，强制力有形式强制力与实质强制力之分。此外，本章还对强制力概念的理论依据与实践基础、强制力制度的改革发展等问题进行了分析和探讨。①

第一节　行政行为强制力概念界说

一、强制力术语的含义

行政行为效力内容的具体构成问题，一直是我国行政法领域最具争议的问题之一。关于这一问题的研究和讨论，据笔者的不完全统计，中外学者先后提出和使用了公定力、存续力、不可争力、不可变更力、先定力、确定力、拘束力、执行力、实现力、实行力、跨程序拘束力、构成要件效力、确认效力、效力先定力、强制执行力、既决力等二十余种概念与术语，②实在是令人眼花缭乱、无所适从。关于行政行为效力内容的构成问题，学界的观点纷繁复杂，提出了"一效力说"至"七效力说"等数十种不同的学说。对于这样的一个重大理论问题，学界至今未有共识性的观点或学说。笔者认为，行政行为效力内容的具体构成问题完全可以化繁为简，将其概括为存续力、拘束力及强制力三个方面的内容。存续力、拘束力及强制力之"三效

① 本章第一节至第五节的主要内容，已作为课题的阶段性研究成果发表。参见马生安：《论行政行为的强制力》，载《苏州大学学报（法学版）》2019 年第 4 期。

② 关于跨程序拘束力、既决力、确认效力、效力先定力和实行力概念，分别参见翁岳生编：《行政法》（上册），中国法制出版社 2009 年版，第 654 页；江必新：《行政行为效力体系理论的回顾与反思》，载《江苏社会科学》2008 年第 5 期；翁岳生编：《行政法》（上册），中国法制出版社 2009 年版，第 660~661 页；王名扬：《法国行政法》，中国政法大学出版社 1988 年版，第 165 页；何君：《行政行为实行力研究——以服务行政为背景》，法律出版社 2016 年版，第 43~44 页。其他概念均较为常见，不再一一注明出处。

力说”作为内在关联、有机统一的整体，能够科学地反映和揭示行政行为效力内容的具体构成问题。[①] 行政行为的效力本质上就是法的效力，是法的普遍性效力在行政行为上的具体体现，属于法的个别性效力的范畴。既然法具有强制力，那么行政行为也应该具有强制力。[②] 就笔者的阅读范围而言，至今鲜有学者论及行政行为强制力的概念。[③] 关于保障行政行为设定的义务强制实现的效力之概念与术语，已经有执行力、实现力、实行力、强制执行力等概念；与它们相比，强制力概念具有很多的优点，强制力概念与理论的提出亦具有充分的理论与实践依据。所谓行政行为的强制力，是指行政行为依法产生的，在行政相对人、行政机关、司法机关等拒不履行或违反行政行为存续力或拘束力义务之时，有关国家机关采取相应的措施，依法保障行政行为的存续力或拘束力得以强制实现的法律效力。其具有如下几个方面的含义和特征：

第一，行政行为的强制力是指行政行为依法产生的法律效力，其具有法定性。强制力是法的强制力在行政行为上的具体体现，是法律对行政行为的一个保障手段。例如，我国《行政强制法》（2011 年）第 34 条规定，行政机关依法作出行政决定后，当事人在行政机关决定的期限内不履行义务的，具有行政强制执行权的行政机关依照本法第四章规定强制执行。第 53 条规定，当事人在法定期限内不申请行政复议或者提起行政诉讼，又不履行行政决定的，没有行政强制执行权的行政机关可以自期限届满之日起 3 个月内，依照本法第五章的规定申请人民法院强制执行。上述规定的行政行为效力，其实就是行政行为的强制力。《中华人民共和国行政程序法（专家建议稿）》（2015 年）第 155 条规定的强制履行，也是关于行政行为强

---

① 在行政行为效力内容的具体构成上，笔者曾经提出存续力、拘束力与实现力之“三效力说”。参见马生安：《行政行为效力体系重构的“两质态论”与“三效力说”》，载《重庆大学学报（社会科学版）》2015 年第 3 期。在此，笔者以“强制力”替代“实现力”，将其修正为存续力、拘束力与强制力之“三效力说”。这样的修正，行政行为效力内容的具体构成将更加科学、合理。

② 法的普遍性效力，是指法具有的对全体社会成员或部分不特定对象普遍的约束力，其具有一般性、概括性、普遍性之特征。法的个别性效力，是指法对特定的社会关系进行个别调整而依法产生的法律效力，其以非规范法律文件或（法律）行为为载体，在法律效力上具有个别性、具体性之特征。

③ 限于笔者掌握的资料和阅读范围，中外学者中至今只有韩国的金东熙教授在其著作中提及“强制力”这一术语，并在行政行为之强制执行的含义上予以使用，其与笔者本书中探讨的“强制力”含义不同。参见〔韩〕金东熙：《行政法Ⅰ》（第 9 版），赵峰译，中国人民大学出版社 2008 年版，第 64、238 页。

制力的规定。[①] 我国在未来的《行政程序法》中,也必然要对行政行为的强制力作出规定。

第二,行政行为强制力的具体内容,包括保障行政行为拘束力义务与存续力义务的实现两个方面。根据保障实现的行政行为义务内容的不同,强制力可以分为保障存续力义务的实现与保障拘束力义务的实现。就强制力的具体内容而言,人们通常认为就是保障行政行为拘束力义务的实现,而保障存续力义务的实现经常会被人们所忽视。其实,保障存续力义务的实现,也是强制力的重要内容之一。

第三,行政行为强制力的约束对象,既包括行政相对人,也包括行政主体、司法机关等公权力主体。因为强制力的具体内容包括保障拘束力义务与存续力义务的实现两个方面,故凡是拘束力和存续力约束对象的,也必然是强制力的约束对象。行政相对人、原行政主体、其他行政主体、司法机关,乃至立法机关等,均属于强制力的约束对象。

第四,行政行为强制力产生的前提条件是行政相对人、行政主体及法院等违反或拒不履行存续力或拘束力义务。行政行为强制力的产生是有条件的,只有在行政相对人或行政主体等拒绝履行行政行为所确定的义务时,强制力始得产生。如果存续力、拘束力之义务得到主动履行,则行政行为不会产生强制力。正因如此,行政行为的强制力具有潜在性。当义务人主动履行行政行为义务时,强制力潜在而并不显露出来,不为人们所感知;而当义务人拒不履行行政行为义务时,强制力才会显现出来。从时间上看,强制力一般是在存续力、拘束力之后产生。

第五,行政行为的强制力是保障存续力或拘束力义务实现的手段,保障性与强制性是其最为本质的特征。行政行为义务的实现有强制模式与非强制模式之分,相对人主动履行行政行为义务体现的是行政行为义务实现的非强制模式,而强制力则体现了行政行为义务实现的强制模式。说到底,强制力是采取强制的手段,保障行政行为存续力或拘束力义务得以强制实现的法律效力。如果没有强制力的保障,则存续力、拘束力义务将很难得到实现。

---

① 《中华人民共和国行政程序法(专家建议稿)》(2015 年)第 155 条第 1 款规定:"生效行政处理对行政相对人具有拘束力和执行力。行政相对人必须履行生效行政处理为之确定的义务。相对人拒不履行生效行政处理为之确定的义务,行政机关可以依法强制其履行。"该条第 2 款规定:"行政相对人对生效行政处理不服,可以依法申请行政复议或提起行政诉讼,但复议、诉讼期间不停止行政处理的执行。法律、法规可以规定复议、诉讼期间行政处理停止执行的特殊情形。"参见姜明安等:《行政程序法典化研究》,法律出版社 2016 年版,第 433 页。

二、强制力的主要内容

（一）保障行政行为拘束力义务的实现

拘束力义务是行政行为因其内容而对义务人产生的义务，主要有两大类：一是具有可强制执行的内容，如行政处罚决定设定的义务，此类义务的强制实现，是由行政强制执行制度实现的；二是不具有直接可强制执行的内容，如行政行为对其他行政机关的拘束力义务，很多情况下都表现为"构成要件效力"之拘束力义务，其并不具有可直接强制执行的内容。构成要件效力是德国，以及我国台湾地区学者讨论行政行为效力时提出和使用的一个概念，[①]"是指一个产生了效力的行政行为对本机关以外其他行政机关、法院所发生的法律效力。这种法律效力表现为其他行政机关、法院在作出与之有关的决定时，必须把该行政行为作为一个既定的要件或者事实加以认可。"[②]如果其他行政机关在作出行政行为时，不遵守构成要件效力之拘束力义务，有权机关可以依法将其作出的行政行为撤销，相对人也可以通过行政复议或行政诉讼将其作出的行政行为撤销；行政机关重新作出行政行为时，再把以前的行政行为作为一个既定的要件或者事实加以认可，从而保障行政行为构成要件效力之拘束力义务得以强制实现。在特定的情况下，司法机关也会违反行政行为构成要件效力之拘束力义务。例如，在交通事故损害民事赔偿案件中，对于公安机关的交通事故责任认定，一审法院如果置之不理，依据自己查明的事实作出判决，则行政行为（交通事故责任认定）之形式拘束力义务没有得到遵守；对于一个实质合法有效的交通事故责任认定，一审法院如果不予采信，而是依据自己查明的事实作出判决，此时法院就没有遵守行政行为的实质拘束力义务。其后，当事人上诉，二审法院依据实质合法有效的交通事故责任认定作出改判，行政行为（交通事故责任认定）对司法机关的拘束力义务最终得以强制实现，这就体现了行政行为拘束力义务实现上的强制力。

（二）保障行政行为存续力义务的实现

行政行为的存续力义务，是指保障行政行为持续合法存在的义务；非经法定的程序，任何组织或个人不得对行政行为予以撤销、变更或废止。任何非法对行政行为予以撤销、变更或废止的行为，都是对行政行为存续力义务的违反。例如，合法有效的行政行为被非法撤销以后，相对人可以

---

① 参见〔德〕哈特穆特·毛雷尔：《行政法学总论》，高家伟译，法律出版社2000年版，第269页；吴庚：《行政法之理论与实用》，台北，三民书局1992年版，第340页。

② 章剑生：《现代行政法基本理论》，法律出版社2008年版，第151页。

通过行政复议或行政诉讼将非法的撤销决定撤销,从而恢复行政行为的效力状态,这一过程就体现了行政行为存续力义务的强制实现。另外,域外通过违宪审查方式对违法撤销、变更或废止行政行为的救济制度,也属于保障行政行为存续力义务强制实现的法律制度。行政机关违法撤销、变更或废止行政行为的,还可能引起行政赔偿、直接责任人员的追偿及违法行政的问责。这些制度也都是关于行政行为强制力的法律制度,目的也在于保障行政行为存续力义务的强制实现。

三、强制力的基本分类

(一)形式强制力与实质强制力

依据强制力产生的行政行为合法性基础的不同,行政行为的强制力有形式强制力和实质强制力之分。行政行为的形式强制力,是行政行为基于其形式合法性而依法产生的强制力;行政行为的实质强制力,是行政行为基于其实质合法性而依法产生的强制力。关于行政行为的形式强制力与实质强制力的界定与区分问题,因为非常重要,本章第三节将作专门的论述,此处从略。

(二)直接强制力与间接强制力

基于直接强制和间接强制方式的不同,行政行为的强制力可以分为直接强制力与间接强制力。所谓直接强制力,是指采取直接的物理性强制手段保障行政行为之义务得以实现的法律效力。直接强制力与直接强制执行力概念的含义几乎等同。所谓间接强制力,是指采取间接强制的手段保障行政行为之义务得以实现的法律效力,包括三个方面的内容:一是对具有执行内容的行政行为义务人的代执行与执行罚之强制力;二是对于不具有执行内容的拘束力义务违反的纠错与制裁之强制力;①三是对违反存续力义务的纠错与制裁之强制力。间接强制执行力是指代执行与执行罚等间接强制执行方式表现出来的强制力。由此可见,间接强制力显然不同于间接强制执行力,其含义与内容远比间接强制执行力丰富得多。限于篇幅,对于直接强制力与间接强制力区分的有关问题,在此不予赘述。

(三)即时强制力与过程强制力

根据行政行为义务得以实现的时间和过程的不同,行政行为强制力可以分为即时强制力与过程强制力。借鉴即时实现力与过程实现力概念,本

---

① 例如,交通事故责任认定、工伤鉴定等准行政法律行为,尽管其并没有可供强制执行的内容,但并不代表其内容没有法律上的拘束力。对此类行政行为拘束力义务的违反,同样需要强制力保障其拘束力义务得以实现。

书使用了即时强制力与过程强制力这一对概念和术语。[①] 符号学之语义学原理要求,语言符号—术语必须能够较为准确地反映和揭示事物的本质及其特征,即术语必须较为准确地反映和揭示事物的指称意义。[②] 从符号学的语义学原理分析,"即时强制力"这一术语较为科学,但"过程强制力"这一术语似乎不够准确和完美。因为语言的局限性,汉语语言中并非每个词汇都如"高—矮""胖—瘦""长—短"这样可以找到相对应的词汇。笔者在写作本书时,一直试图找到一个与"即时"相对应的词汇,以代替过程强制力术语中的"过程"一词,可惜始终没有成功。在没有找到合适的术语之前,本书仍然使用"过程强制力"这一术语。所谓即时强制力,就是即时强制行政行为依法产生的强制力,其具有紧急性、即时性、裁量性及直接性等特征。过程强制力,是指需要一定时间和空间发挥作用的强制力。过程强制力概念与即时强制力概念相对而存在,是基于普通行政行为完整的过程性而产生的强制力。例如,对于行政决定的行政强制执行,首先,需要行政决定的存在;其次,还要依次经过告诫、执行决定、强制执行三个阶段,而即时行政强制则无独立的执行决定及告诫程序。限于篇幅,对于即时强制力与过程强制力区分的有关问题,在此亦不予赘述。

第二节　强制力与相关行政行为效力辨析

行政行为效力内容的相关概念,大部分容易与强制力概念进行区分,只有拘束力、实现力、实行力、执行力及强制执行力等与强制力概念含义相近,笔者在此将其与强制力概念分别予以比较、辨析,以进一步深化对强制力概念的理解和认识。

一、强制力与拘束力

拘束力本身是否就应该包含强制力的内容?或者说强制力就应该是拘束力内容的一部分?也许有人会有这样的疑问。笔者认为,拘束力包含强制力的理解不太合适。拘束力,是指行政行为因其内容对行政相对人、

① 参见郭殊:《论行政行为实现力》,载《行政法学研究》2006 年第 2 期。

② 美国哲学家和逻辑学家莫里斯提出,符号关系包括三个方面的内容:(1)语义关系,即符号与其所指称或描述的实体与事件之间的关系;(2)语构关系,即符号与符号之间的关系;(3)语用关系,即符号与符号使用者之间的关系。其中,研究符号与其所指称或描述的实体与事件之间关系的部分,即为语义学。参见王铭玉:《语言符号学》,北京大学出版社 2015 年版,第 126 页。

行政主体及法院等的约束、限制的法律效力。凡是要求义务主体履行行政行为义务的,均属于拘束力作用的范畴。义务主体可以在法律和行政行为允许的范围内,自行决定履行义务的时间和方式,即义务主体可以不经权利主体的要求而履行义务,也可以在权利主体的要求下履行义务。自义务人逾期不履行义务时起,行政行为强制力才有可能会发挥作用。行政行为义务履行的催告、公告、作出强制执行决定、实施强制执行,都是行政行为强制力发挥作用的表现形式和过程。在行政强制执行的某些环节,如告诫之后、采取强制手段之前,义务主体为免遭强制而履行义务,这都属于强制力作用的范畴。虽然义务人逾期履行义务的期限已过,但相关机关没有采取任何行动,义务人主动履行义务的,仍然属于拘束力作用的范畴。这是因为,拘束力是一种法律上的威慑力而非强制力。在拘束力的作用下,义务主体主动履行义务的,则拘束力归于消灭。强制力则是在义务主体违反或拒不履行行政行为义务时,由相应的有权机关采取法定的措施,以保障行政行为义务得以强制实现的法律效力。也就是说,强制力的产生是以相对人等不能主动履行义务为前提的。强制力产生以后,拘束力是否已经消失?非也。强制力产生以后,拘束力也一直存在。以违法建筑的强制拆除为例,在违法建筑被拆除之前,行政行为对义务人既有拘束力,又有强制力。强制力与拘束力的区别主要体现在三个方面:一是产生的时间不同。从效力产生的先后次序来看,拘束力一般是行政行为效力的前一个阶段,而强制力则一般是行政行为效力的后一个阶段;拘束力一般产生在前,强制力一般产生在后,二者在产生的时间上具有前后的相继性。在特别的情形下,如即时强制,行政行为的拘束力与强制力同时产生。二是拘束力和强制力产生的条件显然也有所不同。三是强制力是行政行为义务实现的强制模式的具体体现。拘束力义务实现的模式有强制模式和非强制模式,强制力则体现了行政行为义务实现的强制模式。

二、强制力与实现力

行政行为实现力这一概念和术语,是郭殊博士率先提出和使用的。郭殊博士认为,行政行为实现力是行政行为自身所具有的,实现自我所体现的公共性质的行政目标与内容的法律效果。郭殊博士进一步指出,行政行为的实现力首先可以分为即时实现力与过程实现力,而过程实现力又可以分为自行实现力和强制实现力。行政行为的自行实现力,是指行政行为所具有的要求权利人及时行使权利、义务人主动履行义务的法律效力。强制实现力,是指行政行为所具有的强制义务人履行义务或达到与履行义务相同状态,保证权利主体权利获得实现的法律效力。[①]

自郭殊博士提出和使用实现力这一概念和术语以来,由于其具有科学性、合理性,这一概念已被越来越多的学者接受和使用。例如,江必新教授认为,行政行为实现力是指行政行为作出以后,相对人、利害关系人具有的履行行政行为内容的义务,从而保证行政行为内容得以实现的效力。[②] 根据这一定义,行政行为实现力是行政行为内容得以实现的效力,既应该包括相对人和行政主体对行政行为义务的自行实现力,也可以包括行政行为义务的强制实现力。张兆成先生认为,行政法律行为的实现力,是指已生效的具备可执行性的行政法律行为,要求行政主体与行政相对人及利害关系人对于其内容予以实现的效力。[③] 按照张兆成先生对于实现力概念的定义,实现力是行政行为内容予以实现的效力,既可以包括相对人和行政主体对行政行为义务的自行实现力,也可以包括行政行为义务的强制实现力。粗略看来,江必新教授及张兆成先生关于实现力概念的定义,和郭殊博士关于实现力概念的定义大致相同。首先,三人的实现力概念在内涵上都是保障行政行为义务得以实现的法律效力;其次,三人的实现力概念在外延上都是既包括相对人和行政主体对行政行为义务的自行实现力,也包括行政行为义务的强制实现力。然细细探究起来,就会发现江必新教授及张兆成先生对于实现力概念的定义,和郭殊博士关于实现力概念的定义,还是存在一定差别的。例如,江必新教授关于实现力概念的定义,是指行政行为内容得以实现的效力;而郭殊博士关于实现力概念的定义,是指行政行为"实现自我所体现的公共性质的行政目标与内容的法律效果"。张兆成先生关于实现力概念的定义,仅指行政法律行为的实现力,即已生效的具备可执行性的行政法律行为,要求行政主体与行政相对人及利害关系人对于其内容予以实现的效力。其实,行政行为不仅存在其设定内容之权利义务得以实现的问题,即拘束力义务的实现问题;行政行为自身持续、合法地存在,即行政行为的存续力义务,也必须得以保障和实现。如此说来,则实现力概念也应该包括行政行为存续力义务实现的内容。江必新教授及张兆成先生关于实现力概念的定义,显然并不包括行政行为存续力义务实现的内容。郭殊博士关于实现力概念的定义,是否包括行政行为存续力义务实现的内容?应该说是语焉不详。

根据符号学之语义学原理,语言符号的指称意义属于语言符号表层的

---

① 参见郭殊:《论行政行为实现力》,载《行政法学研究》2006 年第 2 期。

② 参见江必新:《行政行为效力体系理论的回顾与反思》,载《江苏社会科学》2008 年第 5 期。

③ 参见张兆成:《行政法律行为效力之反思与重塑》,载《美中法律评论》2010 年第 8 期。

意义,其表达的是语言符号与其所描绘或叙述的事物的关系,是对语言符号所代表事物的基本特征的抽象概括。语言符号(术语)必须能够准确地反映和揭示事物的本质及其特征,即术语必须准确地反映和揭示事物的指称意义。基于符号学语义学原理的分析,实现力这一语言符号(术语)表达的应该是“保障行政行为义务实现的法律效力”之意,故实现力这一概念既可以表达义务主体主动履行的义务实现(自行实现力),又可以表达义务主体因外在的被动强制而履行义务(强制实现力)。从这一点来说,学者们关于实现力概念的定义,还是符合符号学之语义学原理的要求的。问题在于,行政行为义务的履行分为主动履行和强制履行两种不同的方式,二者在适用的条件、动力机制等诸多方面有所不同,分别属于行政行为义务实现的强制模式和非强制模式。郭殊博士、江必新教授及张兆成先生关于实现力概念的定义,将强制模式和非强制模式两种不同的义务实现模式界定在同一个概念里,其科学性有待商榷。本书使用的行政行为强制力概念,其含义与行政行为的“强制实现力”的含义基本相同,属于行政行为义务实现的强制模式的范畴。基于本书主张的存续力、拘束力及强制力之“三效力说”,郭殊博士所谓的“自行实现力”体现了行政行为义务履行和实现的主动性,应该属于行政行为义务的强制模式。鉴于以上分析,笔者建议最好对行政行为的实现力这一概念弃之不用,代之以行政行为的“强制力”,专指行政行为义务的强制实现之法律效力。

三、强制力与实行力

实行力是何君博士提出和使用的概念和术语,何君博士在《行政行为实行力研究——以服务行政为背景》一书中认为,为了与服务行政的理念相契合,需要对执行力理论作进一步的发展,从而提出了行政行为“实行力”的概念,以替代行政行为“执行力”的概念。“行政行为实行力是指生效的行政行为所具有的保证其内容得以实现的现实作用力。行政行为的实行力既表现为自己履行力又表现为强制执行力,而强制执行力既包括对相对人的强制执行也包括对行政主体的强制执行力。实行力的核心是行政主体与相对人双方都需要积极履行义务,其最大改变是强调行政主体义务的履行。”①从何君博士关于行政行为实行力概念的界定及其进一步论述来看,其提出的行政行为实行力概念与郭殊博士提出的行政行为实现力概念的含义基本相同,只是术语使用不同而已。基于本书的存续力、拘束

---

① 何君:《行政行为实行力研究——以服务行政为背景》,法律出版社 2016 年版,第 43~44 页。

力及强制力之“三效力说”,何君博士提出的实行力概念中的“自己履行力”部分,体现了行政行为义务履行和实现的非强制模式;而行政行为义务的非强制履行部分,亦属于行政行为义务履行和实现的非强制模式。鉴于以上分析,笔者建议最好对行政行为的实行力这一概念也弃之不用,而代之以“强制力”。

四、强制力与执行力

关于执行力概念的定义,学者们的认识存在一定的差异。一种观点认为,执行力就是行政机关强制相对人履行行政行为内容的效力,即行政机关依法对行政行为的强制执行力;①一种观点则认为,执行力是指行政行为所具有的相对人自行履行(自行执行力)或被强制履行的效力,包括自行履行力和强制执行力两个方面的内容;②还有一种观点认为,执行力是指行政行为所设义务的自行执行或强制实现的法律效力。③ 尽管在传统意义上,行政行为的执行其实就是指行政行为的强制执行,但从符号学理论来说,执行力这一语言符号(术语)既可以表达义务主体主动为之的执行,即“自行履行力”、“自行执行力”或“自行实现力”等概念或意义上的执行,也可以表达义务主体被强制执行。“执行力”一词起源于工商管理领域,在管理学上,执行力则更多的是指组织或行为人主动为之的执行。④ 本书提出和使用的强制力概念与术语,对于执行力概念与术语而言,绝非文字上的简单替换,强制力概念比执行力概念确实具有更大的包容性与更强的适应性。

第一,某些行政行为根本无可供强制执行的内容,执行力概念无法适用于无可供强制执行内容的行政行为。“在大陆法系行政法学上,具有执行力的行政行为是有限的,而并非全部。其中,在德、日等国,只有命令性行为中的一部分才具有执行力;在法国,只有命令性行为和形成性行为才

---

① 参见〔日〕南博方:《日本行政法》,杨建顺等译,中国人民大学出版社 1988 年版,第 43 页;罗豪才主编:《行政法学》,北京大学出版社 1996 年版,第 113～114 页;应松年主编:《行政法学新论》,中国方正出版社 1999 年版,第 240 页。

② 参见叶必丰:《论行政行为的执行力》,载《行政法学研究》1997 年第 3 期;章志远:《行政行为执行力初探》,载《河南省政法管理干部学院学报》2002 年第 5 期;杨小君主编:《行政法基础理论研究——利益 · 权利 · 法律适用》,西安交通大学出版社 2000 年版,第 162 页。

③ 参见王名扬:《法国行政法》,中国政法大学出版社 1988 年版,第 167 页。

④ 例如,美国学者保罗 · 托马斯和大卫 · 伯恩认为,“执行力是一整套行为和技术体系,它能够使公司形成独特的竞争优势。企业管理领域的执行力主要是指企业在日常运作过程中,执行企业战略计划的能力及技术体系”。参见〔美〕保罗 · 托马斯、〔美〕大卫 · 伯恩:《执行力》,白山译,中国长安出版社 2003 年版,第 1 页。

具有执行力。"[①]例如,行政许可、行政确认,当然不会出现强制履行的执行力,执行力概念在此毫无用武之地。但是,行政许可、行政确认的拘束力义务在被违反时又必须得以强制实现,而强制力概念不仅可以适用于命令性行为义务的强制实现,还可以适用于行政许可、行政确认拘束力义务的强制实现。

第二,即使行政行为有可供强制执行的内容,执行力概念仍然无法适用于构成要件效力之拘束力义务的强制实现。对于具有可供强制执行内容的行政行为,在原行政主体或相对人不履行拘束力义务时,可以依法采取强制措施迫使其履行义务,此时的强制力就表现为执行力。但是,在其他行政主体、法院等违反构成要件效力之拘束力义务时,如何保障构成要件效力之拘束力义务的强制实现?显然,此种情况下无法由法院或行政主体采取强制执行措施,迫使其他行政主体、法院等履行义务,而是可以采用行政诉讼、行政复议、行政问责、追究违法审判责任、上级行政机关监督检查等方式,保障构成要件效力之拘束力义务的强制实现。在此情况下,基于符号学语义学原理,执行力这一概念显然已经无法适用于构成要件效力之拘束力义务的强制实现这一情形,而使用强制力这一概念和术语则可以很好地解决这一问题。

第三,执行力概念仅仅可以表达对行政行为拘束力义务实现的保障,而无法表达对行政行为存续力义务实现的保障,这也是其重要的缺陷之一。例如,某一公权力机关未经法定的程序而撤销行政行为,损害了行政行为的存续力,此种情形下,如何保障行政行为的存续力义务的强制实现?执行力概念显然无法适用这一情形,即对于行政行为存续力义务的强制实现,显然不是强制执行能够解决的。但是,强制力概念可以很好地适用于这一情形。

综上所述,强制力概念可以适用于各种不同类型的行政行为,而执行力概念的适用范围具有一定的局限性。在我国行政法学发展的初期,对于行政行为的研究主要是以行政机关单方作出的行政决定为研究对象,而执行力概念也完全可以满足此类行政行为强制执行的理论表达,这也是执行力概念为我国学者广为接受和使用的重要原因之一。以强制力概念代替执行力概念,能够从理论上有效克服执行力概念适用范围上的局限性问题。从符号学理论来说,执行力这一语言符号(术语)在汉语法学上既可以表达义务主体主动为之的执行,即"自行履行力"、"自行执行力"或"自

① 叶必丰:《行政行为的效力研究》,中国人民大学出版社 2002 年版,第 135 页。

行实现力”等概念或意义上的执行,也可以表达义务主体被强制执行。特别是在管理学上,执行力更多的是指行为人主动为之的执行。笔者建议,在使用强制力这一概念之后,行政行为效力理论上不再使用执行力这一概念;如果使用,也只能是“强制执行力”之概念与术语。

五、强制力与强制执行力

强制力作为保障行政行为义务强制实现的法律效力,其内容与范围非常广泛,表现的法律制度形式多样。例如,就保障行政行为存续力义务的实现而言,如果行政行为被非法撤销,当事人可以通过行政复议或行政诉讼撤销非法的撤销决定,恢复合法有效的行政行为。此外,因为非法撤销行政行为导致的行政赔偿、行政追偿或行政问责等,也都体现了保障行政行为存续力义务强制实现的法律效力。行政强制执行、行政强制措施和即时行政强制,更是行政行为强制力的核心内容及强制力制度的典型代表。强制执行力,是指行政强制(行政强制执行、行政强制措施和即时行政强制)法律制度体现的强制力。与强制力概念相比,强制执行力概念的适用范围非常有限,只能适用于指称具有强制执行内容的行政行为的强制执行。反之,如果一个行政行为没有可供强制执行的义务内容,则其不会产生强制执行力。例如,工伤认定及交通事故责任认定这样的行政行为,没有可供强制执行的内容,显然没有强制执行力。但是,工伤认定及交通事故责任认定有没有强制力?合法有效的工伤认定及交通事故责任认定,其设定的义务如果不能得到主动履行,则需要依法强制保障其设定义务得以实现,故工伤认定及交通事故责任认定行为当然也具有强制力。从外延上来说,强制力概念包含但不限于强制执行力。换言之,强制力概念与强制执行力概念相比,强制力概念具有更强的适应性。

第三节　行政行为的形式强制力与实质强制力

一、形式强制力的行政程序性、形式性、相对性

行政行为的形式效力,是指行政行为(无效的行政行为除外)一经成立,基于其形式合法性而依法产生的法律效力。行政行为的形式强制力,则是指行政行为基于其形式合法性(无效的行政行为除外)而依法产生的强制力。所谓行政行为的形式合法性,是指行政行为在外在形式或外观上的合法性。行政行为一经成立,非因存在重大且明显违法情形而无效

的,就属于形式合法性的行政行为。形式合法性的行政行为在法定条件下依法产生的强制力,即为行政行为的形式强制力,其具有法定性、行政程序性、形式性、相对性之特征。[①] 形式强制力的行政程序性,是指随着行政程序的完结,行政行为依法产生的强制力。形式强制力的形式性、相对性,是指行政行为强制力并不是绝对的,在行政行为因为违法而被撤销、变更或废止时,其形式强制力也会归于消灭。我国《行政强制法》(2011 年)第 9 条规定的限制公民人身自由,查封场所、设施或者财物,扣押财物,冻结存款、汇款等行政强制措施中的强制力,即属于形式强制力的范畴。该法第 34 条规定,行政机关依法作出行政决定后,当事人在行政机关决定的期限内不履行义务的,具有行政强制执行权的行政机关实施强制执行。该强制执行也属于形式强制力的范畴。《中华人民共和国行政程序法(专家建议稿)》(2015 年)第 155 条第 1 款规定,相对人不履行行政行为义务的,行政机关可以强制其履行。这也是关于行政行为形式强制力的规定。[②] 对于即时强制行政行为而言,其强制力也属于形式强制力的范畴。仅仅具有形式合法性的行政行为的行政强制(实质合法性未经司法程序的审查和确认),极易导致对相对人合法权益的侵犯,并可能造成无法挽回的不利后果。是故,对于具有形式合法性的行政行为的强制执行,其在法律上应该具有相当的谦抑性。在法学上,"谦抑性"一词通常被解释为"收敛性""克制性""限制性",它的含义与"扩张性"、"膨胀性"、"干预性"相对应。[③] 形式合法性的行政行为强制执行上的谦抑性,是指法律对形式合法性的行政行为实施强制执行的克制性、抑遏性、限制性或收敛性,其主要包括两个方面的内容:其一,法律在关于具有形式合法性的行政行为强制执行的立法上,应该持克制或限制的态度,除情况紧急的以外,法律上一般不得规定对具有形式合法性的行政行为实施强制执行;其二,在对具有形式合法性的行政行为实施强制执行上的谦抑性。尽管法律已经规定可以对具有形式

---

① 鉴于司法机关通过司法程序对行政行为实质合法性判断权的专属性,凡是司法程序以外的其他程序产生的行政行为强制力,均属于形式强制力的范畴。通常情况下,行政行为的形式强制力通过行政程序依法产生,具有行政程序性。如果行政行为的合法性经过立法机关的审查,或是经过仲裁程序的审查,则其形式强制力系通过立法机关的审查程序或仲裁程序而依法产生。

② 《中华人民共和国行政程序法(专家建议稿)》(2015 年)第 155 条第 1 款规定:"生效行政处理对行政相对人具有拘束力和执行力。行政相对人必须履行生效行政处理为之确定的义务。相对人拒不履行生效行政处理为之确定的义务,行政机关可以依法强制其履行。"参见姜明安等:《行政程序法典化研究》,法律出版社 2016 年版,第 433 页。

③ 参见黄温泉:《论行政行为的谦抑性——从"馒头必须是圆的"谈政府行为的边界》,载《江汉大学学报(社会科学版)》2012 年第 1 期。

合法性的行政行为实施强制执行,但在具体的行政管理过程中,除非万不得已,一般也不得对形式合法性的行政行为实施强制执行。形式合法性的行政行为在强制执行上的谦抑性,决定了行政机关自己审查行政行为的合法性并自己执行,只能是行政强制执行制度的一种例外情形,而不能是一种常态。下面通过一个案例进行分析说明。

【案例 8-1】在原云南省保山市规划局对涉案房屋作出限期拆除决定以后,云南省保山市隆阳区人民政府向段某进行催告和公告,云南省保山市隆阳区城市管理综合行政执法局经隆阳区人民政府审批,于 2017 年 5 月 8 日作出隆综执强拆〔2017〕第 028 号行政强制执行决定书,随后对段某的涉案房屋予以强制拆除。①

本案中,原云南省保山市规划局对涉案房屋作出限期拆除决定,随着云南省保山市隆阳区人民政府向段某进行催告和公告,云南省保山市隆阳区城市管理综合行政执法局经隆阳区人民政府审批,于 2017 年 5 月 8 日作出隆综执强拆〔2017〕第 028 号行政强制执行决定书,因为其强制力系基于行政程序而非司法程序产生的法律效力,故其依法产生的强制力属于行政行为形式强制力的范畴。

二、实质强制力的司法程序性、实质性、绝对性

行政行为的实质效力,是指经过司法程序的审查,行政行为基于其实质合法性而依法产生的法律效力。行政行为的实质强制力,是指行政行为基于其实质合法性而依法产生的强制力。所谓行政行为的实质合法性,是指行政行为经过司法程序的审查、确认而具有的合法性。行政行为的形式合法性向实质合法性转化的途径,就是司法机关对其实质合法性的审查和确认。行政行为通过司法程序的审查,最后被认定为实质合法的,转化为实质合法的行政行为。实质合法的行政行为在法定的条件下依法产生的强制力,就是实质强制力,其具有法定性、司法程序性、实质性、绝对性之特征。实质强制力的司法程序性,是指行政行为唯有通过司法程序对其实质合法性的审查和确认,才能依法产生强制力。实质强制力的实质性、绝对性,是指行政行为的强制力是不可置疑的,其决定于行政行为的实质合法性。例如,当事人申请人民法院强制执行的行政行为,其强制力即属于实质强制力的范畴。这是因为,在当事人申请人民法院强制执行行政行为

① 参见段某诉云南省保山市隆阳区人民政府行政强制执行案,最高人民法院(2019)最高法行申 8154 号行政裁定书。

时，人民法院必然要对行政行为的实质合法性予以审查；只有具有实质合法性的行政行为，才能作为实施强制执行的依据。对实质合法的行政行为的强制执行天经地义，故从理论上来说，只有实质强制力制度（申请法院合法性审查之后的执行）才是行政强制执行制度的一种常态，形式强制力制度只能是一种非常态的例外情形。下面通过一个案例进行分析说明。

【案例8-2】杨某不履行生效的徐州市泉山区人民政府泉房征补字［2016］第217号房屋征收补偿决定书所确定的搬迁义务，泉山区人民政府多次作出履行补偿决定催告书，后徐州市泉山区人民法院根据泉山区人民政府的申请作出（2019）苏0311行审12号行政裁定书："徐州市泉山区人民政府的泉房征补字［2016］第217号房屋征收补偿决定书，本院准予强制执行，由徐州市泉山区人民政府组织实施。"泉山区人民政府依据上述行政裁定书组织实施了对杨某涉案房屋的强制搬迁行为。[①]

本案中，徐州市泉山区人民政府泉房征补字［2016］第217号房屋征收补偿决定书经过泉山区人民法院行政裁定书审查，确认合法有效并准予强制执行，其依法产生的强制力属于行政行为实质强制力的范畴。

三、形式强制力与实质强制力区分的意义

行政行为形式强制力与实质强制力的分类，是行政行为的形式效力与实质效力之"两质态论"引入强制力分析而得出的结论。这一分类对于深化行政行为强制力及相关问题的研究具有非常重要的意义。例如，由于形式合法性的形式性与相对性，一般不得对形式合法的行政行为实施强制执行，以免造成无法挽回的不利后果。在特定的情况下，确实需要依法对形式合法的行政行为实施强制执行的除外。例如，行政诉讼中行政行为的停止执行将造成严重后果或将来有难以执行可能的、人民法院认为停止执行将严重损害公共利益或造成他人难以弥补的损失的等。我国《行政强制法》（2011年）第四章规定的行政机关自己实施的强制执行，虽然在执行前经过行政机关的合法性审查，但行政行为的合法性依然属于形式合法性的范畴。从法理上分析，我国《行政强制法》规定的行政机关自己实施的强制执行，实际上是关于具有形式合法性的行政行为的形式强制力制度。基于行政行为的形式强制力与实质强制力理论，笔者认为，我国《行政强制法》规定的行政机关自己实施的强制执行制度不够科学，应该进行制度性

---

① 参见杨某诉徐州市泉山区人民政府拆迁行为违法并赔偿案，江苏省高级人民法院（2020）苏行终441号行政判决书。

的重构,以彻底改变行政机关审查行政行为的合法性并自己实施强制执行的现状。在法院和行政机关之间就行政强制执行实行“裁执分离”,应该是比较科学合理的解决方案。所谓“裁执分离”,就是行政机关作出行政行为以后,行政相对人在规定的期间内既不履行相应的义务,又不提起行政复议或行政诉讼,行政机关向法院提出执行申请,由法院对是否准予强制执行进行审查;经审查认为可以执行的,再交由行政机关予以执行。行政行为的实质合法性未经过司法程序的审查确认,除非情况紧急,一般不得对形式合法的行政行为实施强制执行。经过司法程序的审查,行政行为具有实质合法性的,此时的行政行为可以作为实施强制执行的依据。在立法上,应该确立的制度是:以对实质合法的行政行为的强制执行为原则,即以经过司法程序的审查、具有实质合法性的行政行为的强制执行为原则;以对形式合法的行政行为的强制执行为例外,即行政机关自己审查并自己执行为例外的制度。行政行为的形式强制力与实质强制力理论,对立法、执法及司法均具有重要的指导意义。

第四节　行政行为强制力概念的理论依据

一、符号学之语义学原理的根本要求

按照符号学之语义学原理的要求,概念的名称——术语,必须与其指称的内容相一致。其中,名称作为外在的标识而代表概念,内涵作为实质内容而揭示概念的含义,外延作为边界而界定概念的范围,这三个要素之间应该相互协调而不能有所矛盾。名称不仅要恰如其分地代表其内涵与外延,内涵与外延也要切实保障其名称的代表性。通过如上对实现力、实行力及执行力概念的缺陷分析可以发现,基于符号学的语义学原理,唯有强制力这一概念可以适用于各种不同类型的行政行为,能够较为准确地揭示和反映行政行为所具有的、以强制手段保障行政行为义务得以实现的法律效力。强制力作为行政义务实现的保障手段之一,具体表现为直接强制或间接强制,即通过法律上的各种方式和途径,对义务人直接采取强制执行措施或施加不利的影响,以使行政行为之义务得到履行和实现。

二、反映和揭示行政行为效力本质的根本要求

事物的本质从整体上规定事物的性质及其基本发展方向,对事物本质的正确把握,是科学研究取得成功的关键所在。行政行为效力本质是行政

行为效力理论研究中的基础性、根本性问题，对这一问题的正确回答，构成了行政行为效力其他问题研究的基础和前提。“行政行为的效力体系不是概念演绎的产物，而是对实定法状况的一种转述或摹写。”①行政行为的效力源于它所体现或者表现的法律，即客观的法律赋予行政行为相应的法律效力。② 行政行为效力本质上就是法的效力，是法的普遍性效力在行政行为上的具体体现，属于法的个别性效力的范畴。法的效力，即法律的效力，是法所固有的，在特定的时空范围内对人所产生的法律约束力，包括存续力、拘束力与强制力三个方面的内容。法的效力与行政行为效力之间是一般与个别、普遍与特殊、共性与个性的关系，行政行为效力与法的效力之间固然存在一定的差异，但并无本质的不同。同法的效力一样，行政行为不仅具有存续力、拘束力，而且具有强制力。所以，基于演绎的逻辑分析方法不难得出结论：既然法具有强制力，那么行政行为也应该具有强制力。是故，行政行为效力的概念可以定义为：行政行为效力是以行政行为为载体的法的个别性效力，包括存续力、拘束力与强制力。强制力这一概念和术语的提出和使用，在理论上是完全符合逻辑的。笔者在研究行政行为效力内容的过程中，至今并没有发现哪位学者提出过行政行为“强制力”这一概念和理论。相反，关于行政行为的“执行力”“实现力”“实行力”等概念均有使用。如果我们从本质上把握了行政行为的效力其实就是法的效力，行政行为强制力的概念和理论也就顺理成章了。可见，对于行政行为效力本质问题的回答，构成了行政行为效力内容问题研究的基础和前提。正是行政行为效力的本质，或者说行政行为效力与法的效力之间的逻辑关联，决定了行政行为强制力概念的存在。为何中外学者至今无人论及行政行为强制力这一重要的概念？笔者的看法是，一方面，可能是他们对行政行为效力与法的效力之间的关联有所忽视；另一方面，我国学者早期研究的行政行为，主要是“行政决定”意义上的行政行为，一般具有可供强制执行的内容，因此学者们使用了“执行力”的概念与术语。

行政行为的强制力本质上也就是法的强制力。法的强制力，是由军队、警察、法庭、监狱等组成的，以国家暴力为基础与核心的强制性力量。国家本身也是由法的强制力维系的。行政行为本身并没有保障自身的义务得以强制实现的力量，其只能依靠法的强制力作为其强制性的保障力量。没有法的强制力为后盾，则任何行政行为义务都不可能在它的效力范

---

① 王天华：《行政行为执行力的观念及其消弭——我国行政义务实效确保手段研究之刍议》，载《当代法学》2014 年第 5 期。

② 参见叶必丰：《行政行为的效力研究》，中国人民大学出版社 2002 年版，第 39 页。

围内得到全部的履行或实现。没有法的强制力保障实现，行政行为也将会变成一纸空文。此外，行政行为的强制力是行政行为义务得以实现的制度性强制力量；尽管暴力强制构成了行政行为强制力的核心内容，但强制力并不等于纯粹的暴力强制。

三、建构科学的行政行为效力内容论的根本要求

正是行政行为效力与法的效力之间的逻辑关联，决定了行政行为强制力概念的存在。基于演绎的逻辑分析方法不难得出结论：既然法具有强制力，那么行政行为也应该具有强制力。是故，强制力这一概念和术语的提出和使用在理论上是完全符合逻辑的。也就是说，同法的效力一样，行政行为不仅具有存续力、拘束力，而且具有强制力。本书的研究结论表明，存续力、拘束力及强制力之“三效力说”作为行政行为效力之特殊性理论，系行政行为“效力内容论”的重要组成部分。因此，行政行为强制力概念的提出和使用，乃建构科学的行政行为“效力内容论”的根本要求。

第五节　行政行为强制力概念的实践基础

一、实践中“广义型”行政行为概念

随着 2014 年修正的《行政诉讼法》以“行政行为”替代“具体行政行为”，实践中广泛采用的“广义型”行政行为概念已经为立法所肯定。① 在“广义型”行政行为概念下，行政行为有命令性行为、形成性行为和确认性行为之分，命令性行为具有执行力，而行政许可、行政确认等行政行为则不会出现强制履行的“执行力”或“强制执行力”问题。当然，行政许可、行政确认等行政行为义务也不容违反；如果义务人违反的，则需要对其依法采取必要的强制措施，迫使行政行为义务得以强制实现。如果使用强制力这一概念，那么行政许可、行政确认义务的强制实现均可适用。是故，实践中广泛采用的“广义型”行政行为概念，决定了强制力概念比执行力或强制执行力概念都具有更强的适应性，其既可以适用于命令性行政行为，也可以适用于形成性和确认性行政行为。

① 在我国和日本，行政行为的概念分别有最广义说、广义说、狭义说、最狭义说四种不同的学说。“狭义型”行政行为，一般就是指“行政决定”或“具体行政行为”意义上的行政行为。“广义型”行政行为是与“狭义型”行政行为相对而存在的一个概念，至于每种概念广义的程度，学者们的认识又有差异。参见马生安：《行政行为研究——宪政下的行政行为基本理论》，山东人民出版社 2008 年版，第 69~85 页。

二、行政行为义务内容的差异性

总体来说,强制力保障行政行为义务的履行或实现有两种不同的情形:一是保障不具有可强制执行内容的行政行为拘束力义务的实现。就拘束力义务的内容而言,有的具有可强制执行的内容,有的则不具有可强制执行的内容。例如,对于一个行政处罚决定而言,其对行政相对人的拘束力义务,在很多情况下具有可强制执行性的内容;其对作出行政处罚决定的原行政机关以外的其他行政机关或司法机关的拘束力的内容则主要是构成要件效力。构成要件效力之拘束力义务,显然也不具有可强制执行内容。对于此类拘束力义务实现的保障性效力,用实现力概念尚可,用执行力概念则很不恰当,而用强制力概念则较为贴切。二是保障行政行为存续力义务的实现。非经法定的程序,任何组织和个人不得撤销、变更或废止行政行为。假如某一行政机关违法撤销了合法的行政行为,行政行为的存续力义务如何得以实现?通过行政复议或行政诉讼的途径,对行政机关违法的撤销决定予以撤销,恢复原来合法的行政行为,就可以保障行政行为存续力义务的强制实现。行政复议或行政诉讼体现的保障行政行为存续力义务得以实现的法律效力,显然并不属于行政强制执行制度的范畴,以实现力或执行力概念予以表达均不太准确,而以强制力概念予以表达则比较妥当。

三、行政行为义务主体的多样性

行政行为的义务主体不仅包括行政相对人、作出行政行为的原行政机关,而且包括其他行政机关和司法机关等。就同一个行政行为而言,假如其对行政相对人具有可以实施强制执行的内容,则可以使用实现力和执行力的概念。对于原行政机关来说,其有时候具有可以实施强制执行的内容,也可以使用实现力和执行力的概念。但是,对于其他行政机关或者司法机关来说,拘束力义务的内容主要就是构成要件效力。对于描述构成要件效力之拘束力义务的强制实现,用实现力概念尚可,但用执行力概念则很不恰当,而用强制力概念较为贴切。对于其他行政机关或者司法机关来说,描述行政行为依法产生的保障行政行为存续力义务实现的法律效力,用执行力和实现力概念均不太贴切,而用强制力概念比较恰当。

第六节　行政行为强制力制度的改革与发展

鉴于行政行为强制力制度关涉的内容较多,此处仅以行政强制执行制度为例,探讨行政行为强制力制度的改革与发展问题。总的来说,当前我国的行政强制执行制度有两个方面的问题比较突出:一方面,基于法律权威不足等原因,非诉执行行政案件和法院强制执行的行政案件数量居高不下,行政行为的强制力受阻,行政目的难以实现的现象较为突出;另一方面,行政强制执行违法及侵犯相对人合法权益的现象时有发生。行政行为强制力涉及的法律制度较多,例如,为了保障行政行为对原行政主体及行政相对人拘束力义务的实现,主要采用行政强制执行制度;为了保障行政行为对其他行政机关和司法机关拘束力义务的实现,则有行政问责、追究违法审判责任等制度;为了保障行政行为存续力,则有行政诉讼、行政复议、行政赔偿、行政问责乃至追究刑事责任等诸多的保障制度。限于篇幅,在此仅就行政强制执行制度、行政复议或诉讼(不)停止执行制度、行政非诉执行制度及诉前禁令制度,结合行政行为效力的理论与实践,分析探讨行政行为强制力制度的改革与发展问题。

一、行政强制执行制度

目前,我国总体上实行的是申请人民法院执行为主、行政机关自行执行为辅的制度,大多数行政机关不具有强制执行的职权,大量的行政行为都需要申请人民法院强制执行。从实践来看,这一制度存在诸多缺陷与弊端:其一,就行政机关的自行强制执行来看,虽然行政效率会有所保障,但由行政机关自己审查被执行行政行为的合法性,很难保证审查程序和结果的公正性,很容易导致不具有实质合法性的行政行为被强制执行,强制执行侵权的现象时有发生,无法有效保障公民、法人或其他组织的合法权益。具体而言,根据我国《行政强制法》(2011 年)第四章第 34 条至第 52 条规定的行政机关强制执行程序,在行政行为被强制执行前,由行政机关自己审查被执行行政行为的合法性,在其认为行政行为合法以后自己执行。基于"司法正义论",行政机关不能最终判断行政行为的实质合法性及实质效力。也就是说,行政机关自己审查并执行的行政行为,还是属于具有形式合法性及形式效力的行政行为。因此,我国《行政强制法》(2011 年)规定的行政机关强制执行制度,总体上缺乏程序的科学性、正当性。针对行政机关实施强制执行,虽然法律规定了陈述、申辩及催告等一系列严格的程序,但行政机关作为一方当事人,自己审查行政行为的合法性,显然有违正当程序。由于缺乏司法审查的独立性、中立性、严格的程序性及交涉性,行政机关的审查并不能保证审查程序和结果的公正性。基于“司法正义论”,对形式合法的行政行为予以强制执行显然是有问题的,而在实践中,行政机关强制执行违法及侵犯相对人合法权益的现象时有发生,也恰恰证明了这一点。其二,就目前行政判决的执行来看,其也有不合理之处。行政强制执行权作为一种特殊的执行权,应该属于行政权的范畴,从法理上讲,不应由法院负责行政判决的执行,而应由行政机关负责。从实际情况来看,因为行政案件数量繁多,人民法院无力应对大量非诉行政案件以及行政判决的执行,由此导致大量行政案件的执行异常困难。

如何对行政强制执行制度进行改革,将强制执行权在法院与行政机关之间进行合理分配,学者们提出了很多不同的解决方案。比较起来,在人民法院和行政机关之间就行政行为的强制执行实行“裁执分离”,应该是比较科学合理的解决方案。所谓“裁执分离”,就是行政相对人在规定的期限内既不履行行政行为确定的义务,也不提起行政诉讼或行政复议的,而是由行政机关向人民法院提出强制执行申请,人民法院对是否准予强制执行进行审查;经人民法院审查认为可以执行的,依法裁定准予执行,并交由行政机关予以执行。按照这一模式,除法律明确规定由人民法院负责执行的以外,人民法院不再实施强制执行。这一模式也就是以行政机关强制执行为原则、以法院强制执行为例外的强制执行制度。① 最高人民法院《关于办理申请人民法院强制执行国有土地上房屋征收补偿决定案件若干问题的规定》(法释〔2012〕4 号)就是行政行为强制执行的“裁执分离”制度的具体体现。②

根据行政行为的形式效力与实质效力理论,对于具有形式合法性及形式效力的行政行为,一般不得实施强制执行;只有经过司法程序的审查,确定行政行为具有实质合法性及实质效力的,方能对其实施强制执行。也就是说,理论上只有具有实质合法性的行政行为才能作为实施行政强制执行

---

① 此处讨论的是非诉行政案件的执行问题,对于经过诉讼的行政案件的执行,相对人不履行发生实质效力的行政行为义务的,笔者认为,一般也应该由行政机关凭生效裁判实施强制执行。如果存在个别情形需要由法院实施强制执行的,则应该由法律明确作出规定。如果被执行人是行政机关的,则只能由法院负责实施强制执行。总之,对于经过诉讼的行政案件的执行,也应该建立以行政机关强制执行为原则、以法院强制执行为例外的制度。

② 最高人民法院《关于办理申请人民法院强制执行国有土地上房屋征收补偿决定案件若干问题的规定》(法释〔2012〕4 号)第 9 条规定:“人民法院裁定准予执行的,一般由作出征收补偿决定的市、县级人民政府组织实施,也可以由人民法院执行。”

的依据。根据“裁执分离”制度，即使是行政机关拥有强制执行权的案件，行政机关也必须申请人民法院对行政行为的合法性进行审查，确定其具有实质合法性的，则由人民法院裁定准予行政机关实施强制执行。为此，笔者认为，应该修改我国《行政诉讼法》《行政强制法》等相关法律和规定，以在人民法院和行政机关之间建立并有效地实行“裁执分离”制度。对行政案件的执行采取“裁执分离”模式，至少具有以下几方面优点：

第一，实现了行政强制执行权向行政权的理性回归。行政权本质上是一种执行权，行政强制执行权作为一种特殊的执行权，应该属于行政权的范畴。采用“裁执分离”模式，由人民法院予以合法性审查，由行政机关实施强制执行，实现了行政强制执行权向行政权的理性回归。将行政强制执行权定位于行政权的范畴，也是基于有效保障行政权完整性、独立性的要求。“裁执分离”模式还能够实现行政和司法的有效分离，既可以保障行政行为合法性审查的有效性、权威性，又有利于提高行政强制执行的效率。

第二，实现了司法权对行政强制执行权的监督和制约。司法权本质上是一种解决纠纷的居中裁判权，由人民法院负责实施行政行为的强制执行，则行政权与司法权的角色错位在所难免，人民法院似乎成了行政机关的执行部门。此外，由人民法院实施强制执行，还可能将行政相对人与行政机关的矛盾转化为行政相对人与人民法院的矛盾，人民法院作为中立者和矛盾纠纷解决者的形象和权威将会受到极大损害。结合我国具体情况，加强司法权对行政权的监督是非常有必要的。在“裁执分离”模式下，经行政机关申请，人民法院作出准予执行或不予执行的裁定，充分体现了司法权对行政权的一种监督和制约，既能够使人民法院回归到中立的裁判者的位置，又可以减轻法院的工作压力和负担。行政相对人对人民法院准予强制执行的裁定不服的，可以向上级人民法院申请复议，由上级人民法院在规定的时间内依法作出是否准予执行的决定。

第三，兼顾了行政公正和行政效率。从价值目标来说，公正优先、注重效率应该是我国行政强制执行制度的价值目标。[①] 从行政公正的角度来说，“裁执分离”模式下的司法审查具有独立性、中立性、严格的程序性及交涉性，能够有效地保证审查结果的公正。从行政效率的角度来说，行政机关人力、物力资源较为丰富，“裁执分离”模式下行政机关负责实施行政行为的强制执行，有利于提高行政强制执行的效率。在非诉行政执行案件中，对于行政机关申请执行的行政行为，人民法院的司法审查有两种不同

① 参见马生安：《行政强制执行制度价值论纲》，载《安徽大学学报》2002年第1期。

的结果：一是审查后裁定准予执行；二是审查后裁定不予执行。无论哪一种结果，都不会在行政机关和相对人之间形成新的权利义务关系。当人民法院作出准予强制执行的裁定后，行政机关对裁定的执行属于行政行为而非司法行为。行政相对人对行政机关的执行行为不服的，仍然可以通过行政诉讼或者行政复议的途径维护其合法权益；造成损失的，还可以通过司法途径依法寻求救济。基于“裁执分离”模式，对于经过行政诉讼的行政行为的强制执行，人民法院的判决相当于非诉案件司法审查的结论，故原则上也应该由行政机关负责执行；例外的情形下，才由人民法院负责执行。

二、行政复议或诉讼（不）停止执行制度

现在的日本学界一般认为，公定力理论与行政诉讼的停止执行制度无涉，其并非构成诉讼不停止执行制度的理论依据；行政案件起诉后是否应当停止争议行政行为的强制执行，应当作为一个与公定力相区别的问题来处理；是否停止争议行政行为的强制执行，其实是政策考量的结果。基于公共利益及行政效率的考虑，日本选择了“不停止执行为原则、停止执行为例外”的制度。《日本行政事件诉讼法》（2004 年）第 25 条第 1 款明确规定了以诉讼不停止执行为原则，即“撤销处分之诉的提起，不妨碍处分的效力、处分的执行及程序的进行”。与此同时，该法第 25 条第 2、4 款对需要停止执行的例外情形也作了相应的规定。该法第 25 条第 2 款规定：“处分的撤销之诉提起后，为避免由于处分、处分的执行或程序的续行而造成重大损害而有紧急必要的，法院可以依申请，以决定全部或部分停止处分的效力、处分的执行及程序的续行（以下称为‘停止执行’）。但通过停止处分的执行和程序的续行可以达到目的，则不能停止处分的执行。”该法第 25 条第 4 款规定：“如果给公共福祉造成重大影响，或者本案中原告的请求看起来没有理由的，不能停止执行。”①

在德国，关于行政诉讼或行政复议中行政行为的强制执行，主要规定在《联邦德国行政法院法》（1960 年）中。例如，该法第 80a 条就从法律上明确规定了申请行政复议及确认无效之诉具有中止执行的效力，同时也在第 80 条第 2 款中规定了行政行为“停止执行之效力”的例外情形，允许行政机关或法院在一定情形下命令停止执行。又如，该法第 80 条第 4 款规定，作出行政行为或对复议有管辖权的行政机关，可中止第 80 条第 2 款规定情况下的执行，只要联邦法律未对此有不同规定。该法第 80 条第 5 款

① 参见何海波编：《中外行政诉讼法汇编》，商务印书馆 2018 年版，第 753 页。

规定，法院根据申请，可全部或部分命令第80条第2款规定的停止执行之例外情形的中止执行。[①] 由此可见，与日本的立法正好相反，德国总体上采用的是“停止执行为原则、不停止执行为例外”的制度。行政行为在行政机关或法院的审查阶段，如果行政机关和其他利害关系人仍主张对行政行为予以强制执行的话，就可能对提起行政复议或诉讼的人造成进一步的，甚至是难以弥补的权利损害。在立法上建立行政复议或诉讼停止执行行政行为的原则，延迟被诉行政行为的执行效力，能够有效实现宪法所要求的“权利保护效率性”。德国正是以宪法的“权利保护效率性”理论为依据，[②]以停止执行为原则的方式暂时阻止争议行政行为的执行效力。因为在法院判决撤销之前，行政行为是有效力的，为了确保人民权利保护的有效性，故设立了暂时权利保护制度。[③] “这一传统见解，近年来逐渐受到修正，认为不能一味强调行政救济中原告的权益保护，而忽略其他基本法条文所保障的法益。”[④]

德国的行政复议或诉讼停止执行原则与日本的不停止执行原则，究竟哪一种制度更为科学？关于这一理论与实践难题，公定力理论对此无法作出有效的解释与回答。然而，如果我们运用行政行为的形式效力与实质效力理论，恰恰可以有效地解释与回答这一难题。根据行政行为的形式效力理论，在行政复议或行政诉讼期间，行政行为的形式效力具有形式性、相对性，而其实质合法性及实质效力并不确定，故其不能作为实施强制执行的依据，以免给相对人造成无可挽回的重大损失。在行政行为进入行政复议或诉讼程序之后、行政复议或诉讼结果出来之前，行政行为仍然处于形式效力形态。此时，在立法上应当确立“停止执行为原则、不停止执行为例外”的制度。因此，日本目前立法规定的诉讼期间“不停止执行为原则、停止执行为例外”，从法理上说不够科学；而德国目前立法规定诉讼期间“停

---

① 参见《联邦德国行政法院法》（1960年），载〔德〕G.平特纳：《德国普通行政法》，朱林译，中国政法大学出版社1999年版，第282～283页。

② 《德意志联邦共和国基本法》（1949年）第19条第4项规定：“任何人的公权利遭受不法侵害，皆可以请求法院给予救济。”这一规定构成了“权利保护效率性”的法源基础。

③ 何为暂时权利保护？德国学者给其下的定义是：“保护公民在某一特定程序期间，免受一个决定的执行或其后果的影响，或者保障公民在一个诉讼具有既判力地终结之前所具有的某一特定权利或某一事实状态。”参见〔德〕弗里德赫尔穆·胡芬：《行政诉讼法》，莫光华译，法律出版社2003年版，第487页。

④ 许炎：《行政救济法上不停止执行原则的再思考》，载《行政法学研究》2006年第1期。

止执行为原则、不停止执行为例外”,从法理上说就相对较为科学。① 一方面,停止执行原则能够及时有效地保护相对人的合法权益;另一方面,对确实需要实施强制执行的行政行为作出例外的规定,也能够兼顾公共利益与行政效率。归根结底,法院应该在相对人因停止执行而避免的损害与不停止执行而得以保护的公共利益之间进行充分比较与衡量,以决定是否停止行政行为的执行。近年来,德国在行政诉讼或复议上,停止执行制度的重心已逐渐由“行政诉讼或复议停止执行原则”向“停止执行程序”转移,即现今制度的重心已经从抽象的“行政诉讼或复议停止执行原则”转向具体的、由行政机关或法院针对个案予以裁量以决定是否停止行政行为的执行。笔者认为,这一重要的变化值得我国的理论与实务界予以充分的关注及学习借鉴。②

在我国,根据“诉愿法”(2000 年)第 93 条及“行政诉讼法”(1998 年)第 116 条的规定,③台湾地区确立了复议或诉讼不停止行政处分的执行之原则,这是不科学的;但是,其制度的重心也已经从抽象的“复议或诉讼不停止执行原则”转向了由行政机关或法院针对个案予以裁量,以决定是否停止行政行为的执行,这又是其值得赞许之处。

大陆的部分学者,将公定力理论作为诉讼不停止行政行为执行的依据。④ 如果单纯从理论上分析,我国《行政诉讼法》确立的“诉讼不停止执

① 1960 年颁布的《联邦德国行政法院法》第 80 条对诉讼是否停止执行作了规定。该条第 1 款规定,诉愿与撤销诉讼具有延缓之效力。形成与确认之处分,以及具有双重效力的行政处分皆同其适用。在该款规定确立了诉讼不停止执行原则的同时,第 2 款又列举了几项例外情形。

② 参见李文曾:《走出公定力理论的困境——从公定力与起诉(不)停止执行原则的关系谈起》,载郑丽景主编:《南开法律评论》总第 8 期,南开大学出版社 2013 年版,第 107 页。

③ 我国台湾地区“诉愿法”(2000 年)第 93 条规定:“原行政处分之执行,除法律另有规定外,不因提起诉愿而停止。原行政处分之合法性显有疑义者,或原行政处分之执行将发生难以回复之损害,且有急迫情事,并非为维护重大公共利益所必要者,受理诉愿机关或原行政处分机关得依职权或依申请,就原行政处分之全部或一部,停止执行。前项情形,行政法院亦得依声请,停止执行。”我国台湾地区“行政诉讼法”(1998 年)第 116 条第 1~3 款规定:“原处分或决定之执行,除法律另有规定外,不因提起行政诉讼而停止。行政诉讼系属中,行政法院认为原处分或决定之执行,将发生难于回复之损害,且有急迫情事者,得依职权或依声请裁定停止执行。但于公益有重大影响,或原告之诉在法律上显无理由者,不得为之。于行政诉讼起诉前,如原处分或决定之执行将发生难于回复之损害,且有急迫情事者,行政法院亦得依受处分人或诉愿人之声请,裁定停止执行。但于公益有重大影响者,不在此限。”

④ 参见罗豪才主编:《行政法学》,北京大学出版社 1996 年版,第 400 页;朱新力:《现代行政法原理》,杭州大学出版社 1998 年版,第 265 页;周含宇:《行政法理与行政审判的衔接——“起诉不中止执行”原则的学理探究》,载《行政法学研究》1996 年第 1 期。

行"原则是错误的。[①] 因为此时的行政行为处于形式效力阶段，行政行为合法性已经产生争议，在行政判决生效之前，不能对行政行为实施强制执行。在实践中，因为拥有强制执行权的行政机关是非常有限的，也因为担心执行错误导致的不利后果，被提起诉讼的行政行为实际上大都停止了执行。也就是说，行政诉讼实践中绝大部分被起诉的行政行为是停止执行的。"诉讼不停止执行"这一原则的落空，也恰恰说明了立法的非科学性。立法与客观现实如此严重地背离，其原因何在？其实，任何一项法律制度总是与国家特定的政治、经济及社会发展状况相联系的。我国在制定《行政诉讼法》之际，正处于经济、社会的高速发展期，效率优先、兼顾公平乃是不二的选择。可能是受到公定力理论影响的缘故，也可能是因为"诉讼不停止执行"原则在维护行政权威、保障行政的连续性及行政效率方面能够发挥重要的作用，我国在制定《行政诉讼法》时确立了"行政诉讼不停止执行为原则、停止执行为例外"的制度。然而，根据行政行为的形式效力理论，应该确立的是行政"诉讼停止执行"原则，与此同时，对于一些需要实施强制执行的例外情形作出规定，这才是科学、合理的制度。在修改《行政诉讼法》之际，有关专家曾经建议，建立行政诉讼"停止执行为原则、不停止执行为例外"的制度，以避免不必要的公共支出及更好地保护公民的合法权益，但这一立法建议并没有得到采纳。笔者认为，随着民主与法治的不断推进，我国最终还是应该建立"停止执行为原则、不停止执行为例外"的制度。对于行政诉讼而言，我国应在立法上确立诉讼停止执行原则的基础上，以列举加概括的形式详尽地规定不停止执行的例外情形。具体来说，可以作如下规定：在行政诉讼期间，应该停止行政行为的执行，但有下列情形之一的，不停止行政行为的执行：(1)基于重大公共利益或一方当事人重大利益，人民法院认为行政行为需要立即执行的；(2)人民法院认为停止执行行政行为，将来有难以执行之可能的；(3)法律、法规规定的其他情形。在理论上，行政复议程序是一种行政程序，即使是经过行政复议的行政行为，其仍然处于形式效力阶段，除非情况紧急而必要，一般不能对其实施强制执行。是故，对行政复议期间行政行为的强制执行问题，也可以在立法上作出如行政诉讼期间强制执行类似的规定。

---

① 我国《行政诉讼法》(2017年)第56条第1款规定："诉讼期间，不停止行政行为的执行。但有下列情形之一的，裁定停止执行：(一)被告认为需要停止执行的；(二)原告或者利害关系人申请停止执行，人民法院认为该行政行为的执行会造成难以弥补的损失，并且停止执行不损害国家利益、社会公共利益的；(三)人民法院认为该行政行为的执行会给国家利益、社会公共利益造成重大损害的；(四)法律、法规规定停止执行的。"

三、行政非诉执行制度

我国的行政非诉执行制度是在缺乏实践经验的情况下确定的,这一制度实施的效果很不理想。目前,行政非诉执行案件在行政行为的合法性审查上,仅有行政机关一方的申请,没有相对人一方的参与答辩,在程序上缺乏应有的公正性。人民法院对行政行为的合法性审查往往流于形式,根本起不到其应有的监督作用,从而导致非诉执行审查制度的价值和功能无法得到实现。有学者提出,可以借鉴国外,特别是美国的执行之诉制度,对我国行政非诉执行制度进行正当程序之诉讼化的改造,在我国建立行政执行之诉。[①] 笔者对此深表赞同。所谓行政执行之诉,即行政强制执行之诉,是指行政相对人拒不履行生效的行政行为所确定的法律义务时,行政机关诉请人民法院判决对行政行为予以强制执行的诉讼。经过行政执行之诉判决强制执行的行政行为,其实质合法性及实质效力已经得到司法裁判的确认,此时的行政行为强制力已经属于实质强制力的范畴。在行政执行之诉判决对行政行为予以强制执行之后,按照行政强制执行"裁执分离"的原则,行政行为的强制执行原则上仍应交由行政机关负责实施。

四、诉前禁令制度

诉前禁令制度是为了避免违法行政行为的立即执行给当事人造成无法弥补的损害,由行政相对人在诉前申请法院审查并阻止该违法行为实际执行的制度。例如,在德国,当事人可在起诉之前向法院申请发出诉前禁令以阻止行政行为的执行。[②] 目前,我国在知识产权审判领域已经实行诉前禁止令制度;在环境资源审判领域,也正在试行诉前禁止令制度。笔者认为,在行政诉讼领域,我国应该学习、借鉴有关国家的成功做法与经验,以便早日建立诉前禁止令制度。

第七节　行政行为强制力的产生、发展及消亡

一、强制力的产生

行政行为的强制力何时产生?首先,强制力的生效有形式强制力的生

---

① 参见张坤世:《非诉行政执行制度的诉讼化改造》,载《法治研究》2009 年第 2 期。

② 《联邦德国行政法院法》(1960 年)第 123 条规定:"根据申请,法院在存在因现状的变化使申请人的权利不能实现,或其实现变为困难之虞,可在提起诉讼之前针对争议标的采取暂时命令。"参见〔德〕G. 平特纳:《德国普通行政法》,朱林译,中国政法大学出版社 1999 年版,第 282~283 页。

效与实质强制力的生效之分。强制力的生效与存续力、拘束力的生效差异较大,除情况紧急以及行政行为必须尽快予以执行的外,法律一般不赋予行政行为以形式强制力。行政行为的存续力和拘束力却正好相反,除行政行为因为存在重大且明显违法情形而无效的外,均会依法产生形式存续力和形式拘束力。其次,强制力既可以保障行政行为拘束力义务的实现,也可以保障行政行为存续力义务的实现;因为保障实现的行政行为义务的不同,其生效的时间和条件也有所不同。

对于形式强制力的生效,有保障拘束力义务的实现和保障存续力义务的实现两种不同的情形。就行政行为拘束力义务的强制实现来说,强制力对相对人和原行政主体可能具体地表现为采取强制措施,迫使其履行义务。我国《行政强制法》(2011 年)第 34 条规定的行政行为强制力生效,显然就是保障拘束力义务实现的形式强制力的生效。[①] 当事人在行政机关规定的期限内不履行义务,就是行政行为形式强制力生效条件的基本要求。《行政强制法》(2011 年)第 44 条设置了特别规定,要求诉讼期限届满(针对限拆决定)才可进入强制执行程序。据此,应该是诉讼期届满后才产生形式强制力。对于不同的拘束力对象,强制力生效的时间和条件也不相同。例如,就保障行政行为对其他行政机关、立法机关或司法机关拘束力义务的实现而言,其强制力始于其他行政机关、立法机关或司法机关对拘束力义务的违反。由于行政行为对这些机关的拘束力义务主要表现为它们对行政行为效力的承认和尊重,故在这些公权力机关不履行拘束力义务时,行政行为的强制力也并非表现为对行政行为的强制执行,而是表现为行政问责、行政追偿、国家赔偿等。就行政行为存续力义务的强制实现而言,形式强制力的功能在于:保障行政行为持续合法地存在,不被非法撤销、变更或废止。因此,形式强制力只有在行政行为被非法撤销、变更或废止以后才会产生。可见,只有在法定的条件出现时,行政行为的形式强制力才开始生效。

《行政诉讼法》(2017 年)第 95 条规定的行政行为强制力生效,属于行政行为拘束力义务实质强制力的生效。非诉执行案件准予执行的,也是行政行为拘束力义务实质强制力的生效。在符合生效的条件时,实质强制力开始生效。[②] 我国《行政强制法》(2011 年)第 53 条至第 57 条关于强制执

---

① 《行政强制法》(2011 年)第 34 条规定:"行政机关依法作出行政决定后,当事人在行政机关规定的期限内不履行义务的,具有行政强制执行权的行政机关依照本章规定强制执行。"

② 《行政诉讼法》(2017 年)第 95 条规定:"公民、法人或者其他组织拒绝履行判决、裁定、调解书的,行政机关或者第三人可以向第一审人民法院申请强制执行,或者由行政机关依法强制执行。"

行的催告及逾期仍不履行等规定，就是行政行为实质强制力生效条件的规定，其保障的是行政行为拘束力义务的实现。就行政行为实质存续力义务的强制实现而言，行政行为实质强制力只有在实质合法有效的行政行为被非法撤销、变更或废止以后才会产生，其功能在于保障实质合法有效的行政行为持续合法地存续下去，不被非法撤销、变更或废止。可见，只有在法定的条件出现时，行政行为的实质强制力才开始生效。

二、强制力的中止与恢复

所谓强制力的中止，主要就是行政行为的中止执行，如我国《行政强制法》(2011年)第39条第1款规定的行政行为中止执行，就是行政行为形式强制力的中止，具体而言，是保障行政行为拘束力义务实现的行政行为形式强制力的中止。① 第39条第2款规定，就是关于行政行为形式强制力恢复的规定。② 由于既有形式效力的行政行为，也有实质效力的行政行为，故强制力的中止与恢复，既有形式强制力的中止与恢复，也有实质强制力的中止与恢复。

三、强制力的消亡

行政行为强制力的消亡，是指基于法定的情形，行政行为强制力依法归于消灭。行政行为强制力的消亡有形式强制力的消亡和实质强制力的消亡。如我国《行政强制法》(2011年)第40条规定的行政行为终结执行，是对形式效力的行政行为的终结执行，故属于行政行为形式强制力的消亡。③ 该法第39条第2款规定的行政行为不再执行，也属于行政行为的形式强制力消亡的情形。④ 所谓行政行为实质强制力的消亡，是指具有实

---

① 我国《行政强制法》(2011年)第39条第1款规定："有下列情形之一的，中止执行：(一)当事人履行行政决定确有困难或者暂无履行能力的；(二)第三人对执行标的主张权利，确有理由的；(三)执行可能造成难以弥补的损失，且中止执行不损害公共利益的；(四)行政机关认为需要中止执行的其他情形。"

② 我国《行政强制法》(2011年)第39条第2款规定："中止执行的情形消失后，行政机关应当恢复执行。对没有明显社会危害，当事人确无能力履行，中止执行满三年未恢复执行的，行政机关不再执行。"

③ 我国《行政强制法》(2011年)第40条规定："有下列情形之一的，终结执行：(一)公民死亡，无遗产可供执行，又无义务承受人的；(二)法人或者其他组织终止，无财产可供执行，又无义务承受人的；(三)执行标的灭失的；(四)据以执行的行政决定被撤销的；(五)行政机关认为需要终结执行的其他情形。"

④ 我国《行政强制法》第39条第2款规定："中止执行的情形消失后，行政机关应当恢复执行。对没有明显社会危害，当事人确无能力履行，中止执行满三年未恢复执行的，行政机关不再执行。"

质效力的行政行为终结执行，同行政行为形式强制力的消亡，此处不予赘述。由于行政行为强制力义务主体的多样性，与行政行为的拘束力消亡同理，行政行为对于某一义务主体的强制力消亡，并不代表其对其他义务主体的强制力一并消亡。例如，因行政行为设定的义务得到履行或实现导致行政行为对相对人的强制力消亡，但行政行为对行政机关或法院的强制力却依然存在。

第九章　行政行为的效力形态

从法哲学上说，行为主体只能在法律的范围内享有意志自由及实行意思自治，行政行为的效力形态制度正是体现了法律对行政法主体意志自由和意思自治的确认与规范。本章以行政行为效力的“两质态论”和“三效力说”为基础，对行政行为的无效、有效、生效、失效及效力的中止与恢复等问题进行了深入研究，从而获得了许多更为深刻的认识。例如，行政行为的合法性有形式合法性与实质合法性之分，二者在构成要件上存在明显的差异；又如，行政行为的生效、有效也有形式效力与实质效力的生效、有效之别，它们在具体的构成要件上也有明显的不同。本章研究的内容，属于行政行为“效力本质论”“效力内容论”之后的“效力形态论”的范畴。

第一节　行政行为之无效

一、行政行为无效的含义

在汉语中，无效的“无”就是“没有”。从字面理解，“无效”就是“没有法律效力”的意思，即“没有法律约束力”。在法律上，行政行为没有法律约束力的情形，既可能是因为行政行为存在重大且明显违法情形，从一开始就没有形式效力（行政行为无效），也可能是因为行政行为被撤销而没有法律约束力（行政行为失去效力）。[①] 在我国，因为法律术语的使用存在不够严谨与规范之处，行政行为被撤销后失去法律约束力，经常也被称为“无效”，从而导致行政行为无效与行政行为被撤销后失去法律效力的混淆。行政行为撤销导致行政行为失去形式效力或实质效力，其在被撤销之前是有效的。在大陆法系国家或地区的行政法学上，行政行为无效这一法

---

① 例如，我国《专利法》（2020 年）第 45 条规定：“自国务院专利行政部门公告授予专利权之日起，任何单位或者个人认为该专利权的授予不符合本法有关规定的，可以请求国务院专利行政部门宣告该专利权无效。”《商标法》（2019 年）第 44 条第 1 款规定：“已经注册的商标，违反本法第四条、第十条、第十一条、第十二条、第十九条第四款规定的，或者是以欺骗手段或者其他不正当手段取得注册的，由商标局宣告该注册商标无效；其他单位或者个人可以请求商标评审委员会宣告该注册商标无效。”这几种情况下的“无效”，其实都是指行政行为被撤销后失去法律约束力，其与行政行为无效的概念有本质不同。

律概念有着特定内涵,一般系指行政行为具有重大且明显违法的情形,依法不能产生形式效力。重大且明显违法的行政行为因欠缺形式合法性之要件,依法不能产生形式效力,最终当然也就不能产生实质效力。尽管行政行为无效的本意是指行政行为依法不产生形式效力,但其最终不会产生实质效力也是其应有之义。因此,在理论和实践上严格使用法律术语,对行政行为的无效与行政行为被撤销之后失去效力进行明确的区分,是非常有必要的。为此,笔者建议将行政行为被撤销导致的效力丧失称为“失效”而非无效。“失效”是指行政行为原来具有形式效力或实质效力,后因被撤销而失去形式效力或实质效力;“无效”则仅指行政行为本来就不具有形式效力,是自始无效、当然无效、确定无效,①其反映了法律对于行政行为合法性及效力的极端否定性评价。行政行为的无效包括这样的几层含义:

第一,行政行为的法律效果为法律所绝对不能承认和允许。行政行为具有重大且明显违法的情形,其欲设定的法律效果为法律所绝对不能承认和允许,即行政行为依法不能产生形式效力。

第二,行政行为自始无效。行政行为自始无效,是指行政行为自始不被法律所认可,不能产生其所欲达到的法律效果,即行政行为自成立时起,因为不具有形式合法性(存在重大且违法的情形)而不产生形式效力,无任何法律上的约束力。

第三,行政行为当然无效。存在重大且违法情形的行政行为当然无效,无论相对人是否主张,相对人无须主动向法院或行政机关申请确认,该行政行为从成立之时起即为无效。有权机关依法定程序对行政行为无效的确认,只是对一个已存在的行政行为无效的事实加以明确宣示而已。

第四,行政行为确定无效。存在重大且违法情形的行政行为不仅成立时无法律效力(形式效力),行政行为无效的后果是永久性的、不可改变的,此后不能对无效的行政行为予以转换、追认使其变为有效。任何事实也不能使这一状态得以改变,使其成为有效的行政行为。存在重大且明显违法情形的行政行为与现行的法律原则、法律制度或法律精神严重不符,无论何时,也无论在何种条件下,其欲产生的法律效果都绝对不会被法律所承认。

---

① 王太高教授认为,无效行政行为在效力上应是自始无效、当然无效和确定无效。参见王太高:《试论无效行政行为理论》,载《扬州大学学报(人文社会科学版)》2001年第6期。

二、行政行为无效的理论与实践依据

行政行为无效理论与制度在行政行为效力形态问题的研究上具有非常重要的地位。目前,仍有一些学者反对行政行为无效理论与制度的存在。因此,先对行政行为无效制度的理论与实践依据问题予以研究和讨论还是非常有必要的。

(一)行政行为无效的理论依据

"落实在与国家治理最为靠近的行政法上,它所规制的行政行为必须在法的安定性原则的支配下保持行政行为的存续力,保证行政行为的稳定性,于是必须坚持任何行政行为,即使是违法行为,没有经法院等有权机关依法撤销前,始终存在法律效力;如果遇到了极端的违法行为,即重大而明显违法的无效行为,则必须确定它无效,让它自始和自后都失去效力,以实现法的正义性。"①本书的研究结论表明,与"完全形式效力说"相比,行政行为的"有限形式效力说"更加科学合理,②更能适应法治实践的需要。行政行为无效理论其实是构成行政行为有限形式效力理论的基础和前提,而不是相反。行政行为的无效理论构成了有限形式效力理论的直接理论依据,同时也构成了公民抵抗权的直接理论依据。准确地说,正是因为行政行为无效理论与制度的存在,行政相对人的抵抗权理论与制度才得以存在;也正是因为行政行为无效理论与制度的存在,以致并非所有的行政行为都具有公定力(形式效力),有限公定力(形式效力)理论与制度才得以产生。既然行政行为无效的理论与制度如此重要,那么,其依据何在?笔者认为,行政行为无效的理论依据主要有人民主权论、基本人权论和自然法思想三个方面。行政行为具有重大且明显违法情形时,通过人们的常识已经能够判断其严重违法的,却仍然赋予其效力并强迫人们接受,这显然与人民主权论相悖。因此,人民主权论是行政行为无效最为坚实的理论依据。无效行政行为制度能够在一定程度上阻止违法行政行为的执行,最大限度地保护相对人的利益。因此,基本人权论构成了行政行为无效的理论

---

① 胡建淼:《"无效行政行为"制度的追溯与认定标准的完善》,载《中国法学》2022 年第 4 期。

② 形式效力,是指行政行为基于其形式合法性而依法产生的法律效力。在现代社会,公定力本质上就是行政行为依法产生的形式效力,因此,"有限形式效力说"基本与"有限公定力说"同义,"完全形式效力说"基本与"完全公定力说"同义。关于形式效力的概念问题,参见马生安:《论行政行为对司法裁判的拘束力——基于应然与释然的双重视角》,载张卫平、齐树洁主编:《司法改革论评》总第 28 辑,厦门大学出版社 2019 年版,第 147 页。关于公定力本质上就是行政行为依法产生的形式效力问题,参见马生安:《现象与理论:符号学视角下的行政行为公定力》,载《东南法学》2021 年第 3 期。

基础之一，行政行为无效的终极理论依据还在于维护和保障人的尊严与权利。[①] 自然法思想的核心要义就是正义，明明是具有重大且明显违法情形的行政行为，仍然要求人们服从，这是有违自然法精神的，因而也是非正义的。上述三个方面的理论依据，可以较为充分地论证和说明行政行为无效理论与制度存在的必要性、合理性。

（二）行政行为无效的实践依据

行政行为效力制度作为行政行为的法律评价制度之一，体现了法律对行政行为的规范和控制。行政行为无效，意味着法律对行政行为效力的极端否定性评价，其法律效果为法律所绝对不能允许。行政行为的无效理论主张，具有重大且明显违法情形的行政行为不产生形式效力，并应该赋予公民对这些行政行为的抵抗权或拒绝权。行政行为的无效理论与自由民主论相契合，与尊重和保护个体权利的立场一致；其不仅具有学理上的逻辑自足，而且获得了法律制度上的实证支持。法国、德国、英国、美国等诸多国家均建立了行政行为的无效制度。限于篇幅，在此不予赘述。

三、行政行为无效判断与识别标准诸说

在大陆法系行政法理论上，围绕行政行为无效的判断标准问题，中外学者主要形成了如下九种不同的学说。

（一）“法规性质说”

该说从法规的性质出发，以违反法规的性质为标准，区分行政行为是无效还是可撤销。例如，日本学者美浓部达吉将法规分为能力的法规与命令的法规，他认为，违反能力的法规之行政行为无效，而违反命令的法规之行政行为并非必然无效。德国行政法学者耶利内克将法规分为强行性法规与非强行性法规，认为行政行为违反前者的无效，行政行为违反后者的为可撤销。弗莱纳将法规分为重要的法规与不重要的法规，违反前者的行政行为为无效，违反后者的行政行为为可撤销。[②]

（二）“不可能说”

该说为德国学者汉斯·沃尔夫所主张的“不可能理论”[③]，沃尔夫认为：“行政处分所规制内容倘属事实不能，或无待观察其所规范的事实，其本身即抵触法律，也就是法律不能，规制法律所不可能规定的法律效果，即

---

① 参见吴朝军：《无效行政行为研究》，西南政法大学2006年硕士学位论文，第17页。

② 参见王贵松：《行政行为无效的认定》，载《法学研究》2018年第6期。

③ H. J. Wolff/O. Bachof, Verwaltungsrecht Ⅰ, 8. Aufl. 1974, § 51Ic. 转引自翁岳生编：《行政法》（上册），中国法制出版社2009年版，第678页。

归于无效。”[1]

(三)“最低要件标准说”

该说由奥地利学者温克勒提出,其主张从正面出发,确立行政行为有效应当具备的最低标准,并以此作为判断行政行为是否无效的依据。究竟如何设置最低标准所应当包括的具体要件,则可以结合法安定性与法正当性加以考量。[2]

(四)“重大违法说”

该说认为,行政行为存在重大违法情形的,行政行为无效。“重大说”、“严重违法说”及“重大瑕疵说”,均属于“重大违法说”的范畴。[3]

(五)“重大且明显违法说”

该说主张行政行为无效需要同时满足“重大违法”和“明显违法”两个条件。该说为我国关于判断行政行为无效标准的通说,也已为我国立法所采用。德国学者主张的“明显理论”、日本学者主张的“重大明显说”“明显性补充要件理论”,其实均属于“重大且明显违法说”的范畴。[4]

(六)“重大且明显瑕疵说”

该说主张,如果行政行为具有严重且明显的瑕疵的,则行政行为无效。我国台湾地区“行政程序法”(1999年)第111条确定了行政处分无效的“重大且明显瑕疵”标准。[5] 行政处分无效的“重大且明显瑕疵说”其实就是“重大且明显违法说”。在汉语中,“瑕疵”一词的含义,一是指玉的斑痕;二是用来比喻人或事物微小的缺点、小毛病等。笔者认为,用“重大”来修饰“瑕疵”不当。在汉语法学上,“重大且明显瑕疵说”在词语的使用

① 翁岳生编:《行政法》(上册),中国法制出版社2009年版,第678页。

② 参见吴庚:《行政法之理论与实用》,中国人民大学出版社2005年版,第252~253页。

③ “重大说”主张,行政行为具有重大瑕疵的,行政行为无效。参见吴东镐、徐炳煊:《日本行政法》,中国政法大学出版社2011年版,第122页。“严重违法说”主张,行政行为违法程度极为严重,以致其不能被承认为合法有效的行为。参见陈新民:《行政法学总论》(修订6版),台北,三民书局1997年版,第248页。“重大瑕疵说”主张,行政行为具有重大瑕疵的,行政行为无效。参见吴庚:《行政法之理论与实用》,中国人民大学出版社2005年版,第252页。

④ “明显理论”主张,行政行为具有特别重大明显的瑕疵的,行政行为无效。J. Hatschek/P. Kurtzig, Lehrbuch des deutschen und preussischen Verwaltungsrechts, 1931, § 16. 转引自翁岳生编:《行政法》(上册),中国法制出版社2009年版,第678页。“重大明显说”主张,行政行为的瑕疵重大且明显的,才能确认行政行为无效。参见吴东镐、徐炳煊:《日本行政法》,中国政法大学出版社2011年版,第122页。“明显性补充要件理论”主张,将行政行为的重大瑕疵作为判断行政行为无效的基本标准,同时根据具体事例添加瑕疵的明显性标准。参见吴东镐、徐炳煊:《日本行政法》,中国政法大学出版社2011年版,第123页。

⑤ 我国台湾地区“行政程序法“(1999年)第111条第1款第7项规定,行政处分“具有其他重大明显之瑕疵者”无效。

上不够准确，因而存在严重的语言逻辑问题。

（七）"重大或明显违法说"

该说认为，违法的行政行为并非一定是无效的，行政行为的违法性只有达到"严重"或"明显"的程度，其才构成无效。①

（八）"显著违法说"

该说主张，行政行为因显著违法而无效。"显著违法说"包括"内在显著违法"和"外观显著违法"两种不同的情形，前者是指行政行为因为实质内容的明显违法而无效，后者是指行政行为因为外观上的明显违法而无效。②

（九）"具体价值衡量说"

该说认为，行政行为的违法是重大还是明显，不适宜用统一的标准来判断，而应根据各个案件的具体情形，综合考虑种种具体的利益来确定其属于应予撤销的行政行为还是无效的行政行为。③

四、行政行为无效判断与识别的通常标准

（一）通常标准之构成要件

行政行为无效需要同时满足"重大违法"与"明显违法"两个要件，这是目前我国学界的主流观点。通常情况下，"重大违法"的行政行为也必然表现为"明显违法"，故笔者赞成确立"重大且明显违法"作为判断行政行为无效的通常标准。此处的通常标准，亦即立法或司法实践中常用的标准。

何为"重大违法"？"重大违法"达到何种程度才会导致行政行为无效？对这一要件的理解和认识不够，在一定程度上会导致司法实践中对行政行为无效判断的困难。有观点认为，所谓瑕疵的重大性（重大违法），是指行政行为违反重要的法律法规或者欠缺合法要件。④ 有观点认为，所谓瑕疵严重（重大违法），多指行政行为违反行政法上绝无适用例外的强制性命令与禁令，或者违反最基本的法律伦理和法律逻辑原则。⑤ 有观点认为，重大违法是指行政行为违反了相关法律规定，严重损害公共利益或利

---

① 参见姜明安：《论行政行为合法的标准与无效的标准》，载《政府法制》2001年第11期。

② 参见陈新民：《行政法学总论》（修订6版），台北，三民书局1997年版，第248页。

③ 藤田宙靖『行政法総論』（青林書院，2013年）第255页以下参照。转引自王贵松：《行政行为无效的认定》，载《法学研究》2018年第6期。

④ 参见〔日〕盐野宏：《行政法总论》，杨建顺译，北京大学出版社2000年版，第106~107页。

⑤ 参见赵宏：《法治国下的目的性创设——德国行政行为理论与制度实践研究》，法律出版社2012年版，第143~145页。

害关系人的合法权益。① 有观点认为,“重大违法”是指在情节、后果上都非常严重,如行政行为违反了法律和行政法规的强制性规定,严重侵害了公民的基本权利。②

笔者认为,判断和识别行政行为无效的通常标准中的“重大违法”,是指行政行为的违法性程度非常严重,行政行为在任何条件下都无法与现行法律规定、法律原则或法律精神保持一致,其欲实现的法律效果也绝对不能为法律所容许。③ 行政行为的“重大违法”与有效法秩序及作为其基础的共同体价值观处于一种严重矛盾和冲突的状态,以致行政行为若产生所指向的法律效果,其将为法律所不可容忍。因为行政行为“重大违法”直接挑战了法律的底线,可能严重损害公共利益以及相对人的合法权益,故法律不能承认其欲设定的法律效果。

一个“重大违法”行政行为是否构成“明显违法”,是司法实践中经常遇到的难题,因为这毕竟是一个主观性非常强的问题。首先,行政行为的“明显违法”,本身就是一个不确定的概念。其次,不同的人来判断行政行为是否属于“明显违法”,其结果很可能就完全不同。例如,对于某一“重大违法”行政行为,在一般理性的人看来,其违法性不够明显,但对法官等法律专业人员来说,其违法性可能就非常明显。目前关于“明显违法”的要件问题,主要有“外观上一见明显说”、“调查义务违反说”及“法官一见明显说”三种不同的学说。“外观上一见明显说”是目前德国、日本及我国的主流观点,理论上一般倾向于以一般理性人的判断为标准,即一般理性的人从外观上一眼就能看出来的违法。④ 也就是说,行政行为的违法性在外形上客观而明显,依据一般理性的人的合理认识,可以一目了然地对行政行为的违法性作出判断,而不必等待调查。⑤ “调查义务违反说”又称“客观明显说”,该说认为,行政机关应尽而未尽调查义务的即满足明显违法的要求。⑥ 该说实际上降低了“明显违法”要件的标准,不要求外观上一眼就能发现行政行为的违法性。“法官一见明显说”认为,应该以法官的

---

① 参见董某诉即墨市商务局行政许可案,山东省即墨区人民法院(2016)鲁0282行初42号行政判决书。

② 参见胡建淼:《“无效行政行为”制度的追溯与认定标准的完善》,载《中国法学》2022年第4期。

③ 关于“重大违法”的类似观点,参见江苏省高级人民法院行政判决书,(2020)苏行终498号。

④ 参见〔德〕哈特穆特·毛雷尔:《行政法学总论》,高家伟译,法律出版社2000年版,第251页。

⑤ 参见金伟峰:《无效行政行为研究》,法律出版社2005年版,第93页。

⑥ 参见〔韩〕金东熙:《行政法Ⅰ》(第9版),赵峰译,中国人民大学出版社2008年版,第243～244页;〔日〕市桥克哉等:《日本现行行政法》,田林等译,法律出版社2017年版,第145页。

判断为标准,如果法官一眼就能看出来违法,即为"明显违法"。[①] 笔者认为,鉴于"重大且明显违法"通常标准中"明显违法"要件的功能主要在于降低判断和识别行政行为无效的难度,使人们能够准确地对行政行为的无效作出判断,为公民正确行使抵抗权提供方便与可能,"明显违法"要件还是采用"外观上一见明显说"较为适宜。"重大且明显违法"作为判断行政行为无效的通常标准,如表9-1所示。

表9-1　行政行为无效的"重大且明显违法"通常标准之构成要件

构成要件名称	构成要件内容	构成要件的作用
重大违法	行政行为严重违法,其追求的法律效果为法律所绝对不能容许	对行为无效的判断起决定性作用
明显违法	行政行为的违法性比较明显,一般理性人均可以一目了然地对行政行为的违法性作出识别和判断	对行为无效的判断起辅助作用

(二)德国、意大利、西班牙、日本及韩国等国家的法律规定

《联邦德国行政程序法》(1997年)第44条第1款规定:"行政行为有特别重大之违法,依其一切足以斟酌之情形,加以合理之判断,可认为公然者,无效。"该规定为行政行为的无效确立了"重大且明显违法"的一般判断标准,但并没有对行政行为无效的本质内涵予以明确界定,从某种程度上来说,其"重大且明显违法"的一般标椎之规定尚不够完善。

《意大利行政程序法草案》(1955年)第42条第1款规定:"无公行政机关之资格者所为之机关行为或对完全不属于自己行政管辖之事项所干预与之机关行为无效。"该条第2款规定:"绝对强暴之行为,客体为不可能之行为或违反刑法的行为亦均无效。"[②]该法第43条第1款规定:"无权限或逾越权限或有违法令之瑕疵之行为无效。"

《西班牙行政程序法》(1958年)第47条规定,行政机关明显无权限的行为、行为内容不可能实现及构成犯罪的行为等无效。[③]

《日本行政程序法》并无对行政行为无效判断与识别的"重大且明显违法"通常标准的规定,其诸多的判例其实一直秉持"重大且明显违法

---

① 日本学者南博方教授就认为,法院判断行政行为无效的"明显违法"之基准,以作为法律专家的第三者的法官的眼光来看,客观上明显的情况便足够了。参见〔日〕南博方:《行政法》(第6版),杨建顺译,中国人民大学出版社2009年版,第55页。

② 应松年主编:《外国行政程序法汇编》,中国法制出版社1999年版,第12页。

③ 参见应松年主编:《外国行政程序法汇编》,中国法制出版社1999年版,第247页。

说”,故日本其实是通过判例法的形式确立了这样的一个标准。日本行政诉讼法对诉讼类型进行了详细分类,构建了以撤销之诉为主体,其他多种诉讼类型予以补充的行政诉讼模式。实践中,日本是通过判例的方式,对无效确认之诉的胜诉要件,或者说认定行政行为无效的要件进行确认的。鉴于“重大且明显违法说”的标准仍然模糊不清,“尤其是对于不分情况一律将瑕疵的明显性作为判断无效的标准的做法,很多人提出了质疑”①。“明显违法”的行政行为不一定就是“重大违法”的行政行为,其也可能是一般违法或轻微违法的行政行为。日本将“明显违法”作为行政行为无效的一个要件,与其历史上存在的司法法院与行政法院分立的制度有关。“二战”以前,在《明治宪法》之下,确认行政行为无效案件的审理权在司法法院,撤销之诉的案件审理权在行政法院,只有行政行为既构成“重大违法”,也是“明显违法”时,确认行政行为无效的案件才能在司法法院审理。② 因此,某个案件到底是在行政法院审理还是在司法法院审理,其判断依据就落在了“明显违法”要件上。“二战”以后,日本取消了行政法院,行政诉讼作为民事诉讼的一个特殊分支,由司法法院统一处理,“明显违法”要件的存在价值也受到了质疑。日本判例上体现的“明显性补充要件理论”主张,将行政行为的重大瑕疵作为判断行政行为无效的基本标准,同时根据具体事例添加瑕疵的明显性标准。③ 日本学者主张的“重大明显说”“明显性补充要件理论”,其实均属于“重大且明显违法说”的范畴。当前,日本在判例中倾向于将“明显违法”要件作为补充性要件来处理,即在认定行政行为无效时,符合“重大违法”要件后,可以添加一系列补充要件,来充实认定无效的正当性,除“明显违法”标准外,社会影响性等要件也是法院所考虑的因素。

《韩国行政程序法》(1996 年)并无行政行为无效之法律规定,“重大且明显违法”是其司法实践中一直坚持的标准。韩国大法院的判决认为,在判定行政处分无效上,仅有处分中存在违法这一点原因是不够的,其违法应当是违反重要的法规以及在客观上是明显的。④

(三)我国立法通常标准之法律规定

我国《行政诉讼法》(2017 年)第 75 条规定:“行政行为有实施主体不具有行政主体资格或者没有依据等重大且明显违法情形,原告申请确认行

---

① 吴东镐、徐炳煊:《日本行政法》,中国政法大学出版社 2011 年版,第 122 页。

② 参见〔日〕盐野宏:《行政法》,杨建顺译,法律出版社 1999 年版,第 114~115 页。

③ 参见吴东镐、徐炳煊:《日本行政法》,中国政法大学出版社 2011 年版,第 123 页。

④ 参见〔韩〕金东熙:《行政法 Ⅰ》(第 9 版),赵峰译,中国人民大学出版社 2008 年版,第 243 页。

政行为无效的，人民法院判决确认无效。”《行政处罚法》（2021 年）第 38 条规定：“行政处罚没有依据或者实施主体不具有行政主体资格的，行政处罚无效。违反法定程序构成重大且明显违法的，行政处罚无效。”可见，我国也是将“重大且明显违法”作为识别与判断行政行为无效的通常标准。前文已述及，德国虽然确立了行政行为无效的“重大且明显违法”通常标准，但并没有对行政行为无效的本质内涵予以明确界定，“重大且明显违法”通常标准之规定尚不够完善。我国台湾地区的行政程序有关规定亦是如此。① 如前所述，行政行为无效的本质内涵，是行政行为具有重大且明显违法的情形，其预设定的法律效果为现行法律所绝对不能承认和容许。立法上缺失对行政行为无效的本质内涵的界定，往往会造成司法实践上行政行为无效认定的困难。鉴于此，在我国未来的《行政程序法》上，笔者建议在立法上对行政行为无效的本质内涵予以明确界定。关于行政行为无效的“重大且明显违法”通常标准问题，立法上可作此规定：“行政行为具有重大且明显违法的情形，其法律效果为法律所不能容许的，行政行为无效。”

（四）通常标准于我国之司法适用

在我国的司法实践中，绝大部分案件以“重大且明显违法”作为判断行政行为无效的通常标准。从我国的司法实践来看，由于“重大且明显违法”之通常标准仍然不够具体明确，不利于人民法院裁判的统一，亟待从法律上对“重大违法”及“明显违法”要件的具体标准予以明确。笔者认为，关于“重大违法”要件，应该从行政行为无效的本质内涵出发，确立“行政行为违法、其法律效果为法律所不能容许”的原则性标准；而对于“明显违法”要件，则采用“外观上一见明显说”较为适宜。

五、行政行为无效判断与识别的根本标准

（一）根本标准之构成要件

到目前为止，“重大违法”作为判断行政行为无效的要件已成为中外学者的共识；但是，“明显违法”是否应该作为判断行政行为无效的一个要件，部分学者持有异议。在《西德行政程序法标准草案》（慕尼黑草案）（1966 年）颁布之前，便已存在行政行为违法的“明显性理论”（Evidenzth-

① 我国台湾地区“行政程序法”（1999 年）第 111 条第 7 款规定，“其他具有重大明显之瑕疵”的行政处分无效。此处行政处分具有“重大明显之瑕疵”，其实就是指行政处分存在“重大且明显违法”情形。由此可见，我国台湾地区“行政程序法”（1999 年）第 111 条确定了行政处分无效的“重大且明显违法”之通常标准，但并未对行政行为无效的本质内涵予以明确界定。

eorie),该理论为行政行为无效的认定提供理论支持。在立法上,《西德行政程序法标准草案》(慕尼黑草案)(1966年)第34条第1款的规定,实际上是以立法形式将行政行为违法的"明显性理论"确定下来,为行政行为的无效确立了重大且明显违法的判断标准。其后,《联邦德国行政程序法》(1992年)第44条第1款及《联邦德国行政程序法》(1997年)第44条第1款均作出了这样的规定。① 自20世纪70年代起,"明显性理论"在德国联邦行政法院中得到持续性适用。当然,"明显性理论"并非被所有学者欣然接受,也有一些学者对该理论提出批评与质疑。② 例如,汉斯·尤利斯·沃尔夫就对"明显性理论"提出过质疑。③ 即使是"明显性理论"的代表人物奥托·巴霍夫也认为,在综合考虑所有的情形之后,只要能确认行政行为存在"重大违法"这一情形就足够了;至于行政行为"重大违法"这一事实能否被普通人识别,并不必要。④ 在日本,行政行为无效的"重大瑕疵说"认为,行政行为存在重大的瑕疵时,行政行为即构成无效。⑤ 刘春博士认为,就行政行为无效的"重大且明显违法"判断标准而言,违法的"重大性"属于严重违法的本质,是行政行为无效的根本所在;而违法的"明显性"则是为了突出严重违法判断的去专业化,降低判断的难度,为公民正确行使抵抗权提供可能。二者作为两个不同的判断要素,共同构成了行政行为严重违法的识别标准。⑥ 但是,"对于行政行为无效的认定,更多的应该从内容上加以判断,至于其违法程度在外观上能否表现出来,表现得明显程度如何,不应当成为决定性的要素加以考量,换句话说,'明显性'的判断要素不应当成为决定严重违法的识别要素,违法的内部要素判断才是根本所在"⑦。据此,违法的"明显性"作为判断行政行为无效的辅助标准,主要是为公民正确行使抵抗权提供指引和服务。就行政行为无效的判断而

① 《西德行政程序法标准草案》(慕尼黑草案)(1966年)第34条第1款规定:"行政行为有特别重大之错误,依其一切足以斟酌之情形,加以合理之判断,可认为公然者,无效。"上述规定可参见应松年主编:《外国行政程序法汇编》,中国法制出版社1999年版,第101、137、180页。

② 参见何源:《德国法中行政行为无效的认定——以〈联邦行政程序法〉第44条为中心》,载《国外社会科学前沿》2020年第3期。

③ Hans Julius Wolff, Die Nichtigkeit von Verwaltungsakten, MDR 1951, S. 523f. 转引自何源:《德国法中行政行为无效的认定——以〈联邦行政程序法〉第44条为中心》,载《国外社会科学前沿》2020年第3期。

④ Otto Bachof, Verwaltungsgerichtsbarkeit und Justiz unter besonderer Berücksichtigung des Bonner Grundgesetzes, SJZ 1950, S. 488ff. 转引自何源:《德国法中行政行为无效的认定——以〈联邦行政程序法〉第44条为中心》,载《国外社会科学前沿》2020年第3期。

⑤ 参见〔日〕南博方:《行政法》(第6版),杨建顺译,中国人民大学出版社2009年版,第54页。

⑥ 参见刘春:《无效行政行为的司法审查》,东南大学2019年博士学位论文,第137页。

⑦ 刘春:《无效行政行为的司法审查》,东南大学2019年博士学位论文,第135页。

言,其违法的“明显性”并不像违法的“重大性”那样具有决定性意义和作用。

因为行政行为的复杂多样及法律问题的专业性,“重大违法”对于一个一般理性的人来说,其违法性有时比较明显,有时可能就不明显;但对于一个法学专家或法官来说,其违法性可能就非常明显。因此,具体案件中对于“重大违法”的行政行为是否属于“明显违法”,就经常会发生争议。此时,依据“重大且明显违法”之通常标准,往往很难判断行政行为是否无效。例如,最高人民法院《关于适用〈中华人民共和国行政诉讼法〉的解释》(法释〔2018〕1号)第99条规定,“减损权利或者增加义务的行政行为没有法律规范依据”的,也属于“重大且明显违法”的情形。这一违法行为是否明显?按照“外观上一见明显说”,对于“明显违法”的情形,具有一般、正常理智的人,均可容易辨别出重大违法的存在。行政机关作出的减损权利或者增加义务的行政行为是否具有法律规范依据,在判断上比较困难和复杂;即使法律专业人士,未经检索、查阅有关法律规定,都不一定能够作出正确的判断,更不要说普通的民众了。是故,减损权利或者增加义务的行政行为没有法律规范依据,并非属于依据一般理性人的合理认识与判断,可以一目了然地对其违法性作出判断的情形。因此,笔者认为,这一行为应该属于“重大违法”而非“重大且明显违法”的情形。如果依据“重大且明显违法”的判断标准,则其属于可撤销的行政行为,而不应该属于无效的行政行为。又如,对于按照工业用地向企业出让的土地,行政机关给企业颁发了商业用地的土地证,这一颁发商业用地土地证的行为是无效行为还是可撤销行为,不同法官可能会有不同的理解。实际上,这一行为严重损害公共利益,依法应该属于无效的行政行为。此时,就需要以“重大违法”而非“重大且明显违法”为标准,确认其为无效的行政行为。再如,某市政府未经合法的审批程序,将农民集体土地上的房产证换发成国有土地上的房产证。换发的国有土地上的房产证是可撤销的行政行为还是无效的行政行为?因为其属于重大违法,其法律效果为法律所不能允许,当然是无效的行政行为。在民法上,民事行为无效制度的存在是基于公共利益的需要以及法律对于契约自由和意思自治予以限制的结果。在行政法上,行政行为无效是法律为行政权力行使所画下的绝对不可逾越的“红线”。如果行政行为存在“重大违法”及其法律效果为法律所绝对不能允许的情形,那么行政行为就应该无效。笔者认为,导致行政行为无效的最根本的原因在于其“重大违法”性,“重大违法”是行政行为无效最为根本的要件,“明显违法”只是识别行政行为无效的辅助要件。行政行为有了

“重大违法”要件，即使没有“明显违法”要件，也可认定为无效。“重大违法”才是导致行政行为无效的根本原因，实践中如果依据“重大且明显违法”之通常标准无法有效判断行政行为是否无效时，则可以“重大违法”要件作为判断行政行为是否无效的根本标准。王贵松教授认为，“鉴于现实的复杂性，应当允许法院在这一判断标准的实质精神的指引下，对并非明显违法的特定行政行为作出无效认定”。①

（二）中外根本标准立法之缺位

行政行为存在“重大违法”及其法律效果为法律所绝对不能允许的，则行政行为无效。这是识别和判断行政行为无效的根本标准。在德国、奥地利、西班牙、日本、韩国的行政程序立法以及我国台湾地区和澳门特别行政区的行政程序有关规定上，均无关于这一根本标准的明确规定。

（三）揭示与发现：立法与司法实践中“隐藏”的根本标准

从德国以及我国关于行政行为无效情形的具体法律规定来看，其中规定的一些无效的行政行为，其违法性并不符合“外观上一见明显说”。但是，这些行政行为违法的严重性却达到了为法律所不能容许的程度，其无效体现的就是行政行为无效的根本标准。例如，超越职权、没有任何法律依据或严重违反法定程序而无效的行政行为等。在“二战”以前的日本，必须是“明显违法”的行政行为，对其确认无效的案件才能在司法法院审理。日本学者盐野宏教授认为，“二战”以后行政法院已被取消，在行政行为无效的判断上再将“明显违法”作为一个要件是不必要的。② 司法实践中，日本最高行政法院也并不总是认可“明显违法”之判断要件，其也曾以不适用“明显违法”要件而判决行政行为无效。③ 在我国，也有一些仅以行政行为“重大违法”为要件判决确认行政行为无效的案例。④ 不过，因为立法上尚未明确规定行政行为无效的“重大违法”根本标准，法官其实是有意或无意地很少适用这一标准。对于一些事实上适用“重大违法”根本标准判决确认行政行为无效的案件，因为根本标准缺乏明确的法律规

① 王贵松：《行政行为无效的认定》，载《法学研究》2018 年第 6 期。

② 参见〔日〕盐野宏：《行政法》，杨建顺译，法律出版社 1999 年版，第 115 页。

③ 参见〔日〕市桥克哉等：《日本现行行政法》，田林等译，法律出版社 2017 年版，第 144～145 页。

④ 参见江苏省高级人民法院行政判决书，（2015）苏行终字第 00780 号；江苏省苏州市吴中区人民法院行政判决书，（2018）苏 0506 行初 1 号。

定，又只好冠以“重大且明显违法”之名予以判决，这种情况还是较为常见的。[1] 因此，在立法与司法实践中实际上还“隐藏”着一个行政行为无效的根本标准。现选取 2 个以“重大违法”根本标准判决确认行政行为无效的代表性案例以供说明(如表 9-2 所示)。

表 9-2　以“重大违法”之根本标准判决确认行政行为无效的案例

案号	案件名称	简要案情	裁判结果
江苏省高级人民法院(2015)苏行终字第 00780 号	黄某某诉江苏省财政厅撤销不予受理行政复议申请决定案	原江苏省国有资产管理局向南京市玄武区人民检察院出函界定某文化中心资产性质为国家资产，后南京市某基层法院将其作为证据之一作出涉黄某某的刑事判决。黄某某向省财政厅申请行政复议，请求撤销原江苏省国有资产管理局所作函件。省财政厅以黄某某提出的行政复议申请已超过法定期限为由，作出不予受理行政复议申请决定。黄某某提起行政诉讼，请求撤销该不予受理决定	原江苏省国有资产管理局出具的函依法并不属于行政复议受理范围，省财政厅将黄某某的申请作为行政复议案件予以受理，以申请已超过法定期限为由作出不予受理行政复议申请决定。常人很难一目了然地发现其违法性，本案不具备“明显违法”要件，法院实际上是依据“重大违法之根本标准”判决确认不予受理行政复议申请决定无效
重庆市长寿区人民法院(2016)渝 0115 行初 29 号	杨某诉重庆市民政局撤销婚姻登记案	2001 年郑某与“杨某”(冒名)在被告处申请了结婚登记并领取了结婚证，提供了登记所需证件和证明。2015 年原告到重庆市北碚区民政局办理结婚登记时，才知其已于 2001 年登记结婚，原告向法院提起诉讼，要求撤销该结婚登记	根据查明的事实，被告于 2001 年作出的结婚登记构成“重大违法”。该案的判决书并未分析和认定该婚姻登记行为是否具备“明显违法”要件，法院实际上是依据“重大违法之根本标准”判决确认该婚姻登记行为无效

[1] 例如，在马某、马某华、吴某诉江苏省宿迁骆马湖旅游度假区管理委员会撤销征收决定案[江苏省高级人民法院行政判决书，(2020)苏行终 498 号]及江苏伟丰建筑安装集团有限公司诉苏州太湖国家旅游度假区住房和城乡建设局请求确认投诉处理决定无效案[江苏省苏州市吴中区人民法院行政判决书，(2018)苏 0506 行初 1 号]两个案件中，行政行为的违法性其实并非常人一目了然地即可看出，“明显违法”要件并不具备，其符合行政行为无效的“重大违法”之根本标准，并不符合行政行为无效的“重大且明显违法”之通常标准。但是，该两案还是以“重大且明显违法”通常标准之名判决确认行政行为无效。

（四）根本标准的法制化及其意义

德国、奥地利、西班牙、日本、韩国的行政程序立法，目前均无关于行政行为无效识别与判断根本标准之法律规定。在我国，台湾地区和澳门特别行政区的行政程序有关规定上也未见相关规定。行政行为无效根本标准与司法实践的实际情况高度契合，二者之间表现出了惊人的一致性，其理论意义与实践价值不言而喻。笔者认为，在我国未来的《行政程序法》上，除应该对识别与判断行政行为无效的“重大且明显违法”之通常标准作出法律规定外，还应该对识别与判断行政行为无效的“重大违法”之根本标准作出明确的法律规定。在某种意义上，因为根本标准在行政行为无效的识别与判断上具有普适性，在立法上对这一标准作出明确的法律规定意义更为重大。具体而言，我国可以学习借鉴《联邦德国行政程序法》（1997 年）的相关条文，对行政行为无效问题作出规定。《联邦德国行政程序法》（1997 年）第 44 条第 1 款规定：“行政行为有特别重大之违法，依其一切足以斟酌之情形，加以合理之判断，可认为公然者，无效。”该条款的内容，其实就是确立了行政行为无效的“重大且明显违法”识别与判断之通常标准。但是，该条款并没有明确界定行政行为无效的本质内涵，即行政行为具有重大且明显违法的情形，其欲设定的法律效果为现行法律所绝对不能承认和容许。因为立法上缺失对行政行为无效本质内涵的界定，往往会造成司法实践上行政行为无效认定的困难。鉴于此，在我国未来的《行政程序法》上，对行政行为无效的“重大且明显违法”通常标准问题可作如此规定：“行政行为具有重大且明显违法的情形，其法律效果为法律所不能容许的，行政行为无效。”《联邦德国行政程序法》（1997 年）第 44 条第 2 款明确列举了几种行政行为无效的法定情形，我国也可以学习这一做法，将行政行为无效的若干法定情形通过列举的方法明确予以规定。《联邦德国行政程序法》（1997 年）第 44 条第 3 款列举了行政行为并不当然无效的几种情形，其是从反面列举并不必然导致行政行为无效的具体情形，即行政行为无效的消极范围。我国也可以这样，在立法上从反面列举并不必然导致行政行为无效的具体情形。前文已述及，《联邦德国行政程序法》（1997 年）并无行政行为无效“重大违法”识别与判断根本标准之规定。与法国、德国、日本等国家的情况不同，我国是一个成文法国家，目前尚未建立判例法制度。将中外司法裁判中实际存在的行政行为无效“重大违法”之根本标准在我国通过立法的形式予以法制化，无疑具有非常重要的现实意义。笔者建议，关于行政行为无效识别与判断“重大违法”之根本标准，我国

《行政程序法》可作如此规定："除第×条及第×条规定的情形外，行政行为构成重大违法，其法律效果为法律所不能容许的，行政行为亦为无效。"

第二节　行政行为之有效

一、行政行为合法与有效

行政行为合法，是指行政行为在形式上或实质上符合法律要求的状态，体现了行政行为与现行法律规范、法律原则或法律精神的一致性。行政行为的合法有形式合法性与实质合法性之分。所谓形式合法性，是指行政行为从外在形式上符合法律的要求，不存在导致行政行为无效的重大且明显违法的情形。行政行为的形式合法性要件包括两方面内容：一是行政行为已经成立，这是形式合法性的肯定性要件；二是已经成立的行政行为并非无效，不存在重大且明显违法的情形，这是行政行为形式合法性的否定性要件。所谓实质合法性，是指行政行为从实质内容上符合法律的要求。从实质合法性的要件来说，实质合法性又有一般要件与特别要件之分。实质合法性的一般要件，是指行政行为的主体、权限、内容、程序和形式均符合法律规定而没有违法之处。实质合法性的特别要件，是指行政行为虽然违法（无效的行政行为除外），但在实质内容上具有正当性，符合法的原则、精神或要求，为法律所承认和保护。因此，实质合法性的特别要件包括两方面内容：一是行政行为具有某些方面的违法性（无效的行政行为除外）；二是行政行为在实质内容上具有正当性，符合法的原则、精神或要求，为法律所承认和保护。符合实质合法性特别要件的行政行为主要有如下几种不同的情形：

（1）行政行为具有轻微违法，但经过补正的；

（2）行政行为具有轻微违法但不能补正，不影响相对人合法权益的；

（3）违法的行政行为已依法转化为合法有效的行政行为的；

（4）违法的行政行为已经被追认为合法有效的；

（5）行政行为违法，但撤销对公益有重大危害的。

在汉语中，"有效"与"无效"相对存在，"有效"即"有法律约束力"。行政行为的有效，是指行政行为具有法律约束力，行政行为所追求的法律效果为法律所承认和保护。行政行为合法，则行政行为必然有效，但有效的行政行为却并不一定是合法的，也就是说，行政行为有效并不意味着行政行为当然合法。首先，合法的行政行为能够产生形式效力；其次，经过司法程序的审查,合法的行政行为也必然能够产生实质效力。违法程度较轻的一般或轻微违法行政行为能够产生形式效力,经过司法程序的审查,其还可能会产生实质效力。行政行为成立以后,法律是否承认行政主体追求的效果意思,这是一个价值判断问题。法律虽然赋予行政主体设定一定权利义务的自由,但这种自由也必须限制在法律许可的范围内,不得违反法律的强制性规定,不得损害国家及社会公共利益。行政行为有效,是法律对行政法主体意思自治范围和限度的规范和确认,反映的是行政主体追求的法律效果受到了法律的承认和保护。行政行为有效的对立面是行政行为无效,这也是法律对行政法主体意思自治范围和限度的规范和确认,只不过反映的是法律对行政主体追求的法律效果的禁止,即法律禁止行政主体设定某项权利义务。

二、行政行为形式效力之有效

因为行政行为的效力有形式效力与实质效力之分,故行政行为的有效亦有形式效力之有效与实质效力之有效之别。形式效力之有效,是指行政行为在形式合法性基础上的有效,即“形式有效性”。形式效力之有效,是行政行为的各项形式效力(形式存续力、形式拘束力及形式强制力)生效的前提而非相反。由于行政行为的形式效力具有相对性,相对人可以通过提起行政复议或诉讼而否定行政行为的形式效力。行政行为成立之后,其形式效力非因行政复议或行政诉讼等法定程序而被否定的,将一直持续下去。根据《西德行政程序法标准草案》(慕尼黑草案)(1966 年)的相关规定,该法采用的是行政行为有限形式效力制度。[①] 其后,《联邦德国行政程序法》(1992 年)第 43 条、《联邦德国行政程序法》(1997 年)第 43 条均作出了几乎相同的规定。[②]《葡萄牙行政程序法典》(1996 年)第 127 条第 1 款规定:“行政行为自作出之日起产生法律效果,即法律效力。”《葡萄牙行政程序法典》(1996 年)第 133、134 条对行政行为的无效制度也作出了规定。[③] 德国、葡萄牙行政程序法规定的行政行为有效,其实就是指行政行为形式效力的有效。

---

① 《西德行政程序法标准草案》(慕尼黑草案)(1966 年)第 33 条(行政处分之效力)规定:“一、行政处分,对其内容所指定之人及其有关之人接到通知时起发生效力;二、行政处分如未被撤销、废止或以其他方法废除,亦未因时间之经过或其他方法终结者,保持其效力;三、无效的行政处分不发生效力。”显然,该法第 33 条规定的行政处分的效力,其实就是行政行为的形式效力。

② 参见应松年主编:《外国行政程序法汇编》,中国法制出版社 1999 年版,第 101、137、179 页。

③ 参见应松年主编:《外国行政程序法汇编》,中国法制出版社 1999 年版,第 508 页。

在我国，台湾地区“行政程序法”（1999年）的相关规定采用的也是行政处分的有限形式效力制度。[①] 就我国而言，以下三种情形的行政行为有效均属于形式效力的有效：

第一，行政行为（无效的行政行为除外）成立以后，未经行政复议、行政诉讼或立法机关审查的行政行为有效，均属于形式效力的有效。《行政许可法》（2019年）第41条规定：“法律、行政法规设定的行政许可，其适用范围没有地域限制的，申请人取得的行政许可在全国范围内有效。”此处的“有效”，就是指行政行为形式效力的有效。此外，某些程序上存在轻微违法的行政行为，经过补正之后的有效；某些一般性违法行政行为，行政机关根据利益衡量原则通过追认、转换等方式使其有效的，也属于形式效力之有效的范畴。需要指出的是，提起行政复议或行政诉讼的起诉期限届满，相对人没有提起行政复议或行政诉讼的，行政行为仍然处于形式效力阶段，而非自然转化为实质效力。所不同的是，提起行政复议或行政诉讼的起诉期限届满，行政行为的形式效力（形式有效性）得以进一步巩固和强化。学界所谓的随着行政复议或诉讼起诉期限届满而产生的不可争力，[②]其实并非行政行为的一项新的效力内容，而只是行政行为的形式存续力得以进一步稳定和强化而已。

第二，经过行政复议的有效。行政行为经过行政复议被认为是有效的，此处的“有效”仍然属于形式效力的有效。在理论上，唯有司法机关通过司法程序才能对行政行为的实质合法性及实质效力作出判断，行政机关通过行政复议认定行政行为有效的，此有效仍然只能属于行政行为形式效力之有效的范畴。

第三，经立法机关审查后的有效。行政行为（行政法规、规章）经过立法机关的审查被认为是有效的，此处的“有效”仍然属于形式效力的有效。同理，唯有司法机关通过司法程序才能对行政行为的实质合法性及实质效力作出判断。立法机关对行政行为作合法“有效”的认定，其有效也仍然只能属于行政行为形式效力之有效的范畴。

---

① 我国台湾地区“行政程序法”（1999年）第110条明确规定：“书面之行政处分自送达相对人及已知之利害关系人起；书面以外之行政处分自以其他适当方法通知或使其知悉时起，依送达、通知或使知悉之内容对其发生效力……行政处分未经撤销、废止，或未因其他事由而失效者，其效力继续存在。无效之行政处分自始不生效力。”

② 参见〔日〕盐野宏：《行政法》，杨建顺译，法律出版社1999年版，第100~102页；章志远：《行政行为效力论》，中国人事出版社2003年版，第52页；杨小君主编：《行政法基础理论研究——利益·权利·法律适用》，西安交通大学出版社2000年版，第161~163页；李琦：《行政行为效力新论——行政过程论的研究进路》，中国政法大学2005年博士学位论文，第129页。

三、行政行为实质效力之有效

实质效力之有效，是指行政行为在实质合法性基础上的有效，即实质有效性。在理论上，行政行为首先可以分为合法行为与违法行为。合法行为依法产生形式效力；经过司法程序的审查，其也必然能够产生实质效力。对合法的行政行为来说，经过司法程序的审查，司法评价的结果必然是具有实质合法性及实质效力。由于合法的行政行为必然具有实质合法性及实质效力，故立法上一般无须对此作出特别的规定。从立法技术上考虑，法律对违法行政行为的实质合法性及实质效力问题作出规定即可。关于违法行政行为实质合法性的判断问题，其实是相当困难和复杂的，有的违法行政行为并不具有实质合法性，必须依法予以撤销或变更；有的行政行为虽然违法，但具有实质合法性，不能撤销或变更。因为行政行为违法的内容及程度各异，究竟哪些违法行政行为应该具有实质合法性？哪些违法行政行为又不应该具有实质合法性？前文已述及，从合法性要件上来说，行政行为实质合法性要件有一般要件与特别要件之分。实质合法性的一般要件，是指行政行为的主体、权限、内容、程序和形式符合法律的规定而没有任何违法。实质合法性的特别要件，是指行政行为虽然违法（无效的行政行为除外），但在实质内容上具有正当性，符合法律的原则、精神或要求，为法律所承认和保护。为此，法律针对不同的情形，对违法行政行为具有实质合法性的一些具体情形作出规定是非常必要的。例如，对于存在重大且明显违法情形的行政行为，在理论及立法实践上，应该将其归属于无效行政行为的范畴，其既不具有形式合法性要件，当然更不会具备实质合法性要件。① 其他的一些虽然违法但具有实质合法性的行政行为，主要有如下几种不同的情形：

第一，行政行为具有轻微违法的情形，但经过补正的，法律上承认其实质合法性。关于轻微违法行政行为的补正问题，很多国家或地区的行政程序法均有相应规定。例如，《联邦德国行政程序法》（1997 年）第 45、46 条分别对行政行为的补正及其效力问题作出了规定。其中，第 45 条规定，事后提交行政行为所需申请的、事后提出需要说明的理由的及事后补作对参

---

① 例如，我国台湾地区“行政程序法”（1999 年）第 111 条规定：“行政处分有下列各款情形之一者，无效：一、不能由书面处分中得知处分机关者。二、应以证书方式作成而未给予证书者。三、内容对任何人均属不能实现者。四、所要求或许可之行为构成犯罪者。五、内容违背公共秩序、善良风俗者。六、未经授权而违背法规有关专属管辖之规定或缺乏事务权限者。七、其他具有重大明显之瑕疵者。”

与人的听证等,均视为补正。① 此外,我国台湾地区“行政程序法”(1999年)第114条也对违反程序或方式规定之行政处分的补正作出了非常详细的规定。②

第二,行政行为轻微违法但不影响当事人合法权益,可以对其确认违法而不予撤销,法律上亦承认其实质合法性。我国《行政诉讼法》(2017年)第74条第1款第2项的规定即是如此。③ 我国台湾地区“行政程序法”(1999年)第117条也对违法但不得撤销的情形作出了规定。④

第三,违法的行政行为已经依法转化为合法有效的行政行为,法律上承认其实质合法性。⑤

第四,行政行为已经被追认为合法有效的,法律上承认其实质合法性。例如,对于行政机关无权作出的违法行政行为,有权作出这一行政行为的行政机关可以对其进行追认,以使其合法有效。例如,《西班牙行政程序法》(1958年)第53条对行政行为的追认作出了明确规定⑥。在我国,依据台湾地区“行政程序法”(1999年)第115条的规定,违反土地管辖的行政行为,可以通过有权机关追认转换为有管辖权的行政机关的行政行为。《澳门行政程序法典》(1999年)第118条也对行政行为的追认作出明确规定。

第五,行政行为违法,但撤销对公共利益有重大危害的,可以确认违法而不予撤销的,法律上承认其实质合法性。我国《行政诉讼法》(2017年)第74条第1款第1项的规定即是如此。⑦

---

① 参见应松年主编:《外国行政程序法汇编》,中国法制出版社1999年版,第181页。

② 我国台湾地区“行政程序法”(1999年)第114条第1项规定:“违反程序或方式规定之行政处分,除依第一百十一条规定而无效者外,因下列情形而补正:一、须经申请始得作成之行政处分,当事人已于事后提出者。二、必须记明之理由已于事后记明者。三、应给予当事人陈述意见之机会已于事后给予者。四、应参与行政处分作成之委员会已于事后作成决议者。五、应参与行政处分作成之其他机关已于事后参与者。”

③ 依据我国《行政诉讼法》(2017年)第74条第1款第2项的规定,行政行为程序轻微违法,但对原告权利不产生实际影响的,人民法院判决确认违法,但不撤销行政行为。

④ 我国台湾地区“行政程序法”(1999年)第117条规定:“违法行政处分于法定救济期间经过后,原处分机关得依职权为全部或一部之撤销;其上级机关,亦得为之。但有下列各款情形之一者,不得撤销:一、撤销对公益有重大危害者。二、受益人无第一百十九条所列信赖不值得保护之情形,而信赖授予利益之行政处分,其信赖利益显大于撤销所欲维护之公益者。”

⑤ 例如,我国台湾地区“行政程序法”(1999年)第116条第1项规定:“行政机关得将违法行政处分转换为与原处分具有相同实质及程序要件之其他行政处分。但有下列各款情形之一者,不得转换:一、违法行政处分,依第一百十七条但书规定,不得撤销者。二、转换不符作成原行政处分之目的者。三、转换法律效果对当事人更为不利者。”

⑥ 参见应松年主编:《外国行政程序法汇编》,中国法制出版社1999年版,第248页。

⑦ 我国《行政诉讼法》(2017年)第74条第1款第1项规定,行政行为依法应当撤销,但撤销会给国家利益、社会公共利益造成重大损害的,人民法院判决确认违法,但不撤销行政行为。

行政行为只有具有实质合法性,才能产生实质效力。实质效力之有效的构成要件,也有一般要件与特别要件之分。实质效力之有效的一般要件,是指行政行为没有任何违法,完全符合法律规定和要求而产生实质效力的必要条件,包括两个方面的内容:(1)行政行为的主体、权限、内容、程序和形式符合法律的规定而没有违法之处;(2)经过司法程序的审查与确认,行政行为实质合法有效。实质效力之有效的特别要件,是指行政行为虽然违反了法律的规定(无效的行政行为除外),但其实质上具有合法性而产生实质效力的必要条件,包括三个方面的内容:(1)行政行为具有某些方面的违法性(无效的行政行为除外);(2)行政行为的内容具有正当性;(3)经过司法程序的审查与确认,行政行为实质合法有效。可见,实质效力之有效要件的一般要件与特别要件,其实就是行政行为实质合法性的一般要件与特别要件,再加上司法程序的审查和确认这一条件。实质效力的有效是行政行为的各项实质效力(实质存续力、实质拘束力及实质强制力)生效的前提;只有行政行为实质有效,其各项实质效力(实质存续力、实质拘束力及实质强制力)才可能生效。

行政程序法虽然可以对违法行政行为的实质合法性及实质效力的实体条件作出规定,但行政行为实质合法性及实质效力的判断权却在司法机关。从理论上来说,唯有司法机关经过司法程序的审查,方能对行政行为的实质合法性及实质效力作出判断。只有经过司法程序的审查和确认,行政行为的实质合法性才能从"应然"走向"实然"。违法行政行为的实质合法性及实质效力的法律评价是一个非常复杂的问题,在很多时候,司法机关对于违法行政行为的实质合法性及实质效力的判断,往往只能通过利益衡量的办法作出。在违法行政行为的实质合法性及实质效力的判断上,利益衡量的裁判方法发挥着极为重要的作用。对违法行政行为实质合法性及实质效力的承认,并不意味着对该违法行政行为的肯定和鼓励,而只是从公共利益方面予以考虑和衡量的结果,是司法不得已而为之的选择。

第三节　行政行为之生效

一、行政行为的成立与生效

行政行为的成立,是指行政行为事实上的存在,即行政行为已经确定并外化为人们可以认知的状态。行政行为成立的关键因素在于行政权力的行使,如果没有行政权力的行使,则不会有行政行为的存在。所谓行政行为的成立要件，就是指某一个行为构成行政行为所必须具备的条件。行政行为的成立是一个事实判断问题，只要某一行为符合行政行为的构成要件，该行为便成为一个行政行为。行政行为的成立要件是划分行政行为与非行政行为的依据，其主要包括如下几个方面的内容：

（1）行为主体具备行政权能，即行为主体具有行使行政权力的资格和能力。简言之，行为的主体必须是行政主体。

（2）行为存在行政权力的实际运用，即该行为必须是行使行政权力的行为，行政权力构成了行政行为最为本质的内核。

（3）行为具有法律意义，能够对外产生法律效果或法律后果。

（4）行为必须通过一定的方式表现出来，能够为人们所认知。

行政行为的生效，是指行政行为在符合法定条件时，其依法产生法律效力（形式效力或实质效力）。行政行为一经成立（除存在重大且明显违法情形的行政行为以外）便能够基于形式合法性而依法产生形式效力，此即行政行为形式效力的生效。在理论上，行政行为的生效应该包括形式效力的生效与实质效力的生效。通常情况下，人们所谓的行政行为的“生效”，大多是指行政行为依法产生形式效力。行政行为的生效不同于行政行为的成立，行政行为的生效必须以行政行为的成立为前提，如果一个行政行为尚未成立，那就谈不上行政行为生效的问题。行政行为的成立是行政行为生效的前提，但行政行为的成立却未必导致行政行为的生效。行政行为的生效体现为行政主体实现了其所意欲的法律效果及现实法律关系的改变，其既是一个事实判断问题，也是一个法律判断问题。与行政行为的“生效”相对的是行政行为的“不生效”，即行政行为因欠缺生效要件而不能生效。例如，对于存在重大且明显违法情形的行政行为而言，因其缺少必备的生效要件而不能产生形式效力，最后当然也不能产生实质效力。又如，附期限或附条件生效的行政行为，在所附期限没有到来或所附条件没有成就之前，其存续力已经生效，但其拘束力却不能生效。准确地说，除无效的行政行为之外，行政行为一经成立就会生效，至少是形式存续力开始生效；对于附期限或附条件生效的行政行为，在所附期限到来或所附条件成就时，其形式拘束力亦开始生效。因此，在理论上区分行政行为的成立与生效还是非常有意义的，而并非如某些学者所说的二者的区分没有实质意义。①

---

① 参见赵宏：《法治国下的目的性创设——德国行政行为理论与制度实践研究》，法律出版社2012年版，第132~133页。

二、行政行为有效与生效

行政行为有效,意味着行政行为设定的法律效果为法律所认可,其因而具有法律上的约束力。如果一个行政行为无效的话,那么该行政行为也就因缺乏必备的生效要件而无法生效。因此,行政行为有效乃是行政行为生效的必要前提。正因如此,行政行为的有效构成了介于行政行为成立与生效之间的一个独立的效力形态。行政行为有效系行政行为生效的必要前提,然而,这一点在成立即生效的行政行为那里却难以被发现,因为行政行为成立时即生效,行政行为的“生效”遮盖了“有效”;但是,在成立却并不立即生效的行政行为那里,此时,因为行政行为成立与生效的非同步性,行政行为有效乃是行政行为生效的必要前提就表现得非常明显。例如,附条件生效的行政行为在依法成立后,因为行政行为有效,在生效条件成就时,则该行政行为因为其内容而产生的效力(拘束力)生效;在生效条件不成就时,则该行政行为因为其内容而产生的效力(拘束力)不生效。如果行政行为本身无效,即使约定的生效条件已经成就,行政行为还是无法生效。可见,行政行为的生效必须以行政行为的有效为基础和前提。那种认为行政行为生效后才能有效的观点其实是错误的,认为形式效力的生效要件与有效要件相同的观点也是错误的。因此,从理论上明确回答行政行为“生效”与“有效”之间的关系非常必要。总之,行政行为有效系指行政行为具有法律上的约束力,而行政行为生效则是指在行政行为有效的基础上依法产生法律效力。行政行为有效乃行政行为生效的必要前提,是先有行政行为的有效,然后才有行政行为的生效,而不是相反。

三、行政行为形式效力之生效

由于行政行为的效力有形式效力与实质效力之分,故行政行为的生效也有形式效力之生效与实质效力之生效的区别。形式效力之生效,是指行政行为依法产生形式效力。形式效力的生效要件,是指行政行为产生形式效力的必要条件。前文已述及,形式效力的产生必然要以行政行为成立为基础和前提,故形式效力的生效要件乃行政行为成立要件的后续要件。形式效力的生效要件包括肯定性要件和否定性要件两个方面。形式效力要件之肯定性要件,就是行政行为的成立;形式效力要件之否定性要件,就是行政行为并不存在重大且明显违法的情形,并非属于无效的行政行为。[①]对于符合形式效力要件的行政行为,其依法产生形式效力;对于不具备形式效力要件的行政行为,则其依法不产生形式效力。行政行为的形式效力一般没有溯及力;只有在特定的情况下,其才会具有溯及力。一般而言,行政行为具有溯及力需要具备三个方面的条件:(1)行政相对人有预见行政行为溯及力的可能性;(2)行政行为溯及力不侵害第三人的权益;(3)行政行为的溯及力具有可能性。[②]

行政行为的形式效力具体表现为存续力、拘束力及强制力,以形式存续力、形式拘束力及形式强制力的形态而存在。但是,对于无效的行政行为而言,其自然没有形式存续力、形式拘束力和形式强制力;对于属于形式效力之有效的行政行为而言,其形式存续力、形式拘束力及形式强制力产生的时间、条件和顺序不同,故三者一般不会同时产生。对于某些行政行为而言,行政行为一经成立,就会产生形式存续力与形式拘束力,即形式存续力、形式拘束力同时生效;在法定的条件下,最后才会产生形式强制力。例如,根据我国《专利法》(2020 年)第 39 条的规定,[③]随着授予发明专利的行政行为的成立,形式存续力与形式拘束力同时生效。在形式存续力与形式拘束力之后,才会产生形式强制力的生效问题。对于某些行政行为而言,首先是其形式存续力的生效,其次是其形式拘束力的生效,最后才是其形式强制力的生效。例如,行政处罚决定的形式存续力对作出它的行政机关首先生效,其次其形式拘束力对行政相对人生效。在行政相对人拒不履行行政行为义务,且经过催告等法定程序后,行政行为的形式强制力开始生效。又如,根据我国《行政强制法》(2011 年)第 34 条的规定,当事人在行政机关决定的期限内不履行义务的,形式强制力才对相对人等开始生效。[④] 可见,在形式存续力、形式拘束力和形式强制力三种效力中,形式强制力最后才对相对人生效。对于附期限或附条件的行政行为而言,首先是行政行为形式存续力的生效,当所附条件满足或所附期限到来时,才能对

---

① 笼统地讨论行政行为形式效力的生效要件,可以认为就包括这两个条件;但如果具体到行政行为对相对人等的生效,其实还需要一个送达条件,即需要相对人知道或应当知道行政行为这一条件。

② 参见程明修:《行政处分之溯及力》,载《台湾法学杂志》第 128 期(2009 年)。

③ 我国《专利法》(2020 年)第 39 条规定:"发明专利申请经实质审查没有发现驳回理由的,由国务院专利行政部门作出授予发明专利权的决定,发给发明专利证书,同时予以登记和公告。发明专利权自公告之日起生效。"

④ 我国《行政强制法》(2011 年)第 34 条规定:"行政机关依法作出行政决定后,当事人在行政机关决定的期限内不履行义务的,具有行政强制执行权的行政机关依照本章规定强制执行。"

相对人产生形式拘束力。[①] 在形式存续力与形式拘束力之后，才会产生形式强制力的生效问题。在极个别的情形下，形式存续力、形式拘束力与形式强制力会同时生效，即时强制措施这一行政行为就是如此。

即使是对行政行为的某一项具体的形式效力（形式存续力、形式拘束力或形式强制力）而言，对于不同的法律义务主体，其生效的时间和条件也有所不同。例如，就形式存续力而言，行政行为一经成立，其对于作出这一行政行为的行政主体就立即生效了。行政行为作出或行政行为成立之时，也是其对作出它的行政机关产生形式存续力之时。行政行为对作出它的行政主体产生的形式存续力，被称为行政行为的“自缚力”。自缚力的概念源自民事诉讼判决的效力理论，其含义是判决一经宣示，作出该判决的法院就应当受其拘束，不得任意将宣示的判决自行撤销或变更。[②] 在行政行为作出而未向相对人送达之时，具有自缚力的行政行为毕竟还没有对行政相对人生效，故行政主体对其可以依法予以更正甚至撤回，但不能随意撤销、变更或废止。可见，对作出行政行为的行政机关来说，行政行为的成立时间与形式存续力的生效时间是一致的。对于其他行政机关或司法机关来说，行政行为的形式存续力何时生效？是自行政行为成立时生效，还是自其他行政机关或司法机关知悉或应当知悉该行政行为时生效？笔者认为，形式存续力的目的与功能就在于保障行政行为持续、合法地存在。在其他行政机关或司法机关尚不知悉或不应当知悉时就要求其受行政行为形式存续力的约束，似乎不太合乎情理。因此，对于其他行政机关或司法机关来说，行政行为的形式存续力应自其知悉或应当知悉该行政行为时生效较为合理。又如，就形式拘束力而言，行政行为对作出它的行政主体、其他行政主体、司法机关及相对人、其他利害关系人的生效时间和条件，显然也有所不同。当前，学界关于形式拘束力的生效，主要研究其何时对相对人产生形式拘束力。形式拘束力对于相对人的生效又有多种情况：一是自告知之时生效；二是自所附条件成就或所附期限到来之时生效；三

① 例如，我国《商标法》（2019年）第36条第1款规定：“法定期限届满，当事人对商标局做出的驳回申请决定、不予注册决定不申请复审或者对商标评审委员会做出的复审决定不向人民法院起诉的，驳回申请决定、不予注册决定或者复审决定生效。”第46条规定：“法定期限届满，当事人对商标局宣告注册商标无效的决定不申请复审或者对商标评审委员会的复审决定、维持注册商标或者宣告注册商标无效的裁定不向人民法院起诉的，商标局的决定或者商标评审委员会的复审决定、裁定生效。”第55条第1款规定：“法定期限届满，当事人对商标局做出的撤销注册商标的决定不申请复审或者对商标评审委员会做出的复审决定不向人民法院起诉的，撤销注册商标的决定、复审决定生效。”

② 参见江伟主编：《民事诉讼法学原理》，中国人民大学出版社1999年版，第282页。

是即时生效。行政行为对其他行政主体、法院或立法机关的生效，也应该自其知悉或应该知悉该行政行为时开始生效。再如，就形式强制力而言，行政行为对作出它的行政主体、其他行政主体、司法机关及相对人生效的时间和条件也各不相同。对于相对人来说，法定的行政复议或行政诉讼救济期满之后，其未提起行政复议或行政诉讼，又不履行行政行为义务的，在法定的情形下，行政行为的形式强制力开始生效。① 行政行为对作出它的行政主体、其他行政主体、司法机关来说，一般不存在形式强制力的生效问题。但是，如果作出行政行为的行政主体不履行行政行为义务，相对人可以提起行政复议，根据行政复议决定对作出行政行为的行政主体实施强制执行的，则属于形式强制力对行政主体开始生效。当然，这只是纯理论的分析，实践中一般不会出现这种情况。如果行政主体不履行其作出的行政行为设定的义务，相对人提起行政诉讼，行政裁判对作出行政行为的行政主体实施强制执行的，则其属于行政行为实质强制力的生效问题，而并非行政行为形式强制力的生效问题。

如上分析，行政行为形式效力的生效问题其实具有一定的复杂性。行政行为的形式效力并非一项具体的效力内容，而是对行政行为形式存续力、形式拘束力及形式强制力的概括与统称，故笼统地研究和讨论形式效力的生效问题其实非常困难，也没有太大的实际意义。形式存续力、形式拘束力及形式强制力生效的时间和条件，随着约束对象的不同也各不相同，故研究和讨论形式效力的生效问题，就必须具体到是形式存续力、形式拘束力及形式强制力中的哪一个效力的生效，对哪一个约束对象生效，这样生效的时间、条件方能具体确定。下面通过一个案例，说明行政行为形式效力的生效问题。

【案例 9-1】2013 年 4 月至 11 月，原告某食品公司在其使用的位于甘肃省兰州市榆中县定远村东社的国有土地上修建了一幢 3 层楼房。被告兰州高新区城管执法分局在执法巡查中，发现原告在修建时未取得建设工程规划许可证，其行为违反了《城乡规划法》的相关规定。2015 年 8 月 31 日，被告作出（兰高榆）城管（规划）字〔2015〕5 号责令改正通知书（以下简称责令改正通知书），责令原告限期拆除该建筑物并恢复原状。原告未在限定期限内拆除该建筑物，被告于 2015 年 9 月 2 日作出兰城高榆强催字〔2015〕第 5 号强制拆除公告，限原告在公告之日起 3 日内自行拆除。原告

① 我国《行政强制法》（2011 年）第 34 条规定："行政机关依法作出行政决定后，当事人在行政机关决定的期限内不履行义务的，具有行政强制执行权的行政机关依照本章规定强制执行。"

仍未拆除,被告于2015年9月25日作出兰城高榆强字〔2015〕第5号行政强制执行决定书,决定对原告建筑物进行强制拆除。原告不服该决定,提起行政诉讼要求撤销行政强制执行决定书。①

该案中,自被告兰州高新区城管执法分局于2015年8月31日作出责令改正通知书之时起,如果责令改正通知书并不存在重大且明显违法的情形,即不属于无效行政行为的,则责令改正通知书就是有效的,其具有形式效力。责令改正通知书的形式效力首先表现为形式存续力,其中,责令改正通知书对兰州高新区城管执法分局的形式存续力从2015年8月31日其作出责令改正通知书之时开始产生。对于行政相对人、其他行政机关、司法机关来说,责令改正通知书的形式存续力自其知道或应当知道之日开始生效。就责令改正通知书的形式拘束力来说,自其送达之日起,对行政相对人生效;对于其他行政机关、司法机关来说,责令改正通知书的形式拘束力自其知道或应当知道之日开始生效。在该案中,责令改正通知书的形式强制力,在原告未在限定期限内拆除楼房及满足其他强制执行条件时生效。兰州高新区城管执法分局作出行政强制执行决定时,就意味着责令改正通知书的形式强制力已经生效。从上述分析可以看出,行政行为的形式存续力、形式拘束力及形式强制力生效的对象是不同的,故其生效的时间和条件也就有所不同。

四、行政行为实质效力之生效

学界目前所研究的行政行为生效,一般仅指行政行为形式效力的生效,即行政行为符合法定条件时依法产生形式效力。其实,除了行政行为形式效力的生效,还有行政行为实质效力的生效问题。行政行为的实质效力,是指经过司法程序的审查,行政行为基于其实质合法性而依法产生的法律效力,具有法定性、司法程序性、实质性、绝对性、一般性之特征。显然,行政行为实质效力生效的时间和条件与形式效力有所不同。行政行为实质效力的产生必然以司法机关对行政行为实质合法性的确认为基础,故实质效力之生效要件,就是行政行为实质合法性要件(一般要件或特别要件),再加上司法程序的审查和确认这一条件即可。

行政行为的实质效力,必然且只能随着司法裁判的生效而产生。行政行为的实质效力(实质有效性)属于反映和揭示行政行为效力之普遍性的

① 参见某食品公司诉兰州高新区城管执法分局房屋行政强制执行案,甘肃省高级人民法院(2016)甘行终377号行政判决书。

概念,而并非行政行为的一种具体的效力内容。在不同的条件下,其具体表现为存续力、拘束力及强制力,以实质存续力、实质拘束力及实质强制力形态而存在。就实质效力的生效而言,实质存续力、实质拘束力及实质强制力生效的时间和条件又有所不同。因此,实质效力的生效要件也不适合笼统地予以讨论,而只能具体到实质存续力、实质拘束力及实质强制力生效予以讨论。对于行政行为实质效力的生效,首先当然是实质存续力生效。通过司法程序对行政行为的实质合法性审查之后,如果行政行为实质合法有效,则司法裁判生效之时便是行政行为实质存续力发生之时。通常而言,实质存续力生效在前,实质拘束力生效在后,最后才是实质强制力开始生效。司法裁判生效之后,立即产生实质存续力;在产生实质存续力之时,实质拘束力也可能同时产生,但一般不会立即产生实质强制力。这是因为,司法裁判对行政行为的强制执行是需要法定条件的,只有符合法定的条件,实质强制力才能产生。是故,实质效力的有效要件与生效要件在构成内容上还是有所差异的。

行政行为的同一项实质效力,如实质存续力、实质拘束力或实质强制力,对于不同的义务主体,其生效的时间和条件也会有所不同。例如,就实质存续力而言,司法裁判一经作出就对作出这一司法裁判的司法机关立即生效了。而对其他行政机关或司法机关来说,该司法裁判实质存续力应该自其知悉或应当知悉时生效。可见,对作出司法裁判的司法机关来说,司法裁判的作出时间与实质存续力生效时间是一致的;而对其他行政主体和司法机关而言,实质存续力的生效则并非如此。又如,就实质拘束力而言,其对作出它的司法机关、行政主体、相对人及其他利害关系人生效的时间和条件,显然也有所不同。学界当前研究的行政行为拘束力,主要研究的是其何时对相对人产生形式拘束力。其实,行政行为的实质拘束力问题也应该成为重要的研究内容。实质拘束力对相对人的生效,应该是在司法裁判文书送达之后,随着司法裁判文书的生效而生效。因此,实质拘束力的生效在时间、条件和方式上与形式拘束力的生效存在一定的差别。再如,就实质强制力而言,其主要针对的是行政相对人和作出行政行为的原行政机关。行政行为对作出它的行政机关以外的其他行政机关、司法机关,其实均会有实质强制力的存在,但一般不存在实质强制执行力的问题。对行政相对人和作出行政行为的原行政主体来说,实质强制力生效的时间和条件存在的差别更是非常之大。行政行为被人民法院裁定不予执行的,则其并未依法产生实质强制力。① 实质效力生效之后,除非实质效力因故被否定或其设定的义务得以履行,否则实质效力将一直持续下去。下面通过一个案例,说明行政行为实质效力的生效问题。

【案例 9-2】睢宁县市场监督管理局于 2016 年 12 月 20 日接群众对冯某涉嫌违法生产食品等行为的举报,决定立案查处,开展了询问、检验等调查,并进行了听证,认定冯某实施了未经登记从事食品生产加工活动及生产经营超范围使用食品添加剂的行为,于 2017 年 3 月 31 日作出睢市监案(2017)3032 号行政处罚决定,依据《江苏省食品小作坊和食品摊贩管理条例》(2016 年)第 41、42 条及《行政处罚法》(2009 年)第 23 条的规定,给予冯某没收"同乐牌食用香精"240 瓶、无标识桶装油 33 桶、无标识瓶装油 912 瓶、无标识原料油 2 桶并处罚款 50,000 元的处罚,制作行政处罚决定书并送达冯某。冯某不服上述行政处罚决定,向睢宁县人民政府申请行政复议。睢宁县人民政府于 5 月 31 日作出(2017)睢行复第 15 号行政复议决定,决定维持睢宁县市场监督管理局于 2017 年 3 月 31 日作出的睢市监案(2017)3032 号行政处罚决定,并送达冯某、睢宁县市场监督管理局。冯某提起行政诉讼,请求撤销睢宁县市场监督管理局的行政处罚决定及睢宁县人民政府的行政复议决定。徐州铁路运输法院一审判决以行政处罚决定及行政复议决定合法为由驳回了冯某的诉讼请求;江苏省徐州市中级人民法院二审判决驳回上诉,维持原判。②

该案中,自睢宁县市场监督管理局于 2017 年 3 月 31 日作出行政处罚决定之时起,如果行政处罚决定并不存在重大且明显违法的情形,即不属于无效行政行为的,则行政处罚决定有效,此时其具有形式效力。行政处罚决定的形式效力首先表现为形式存续力,其中,行政处罚决定对睢宁县市场监督管理局的形式存续力,从 2017 年 3 月 31 日其作出行政处罚决定之时开始产生。对行政相对人、其他行政机关、司法机关来说,行政处罚决定的形式存续力自其知道或应当知道之日开始生效。行政处罚决定的形式拘束力,自其送达之日起对行政相对人生效;对其他行政机关、司法机关

① 最高人民法院《关于办理申请人民法院强制执行国有土地上房屋征收补偿决定案件若干问题的规定》(法释〔2012〕4 号)第 6 条第 1 款规定:"征收补偿决定存在下列情形之一的,人民法院应当裁定不准予执行:(一)明显缺乏事实根据;(二)明显缺乏法律、法规依据;(三)明显不符合公平补偿原则,严重损害被执行人合法权益,或者使被执行人基本生活、生产经营条件没有保障;(四)明显违反行政目的,严重损害公共利益;(五)严重违反法定程序或者正当程序;(六)超越职权;(七)法律、法规、规章等规定的其他不宜强制执行的情形。"

② 参见冯某诉睢宁县市场监督管理局、睢宁县人民政府行政处罚及行政复议案,江苏省高级人民法院(2019)苏行申 126 号行政裁定书。

来说，行政处罚决定的形式拘束力自其知道或应当知道之日开始生效。在该案中，因为冯某向睢宁县人民政府申请行政复议，行政处罚决定的形式强制力没能依法产生。睢宁县人民政府作出行政复议决定之后，尽管行政复议决定维持了行政处罚决定，但因为行政复议并非司法审查，故此时行政处罚决定所具有的效力仍然属于形式存续力和形式拘束力。在行政复议之后，因为冯某提起了行政诉讼，行政处罚决定的形式强制力还是没能依法产生。一审判决作出之后，冯某提起了上诉，在二审判决作出之前，行政处罚决定所具有的效力仍然属于形式存续力和形式拘束力的范畴。随着二审判决的作出，行政处罚决定的实质合法性得以确认，其也就依法取得了实质效力。随着二审判决的生效，行政处罚决定首先产生实质存续力；对相对人、行政机关、司法机关来说，行政处罚决定的实质存续力自其知道或应当知道之日开始生效。二审判决送达相对人时，行政处罚决定对其依法产生实质拘束力；对其他行政机关、司法机关来说，行政处罚决定的实质拘束力自其知道或应当知道之日开始生效。冯某拒不履行行政处罚决定义务时，行政处罚决定会依法产生实质强制力。

第四节　行政行为之失效

一、行政行为失效与效力的终止

在汉语中，“失效”，即“失去效力”之意。行政行为的失效，亦即行政行为效力的“灭失”或“消灭”，是指已生效的行政行为因某些主、客观原因失去其法律效力。一方面，某些客观事实的出现引起行政行为的失效，属于行政行为的“客观失效”。例如，因内容的实现而失效、因履行义务对象的消灭而失效、因所附条件的成就而失效，等等。此外，行政行为的效力还会因权利主体放弃而消灭，如行政许可的权利人放弃权利，即行政许可的失效。另一方面，行政行为被撤销、变更或废止等主观方面的原因，也会导致行政行为的失效，这属于行政行为的“主观失效”。因主观方面的原因导致的行政行为失效，是因行政行为自身存在违法、不当等情形或因其不适应情势的变迁由法定机关撤销、变更或废止行政行为而引起的。

从字面上理解，行政行为效力的终止是指效力“终了、停止”。也就是说，行政行为本来是有效的，但其效力后来因故而“终了、停止”了。行政行为的执行终结,属于行政行为强制力的终止。[①] 有学者认为,行政行为效力的终止,是指行政行为自然而然地失去效力,这种失效的产生并非人为或法定的因素,而是客观现实自然发展的结果。例如,行政行为的效力原则上只及于当事人,法律另有规定的除外。行政行为履行义务对象消灭或当事人死亡,也没有权利义务承继人的,行政行为的效力可因此而终止。此外,行政行为的效力还可因标的物的消灭而终止。行政行为的标的物灭失,行政行为的执行自然也就不再有可能。笔者认为,在汉语中,行政行为效力的终止与行政行为的失效的含义基本相同,把行政行为效力的终止限定于行政行为客观失效的范围内似乎并无必要。行政行为被撤销、变更或废止等导致行政行为的失效,也可以认为是行政行为效力的终止。鉴于行政行为的失效完全可以将行政行为效力的终止涵盖在内,本书关于行政行为效力的形态只有无效、有效、生效、失效、效力的中止与恢复,而不包括效力的终止在内。

二、行政行为形式效力之失效

行政行为的效力有形式效力与实质效力之分,故行政行为的失效既有形式效力的失效,又有实质效力的失效。形式效力之失效,是指行政行为形式效力的失去。形式效力之失效既可能基于行政行为的撤销、变更或废止等原因导致行政行为失去全部形式效力,也可能基于行政行为义务的履行等原因导致行政行为失去部分形式效力。

(一)整体效力的失效

行政行为整体效力的失效,是指行政行为的形式存续力、形式拘束力及形式强制力的全部丧失。行政行为整体效力的失效主要有以下三种类型。

第一,因行政行为撤销而失效。因为行政行为撤销,行政行为不复存在,行政行为的整体效力全部丧失。行政行为的撤销,通常会使行政行为自始不产生法律效力。[②] 但根据社会公益的需要或相对人是否有过错等情

① 例如,根据我国《行政强制法》(2011 年)第 40 条的规定,出现下列情形的,行政行为终结执行:(1)公民死亡,无遗产可供执行,又无义务承受人的;(2)法人或者其他组织终止,无财产可供执行,又无义务承受人的;(3)执行标的灭失的;等等。

② 我国《商标法》(2019 年)第 47 条第 1 款规定:“依照本法第四十四条、第四十五条的规定宣告无效的注册商标,由商标局予以公告,该注册商标专用权视为自始即不存在。”我国《专利法》(2020 年)第 47 条第 1 款规定:“宣告无效的专利权视为自始即不存在。”

况，撤销也可使行政行为自撤销之日起失效。①

第二，因行政行为变更而失效。行政行为的变更，是指有权机关对已生效的行政行为的部分内容加以改变，从而使该行政行为因变更而失效，它是行政行为主观失效的方式之一。行政行为变更的情形主要有如下两种：一是因部分内容不再适应新情况而变更；二是因部分内容违法或不当而变更。② 行政行为变更的实质是行政机关作出一个新的行政行为替代了原来的行政行为。《行政许可法》（2019 年）第 49 条关于行政许可的变更，是从一个合法的行政许可向另一个行政许可的变更，属于因部分内容不再适应新情况而对行政行为进行变更。③ 行政许可，就是被许可人申请变更行政许可，或是被许可人拟从事的活动"超出"许可事项或范围而申请"增量性"的许可变更，或是被许可人因自身条件的变化申请许可事项或范围的"减量性"的许可变更。如果被许可人的申请符合法定条件、标准的，行政机关应该依法作出准予变更的决定。这一所谓的行政许可变更，其实等于重新作出了一个新的许可行为，行政机关必须严格依据法定的程序进行。④ 为了有效地保护行政相对人的程序权利，实践中不允许未经法定程序直接将行政行为予以变更，即使是对行政行为的一小部分内容的变更，也为法律所禁止。出于行政效率的需要，也为了有效规范违法的行政行为，将违法的行政行为依法转化为合法有效的行政行为，系从违法

① 我国《商标法》（2019 年）第 47 条第 2 款规定："宣告注册商标无效的决定或者裁定，对宣告无效前人民法院做出并已执行的商标侵权案件的判决、裁定、调解书和工商行政管理部门做出并已执行的商标侵权案件的处理决定以及已经履行的商标转让或者使用许可合同不具有追溯力。但是，因商标注册人的恶意给他人造成的损失，应当给予赔偿。"我国《专利法》（2020 年）第 47 条第 2 款规定："宣告专利权无效的决定，对在宣告专利权无效前人民法院作出并已执行的专利侵权的判决、调解书，已经履行或者强制执行的专利侵权纠纷处理决定，以及已经履行的专利实施许可合同和专利权转让合同，不具有追溯力。但是因专利权人的恶意给他人造成的损失，应当给予赔偿。"

② 杨登峰教授认为，违法的行政行为撤销后重做会给公共利益或利害关系人造成不利影响的，如果该行政行为认定的事实清楚，没有超越法定职权，而且以原来程序和形式可以做成改正后的行政行为的，则可以对其予以改正。参见杨登峰：《实体违法行政行为的改正》，载《政治与法律》2015 年第 3 期。笔者认为，杨登峰教授在文中所谓的实体违法行政行为的"改正"，其实就是对违法行政行为的变更。

③ 我国《行政许可法》（2019 年）第 49 条规定："被许可人要求变更行政许可事项的，应当向作出行政许可决定的行政机关提出申请；符合法定条件、标准的，行政机关应当依法办理变更手续。"

④ 参见王太高：《论行政许可变更》，载《南京大学学报（哲学 · 人文科学 · 社会科学版）》2013 年第 5 期。

的行政行为向合法的行政行为之变更,这一情形也应该属于行政行为的变更。[①] 经过如此变更,原违法的行政行为已经不复存在,存在的是转化之后的合法的行政行为。因为行政行为的变更,原行政行为不复存在,其存续力、拘束力及强制力当然也全部丧失。行政行为的变更不同于行政行为的更正。行政行为的更正是行政行为有误写、误算或者其他类似错误的,行政机关依职权或者根据当事人的申请对行政行为的更正。[②] 行政行为经过更正,仍然属于原来的行政行为,而非一个新的行政行为。行政行为的变更也不同于行政行为的补正,行政行为的补正,是指行政行为在程序上存在轻微违法,行政主体在一定期限内对此轻微违法程序予以补救,使之成为合法的行政行为。补正是基于程序经济的考虑而对违法程序的宽容,补正的适用范围限于轻微的程序违法,且应有法律明文规定。[③] 行政行为的补正与变更的不同之处在于,行政行为补正之后,其仍然是原来的行政行为;而行政行为变更之后,原来的行政行为已经不复存在。

第三,因行政行为废止而失效。行政行为的废止,是指有权机关基于法律法规修改等客观形势的变化,通过法定程序废止已经生效的合法行政行为,使其向后失去法律效力。对合法行政行为的撤回,其实就是行政行为的废止。我国《行政许可法》(2019 年)第 8 条第 2 款规定的对已经生效的行政许可的撤回,其实就是行政许可的废止。[④] 因为行政行为废止,行政行为不复存在,故其整体上失去效力。

(二)部分效力的失效

部分效力的失效一般是指形式拘束力和形式强制力的丧失,不包括形式存续力的丧失。例如,对于一个具有形式效力的行政行为,相对人完全履行了拘束力义务的,则其对相对人而言就不再具有形式拘束力,当然也

---

① 在德国行政程序立法以及我国台湾地区和澳门特别行政区的行政程序有关规定上,对这一违法行政行为的变更,被称为违法行政行为的转换。详细参见《联邦德国行政程序法》(1997 年)第 47 条,以及我国台湾地区“行政程序法”(1999 年)第 116 条及《澳门行政程序法典》(1999 年)第 118 条之规定。

② 《中华人民共和国行政程序法(试拟稿)》第 125 条(更正)第 1 款规定:“行政决定书有误写、误算或者其他类似错误的,决定机关随时依职权或者根据当事人的申请更正。”参见王万华:《中国行政程序法典试拟稿及立法理由》,中国法制出版社 2010 年版,第 349 页。

③ 参见王万华:《中国行政程序法典试拟稿及立法理由》,中国法制出版社 2010 年版,第 379～380 页。

④ 我国《行政许可法》(2019 年)第 8 条第 2 款规定:“行政许可所依据的法律、法规、规章修改或者废止,或者准予行政许可所依据的客观情况发生重大变化的,为了公共利益的需要,行政机关可以依法变更或者撤回已经生效的行政许可。由此给公民、法人或者其他组织造成财产损失的,行政机关应当依法给予补偿。”

就不会再有形式强制力,但其形式存续力依然存在。对于一个具有形式效力的行政行为实施强制执行完毕的,行政行为义务得以实现,则其不再具有形式强制力,当然也就不再具有形式拘束力,但其形式存续力依然存在。根据我国《行政强制法》(2011年)第53条的规定,如果行政机关自期限届满之日起3个月内,没有申请人民法院强制执行的,是否丧失申请人民法院强制执行的权利?笔者认为,法律没有赋予行政机关在3个月以外还可以继续申请执行的权利,故此种情形下应该理解为行政行为形式强制力的丧失。①

三、行政行为实质效力之失效

行政行为的失效既包括行政行为形式效力的消灭,也包括行政行为实质效力的消灭。行政行为实质效力之失效,是指行政行为的实质效力产生之后又归于消灭。与形式效力的失效同理,实质效力之失效也有整体效力的失效和部分效力的失效两种不同的情形。

(一)整体效力的失效

行政行为实质效力在整体上的丧失在实践中并不常见。实质效力的产生是以生效的司法裁判对行政行为实质合法性的确认为基础的,只有在诉讼案件再审时,原来的裁判结果被依法撤销,原司法裁判对行政行为的实质合法性的确认不复存在,才会导致行政行为的实质效力在整体上的丧失。在诉讼案件再审时,如果原行政行为也被撤销的,行政行为的形式效力也将不复存在,行政行为的实质效力当然也会丧失;如果原行政行为没有被撤销,而只是原生效裁判被撤销,行政行为又从实质效力的状态回到形式效力的状态。

(二)部分效力的失效

与整体实质效力的失效相比较而言,行政行为部分实质效力的失效则较为常见。部分效力的失效一般是指实质拘束力和实质强制力的丧失,不包括实质存续力的丧失。例如,一个具有实质效力的行政行为,相对人完全履行了行政行为义务的,则其对相对人而言不再具有实质拘束力,当然也就没有实质强制力,但实质存续力依然存在。一个具有实质效力的行政行为强制执行完毕,行政行为义务得以实现的,则行政行为不再具有实质拘束力,当然也就不再具有实质强制力,但实质存续力依然存在。此外,行

---

① 我国《行政强制法》(2011年)第53条规定:“当事人在法定期限内不申请行政复议或者提起行政诉讼,又不履行行政决定的,没有行政强制执行权的行政机关可以自期限届满之日起三个月内,依照本章规定申请人民法院强制执行。”

政行为被法院确认实质合法有效，行政机关不及时向法院申请强制执行的，也会导致实质强制力的失效。例如，根据最高人民法院《关于适用〈中华人民共和国行政诉讼法〉的解释》（法释〔2018〕1 号）第 153 条的规定，对生效裁判申请执行的期限为两年；逾期申请的，除有正当理由外，人民法院不予受理。如果行政机关不及时申请人民法院强制执行，则会导致行政行为实质强制力的丧失。

第五节　行政行为效力的其他形态

一、行政行为效力之中止

行政行为效力的中止，是指有权主体依职权或依相对人的申请并基于法定事由，决定暂时停止行政行为所产生的效力。行政行为的效力具体表现为存续力、拘束力与强制力。行政行为效力的中止比较常见的是强制力的中止，偶尔也会涉及拘束力的终止，但并不会出现存续力中止的问题，因为存续力不会也不可能中止。由于行政行为的效力有形式效力与实质效力之分，故行政行为效力的中止亦有形式效力的中止与实质效力的中止之别。

（一）形式效力的中止

形式效力的中止主要包括以下两种情形：其一，形式拘束力的中止。例如，行政许可的中止，即行政机关依法暂时停止合法并已生效的行政许可的效力，从而使得相对人在一定期限内不得继续从事被许可的事项。行政许可中止可区分为两类不同的情形：一是处罚性的行政许可中止，即行政机关以被许可人从事违法活动为由而中止行政许可。这在我国《行政处罚法》上主要表现为“责令停产停业”和“暂扣许可证或执照”。二是非处罚性的行政许可中止，即在被许可人从事的活动并未违法的情况下，行政机关基于公共利益需要或基于行政许可自身的特性而暂时中止行政许可的效力。① 其二，形式强制力的中止。我国《行政强制法》（2011 年）第 39 条规定的行政行为的中止执行，本来属于行政机关的强制执行，故此处的

① 参见肖泽晟：《非处罚性行政许可中止——从某环评批复行政复议“后语”说起》，载《当代法学》2012 年第 6 期。

中止执行就属于行政行为形式强制力的中止。[①] 我国《治安管理处罚法》(2012年)第107条规定的行政拘留的处罚决定暂缓执行,也属于行政行为形式强制力的中止。[②] 此外,根据我国《行政诉讼法》(2017年)第56条第1款的规定,诉讼期间停止行政行为强制执行的,也属于行政行为形式强制力的中止。[③] 根据我国《行政复议法》(2017年)第21条的规定,行政复议期间停止行政行为的执行的,也属于行政行为形式强制力的中止。

(二)实质效力的中止

行政行为的实质效力具体表现为实质存续力、实质拘束力及实质强制力。行政行为实质效力的中止一般是指实质强制力中止,偶尔也会出现实质拘束力中止的情形,但不会出现实质存续力的中止。例如,根据行政诉讼法的规定,在对行政行为实施强制执行的过程中,发现需要停止执行而中止的,就属于行政行为实质强制力的中止。

二、行政行为效力之恢复

行政行为效力的恢复,是指效力已经归于消灭的行政行为,因法定情形的出现,其效力得以重新恢复。

(一)形式效力的恢复

行政行为形式效力的恢复有两种不同的情况:一是整体效力的恢复。例如,对合法的行政行为作出的撤销决定违法,后来撤销决定又被撤销的,则行政行为的形式效力得以恢复。又如,某一授益行政行为被行政机关依职权撤销而失效之后,如该项撤销决定本身因违法而被再次撤销的,则原行政行为及其效力自动恢复。如果某一负担行政行为被行政机关依职权撤销而失效之后,该撤销决定因违法又被撤销的,则原行政行为及

---

① 根据我国《行政强制法》(2011年)第39条的规定,出现当事人履行行政决定确有困难或者暂无履行能力的;第三人对执行标的主张权利,确有理由的;执行可能造成难以弥补的损失,且中止执行不损害公共利益的;行政机关认为需要中止执行的其他情形,则行政行为可以中止执行。

② 我国《治安管理处罚法》(2012年)第107条规定:"被处罚人不服行政拘留处罚决定,申请行政复议、提起行政诉讼的,可以向公安机关提出暂缓执行行政拘留的申请。公安机关认为暂缓执行行政拘留不致发生社会危险的,由被处罚人或者其近亲属提出符合本法第一百零八条规定条件的担保人,或者按每日行政拘留二百元的标准交纳保证金,行政拘留的处罚决定暂缓执行。"

③ 我国《行政诉讼法》(2017年)第56条第1款规定:"诉讼期间,不停止行政行为的执行。但有下列情形之一的,裁定停止执行:(一)被告认为需要停止执行的;(二)原告或者利害关系人申请停止执行,人民法院认为该行政行为的执行会造成难以弥补的损失,并且停止执行不损害国家利益、社会公共利益的;(三)人民法院认为该行政行为的执行会给国家利益、社会公共利益造成重大损害的;(四)法律、法规规定停止执行的。"

其效力不得自动恢复。其中的原因就在于,授益行政行为和负担行政行为的效力规则不同。如果一个行政行为既有负担的内容又有授益的内容,其被行政机关依职权撤销之后,该撤销决定因违法又被撤销的,这一行政行为及其效力是否可以自动恢复?笔者认为,考虑其包含负担的内容,还是不能自动恢复为宜。二是部分效力的恢复。例如,我国《行政强制法》(2011年)第39条第2款规定的行政行为恢复执行,就是行政行为形式强制力的恢复的规定。[①] 我国《治安管理处罚法》(2012年)第107条规定的行政拘留处罚决定暂缓执行,属于行政行为形式强制力的中止的规定,若恢复行政拘留处罚决定的执行,则属于行政行为形式强制力的恢复。

(二)实质效力的恢复

与行政行为形式效力的恢复同理,行政行为实质效力的恢复有整体效力的恢复和部分效力的恢复之别。就整体效力的恢复而言,在行政诉讼案件再审时,原来的裁判结果被依法撤销,原司法裁判对行政行为的实质合法性的确认不复存在时,会导致行政行为的实质效力在整体上的丧失。如果诉讼案件再次再审又恢复了原来的裁判结果,行政行为的实质合法性再次得以确认,则行政行为的实质效力将从整体上得到恢复。当然,实质效力整体恢复并非所有实质效力能够同时产生,首先产生的必然是实质存续力,其次是实质拘束力,最后在义务人不履行义务的法定的条件下,还可能产生实质强制力。这仅仅是理论上的分析,实践中出现这种情况的概率很小。部分效力的恢复,一般是指实质拘束力和实质强制力中止之后的恢复。例如,人民法院根据行政诉讼法的规定,恢复对行政行为的强制执行的,就属于行政行为实质强制力的恢复。

---

① 我国《行政强制法》(2011年)第39条第2款规定:“中止执行的情形消失后,行政机关应当恢复执行。对没有明显社会危害,当事人确无能力履行,中止执行满三年未恢复执行的,行政机关不再执行。”

第十章　行政行为效力本质论、内容论及形态论的理论建构

在现有研究成果反思与批判的基础上，本章提出从“效力本质论”、“效力内容论”及“效力形态论”三个方面，对行政行为效力理论予以系统性重构。其中，效力本质论研究和回答行政行为效力的本质究竟是什么、为什么等重大理论问题，属于行政行为效力理论中的基础性与根本性问题；效力内容论系行政行为效力理论的核心内容，研究和回答行政行为效力内容的具体构成问题；效力形态论研究行政行为的无效、有效、生效、失效等效力形态问题，以效力本质论、效力内容论为基础和前提，是行政行为效力本质论、效力内容论研究的进一步拓展和深化。

第一节　行政行为效力本质论的建构及其意义

一、行政行为效力本质问题研究现状

行政行为的效力问题乃大陆法系行政法理论的重要内容之一。中外学者关于行政行为效力本质问题的研究，目前几乎处于空白状态。章志远教授认为，行政行为效力可定义为：已存在的行政行为依其外形和内容所具有的产生一定法律效果的特殊作用力。这一定义包含了四个基本要素，即行政行为效力的载体——存在的行政行为、行政行为效力的依据——行政行为的外形与内容、行政行为效力的表现形式——特殊作用力、行政行为效力的目的——促成一定法律效果的产生。章志远教授认为，行政行为效力的四个基本要素共同揭示了行政行为效力的本质。究竟何为行政行为效力的本质，章志远教授并没有作出进一步的阐述。[①] 笔者通过对德国、日本，以及我国台湾地区行政法著作的查阅，尚未发现专门论及行政行为效力本质问题的章节；通过对我国台湾地区行政法学术论文的搜索，亦未发现以行政行为效力本质问题为主题的学术论文。叶必丰教授

① 参见杨海坤、章志远：《中国行政法基本理论研究》，北京大学出版社 2004 年版，第 216 页。

的《行政行为的效力研究》和章志远教授的《行政行为效力论》两部力作，[1]是目前国内较为系统、全面地研究行政行为效力问题的个人专著，均没有专门的章节论及行政行为效力的本质问题。笔者经过检索，同样没有发现以行政行为效力本质问题为主题的硕士、博士学位论文。在期刊论文中，杨登峰教授的《行政决定效力的本质与体系》一文论及行政决定的效力本质问题，并对此进行了一定的研究和探讨。[2] 除此之外，未见关于行政行为效力本质问题研究的论文。总之，现阶段关于行政行为效力本质问题的研究，尚未引起学界足够的关注。在哲学、社会科学的理论研究中，关于事物本质问题的研究非常重要，几乎是每项理论研究都要涉及的问题。在行政行为效力理论的研究上，为什么会出现效力本质问题研究无人问津的情况？是这一问题的研究没有意义，还是学者们的忽视？笔者对此不无疑问。

二、行政行为效力本质论之理论建构

行政行为效力本质论回答的是行政行为的效力本质究竟是什么、为什么以及这一问题回答的理论意义与实践价值等一些重大的理论问题。本书第二章“法哲学视域下的行政行为效力”，就是笔者关于行政行为效力本质论理论建构的初步尝试和努力。本书第一章以法的效力问题的研究和讨论为基础，第二章则尝试从理论上回答行政行为效力的本质究竟是什么这一问题。笔者的研究结论是，行政行为效力的本质就是法的效力，在“广义型”行政行为概念下，其或属于法的个别性效力的范畴，或属于法的普遍性效力之范畴。由于行政法规、规章的法律属性，行政法规、规章的效力本身就是法的效力的一部分，其效力属于法的普遍性效力之范畴。行政规范性文件虽然并非法律，但系依据法律制定，其法律效力亦为法律所认可，体现的也是法的普遍性效力。在“狭义型”行政行为概念之下，行政行为相当于行政决定，行政决定的效力就是法的普遍性效力在行政决定上的具体表现形式，其属于法的个别性效力的范畴。法的效力与行政行为的效力之间是一般与个别、普遍与特殊、共性与个性的关系。行政行为的效力，是以行政行为为载体的法律效力，包括存续力、拘束力及强制力。关于行政行为效力本质论理论的具体建构问题，详见本书第二章的相关论

---

① 参见章志远：《行政行为效力论》，中国人事出版社 2003 年版；叶必丰：《行政行为的效力研究》，中国人民大学出版社 2002 年版。

② 杨登峰教授认为，行政决定的效力在本质上是一种特殊的法定义务。参见杨登峰：《行政决定效力的本质与体系》，载《行政法学研究》2013 年第 4 期。

述，此处从略。

三、行政行为效力本质论的价值与意义

在多年的行政行为效力研究中，笔者深切地感受到，行政行为效力本质问题的研究绝非可有可无的，其在行政行为效力研究中居于极其重要的地位，因而具有非常重要的价值与意义，主要表现在如下四个方面。

第一，对行政行为效力本质的揭示和回答，是行政行为效力理论研究的重要任务之一。现象与本质是揭示客观事物的外部表现和内在联系之关系的一对哲学范畴。现象是事物的外部联系，是事物的表面特征；本质则是指事物的根本性质，其为事物基本要素之间的内在联系。透过现象把握事物的本质，正是科学研究的目的所在。即使是反本质主义，也并非否定事物本质的存在，而是倡导一种多元的、语境化的本质观，主张对事物本质作多样性、相对性及发展性的理解。反本质主义强调在不同环境和条件中，同一事物的本质可能会表现出不同的面相，反对事物存在永恒不变的本质。在行政行为效力理论研究中，即使研究成果数不胜数，但如果我们忽视了对行政行为效力本质问题的追寻，我们的研究工作必定是不完整的，而且很可能会因为缺乏必要的基础而导致研究工作的失败。

第二，对行政行为效力本质的揭示和回答，是科学界定行政行为效力这一概念的根本要求。概念必须是事物本质属性的根本反映，是对该事物本质的规定和确认，表明某一事物是其所是、不同于他物的特殊规定性。只有深刻理解事物的现象，深入把握事物的本质，才能形成科学的概念。概念和本质的关系决定了对行政行为效力概念的科学界定必须准确地把握行政行为效力的本质所在。如果我们没有弄清行政行为效力的本质，当然也就无法对行政行为效力概念给予科学的界定。目前，学界关于行政行为效力概念的定义很多，但很多定义并不能反映行政行为效力的本质，因而也不够科学。行政行为效力的本质就是法的效力，其以行政行为为载体，以存续力、拘束力、强制力为具体内容和表现形式。因此，笔者将行政行为的效力定义为以行政行为为载体的法律效力，包括存续力、拘束力及强制力。这一概念科学地揭示了行政行为效力的本质，既适用于“广义型”行政行为的效力，如行政规章、行政法规的效力及行政合同的效力；也适用于“狭义型”行政行为的效力，如行政决定的效力。

第三，对行政行为效力本质的揭示和回答，是建构科学的行政行为效力内容论及形态论的基础和前提。事物的本质从整体上规定事物的性质及其基本发展方向，对事物本质的准确把握，是科学研究取得成功的关键

所在。行政行为效力本质问题的研究,是行政行为效力理论研究中的基础性、根本性问题;行政行为效力本质问题的正确回答,构成了行政行为效力其他问题研究的基础和前提。对这一问题的研究和回答,直接影响和制约行政行为效力其他问题的深入研究。例如,对行政行为效力本质问题的回答,构成了对行政行为效力内容问题研究的基础和前提,其必然影响和制约行政行为效力内容问题的深入研究。既然行政行为的效力在本质上就是法的效力,如果法具有强制力,那么行政行为也必然具有强制力,这是符合逻辑的。到目前为止,学界尚未论及行政行为的强制力这一概念和理论。为什么至今没有学者提出和主张"强制力"作为行政行为的效力内容之一,而关于行政行为的"执行力""实现力""实行力"等概念均有使用?如果我们从本质上把握了行政行为的效力其实就是法的效力这一概念,行政行为强制力概念和理论的提出也就顺理成章了。本书首次提出强制力系行政行为效力的具体构成内容之一,并以专章进行论述,这正是基于行政行为效力的本质就是法的效力而得出的结论。行政行为的效力形态论是关于行政行为无效、有效、生效、失效等问题的理论,必然涉及行政行为效力内容的具体构成问题。譬如,行政行为强制力的无效、有效、生效、失效等问题,如果在理论上没有把强制力作为行政行为的效力内容之一,又如何研究强制力的生效、有效、无效、失效等问题?可见,对行政行为效力本质问题的研究,又会间接影响和制约行政行为效力形态问题的深入研究。

第四,对行政行为效力本质的揭示和回答,对行政行为效力来源等诸多问题的研究亦有重要的指导意义。只有在准确把握行政行为效力本质的前提下,行政行为效力其他问题的研究才能获得正确的结论;反之,如果缺乏行政行为效力本质问题研究的基础和前提,则会导致行政行为效力其他问题研究结论上的谬误,甚至是研究工作上的彻底失败。实践已经证明,如果我们不能正确地回答行政行为效力的本质问题,就会导致对行政行为效力其他问题的研究事倍功半,甚至是研究结论的根本错误。科学的行政行为效力本质论可以有效指引行政行为效力问题的研究沿着正确的方向前进,少走弯路,减少失误,避免不必要的挫折和失败。行政行为的效力本质上就是法的效力,行政行为效力的来源问题,其实可以认为就是法的效力来源问题。对于法的效力来源问题,法理学已经进行了比较充分的研究;借鉴法理学法的效力的相关研究成果,行政行为效力问题的研究就更容易获得科学的研究结论。

第二节 行政行为效力内容论的建构及意义

一、行政行为效力内容问题的诸多观点与学说

行政行为效力内容的具体构成问题,一直是我国行政法领域最具争议的问题之一。中外学者们对此是仁者见仁、智者见智。时至今日,关于这样的一个重大理论问题仍是众说纷纭,仍未形成具有共识性的、广为人们接受的观点与学说。

(一)"一效力说"

有学者认为,行政行为的效力只有拘束力,一切其他的效力均可以视为拘束力的衍生效力。例如,日本学者田中二郎认为,行政行为效力是基于其内容而拘束相对人及行政厅的效力。[①] 我国台湾地区的洪家殷教授也认为,在论及行政处分的效力时,可以只讲其拘束力,不必论及其他效力。"行政处分的效力,就是行政处分本身规制内容对原处分机关、相对人、第三人、其他机关及法院之实质拘束力。"[②]如今,持"一效力说"的学者已经越来越少,原因就在于"一效力说"过于笼统,无法有效地反映和揭示行政行为效力内容的具体构成问题。

(二)"两效力说"

王名扬教授在其《法国行政法》一书中,将行政行为的效力归纳为"效力先定力"与"强制执行力"两个方面。其中,"效力先定特权"是指行政机关的行政决定一旦成立,其就被假定为合法有效,对行政机关、当事人以及其他国家机关均具有拘束力。[③] 应松年教授主编的《行政程序法立法研究》一书认为,行政行为效力的内容包括存续力与构成要件效力两个方面。其中,存续力包括行政行为对相对人和行政机关的存续力,均有形式存续力和实质存续力之分。行政行为对相对人的形式存续力,是指行政行为成立并送达相对人之后,相对人对其必须予以承认和尊重,并履行相应的义务。行政行为对行政机关的形式存续力,是指行政行为的"不可废弃力",即行政机关不能任意撤销、变更、废止行政行为。行政行为对行政机关的实质存续力,是指行政行为依据其内容对行政机关产生的拘束力。行

① 田中二郎『新版行政法(上巻)』(弘文堂,1983 年)133 頁参照。

② 洪家殷:《行政处分效力内涵之探讨》,载《1998 年海峡两岸行政法学术研讨论文集》,台北,台湾政治大学法学院 1999 年版,第 96 页。

③ 参见王名扬:《法国行政法》,中国政法大学出版社 1988 年版,第 165 页。

政行为的构成要件效力，则是指生效的行政行为对本机关以外的其他行政机关、法院等所发生的拘束力。[①] 刘东亮教授认为，行政行为效力的内容包括形式存续力和实质存续力两个方面。其中，形式存续力系行政行为依法产生的效力，任何人都应该予以承认和尊重；如果对行政行为的合法性持有异议，则可依法定程序撤销或请求对其予以撤销。实质存续力是指行政行为的实质法律效力，行政行为依法具有持续存在之法律效果，受其拘束的对象必须根据其内容作为或不作为。[②] 目前，持"两效力说"的学者也已经不多。

（三）"三效力说"

德国、日本以及中国的许多学者，都曾主张行政行为的"三效力说"。德国学者 G. 平特纳教授认为，行政行为的效力包括约束力、执行力与确定力，而确定力又可以分为形式确定力与实质确定力。[③] 在我国，王珉灿先生主编的《行政法概要》一书认为，行政行为效力包括拘束力、确定力及执行力。[④] 张健宝先生认为，行政行为效力包括存续力、构成要件效力与执行力。[⑤] 江必新教授认为，行政行为效力包括存续力、拘束力与实现力。[⑥] 杨科雄博士认为，行政行为效力包括确定力、既决力与实现力。[⑦] 郑毅先生认为，行政行为的效力包括公定力、确定力与执行力。[⑧] 台湾地区的陈新民教授认为，行政行为的效力包括确定力、执行力及存续力（Bestandskraft）；[⑨] 李震山教授认为，行政行为的效力包括存续力（Bestandskraft）、拘束力及执行力。[⑩]

（四）"四效力说"

在德国，以著名学者哈特穆特·毛雷尔为代表的通说认为，行政行为

① 参见应松年主编：《行政程序法立法研究》，中国法制出版社 2001 年版，第 344~356 页。
② 参见刘东亮：《行政行为效力研究》，浙江大学 2000 年硕士学位论文，第 16~17 页。
③ 参见〔德〕G. 平特纳：《德国普通行政法》，朱林译，中国政法大学出版社 1999 年版，第 129 页。
④ 参见王珉灿主编：《行政法概要》，法律出版社 1983 年版，第 121、122 页。
⑤ 参见张健宝：《行政行为效力体系的重构》，山东大学 2008 年硕士学位论文，第 42~46 页。
⑥ 参见江必新：《法律行为效力制度的重构》，载《法学》2013 年第 4 期。
⑦ 参见杨科雄：《行政行为效力来源研究》，中国政法大学 2009 年博士学位论文，第 24~25 页。
⑧ 参见郑毅：《以排除式思路重构行政行为效力内容的合理性分析》，载《中共南京市委党校学报》2008 年第 4 期。
⑨ 陈新民教授认为，行政行为的效力是指行政行为在作出以后，如未被撤销或宣布无效，即可产生拘束相对人、原作出机关以及其他相关第三人的拘束力，包括确定力、执行力及存续力。参见陈新民：《中国行政法学原理》，中国政法大学出版社 2002 年版，第 161 页。
⑩ 参见李震山：《行政法导论》（修订 9 版），台北，三民书局 2012 年版，第 358~366 页。

效力包括存续力(Bestandskraft)、构成要件效力、确认效力及执行力。[①] 沃尔夫教授认为,行政行为效力包括存续力(Bestandskraft)、事实要件效力(构成要件效力)、确认效力及执行力。[②] 在日本,当代著名学者盐野宏教授等认为,行政行为的效力包括公定力、不可争力、执行力与不可变更力。[③] 在韩国,金东熙教授认为,行政行为的效力包括公定力、不可争力、不可变力及强制力。[④]

在我国,台湾地区存在传统"四效力说"和现代"四效力说",传统"四效力说"认为,行政行为的效力包括公定力、确定力、拘束力及执行力;[⑤]而现代"四效力说"则认为,行政行为的效力包括存续力(Bestandskraft)、构成要件效力、确认效力及执行效力。[⑥] 大陆行政法学界目前的通说是公定力、拘束力、确定力及执行力之传统"四效力说"。[⑦] 杨小君教授认为,行政行为的效力包括公定力、确定力、执行力及不可争力。[⑧] 章剑生教授认为,行政行为的效力包括存续力、执行力、构成要件效力和确认效力。[⑨] 章志远教授认为,行政行为的效力包括公定力、不可争力、不可变更力和执行力。[⑩] 余凌云教授认为,行政行为的效力包括公定力、确定力、狭义拘束力和执行力。[⑪] 杨解君教授认为,行政行为的效力包括存续力、公定力、拘束力和实现力。[⑫] 朱维究、王成栋教授认为,行政行为的效力包括公定力、确定力、拘束力和执行力。[⑬]

---

① 参见〔德〕哈特穆特·毛雷尔:《行政法学总论》,高家伟译,法律出版社2000年版,第266~269页。

② 参见〔德〕汉斯·J.沃尔夫、〔德〕奥托·巴霍夫、〔德〕罗尔夫·施托贝尔:《行政法》(第2卷),高家伟译,商务印书馆2002年版,第67~70页。

③ 参见〔日〕盐野宏:《行政法》,杨建顺译,法律出版社1999年版,第100~102页;〔日〕市桥克哉等:《日本现行行政法》,田林等译,法律出版社2017年版,第142页。

④ 参见〔韩〕金东熙:《行政法I》(第9版),赵峰译,中国人民大学出版社2008年版,第63~64页。

⑤ 参见管欧:《行政法概要》,台北,三民书局1964年版,第193~194页。

⑥ 参见林腾鹞:《行政法总论》,台北,三民书局1999年版,第460~466页。

⑦ 参见罗豪才主编:《行政法学》(新编本),北京大学出版社1996年版,第112~114页;叶必丰:《行政法学》,武汉大学出版社1996年版,第130~135页。

⑧ 参见杨小君主编:《行政法基础理论研究——利益·权利·法律适用》,西安交通大学出版社2000年版,第161~163页。

⑨ 参见章剑生:《现代行政法总论》(第2版),法律出版社2019年版,第154~157页。

⑩ 参见章志远:《行政行为效力论》,中国人事出版社2003年版,第52页。

⑪ 余凌云教授所谓的行政行为的狭义拘束力,是指行政行为对第三人(法院、其他行政机关及其他组织和个人)产生的拘束力。参见余凌云:《行政法讲义》(第2版),清华大学出版社2014年版,第221~225页。

⑫ 参见杨解君:《行政法与行政诉讼法》(上册),清华大学出版社2009年版,第182页。

⑬ 参见朱维究、王成栋主编:《一般行政法原理》,高等教育出版社2005年版,第319页。

（五）“五效力说”

日本学者们一般认为，行政行为效力的具体内容应当包括拘束力、公定力、执行力、不可争力（形式确定力）与不可变更力（实质确定力）。著名学者南博方、和田英夫、室井力等均持这一观点。① 当代著名学者盐野宏教授关于行政行为效力的观点，经历了从公定力、不可争力、执行力与不可变更力之“四效力说”到规范力、公定力、不可争力、执行力与不可变更力之“五效力说”的转变；其中，“规范力”是指行政行为直接确定法律关系或法律效果的效力。② 在我国，周佑勇教授认为，行政行为的效力在内容上应当包括先定力、公定力、确定力、拘束力和执行力，它们既相互独立又相互依存，共同组成了行政行为效力的完整内容；其中，先定力是指行政行为的作出受行政主体单方面意思表示决定的效力，它是行政主体对相对人而言的，表现为行政行为的单方面性。③ 李琦博士认为，行政行为的效力包括存续力、拘束力、执行力、不可争力、不可变更力。④ 张治宇教授认为，行政行为的效力包括公定力、形式确定力、实质确定力、拘束力和执行力。⑤

（六）“六效力说”

中外学者中只有少数学者主张“六效力说”。例如，叶必丰教授认为，行政行为的效力包括先定力、公定力、确定力、拘束力、执行力以及存续力；其中，先定力是行政主体在作出行政行为的过程中所具有的行政意志对相对人的一种支配力。⑥ 刘国先生认为，行政行为在效力内容构成上包

① 参见〔日〕南博方：《日本行政法》，杨建顺、周作彩译，中国人民大学出版社1988年版，第41~43页；〔日〕和田英夫：《现代行政法》，倪健民、潘世圣译，中国广播电视出版社1993年版，第197~198页；〔日〕室井力主编：《日本现代行政法》，吴微译，中国政法大学出版社1995年版，第93~99页。

② 日本盐野宏教授提出的行政行为规范力，是从法律关系形成的角度进行阐述的，即行政行为具有单方面确定法律关系的效力。规范力的推导方式源于民事关系，盐野宏教授认为，在民事法律关系中，民事主体双方达成合意就能形成法律关系，但有的民事法律关系单方意思表示就能实现这种效果，只不过民事法律关系中单方意思表示确定法律关系的情况不普遍。在行政法上，行政权单方意思表示确定法律关系的情况较为普遍。笔者认为，盐野宏教授提出的行政行为的规范力，实际上就是“行政行为的效力”之意，其具有效力的普遍性之特征，而并非行政行为的一项具体的效力内容。参见〔日〕盐野宏：《行政法总论》，杨建顺译，北京大学出版社2008年版，第90~104页。

③ 参见周佑勇：《行政法原论》，中国方正出版社2000年版，第160页。

④ 参见李琦：《行政行为效力新论——行政过程论的研究进路》，中国政法大学2005年博士学位论文，第2页。

⑤ 参见张治宇：《行政行为效力理论之检讨》，载《河北法学》2004年第10期。

⑥ 叶必丰教授在论及行政行为的效力时提出了“存续力”这一概念，其含义是行政行为效力在时间上的持续性或行政行为效力在时间上的持续存在。据此，叶必丰教授所谓的存续力并非行政行为的一项效力内容。参见叶必丰：《行政行为的效力研究》，中国人民大学出版社2002年版，第21、151页；叶必丰：《应申请行政行为判解》，武汉大学出版社2000年版，第130页。

括先定力、公定力、不可争力、不可变更力、构成要件效力及执行力。①

（七）“七效力说”

也有为数不多的学者主张“七效力说”。例如，我国台湾地区学者许宗力教授尝试对行政行为效力体系进行重构，将行政行为效力的具体内容归纳为拘束力、不可争力、存续力、跨程序拘束力、构成要件效力、确认效力及执行力七项。其中，跨程序拘束力是指行政处分对同一处分机关于后续程序做成后续处分的拘束效力。构成要件效力是指行政处分的主文部分（规制内容）具有的对原处分机关以外的其他行政机关及法院的拘束效力。确认效力是指行政处分规制内容之基础的事实与法律认定（行政处分认定事实与说理）对其他机关及法院的拘束力。② 杨登峰教授认为，行政决定效力包括拘束力、执行力、不可争力、公定力、存续力、构成要件效力和确认效力七项效力。③ “七效力说”的科学性暂且不论，但至少从表面上看来，该说对行政行为效力内容具体构成的归纳与概括有过于复杂之嫌。

二、行政行为效力普遍性与特殊性的区分及意义

在行政行为效力问题的研究上，关于行政行为效力本质问题的研究，本书称为“效力本质论”；关于行政行为效力内容问题的研究，本书称为“效力内容论”；关于行政行为的无效、有效、生效、失效等效力形态问题的研究，本书称为“效力形态论”。笔者认为，一个完整的行政行为效力理论体系，至少应该包括但不限于效力本质论、效力内容论及效力形态论三个部分。其中，对于行政行为效力内容论的理论建构而言，行政行为效力的普遍性（一般性）与特殊性（个别性）的区分具有非常重要的意义。反映和揭示行政行为效力的普遍性（一般性）的理论，就是行政行为的形式效力与实质效力之“两质态论”，根据本书第三章第六节的研究结论，公定力在本质上就是行政行为的形式效力，但公定力概念违反了符号学原理，存在无法克服的致命缺陷，只能予以摒弃，故本书以“形式效力”术语取代“公定力”术语。④ 在行政行为效力之普遍性的理论建构上，首先，本书以“形式效力”理论取代“公定力”理论。其次，本书从理论上建构了行政行

---

① 参见刘国：《我国行政行为效力内容理论的回顾与反思——基于行政过程论视角的内容重构》，载《研究生法学》2011 年第 2 期。

② 参见翁岳生编：《行政法》（上册），中国法制出版社 2009 年版，第 660~661 页。

③ 参见杨登峰：《行政决定效力的本质与体系》，载《行政法学研究》2013 年第 4 期。

④ 关于公定力之行政行为形式效力本质、公定力概念存在的无法克服的致命缺陷，以及以形式效力理论取代公定力理论的必要性等问题，详见本书第三章的相关论述。

为的实质效力理论。德国、日本，以及我国台湾地区学者所研究的，只是行政行为基于行政程序而产生的效力，属于行政行为形式效力的范畴；行政行为基于司法程序而产生的实质效力，却被德国、日本，以及我国台湾地区的学者所忽视。因此，德国、日本，以及我国台湾地区的行政行为效力理论在内容上其实并不完整。最后，本书以行政行为的形式效力与实质效力这一对范畴，建构了反映和揭示行政行为效力之普遍性（一般性）的"两质态论"。① 反映和揭示行政行为效力的特殊性（个别性）的理论，就是行政行为的存续力、拘束力及强制力之"三效力说"。关于行政行为效力的特殊性，本书已在第六章、第七章、第八章做了较为详细的讨论。在行政行为效力内容具体构成问题的研究上，如果把行政行为效力之普遍性与特殊性混为一谈，则很容易导致研究结论的错误。"公定力核心说"与"公定力、存续力共存说"存在的重大逻辑错误，就在于其未能将行政行为效力之普遍性与特殊性予以有效区分，②因而不能正确地反映和揭示行政行为效力内容的具体构成问题。当然，一个完整而又科学的行政行为效力内容论不应该仅仅反映和揭示行政行为效力普遍性的形式效力与实质效力之"两质态论"，还要反映和揭示行政行为效力特殊性的"三效力说"。否则，行政行为的效力内容论在理论上就不够完整，其功能也必将受到极大的限制与制约。形式效力与实质效力乃存续力、拘束力及强制力之本质所在，存续力、拘束力及强制力系形式效力与实质效力的具体表现形式。行政行为效力的"两质态论"与"三效力说"不可分割、缺一不可；正是二者的对立统一，构成了完整而又科学的行政行为效力内容论。

三、行政行为效力内容问题现有学说的缺陷与不足

对于中外学者关于行政行为效力内容构成的诸多观点和学说，我们应该如何分析和评价？哪些观点和学说较为科学、合理？如何在现有研究成果的基础上批判地继承与发展，以形成科学的行政行为效力内容论？这是我们不得不思考和面对的问题。总的来说，"一效力说"和"两效力说"过于简单，无法科学地回答行政行为效力内容的具体构成问题，而"五效力说"、"六效力说"和"七效力说"又过于复杂，于理论和实践均无太大的益

① 行政行为形式效力与实质效力产生的行政行为合法性基础和法律程序不同，二者的价值目标、理论依据及制度功能也各不相同；形式效力与实质效力是行政行为的两种不同性质及形态的法律效力，本书称为行政行为效力之"两质态论"。

② 关于"公定力核心说"与"公定力、存续力共存说"概念及其存在的重大逻辑错误问题，参见马生安：《行政行为效力体系重构的"两质态论"与"三效力说"》，载《重庆大学学报（社会科学版）》2015 年第 3 期。

处。在行政行为效力内容的具体构成上,诸多观点和学说往往只有"是什么",没有"为什么",缺乏必要的分析与论证。按理说,行政行为每项效力内容的概念应该是明晰的,彼此之间也应该泾渭分明,但由于术语与概念的使用不够科学,反映各项具体效力内容的概念界定不够准确,以致各项效力之间的区分也不够清晰,各个效力之间在内涵上相互交叉重叠的现象比较严重,甚至存在严重的逻辑混乱问题。

中外学者关于行政行为效力内容具体构成的观点和学说太多,实在无法逐一加以分析和评价。不过,以公定力还是存续力(Bestandskraft)为基础与核心建构行政行为的效力体系,却是其分歧和争论的关键所在。有的学者主张以公定力为基础与核心建构行政行为的效力体系,有的学者则主张以存续力(Bestandskraft)为基础与核心建构行政行为的效力体系,还有的学者主张以公定力、存续力(Bestandskraft)为共同的基础与核心建构行政行为的效力体系。因此,尽管国内外学者的观点和学说纷繁复杂,但都可以归入"公定力核心说"、"存续力核心说"与"公定力、存续力共存说"三大派别之中。

第一,"公定力核心说。"该说是对以公定力为基础与核心来建构行政行为效力体系的观点和学说的统称。传统的"四效力说"系"公定力核心说"的典型代表,其认为行政行为的效力包括公定力、确定力、拘束力和执行力。传统"四效力说"发端于日本,该说对我国学界也产生过广泛而深远的影响,至今依旧在日本及我国占据主流地位。① 前文已述及,公定力在本质上就是行政行为的形式效力。公定力概念表达的并非行政行为的任何一项具体的效力内容,而是对行政行为的形式存续力、形式拘束力及形式强制力等具体效力内容的概括与统称。公定力及确定力属于反映和揭示行政行为效力的普遍性或一般性的概念,②拘束力及执行力系行政行为的具体效力内容,属于反映和揭示行政行为效力之特殊性的概念。将反映和揭示行政行为效力之普遍性或一般性的公定力、确定力作为行政行为的

---

① 在我国,台湾地区的传统"四效力说"认为行政行为的效力包括公定力、确定力、拘束力和执行力。参见管欧:《行政法概要》,台北,三民书局 1980 年版,第 193~194 页。公定力、拘束力、确定力和执行力"四效力说"则是大陆行政法学界目前的通说。参见罗豪才主编:《行政法学》(新编本),北京大学出版社 1996 年版,第 112~114 页;叶必丰:《行政法学》,武汉大学出版社 1996 年版,第 130~135 页。还有学者认为,行政行为的效力包括公定力、确定力、执行力和不可争力。参见杨小君主编:《行政法基础理论研究——利益 · 权利 · 法律适用》,西安交通大学出版社 2000 年版,第 161~163 页。

② 所谓行政行为的确定力(Rechtscraft),是指生效的行政行为所具有的确定法律关系或法律效果的法律效力。因此,其也是对行政行为各种效力内容的概括与统称,因而属于反映和揭示行政行为效力的普遍性或一般性的概念。

具体效力内容,与反映和揭示行政行为效力之特殊性的拘束力及执行力概念并列,形成所谓的传统“四效力说”,这在逻辑上显然是错误的。因此,“公定力核心说”的最大错误就在于,其将行政行为效力之普遍性与特殊性混为一谈,存在严重的逻辑缺陷,不能正确地反映和揭示行政行为效力内容的具体构成问题。

第二,“存续力核心说。”该说是对以存续力(Bestandskraft)为基础与核心建构行政行为效力体系的观点和学说的统称。现代“四效力说”系“存续力核心说”的典型代表,其认为行政行为的效力包括存续力(Bestandskraft)、构成要件效力、确认效力及执行效力。现代“四效力说”作为以存续力(Bestandskraft)概念为基础与核心而建构的理论体系,盛行于德国、奥地利等国,近年来又影响我国台湾地区,并对主流的传统学说形成巨大冲击。① “存续力核心说”在效力体系的建构上摒弃了公定力,直接以存续力(Bestandskraft)为基础与核心构建行政行为的效力体系。“存续力核心说”并非完全属于反映和揭示行政行为效力特殊性的理论,虽然构成要件效力、确认效力及执行效力均属于行政行为的具体效力内容,丝毫不涉及行政行为效力的普遍性,但是由于存续力(Bestandskraft)既涉及行政行为效力的普遍性,又涉及行政行为效力的特殊性,故其同“公定力核心说”一样,也存在重大的逻辑错误。当然,“存续力核心说”在具体效力内容的构成上,也有不同的观点与学说。② 此外,“存续力核心说”各个效力之间的界定与区分是否科学,彼此能否相互独立,是否存在内涵的交叉或重叠的现象,将直接决定“存续力核心说”的科学性与否。因此,如何对行政行为效力内容的具体构成进行科学有效的划分,是“存续力核心说”必须解决的一个重大理论难题。

现代“四效力说”与传统“四效力说”分歧的关键与实质,就是存续力

---

① 在我国台湾地区,现代“四效力说”认为行政行为的效力包括存续力、构成要件效力、确认效力及执行效力。参见林腾鹞:《行政法总论》,台北,三民书局1999年版,第460~466页。

② 林腾鹞教授认为,行政行为的效力包括存续力、构成要件效力、确认效力及执行效力。参见林腾鹞:《行政法总论》,台北,三民书局1999年版,第460~466页。李震山教授认为,行政行为的效力包括存续力、拘束力和执行力。参见李震山:《行政法导论》(修订9版),台北,三民书局2012年版,第358~366页。李琦博士认为,行政行为的效力包括存续力、拘束力、执行力、不可争力、不可变更力。参见李琦:《行政行为效力新论——行政过程论的研究进路》,中国政法大学2005年博士学位论文,第2页。张建宝先生认为,行政行为效力包括存续力、构成要件效力和执行力。参见张健宝:《行政行为效力体系的重构》,山东大学2008年硕士学位论文,第42~46页。其中,李震山教授关于行政行为效力内容构成的观点与笔者在本书中的观点(存续力、拘束力及强制力)已非常接近。至于笔者以“强制力”替代“执行力”的缘由,本书在第八章第二节及第四节、第五节予以详细论述。

(Bestandskraft)能否代替公定力并作为行政行为效力体系建构的基础与核心。公定力属于反映和揭示行政行为效力之普遍性的概念,存续力(Bestandskraft)既涉及行政行为效力的普遍性,又涉及行政行为效力的特殊性,故即使以存续力(Bestandskraft)替代公定力,“存续力核心说”同样存在将行政行为效力的普遍性与特殊性混为一谈的重大逻辑缺陷。实际上,在行政行为效力内容论的理论建构上,只有坚持行政行为效力之普遍性和特殊性理论的对立统一,才能形成完整、科学的行政行为效力内容论。

第三,“公定力、存续力共存说。”该说是对以公定力、存续力(Bestandskraft)为共同基础与核心建构行政行为效力体系的观点和学说的统称。该说认为,行政行为效力内容在具体构成上既包括公定力又包括存续力(Bestandskraft),二者与其他效力一起,共同构成完整的行政行为效力内容。在中外学者中,持该说的学者其实并不是很多。① 应该说,“公定力、存续力共存说”不同于“公定力核心说”与“存续力核心说”,这一学说至今也没有引起人们充分的兴趣和足够的关注。公定力概念属于反映和揭示行政行为效力之普遍性或一般性的范畴,存续力(Bestandskraft)既涉及行政行为效力的普遍性,又涉及行政行为效力的特殊性,②将公定力、存续力(Bestandskraft)作为行政行为的两项具体的效力内容,且与行政行为的其他具体效力内容相并列,形成所谓的“公定力、存续力共存说”,在逻辑上显然也是错误的。因此,“公定力、存续力共存说”的错误也在于该说将行政行为效力之普遍性与特殊性问题混为一谈,因而存在严重的逻辑缺陷,故其同样不能正确地反映和揭示行政行为效力内容的具体构成问题。

综上所述,在行政行为效力内容的具体构成上,“公定力核心说”、“存续力核心说”以及“公定力、存续力共存说”,均未能将行政行为效力之普遍性与特殊性予以区分,从而导致了三种学说在对行政行为效力内容问题

① 杨解君教授认为,行政行为的效力包括存续力、公定力、拘束力和实现力。参见杨解君等:《行政法与行政诉讼法》(下),清华大学出版社2009年版,第182页。余凌云教授认为,行政行为的效力包括公定力、确定力(或存续力)、狭义拘束力和执行力。参见余凌云:《行政法讲义》(第3版),清华大学出版社2019年版,第257页。杨登峰教授认为,行政决定效力包括拘束力、执行力、不可争力、公定力、存续力、构成要件效力和确认效力七项效力。参见杨登峰:《行政决定效力的本质与体系》,载《行政法学研究》2013年第4期。

② 德国行政行为存续力(Bestandskraft des Verwaltungsaktes)的本质内涵包括两层含义:一是行政行为上存续的法律效力(法律效果);二是保障行政行为合法存续的法律效力,即非经法定程序,不得对行政行为予以撤销、变更或废止。前者反映和揭示的是行政行为效力的普遍性,后者反映和揭示的是行政行为效力的特殊性。具体详见本书第六章第三节的相关论述。

的回答上均存在严重的逻辑错误。其中的重要原因在于,一方面,其未能揭示公定力之形式效力本质及其效力之普遍性或一般性特征,另一方面,其未能揭示存续力既涉及效力的普遍性又涉及效力的特殊性之本质内涵。可见,对公定力及存续力本质的正确认识和准确把握,对于行政行为效力内容论的科学建构至关重要。

四、行政行为效力之普遍性理论:“两质态论”

(一)“两质态论”的基本内容

行政行为的形式效力,是指行政行为(无效的行政行为除外)一经成立,基于其形式合法性而依法产生的法律效力。行政行为的形式效力系行政行为形式合法性基础上的“形式有效性”,其具有法定性、行政程序性、形式性、相对性及一般性之特征。形式效力是行政行为基于行政程序依法产生的法律效力,是行政权力依法运行的结果。形式效力以法的秩序与效率为价值目标,以“法安说”为理论依据。在现代社会,无论是在大陆法系国家或地区还是在英美法系国家或地区,行政行为的形式效力都是一种客观的现实存在,其或为实在法明文规定,或隐含于实在法的规定之中。形式效力制度在保障和维护社会秩序、实现行政效率及保护公共利益等方面,发挥着极为重要的作用。由行政程序立法明确予以规定、通过判例法确定及通过法律解释的办法“依法推定”,乃是法律规定或认可行政行为形式效力的三种具体方式。行政行为形式效力的概念与理论,并非学者们为了理论研究的需要而对现实制度安排的一种诠释或注解;恰恰相反,它是对行政行为形式效力这一客观现实的正确反映。在英美法系国家或地区,尽管没有类似大陆法系国家或地区的法律行为理论,但行政行为的形式效力却是隐含于其诉讼法律制度之中的重要制度。在英国,“除非法院撤销,无效行为(无论其缺陷是否明显)表面上有效”。[①] 在英美法系国家或地区,如果行政机关的行政行为没有形式效力的话,为何还要赋予相对人寻求诉讼救济的权利?换言之,行政相对人有权就行政机关的行政行为寻求诉讼救济,就说明了行政机关的行政行为形式效力制度的存在。笔者认为,由于行政行为形式效力理论具有高度的科学性,应该为世界各国行政法理论与实务所接受,以有效地指导法治实践。

行政行为形式效力制度在行政法领域的地位举足轻重,行政行为是否

① 参见〔英〕威廉·韦德、〔英〕克里斯托弗·福赛:《行政法》(第10版),骆梅英等译,中国人民大学出版社2018年版,第250页。

为社会所尊重、承认并在公共行政中发挥作用,很大程度上取决于其形式效力的存在。正是因为行政行为的形式效力制度,行政行为的行政法价值与功能才能顺利实现。如果没有行政行为形式效力制度的存在,则国家与社会必将陷于混乱,社会秩序、行政效率及公共利益的目标也难以实现。行政行为公定力理论存在无法克服的致命缺陷,而行政行为的形式效力理论则是对公定力理论的扬弃、发展与超越,可以解释和回答公定力理论无法解释和回答的诸多理论与实践难题。在我国,由于行政行为效力理论研究相对滞后,行政行为形式效力理论及其重大意义尚未引起人们足够的重视和关注。在行政行为形式效力概念科学界定的基础上,深入研究行政行为形式效力的价值目标、理论基础及制度功能等一系列理论问题,具有非常重要的意义。在实践上,应该以行政行为无效制度为基础和前提,建立完善科学的行政行为有限形式效力制度,以更好地发挥其在法治实践中的作用。由于《行政程序法》的缺位,我国尚未正式建立完善的行政行为无效制度,故也无法建立完善的行政行为有限形式效力制度。未来随着我国《行政程序法》的制定和出台,这一问题将会在行政程序立法上得到彻底的解决。

行政行为的实质效力,是指经过司法程序的审查和确认,行政行为基于其实质合法性而依法产生的法律效力。实质效力系行政行为在实质合法性基础上的"实质有效性",其具有法定性、司法程序性、实质性、绝对性及一般性之特征。实质效力以法的自由与公正为价值目标,以"司法正义论"为理论依据,与行政行为的形式效力不同,行政行为的实质效力并非明确地为实在法所规定,而是隐含于行政行为的司法审查制度、与行政行为的实质合法性密切相关的重要法律制度之中,其在保护公民的合法权益、保障国家权力的合法有效运行、保护公共利益及维护社会秩序等方面发挥着极为重要的作用。行政行为的实质效力与司法既判力之间既有区别,也存在密切的关联。令人遗憾的是,对于这样重要的一个理论与制度,多年来,中外学者的研究却是处于几乎空白的状态。[①]

行政行为(无效的行政行为除外)成立以后,基于社会秩序和行政效率的需要,法律首先必须赋予其形式效力。因此,形式效力是行政行为效

---

① 限于笔者的阅读范围,章志远教授率先提出并使用了行政行为的形式效力与实质效力这一对范畴。章志远教授认为,行政行为的形式效力是指行政行为自成立、生效时所具有的效力,实质效力是指行政行为因为符合一切法定有效要件而具有的法律认可的效力。章志远教授认为,这是以效力的真实性为标准,对行政行为的效力的分类。尽管章志远教授对于形式效力、实质效力概念的定义和界分并不十分明确,但却为我们深入研究这一对范畴奠定了基础。参见章志远:《行政行为效力论》,中国人事出版社 2003 年版,第 21~22 页。

力产生和发展的第一阶段。基于保护公民权利与自由的需要，如果相对人对行政行为的形式效力不服，可以依法提起违宪审查或行政诉讼寻求司法救济。经过司法程序的审查，行政行为具有实质合法性的，其会依法产生实质效力，此时行政行为的形式效力成功地转化为实质效力，行政行为的形式效力将不复存在，其实质效力开始显现。经过司法程序的审查，行政行为不具有实质合法性的，随着行政行为的撤销、变更，其将失去形式效力，更不会产生实质效力。因此，实质效力是行政行为效力发展的第二阶段，但却并非所有行政行为效力发展的必然阶段。由于被诉的行政行为毕竟是少数，绝大多数行政行为的效力都将处于第一阶段而不会发展到第二阶段，只有在相对人对行政行为不服，提起违宪审查或行政诉讼时，行政行为才有可能发展到实质效力阶段。如果相对人对行政行为的形式效力予以认同，不提起违宪审查或行政诉讼，行政行为将永远处于形式效力的阶段，并以形式效力的形式不断地发挥作用。因此，行政行为的实质效力固然非常重要，但其却并非行政行为效力发展的必然阶段。形式效力与实质效力在效力产生的根据及效力产生的法律程序上存在根本性的差异，二者是行政行为的两种不同性质及形态的效力。形式效力与实质效力属于反映与揭示行政行为效力之普遍性的一对非常重要的范畴，本书称为行政行为效力的“两质态论”。[①]

在大陆法系和英美法系国家或地区，无论其法学理论上是否存在行政行为形式效力与实质效力的理论或观念，形式效力与实质效力都是一种制度性的存在。形式效力与实质效力不仅在价值目标、理论依据及制度功能方面各不相同，在产生的时间和条件方面也有所不同。特别是在价值目标和制度功能上，二者具有很强的互补性，呈现相辅相成、对立统一的关系。就行政行为的形式效力而言，基于法的安定性原则，其以法的秩序与效率价值为目标，但对法的自由与公正价值的关注严重不足，实践上容易导致对公民合法权益的损害。因此，如果法律上仅仅建立行政行为的形式效力制度而没有实质效力制度，则专制将在所难免，正义也将无从实现。行政行为的实质效力以法的自由与公正为价值目标，以“司法正义论”为理论依据，在保护公民的合法权益、保障国家权力的合法有效运行、保护公共利

① 笔者认为，行政行为的形式效力与实质效力理论，属于反映和揭示行政行为效力之普遍性的理论；行政行为的存续力、拘束力及强制力之“三效力说”，属于反映和揭示行政行为效力之特殊性的理论。笔者在以前发表的论文中，曾经提出“两质态论”与“三效力说”之间的关系是本质与内容的关系。参见马生安：《行政行为效力体系重构的“两质态论”与“三效力说”》，载《重庆大学学报（社会科学版）》2015 年第 3 期。

益及维护社会秩序等方面发挥着极为重要的作用,其可以有效地实现法的自由和公正价值,以弥补形式效力制度的缺陷与不足。但是,行政行为的实质效力是一种以司法程序的审查为基础和前提而产生的法律效力。如果每个行政行为都先要进行司法程序的审查,然后相对人再决定是否对其予以遵守和执行的话,社会秩序和行政效率将无法得到保障,整个国家和社会必将陷于瘫痪的境地。可见,行政行为的实质效力虽然高度关注法的自由和公正价值,以保护公民的权利与自由为己任,但对法的秩序与效率价值的关注和保护却严重不足。因此,法律上如果只建立行政行为的实质效力制度而没有形式效力制度,那也是万万不行的。行政行为的形式效力与实质效力理论如鸟之双翼、车之双轮,两者联袂发生作用,可以有效地解释和回答行政复议、行政诉讼等有关行政行为的诸多理论与实践问题。

(二)“两质态论”的理论意义

首先,“两质态论”是科学的行政行为效力内容论的重要组成部分。本书第三章的研究结论表明,公定力理论解释和说明的行政行为效力,本质上就是行政行为的形式效力。基于符号学分析,在现代社会,公定力虽然本质上是行政行为的形式效力,却被冠以“公定力”之名,早已“名不副实”,公定力理论无法有效地解释和说明行政行为的形式效力这一行政法现象。公定力概念之名称因违背了社会符号学原理而无法继续使用,对其只能予以摒弃。[①] 为此,笔者主张以形式效力概念取代公定力概念,以行政行为的形式效力理论取代公定力理论。如果说形式效力理论是对公定力理论的扬弃、发展与超越,那么行政行为效力之“两质态论”则走得更远,其是对形式效力理论的进一步发展和超越。在形式效力理论的基础上引入实质效力理论而形成的行政行为效力的“两质态论”,系反映和揭示行政行为效力之普遍性的理论,科学地揭示了行政行为的两种不同性质及形态的效力。作为反映和揭示行政行为效力之普遍性的“两质态论”,其实际上构成了合宪性审查或行政诉讼的重要理论依据。司法机关对行政行为的合法性审查,其实就是对行政行为形式效力的救济,也是对行政行为的实质合法性及实质效力予以法律评价的过程。

形式效力与实质效力是行政行为效力理论上的一对重要范畴,对于行政行为效力内容论的理论建构具有非常重要的意义。我国学者虽然对这

① 公定力概念违背了符号学、语义学等原理,对其只能予以摒弃的原因和理由,详见本书第三章第七节的相关论述。

一对范畴有所提及,[1]但长期以来对其重要性的认识严重不足,理论研究基本上处于空白状态。在行政行为效力内容论的理论建构上,如果没有反映和揭示行政行为效力之普遍性问题的"两质态论",而仅有反映和揭示行政行为效力之特殊性问题的"三效力说",则行政行为的效力内容论必将不够完整,其理论与实践功能也将残缺不全,既无法科学地解释和回答有关理论难题,也无法有效地指导立法、执法与司法实践。是故,形式效力与实质效力之"两质态论"是科学的行政行为"效力内容论"不可或缺的重要组成部分之一。

其次,"两质态论"有助于破解行政行为效力研究上长期悬而未决的理论难题。法律其实不仅仅是静态的法律规范和法律文件,更是一种活生生的规范性秩序;行政行为作为关于法律解释和法律适用的一种权威性宣告,其在一定程度上被赋予了与法律文件相类似的品格,一经成立就被当作合法有效的行政行为(无效的行政行为除外)对待,这就是行政行为的形式效力。"法安说"作为行政行为形式效力的理论依据,较好地诠释了为什么行政行为必须具有形式效力这一理论问题。行政行为形式效力的根据既不在于国家公权力行为的先验优越性,也不在于社会大众对政府的信任,而是人们需要相对确定的、和平稳定的社会生活秩序及公共行政的效率之结果。行政行为形式效力理论能够科学、有效地解释和说明行政行为(无效的行政行为除外)一经成立即具有形式效力这一行政法现象,科学、有效地反映和揭示行政行为形式效力的本质。以行政行为的形式效力理论为分析工具,则许多理论难题便可以迎刃而解了。例如,公定力是否构成行政行为其他效力的基础和前提?其他效力是否需要公定力的支持而得以存在?关于这一问题的争论虽然很多,但却始终没有得到根本解决。根据本书第三章的研究结论,公定力本质上就是行政行为的形式效力,它是对行政行为各项效力内容的概括与统称,而并非行政行为的某一项具体的效力内容。既然如此,行政行为的其他效力在理论上当然可以完全脱离公定力的支持而独立存在。或者说,根本就不会存在公定力作为其他效力产生的基础与前提这一问题。揭示了公定力的形式效力本质之后,通过剖析公定力理论在现代社会存在的有关缺陷,又可以回答公定力理论是应该予以保留还是摒弃这一重大的理论问题。同样,行政行为的实

---

① 参见章志远:《行政行为效力论》,中国人事出版社2003年版,第21、22页;黄全:《论行政行为形式效力之完全公定力——兼论无效行政行为制度不适合我国》,载《甘肃政法学院学报》2009年第3期;黄全、陈海:《瑕疵行政行为的效力及法律后果论纲》,载《四川师范大学学报(社会科学版)》2010年第6期。

质效力理论也是一个非常重要的理论工具。只有具有实质合法性的行政行为,才是我们应该努力追求的行政行为;也只有具有实质合法性的行政行为,才能真正地实现法的公平与正义。因此,对行政行为实质合法性及实质效力的法律评价与保障,构成了行政诉讼、合宪性审查的根本原因与理论依据。

最后,“两质态论”为行政行为效力理论的深入研究开辟了新的路径。近年来,中外学者关于行政行为效力问题研究的进展极为缓慢,几乎是处于停滞不前的状态。我国学者研究的行政行为效力,大多是“行政决定”的效力,而非“广义型”行政行为的效力。本书的研究结论表明,形式效力与实质效力之“两质态论”,不仅适用于解释和说明行政决定的效力,而且适用于解释和说明行政协议的效力、准行政法律行为的效力及行政法规、规章的效力,因而具有广泛的适用性。形式效力与实质效力作为行政行为两种不同性质及形态的效力,二者在价值目标、理论依据及制度功能等诸多方面存在不同,特别是在价值目标和制度功能上,二者具有很强的互补作用。从形式效力和实质效力之“两质态论”出发,可以深入地研究行政行为效力诸多的理论与实践难题,因此,形式效力与实质效力之“两质态论”为行政行为效力问题的深入研究提供了新的视角,开辟了新的路径。

(三)“两质态论”的现实意义

根据本书第三章第七节的研究结论,公定力理论存在无法克服的致命缺陷,其当然也就无法有效地指导立法、执法及司法实践。与公定力理论或单一的形式效力理论相比,行政行为效力的“两质态论”不仅具有重要的理论意义,而且具有超强的实践指导功能。形式效力理论与实质效力理论能够有效地指导立法、执法与司法实践,从而有效避免一些不必要的挫折和失误。

1.“两质态论”能够有效地指导立法实践

第一,指导《宪法》的修改与完善。根据我国现状,立法机关对于行政法规和规章的合法性审查效果很不理想,人民法院又没有对行政法规和规章的合法性审查权;即使是行政规范性文件,人民法院也只能对其予以附带性审查,故现行的制度其实很难有效地保障对行政行为的实质合法性审查。以行政行为效力的“两质态论”为指导,修改、完善《宪法》,能够为行政行为实质合法性审查的职权配置等提供根本法依据。

第二,指导《立法法》的修改与完善。例如,根据行政行为的无效理论及行政行为的有限形式效力理论,在统一的《行政程序法》缺位的情况下,可以在我国的《立法法》上建立行政法规、规章的无效制度。我国台湾地区“行政程序法”(1999年)第158条即对法规命令的无效制度作出了具体而明确的规定[①]。又如,科学的立法程序对行政法规和规章的实质合宪、合法性的保障至关重要,为此,可以修改《立法法》,完善行政法规、规章的制定修改程序,从程序上保障行政法规、规章的合宪性与合法性。目前《立法法》规定的法律法规备案制对于保障行政法规、规章的合宪性与合法性作用甚微,可以修改《立法法》,建立由立法机关的专门机构、专门人员负责行政法规和规章的合法性审查制度。再如,可以修改《立法法》,完善行政法规、规章的监督救济机制。

第三,指导《行政程序法》的制定。目前我国尚未制定统一的《行政程序法》,除《行政处罚法》《行政许可法》《行政强制法》这些程序性规定外,其他行政执法活动的程序基本无法可依。行政行为效力的“两质态论”涉及行政行为效力制度的诸多内容,对于《行政程序法》的制定具有重要的指导意义。例如,根据本书第四章第二节的研究结论,行政行为的有限形式效力理论与无限形式效力理论相比较为科学,故在立法实践上,应该以有限形式效力理论为指导,建立并完善行政行为的有限形式效力制度。据此,在我国的行政程序立法上,就应该建立行政行为的无效制度。在未来的行政程序立法上,还应该建立行政规范性文件的无效制度。《联邦德国行政程序法》(1997年)第44条第5款[②]规定了行政机关依据相对人申请或主动确认行政行为无效的确认制度,这对我国的行政程序立法也具有重要的借鉴意义。我国台湾地区“行政程序法”(1999年)第113条[③]亦有类似规定。又如,以行政行为的实质效力理论为指导,在制定统一的《行政程序法》时,从立法上明确行政决定等行政行为的实质合法性的一般要件与特殊要件,为行政行为实质合法性的法律评价确立明确的判断标准。再如,因为具有实质合法性的行政行为才能真正实现法的公平与正义,故应该建立行政程序重开制度,即行政行为虽然经过法定的救济期间,在特定的情况下,仍然允许相对人或利害关系人向行政机关申请撤销、

---

① 我国台湾地区“行政程序法”(1999年)第158条规定:“法规命令,有下列情形之一者,无效:一、抵触宪法、法律或上级机关之命令者。二、无法律之授权而剥夺或限制人民之自由、权利者。三、其订定依法应经其他机关核准,而未经核准者。法规命令之一部分无效者,其他部分仍为有效。但除去该无效部分,法规命令显失规范目的者,全部无效。”

② 《联邦德国行政程序法》(1997年)第44条第5款规定,行政机关可以随时依职权确认行政行为无效;申请人有正当权益的,行政机关应其申请也需确认无效。参见应松年主编:《外国行政程序法汇编》,中国法制出版社1999年版,第180页。

③ 我国台湾地区“行政程序法”(1999年)第113条规定:“行政处分之无效,行政机关得依职权确认之。行政处分之相对人或利害关系人有正当理由请求确认行政处分无效时,处分机关应确认其为有效或无效。”

废止或变更行政行为。《联邦德国行政程序法》(1976年)第51条[①]即有这样的规定。在我国,台湾地区"行政程序法"(1999年)第128条[②]也有类似规定。《中华人民共和国行政程序法(专家建议稿)》(2015年)第166条已有相应的建议内容;[③]《中华人民共和国行政程序法(试拟稿)》第145、146条对此也已有类似《联邦德国行政程序法》(1976年)第51条的规定。[④] 复如,也正是因为具有实质合法性的行政行为才能真正实现法的公平与正义,故还应该建立行政机关对经过法定救济期间的违法行政行为的行政程序重开制度。《联邦德国行政程序法》(1997年)第48条第1款规定的行政机关主动纠错的作为义务[⑤],不需要以行政相对人的申请为前提。在我国的行政执法及司法实践中,由于违法行政行为超过了法定的救济期间,相对人无法获得救济的情形较多。《中华人民共和国行政程序法(专家建议稿)》(2015年)仅仅规定了相对人可以向行政机关申请行政处理程序重新进行,以撤销、变更或废止原行政处理决定,但并没有规定行政机关对违法行政行为的主动纠错制度。笔者认为,我国在未来的行政程序立法中,应该借鉴德国行政程序法的经验与做法,也建立行政机关对超过

---

① 《联邦德国行政程序法》(1976年)第51条规定,行政机关在法定的条件下,必须应相对人的申请,对已经成立生效的行政行为作出撤销和变更的决定。参见应松年主编:《外国行政程序法汇编》,中国法制出版社1999年版,第184页。

② 我国台湾地区"行政程序法"(1999年)第128条规定:"行政处分于法定救济期间经过后,具有下列各款情形之一者,相对人或利害关系人得向行政机关申请撤销、废止或变更之。但相对人或利害关系人因重大过失而未能在行政程序或救济程序中主张其事由者,不在此限:一、具有持续效力之行政处分所依据之事实事后发生有利于相对人或利害关系人之变更者。二、发生新事实或发现新证据者,但以如经斟酌可受较有利益之处分者为限。三、其他具有相当于行政诉讼法所定再审事由且足以影响行政处分者。前项申请,应自法定救济期间经过后三个月内为之;其事由发生在后或知悉在后者,自发生或知悉时起算。但自法定救济期间经过后已逾五年者,不得申请。"

③ 《中华人民共和国行政程序法(专家建议稿)》(2015年)第166条(行政处理程序重新进行)规定,行政处理具有下列情形的,行政相对人在法定救济期限经过后,可向行政机关申请行政处理程序重新进行,以撤销、变更或废止原行政处理:(1)行政处理所依据的客观事实或法律依据发生了有利于行政相对人的变化;(2)行政相对人获得了新的证据材料,可以导致行政机关作出对其有利的处理决定;(3)出现行政诉讼再审事由且足以影响行政处理重新作出的。对于上述事由,行政相对人如原已知悉而因重大过失而未能在原行政处理程序或之后的救济程序中提出的,行政机关可对其申请行政处理程序重新进行,撤销、变更或废止原行政处理的要求不予接受。参见姜明安等:《行政程序法典化研究》,法律出版社2016年版,第436、437页。

④ 参见王万华:《中国行政程序法典试拟稿及立法理由》,中国法制出版社2010年版,第38~39页。

⑤ 《联邦德国行政程序法》(1997年)第48条第1款规定:"违法的行政行为,即使已具确定力,仍得部分或全部以对将来或溯及既往的效力撤销。"参见应松年主编:《外国行政程序法汇编》,中国法制出版社1999年版,第182页。

法定救济期间的违法行政行为的主动纠错制度;并将行政规范性文件的制定纳入行政程序立法,建立行政规范性文件的无效制度。

第四,指导《行政诉讼法》的修改与完善。例如,根据行政行为效力的“两质态论”,我国最终还是应该建立停止执行为原则、不停止执行为例外的制度。又如,根据行政行为效力的“两质态论”,行政行为的拘束力有形式拘束力与实质拘束力之分,只有具有实质效力的行政行为才具有绝对的拘束力,可以作为司法裁判的直接依据,而具有形式效力的行政行为仅仅具有相对的、有限的拘束力。故在一般情况下,具有形式合法性及形式效力的行政行为不能作为司法裁判的直接依据。只有在特定的情况下,为了防止正在审理案件的过分迟延,具有形式合法性及形式效力的行政行为才能作为司法裁判的依据——最高人民法院《关于审理专利纠纷案件适用法律问题的若干规定》(法释〔2020〕19 号)就规定了这一情形。[①] 根据行政行为效力的“两质态论”,我国需要修改完善的行政诉讼制度还有很多,详见本书第五章第六节、第七节论述,此处不再赘述。

第五,指导《行政复议法》的修改与完善。例如,根据行政行为效力的“两质态论”,我国的《行政复议法》也应该建立复议期间停止行政行为的执行为原则、不停止执行为例外的制度。又如,根据行政行为的有限形式效力理论,行政复议决定的形式也应该包括确认行政行为的有效或无效。我国的行政复议法还缺乏相关的规定,对此应该予以修改完善。再如,行政复议终局制度的存在有悖“司法最终解决”原则,其使得部分形式合法性的行政行为无法获得司法程序的实质合法性审查,无法保障法的公平与正义的实现,故应该在修改《行政复议法》时,取消行政复议的终局裁决制度,或者尽可能地缩小行政复议终局裁决制度的适用范围。

第六,指导《行政强制法》的修改与完善。详见本书第五章第七节、第八章第七节的相关论述,此处从略。

---

① 最高人民法院《关于审理专利纠纷案件适用法律问题的若干规定》(法释〔2020〕19 号)第 5 条规定:“人民法院受理的侵犯实用新型、外观设计专利权纠纷案件,被告在答辩期间内请求宣告该项专利权无效的,人民法院应当中止诉讼,但具备下列情形之一的,可以不中止诉讼:(一)原告出具的检索报告或者专利权评价报告未发现导致实用新型或者外观设计专利权无效的事由的;(二)被告提供的证据足以证明其使用的技术已经公知的;(三)被告请求宣告该项专利权无效所提供的证据或者依据的理由明显不充分的;(四)人民法院认为不应当中止诉讼的其他情形。”第 6 条规定:“人民法院受理的侵犯实用新型、外观设计专利权纠纷案件,被告在答辩期间届满后请求宣告该项专利权无效的,人民法院不应当中止诉讼,但经审查认为有必要中止诉讼的除外。”第 7 条规定:“人民法院受理的侵犯发明专利权纠纷案件或者经国务院专利行政部门审查维持专利权的侵犯实用新型、外观设计专利权纠纷案件,被告在答辩期间内请求宣告该项专利权无效的,人民法院可以不中止诉讼。”

2.“两质态论”能够有效地指导行政执法实践

只有具有实质合法性的行政行为,才是我们应该努力追求的行政行为。一方面,应该竭力避免作出无效的行政行为;另一方面,对于作出的具有形式效力的行政行为,同时也应该努力追求其实质合法性及实质效力。行政行为的形式效力与实质效力分别以形式合法性与实质合法性为基础,在实践中努力追求行政行为形式合法性与实质合法性的统一,乃是法治实践的根本要求。形式效力与实质效力之“两质态论”对于行政执法实践具有重要的指导意义。例如,行政行为(无效的行政行为除外)一经成立,即具有形式存续力,行政机关等公权力机关非因法定事由并经法定的程序,不得撤销、变更或废止行政行为。由于行政行为形式存续力的形式性和相对性,一方面,非经法定程序,公权力机关不得对行政行为予以撤销、变更或废止;另一方面,由于行政行为存续力的形式性与相对性,因法定事由并经法定的程序,行政机关等公权力机关可以对其予以撤销、变更或废止。又如,对于过了法定救济期间的违法行政行为,行政机关是否应该主动予以撤销?我国法律目前对此没有明确的规定。基于行政行为的形式效力与实质效力之“两质态论”,形式效力以秩序与效率为价值目标,而实质效力以自由和公正为价值目标。对于过了法定救济期间的违法行政行为,除依法不可撤销或不宜撤销的,行政机关应该主动纠错而予以撤销。在行政管理过程中,行政机关不应该仅仅因为行政行为过了法定救济期间而放任违法的行政行为持续存在。再如,当一个在先行政行为构成另一个在后行政行为的前提条件时,行政机关在作出后一行政行为时是否应该受在先行政行为的拘束,在先行政行为的拘束力如何,一直是很有争议的问题。公定力论者认为,由于行政行为具有公定力,行政机关在作出后一行政行为时应该一律受在先行政行为的拘束。其实,以行政行为效力的“两质态论”为指导,这一问题就很好解决。在一般情况下,因为行政行为具有形式拘束力,行政机关在作出后一行政行为时,应该受在先行政行为的拘束,不得作出与之内容相反的行政行为;但是,并非所有的行政行为都具有形式效力,存在重大且明显违法情形的行政行为就不具有形式效力,当然也就没有形式拘束力。对于具有实质合法性及实质效力的行政行为而言,其无疑就应该具有拘束力。关于行政行为对于行政机关的拘束力问题,本书第七章五节的相关内容已有详细的论述。

3.“两质态论”能够有效地指导司法实践

对行政行为实质合法性的司法审查,是监督与制约行政权力、保护公民合法权益以实现司法正义的重要保障。在行政行为的司法审查过程中,行政行为效力的“两质态论”同样具有重要的指导作用。例如,关于行政行为的撤销与变更问题。行政行为的存续力有形式存续力与实质存续力之分,形式存续力只是一种形式效力,其具有形式性、相对性,故对于形式效力阶段的行政行为,司法机关可以依法撤销与变更。由于行政行为实质存续力的实质性和绝对性,对于具有实质效力的行政行为,司法机关便不可以受理针对该行政行为的起诉,也不可以判决撤销与变更。如果原判决确有错误,只能通过审判监督程序撤销原生效裁判,之后才可以对行政行为予以撤销或变更。又如,关于行政行为对司法裁判的拘束力问题,以形式效力与实质效力理论为指导,这一问题也是非常容易解决的。①

五、行政行为效力之特殊性理论:“三效力说”

(一)“三效力说”的基本内容

一个科学的行政行为效力理论,必然是以科学的概念和范畴为基础形成科学的概念和范畴体系。目前,在我国的行政行为效力理论上,概念和范畴的使用混乱、错误的情况较为严重,更遑论科学、完整的概念和范畴体系。例如,学者们关于行政行为效力内容问题的研究和讨论,在概念或范畴的使用上即是如此。关于行政行为效力内容的具体构成问题,中外学者曾经提出非常多的概念或范畴,但即使是同一概念或范畴,在不同的学者那里往往又有不同的含义与理解。缺乏科学的概念与范畴,当然也就更不可能形成科学、完整的概念及范畴体系了。“法学和法律实践中的许多混乱是由于不正确地使用概念引起的。如果精确地解释和确定法律概念的定义,就能够更精确地描述法律现象,正确地进行法律推理。”②因此,关于行政行为效力内容论的理论建构,首先离不开科学的概念与范畴。此外,行政行为效力内容论在理论上还要具有自洽性,能够科学地反映和揭示行政行为每一项效力内容的本质属性。在行政行为效力内容的具体构成上,不但要反映各项效力的特殊性,而且各项效力的内涵和外延也必须是确定的,相互之间必须泾渭分明、相互协调,而不能相互交叉、相互冲突。例如,有学者认为,所谓的先定力,是在行政行为成立之前的效力,因此其并不能成为行政行为的效力内容之一。③

---

① 详见本书第七章第六节的论述。

② 张文显:《法哲学范畴研究》,中国政法大学出版社 2001 年版,第 288 页。

③ 先定力“是指行政意志对相对人意志的支配力。它实际上是一种行政行为的形成力或者形成规则,也就是法律对形成行政意志的一种保护”。参见叶必丰:《行政行为的效力研究》,中国人民大学出版社 2002 年版,第 42 页。

本书以法的存续力、拘束力及强制力之“三效力说”为依据，建构了行政行为存续力、拘束力及强制力之“三效力说”。[①] 应该说，行政行为这三项效力之间的区别还是比较明显的：一是产生的时间不同。存续力最先产生，拘束力随后或与存续力同时产生，强制力一般都是最后产生。二是产生的条件不同。存续力产生的条件是行政行为的成立；拘束力产生的条件一般是相对人等知道或应当知道行政行为的内容；强制力产生的条件是行政主体或行政相对人等违反或拒不履行存续力或拘束力之法定义务。三是地位不同。存续力是前提和基础效力，拘束力是目的与核心效力，强制力是手段与保障效力，每一项效力都具有特定的法律意义。四是功能不同。存续力的功能在于保障行政行为持续、合法地存续，不被非法撤销、变更或废止；拘束力的功能在于保障相对人等履行义务；强制力的功能在于以强制手段保障行政行为义务的实现。五是效力发挥作用的机理与具体制度不同。存续力是通过禁止公权力机关非法撤销、变更或废止行政行为发挥作用的，拘束力是通过对相对人履行义务的激励机制发挥作用的，强制力则是通过强制的方法发挥作用的。存续力、拘束力及强制力三者的本质属性不同，价值目标与制度功能不同，产生的时间和条件也有所差异。存续力、拘束力及强制力三者相互独立，不存在内涵的交叉或重叠的现象，可以对学者们提出的各类概念进行有效的概括、吸收或替代，如存续力可以有效地概括和吸收“不可变更力”“不可争力”，并有效地替代“确定力”；拘束力可以有效地概括、吸收或替代“跨程序拘束力”、“确认效力”、“构成要件效力”与“既决力”。[②] 尽管强制力概念比执行力概念的适用范围更广，但执行力概念的存在也具有一定的积极意义，故在研究和讨论行政行为效力内容的具体构成时，一方面，应该以强制力概念替代实现力概念；另一方面，可以将执行力作为强制力的下位概念予以保留。存续力、拘束力及强制力之间互相支持、互相依存，能够有效地保障行政行为效力内容上的和谐统一。总之，以存续力为基础和前提、以拘束力为

---

① 笔者认为，在效力内容的具体构成上，行政行为效力可以分为存续力、拘束力及强制力，即行政行为的“三效力说”。笔者在以前发表的论文中，曾经主张存续力、拘束力及实现力之“三效力说”。在本书中，笔者以“强制力”替代“实现力”，这样的修正更加科学、合理。参见马生安：《行政行为效力体系重构的“两质态论”与“三效力说”》，载《重庆大学学报（社会科学版）》2015 年第 3 期。

② 江必新教授认为，既决力是指对于行政行为所记载的意思表示和认定的事实，相对人、行政主体、监督机关以及其他社会主体都有义务作为既定事实加以承认和尊重，其都受既决的行政行为内容的束缚，不能作出与该行政行为相反的认定和处理。参见江必新：《行政行为效力体系理论的回顾与反思》，载《江苏社会科学》2008 年第 5 期。

目的与核心及以强制力为手段与保障之“三效力说”，作为一个内在联系、有机统一的整体，共同构成了反映和揭示行政行为效力之特殊性的科学理论。

行政行为存续力、拘束力及强制力的本质属性、价值目标及制度功能不同，决定了它们在行政行为效力体系中的地位各异。就处于形式效力阶段和形态的行政行为而言，行政行为（无效的行政行为除外）一经成立，首先产生的是形式存续力，它是整体行政行为效力的基石，预先肯定、承认并维系行政行为的存续，以初步稳定行政法律关系。此后，形式拘束力和形式强制力的产生，均是以行政行为的形式存续力为基础的。正是在形式存续力的基础上，形式拘束力、形式强制力才得以逐步显现。其中，形式拘束力是行政行为的目的与核心效力，是纵向深入与横向发散的效力；因为约束对象不同，在形式存续力产生之际，行政行为的形式拘束力未必产生。例如，在行政行为成立而尚未送达相对人时，行政行为的形式存续力已经产生，但行政行为对相对人的形式拘束力没有产生。形式强制力是形式存续力、形式拘束力的手段和保障。由于形式强制力在行政主体或行政相对人等违反或拒不履行存续力或拘束力之法定义务时才开始产生，在行政主体或行政相对人等主动履行存续力或拘束力之法定义务时，行政行为根本不会产生形式强制力。拘束力的本质功能是保障义务人主动履行行政行为义务，而强制力的本质功能是保障行政行为义务的强制履行和实现；只有在行政行为拘束力失去作用时，强制力才开始产生和显现。因此，一个行政行为并非能够全部产生形式存续力、形式拘束力及形式强制力。即使形式存续力、形式拘束力和形式强制力能够全部产生，由于产生的时间及先后次序不同，这三项效力并不具有共时性，而是呈现阶段性和时序性之特点。

就处于实质效力阶段和形态的行政行为而言，其效力内容也是由存续力、拘束力及强制力三个方面构成的，具体表现为实质存续力、实质拘束力及实质强制力。同理，因为实质存续力、实质拘束力及实质强制力产生的时间和条件不同，即便某一行政行为的实质存续力、实质拘束力及实质强制力会全部产生，但由于其产生的时间及先后次序不同，这三项效力也并不具有共时性，同样呈现阶段性和时序性之特点。

（二）“三效力说”的理论意义

首先，“三效力说”建构了较为科学的行政行为效力之特殊性理论。行政行为存续力、拘束力及强制力之“三效力说”较为科学、合理，其优点有三：一是简明扼要、繁简适度。“一效力说”和“两效力说”较为笼统，“四效力说”、“五效力说”、“六效力说”乃至“七效力说”等又较为繁杂，相比较而言，“三效力说”简单明了，抓住了问题的关键。二是能够反映和揭示不同效力内容的本质属性。存续力、拘束力及强制力的价值目标和制度功能各不相同，“三效力说”能够对不同性质的效力内容进行有效区分，并科学地反映和揭示其不同的本质属性。三是各项效力之间泾渭分明、互不交叉。“三效力说”克服了以往诸多学说在效力内容划分上存在的概念模糊、内容交叉、相互矛盾等缺陷，这也是其重要的优点之一。

其次，“三效力说”是行政行为效力内容论的重要组成部分之一。根据本章的研究结论，行政行为效力的“两质态论”与“三效力说”不可分割、缺一不可。前者属于反映和揭示行政行为效力之普遍性的理论，而后者属于反映和揭示行政行为效力之特殊性的理论，二者对立统一，构成了完整而又科学的行政行为效力内容论。因此，存续力、拘束力及强制力之“三效力说”，构成了科学的行政行为效力内容论的重要组成部分之一。

最后，“三效力说”为行政行为效力相关法律制度的深入研究奠定了基础。行政行为法、行政程序法及行政诉讼法上的许多制度，其实都是围绕存续力、拘束力及强制力这三项效力展开的。例如，行政行为的撤销、变更、废止及行政程序的重新进行，甚至是行政诉讼法的再审制度，其实反映的就是行政行为的存续力问题；民事诉讼或刑事诉讼中对行政先决问题的司法审查，其实反映的是行政行为的拘束力问题；行政复议或行政诉讼过程中对行政行为的执行、非诉行政案件的执行，其实反映的就是行政行为强制力问题。因此，存续力、拘束力及强制力“三效力说”科学地回答了行政行为效力内容的具体构成问题，为我们深入研究行政行为的各项效力及其相关的问题奠定了坚实的理论基础。

(三)“三效力说”的现实意义

首先，“三效力说”能够有效地指导立法实践。例如，就存续力而言，行政行为的撤销、变更、废止及行政程序的重新进行等制度，体现的其实就是行政行为的存续力。德国的行政程序法对行政行为的撤销、变更和废止等均作了非常具体明确的规定。我国台湾地区、澳门特别行政区的行政程序规定中，对于行政行为的撤销、变更和废止等亦作了明确规定，我国在未来的《行政程序法》中，也应该对行政行为的撤销、变更、废止及行政程序的重开等制度予以规范，从而保护行政行为的合法存续。又如，就行政行为的拘束力而言，长期以来，我们往往只看到行政行为对相对人的拘束力，而忽视了其对行政机关的拘束力。行政行为对作出它的原行政机关的拘束力，是一个比较容易解释和回答的问题。但是，行政行为对其他行政机关的拘束力,却是一个比较复杂的问题。对于这些问题,只有在理论上研究解决之后,才能在立法上作出科学、明确的规定。以行政行为的拘束力问题为例,其本质上就是如何保障义务人主动履行行政行为义务的问题。当前,行政相对人不履行行政行为义务的现象较为严重,行政行为拘束力的实效很差,迫切需要我们在理论上研究并在立法上予以解决。从理论上来说,行政行为义务的履行应该通过一定的激励机制予以解决。激励机制大致可以分为正激励和负激励,正激励是通过奖励等正面诱导,保障行政行为义务人的主动履行,如通过行政奖励的激励措施,促使行政相对人积极地履行义务。负激励则是通过惩戒等负面推动力来起到激励作用。在立法上,可以通过确定行政行为义务履行的奖惩等激励机制来解决,对于积极履行行政行为义务的,予以奖励,对于不履行行政行为义务的,则予以惩罚。此外,关于行政行为对法院的拘束力问题,目前比较突出的情况是,对于构成民事诉讼、刑事诉讼或行政诉讼先决问题的行政行为合法性问题,法院的审查存在不作为或形式主义,以形式拘束力等同于实质拘束力的做法已经成为影响案件质量及危害司法公正的"隐形杀手"。从理论上正本清源,从立法上完善相关的法律制度,以彻底根除形式拘束力等同于实质拘束力的现象,乃是实现司法公正的根本要求。再如,就行政行为的强制力而言,形式强制力与实质强制力理论表明,由于形式效力的形式性与相对性,除情况紧急需要对形式效力的行政行为实施强制执行的以外,一般不得对形式效力的行政行为实施强制执行;相反,由于实质效力的实质性与绝对性,具有实质效力的行政行为,则可以作为实施强制执行的依据。为此,应该修改完善《行政强制法》《行政诉讼法》,最终确立"裁执分离"模式下以行政机关执行为原则、以司法机关执行为例外的强制执行制度。同理,行政诉讼或行政复议过程中,行政行为处于形式效力阶段,除非情况紧急,一般也不得对其实施强制执行。因此,有必要修改《行政诉讼法》和《行政复议法》的有关规定,在诉讼或者复议中建立停止执行为原则、不停止执行为例外的行政强制执行制度。

其次,"三效力说"能够有效地指导行政执法实践。例如,就行政行为存续力而言,存续力理论要求行政机关在行政执法过程中,必须根据法律规定的条件和程序,依法对行政行为进行撤销、变更或废止。行政程序的重新进行,也必须遵守存续力的要求。又如,就行政行为的拘束力而言,拘束力理论要求既要看到行政行为对相对人的拘束力,又要看到其对行政机关的拘束力。拘束力理论对于行政执法的重要指导意义在于,对作出它的原行政机关来说,原行政机关应该受到其作出的行政行为的约束,积极履行相应的义务;对其他行政机关来说,其他行政机关也应该积极遵守行政行为拘束力的要求,依法履行相应的义务。再如,就行政行为的强制力而言,强制力理论对于行政执法活动的重要指导意义在于,只有具有实质合法性的行政行为才可以作为实施强制执行的依据;对于处在形式强制力阶段的行政行为,除非情况紧急,一般不得对其实施强制执行。

最后,“三效力说”能够有效地指导司法实践。例如,就行政行为的存续力而言,存续力制度是与法的安定性原则、合法预期保护原则及信赖保护原则紧密联系的法律制度。存续力理论要求法院在对行政行为进行司法审查的时候,对于违法撤销、变更或废止行政行为的,要依法予以司法监督与救济,并充分保护当事人因此而遭受的信赖利益损失;对于需要通过司法程序撤销或变更行政行为的,应该依法谨慎地行使撤销权和司法变更权,同时要充分保护当事人因此而遭受的信赖利益损失。又如,就行政行为的拘束力而言,拘束力理论对于司法审查判断行政机关是否违反拘束力义务也具有重要的指导意义。行政行为对于司法裁判拘束力问题的研究,可以有效地指导法官科学地适用法律,依法公正地作出裁判,以实现法的公平与正义。前文已述及,因为形式拘束力的形式性与相对性,形式拘束力的行政行为不能作为司法裁判的直接依据;由于实质拘束力的实质性与绝对性,实质拘束力的行政行为能够作为司法裁判的直接依据。民事诉讼、刑事诉讼或行政诉讼中的行政先决问题,必须通过行政诉讼程序予以司法审查,只有具有实质拘束力的行政行为才能作为民事诉讼、刑事诉讼或行政诉讼裁判的直接依据。再如,就行政行为的强制力而言,基于形式强制力与实质强制力理论,因为行政行为实质效力的实质性与绝对性,对具有实质效力的行政行为可以实施强制执行;对于具有形式效力的行政行为,因为其形式效力的形式性与相对性,除非有法律的特别规定,一般不能对其实施强制执行。同理,形式强制力与实质强制力理论对于非诉执行案件的司法审查、行政诉讼过程中的执行问题,也均有重要的指导意义。

六、行政行为效力内容论之理论建构

本书第四章、第五章的研究结论表明,行政行为具有形式效力及实质效力两种不同性质及形态的效力,形式效力及实质效力之“两质态论”系反映和揭示行政行为效力之普遍性的理论。本书第六章、第七章、第八章的研究结论表明,行政行为具有存续力、拘束力及强制力,存续力、拘束力及强制力之“三效力说”为反映和揭示行政行为效力之特殊性的理论。与法的效力内容论的理论建构一样，行政行为效力内容论可以分为两个方面：一是反映和揭示行政行为效力之普遍性或一般性的“两质态论”；二是反映和揭示行政行为效力之特殊性或个别性的理论，即行政行为的“三效力说”。对于行政行为效力内容论的理论建构而言，二者不可分割、缺一不可；否则，行政行为的效力内容论在理论上就不够完整，其功能也必然会受到极大的限制。二者对立统一，构成了完整而又科学的行政行为效力内容论。

七、行政行为效力内容论的价值与意义

效力内容的具体构成（效力体系）问题一直是行政行为效力研究上的重大理论问题之一，也是中外学者研究的重点和难点。长期以来，中外学者对于这一理论问题的研究始终无法深入并有所突破。本节第三部分已经述及，无论“公定力核心说”、“存续力核心说”还是“公定力、存续力共存说”，均未能将行政行为效力之普遍性与特殊性予以区分，从而导致其在行政行为效力内容问题的回答上均存在严重的逻辑错误。本书在行政行为效力之普遍性与特殊性区分的基础上，以“两质态论”与“三效力说”的统一重构了行政行为的效力内容论，可谓对这一问题取得的突破性的重大进展。本书建构的行政行为效力内容论的价值和意义在于：（1）建立了反映和揭示行政行为效力之普遍性的理论，科学地揭示法的两种不同性质及形态的效力。（2）建立了反映和揭示行政行为效力之特殊性的理论，科学地揭示法所具有的三项效力内容。（3）以“两质态论”与“三效力说”的对立统一，科学地重构了行政行为的效力内容论。任何理论创新都意味着在原有理论基础上的重构，本书所述的行政行为效力内容论，既非传统的“公定力核心说”，亦非现代的“存续力核心说”，而是在大胆批判、质疑中外学者研究成果的基础上，基于法的效力内容论，通过演绎的方法，以“两质态论”与“三效力说”的对立统一重构了行政行为的效力内容论，从理论上较好地回答了这一重大的理论与实践问题。（4）建立了行政行为效力的若干基本范畴，为深入研究行政行为效力问题奠定了基础。行政行为效力之“两质态论”与“三效力说”实际上也建立了形式效力、实质效力、存续力、拘束力、强制力、形式存续力、形式拘束力、形式强制力、实质存续力、实质拘束力、实质强制力等基本范畴，这些基本范畴本身就是对行政行为效力理论的丰富和发展。这些范畴的建立，为行政法学深入研究行政行为问题奠定了必要的基础。

第三节　行政行为效力形态论的建构及意义

一、行政行为效力形态问题研究现状

关于行政行为的成立、无效、有效、生效、失效、效力的中止与恢复等行政行为效力形态的理论,本书称为行政行为“效力形态论”。目前,学界对于行政行为效力形态论的研究虽然取得了一些成果,但还是比较零散、肤浅,不够系统和深入。行政行为效力形态论研究上存在的不足,总体表现为如下四个方面。

第一,研究内容重复、研究成果雷同的现象较为严重,鲜有创新性的成果出现。笔者通过在中国知网检索行政行为效力形态方面的期刊论文和硕士、博士论文发现,主题雷同、内容雷同的现象非常严重。近年来,行政行为“效力形态论”研究几乎处于停滞不前的状态,鲜见有创新性的研究成果发表。

第二,在研究力量的分布上不够均衡,厚此薄彼的现象一定程度上存在。例如,通过在中国知网检索行政行为效力形态方面的期刊论文及硕士、博士论文,笔者发现,以行政行为无效为研究主题的期刊论文和硕士、博士论文较多,而以其他形态为研究主题的论文较少。此外,就引起行政行为效力形态变化的行政行为撤销、变更及废止而言,对行政行为撤销问题研究得较多,对行政行为废止问题的研究次之,而对行政行为变更问题的研究几乎是无人问津。其实,作为行政程序法规范的重要内容之一的行政行为变更问题,当然也有深入研究的必要。

第三,未能结合具体的效力内容和效力约束对象进行研究,大而化之、泛泛而谈的现象较为突出。根据本书的研究结论,行政行为的效力有存续力、拘束力及强制力,每一项效力的产生时间和条件都各不相同。例如,行政行为的存续力随着行政行为的成立而产生,行政行为的拘束力或是随着行政行为的存续力同时产生,或是在存续力产生之后产生;而行政行为的强制力并不是必然会产生,只有在义务人拒不履行行政行为义务时才会产生。另外,基于行政行为效力的“两质态论”,每一项效力又有形式效力与实质效力之分。例如,拘束力就有形式拘束力与实质拘束力之分,而形式拘束力与实质拘束力的生效时间和生效条件又有所不同。同样的道理,强制力也有形式强制力与实质强制力之分,二者生效时间和条件也各不相同。此外,即使是同一项效力,因为效力约束对象的不同,其生效的时间和

条件也各不相同。例如,就拘束力而言,其对相对人生效的时间和条件,与其对行政机关和司法机关生效的时间和条件肯定是不同的。在当前的行政行为效力形态问题的研究中,人们往往不区分具体的效力内容及约束对象,笼统地研究行政行为的效力形态问题,这显然是不科学的。如当前研究较多的行政行为生效问题——既然行政行为的效力内容有多项,是哪一项效力的生效?又是哪一种性质(形式效力与实质效力)的效力生效?对哪一个效力约束对象生效?其生效的时间和条件都各不相同。由此可见,笼统地、大而化之地研究行政行为的效力形态问题,根本无法获得科学的研究结论。

第四,受行政行为效力本质论、效力内容论研究现状的制约,行政行为效力形态问题的研究一直无法深入。长期以来,行政行为效力本质问题的研究未能引起人们足够的重视和关注;行政行为效力内容问题的研究虽然一直是学界研究的重点内容,但在研究成果上却不尽如人意,甚至是错误百出。这都严重影响和制约了行政行为效力形态问题研究的发展和深入。例如,根据本书关于行政行为效力本质问题的研究结论,行政行为效力在本质上就是法的效力。既然法具有强制力,则行政行为也必然具有强制力。受行政行为效力本质问题研究的影响和制约,在效力内容研究上无法提出行政行为强制力的概念与理论。在效力形态问题的研究上自然也无法研究行政行为强制力的产生及发展变化等一系列效力形态问题。又如,根据本书的研究结论,行政行为的形式效力与实质效力之“两质态论”是关于行政行为效力之普遍性的重要理论,也是行政行为效力内容论的重要内容之一。基于行政行为效力的“两质态论”,则行政行为的强制力又有形式强制力和实质强制力之分,形式强制力和实质强制力的生效、效力的中止与恢复、效力的消亡等的程序和条件也各不相同。在行政行为效力内容问题的研究上没有建立行政行为效力的“两质态论”之前,效力形态问题的研究自然也无法区分形式强制力和实质强制力,并对其生效、效力的中止与恢复、效力的消亡等效力形态予以深入、细致的研究。

二、行政行为效力形态问题研究的基础和前提

通俗地说,如果我们把整个行政行为效力理论比作一条河流,那么,行政行为的效力本质论就处于行政行为效力理论的源头,行政行为的效力内容论则属于行政行为效力理论的中游,而行政行为的效力形态论就应该是行政行为效力理论的下游。很显然,我们要想研究和回答下游的效力形态论问题,必然要解决好上游的效力本质论和中游的效力内容论问题。因

此，行政行为的效力本质论和效力内容论均构成了行政行为效力形态问题深入研究的基础和前提。关于行政行为的效力本质论，本书第一章的研究结论是，行政行为的效力本质上就是法的效力。那么，法的效力又具有怎样的本质和内容？显然，研究和回答行政行为效力本质问题，又必须对法的效力问题进行深入研究。由于我国法理学界对法的效力之本质和内容的研究尚不够深入和充分，本书第一章以法的效力问题的深入研究为基础，本书第二章对行政行为效力的本质问题进行了深入的研究和讨论。关于行政行为的效力内容论，由于其处于行政行为效力理论的中游，在行政行为效力理论研究上具有承上启下的作用，一方面，行政行为效力内容问题的科学回答，离不开科学的行政行为效力本质论之基础；另一方面，行政行为的效力内容论又直接影响和决定行政行为效力形态论的深入研究。也可以说，行政行为的效力内容论构成了行政行为效力形态问题研究最为直接的基础和前提。没有科学的行政行为效力内容论，就没有科学的行政行为效力形态论。本书在行政行为效力本质问题研究的基础上，关于行政行为效力内容问题的研究，首先区分了行政行为效力之普遍性与特殊性问题。就反映和揭示行政行为效力之普遍性问题，建立了行政行为效力的“两质态论”；就反映和揭示行政行为效力之特殊性问题，建立行政行为之“三效力说”。“两质态论”与“三效力说”的对立统一，构成了完整而科学的行政行为效力内容论，为行政行为效力形态问题的深入研究奠定了坚实的基础。

三、行政行为效力形态论之理论建构

建立科学的行政行为效力形态论，首先，要建立科学的行政行为效力本质论与效力内容论。科学的行政行为效力形态论的理论建构，必须以科学的行政行为效力内容论为基础和前提；科学的行政行为效力内容论的理论建构，则又必须以科学的行政行为效力本质论为基础和前提。其次，要针对行政行为不同的效力内容进行研究。行政行为有存续力、拘束力及强制力三项效力，要分别予以研究。最后，要针对行政行为效力不同的约束对象进行研究。从行政行为的约束对象来看，其不仅包括行政相对人，而且包括行政机关、司法机关等公权力主体。对于不同的约束对象，即使是同一项效力内容，其具体要求又各不相同。此外，还要注意不能把引起行政行为效力形态变化的原因（行政行为的撤销、变更或废止等）与行政行为效力形态变化本身（成立、生效、有效、失效、无效等）混为一谈。此外，在行政行为效力形态论的理论建构上，科学的研究方法也非常重要。

关于行政行为效力形态论的理论建构问题，本书第九章已作了较多的论述，限于篇幅，在此不予赘述。尽管如此，本书只是提出了行政行为效力形态论理论建构的一个初步的研究框架，并对一些核心问题进行了阐述。系统而又科学的行政行为效力形态论理论建构，有待学者们将来对行政行为效力形态问题作进一步全面、系统、深入的研究。

四、行政行为效力形态论的价值与意义

相对于行政行为的效力本质论与效力内容论而言，行政行为效力形态论研究的问题往往非常具体，直接涉及相关的制度与规则。在立法上，行政行为的效力形态及引起行政行为效力形态发生变化的行政行为撤销、变更及废止等问题，乃是行政程序法规制的重点内容。行政行为的生效、有效、无效、失效等效力形态，以及引起效力形态变化的行政行为之撤销、变更或废止，也是行政执法实践中经常会遇到的问题。行政行为的效力形态及引起效力形态发生变化的行政行为撤销、变更及废止等问题，同时也是司法审查中的重点内容。不难看出，行政行为效力形态问题的研究不仅具有重要的理论意义，而且具有十分重大的实践价值。

第十一章　“两质态论”与“三效力说”：法律效力之普适性理论

作为解释和说明法律效力的普适性理论，法的效力之“两质态论”与“三效力说”无论是在法理学、公法学还是在私法学上，均具有非常重要的理论与实践意义。在法理学上，“两质态论”与“三效力说”以建立法的效力之若干基本范畴为基础，以“两质态论”与“三效力说”的对立统一建构了科学的法的“效力内容论”。在公法学上，“两质态论”与“三效力说”可以科学、有效地指导公法行为效力问题的研究，有效解释和回答公法行为的效力内容及效力形态等理论问题。在私法学上，“两质态论”与“三效力说”可以科学指导私法行为效力问题的研究，有效解释和回答民事合同等私法行为的效力内容及效力形态等理论问题。

第一节　“两质态论”与“三效力说”之法理学意义

一、丰富与发展法的效力理论

（一）建立法的效力之若干基本范畴，为深入研究法的效力问题奠定了基础

在法理学上，法的效力之“两质态论”与“三效力说”可以建立法的形式效力与实质效力，法的存续力、拘束力及强制力等法的效力之基本范畴，这些基本范畴的建立，本身就是对法的效力理论的丰富和发展。这些新范畴的建立，为法理学深入研究法的效力问题奠定了必要的基础。将这些新的范畴吸纳到法理学的逻辑体系中，作为法学研究的基本概念工具，可以更为深入地研究法的效力问题，从而在法的效力问题的研究上实现进一步的拓展与深化。

（二）建立反映和揭示法的效力之普遍性的理论，科学地揭示法的两种不同性质及形态的效力

法的形式效力与实质效力是以法的效力产生的基础和法律程序的不同对法的效力所作的分类，是法的效力理论上的一对非常重要的范畴。法一经颁布，就会因其形式合法性而产生形式效力。法的形式效力，即法的“形式有效性”，具有法定性、形式性、相对性、立法程序性之特征。法的实

质效力,即法的"实质有效性",是指经过司法程序的审查和确认,法基于其实质合法性而产生的法律约束力,具有法定性、实质性、绝对性和司法程序性之特征。法的效力之"两质态论"作为反映和揭示法的效力之普遍性的理论,构成了法的"效力内容论"的重要内容。

(三)建立反映和揭示法的效力之特殊性的理论,科学地揭示法所具有的三项效力内容

长期以来,法理学关于法的效力问题的研究,往往局限于对法的效力范围问题的论述,从法在空间、时间及适用对象三个方面描述法的效力范围问题。这种简单描述法的效力范围问题的做法,并不能科学地揭示和回答法的效力内容的具体构成问题。本书认为,法的存续力、拘束力及强制力之"三效力说",恰恰能够科学地揭示和回答法的效力内容的具体构成问题。对于法的效力而言,存续力是其前提和基础效力,拘束力是其目的与核心效力,强制力是其手段与保障效力,每一项效力都具有特定的法律意义。三者的本质属性不同,价值目标和制度功能不同,产生的时间和条件也有所差异。三者相互独立,不存在内涵的交叉或重叠的问题。法的"三效力说"作为反映和揭示法的效力之特殊性的理论,构成了法的"效力内容论"的重要组成部分。

(四)"两质态论"与"三效力说"的对立统一,建构了科学的法的"效力内容论"

法的形式效力是对法的形式存续力、形式拘束力及形式强制力的概括和统称,属于反映和揭示法的效力之普遍性的概念,形式效力与形式存续力、形式拘束力及形式强制力之间是一般与个别、普遍与特殊、共性与个性的关系。法在颁布以后,其形式效力具体表现为存续力、拘束力及强制力,以形式存续力、形式拘束力及形式强制力形态而存在。与形式效力类似,法的实质效力是对法的实质存续力、实质拘束力及实质强制力的概括和统称,属于反映和揭示法的效力之普遍性的概念,实质效力与实质存续力、实质拘束力及实质强制力之间也是一般与个别、共性与个性、普遍性与特殊性的关系。在形式效力通过法定的方式和途径转化为实质效力之后,实质效力具体表现为实质存续力、实质拘束力及实质强制力。法的形式效力与实质效力属于反映和揭示法的效力之普遍性的理论,法的存续力、拘束力及强制力之"三效力说"属于反映和揭示法的效力之特殊性的理论。二者对立统一,建构了完整而又科学的法的"效力内容论"。

二、指导部门法法律行为效力及相关问题的研究

部门法学以某单一的部门法体系为依托和研究对象,而法理学则以所

有的法律制度和法律现象为依托和研究对象；法理学所概括和抽象出的一般法律理论，应该对具体的法律实践和部门法学具有普遍的适用性，从而起到指导部门法学和法律实践的作用。[①] “两质态论”与“三效力说”虽然是关于法的效力问题的理论，但其对于部门法相关问题的研究却具有重要的指导意义。例如，就行政法学而言，因为行政行为效力本质上就是法的效力，故法的效力之“两质态论”和“三效力说”能够为行政行为效力问题的研究提供借鉴和参考。又如，就行政法规和规章而言，其既属于法理学上法的渊源的范畴，又属于行政法上广义行政行为的组成部分，其效力问题当然可以借鉴法的效力之“两质态论”与“三效力说”理论予以解释和回答。除此之外，其他行政行为是否也可以借鉴法的效力之“两质态论”与“三效力说”予以解释和回答？申言之，民事行为的效力是否也可以借鉴法的效力之“两质态论”与“三效力说”予以解释和说明？司法判决的效力是否也可以借鉴法的效力之“两质态论”与“三效力说”予以解释和说明？回答均是肯定的，因为无论是行政行为、民事行为还是司法判决，其法律效力在本质上均是法的效力，是法的普遍性效力分别在行政行为、民事行为或司法裁判上的具体体现和表现形式，属于法的个别性效力的范畴。是故，法的效力之“两质态论”与“三效力说”对部门法中的公法行为及私法行为效力问题的研究，均具有重要的指导和借鉴意义。

三、指导立法、执法及司法实践

法律实践离不开法理学的指导和帮助，法理学则需要从丰富的法律实践中不断地汲取营养。法理学和法律实践相互渗透，二者的关系非常密切。法律实践中的诸多难题，也只有在法理学的层面才能得到最终解决。近年来，法理学对于法律实践的指导作用日益凸显，立法、行政及司法部门对于法理学的重视程度也在不断加深。法的效力之“两质态论”与“三效力说”，可以为立法、执法与司法实践提供积极而有效的指导。例如，在立法上，指导宪法、法律、行政法规、规章等的制定、修改与完善；指导法的实施、法的实现等相关制度的发展和完善；指导行政程序法的制定与修改；指导合宪性审查、行政诉讼制度的发展和完善；指导行政复议制度的修改与完善等。又如，在行政执法上，指导行政行为的撤销、变更与废止，行政行为“构成要件”效力功能的实现，行政行为的强制执行等。再如，在司法

① 参见刘作翔：《法理学的定位——关于法理学学科性质、特点、功能、名称等的思考》，载《环球法律评论》2008 年第 4 期。

上，指导关于立法行为、行政行为及司法行为效力问题的法律适用等。

第二节 “两质态论”与“三效力说”之公法学意义

一、指导立法行为效力及相关问题的研究

立法行为的效力问题，集中体现为法的效力问题。在我国，立法行为的效力问题具体表现为法律、行政法规和规章等的效力问题。法的“两质态论”与“三效力说”对于立法行为效力及相关问题的研究具有重要的指导意义。例如，根据我国《宪法》和《立法法》的有关规定，立法机关有权对行政法规和规章进行合法性审查，国务院有权对行政规章的合法性进行审查。又如，《立法法》（2023 年）第 106 条第 1 款第 3 项规定，“部门规章之间、部门规章与地方政府规章之间对同一事项的规定不一致时，由国务院裁决”。第 108 条第 3 项规定，“国务院有权改变或者撤销不适当的部门规章和地方政府规章”。第 6 项规定：“省、自治区的人民政府有权改变或者撤销下一级人民政府制定的不适当的规章。”根据法的效力之“两质态论”，立法行为也应该有形式效力与实质效力之分，即法律、行政法规和规章等也应该有形式效力与实质效力之分。利用“两质态论”这一理论检视我国的《宪法》和《立法法》，就会发现其中某些制度还不够科学。理论和实践均已表明，我国《宪法》和《立法法》规定的立法机关、行政机关对法律法规的合法性审查及备案制度，在有效保障立法行为的合法合宪性方面还存在一些困难和不足之处，亟待发展和完善。同行政行为一样，立法行为（法律、法规）也存在存续力、拘束力及强制力的问题。从存续力、拘束力及强制力三个方面研究法律、法规的效力内容，无疑也具有重要的理论和现实意义。

二、指导行政行为效力及相关问题的研究

本书以法的效力之“两质态论”与“三效力说”为理论依据，基于行政行为效力与法的效力之间的逻辑关联，通过演绎的方法，建立了行政决定意义上的行政行为效力之“两质态论”与“三效力说”。因为行政行为效力在本质上就是法的效力，故法的效力之“两质态论”与“三效力说”，对于行政决定以外的其他行政行为效力问题的研究，也具有重要的指导意义。

第一，能够有效指导行政决定以外的其他行政法律行为效力问题的研究。法律行为制度是实现私法意思自治的重要工具，但意思自治绝非法律

行为的本质。法律行为在某种程度上是一种法律技术，体现了法律对行为的授权主义的调整方法，无论是在公法或私法领域内均可适用。借鉴民法学的意思表示、意思效果等相关概念工具，以民法学法律行为概念、本质的揭示为基础，可以对行政法学之法律行为概念进行理论建构。狭义而言，行政法律行为是行政主体基于行政职权的意思表示之设权行为，包括行政决定与行政合同两种最为典型的法律行为。广义而言，行政法律行为还包括行政规划、行政法规、规章及行政规范性文件、社会自治规范等。研究表明，笼统地讨论行政行为的效力没有意义，不同类型的行政行为，其效力必然存在差异。法的效力之“两质态论”与“三效力说”，对于行政合同、行政规划、行政法规、规章、行政规范性文件及社会自治规范等行政法律行为的效力问题的研究，也具有重要的指导意义。

第二，指导准行政法律行为效力问题的研究。准法律行为是源自民法学的一个概念，借鉴民法学的观念表示等概念工具，可以对行政法学上之准法律行为概念进行理论建构，建立和使用准法律行为概念，即准行政法律行为。行政法上的准法律行为，即准行政法律行为，是指行政主体基于行政职权的观念表示，并以产生观念效果为目的的概括性设权行为，其具有行政主体性、行政职权性、观念表示性、观念效果性及概括性设权之特征。例如，公证、交通事故责任认定、医疗事故鉴定、户籍登记、学籍登记等，均属于准行政法律行为的范畴。行政法上存在大量的准行政法律行为，准行政法律行为的效力与行政决定存在一些差异。例如，在拘束力义务的实现问题上，行政决定和准行政法律行为就存在巨大的差别。就行政决定而言，其拘束力义务的实现，是在相对人不履行或拒绝履行义务时，一般由相关国家机关采取强制措施保障拘束力义务的实现。而准行政法律行为拘束力义务的实现与行政决定截然不同，准行政法律行为的相对人仅仅负有容忍的义务，准行政法律行为一经成立，其拘束力义务立即得以实现，不存在相对人不履行或不愿意履行时通过强制力制度保障其拘束力义务实现的问题。但是，对于行政主体或法院等而言，则可能存在其拘束力义务的强制力实现问题。例如，对于一个具有实质合法性的交通事故责任认定行为而言，其对法院的司法裁判具有拘束力。如果法院拒绝将其作为当事人承担民事责任的裁判依据，则相关国家机关可以启动审判监督程序等，让其成为司法裁判的依据，从而保障交通事故责任认定行为拘束力义务的强制实现。以法的效力之“两质态论”与“三效力说”为理论依据，并与行政决定的效力做比较研究，可以深入分析、研究准行政法律行为的效力内容及效力形态等问题。

第三，指导行政事实行为效力问题的研究。在民法学上，事实行为本质上是一种法律技术，体现了法律对行为的法定主义的法律调整方法。通过对民法学事实行为概念的借鉴和移植，可以对行政法学上之事实行为概念进行理论建构。行政法上的事实行为，即行政事实行为，是指行政主体基于行政职权作出的，直接根据法律规定而产生法律效果的各类非设权行为的总称。行政事实行为具有行政主体性、行政职权性、法定后果性和形态多样性之特征。行政事实行为包括表意事实行为与非表意事实行为两个大的类型。有学者认为，只有行政法律行为和准行政法律行为才存在效力问题，行政事实行为不存在效力问题，然而事实却并非如此。一方面，不是所有的行政事实行为都有效力，只有表意事实行为才有效力；另一方面，表意事实行为的效力内容与行政决定不同，行政决定的效力内容比较完整，包括存续力、拘束力及强制力，而表意事实行为的效力内容往往不够完整，有时候只具有存续力。例如，针对相对人信息公开申请的行政答复，就是一个典型的表意行政事实行为，其对相对人而言没有任何法律约束力，但对答复的行政机关而言具有存续力、拘束力及强制力。又如，在行政指导作出后，相对人接受行政指导前，行政指导行为对相对人而言没有任何法律约束力，但对行政机关而言具有存续力、拘束力及强制力。关于行政事实行为的效力问题，也同样可以借鉴法的效力之“两质态论”“三效力说”，对其效力内容及效力形态等问题予以解释和说明。

第四，指导社会行政行为效力问题的研究。基于国家与社会的二元结构，行政行为可以分为国家行政行为与社会行政行为。因行为主体、权力依据和适用范围不同，国家行政行为与社会行政行为的效力存在一些差异。本书研究的主要是国家行政行为的效力问题，关于社会行政行为的效力问题，也同样可以借鉴法的效力之“两质态论”与“三效力说”，对其效力内容及效力形态等问题予以解释和说明。例如，就国家行政行为而言，其实质合法性及实质效力要件一般包括主体合法、权限合法、内容合法、程序合法与形式合法；而对于社会行政行为来说，其实质合法性及实质效力要件除要求这些条件外，还要求行政行为的事项属于社会自治范围、符合社会自治规范的要求等。另外，社会行政行为的存续力、拘束力及强制力，与国家行政行为相比也存在明显差异：就存续力而言，国家行政行为存续力的强度要大于社会行政行为存续力的强度。就拘束力而言，一方面，二者拘束力义务的约束对象不同；另一方面，二者拘束力的内容与强度也会存在差异。就强制力而言，国家行政行为义务的强制实现，无一例外的都是采用国家保障机制。社会行政行为义务的实现机制则有内部机制和外部的国家保障机制之分。就其内部机制而言，社会自治组织无权对社会行政行为予以强制执行，只能靠内部的奖惩机制等予以实现。在社会行政行为拘束力义务的实现上，内部机制应该优先适用；只有在穷尽内部机制无法实现时，才启动外部的国家保障机制。

三、指导司法行为效力及相关问题的研究

借鉴法的效力之“两质态论”与“三效力说”，可以有效地解释和回答司法行为的效力，指导司法行为效力及相关问题的研究。下面就以法的效力之“两质态论”与“三效力说”为依据，分别对司法判决、裁定与决定的效力问题加以分析。

（一）司法判决

司法判决是人民法院就案件的实体问题所作出的决定，其解决的是实体法律关系问题，即当事人双方争执的权利义务问题。笔者认为，可以参照行政行为的无效制度，建立司法判决的无效及有限形式效力制度。例如，判决书没有加盖人民法院印章、无审判人员姓名的，就应该属于判决无效的情形。对于无效的判决，当事人既可以上诉，也可以行使抵抗权。以我国的两审终审制为例，一审判决作出以后，如果不属于无效的判决，则其发生形式效力。当事人不服一审判决上诉的，在上诉期内判决处于形式效力阶段；当事人在法定的上诉期内上诉的，一审判决将接受二审法院的审查，以决定其是否具有实质合法性及实质效力。在当事人提起上诉至二审判决期间，判决处于形式效力形态。一审判决被二审维持的，则其产生实质效力；二审发回重审或依法改判的，原来的判决因被裁定撤销或判决改判而不复存在，其当然也就丧失形式效力，更不会产生实质效力。当事人在法定的上诉期间放弃上诉的，则一审判决依法产生实质效力，即判决由形式效力转化为实质效力。当然，如果是最高人民法院的一审判决，则视此判决为具有实质效力的判决。同理，司法判决也具有存续力、拘束力及强制力的问题。目前，关于司法判决效力内容的具体构成问题，理论上比较混乱，实践中问题也不少。[①] 笔者认为，应该以法的存续力、拘束力及强制力之“三效力说”为理论依据，对司法判决效力的具体内容予以重构。

---

① 关于司法判决效力问题的研究，主要有杨小利：《民事判决法律效力研究》，人民法院出版社 2012 年版；陶志蓉：《民事判决效力研究》，中国政法大学 2004 年博士学位论文；姜芳：《司法判决效力的实现》，黑龙江大学 2008 年硕士学位论文；丁宝同：《英美法系判决效力制度初考》，载《宁夏大学学报（人文社会科学版）》2009 年第 1 期；丁宝同：《大陆法系民事判决效力体系的基本构成》，载《学海》2009 年第 2 期。

与行政行为的效力不同，判决仅仅存在形式拘束力和形式存续力问题，不存在形式强制力问题。也就是说，对判决而言，法律只会赋予其实质强制力，而不会赋予其形式强制力。判决与行政行为不同，非有法定之必要情形，一般不得停止判决的执行。① 原生效的判决或裁定属于实质效力的司法裁判，在新的裁判结果出来以前，始终具有实质效力，一般当然不能停止执行。只有在法院认为有必要时，才可以停止执行。我国《民事诉讼法》(2021 年)第 206 条规定，当事人申请再审的，不停止判决、裁定的执行，其实也正是这个道理。

(二)司法裁定

司法裁定，是指人民法院就案件的诉讼程序问题或部分实体问题所作出的决定。笔者认为，同行政行为一样，可以参照行政行为的无效制度，建立司法裁定的无效及有限形式效力制度。例如，裁定书没有加盖人民法院印章、无审判人员姓名的，就属于裁定无效的情形。对于无效的裁定，当事人既可以上诉，也可以行使抵抗权。

根据我国《民事诉讼法》的规定，一审裁定作出以后，如果不属于无效的裁定，则其发生形式效力。裁定可以采用书面形式或者口头形式，但是判决必须采用书面形式。并非所有的裁定都可以上诉，只有不予受理、对管辖权有异议和驳回起诉的裁定可以上诉，其他的裁定一经作出，就立即发生法律效力。与判决相比，裁定的形式效力向实质效力转化的条件明显不同。对于不可上诉的裁定而言，裁定一经作出，立即发生法律效力。因此，不可上诉的裁定一经作出，即为具有实质效力的裁定。对于可以上诉的裁定，在法定的上诉期内，该裁定处于形式效力形态；当事人在法定的上诉期内上诉的，一审裁定将接受二审法院的审查，以决定其是否具有实质效力。在当事人提起上诉至二审裁定期，裁定处于形式效力形态。一审裁定被二审维持的，则其产生实质效力；二审发回重审或撤销原裁定的，因为原来的裁定被撤销而不复存，其自然也就丧失了形式效力，当然也不会产生实质效力。如果当事人在法定的上诉期放弃上诉，则一审裁定依法产生实质效力，裁定实现了形式效力向实质效力的转化。当然，如果是最高人民法院的一审裁定，则视此裁定为实质效力的裁定。同理，司法裁定也具有存续力、拘束力及强制力的问题。以法的存续力、拘束力及强制力之“三效力说”为理论依据，同样可以对司法裁定的效力内容论予以理论重构。

---

① 例如，我国台湾地区“行政诉讼法”(1999 年)第 291 条规定：“声请重新审理无停止原确定判决执行之效力。但行政法院认有必要时，得命停止执行。”

由于部分裁定解决的是实体问题,部分裁定解决的是程序问题,二者在存续力、拘束力及强制力的具体表现上又有所不同。同司法判决一样,裁定只存在形式拘束力和形式存续力问题,不存在形式强制力问题。也就是说,对于裁定而言,法律只会赋予其实质强制力,而不会赋予其形式强制力。

(三)司法决定

司法决定,是指在诉讼过程中,人民法院为了保障诉讼活动的顺利进行,对某些特定问题作出的决定。决定可以采用书面形式,也可以采用口头形式,其法律效力相同。如果是口头决定,则其应当记录在案。书面决定应当制作决定书,并送达有关人员。不同于判决和裁定,决定一经作出,立即发生法律效力,没有上诉和抗诉的问题。但是,法律规定了对于某些决定,当事人可以申请复议和申诉。① 关于决定的申请复议,有的属于向本院申请复议,有的则需要向上级法院申请复议。② 对于不可复议的决定,其一经作出,即产生实质效力。对于可以申请复议的决定,其形式效力与实质效力问题,基本同可以上诉的裁定。只不过裁定适用的是上诉程序,而决定适用的是复议程序,两者略有差别。同理,司法决定也具有存续力、拘束力及强制力问题。以法的存续力、拘束力及强制力之“三效力说”为理论依据,同样可以对司法决定效力的具体内容予以理论重构。判决、裁定只存在形式拘束力和形式存续力问题,不存在形式强制力问题。但是,对于司法决定而言,由于复议期间不停止司法决定的执行,故其与判决、裁定的不同之处在于:未经复议的,其依法产生形式强制力;经过复议司法决定被维持的,其依法产生实质强制力。此外,借鉴法的效力之“两质态论”与“三效力说”,还可以解释和说明其他公权力行为的效力,如逮捕证、通缉令、拘留证等法律文书的效力。

综上所述,借鉴法的效力之“两质态论”与“三效力说”,对公法行为效力问题的研究具有重要的指导意义。一是可以建立公法行为效力的若干基本范畴,为研究公法行为的效力理论奠定基础;二是可以建立反映和揭示公法行为效力之普遍性的形式效力与实质效力之“两质态论”,科学地揭示公法行为的两种不同性质及形态的效力;三是可以建立反映和揭示公

---

① 我国《民事诉讼法》(2021 年)第 50 条规定:“人民法院对当事人提出的回避申请,应当在申请提出的三日内,以口头或者书面形式作出决定。申请人对决定不服的,可以在接到决定时申请复议一次。复议期间,被申请回避的人员,不停止参与本案的工作。人民法院对复议申请,应当在三日内作出复议决定,并通知复议申请人。”

② 我国《民事诉讼法》(2021 年)第 119 条第 3 款规定:“罚款、拘留应当用决定书。对决定不服的,可以向上一级人民法院申请复议一次。复议期间不停止执行。”

法行为效力之特殊性的存续力、拘束力及强制力之“三效力说”，科学地回答公法行为的效力构成问题；四是能够以“两质态论”与“三效力说”的对立统一，建构科学的公法行为的效力内容论。

第三节 “两质态论”与“三效力说”之私法学意义

一、指导民事合同效力及相关问题的研究

(一)关于民事合同的形式效力与实质效力问题

民事合同的形式效力，是指民事合同一经成立，其基于形式合法性依法产生的对当事人的法律约束力。同行政行为等公权力行为一样，民事合同也具有形式效力。如前所述，行政行为形式效力的主要理论依据是“法安说”。那么，民事合同效力的理论依据何在？其实，与行政行为同理，民事合同形式效力的理论依据也应该是“法安说”。从某种意义上来说，民事合同的效力就是民事合同的法律评价问题，因为民事主体的平等性，任何一方都无权对另一方民事行为的实质合法性及实质效力问题作出法律评判。根据我国目前的法律制度，只能由法院或仲裁机构等公权力机关依法对民事合同的实质合法性及实质效力作出法律评判。在法院或仲裁机构等公权力机关依法对民事合同的实质合法性及实质效力作出法律评判以前，任何人不得对其实质合法性及实质效力作出法律评判。否则，社会秩序必将陷于一片混乱。此外，民事活动当然也有效率之要求，假如每个民事合同都要经过司法审查，确定具有实质合法性及实质效力，合同各方再予以履行，民事活动的效率也将无从谈起。实际上，民事合同的履行也根本不会如此。另外，在民事合同上也应该建立有限形式效力制度而不是完全形式效力制度。基于民事主体的平等性，在合同效力发生争议时，一方当事人对于自始、当然、绝对无效的民事合同，有权不予理睬。例如，没有单位盖章或者法定代表人或委托人签字的合同，当然无效而不具有形式效力。在民事合同上，有限形式效力理论有着更大的意义与适用空间。民事合同与行政行为一样，同样存在合同的无效制度，其区别于合同的可撤销。目前的合同法理论上，已经存在与行政行为无效一样明晰的“合同无效”的概念，即民事合同的自始、当然、绝对无效问题，显然无效的合同就是不具有形式效力的合同。就民事合同的形式效力而言，我国的《民法典》就民事合同效力立法采取了有限形式效力原则，建立了合同无效制度，具体参见《民法典》第一编第六章第三节及第三编第三章的相关规定。

从理论上来说,基于“司法正义论”的要求,民事合同的实质效力,是指经过司法程序的审查和确认,民事合同基于其实质合法性而依法产生的法律效力。民事合同的实质效力反映了国家对于民事合同的法律评价,是当事人履行合同的根本依据。合同经过法院确认有效,则其依法产生实质效力。对于具有实质效力的合同,当事人必须依法履行;否则,就要依法承担相应的法律责任。在行政法领域,当行政相对人质疑行政行为的合法性时,对于无效的行政行为,相对人有抵抗权;对于并不属于无效的行政行为,由于其具有形式效力,在有权机关对其撤销、变更或废止之前,相对人应当承认和服从。在私法领域,当法律关系主体双方对某一民事行为发生争议时,该争议必须提交有权机关通过司法裁判或仲裁途径加以解决。在此之前,各方当事人均没有必须承认、服从该民事行为的义务。不过,基于诚实信用的原则,在争议处理期间,合同双方也应当履行注意、照顾、通知等附随义务。倘若一方当事人试图以强力推行其民事行为,另一方当事人有权行使其拥有的正当防卫权,以阻止不法侵害,切实维护自身的合法权益。基于民事主体的平等性,一方当事人虽然没有必须承认、服从该民事行为的义务,但是也没有否定民事行为效力的权利。对于某一民事行为是否具有实质合法性及实质效力,还是要通过仲裁机构、法院等法定的有权机关来依法确定。应该说,行政行为形式效力的要求比民事行为形式效力的要求更高,行政行为形式效力要求相对人不仅要遵守,而且要服从,否则就可能面临更为严厉的制裁与惩罚;而民事行为形式效力的要求较低一些,并不要求另一方当事人遵守和服从,但有因不遵守和不服从而要承担违约或侵权责任的风险。

(二)关于民事合同的存续力、拘束力及强制力问题

法有存续力、拘束力及强制力,民事合同也具有存续力、拘束力及强制力。民事合同的存续力,是指非经法定的程序,各方当事人不得对民事合同予以变更和解除的法律效力;民事合同的拘束力,是指民事合同因其内容依法产生的对各方当事人的法律约束力;民事合同的强制力,是指民事合同依法产生的,在民事合同当事人违反或拒不履行民事合同存续力或拘束力之法定义务时,由有权机关采取相应的措施,以保障其存续力或拘束力义务得以实现的法律效力。民事合同在形式效力阶段,其存续力、拘束力及强制力以形式存续力、形式拘束力及形式强制力的形态存在。在实质效力阶段,其存续力、拘束力及强制力以实质存续力、实质拘束力及实质强制力的形态存在。

（三）关于民事合同的效力形态问题

借鉴法的效力之“两质态论”与“三效力说”，可以有效地解释和说明民事合同的效力形态问题。例如，根据民事合同的存续力、拘束力及强制力之“三效力说”，则有效而“未生效民事合同”这一概念根本不能成立。民事合同的生效既包括存续力的生效，又包括拘束力与强制力的生效；既包括法定权利义务的生效，又包括约定权利义务的生效。在民事合同效力上，“三效力说”是完整、科学、全面的民事合同效力观，能够正确反映民事合同效力内容的全貌。我国《民法典》第 502 条第 1 款规定：“依法成立的合同，自成立时生效，但是法律另有规定或者当事人另有约定的除外。”民事合同一经成立（无效的民事合同除外），其存续力必然生效，故不存在未生效的民事合同。民事合同一经成立（无效的民事合同除外），在民事合同存在附随法定权利义务的情况下，尽管约定的权利义务未生效，但附随的法定的权利义务已经生效。因此，“未生效民事合同”概念其实只能指称民事合同约定的权利义务部分未生效时的情形，该概念其实是犯了以偏概全的错误。将未经行政审批或登记的民事合同界定为未生效民事合同显然不够科学，至多可以说是民事合同约定部分未生效，而非整个民事合同未生效。[①] 理由有二：其一，在获得行政机关的批准、登记之前，至少民事合同的存续力已经生效。其二，在民事合同的存续力已经生效的情况下，当事人是否去行政机关办理民事合同的批准、登记，属于民事合同履行的范畴。民事合同成立以后，一方当事人不去申请批准或登记的，属于违背民事合同的约定或法定义务，应当承担违约责任而不是缔约过失责任。[②] 如果当事人已经去行政机关办理民事合同的批准、登记，但民事合同未能获得行政机关的批准、登记，也并非整个民事合同未生效，而只是民事合同约定的权利义务部分没有生效。将欠缺批准、登记要件的民事合同笼统地归于未生效民事合同，不符合“意思自治”的合同法价值观念，也会给司法实践带来困扰与不便。在与行政审批设置目的并不冲突的前提下，将须批

---

① 最高人民法院《关于审理行政协议案件若干问题的规定》（法释〔2019〕17 号）第 13 条第 1 款规定：“法律、行政法规规定应当经过其他机关批准等程序后生效的行政协议，在一审法庭辩论终结前未获得批准的，人民法院应当确认该协议未生效。”笔者认为，上述规定所谓的“未生效合同”的说法，其实是不准确的。如果行政协议并非无效，行政协议的存续力已经生效；如果根据行政协议已经产生了一些附随法定的权利义务，该法定权利义务部分也已经生效。

② 《民法典》第 502 条第 2 款规定：“依照法律、行政法规的规定，合同应当办理批准等手续的，依照其规定。未办理批准等手续影响合同生效的，不影响合同中履行报批等义务条款以及相关条款的效力。应当办理申请批准等手续的当事人未履行义务的，对方可以请求其承担违反该义务的责任。”据此，应当办理申请批准等手续的当事人未履行义务的，其承担的责任属于违约责任而非缔约过失责任。

准、登记民事合同的效力与行政审批相分离，以行政审批只控制民事合同的履行行为的立法论，是合乎我国国情的合理选择。同理，附条件及附期限的合同，也不能在理论上简单地将其理解成未生效民事合同。因为所谓的民事合同“未生效”，其实是指合同约定部分的拘束力、强制力（履行效力）义务的未生效，民事合同的存续力已经生效；如果民事合同存在法定权利义务，则法定权利义务也已经产生。更为重要的是，根据未生效民事合同理论，一方当事人不履行登记或批准义务的，应该属于缔约过失责任而非违约责任，如此，则难以有效制裁违约方和保护守约方的合法权益。民事合同如此，行政合同亦如此，无论是在理论上还是司法实践上，都应坚持“三效力说”的全面合同效力观，摒弃“未生效合同”这一概念。此外，存续力、拘束力及强制力生效时间和条件也各不相同，故法的存续力、拘束力及强制力之“三效力说”，对于研究民事合同的生效时间等较为具体的法律问题，也有着非常重要的意义。

二、指导单方法律行为效力及相关问题的研究

民事行为除了民事合同行为外，还存在大量的单方法律行为。单方法律行为通常包含以下两种：一是一方民事主体取得权利而不承担相应义务，如授权行为、悬赏广告、遗嘱与遗赠行为等；二是法律规定行为人享有单方权利的，如撤销行为、解除行为、追认行为、选择行为等。单方法律行为其实也具有形式效力与实质效力，以及存续力、拘束力、强制力问题。对单方法律行为的效力，其实也可以借鉴法的效力之“两质态论”与“三效力说”予以解释和说明。

三、指导表意事实行为效力及相关问题的研究

民事行为有法律行为和事实行为之分，其中事实行为又可以分为表意事实行为与非表意事实行为。表意事实行为在外观上与法律行为相似，均是表达某种心理状态的行为，无论行为人内心是否意欲发生一定的法律效果，法律均使表意事实行为直接发生某种特定的法律效果。非表意事实行为在外观上并非表达某种心理状态的行为，而纯粹属于事实构成行为，如加工、交货、付款、先占、无因管理等。表意事实行为包括意思表示行为、意思表示要素欠缺的表意行为和观念表示行为。① 研究表明，表意事实行为

① 意思表示由目的意思、法效意思和表示行为三个要素构成。若缺乏目的意思或法效意思，虽为表意行为，也不能成立意思表示；此时的这一表意行为，即属于意思表示要素欠缺的表意行为。观念表示行为是指虽包含某种主观意图，却不依其主观意图而发生意定之法律效果的行为，如意思通知、观念通知和感情表示等。

其实也存在效力问题。借鉴法的效力之“两质态论”与“三效力说”,对表意事实行为的效力问题予以分析和研究,就会获得更加深刻的认识。

四、指导民事仲裁相关问题的研究

民事仲裁,是指民事案件的当事人双方自愿将争议交由独立的第三方,由其根据一定的规则和程序进行审理并作出对双方都有拘束力的裁决。民事仲裁因在解决民事纠纷上具有高效、快捷、经济等优势,一直是西方国家民事主体解决民事合同纠纷和其他财产权益纠纷的首选方式。1995年《仲裁法》颁行,我国建立了民事仲裁制度,民事仲裁的自治性、统一性、民间性和准司法性得到了立法的确认。但是,目前我国民事仲裁制度并没有达到预期的效果,具体而言,一是民事仲裁机构的受案数量相对较少,在解决纠纷方面发挥的作用极为有限;二是民事仲裁的公正、高效与快捷并没有真正得以实现,违法仲裁、仲裁裁决“执行难”的现象较为普遍。为什么会出现这样的情况?究其原因,在我国民间仲裁机构的独立性和中立性、仲裁人员的专业性、仲裁程序的公正性等方面,还存在不少的问题。例如,关于仲裁机构的独立性与中立性问题。我国《仲裁法》(2017年)规定,仲裁委员会由市级人民政府组织有关部门和商会统一组建。由政府来牵头组建仲裁委员会和对仲裁机构提供物质资助,政府有关部门的官员组成仲裁委员会甚至兼任仲裁委员会的主任或副主任,由此导致我国许多地方的仲裁机构呈现很强的行政化倾向,即仲裁的行政化。仲裁机构的行政化不仅与仲裁的民间性相冲突,还会影响仲裁机构的独立性、中立性及仲裁活动的公正性。仲裁的公正性是仲裁制度的灵魂所在,其有赖于仲裁机构的独立性、中立性的保障。此外,仲裁人员的专业性不足、仲裁责任制的缺失,也无法保障仲裁结果的公正性。

根据本书第五章第三节的研究结论,司法机关的独立性和中立性、司法人员的高度专业性、司法程序的公正性、司法裁判标准的公正性及司法裁判方法的公正性,可以有效保障司法审查的公正性,从而能够对行政行为是否具有实质合法性及实质效力作出客观公正的法律评价。因此,“司法正义论”构成了行政行为实质合法性及实质效力的理论基础。同理,“司法正义论”也构成了民事行为实质合法性及实质效力的理论基础。因此,仲裁程序及仲裁裁决在理论上并不能享有民事行为实质合法性及实质效力的最终判断权。从法理上来说,对民事仲裁裁决的强制执行权应该专属于国家司法机关,民事仲裁作为民间裁决,其本身并无强制执行的效力;如果要将其强制执行,必须经过司法机关对仲裁裁决的实质合法性及实质效力的司法审查。目前，仲裁裁决执行前的实质合法性及实质效力的司法审查，实际上是隐含于申请撤销仲裁裁决及申请裁定仲裁裁决不予执行制度之中的。目前的申请撤销仲裁裁决程序“只注重了效率性和非公开性这些非讼特性，而忽视了程序的辩论性、对审性，也就必然缺失相应的程序保障，导致了审理程序的行政化和简单化，使其程序正义性没有得到充分的体现”。[①] 因此，目前的申请撤销仲裁裁决程序，很难保证仲裁裁决实质合法及实质效力司法审查结果的客观公正性。那么，申请裁定仲裁裁决不予执行制度的情况又是如何呢？如果申请撤销仲裁裁决被驳回之后，仲裁裁决没有被申请裁定不予执行的，则还有可能导致不具有实质合法性及实质效力的仲裁裁决被人民法院强制执行；即使当事人申请裁定仲裁裁决不予执行，因为目前的裁决不予执行审查程序存在诸多问题，也仍然很难保证审查结果的客观公正性。“现行的仲裁裁决不予执行制度将司法监督置于执行阶段，使其在形式上成为一种执行监督，但实质上却是对仲裁裁决合法性的监督，从而与执行监督的本质相悖，导致合法性监督的不当后移。”[②]张卫平教授提出，应取消仲裁裁决不予执行制度，专门设置对仲裁裁决可执行性的审查程序，即由权利人向人民法院提出对仲裁裁决可执行的确认申请，人民法院对此予以审查确认。人民法院的可执行确认裁决与仲裁裁决共同成为执行根据。[③] 如此这般，就有可能违背设立仲裁制度的初衷，影响仲裁解决纠纷的效率。笔者认为，纠纷的解决从来都应该是公正优先而不是效率优先，无论是司法程序还是仲裁程序，都应如此；当下我国首先需要解决的问题是公正问题，其次才是效率问题。目前，司法机关对仲裁裁决的审查，实际上有申请撤销仲裁裁决和申请裁定不予执行仲裁裁决两个程序，二者本质上都是对仲裁裁决的实质合法性及实质效力问题的审查，有程序重复之嫌，完全可以将目前的两个程序合并为一个审查程序。经过司法审查，仲裁裁决实质合法有效的，裁定准予执行；仲裁裁决违法不能执行的，裁定不予执行。

就民事行为的形式效力与实质效力的角度而言，仲裁制度在民事行为的实质合法性及实质效力审查上，无法达到司法审查的严格标准和公正水平。以法的形式效力与实质效力之“两质态论”为指导，按照司法正义输

---

① 参见张卫平：《仲裁裁决撤销程序的法理分析》，载《比较法研究》2018 年第 6 期。

② 张卫平：《现行仲裁执行司法监督制度结构的反思与调整——兼论仲裁裁决不予执行制度》，载《现代法学》2020 年第 1 期。

③ 参见张卫平：《现行仲裁执行司法监督制度结构的反思与调整——兼论仲裁裁决不予执行制度》，载《现代法学》2020 年第 1 期。

出的条件和要求，从仲裁机构的独立性和中立性、仲裁人员的专业性、仲裁程序的公正性、仲裁裁判标准的公正性及仲裁方法的公正性的角度来看，建立独立、公正的仲裁制度，应该是发展完善我国仲裁制度的重要内容。目前，因为仲裁责任制缺失等原因，违法仲裁损害当事人合法权益的现象时有发生。就仲裁裁决的形式效力与实质效力的角度而言，如何改革与发展目前的司法机关对仲裁裁决的审查、监督制度，保障和实现仲裁裁决的形式效力与实质效力的统一，尽量避免或减少仲裁裁决被人民法院撤销或裁定不予执行，也是需要认真加以研究和解决的问题。此外，从仲裁裁决的存续力、拘束力及强制力来说，仲裁裁决拘束力发挥的实效很不理想，当事人不愿意履行仲裁裁决的情形比比皆是，仲裁裁决的强制力受阻，仲裁裁决的强制执行困难重重。如何进一步提升仲裁裁决的自愿履行率，以及如何解决仲裁裁决的执行难问题，都是需要加以研究和解决的问题。

综上所述，法的效力之“两质态论”与“三效力说”，对私法行为效力问题的研究具有重要的指导意义。一是可以建立私法行为效力的若干基本范畴，为研究私法行为的效力问题奠定了基础；二是可以建立反映和揭示私法行为效力之普遍性的形式效力与实质效力之“两质态论”，科学地揭示私法行为的两种不同性质及形态的效力；三是可以建立反映和揭示私法行为效力之特殊性的存续力、拘束力及强制力之“三效力说”，科学地回答私法行为的效力构成问题；四是能够以“两质态论”与“三效力说”的对立统一，建构科学的私法行为的效力内容论。

结语　法律、语言与文化：建构当代中国的学术话语体系

长期以来，中国的行政行为效力理论受域外理论及话语的影响较大，相当程度上存在对域外理论、概念及术语照搬照抄等囫囵吞枣式盲目继受的现象。我国未来的行政行为效力研究，要在全面、系统、深入了解域外理论、概念及术语的基础上，对其批判性地继受及进行本土化的发展。通过提炼原创性、标识性的概念术语及系统性的理论创新，自觉建构具有丰富学术含量的、能与外部世界有效沟通、对话及交流的中国学术话语体系，以适应我国法治实践的需要。①

一、法律实践及法学研究中的语言与文化

20世纪下半叶，哲学的"语言学转向"影响到法学，西方法学进入了法律语言学研究阶段，也就是人们常说的法学研究的"语言学转向"。② 在法律问题的研究经历了本体论和认识论阶段之后，人们发现无论是本体论还是认识论转向都没能解决"应然原理"和"实然表达"的复杂联系，而这种困扰人们法律认知的原因可能就在于沟通"人"与"对象"的语言问题。③ 长期以来，法学界并不讳言语言对于法律的意义。但是，语言在法学研究中一直被片面地定义为一种工具或技术；其实不然，语言是法律的生命，语言之于法律，犹如空气之于人。就像人很少意识到自己在呼吸空气一样，法学家也几乎没有意识到，人们一直是在用语言从事法律工作，许多法律问题原来都是语言问题，都可以从语言的角度研究法律。④ 在某种意义上，法律问题就是语言问题，任何社会的法律均需要以语言为载体才能表达出来，语言之外的法律是不存在的。语言是法律的生命和载体，语言对法律的产生和发展有着非常深远的影响。人类也只有通过语言才能表述、

---

① 学术话语体系是学术体系（知识体系）与话语体系的融合，学术是内涵，话语是表达，二者融为一体。参见何爱国：《中国学术话语体系为什么要重构？——读姜义华〈中华文明的经脉〉》，载《文汇报》2019年11月25日，第6版。

② 参见常安、朱明新：《"法学的语言学转向"及其对我国法律语言学研究的方法论启示》，载《琼州大学学报》2003年第3期。

③ 参见董晓波：《对西方法学"语言学转向"的解读》，载《河北法学》2007年第1期。

④ 参见廖美珍：《论法学的语言转向》，载《社会科学战线》2006年第2期。

记载、解释、适用法律，语言与法律之间存在不可分割的密切联系。英国著名法官曼斯斐尔德勋爵曾经指出："世界上的大多数纠纷都是由词语引起的。"①制度法学派代表人物，苏格兰法学家麦考密克也曾指出："法学其实不过是一门法律语言学。"②人类法律发展的历史，也就是一部运用语言追问法律意义的历史。③ 在法律发展的历史进程中，对于法律的发生、演变、实施及相互影响，语言一直起着决定性作用。④ 语言对法律的意义，不仅仅是习惯的标记、权利的明示及规范的表达，法律的本体就是语言。法律借助语言文字予以表现，语言文字又赋予法律以具体的内涵，塑造了法律的形象，并使之成为一种有力量的东西，影响或支配着人们的思想和行动。⑤

人从根本上来说是语言的，法律从根本上来说也是语言的。⑥ 将语言学方法运用到法学研究上，这既是法学家对自身理论研究范式的突破和创新，也是语言学界为法学研究提供了重要的智力支持所致。法学的"语言学转向"对法学研究范式来说具有革命性的意义，它使人们重新审视和考察语言这一"幽灵"，语言不再作为一种工具来对待，语言成为一种相对于人的哲学上的后在。⑦ 爱尔兰著名法学家凯利曾说："时间无情，于勇士、常人皆然，它的面目漠然，欲成为优雅之士，唯有崇拜语言并获得救赎，人因之而得以生存。"⑧西方法学的"语言学转向"对于法学研究的重要意义有三：其一，法学的"语言学转向"揭示了关于法律概念、术语研究的重要性。法律概念、术语是法律思维与表达的工具，其意义是否清晰、合理，决定法律思维与表达是否正确、有效。因此，法律概念、术语应当成为法哲学研究的重要内容。其二，法学的"语言学转向"强调了法学研究必须要有语言意识。学者必须要有正确使用语言的意识，合理地使用语言，避免因语言的混乱而引起思想混乱。其三，法学的"语言学转向"展示了法律概念、术语研究的新方法，即通过语言分析的方法研究法律概念，而不是抽象

---

① 参见陈忠诚选编：《法律英语五十篇》，中国对外翻译出版公司 1987 年版，第 5 页。

② 〔美〕约翰 · M. 康利、〔美〕威廉 · M. 欧巴尔：《法律、语言与权力》（第 2 版），程朝阳译，法律出版社 2007 年版，"主编的话"第 6 页。

③ 参见杨仑、高俊亮：《语言对法律的意义》，载《宁夏大学学报（人文社会科学版）》2005 年第 5 期。

④ 参见张武汉：《语言与法律——从工具论向本体论的认知嬗变》，载《河北法学》2010 年第 7 期。

⑤ 参见王健：《沟通两个世界的法律意义：晚清西方法的输入与法律新词初探》，中国政法大学出版社 2001 年版，第 1 页。

⑥ 参见〔美〕约翰 · M. 康利、〔美〕威廉 · M. 欧巴尔：《法律、语言与权力》（第 2 版），程朝阳译，法律出版社 2007 年版，"主编的话"第 7 页。

⑦ 参见董晓波：《对西方法学"语言学转向"的解读》，载《河北法学》2007 年第 1 期。

⑧ 〔爱〕J. M. 凯利：《西方法律思想简史》，王笑红译，法律出版社 2002 年版，第 1 页。

地、武断地直接给概念下定义。[①]

文化是一个国家或民族的历史、地理、行为规范、生活方式、风土人情、传统习俗、文学艺术、思维方式、价值观念等的总和。人从根本上来说是文化的，人既是文化的创造者，也是文化的形塑对象和创造物。法律从根本上来说也是文化的，一方面，一个国家或地区的法律制度及法律文化本身就是其整个社会文化的组成部分；另一方面，一个国家或地区的文化又影响乃至决定了其法律制度与法律文化。[②] 我们要想取得法律实践和法学研究上的成功，就必须高度重视并正确对待其中的文化，特别是法律文化。法律的概念和术语必须通过具体语言的语词予以表现，故法律文化其实是整个语言文化的一部分，这就要求我们在法律实践和法学研究上，必须准确地选择及使用恰当的语词作为术语。首先，是本土术语的准确选择及使用问题。其次，是外来术语的准确翻译和使用问题。翻译的本质是不同语言的转换，而是两种符号系统的转换，其作为一种符号活动，难度之大超乎想象。在两种不同的语言环境之间，任何事物都不可能存在一个普适性的概念，而只能是一个地方性知识。不同的文化及作为文化构成要素之一的语言，都是地方性知识。[③] 因为原语文化和译语文化之间的差异，原语语言符号和译语语言符号几乎不可能在指称、言内、语用三个意义层面上一一对应，故有时准确翻译的难度超乎想象。在英语法学、德语法学等西方法学的冲击下，中国法学如何才能建立自己的学术话语体系，而不至于沦为西方文明的附从？[④] 这一发问可谓发人深省。“汉语法学力求于学术积累和语文教育中创建一种关于中国人世秩序的理论体系、法权安排和政治正义，一种基于中华文化自觉的现代中国的法理建构。”[⑤]在全面、深刻理解和把握域外理论与制度精髓的同时，准确翻译引进相关的概念与术语，对于借鉴吸收其合理成分，移植有关的理论与制度，从而建构中国的行政法理论与制度及中国的学术话语体系，具有重要而积极的现实意义。

二、本书可能的理论贡献

反本质主义认为，事物并不存在唯一不变的绝对本质。反本质主义对

① 参见黄文艺：《法哲学解说》，载《法学研究》2000 年第 5 期。

② 参见〔美〕约翰·M. 康利、〔美〕威廉·M. 欧巴尔：《法律、语言与权力》（第 2 版），程朝阳译，法律出版社 2007 年版，“主编的话”第 7 页。

③ 参见〔美〕克利福德·吉尔兹：《地方性知识：事实与法律的比较透视》，载梁治平编：《法律的文化解释》，生活·读书·新知三联书店 1994 年版，第 73～172 页。

④ 参见侯猛：《中国法学的再造——评〈汉语法学论纲〉》，载《中国法律评论》2015 年第 1 期。

⑤ 翟志勇：《汉语法学与现代中国的法理建构》，载《清华法学》2016 年第 3 期。

本质主义的诘难,并非要否定事物本质的存在,而是主张事物的本质具有相对性、多元性及具体性。反本质主义并不否认事物本质问题的重要意义,对事物本质的研究和探索乃是科学研究的目的和根本任务所在。在行政行为效力理论上,行政行为效力本质问题具有非常重要的基础性地位和作用,其直接或间接决定了行政行为效力内容、形态等问题的深入研究。目前,关于行政行为效力本质问题的研究,尚未引起学界和实务部门足够的重视和关注。行政行为本身并非法律规范,其何以具有法律效力?因为法律对行政行为效力的赋予和认可,行政行为才得以具有法律效力。行政行为效力的本质需要从它与法的效力之间的逻辑关联中去寻找。本书的研究结论是,行政行为的效力本质上就是法的效力,是法的普遍性效力在行政行为上的具体表现形式,其属于法的个别性效力的范畴。法的效力与行政行为效力之间是一般与个别、普遍与特殊、共性与个性的关系。就认识论的角度而言,行政行为效力有着多方面的本质;但是,法的个别性效力应该是行政行为效力本质的最为主要的方面。本书将行政行为效力本质问题作为一个非常重要的内容加以研究,并努力尝试建构行政行为的“效力本质论”。

科学地揭示行政行为效力的本质,对于行政行为效力内容具体构成问题的研究具有重要的意义。例如,既然行政行为效力在本质上就是法的效力,因为法具有强制力,所以行政行为也应该具有强制力。本书正是在行政行为效力本质揭示的基础上,从法的强制力出发,通过演绎的方法,得出了行政行为也应该具有强制力这一结论。因为法还具有存续力和拘束力,行政行为也应该具有存续力和拘束力。通过揭示行政行为效力本质,从法的存续力、拘束力及强制力三个方面的内容出发,本书通过演绎的方法建立了反映和揭示行政行为效力之特殊性的理论,即行政行为之“三效力说”。存续力、拘束力及强制力产生的时间和条件不同、本质属性不同,价值目标与制度功能也有所差异。三者相互独立,不存在内涵交叉或重叠的现象。存续力、拘束力及强制力之“三效力说”作为一个内在关联、有机统一的整体,共同构成了反映和揭示行政行为效力之特殊性的科学理论。在研究行政行为效力内容构成问题的过程中,笔者发现,公定力概念表达的并非行政行为的任何一项具体的效力内容,而是对行政行为的存续力、拘束力及强制力等效力内容的概括与统称,属于反映和揭示行政行为效力之普遍性或一般性的范畴。行政行为公定力产生、发展至今,经历了三种不同的历史形态:(1)基于国家公权力先验优越性推定的“事实上的效力”;(2)基于宪法、行政诉讼法制度推定的法律效力;(3)行政程序法明确规定或判例法确定的法律效力。在现代社会,公定力本质上是行政行为依法产生的形式效力,其在诸多国家或地区属于具有明确法律依据的“法定效力”而非“推定效力”。公定力理论未能随着公定力的发展、变化而作相应的修正,仍然固守公定力乃“推定效力”之落后观点,已不能真实、准确地反映公定力在现代社会主要由法律明确规定这一客观事实,这是其在现代社会陷入困境的根本原因。基于符号学方法的分析,公定力理论存在无法克服的致命缺陷,对其应该予以摒弃,并以形式效力理论取代公定力理论。以类型化的方法将公定力的产生、发展分为三种不同的历史形态,再运用符号学方法对公定力理论进行分析,是本书关于公定力理论研究取得突破的关键所在。汉语语言符号具有很强的表意性,行政行为的形式效力理论是对公定力理论的进一步发展和扬弃,其能够科学、有效地解释和说明行政行为一经成立即具有法律效力这一行政法现象,能够科学、有效地反映和揭示行政行为形式效力的本质及其法定性、行政程序性、形式性、相对性等特征。在汉语语言符号中,“形式”一词与“实质”一词相对,在使用行政行为的形式效力术语之后,行政行为实质效力术语的使用也就顺理成章了。在大陆法系和英美法系国家,无论其学理上是否存在形式效力、实质效力的理论或观念,形式效力与实质效力都是一种制度性的存在。形式效力与实质效力作为反映和揭示行政行为效力之普遍性或一般性的重要范畴,笔者称为行政行为效力的“两质态论”。本书认为,行政行为的效力内容论即包括“两质态论”与“三效力论”两个方面的内容,正是二者的对立统一,构成了完整而又科学的行政行为效力内容论。本书在行政行为效力内容论的理论建构上,既非传统的“公定力核心说”,亦非现代的“存续力核心说”,而是在大胆批判、质疑前人研究成果的基础上,以“两质态论”与“三效力说”的对立统一重构了行政行为的效力内容论,从而较好地回答了这一重大的理论与实践问题。

本书还以行政行为效力本质和内容问题的研究为基础,深入研究和探讨了行政行为的效力形态问题。目前,由于对行政行为效力本质问题缺乏深入的研究,以致行政行为效力内容问题的研究亦未取得实质性的进展,有些研究成果还存在严重的错误;因为受行政行为效力本质、内容问题研究的影响和制约,行政行为效力形态问题的研究也始终无法深入。行政行为效力研究的现状恰恰说明,对行政行为效力问题从整体上予以系统研究是非常有必要的。

反思与批判是发现问题、解决问题的基本前提和有效途径,在行政行为效力研究领域,学者似乎已经丧失了反思与批判的能力,一些错误的理论和认识长期大行其道,严重阻碍了行政行为效力研究的发展和深入,从而导致了行政行为效力研究的停滞不前。面对理论与实践的双重困境,唯有全面反思,才能发现症结之所在及问题之根源;唯有深刻地批判,才能纠正错误、建立科学的理论。目前行政行为效力理论存在的问题较多,有些问题还非常严重;任何小修小补都无济于事,唯有在反思与批判的基础上,对行政行为效力理论予以全面、系统地重构。本书即在反思、批判前人研究成果的基础上,以行政行为效力本质论、效力内容论及效力形态论"三论合一"的有机统一,系统重构了行政行为效力的理论体系,为行政行为效力问题的解释和回答提供了一个基本的理论框架。就行政行为效力理论体系的建构而言,其当然并非仅仅包括这三个方面的内容,但是,效力本质论、效力内容论及效力形态论无疑应该是行政行为效力理论体系最为核心的三个组成部分。本书的理论创新主要体现在如下几个方面:

(1)关于法的效力本质与内容问题;

(2)关于行政行为效力本质论的理论建构问题;

(3)关于公定力产生、发展的历史形态问题;

(4)关于公定力的本质问题;

(5)关于公定力理论的改革与发展问题;

(6)关于行政行为效力"两质态论"的理论建构问题;

(7)关于中国行政法行政行为存续力的理论建构问题;

(8)关于行政行为强制力的理论建构问题;

(9)关于行政行为"三效力说"的理论建构问题;

(10)关于行政行为效力内容论的理论建构问题;

(11)关于行政行为效力形态论的理论建构问题;

(12)关于"两质态论"与"三效力说"的法理学及部门法学意义问题;

(13)关于行政行为效力理论体系的理论建构问题。

三、未来研究之展望与建议

"法的移植和法的本土化,是中国法律近现代化的基本路径和客观事实,中国近现代法律从观念到制度、原则乃至术语,几乎都是从西方(大多通过日本)移植进入中国,并逐步本土化的。"①清末以来,中国大多数法律都移植自西方,中国法学研究的多数理念、制度、规则、概念,几乎都是在向西方学习的过程中建立的。在中国的法治现代化进程中,一方面,要积极

① 何勤华:《法学观念本土化考 从新中国60余年立宪史之视角》,载《中外法学》2013年第2期。

地借鉴、吸收域外理论的精华;另一方面,也决不能迷信和盲从西方的法学理论,对其照搬照抄、囫囵吞枣、食洋不化。例如,我国照搬照抄日本的公定力理论就出现了很大的问题。根据本书第三章的研究结论,在现代社会,公定力的本质其实就是行政行为的形式效力,公定力并非行政行为的某一项具体的效力内容;但是,"公定力"这一术语让很多人误以为,公定力就是行政行为的一项效力内容。其实,如果当初将行政行为公定力理论进行充分消化、吸收,将其翻译为行政行为的"形式效力",就根本不会出现这样的问题。又如,在中国法学上,司法裁判、行政行为或民事行为的效力被统称为"法律效力",并不像德国法学那样,司法裁判的效力被称为"Rechtskraft",行政行为的效力被称为"Bestandskraft"。德语"Rechtskraft"一词在汉语中有"法律效力"之意,故"Rechtskraft von Verwaltungsakte"在汉语中应该译为"行政行为的效力"而非"行政行为的确定力","Bestandskraft des Verwaltungsaktes"在汉语中应该译为"行政行为的效力"而非"行政行为的存续力"。再如,在我国行政法学上,"formelle Bestandskraft"与"materielle Bestandskraft"分别被译为"形式存续力"与"实质存续力",其实也很不科学。[①] 在德国行政法上,"formelle Bestandskraft"的规制对象是行政相对人;一旦普通的法律救济措施已经用尽,或者超过了法定的救济期限,或是相对人放弃救济权利的,相对人就会丧失依常规救济手段对行政行为予以争讼的权利。由此,行政行为获得了更为稳定地存在下去的效力,此即行政行为的"formelle Bestandskraft"。"formelle Bestandskraft"的目的和功能在于对相对人质疑行政行为的请求权进行排除,以达到法律秩序安定的目的,故将其译为"不可争力"较为适宜。"materielle Bestandskraft"与司法判决的既判力相对应,在汉语中,其被直译为"实质存续力",但其内容不仅包括限制行政主体一方依职权随意对行政行为予以撤销、变更或废止,而且还包括行政行为对相对人和行政机关的拘束力;基于符号学之语义学原理,在汉语中将"materielle Bestand-skraft"译为与司法判决既判力相对应的"既决力"较为适宜。[②] 还有,将德国行政行为的"absolute Nichtigkeitsgründe"和"relative Nichtigkeitsgründe"分别译为"绝对无效"和"相对

① Zhou Hengxiang, Deutsch - Chinesisches Rechtswörterbuch, Berlin: Duncker& Humblot, 2017, S. 49.

② 既决力是江必新教授在论及行政行为效力时所使用的一个术语,其含义和要求是:对于行政行为中的意思表示和认定的事实,相对人、行政机关、监督机关以及其他社会主体都有义务将其作为既定事实加以承认和尊重,都受既决的行政行为内容的约束,不得作出与该行政行为相反的认定和处理决定。参见江必新:《行政行为效力体系理论的回顾与反思》,载《江苏社会科学》2008 年第 5 期。

无效”,[①]容易使人误以为行政行为的无效有两种不同的标准,因而不够科学。在翻译和引进行政行为的“absolute Nichtigkeitsgründe”和“relative Nichtigkeitsgründe”术语时,如果翻译不当,极易引起人们的误读;基于符号学之语义学原理,二者可以分别译为“法定情形无效”与“非法定情形无效”。在当前的行政行为理论研究上,一方面,我们离不开对域外理论、概念及术语的学习、借鉴;另一方面,我们也要克服西方中心主义,积极关注中国现实问题,自觉建构当代中国的学术话语体系。在批判性继受域外理论、概念及术语的基础上,立足于中国的现实国情,勇于突破传统理论的桎梏,大胆地进行理论建构,真正建立汉语法学的概念、范畴及学术理论体系,真正建构起具有中国本土特色、原创性、标识性的核心理论和思想。“只有立足民族国家本土的历史文化、社会结构、政治、经济情势,法学研究和法律实践才具有持久的生命力。”[②]“中国道路的学术阐释、中国理论的学术表达必须借助中国话语,因此要着力构建中国哲学社会科学的学科体系、学术体系和话语体系。”[③]本书提出的行政行为形式效力理论,就是对日本行政行为公定力理论及德国行政行为存续力理论的发展和扬弃。本书从理论上建构了行政行为的实质效力理论,填补了行政行为实质效力理论的空白,并将其与行政行为的形式效力一起,形成揭示行政行为效力普遍性的“两质态论”,则又是对形式效力理论的进一步发展和超越。本书提出的行政行为效力本质论、效力内容论、效力形态论及相关的概念或范畴,都是立足于中国的现实,在理论上大胆建构的结果。

本书侧重于从理论层面较为宏观地研究行政行为的效力问题,还存在研究内容不够全面,对具体问题的研究不够深入、细致等诸多缺陷与不足;特别是受篇幅的限制,诸多理论问题的研究未能深入具体的制度层面。强化制度层面的实证研究,在实践中进一步检验、修正与完善本书的理论,正是笔者下一步努力的方向。行政行为效力理论本属于“舶来品”,笔者认为,在把握域外最新发展动态、学习借鉴其最新研究成果的同时,可以在以下几个领域继续深化对行政行为效力问题的研究。

---

① 所谓绝对无效(absolute Nichtigkeitsgründe),是指法律有明文规定,只要行政行为有此种违法情形的存在,即可判定为无效,无须另行斟酌;所谓相对无效(relative Nichtigkeitsgründe),是指行政行为具有此类违法的,必须根据个别情形判定是否构成重大且明显违法而无效。参见赵宏:《法治国下的目的性创设——德国行政行为理论与制度实践研究》,法律出版社2012年版,第146~147页。

② 李娟:《中国法学系统本土化研究:意义、方法与路径》,载《西部法学评论》2012年第6期。

③ 郭建宁:《伟大觉醒与中国话语》,在“中国道路、中国理论和中国话语”全国学术研讨会上的发言,载光明网,http://theory.gmw.cn/2018-12/31/content_32275619.htm。

第一,进一步深化法的效力理论研究,为行政行为效力理论研究奠定更加坚实的法哲学基础。既然行政行为效力的本质就是法的效力,行政行为效力问题的深入研究,必然有赖于法的效力问题的深入研究。例如,基于法的效力与行政行为效力之间的逻辑关联,法的效力内容问题的研究,对于行政行为效力内容论的理论建构就具有决定性的意义。本书的研究结论是,法的效力是以法为载体的法律上的约束力,包括存续力、拘束力及强制力。法的效力内容论包括两个方面的内容:一是反映和揭示法的效力之普遍性或一般性的理论,即法的形式效力与法的实质效力之"两质态论";二是反映和揭示法的效力之特殊性或个别性的理论,即法的存续力、拘束力及强制力之"三效力说"。"两质态论"与"三效力说"的对立统一构成了完整而又科学的法的效力内容论。这一研究成果既填补了法理学关于法的效力内容问题研究的空白,又为行政行为效力内容问题的研究奠定了基础。尽管如此,笔者对这一部分的研究还是不够满意,在分析和论证方面总体上不够深入和充分。此外,本书关于法的效力本质问题的研究,亦有进一步拓展与深化之必要。在未来的研究工作中,要进一步加强和深化法的效力问题的研究,以便为行政行为效力问题的研究奠定必要的基础。

第二,紧密结合行政程序立法实践,进一步深化行政行为形式效力理论及相关制度的研究。行政行为的无效,是指行政行为具有重大且明显违法情形的,其依法不产生形式效力。从一定意义上来说,行政行为的无效也应该属于行政行为形式效力研究的范畴。行政行为的无效与有效,行政行为的撤销、变更、废止及行政程序的重开等,均涉及行政行为的形式效力问题,这也是德国、西班牙等国家行政程序法规制的重要内容。我国台湾地区、澳门特别行政区的行政程序相关规定对前述问题亦有涉及。本书关于行政行为形式效力的研究仅限于理论层面的宏观性研究,未能深入行政程序法的立法实践去发现问题、解决问题,远远不能满足指导我国《行政程序法》制定的需要。目前,我国《中华人民共和国行政程序法(草案)》正处于不断修改与完善的过程中,紧密结合我国的行政程序立法实践,加强和深化行政行为形式效力问题的研究,是进一步推动行政程序法理论的发展和完善,是为我国《行政程序法》的制定提供理论支持的根本要求。

第三,紧密结合行政审判实践,进一步深化行政行为实质效力理论及相关制度的研究。行政行为的实质效力,是经过司法程序的审查和确认,行政行为基于其实质合法性而依法产生的法律效力。正是司法程序对行政行为具有实质合法性内容的审查和法律评价,决定了行政行为实质效力的存在。目前,我国行政行为实质合法性及实质效力的法律评价在理论和实践上均存在一些问题,亟待发展和完善。例如,影响行政行为实质效力的因素究竟有哪些?司法实践中如何综合考虑各种因素,最终认定某一行政行为具有实质效力?这是理论与实践上都特别棘手的问题。又如,确立行政行为实质合法性判断的标准与依据,是行政行为实质效力法律评价的基本前提。目前,关于这一问题的理论研究几乎处于空白的状态;在实践上,当然也就不存在科学明确的行政行为实质合法性判断的标准与依据。再如,行政行为的实质效力要件,是指行政行为具备实质效力的必要要件,其有一般要件和特殊要件之分,关于这一问题的理论研究,几乎处于空白的状态。总之,关于行政行为实质效力,需要研究的问题很多,紧密结合行政审判实践,进一步强化实质效力理论及相关制度的研究,无疑具有重要的理论和现实意义。

第四,紧密结合立法、执法及司法实践,进一步深化行政行为存续力、拘束力及强制力理论及相关制度的研究。就行政行为的存续力、拘束力及强制力而言,本书的研究尚不够深入、细致,亟待紧密结合实践进一步深化,以作进一步的检验、修正、丰富及发展。坐在书斋里空想不行,唯有通过实践发现真问题、解决真问题,才能不断提升理论研究的层次和水平。例如,相对人提起撤销之诉遭实体判决驳回后,行政机关得否再行撤销或变更原行政行为?这个问题涉及行政程序重开中的行政行为实质存续力问题。如果脱离执法、司法实践,我们就很难想到或发现这一问题。这一问题在理论和实践上均非常复杂,中外学者及司法实务部门也是仁者见仁,智者见智。又如,关于行政行为对行政机关的拘束力问题,目前学界和实务部门对这一问题的研究都非常有限。由于缺乏理论的指引及具体明确的法律制度,行政机关在执法实践中,对于是否应该接受、如何接受在先行政行为(主要是其他行政机关作出的行政行为)的拘束,一直是处于"跟着感觉走"的状态。再如,行政行为对司法裁判的拘束力也是一个极具理论和现实意义的重要问题,目前关于这一问题的研究也不够深入和充分。还有,行政行为的形式强制力和实质强制力问题。当前我国行政强制执行制度存在诸多问题,突出表现为行政强制执行体制及具体制度上的种种弊端。行政行为的形式强制力和实质强制力理论具有强大的实践指导功能,紧密结合行政强制执行制度改革及实践,不断深化对这一理论的研究,就能够为我国《行政强制法》的修改、完善提供坚强的理论支持。

第五,以行政决定的效力为参照,积极开展对行政决定之外其他行政行为效力问题的研究。行政行为是行政主体基于行政职权作出的具有法律意义的行为，在“广义型”行政行为概念之下，行政行为的种类非常之多，不同类型的行政行为效力问题差异较大。因此，笼统地讨论行政行为的效力问题较为困难，只有针对不同类型的行政行为，分别研究其效力问题，才能获得正确的认识。长期以来，中外学者研究的行政行为效力，主要是行政决定的效力。对于行政决定效力问题的研究，又主要集中于其效力内容的具体构成及效力形态上。行政决定在效力内容的构成上最为全面，效力形态也最为丰富，因而其效力问题也最具有代表性。本书关于行政决定效力问题的研究成果，可以为其他行政行为效力问题的研究提供借鉴和参考。“对整个法律行为效力制度的深入研究，有赖于建立一个科学合理的法律行为概念体系和分类体系”，“不同的法律行为具有不同的效力内容”。[①] 对于各种不同类型的行政行为而言，虽然其效力存在一定的差异，但都可以参照行政决定的效力予以深入研究，从而实现对所有行政行为的效力问题予以全景式的分析和研究。从理论上来说，行政决定以外的其他行政行为效力的本质与行政决定效力的本质必然是相同的，只是在效力内容和效力形态方面存在一定的差异。

第六，以国家行政行为的效力为参照，积极开展对社会行政行为效力问题的研究。为了研究和表述的方便，本书将行政行为效力的研究限定于“国家行政行为”的范围。但是，行政行为不仅在国家行政的范围内存在，在社会行政的范围内也同样存在；社会自治组织所作的行政行为，即为社会行政意义上的行政行为，简称为“社会行政行为”。从国家—社会关系的视角看，国家行政行为和社会行政行为的权力依据不同，其分别为国家行政权力和社会行政权力。国家行政权力源于宪法、组织法及其他法律、法规与规章，而社会行政权力源于自治组织的章程与规约，是社会自治组织的成员让渡权利而形成的权力，其在性质上属于社会自治权的范畴。因为国家行政行为与社会行政行为的权力来源不同，二者在效力内容、效力形态及相关的效力制度上也就存在一定的差异。例如，因为社会行政行为的权力性质为社会自治权，故法律上不允许社会自治组织对其作出的行政行为实施强制执行，也不允许社会自治组织申请行政机关予以强制执行，但可申请司法机关予以强制执行；社会自治组织的成员对社会行政行为不服的，可以提起诉讼寻求司法救济。前述的这一切，都是由社会自治的本质所决定的。当前，受现实诸多条件的制约，社会行政行为在我国尚未纳入司法审查的范围。随着我国民主与法治进程的不断推进，社会行政

---

① 参见江必新：《法律行为效力制度的重构》，载《法学》2013 年第 4 期。

行为在不久的将来也必然会纳入司法审查的范围。深入研究社会行政行为的效力问题,如自治章程、村规民约等自治规约的效力问题,能够为社会行政行为的司法审查及宪法诉讼提供理论依据和智力支持。

第七,注重和强化实证研究方法的运用,进一步深化行政行为效力形态理论及相关制度的研究。法学的实证研究包括法律实证(规范实证)、案例实证及社会实证等诸多方面。行政行为的效力形态问题涉及众多的法律制度,其不仅会在行政程序法、行政复议法、行政诉讼法中有所体现,而且在诸多的行政行为法中也会有所体现。例如,行政行为无效这一问题,不仅是行政程序法规制的重要内容,在行政复议法、行政诉讼法中也会涉及,我国于2021年修订的《行政处罚法》第38条亦确立了行政处罚无效制度。强化实证研究方法的运用,结合实践进一步深化行政行为效力形态理论及相关制度的研究,建立科学的行政行为效力形态理论及科学的制度,是服务依宪执政及行政法治实践的根本要求。

就中国当前的法学研究而言,总体表现为“批判性有余,建设性不足;理论性有余,实践性不足”。具体到行政行为效力问题的研究上,其在批判性、建设性、理论性及实践性方面均存在相当的不足。关于这一理论的研究并非一个全新的领域,中外学者虽然已经做了大量的工作,但其却依然是一座极具开发价值的“富矿”,值得我们予以深度挖掘及系统而深入的研究。但愿在不久的将来,我国行政行为效力研究落后的状况能够得到改善,高质量的研究成果如雨后春笋般不断涌现。无论多么伟大而高深的理论,都不能脱离其赖以存在的语言与文化。在中国的行政法学研究上,必须高度重视其中的汉语语言与文化问题。中国未来的行政行为效力理论,也必然应该是与汉语语言及文化高度和谐统一的行政法理论。

主要参考文献

一、中文著作

1. 章剑生:《现代行政法总论》(第2版),法律出版社2019年版。

2. 余凌云:《行政法讲义》(第3版),清华大学出版社2019年版。

3. 张弘:《徜徉在权利与权力之间的行政行为——作为行政法基本范畴的行政行为及其展开》,法律出版社2018年版。

4. 何海波编:《中外行政诉讼法汇编》,商务印书馆2018年版。

5. 〔日〕市桥克哉、榊原秀训等:《日本现行行政法》,田林、钱蓓蓓、李龙贤译,法律出版社2017年版。

6. 田勇军:《论行政法上的意思表示——兼论行政行为构成中的意识要件》,法律出版社2017年版。

7. 王名扬:《王名扬全集2:法国行政法》,北京大学出版社2016年版。

8. 刘莘:《身土不二:行政法文集》,中国法制出版社2016年版。

9. 何君:《行政行为实行力研究——以服务行政为背景》,法律出版社2016年版。

10. 姜明安等:《行政程序法典化研究》,法律出版社2016年版。

11. 王铭玉:《语言符号学》,北京大学出版社2015年版。

12. 〔美〕汤姆·R.泰勒:《人们为什么遵守法律》,黄永译,中国法制出版社2015年版。

13. 江国华:《中国行政法(总论)》,武汉大学出版社2012年版。

14. 杨小利:《民事判决法律效力研究》,人民法院出版社2012年版。

15. 赵宏:《法治国下的目的性创设——德国行政行为理论与制度实践研究》,法律出版社2012年版。

16. 李震山:《行政法导论》(修订9版),台北,三民书局2012年版。

17. 姜明安主编:《行政法与行政诉讼法》(第4版),北京大学出版社、高等教育出版社2011年版。

18. 吴东镐、徐炳煊:《日本行政法》,中国政法大学出版社2011年版。

19. 刘高龙、赵国强主编:《澳门法律新论》(上、下卷),社会科学文献出版社2011年版。

20. 〔英〕哈特:《法律的概念》(第2版),许家馨、李冠宜译,法律出版社 2011 年版。

21.〔英〕阿奎那:《阿奎那政治著作选》,马清槐译,商务印书馆 2011 年版。

22.〔美〕富勒:《法律的道德性》,郑戈译,台北,五南图书出版股份有限公司 2010 年版。

23. 王万华:《中国行政程序法典试拟稿及立法理由》,中国法制出版社 2010 年版。

24. 温晋锋主编:《行政法学》,科学出版社 2010 年版。

25. 马莉:《法律语言翻译的文化制约》,法律出版社 2009 年版。

26. 翁岳生编:《行政法》(上册),中国法制出版社 2009 年版。

27. 杨解君:《行政法与行政诉讼法》(下),清华大学出版社 2009 年版。

28.〔日〕南博方:《行政法》(第 6 版),杨建顺译,中国人民大学出版社 2009 年版。

29.〔日〕盐野宏:《行政法总论》,杨建顺译,北京大学出版社 2008 年版。

30. 马生安:《行政行为研究——宪政下的行政行为基本理论》,山东人民出版社 2008 年版。

31.〔法〕让・里韦罗、〔法〕让・瓦利纳:《法国行政法》,鲁仁译,商务印书馆 2008 年版。

32. 林诚二:《民法总则》,法律出版社 2008 年版。

33.〔美〕罗纳德・德沃金:《认真对待权利》,信春鹰、吴玉章译,上海三联书店 2008 年版。

34.〔奥〕凯尔森:《纯粹法理论》,张书友译,中国法制出版社 2008 年版。

35. 章剑生:《现代行政法基本理论》,法律出版社 2008 年版。

36.〔美〕约翰・M. 康利、〔美〕威廉・M. 欧巴尔:《法律、语言与权力》(第 2 版),程朝阳译,法律出版社 2007 年版。

37. 马怀德主编:《行政法学》(第 2 版),中国政法大学出版社 2007 年版。

38. 宋功德:《聚焦行政处理——行政法上“熟悉的陌生人”》,北京大学出版社 2007 年版。

39. 赵宏:《法治国下的行政行为存续力》,法律出版社 2007 年版。

40. 王名扬:《英国行政法》,北京大学出版社 2007 年版。

41. 彭学龙:《商标法的符号学分析》,法律出版社 2007 年版。

42 陈敏:《行政法总论》,2007 年自版发行。

43. 张文显主编:《法理学》(第 3 版),高等教育出版社、北京大学出版社 2007 年版。

44. 李牧主编:《中国行政法学总论》,中国方正出版社 2006 年版。

45. 张兴祥:《行政法合法预期保护原则研究》,北京大学出版社 2006 年版。

46. 林锡尧:《行政法要义》,台北,元照出版有限公司 2006 年版。

47. 胡锦光主编:《违宪审查比较研究》,中国人民大学出版社 2006 年版。

48. 〔韩〕金东熙:《行政法 Ⅰ》(第 9 版),赵峰译,中国人民大学出版社 2006 年版。

49. 刘得宽:《民法总则》(增订 4 版),中国政法大学出版社 2006 年版。

50. 万俊人主编:《20 世纪西方伦理学经典(Ⅳ):伦理学前沿:道德与社会》,中国人民大学出版社 2005 年版。

51. 〔英〕约瑟夫·拉兹:《法律的权威:法律与道德论文集》,朱峰译,法律出版社 2005 年版。

52. 吴庚:《行政法之理论与实用》,中国人民大学出版社 2005 年版。

53. 金伟峰:《无效行政行为研究:Research on invalid adminisrative act》,法律出版社 2005 年版。

54. 王名扬:《王名扬全集 3:美国行政法(上、下)》,北京大学出版社 2016 年版。

55. 范扬:《行政法总论》,中国方正出版社 2005 年版。

56. 朱维究、王成栋主编:《一般行政法原理》,高等教育出版社 2005 年版。

57. 应松年主编:《当代中国行政法》(上卷),中国方正出版社 2005 年版。

58. 周佑勇:《行政法原论》(第 2 版),中国方正出版社 2005 年版。

59. 周永坤:《法理学》,法律出版社 2004 年版。

60. 〔美〕E. 博登海默:《法理学、法律哲学与法律方法》,邓正来译,中国政法大学出版社 2004 年版。

61. 黄学贤:《比较行政法——港、澳、台行政法析论》,中国社会出版社 2004 年版。

62. 周永坤:《法理学》,法律出版社 2004 年版。

63. 〔美〕保罗·托马斯、〔美〕大卫·伯恩:《执行力》,白山译,长安出版社 2003 年版。

64. 〔德〕弗里德赫尔穆·胡芬:《行政诉讼法》(第 5 版),莫光华译,法律出版社 2003 年版。

65. 章志远:《行政行为效力论》,中国人事出版社 2003 年版。

66. 〔德〕罗尔夫. 克尼佩尔:《法律与历史——论〈德国民法典〉的形成与变迁》,朱岩译,法律出版社 2003 年版。

67. 〔爱尔兰〕J. M. 凯利:《西方法律思想简史》,王笑红译,法律出版社 2002 年版。

68. 胡肖华:《宪法诉讼原论》,法律出版社 2002 年版。

69. 公丕祥主编:《法理学》,复旦大学出版社 2002 年版。

70. 陈新民:《中国行政法学原理》,中国政法大学出版社 2002 年版。

71. 叶必丰:《行政行为的效力研究》,中国人民大学出版社 2002 年版。

72. 〔德〕汉斯·J. 沃尔夫、〔德〕奥托·巴霍夫、〔德〕罗尔夫·施托贝尔:《行政法》第 2 卷,高家伟译,商务印书馆 2002 年版。

73. 董安生:《民事法律行为》,中国人民大学出版社 2002 年版。

74. 葛洪义主编:《法理学》(2002 年修订版),中国政法大学出版社 2002 年版。

75. 〔德〕奥托·迈耶:《德国行政法》,刘飞译,商务印书馆 2002 年版。

76. 胡玉鸿:《法学方法与法律人(第一卷):法学方法论导论》,山东人民出版社 2002 年版。

77. 曾世雄:《民法总则之现在与未来》,中国政法大学出版社 2001 年版。

78. 王健:《沟通两个世界的法律意义:晚清西方法的输入与法律新词初探》,中国政法大学出版社 2001 年版。

79. 应松年主编:《行政程序法立法研究》,中国法制出版社 2001 年版。

80. 张文显:《法哲学范畴研究》(修订版),中国政法大学出版社 2001 年版。

81. 龙卫球:《民法总论》(第 2 版),中国法制出版社 2001 年版。

82. 王泽鉴:《民法总则》(增订版),中国政法大学出版社 2001 年版。

83. 熊文钊:《现代行政法原理》,法律出版社 2000 年版。

84. 杨海坤主编:《中国行政法基础理论》,中国人事出版社 2000 年版。

85. 杨小君主编:《行政法基础理论研究——利益·权利·法律适

用》,西安交通大学出版社 2000 年版。

86. 叶必丰:《应申请行政行为判解》,武汉大学出版社 2000 年版。

87. 周佑勇:《行政法原论》(第 2 版),中国方正出版社 2000 年版。

88. 郑玉波:《民法总则》,中国政法大学出版社 2003 年版。

89. 史尚宽:《民法总论》,中国政法大学出版社 2000 年版。

90. 江平主编:《民法学》,中国政法大学出版社 2000 年版。

91. 〔德〕哈特穆特 · 毛雷尔:《行政法学总论》,高家伟译,法律出版社 2000 年版。

92. 〔法〕埃米尔 · 涂尔干:《社会分工论》,渠东译,生活 · 读书 · 新知三联书店 2000 年版。

93. 〔日〕盐野宏:《行政法》,杨建顺译,法律出版社 1999 年版。

94. 于安编著:《德国行政法》,清华大学出版社 1999 年版。

95. 〔法〕莫里斯 · 奥里乌:《行政法与公法精要》(上册),龚觅等译,春风文艺出版社、辽海出版社 1999 年版。

96. 张根大:《法律效力论》,法律出版社 1999 年版。

97. 应松年主编:《比较行政程序法》,中国法制出版社 1999 年版。

98. 姜明安主编:《行政法与行政诉讼法》,北京大学出版社、高等教育出版社 1999 年版。

99. 杨一平:《司法正义论》,法律出版社 1999 年版。

100. 〔德〕平特纳:《德国普通行政法》,朱林译,中国政法大学出版社 1999 年版。

101. 李震山:《行政法导论》,台北,三民书局 1999 年版。

102. 林腾鹞:《行政法总论》,台北,三民书局 1999 年版。

103. 叶必丰:《行政法的人文精神》,湖北人民出版社 1999 年版。

104. 应松年主编:《比较行政程序法》,中国法制出版社 1999 年版。

105. 于安编著:《德国行政法》,清华大学出版社 1999 年版。

106. 孙国华、朱景文主编:《法理学》,中国人民大学出版社 1999 年版。

107. 中国社会科学院语言研究所词典编辑室编:《现代汉语词典》(修订本),商务印书馆 1997 年版。

108. 马俊驹、余延满:《民法原论》(上册),法律出版社 1998 年版。

109. 杨建顺:《日本行政法通论》,中国法制出版社 1998 年版。

110. 朱新力:《现代行政法原理》,杭州大学出版社 1998 年版。

111. 〔英〕威廉 · 韦德:《行政法》,徐炳等译,中国大百科全书出版社 1997 年版。

112. 陈新民:《行政法学总论》,台北,三民书局 1997 年版。

113. 胡长清:《中国民法总论》,中国政法大学出版社 1997 年版。

114. 〔奥〕凯尔森:《法与国家的一般理论》,沈宗灵译,中国大百科全书出版社 1996 年版。

115. 吴庚:《行政法之理论与实用》,台北,三民书局 1992 年版。

116. 张家洋:《行政法》(修订初版),台北,三民书局 1996 年版。

117. 罗豪才主编:《行政法学》,中国政法大学出版社 1996 年版。

118. 〔日〕室井力主编:《现代日本行政法》,吴微译,中国政法大学出版社 1995 年版。

119. 翁岳生:《法治国家之行政法与司法》,台北,月旦出版社 1997 年版。

120. 行政立法研究组编译:《外国国家赔偿　行政程序　行政诉讼法规汇编》,中国政法大学出版社 1994 年版。

121. 王连昌主编:《行政法学》,中国政法大学出版社 1994 年版。

122. 刘小枫主编:《人类困境中的审美精神——哲人、诗人论美文选》,知识出版社 1994 年版。

123. 〔西〕何·奥·加塞尔:《什么是哲学》,商梓书等译,商务印书馆 1994 年版。

124. 孙国华、朱景文主编:《法理学》,中国人民大学出版社 1999 年版。

125. 〔德〕平特纳:《德国普通行政法》,朱林译,中国政法大学出版社 1999 年版。

126. 〔法〕莱昂·狄骥:《公法的变迁——法律与国家》,郑戈、冷静译,春风文艺出版社、辽海出版社 1999 年版。

127. 陈秀美:《行政诉讼上有关行政处分之研究》,台北,司法周刊社 1994 年版。

128. 许崇德、皮纯协主编:《新中国行政法学研究综述(1949—1990)》,法律出版社 1991 年版。

129. 张尚鹭主编:《走出低谷的中国行政法学——中国行政法学综述与评价》,中国政法大学出版社 1991 年版。

130. 〔日〕南博方:《日本行政法》,杨建顺、周作彩译,中国人民大学出版社 1988 年版。

131. 王名扬:《法国行政法》,中国政法大学出版社 1988 年版。

132. 城仲模:《行政法之基础理论》,台北,三民书局 1988 年版。

133. 陈忠诚选编,仲人注译:《法律英语五十篇》,中国对外翻译出版公司1987年版。

134. 王珉灿主编:《行政法概要》,法律出版社1983年版。

135. 王伯琦:《民法总则》,台北,正中书局1979年版。

136. 中共中央马克思恩格斯列宁斯大林著作编译局编:《马克思恩格斯选集》(第2卷),人民出版社1972年版。

137. 管欧:《行政法概要》,台北,三民书局1980年版。

138. 〔法〕狄骥:《宪法论——法律规则和国家问题》(第1卷),钱克新译,商务印书馆1959年版。

139.《马克思恩格斯全集》(第6卷),人民出版社1961年版。

二、中文期刊论文

1. 胡建淼:《"无效行政行为"制度的追溯与认定标准的完善》,载《中国法学》2022年第4期。

2. 李璐:《当代法国法哲学中法的概念与效力来源研究——从卡雷·德·马尔伯格到狄骥、维莱》,载《国外理论动态》2020年第1期。

3. 何源:《德国法中行政行为无效的认定——以〈联邦行政程序法〉第44条为中心》,载《国外社会科学前沿》2020年第3期。

4. 王俐智、孙学致:《法律行为的效力根源——基于评价立场、效力层次与规范模式的论证》,载《甘肃社会科学》2020年第2期。

5. 张卫平:《现行仲裁执行司法监督制度结构的反思与调整——兼论仲裁裁决不予执行制度》,载《现代法学》2020年第1期。

6. 刘国:《职权撤销违法行政行为的时间限制及制度构建》,载《政治与法律》2020年第9期。

7. 李荣珍、王南瑛:《无效行政行为的司法认定研究》,载《甘肃社会科学》2020年第6期。

8. 李继刚:《信赖保护原则的立法运用研究》,山东大学2020年博士学位论文。

9. 郭建宁:《伟大觉醒与中国话语》,在"中国道路、中国理论和中国话语"全国学术研讨会上的发言,载光明网,http://theory.gmw.cn/2018-12/31/content_32275619.htm。

10. 马生安:《现象与理论:符号学视角下的行政行为公定力》,载《东南法学》2020年第2期。

11. 江必新:《法律行为效力:公法与私法之异同》,载《法律适用》2019年第3期。

12. 谢硕骏:《针对〈受确定判决维持之行政处分〉申请程序重新进行》,载《月旦法学教室》第205期(2019年)。

13. 刘春:《无效行政行为的司法审查》,东南大学2019年博士学位论文。

14. 马生安:《论行政行为的强制力》,载《苏州大学学报(法学版)》2019年第4期。

15. 马生安:《论行政行为对司法裁判的拘束力——基于应然与实然的双重视角》,载张卫平、齐树洁主编:《司法改革论评》总第28辑,厦门大学出版社2019年版。

16. 王世杰:《论行政行为的构成要件效力》,载《政治与法律》2019年第9期。

17. 何爱国:《中国学术话语体系为什么要重构?读姜义华〈中华文明的经脉〉》,载《文汇报》2019年11月25日,第6版。

18. 展鹏贺:《德国公法上信赖保护规范基础的变迁——基于法教义学的视角》,载《法学评论》2018年第3期。

19. 马生安:《刑事诉讼中的行政诉讼——刑事诉讼行政先决问题之司法审查》,载张卫平、齐树洁主编:《司法改革论评》总第24辑,厦门大学出版社2018年版。

20. 王世杰:《论行政行为对刑事审判的拘束》,载《政治与法律》2018年第6期。

21. 张卫平:《仲裁裁决撤销程序的法理分析》,载《比较法研究》2018年第6期。

22. 王贵松:《行政行为无效的认定》,载《法学研究》2018年第6期。

23. 黄学贤、张震:《行政行为公定力研究之学术梳理》,载姜明安主编:《行政法论丛》第22卷,法律出版社2018年版。

24. 章志远:《新〈行政诉讼法〉实施对行政行为理论的发展》,载《政治与法律》2016年第1期。

25. 屠友祥:《索绪尔符号学理论的印度渊源》,载《西北大学学报(哲学社会科学版)》2017年第1期。

26. 于浩:《客观法是什么?——读狄骥〈客观法〉》,载《政法论坛》2017年第4期。

27. 蒋成旭:《存续力理论视野下的信赖利益保护原则》,载《东方法学》2016年第4期。

28. 李建良:《论行政处分撤销与废止之除斥期间》,载《政大法学评论》第144期(2016年)。

29. 法观人编辑部:《行政处分经判决确定机关得否撤销》,载《法观人》第214期(2016年)。

30. 马生安:《审判组织与程序的革命性变革:普通程序下的独任审判》,载中国行为法学会司法行为研究会、天津大学法学院编:《构建法律职业共同体研究》,中国法制出版社2016年版。

31. 成协中:《行政行为违法性继承的中国图景》,载《中国法学》2016年第3期。

32. 刘猛:《汉语法学的内在理路与外在场景》,载《清华法学》2016年第3期。

33. 翟志勇:《汉语法学与现代中国的法理建构》,载《清华法学》2016年第3期。

34. 占茂华:《论西方近代自然法观念及现代法治价值》,载《河北法学》2015年第6期。

35. 马生安:《行政行为效力体系重构的"两质态论"与"三效力说"》,载《重庆大学学报(社会科学版)》2015年第3期。

36. 侯猛:《中国法学的再造——评〈汉语法学论纲〉》,载《中国法律评论》2015年第1期。

37. 林佳和:《行政法与私法:私法形成之行政处分、合法化效力与构成要件效力》,载《月旦法学教室》第151期(2015年)。

38. 雷磊:《再访拉德布鲁赫公式》,载《法制与社会发展》2015年第1期。

39. 王贵松:《论行政行为的违法性继承》,载《中国法学》2015年第3期。

40. 王志勇:《法律的"内在道德"的两个维度——再访富勒自然法思想中的一个核心概念》,载《华东政法大学学报》2015年第4期。

41. 闫尔宝:《论作为行政诉讼法基础概念的"行政行为"》,载《华东政法大学学报》2015年第2期。

42. 詹祐维:《行政处分对行政机关及行政法院的拘束效力——兼论行政处分"构成要件效力"》,台湾大学2015年硕士学位论文。

43. 王万华:《新行政诉讼法中"行政行为"辨析——兼论我国应加快制定行政程序法》,载《国家检察官学院学报》2015年第4期。

44. 赵宏:《行政行为作为行政法教义学核心的困境与革新——兼论我国行政行为学理的进化》,载《北大法律评论》2014年第2期。

45. 柳砚涛:《论具体行政行为“撤变”限制的内在机理》,载《东岳论丛》2014 年第 12 期。

46. 王天华:《行政行为执行力的观念及其消弭——我国行政义务实效确保手段研究之刍议》,载《当代法学》2014 年第 5 期。

47. 王太高:《论行政许可变更》,载《南京大学学报(哲学·人文科学·社会科学版)》2013 年第 5 期。

48. 陈义和:《行政行为公定力初论》,载《云南行政学院学报》2014 年第 4 期。

49. 程明修:《论暂时性行政处分与行政程序法之修法建议》,载《东吴法律学报》第 26 期(2014 年)。

50. 何勤华:《法学观念本土化考从新中国 60 余年立宪史之视角》,载《中外法学》2013 年第 2 期。

51. 陈金钊:《对形式法治的辩解与坚守》,载《哈尔滨工业大学学报(社会科学版)》2013 年第 2 期。

52. 李文曾:《走出公定力理论的困境——从公定力与起诉(不)停止执行原则的关系谈起》,载郑丽景主编:《南开法律评论》总第 8 期,南开大学出版社 2013 年版。

53. 杨登峰:《行政决定效力的本质与体系》,载《行政法学研究》2013 年第 4 期。

54. 杨海坤、蔡翔:《行政行为概念的考证分析和重新建构》,载《山东大学学报(哲学社会科学版)》2013 年第 1 期。

55. 江必新:《法律行为效力制度的重构》,载《法学》2013 年第 4 期。

56. 李娟:《中国法学系统本土化研究:意义、方法与路径》,载《西部法学评论》2012 年第 6 期。

57. 李垒:《论行政法上的信赖保护原则》,载《西部法学评论》2012 年第 4 期。

58. 程刚:《法律的效力与实效概念辨析》,载《社会科学辑刊》2012 年第 4 期。

59. 黄温泉:《论行政行为的谦抑性——从“馒头必须是圆的”谈政府行为的边界》,载《江汉大学学报(社会科学版)》2012 年第 1 期。

60. 李哲范:《统一行政行为概念的路径选择——以境外行政诉讼立法技术为借鉴》,载《当代法学》2012 年第 4 期。

61. 沈克非:《探寻法律效力的来源——分析实证法学之理论述评》,载《河北法学》2012 年第 4 期。

62. 吴彦:《法、自由与强制力——康德法权学说的基本语境与架构》,吉林大学2012年博士学位论文。

63. 聂志平:《语言符号论》,载《东南大学学报(哲学社会科学版)》2012年第4期。

64. 郭威、邹谢华:《符号学方法与法学的契合及运用》,载《湖北社会科学》2012年第4期。

65. 刘菲:《行政行为对民事审判的拘束效力研究》,载《北方法学》2011年第6期。

66. 王宏军:《论域外法律概念的本土化表达》,载《云南大学学报(法学版)》2011年第3期。

67. 章剑生:《行政行为对法院的拘束效力——基于民事、行政诉讼的交叉视角》,载姜明安主编:《行政法论丛》第14卷,法律出版社2011年版。

68. 江必新:《论实质法治主义背景下的司法审查》,载《法律科学(西北政法大学学报)》2011年第6期。

69. 王立峰:《司法正义理念的溯源及证成》,载《齐鲁学刊》2011年第2期。

70. 刘建宏:《既判力与行政程序重开及违法行政处分之撤销》,载《台湾法学杂志》第187期(2011年)。

71. 董利冰:《法治国视角下行政行为的存续力》,中南大学2011年硕士学位论文。

72. 刘国:《我国行政行为效力内容理论的回顾与反思——基于行政过程论视角的内容重构》,载《研究生法学》2011年第2期。

73. 王天华:《行政行为公定力概念的源流——兼议我国公定力理论的发展进路》,载《当代法学》2010年第3期。

74. 萧文生:《行政处分明确性之要求》,载《月旦法学杂志》第184期(2010年)。

75. 朱芒:《“行政行为违法性继承”的表现及其范围——从个案判决与成文法规范关系角度的探讨》,载《中国法学》2010年第3期。

76. 张兆成:《行政法律行为效力之反思与重塑》,载《中美法律评论》2010年第8期。

77. 吴东镐:《论行政行为概念的确立意义——以韩国的学术讨论为中心兼论我国的行政行为概念移植问题》,载《延边大学学报(社会科学版)》2010年第1期。

78. 张武汉:《语言与法律——从工具论向本体论的认知嬗变》,载《河北法学》2010 年第 7 期。

79. 李叙明:《司法正义研究》,湖南师范大学 2013 年博士学位论文。

80. 程明修:《行政处分之溯及力/最高行九七判六〇七》,载《台湾法学杂志》第 128 期(2009 年)。

81. 杨科雄:《行政行为效力来源研究——规范、价值和事实》,中国政法大学 2009 年博士学位论文。

82. 张豪、汪渊智:《论法律行为效力的根源》,载《重庆工学院学报(社会科学版)》2009 年第 12 期。

83. 张坤世:《非诉行政执行制度的诉讼化改造》,载《法治研究》2009 年第 2 期。

84. 王作洲:《既判力研究》,吉林大学 2009 年博士学位论文。

85. 况新华、吴丹:《语言学术语译名规范化刍议》,载《南昌航空大学学报(社会科学版)》2009 年第 3 期。

86. 黄全:《论行政行为形式效力之完全公定力——兼论无效行政行为制度不适合我国》,载《甘肃政法学院学报》2009 年第 3 期。

87. 程乐、沙丽金、郑英龙:《法律术语的符号学诠释》,载《修辞学习》2009 年第 2 期。

88. 丁宝同:《大陆法系民事判决效力体系的基本构成》,载《学海》2009 年第 2 期。

89. 何海波:《行政行为对民事审判的拘束力》,载《中国法学》2008 年第 2 期。

90. 吴伟:《论法律效力的多重指向及其内在关系》,南京师范大学 2008 年硕士学位论文。

91. 刘杨:《正当性与合法性概念辨析》,载《法制与社会发展》2008 年第 3 期。

92. 张健宝:《行政行为效力体系的重构》,山东大学 2008 年硕士学位论文。

93. 姜芳:《司法判决效力的实现》,黑龙江大学 2008 年硕士学位论文。

94. 刘作翔:《法理学的定位——关于法理学学科性质、特点、功能、名称等的思考》,载《环球法律评论》2008 年第 4 期。

95. 江必新:《行政行为效力体系理论的回顾与反思》,载《江苏社会科学》2008 年第 5 期。

96. 黄小晏:《论后现代哲学的反本质主义》,载《河南师范大学学报

（哲学社会科学版）》2008年第6期。

97. 蔡志方：《从“行政程序法”与“诉愿法”上的职权撤销违法处分，论行政权力的自我约束机制》，载《清华法律评论》2008年。

98. 李长山：《试论法律效力的概念及效力依据》，山东大学2008年硕士学位论文。

99. 赵宏：《从存续性到存续力——德国行政行为效力理论的生成逻辑》，载《法商研究》2007年第4期。

100. 曹鎏：《五国行政复议制度的启示与借鉴》，载《行政法学研究》2017年第5期。

101. 贾攀峰：《行政行为公定力研究》，郑州大学2007年硕士学位论文。

102. 董晓波：《对西方法学“语言学转向”的解读》，载《河北法学》2007年第1期。

103. 朱正宏：《行政行为公定力理论基础探究》，载《哈尔滨学院学报》2006年第9期。

104. 廖美珍：《论法学的语言转向》，载《社会科学战线》2006年第2期。

105. 郭殊：《论行政行为实现力》，载《行政法学研究》2006年第2期。

106. 江必新、李春燕：《统一行政行为概念的必要性及其路径选择》，载《法律适用》2006年第Z1期。

107. 吴正金：《法律效力的来源》，山东大学2006年硕士学位论文。

108. 沈岿：《行政行为公定力与妨害公务——兼论公定力理论研究之发展进路》，载《中国法学》2006年第5期。

109. 王正斌：《行政行为类型化研究》，中国政法大学2006年博士学位论文。

110. 许炎：《行政救济法上不停止执行原则的再思考》，载《行政法学研究》2006年第1期。

111. 和磊：《反本质主义》，载《国外理论动态》2006年第11期。

112. 柳经纬：《意思自治与法律行为制度》，载《华东政法学院学报》2006年第5期。

113. 孙晓红：《法律行为概念与构成问题》，载《山东工商学院学报》2006年第3期。

114. 洪家殷：《行政行为（二）行政处分：第三讲——行政处分之成立及效力》，载《月旦法学教室》第41期（2006年）。

115. 席书旗:《法律行为效力问题研究——定义及效力形态新论》,山东大学2006年硕士学位论文。

116. 方世荣、羊琴:《论行政行为作为民事诉讼先决问题之解决——从行政行为的效力差异进行分析》,载《中国法学》2005年第4期。

117. 赵军政:《反本质主义批判》,载《湖北社会科学》2005年第9期。

118. 李琦:《行政行为效力新论——行政过程论的研究进路》,中国政法大学2005年博士学位论文。

119. 汪俊英:《论无效行政行为》,载《河南大学学报(社会科学版)》2005年第4期。

120. 杨仑、高俊亮:《语言对法律的意义》,载《宁夏大学学报(人文社会科学版)》2005年第5期。

121. 李军:《法律行为的效力依据》,载《现代法学》2005年第1期。

122. 陶志蓉:《民事判决效力研究》,中国政法大学2004年博士学位论文。

123. 陆鹏程:《行政行为的公定力研究》,苏州大学2004年硕士学位论文。

124.《念泗三村28幢楼居民35人诉杭州市规划局行政许可行为侵权案》,载《中华人民共和国最高人民法院公报》2004年第11期。

125. 张治宇:《行政行为效力理论之检讨》,载《河北法学》2004年第10期。

126. 石中英:《本质主义、反本质主义与中国教育学研究》,载《教育研究》2004年第1期。

127. 宋炳庸、何云鹏:《符号学与法律行为抽象概念名称》,载《延边大学学报(社会科学版)》2004年第1期。

128. 李军:《法律行为的法技术意义》,载《河北法学》2004年第12期。

129. 黄国益:《从"行政处分对民事法院的拘束效力"思考先决问题在诉讼审理程序之解决模式》,载《中正大学法学集刊》第15期(2004年)。

130. 毛崇杰:《本质主义与反本质主义》,载《杭州师范学院学报(社会科学版)》2003年第3期。

131. 谢晖:《论法律效力》,载《江苏社会科学》2003年第5期。

132. 庞凌:《法律实质效力论析》,载《江南大学学报(人文社会科学版)》2003年第4期。

133. 柳砚涛:《行政行为公定力质疑》,载《山东大学学报(哲学社会科学版)》2003年第5期。

134. 杨海坤、章志远:《行政行为不可变更力探究》,载《江苏行政学院学报》2003 年第 1 期。

135. 刘瑞华:《司法权的基本特征》,载《现代法学》2003 年第 3 期。

136. 常安、朱明新:《“法学的语言学转向”及其对我国法律语言学研究的方法论启示》,载《琼州大学学报》2003 年第 3 期。

137. 马生安:《行政强制执行制度价值论纲》,载《安徽大学学报》2002 年第 1 期。

138. 孙明湘、荣立武:《本质主义与反本质主义》,载《湖南第一师范学报》2002 年第 4 期。

139. 郑永流:《法的有效性与有效的法——分析框架的建构和经验实证的描述》,载《法制与社会发展》2002 年第 2 期。

140. 李建良:《行政处分的构成要件效力与行政争讼》,载《月旦法学杂志》第 86 期(2002 年)。

141. 章志远:《行政行为执行力初探》,载《河南省政法管理干部学院学报》2002 年第 5 期。

142. 赵宏:《行政行为效力问题研究》,中国政法大学 2002 年硕士学位论文。

143. 刘东亮:《行政行为公定力理论之检讨》,载《行政法学研究》2001 年第 2 期。

144. 王太高:《试论无效行政行为理论》,载《扬州大学学报(人文社会科学版)》2001 年第 6 期。

145. 章志远:《行政行为无效问题研究》,载《法学》2001 年第 7 期。

146. 姜明安:《论行政行为合法的标准与无效的标准》,载《政府法制》2001 年第 11 期。

147. 章志远:《行政行为概念重构之尝试》,载《行政法学研究》2001 年第 4 期。

148. 李建良:《行政处分对行政机关的构成要件效力》,载《月旦法学杂志》第 79 期(2001 年)。

149. 黄文艺:《法哲学解说》,载《法学研究》2000 年第 5 期。

150. 杜承铭:《论作为法学范畴的自由》,载《法商研究(中南政法学院学报)》2000 年第 1 期。

151. 公丕祥、刘敏:《论司法公正的价值蕴含及制度保障》,载《法商研究(中南政法学院学报)》1999 年第 5 期。

152. 杨解君:《行政行为初论》,载《法制与社会发展》1999 年第 1 期。

153. 张扬:《发生学方法与中国哲学史研究——读刘文英先生的两部哲学史专著》,载《兰州大学学报》1988 年第 3 期。

154. 梁忠前:《法效力的逻辑探寻——法律效力的文化辨析》,载《法律科学(西北政法学院学报)》1998 年第 1 期。

155. 周永坤:《论法律的强制性与正当性》,载《法学》1998 年第 7 期。

156. 叶必丰:《论行政行为的执行力》,载《行政法学研究》1997 年第 3 期。

157. 吴婧萍:《行政行为公定力研究》,载《行政法学研究》1997 年第 3 期。

158. 姚建宗:《法律效力论纲》,载《法商研究(中南政法学院学报)》1996 年第 4 期。

159. 周含宇:《行政法理与行政审判的衔接——"起诉不中止执行"原则的学理探究》,载《行政法学研究》1996 年第 1 期。

160. 叶必丰:《行政行为确定力研究》,载《中国法学》1996 年第 3 期。

161. 杨建顺:《关于行政行为理论与问题的研究》,载《行政法学研究》1995 年第 3 期。

162. 程明修:《论行政处分之公定力——日本法上公定力理论之演进(下)》,载《军法专刊》1995 年第 41 期。

163. [日]杉村敏正:《论行政处分的公定力》,城仲模译,载城仲模:《行政法之基础理论》,台北,三民书局 1988 年版。

三、司法裁判文书

1. 最高人民法院行政裁定书,(2019)最高法行申 3688 号。

2. 最高人民法院行政裁定书,(2019)最高法行申 8154 号。

3. 最高人民法院行政裁定书,(2018)最高法行申 2496 号。

4. 最高人民法院行政裁定书,(2017)最高法行申 1444 号。

5. 最高人民法院行政裁定书,(2017)最高法行申 4580 号。

6. 最高人民法院行政裁定书,(2017)最高法行申 1242 号。

7. 最高人民法院行政裁定书,(2017)最高法行申 6861 号。

8. 最高人民法院行政判决书,(2016)最高法行再 81 号。

9. 最高人民法院行政裁定书,(2016)最高法行申 2233 号。

10. 江苏省高级人民法院行政判决书,(2020)苏行终 441 号。

11. 重庆市高级人民法院行政裁定书,(2019)渝行终 649 号。

12. 江苏省高级人民法院行政判决书,(2020)苏行终 498 号。

13. 江苏省高级人民法院行政裁定书,(2019)苏行申126号。

14. 江苏省高级人民法院行政判决书,(2019)苏行再1号。

15. 江苏省高级人民法院行政判决书,(2015)苏行终字第00780号。

16. 浙江省高级人民法院行政裁定书,(2019)浙行再44号。

17. 安徽省高级人民法院行政判决书,(2017)皖行终752号。

18. 甘肃省高级人民法院行政判决书,(2016)甘行终377号。

19. 北京市第一中级人民法院行政判决书,(2001)一中行初字第149号。

20. 江苏省苏州市吴中区人民法院行政判决书,(2018)苏0506行初1号。

21. 江苏省东台市人民法院行政判决书,(2016)苏0981行初16号。

22. 重庆市长寿区人民法院行政判决书,(2016)渝0115行初29号。

23. 山东省即墨区人民法院行政判决书,(2016)鲁0282行初42号。

24. 江苏省东台市人民法院刑事判决书,(2015)东环刑初字第0001号。

25. 上海市浦东新区人民法院民事判决书,(2015)浦民一(民)初字第24601号。

四、外文著作与论文

1. Schemmer, in: Beck OK VwVfG, 50. Ed. 1. 1. 2021.

2. Lindner, in: Beck OK VwGO, 56. Ed. 1. 1. 2020.

3. Clausing/Kimmel, in: Schoch/Schneider VwGO, 39. 2020.

4. Goldhammer, in: Schoch/Schneider VwVfG, 0. 2020.

5. Ziekow, VwVfG, 4. Aufl. 2020.

6. Huck/Müller, VwVfG, 3. Aufl. 2020.

7. Annaeisner-Egensperger, in: Mann/Sennekamp/Uechtritz, Verwaltungsverfahrensgesetz, 2. Aufl. 2019.

8. H. J. Wolff/O. Bachof, Verwaltungsrecht Ⅰ, 8. Aufl. 1974.

9. Hans Julius Wolff, Die Nichtigkeit von Verwaltungsakten, MDR 1951.

10. Otto Bachof, Verwaltungsgerichtsbarkeit und Justiz unter besonderer Berücksichtigung des Bonner Grundgesetzes, SJZ 1950.

11. J. Hatschek/P. Kurtzig, Lehrbuch des deutschen und preussischen Verwaltungsrechts, 1931.

12. VwVfG.

13. 神橋一彦『行政救済法(第2版)』(信山社,2016年)。

14. 塩野宏『行政法Ⅰ(第6版)』(有斐閣,2015年)。

15. 塩野宏『行政法Ⅱ(第5版補訂版)』(有斐閣,2013年)。

16. 宇賀克也『行政法概説Ⅰ』(有斐閣,2013年)。

17. 宮崎良夫「公定力」『行政法判例百選Ⅰ(第4版)』(有斐閣,1999年)。

18. 小松公『约束与信赖:关于契约拘束力的考察』(有斐閣,1983年)。

19. 田中二郎『行政法総論』(有斐閣,1957年)。

20. 田上穰治『行政法概論』(有斐閣,1942年)。

21. 美濃部達吉『日本行政法(上巻)』(有斐閣,1936年)。

22. 美濃部達吉『行政裁判法』(有斐閣,1929年)。

23. Kim Jung-Kwon,行政行爲의 效力과 拘束效의 體系에 관한 小考,Public Law Journal,2012,13(2).

24. Lee Hyon - Soo,行政行爲의 不可變力,Administrative Law Journal,2005(14).

25. Consttution of United States of America of 1789.

26. Articles of Confederation of 1777.

27. Federal Administrative Procedural Act,1946.

五、工具书

1. Zhou Hengxiang,Deutsch-Chinesisches Rechtswörterbuch, Duncker & Humblot,2017.

2. 叶本度主编:《朗氏德汉双解大词典》,外语教学与研究出版社2010年版。

3. 夏征农主编:《辞海》(普及本),上海辞书出版社1999年版。

4.《德汉词典》编写组编:《德汉词典》,上海译文出版社1987年版。

5. 潘再平主编:《新德汉词典》,上海译文出版社2000年版。

后　　记

在苏州大学法学院攻读博士学位期间，行政行为效力的一些重大理论问题一直困扰着我，让我始终不得其解而无法释怀。2008年，在博士论文得以成书之后，我便开始多方查找有关行政行为效力问题的资料，不断地学习研究，以试图解开心中的谜团。在南京大学从事博士后研究期间，我对行政行为效力问题有了更多的认识和发现。后来，对于其中的一些问题，我确信自己找到了答案，并为此欣喜不已。再到后来，竟然有了将自己的思考、发现和认识写作成书，与大家交流、分享的强烈愿望。

写作是一项苦差事，尤其是写一部真正意义上的原创性作品，其中的辛苦程度远非常人可以想象。有时候一个很小的问题，却要苦思冥想很长时间才能想得明白；即使想明白了，要把它准确地用文字表达出来，又要耗费大量的时间和精力。"既然那么辛苦，那你为什么还要写呢？"每每有朋友这样问我，我总是笑而不语。一是因为兴趣，二是因为使命；主要是因为使命，我想把自己的一些思考和发现保留下来，于是才有了今天这样的一本书。

能否创新、突破及对前人的研究有所超越，一直是我写作本书过程中十分担心的一个问题。书中一些所谓的理论创新能否自圆其说？我在内心一直拷问自己。例如，行政行为公定力理论至今已有近两百年的历史，"破"行政行为的公定力理论，"立"行政行为的形式效力理论，是否必要和可能？又如，行政行为效力的"两质态论"在理论上是否能够成立？其在本书中究竟应该属于"效力本质论"还是"效力内容论"的范畴？再如，行政行为强制力概念的理论依据和实践基础是否充分、可靠？行政行为的存续力、拘束力及强制力之"三效力说"是否科学、合理？等等。

本书系在本人的博士后研究报告《"两质态论"与"三效力说"：行政行为效力体系重构》的基础上修改、补充而成。本书的写作得到了恩师杨海坤教授的悉心指导与帮助。像当年指导我写博士论文那样，杨老师认真、仔细地审阅了全部书稿，提出了很多真知灼见，使我受益良多。中共中央党校周佑勇教授、南京大学王太高教授、东南大学于立深教授、西安交通大学刘东亮教授、聊城大学王仰文教授、河南师范大学袁勇教授、南京财经大学王树良博士、江苏省南通市中级人民法院殷勤法官等诸多师友以不同的形式对本书的写作提供了宝贵的修改意见和建议,令本书增色许多。本书的出版得到了法律出版社朱铁佳女士的鼎力支持和帮助,在此一并表示衷心的感谢。

乔治·索罗斯曾经深刻地指出:“所有人类构筑的东西都是有缺陷的,尽善尽美是可望不可即的。”在本书即将出版之际,我的内心充满了惶恐和不安。限于本人的学识和能力,本书的缺陷与错误在所难免,您对本书的关注、质疑与批判,将激励和鞭策我在未来的学术道路上不断前行。本书的出版并非本人关于这一问题研究的结束;恰恰相反,它将是一个新的开始。“君子之学,死而后已”,谨以此与诸君共勉。

马生安

2023 年 7 月于古都金陵